德意志貴族

從中世紀到現代的千年貴族文化史

Der Deutsche Adel

陸大鵬

——著

目次

歷史篇

第三章 歷史長河中的德意志貴族

社會篇

推薦序

曾經的國家棟樑、可能也會將國家拖入深淵？

神奇海獅（歷史說書人）

「德意志貴族」，一聽到這個書名，就讓我寒毛直豎。正如同大家知道的，德國是一個可以追溯到千年歷史、曾經還是多達三百多個邦國的國家。除了大家耳熟能詳的公侯伯子男爵以外，還有大公、選帝侯等獨特的頭銜。另外還以成為貴族的年代，分為原始貴族、新興貴族……想處理這個問題、尤其是對一個以中文為母語的人來說，實在是太困難了。

但是，這位來自中國大陸的史普作家陸大鵬，就真的辦到了。

在《德意志貴族》這本書裡，作者為我們解釋了很多我們在看德國史、都會一頭霧水的名詞，像選帝侯、容克貴族。並釐清了德意志貴族間彼此縱橫交錯的脈絡。但我認為最讓我欣喜的，就是這本書解答了我一個心中長久的疑惑：為什麼曾經高傲的貴族、最終卻跟粗鄙無文的納粹黨走到了一起？而這群貴族又是如何在時代的動亂中，留下高尚人格的印記呢？這本書裡就引用了大量的日記、回憶錄，刻畫了當時這些貴族的心路歷程。

就讓我們繼續看下去吧。

時間是一九一八年，一次世界大戰結束前的最後三天。

德國的戰敗已成為事實，左派隨時有可能爆發革命。對德軍最高層來說，現在只有一個問題：要如何結束這一團混亂？

當時的首相馬克西米連・巴登（Maximilian von Baden）向皇帝報告，如今整個德國都已經陷入混亂，南部最大邦巴伐利亞已被推翻，柏林也有人正在計劃總罷工。他懇請德皇威廉二世下台負責、另立皇帝，同時成立議會制政府。如此一來或許能安撫革命勢力、還有保存君主制的一線希望。

然而，這個建議馬上就被威廉二世嚴詞拒絕。

那麼，第二個選項就是鎮壓革命。但這個選項一樣也不可行。因為軍隊早就已經瀕臨崩潰、許多士兵甚至成為革命的同情者。

這時，一些貴族軍官建議皇帝做出第三個選項：在洪水滔天的危急時刻，皇帝應當親自上戰場，向協約國軍隊發起最後的攻擊、並壯烈犧牲。如此一來，就有可能扭轉名義、進而讓人民捍衛君主制度。

威廉二世當然不可能選擇這條路。最後，他選擇了第四條路——拋下臣民、逃到鄰國荷蘭。

在貴族軍官眼中，這是最糟、最糟的一條路。

軍人的榮譽、早就在這群貴族的血液流淌千年之久。早在中世紀，基督教世界遭到外敵入侵的時候，德意志的重裝騎士便肩負著捍衛信仰與帝國的重要職責。不過隨著科技的進步，弓箭、火砲的出現衝擊著傳統的騎士階級，而工業革命與資本主義的興起、又讓這些貴族無所適從。德意志貴族、尤其是德意志東北部的貴族只能依靠農業為生，變得日趨右翼和保守。然而即使騎士階級沒落了、軍隊仍然是許多貴族階級的頭號選項。在第一次世界大戰爆發前，大約有三分之一的軍官都是貴族階級。

皇帝出逃、也敲響帝國的喪鐘。最後，帝國末代首相巴登將權力交給社會民主黨的艾伯特（Friedrich Ebert），說道：「艾伯特先生，我將帝國交給你保管了。」

艾伯特回道：「為了這個國家，我已獻出了兩個兒子。」

隔日，德意志帝國滅亡、共和國開始。

共和國成立了，龐大的貴族階級自然也就失去了根基。最後共和國決議：貴族頭銜與稱號僅作為姓氏的一部分、不再具有政治上的特權。因此在一夜之間、龐大的貴族失去了「整個生命的根基」。一位貴族說：「在這之前我們眼中一切理想的、值得尊敬的東西，都被摧毀了，被玷汙了，被敗壞了……我們的政治角色以我們的歷史地位為基礎，如今全完了。」

但貴族失去的不只是政治地位。根據凡爾賽條約，德國軍隊被限制為十萬人，因此大量的貴族軍官也因此失去了生計。很多貴族自幼學習軍事，根本沒有其他的技能，甚至還必須去夜校學速記才能維生。

因此不難想像，貴族勢必對新生的共和國充滿怨懟。然而皇帝的出逃，讓他們對威廉二世也充滿了失望。因此在這樣的雙重失望下，貴族階級們便渴望出現一個新的強人，新的領袖，也就是新的「元首」。而最後他們的目光，便來到了阿道夫．希特勒與納粹黨的身上。

當然，納粹黨本來是街頭起家，粗鄙與充滿的行事風格自然跟貴族階級格格不入。但納粹黨憑藉著宣傳，為整個德國人描繪了一個純淨的民族血統與傳統鄉村美德的美好世界，吸引了大量的貴族階級。

另外，納粹政府也給貴族帶來了極大利益。因為納粹大力支持農業、並且重整軍備，剛好就是貴族階級最擅長的兩大領域，大量的貴族人士重新獲得了職業與尊重。而將貴族推到納粹黨的最後一個動機，就是對共產主義的敵視。一位貴族女性就說：「法西斯主義固然也是一種暴政，卻給進步、美、藝術、文學、家庭、社會生活、禮貌和整潔留出了空間。而（共產主義）卻要毀滅一切。」

對共和國的恨讓他們投入了獨裁者的懷抱。但那些貴族們當時並不明白，他們心中那美麗的過往之夢早已一去不復返，他們渴望將死屍復活，而最終獲得的只會是一具殭屍，終將將他們吞噬。

二戰爆發後，許多國防軍裡的貴族軍官在目睹了成千上萬的猶太人、戰俘、平民被槍決和丟進萬人坑後，終於認識到希特勒正在把德國拖向地獄。於是，越來越多的貴族秉持著一己良心，終於站到納粹黨的對立面。

最有名的一起事件，當然就是發生在一九四四年七月二十日的希特勒刺殺案。當時，作為後備軍參謀長的施陶芬堡上校準備用炸彈行刺希特勒，然而當時盟軍已經諾曼第登陸成功，施陶芬堡問自己的同志特雷斯科少將，行刺與政變是否有意義。特雷斯科回答：「無論如何都一定要刺殺……現在的問題不是政變有沒有實際意義，而是要向全世界、向歷史證明，為了反對希特勒，德國的抵抗運動願意付出自己的一切。」

等到行刺失敗後隔天，特雷斯科用一顆手榴彈結束自己的性命，並留下了這樣的遺言：「我今天堅信不疑，我們做的事情是正確的。希特勒不僅是德國的死敵，也是全世界的死敵。……上帝向亞伯拉罕承諾，只要索多瑪還有十個義人，他就不毀掉索多瑪。我希望為了我們的緣故，上帝不會毀掉德國。」

或許這就是時代：在時代開始變遷時，貴族代表的守舊、保守、不合時宜。但當時代變動的實在太快後，人們卻突然發現在這個一切都改變的年代裡，仍然有一些美德、一些驕傲能被保留下來。而這一切都在這本《德意志貴族》裡、被詳細的描寫下來。作者在書中引用大量的文獻與考據，讓人不得不佩服其基礎功力的扎實，更值得敬佩的是同樣是作為一位歷史普及者，大鵬不貪多求快、不譁眾取寵，靜靜的花時間去深入探究一個課題。這種精神，的確是難能可貴。

推薦序

歷史中的德意志貴族

周惠民（國立政治大學歷史系兼任教授）

從「帝國公民」政變說起

二〇二二年十二月七日，德意志聯邦共和國派遣特別行動突擊隊與德國聯邦警察第九邊防大隊兩支共約三千人的武力，在德國十一個邦執行特別任務：摧毀計畫「顛覆政府」的「帝國公民」組織。情治人員大張旗鼓，只逮捕二十七人。這些「陰謀份子」雖有一些非法槍械，不過也不至於動搖國本，倒是此番雷聲大雨點小的行動引起媒體極大關切。「帝國公民」的首腦為羅伊斯公爵海因里希十三世（Heinrich XIII. Prinz Reuß），而中文媒體稱他為「亨利十三世羅伊斯親王」實在是不清楚歐洲貴族階級，但凡見到 Prinz、Prince 一詞，立刻膝反射式地譯成「王子、親王」。到底應如何理解 Prinz 的意義，我們且從這位陰謀復辟的「舊王孫」說起。

德意志貴族起源

德意志地區到底有多少貴族？還真沒人知道。格林童話中，有關公主、王子、國王、貴族的故事甚多，某國公主遇到鄰國王子似是家常便飯。近代以前，德意志地區各種王侯各據一方，都是實際的權力主體。德意志地區所以諸侯眾多，名號繁複，與其歷史發展與地理位置相關。德意志地區的日耳曼部族眾多，從五世紀以後從各地陸續移入，彼此和戰不定，或聯姻、或兼併，慢慢形成六個大族，各自有其典章制度，分封臣屬，形成一個龐大的「貴族體系」。

八世紀時，法蘭克的卡爾大帝（Karl der Große，又稱「查里曼」）不斷征戰，建立一個較大的「領域」。然而一但創業者身故，子孫不能保守祖業，連法蘭克自己都分裂成東西兩部。西法蘭克地區發展成今日的法蘭西，東法蘭克則逐漸演變成一個寬鬆的政治聯盟，也就是後世的神聖羅馬帝國。

西元十世紀時，鄂圖王朝（Ottonian dynasty，又稱薩克森王朝）在位，一般人稱之為「法蘭克人的國王」（拉丁語：rex Francorum；德語：König der Franken）；鄂圖王室後期，王朝概念由「法蘭克人」轉變成「羅馬人」，故自稱為「羅馬人的國王」（rex Romanorum），表明其為「羅馬人皇帝」的概念。但是教宗唯恐德意志王朝久佔「羅馬帝國」之名，故刻意稱之為「德意志國王」（拉丁語：rex Teutonicorum；德語：König der Deutschen），否認其能與「羅馬」名位之關聯。不過這些稱呼都是各吹各的調，並無實質意義。

德意志地區在國王之下，還有各種大大小小的領主，形成一個完整的封建體系。有些領主的領地廣大，物資豐盈；或位置險要，設關收稅，成為強勢領主，德意志境內的幾個大「選侯」便屬此類；有些經營商業、壟斷專賣，也是地方豪強。教會邦則控制特定領地，領主皆為主教等神職人員，雖無法「世襲」，卻也自成一套繼承體系，仍屬貴族階級。

根據十五世紀下半葉有關神聖羅馬「帝國議會」的組織，我們可以將當時德意志地區的貴族簡略區分為三個群體：帝國境內位高權重的大邦，可以參與國王的選舉，故稱為「選侯」，自成一個「帝國選侯團」（Kurfürstenkollegium）。帝國境內還有許多直屬於帝國的「自由城市」，通常為經濟發達的富邦，在帝國會議中也成為一個「帝國直屬城市團」（Reichsstädtekollegium）。至於其他大小貴族，則組成「帝國領主會議」（Reichsfürstenrat），成為「帝國會議」（Reichstag）中的第三階級。領主會議的成員眾多，包括侯爵（Fürsten）及教會邦，再分成兩組，教會邦領主以奧地利公爵（Erzherzogtum Österreich）為首；世俗領主則以勃艮第公爵（Herzog von Burgund）為首。世俗領主包括公爵（Herzog）、侯爵（Fürsten）與伯爵（Grafen）等，彼此間雖有名義上的等級差異，但許多破落公爵實力還比不上伯爵、男爵。這些貴族多半控制土地，享有稅收等權利，不像中國傳統「公、侯、伯、子、男」等爵位，正常情況下都是「名義」，並無封國領土。若硬要將中國貴族階級與西方，恐怕徒勞。

貴族社會如何擴大政治實力

歐洲各地貴族為了保障或擴大其政治實力，婚嫁是一種重要手段。許多貴族經常互相通婚，不惜遠嫁他鄉，或是迎娶外國公主。馬克西米連一世（Maximilian I, 1459-1519）之父腓特烈長期征戰，面臨嚴重經濟問題，乃要馬克西米連向勃艮第公爵唯一繼承人瑪麗求婚，獲得大量嫁妝，解決財務困難，從此對「聯姻」頗為熱衷。妻子瑪麗死後，曾計劃娶布列塔尼公爵繼承人安妮，以取得布列塔尼領地，遭法王查理八世阻攔而作罷，之後又取得匈牙利和波希米亞。他繼位為帝後，娶米蘭公國的瑪麗亞，又安排其子菲利普娶亞拉岡國王與卡斯提爾女王之女，獲得尼德蘭地區的土地為嫁妝。卡斯提爾與亞拉岡兩王死後無嗣，馬克西米連的孫子卡爾遂先繼承其外祖母的卡斯提爾王位，然後又繼承外祖父的亞拉岡王位。進而繼承神聖羅馬帝國，控制歐洲許多土地。馬克西米連又安排次孫（卡爾之弟）與波希米亞公主安娜聯姻，孫女則嫁給希米亞國王，埋下哈布斯堡兼併波希米亞的伏筆，所以當時人稱「讓歐洲打仗，你，快樂的奧地利，結婚。」（Bella gerant alii, tu felix Austria nube）。

俗語說：天無二日，民無二王。歐洲各國爵位雖多，但絕大多數都是公爵、侯爵等較低的爵等，鮮少有國王。德意志地區歷來為政者也都知道「名器」不可隨便假借，所以中世紀以來，德意志地區只有一位波希米亞領主可以稱為國王，成為特例，即便是哈布斯堡家族也僅能世守其「奧地利公爵」（Erzherzogtum）的頭銜等級，到十七世紀才藉著波希米亞王位而躋身國王之列。但這種國王稀少的現象到十七世紀末開始改變。十七世紀末「西班牙王位繼承戰爭」爆發後，神聖羅馬帝國皇帝與法國為敵，打算向布蘭登堡選侯腓特烈三世（Friedrichs III. von Brandenburg, 1657-1713）借兵。布蘭登堡選侯「官迷心竅」，以「稱王」為要脅。皇帝左右為難，乃指點明燈：如果他不在帝國境內稱王便「無法可管」。於是腓特烈三世就在一七〇〇年底，大雪紛飛時節，迅速趕到屬於波蘭境內的普魯士登基稱王。新國王要如何稱呼？煞費苦心：他既不願意自稱「普魯士國王」，也不能改稱「布蘭登堡國王」，只好含糊地自稱「在普魯士的國王」（König von Preußen）。一七一三年，歐洲各國召開和會，解決西班牙王位繼承戰爭遺留的領土問題，布蘭登堡選侯才獲得各國承認「王」的地位。自此以後，布蘭登堡選侯改稱普魯士國王，但仍繼續以「選侯」身分參與帝國大政。

到十九世紀時，德意志帝國境內又出現了兩個僭號稱王的選侯。拿破崙在歐洲掀起一陣風潮，改變了既有政治秩序，封建體系也因此崩壞。拿破崙先在歐洲合併不同公國，新建幾個王國，又將與其合作的巴伐利亞選侯封為「王」，而新的巴伐利亞國王又趁機擴張領土，國力大增。拿破崙下台後，維也納會議決定將兼有「聯合王國」王位的漢諾威選侯提昇為王國（Königreich Hannover）。加上前面的兩位國王，德意志土地上一時有四位國王，空前熱鬧。

凡爾賽和約後的新局面

一九一八年凡爾賽和約結束第一次世界大戰之後，德意志地區貴族面臨重大挑戰，奧地利廢止王室，改行共和之後，禁止人民使用任何貴族頭銜，例如奧匈帝國王儲鄂圖・馮・哈布斯堡（Otto von Habsburg），在一九一九年後，其護照姓名變更為鄂圖・哈布斯堡—洛林（Otto Habsburg-Lothringen）。而德國的威瑪憲法相對寬鬆許多，雖然廢除前王朝和貴族家庭成員的特權，原本世襲貴族的頭銜則改為姓氏的一部分。例如一位史瓦茨男爵（Freiherr Hans von Schwarz）必須根據新法律改名為Hans Freiherr von Schwarz，也就是說：他姓「Freiherr von Schwarz」，名「漢斯」，而非原本的「史瓦茨的男爵漢斯」。

同屬德意志文化圈的瑞士發展路徑較為曲折。瑞士人口主體為德意志的阿里曼部（Allemanen），此外還有義大利與法蘭西族群等。近代以前，瑞士一樣有各種來源的貴族，階級秩序井然，十五世紀以後成為自治邦聯。拿破崙戰爭之後，各國承認瑞士為永久中立國，依然維持邦聯體制。瑞士憲法規定所有人民平等，領主與附庸關係也走入歷史。不過，瑞士並沒有強制取消原本貴族的爵位，其境內至今仍有好幾個有數百年歷史的「家族」。這些家族不再以身分傲人，相反的，多半行事低調，努力經營企業，延續家族傳統。

倒是瑞士旁邊的列支敦斯登一直保有封建權力，仍然是一個世襲的「侯國」。現仍在位的列支敦斯登侯爵漢斯亞當（Fürst Hans-Adam II.）雖然早於二〇〇四年便退居幕後，由其子阿洛伊斯（Erbprinz Alois）代行政務。阿洛伊斯之妻同樣身分顯赫，她為巴伐利亞王室之後，馬克斯公爵（Herzog Max）之長女。這種貴族聯姻正足以說明德意志的貴族仍以某種形式延續著。

回到這位「帝國公民」的首腦羅伊斯公爵海因里希十三世，他是海因里希一世（Heinrich I. Prinz Reuß）的第五子，就算在十九世紀以前，因非嫡長子，毫無家族繼承爵位的可能。何況二十一世紀時，德國早已廢除貴族階級。羅伊斯姓名只是根據法律，納入封建頭銜，從「羅伊斯領主海因里希」改稱「海因里希・普林茲・羅伊斯」(Heinrich I. Prinz Reuß)，並非「羅伊斯親王」，也不具有任何實質意義。

台灣中文版序

我很高興看到《德意志貴族》在臺灣推出繁體中文版，也很樂意借這個機會與臺灣讀者聊一聊自己成長中的一些經歷。

用臺灣人的話說，我是「七年級生」，青蔥時代正好趕上電腦和網路普及，讀小學和中學的時候只要有閒暇就投入到電腦遊戲當中，為此不知道挨過父母多少罵。當時我的英文很爛，而很多歐美遊戲並沒有翻譯成中文，或者漢化水準很低，所以只能靠自己摸索。像 Single Player，Multi Player，Save & Load 這些遊戲中的最基本英文，也完全看不懂，只能一個按鈕一個按鈕地試驗。青少年的好奇心強、求知欲旺盛、性子執著、精力也充沛。現在回想起來，一方面驚訝於自己當年的瘋狂勁頭，另一方面也是甜蜜的回憶。記得有一個盛夏的午後，窗外赤日炎炎，知了在樹上鼓噪，我在自己房間裡吹著電風扇，喝著冷飲，在電腦遊戲《世紀帝國》（*Age Of Empires*）中馳騁。那種美好的感覺，二十年後仍然歷歷在目，卻再也沒有辦法複製了。

電腦遊戲當然有千千萬萬種，不過我偏愛歷史題材。比如世紀帝國，我從初代就開始玩。我對於世界各種古文明的一些基本的歷史知識，就是出自這套遊戲。從它裡面我知道了雅典、巴比倫、腓尼基，知道了條頓騎士和英格蘭長弓手，還知道了聖女貞德和巴巴羅薩。這套遊戲奠定了我對世界歷史的興趣，甚至還讓我當起了「扶手椅上的戰略家」，總結出了一些戰爭的經驗教訓。多年後，讀到克勞塞維茨和《孫子兵法》時，我驚訝地發現，其中很多道理，我在世紀帝國裡早就瞭解了！

世紀帝國最初發售於一九九七年，當時我才十歲；這套遊戲可以說伴隨我長大，即便今天也經常會拿出來玩一局，尤其是在二〇一九年推出了《世紀帝國II：決定版》之後。不過，現在玩起來，明顯感覺自己已經是個老人家，手速遲鈍，反應也慢。唉！歲月不饒人！

除了世紀帝國之外，我從《要塞》（*Stronghold*）中學到了很多關於中世紀築城與攻城的知識；從《君臨天下》（*Praetorians*）中瞭解凱撒時代古羅馬的軍事，特別是陣型與偵察的重要性；從《榮譽勳章》（*Medal of Honor*）、《魔鬼戰將》（*Commandos*）、《使命召喚》（*call of duty*）中瞭解二戰；從《大航海時代》中瞭解地理大發現；從《十字軍之王》（*Crusader Kings*）、《征服四海》（*Europa Universalis*）中學習歐洲中世紀與近代歷史與政治。

我想在歷史愛好者與研究者當中，恐怕很少有人最初對歷史產生興趣是通過學術論文，大多數人應當還是通過影視劇、電子遊戲、通俗歷史書或者歷史小說。有些人也許希望從歷史當中學到一些經驗教訓或甚至修身齊家治國平天下的大道理，但我覺得，對大多數愛好者而言，歷史本身就非常精彩有趣（遠遠勝過虛構作品），這難道還不夠嗎？

通過閱讀（玩遊戲也算是一種閱讀吧！），我們能夠插上翅膀，飛翔到別的時代、別的空間，與歷史人物邂逅，開闊我們的視野，豐富我們的體驗，這本身就是一種極美好的體驗。喬治・馬丁在《冰與火之歌》第五部裡說：「讀書人的生命有一千次；不讀書的人只有一次生命。」（A reader lives a thousand lives before he dies, The man who never reads lives only one.）。我自己熱愛閱讀，尤其是讀歷史書，因為它給了我無窮樂趣。

希望我這本書也能完成一個小小的使命，能給讀者帶來一些樂趣。也希望能透過這本書找到一些志同道合、同樣對德國歷史感興趣的新朋友！

另外，與一些年齡相仿的臺灣朋友交流時，我驚喜地發現，我們有著很多共同的興趣愛好，比如我們都讀過相同的歷史書、玩過同樣的遊戲（比如世紀帝國）。再轉念一想，這有什麼可驚訝的呢？畢竟，這些都是屬於全人類的共同寶藏。

總之，希望臺灣讀者朋友們會喜歡我這本書！

作者序

「我們村裡有個伯爵，是做鮮花生意的，有自己的溫室。」十多年前，來自德國黑森林地區的女大學生桑德拉在一次閒聊時告訴我。當時我正在自學德文，桑德拉是我的語言夥伴，我教她中文，她教我德文。

我的本科專業是英文，研究生階段讀英美文學，德文是我的另一門愛好。之所以要費很大力氣學德文，是因為我很早就對德國的歷史、地理和文學產生了濃厚興趣。一方面是因為青蔥時讀過的關於「紅鬍子皇帝」、「卡諾莎之行」、「腓特烈大王」的傳說，另一方面是威廉·夏伊勒《第三帝國的興亡》等書籍的影響，再加上當時我對斯蒂芬·茨威格、海涅等人的作品非常喜愛，於是我在大學裡就開始學習這門語言。

不只是德國，我對遙遠的往昔和陌生的國度（long ago、far away）都興致勃勃。和很多「八十後」一樣，我對世界歷史的酷愛還受到《世紀帝國》之類電腦遊戲的極大影響。後來我開始翻譯世界歷史題材的書籍，算是把個人興趣與工作結合到了一起。

翻譯歷史書，最難的是什麼？大概要算頭銜、官銜、機構名之類的翻譯，即為陌生的概念「定名」。我個人遇到的最棘手問題，要算 Prince 一詞的譯法。Prince 這個英文詞說得好聽些是雜貨鋪，說得難聽些則是垃圾箱，它可以用來翻譯不同歷史時期、不同語言和文化背景的許多不同概念，包括俄文詞 Князь（Knyaz，王公、公爵等）、德文詞 Prinz 和 Fürst。英譯者的工作比較輕鬆，遇到這些詞可以一股腦兒全部譯為 Prince，但要如何把五花八門的 Prince 翻譯成中文，中文譯者就要傷很多腦筋。舉個例子，中文世界裡經常可以看到有人把 Prinz 譯為「親王」、「王子」等等，比如海因里希・馮・克萊斯特的著名戲劇Prinz Friedrich von Homburg常被譯為《洪堡親王》，也有人用《洪堡王子》的譯名。「讓我把注意力轉向「德意志貴族」這個話題的，最早就是Prinz和Fürst這兩個詞的翻譯問題。

說到貴族，許多讀者最熟悉的大概是英國貴族吧。英國貴族的等級（貌似）十分清晰簡單：公侯伯子男（當然還有從男爵、騎士等）。實際上，這是在用中國古代的概念來生搬硬套，英國的Duke與Marquis和中國的公侯肯定不能等量齊觀，何況中國的這些概念在不同朝代也不一樣。不過，「公侯伯子男」這一套譯法已經約定俗成，我對它相當尊重，不敢怠慢。

拿「公侯伯子男」去套英國（以及法國）貴族，問題不大，但如果去套德意志貴族，麻煩就來了。因為諸多原因（比如長期的割據導致諸邦實際上是獨立主權國家），德意志貴族的頭銜和等級比英法複雜得多。例如光是與「伯爵」（Graf）相關的頭銜，就有Graf、Markgraf、Landgraf、Reichsgraf等。因為有特殊的皇帝選舉制度，德意志還有選帝侯（Kurfürst）頭銜，這是英法沒有的。

上述種種問題讓我思考了很長時間，促使我開始集中精力去搜尋和閱讀「德意志貴族」題材的書籍與材料，逐漸寫了一些零星的小文章。大約在二〇一五年，得到世紀文景的編輯章穎瑩的鼓勵，我開始考慮寫一本書來專門探討「德意志貴族」的話題。也是這個時候，我回想起了多年前的德國朋友桑德拉的話。這引發了我新的興趣：在今日的德意志聯邦共和國，「伯爵」們過著怎樣的生活？在共和體制下，德國還存在「貴族」嗎？他們的自我認知是什麼樣的呢？別人又怎麼看他們呢？

這本書算是我幾年來閱讀和探索的一個小結。我努力對「德意志貴族」這樣一個歷史現象和歷史群體做出梳理，盡可能關照到政治、軍事、經濟、文化和日常生活等方方面面。這顯然是過於野心勃勃的想法，但我希望盡可能做到客觀，盡可能構建某種系統性的闡述，希望對德國歷史感興趣的讀者會覺得這本書對他們有幫助。我是以譯者的身分開始對德意志貴族產生興趣的，也會帶著譯者的視角，格外注意詞語、概念及其豐富的意義。本書主要是描述性的，不做道德評價。我不會把貴族視為剝削階級來口誅筆伐，因為貴族作為歷史上的社會精英群體，扮演的角色顯然不只是壓迫者那麼簡單。我也不會幼稚到相信貴族的世界都是《唐頓莊園》。總之，我拒絕過於簡單化的、非黑即白的評判。

這本書分成五部分。首先是概念篇，其中第一章是基礎性的介紹，包括德意志貴族相對於英法貴族的一些獨特之處。第二章介紹德意志貴族的等級和頭銜，確定若干概念的譯名，以方便下文的展開。對某些譯名的選定是我個人的決斷，讀者想必會有自己的意見。第二部分歷史篇大致按照時間順序，介紹不同歷史時期德意志貴族的生存狀態，在每一個新時代降臨的時候，他們遇到了什麼樣的問題與挑戰，又如何面對和解決問題，如何確保本階級生存下去。大致勾勒縱向的時間線索之後，第三部分社會篇以橫向的邏輯進一步聚焦，按照主題來行文，每一章圍繞一個具體主題，介紹德意志貴族的生活方式和他們的事業與職業。這部分透過史料儘量重現貴族的日常生活，比如狩獵、舞會、婚姻。這是我寫作得最愉快的部分，希望讀者會喜歡。第四部分餘音介紹德國之外，比如奧地利和波羅的海地區的德意志貴族。第五部分附錄，收錄了我在德語世界進行的兩次採訪，可以算某種意義上的一手資料。在部分章節，我借鑒理查·埃文斯爵士（Sir Richard Evans）的《企鵝歐洲史·競逐權力（一八一五—一九一四）》[2]的寫法，在開頭先透過一個故事（往往是人物小傳的形式）來引出主題。

寫這樣一本跨越漫長時間、廣袤空間並且話題涉獵廣泛的書，必然會依賴大量已發表的著作和論文。對於我覺得比較重要或者對我幫助較大的幾本書，我會稍作點評。在寫作過程中，我去了德國和奧地利的一些地方旅行，對自己書寫的話題算是有了一些直觀的感受，有幸與國外的德意志貴族史研究者交流，還採訪了一位有哈布斯堡家族血統的奧地利貴族。

下面介紹和點評一下我參考的著作當中較為重要的幾本。

邢來順教授的《德國貴族文化史》是目前中文世界裡不多見的以德意志貴族為主題的專著——很可能是我這本小書出版之前的唯一一本。這本書對我的啟發很大，尤其是在結構框架上。邢教授的學術功力深厚，寫這樣一本面向大眾的歷史書可謂駕輕就熟。有興趣的讀者不妨看看。

但這本書的問題也有很多（或者說不是問題，而是作者對主題的有意識選擇和剪裁），因此我才斗膽自己也寫一本。首先最明顯的問題是，《德國貴族文化史》寫到一九一八年帝制滅亡、共和國建立就戛然而止，對威瑪時期、納粹時期和一九四五年之後德國貴族的歷史一筆帶過，只簡單介紹了威瑪時期貴族社團和協會的情況。一個常見的誤區是，只有帝制之下才有貴族，共和國裡沒有貴族。誠然，威瑪共和國透過立法取消了法律意義上的貴族，在法律層面上不再有貴族，並且法律面前貴族與其他人平等是在帝制時期就實現了的，但要說隨著菲利普・謝德曼宣布建立共和國，德國就不再有貴族，顯然並不準確。共和主義對德國貴族階層來說是個沉重打擊，但歷史一再證明，這個階層特別擅長應對環境的變化，「與時俱進」，不斷改造自己，去適應新的歷史條件。事實上，德國貴族不僅沒有消失，而且在一九一八年之後的德國歷史裡發揮了相當重要的作用，這些作用當然有積極的，也有消極的。而到了二十一世紀，有的德國貴族已經資產階級化，但很大一部分德國貴族，尤其是高級貴族，仍然是社會精英，低調地在金融、實業、慈善等領域有所作為。需要特別指出的是，對於二十世紀德國乃至世界的災難性劇變，即納粹上臺和第二次世界大戰，貴族扮演了重要角色。一本以「德意志貴族」為主題的書，如果不用充足的篇幅來講一九一八年之後的貴族史，我覺得是不合適的。

貴族在歷史上長期扮演社會精英和領導者的角色，所以德國歷史和貴族密不可分。但不能說把德國歷史講一遍，就認為貴族史已經順帶講清楚了。比如《德國貴族文化史》關於貴族與軍事的章節，實際上是敘述了一遍從德意志人東擴、條頓騎士團成立與發展、布蘭登堡－普魯士崛起直到第二帝國建立的歷史。這段歷史固然是貴族領導的（或者說貴族在其中發揮了重大作用），但不能說這就是貴族的歷史。同樣，不能把毛奇、沙恩霍斯特、克勞塞維茨等人的生平和貢獻介紹一遍，然後說這就是貴族的軍事史或者軍事的貴族史。我想，如果要寫貴族與軍事的關係，更合適的辦法是探討貴族作為一個階層和群體在歷次戰爭中的經歷，比如第一次世界大戰對貴族的人口構成造成了怎樣的影響、貴族在軍官中所占比例發生了怎樣的變化等等。我會特別注意，我要寫的不是德國史，而是德國貴族史。

還有一個問題是，《德國貴族文化史》中某些主題導向的篇章不是歷時的，而只是歷史的一個橫斷面。比如「德國貴族的飲食和服裝文化」一章的絕大部分篇幅提及的都是中世紀的情況，只是一個歷史剖面。當然這畢竟是非常大的話題，如果從古到今的飲食和服裝文化都涉及的話，一是沒有空間容納，二是很難權衡哪些時代更重要、需要更多篇幅。我在寫作時自然也會遇到同樣的問題。我的理念是，在每一個主題之內，我會儘量平衡地照顧到每個時代。比如在關於狩獵的章節裡，我會兼顧中世紀（腓特烈二世皇帝等）、近代早期、十九世紀和二十世紀。

德國歷史學家斯蒂芬·馬林諾夫斯基（Stephan Malinowski）的《從國王到元首》（*Von König zum Führer*）是研究貴族與納粹關係的名著。作者挖掘了這一時期大量的貴族私人通信、日記和回憶錄，對貴族在德國走向納粹統治這個過程中發揮的作用提供非常負面的評價。他認為，對資產階級、城市文化、自由主義、議會制都抱有敵意（至少是冷漠）的貴族和兩次世界大戰之間興起的形形色色「新右派」（或曰：保守主義革命）一拍即合、互相利用，為納粹上臺鋪平了道路，甚至有大批貴族赤膊上陣，直接為納粹鞍前馬後地效力。馬林諾夫斯基指出，東部和北部的貴族比西部和南部的貴族更傾向於納粹，新教貴族比天主教貴族更傾向於納粹，貧窮貴族比富裕貴族更傾向於納粹，年輕貴族比年老貴族更傾向於納粹。馬林諾夫斯基對貴族的負面評價也受到了一些批評，尤其是來自貴族群體的批評。比如，我採訪的施托爾貝格伯爵認為，馬林諾夫斯基為了突出自己的論點，對證據做了選擇性的呈現和展示，對不利於自己論點的證據視而不見。

艾卡特·孔策（Eckart Conze）的《德意志貴族：伯恩斯托夫伯爵家族在二十世紀》（*Von deutschem Adel. Die Grafen von Bernstorff im 20 Jahrhundert*）是一部巨著，追蹤了伯恩斯托夫伯爵家族的幾個分支在二十世紀的歷史，尤其是威瑪時期和納粹時期。伯恩斯托夫伯爵家族不算最高層的貴族，而且在北德顯得不太典型，比如他們有位老祖宗跟隨漢諾威選帝侯去了英國，後來多位家族成員受英國影響較大。孔策研究了伯恩斯托夫家族的幾位長子（繼承家業，成為地主）和幼子（必須自己打拚）的經歷，似乎能夠印證馬林諾夫斯基的觀點，即沒有自己產業的貧窮貴族更容易過激化，更容易變成極右翼，更容易接受納粹。

瑪蒂娜・溫克胡福爾（Martina Winkelhofer）是哈布斯堡皇室史、奧地利宮廷史與貴族史專家，她的幾本著作《皇帝的日常：法蘭茲・約瑟夫與他的宮廷》（*Der Alltag des Kaisers. Franz Joseph und sein Hof*）、《貴族女性的生活：奧匈帝國的日常》（*Das Leben adeliger Frauen. Alltag in der k.u.k. Monarchie*）、《高雅社會：歐洲皇室與王室的醜聞和陰謀》（*Eine feine Gesellschaft: Skandale und Intrigen an Europas Königs- und Kaiserhäusern*）、《我們就這樣經歷第一次世界大戰：家族的命運（一九一四至一九一八）》（*So erlebten wir den Ersten Weltkrieg: Familienschicksale 1914-1918*）都有很強的可讀性，尤其值得推薦的是《貴族女性的生活》，這本書把十九至二十世紀奧地利貴族女性生活的方方面面（成長、教育、戀愛與婚姻、教養子女、社交、道德、孀居生活等）描繪得躍然紙上。

本書能夠寫成，首先要感謝編輯章穎瑩的鼓勵和支持，從她那裡我充分感受到優秀的編輯是什麼樣子。感謝她的才智、耐心和熱情。我感謝理查・埃文斯爵士、瑪蒂娜・溫克胡福爾博士、彼得・蒂利（Peter Tyrie）博士、彼得・祖・施托爾貝格—施托爾貝格伯爵（Graf Peter zu Stolberg-Stolberg）、妮科爾・法拉（Nicole Fara）女士接受我的採訪並解答問題。華東師範大學人文學院歷史學系的孟鐘捷教授、南京大學德語系的欽文老師、德國日本研究所（Deutsches Institut für Japanstudien）的高級研究員周雨霏博士、資深編輯王蕾老師審讀了全書並提供了很多寶貴意見，我對他們非常感激。還要感謝我的多位學識淵博、嚴謹認真的朋友閱讀和審校了部分或全部草稿，或者說明我搜集資料，對我說明甚多，他們是（按照姓名拼音排列）：陳容寬、郭敬龍、李傑晟、史瀚君、王曉曼、王興彤、張姝妍、張哲浩、張紫柔、朱鈺潔。感謝丁娜博士（德國慕尼黑）、馬螢（瑞士聖加倫）和張平（英國倫敦）說明我搜尋和購買資料。感謝當初幫助我學德語的桑德拉。當然，書中難免有紕漏，期望得到讀者的批評指正。

概念篇

第一章 導論

一、何為貴族

本書講的是德意志貴族，但我想從大海彼岸的英國說起。

一九〇一年，擁有德意志血統的英國女王和印度女皇維多利亞駕崩，享國六十三年七個月又二天。給英國帶來榮耀，也帶來現代性煩惱的漫長「維多利亞時代」結束了。她的長子毫無懸念地即位，史稱愛德華七世。同年，維多利亞女王的長女維多利亞（德皇威廉二世之母）去世。在南半球，新南威爾斯、昆士蘭等殖民地正式合併為澳大利亞聯邦。在非洲，奈及利亞成為英國的保護國。在印度，英國殖民當局舉行了第一次可靠的人口普查，這對英屬印度的治理意義非凡。在南非方面，人權活動家艾蜜莉·霍布豪斯（Emily Hobhouse）作了正式報告，揭露並譴責布爾戰爭時期英國建立的集中營導致二點六萬南非布爾人死亡。這是對帝國主義和殖民主義的強烈抨擊。另外，英國皇家海軍的第一艘潛艇「荷蘭一號」下水，這也具有劃時代意義。

一九〇一年對於英國而言，是哀悼和踏上新征程的一年，是忙碌而充實的一年，是帝國主義春風得意的一年，也是反帝國主義的進步人士高聲疾呼的一年。

但是，從維多利亞女王到愛德華七世的平穩過渡，再加上此時英王（兼任印度皇帝）並無多少政治實權，以及英國在這一年經歷的諸多事件，讓我們很容易忘了英國王室的一個重大變化：延續一百八十七年的漢諾威王朝落下大幕，取而代之的是薩克森—科堡—哥達（Sachsen-Coburg und Gotha）王朝，也就是今天我們常常開玩笑說「超長待機」的伊莉莎白二世女王所在的溫莎王朝。[1]

延續與斷裂：歐洲貴族與中國貴族

一個舊王朝的終結，一個新王朝的建立，除了對譜系學家之外，對其他絕大部分英國人似乎並沒有多大影響，畢竟是兒子繼承了母親的王位，「家天下」並沒有變化。不過，愛德華七世的父親阿爾伯特親王來自德意志的薩克森—科堡—哥達家族。按照西方慣例，家系一般以父系血統為準，所以從譜系學角度來講，的確改朝換代了。

這裡可以再舉出兩個最有名的類似例子。一七四〇年，神聖羅馬皇帝查理六世駕崩，將奧地利、匈牙利、波希米亞等家業傳給女兒瑪麗亞·特蕾莎（Maria Theresia, 1717-1780）。她的丈夫洛林公爵法蘭茲於一七四五年當選為皇帝（稱法蘭茲一世），所以嚴格來講，再往後的哈布斯堡君主應當是洛林家族。從法蘭茲一世皇帝與瑪麗亞·特蕾莎的兒子約瑟夫二世開始，家族的正式稱號是哈布斯堡—洛林家族，但畢竟哈布斯堡這個姓氏的威望太高，所以我們為了簡化常常省略「洛林」，仍然說「哈布斯堡家族」。另一個例子發生在俄國，但也是德意志人的家事。一七六二年俄國女沙皇伊莉莎白（彼得大帝的女兒）駕崩之後，她的外甥彼得三世繼位，而彼得三世只有母系血統是羅曼諾夫家族，父系是德意志的霍爾斯坦—戈托爾夫（Holstein-Gottorp）公爵家族，所以嚴格來講，此後的俄國皇朝應當叫霍爾斯坦—戈托爾夫皇朝，但羅曼諾夫的地位與威望比霍爾斯坦—戈托爾夫強太多，所以大家習慣上還是稱「羅曼諾夫皇朝」。

上述三個例子（英國、哈布斯堡君主國、俄國），都是（按照父系血統來講）改朝換代而並沒有對統治的實質造成大的影響，這與中國的改朝換代不可同日而語。中國歷史上幾乎每一次改朝換代都是大的斷裂，統治集團要來一個大換血。漢取代秦，隋統一天下，元滅宋，清取代明，都是翻天覆地的大變化。一方面往往伴隨流血漂櫓的動

瑪麗亞·特蕾莎與皇帝法蘭茲一世皇帝（洛林家族）及兒女，Martin van Meytens 繪，一七五四年。

亂，另一方面新的統治者在血親或姻親的角度來說，與前任之間沒有多少延續性。

而歐洲歷史上的朝代在變革時大多能夠維持延續性，即便父系血統換了，但也能扯得上關係。統治者的合法性在很大程度上取決於他和前任的關聯，即便不是血親關係，也是姻親關係。像中國大部分朝代更迭時那樣由完全扯不上關係的陌生人來「風水輪流轉」的情況，在歐洲很少發生。在英格蘭歷史上，即使都鐸王朝的開國君主亨利七世得國再不正，好歹他的母親是金雀花王室的後代（即便是私生子的後代）；並且他娶了前朝君主的女兒。哪怕是德意志人入主江山、建立漢諾威王朝這樣的大變革，也依賴於喬治一世（漢諾威選帝侯）是英國前朝君主詹姆斯一世的曾外孫。當然，這樣的血緣關係其實已經挺遠了，喬治一世是個地地道道的德意志人。奧地利哈布斯堡家族獲得匈牙利的合法性依據，在於匈牙利國王拉約什二世（Lajos II, 1506-1526）在對抗鄂圖曼帝國的戰爭中陣亡且無嗣，而神聖羅馬皇帝斐迪南一世是他的姐夫（也是內兄）。奧地利人憑著這層姻親關係對匈牙利提出權利主張，後來又透過對抗鄂圖曼帝國的軍事勝利鞏固了這種主張。

既然歐洲君主制王朝的延續性很強，那麼與君主制息息相關的貴族[2]的延續性出現類似情況，就不足為奇了。今天歐洲很多貴族家庭的歷史可以輕鬆地上溯幾百甚至上千年，跨越好幾個朝代，而且歷經時代變遷而能維持其社會地位。英國是最顯著的例子，不過今天英國貴族大多是都鐸王朝（十五至十七世紀初）時期崛起的新貴後代，更古老的貴族在玫瑰戰爭期間已經損失慘重。即便如此，在今日英國，有幾百年歷史的貴族家庭仍然很常見。德國的貴族家庭血統往往可以上溯得比英國更久遠，比如第二次世界大戰期間的德軍元帥格爾德·馮·倫德施泰特（Gerd von Rundstedt, 1875-1953）的出身可以上溯到十二世紀的貴族地主家族，[3]屬於所謂的「原始貴族」（Uradel）。而韋廷（Wettin）那樣顯赫的王族（邁森邊疆伯爵、薩克森公爵與選帝侯、薩克森國王、波蘭國王等）則不間斷地統治了八百二十九年，並且延續至今[4]；維特爾斯巴赫家族（Wittelsbach，巴伐利亞公爵與選帝侯、普法爾茨伯爵、瑞典國王、巴伐利亞國王等，甚至還當過神聖羅馬皇帝）的歷史可以不間斷地上溯到一一八〇年。[5]韋爾夫家族（布勞恩斯魏克公爵、漢諾威國王、英國國王等）可能是歐洲現存的歷史最悠久的貴族，有據可查的歷史可以上溯到八一九年，這一年韋爾夫伯爵的女兒尤迪特（Judith, ?-843）嫁給了法蘭克帝國的皇帝虔誠者路易（Ludwig der Fromme, 778-840，查理大帝的兒子和繼任者）。[6]

這在中國是很難想像的。十二世紀中國正處於遼金南宋時期，十五世紀則是明朝。能夠從那時一路維持到二十世紀的權貴家族，在中國怕是難以找到。山東曲阜的孔家也許是少數倖存的例外。即便能找到若干這樣的家族，中國歷史上也顯然不存在能延續數百年、跨越許多朝代的一整套貴族階層和貴族集團。因為中國每一次改朝換代，統治家族幾乎都會被全盤換掉，前朝的權貴往往隨之毀滅或解體，新的勳貴取而代之。而在歐洲，既然統治王朝有很強的延續性（哪怕往往是牽強附會的延續性），那麼貴族階層也能有很好的傳承。改朝換代對貴族階層的影響遠遠沒有中國那麼大。

中國貴族不是本書的主題，這裡只順帶說幾句，作為探討歐洲貴族和德意志貴族的背景。美國漢學家譚凱

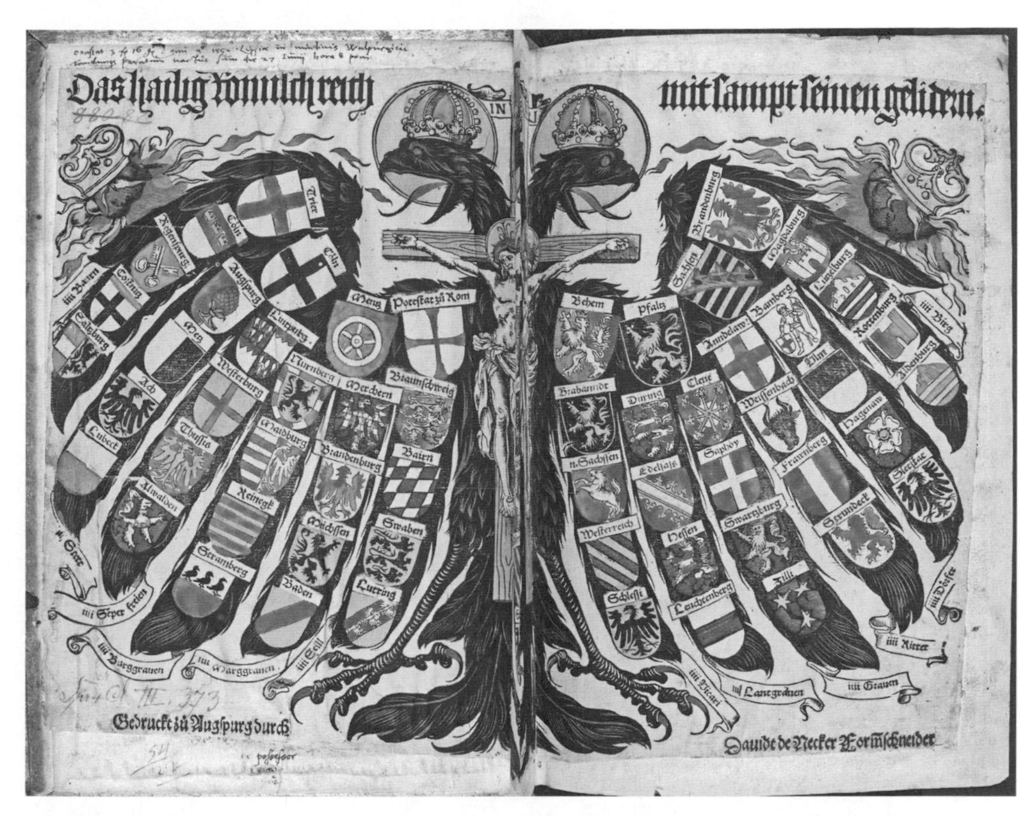

展示神聖羅馬帝國各等級紋章的木板畫，最上面一排是七大選帝侯及梵蒂岡聖座的紋章，Jost de Negker 繪，一五一〇年。

（Nicolas Tackett）的《中古中國門閥大族的消亡》（*The Destruction of the Medieval Chinese Aristocracy*）對中國貴族的問題做過有趣的討論。他用的英文詞是Aristocracy，而相對應的中文詞是「門閥大族」。他指出，在唐宋變革之前，即便在唐代末期，中國門閥大族其實也有很好的延續性，能「獨立於政權，並能在多次改朝換代後延續下去」。[7]這聽起來很像歐洲貴族。比如他在全書開頭舉例的唐末盧氏可以上溯到七百年前的漢朝，「在此期間家族仕宦從未間斷，數百位宗男出仕於漢代以來各朝」。[8]按照譚凱的理論，原本延續性很強的中國門閥大族由於從黃巢起義開始的大動亂帶來的大範圍肉體消滅而損耗殆盡。到了宋代，過去的門第觀念「黯然失色」，出現了新型的精英自我認同，中國貴族也不再具有跨越朝代的延續性。

譚凱對他筆下的唐代貴族做了這樣的界定：「……唐代精英，與晚近的歐洲貴族一樣擁有類似的特徵。即包含基於良好教養的一種受過高等教育的氣質、禮儀行為和道德準則，並由此而引向持續的聯姻。其優越感植根於古老的（真實的或虛構的）血統，記載於能夠追溯數百年的譜牒中。」[9]譚凱旋即指出中國貴族與歐洲貴族的本質區別：「中國的貴族在六世紀以後並不在法律範疇內，其成員無世襲的貴族頭銜。由於並不因武勇而自豪，故更類似於羅馬元老院貴族，而非後世歐洲的『劍之貴族』（Nobles of the sword）。唐代中國的大家族也沒有延續數代的大量土地財富……在中國，貴族無法被定義為君主專制或資產階級的發展障礙。」[10]所以，從延續性和歷史壽命的角度看，中國歷史上的貴族與歐洲貴族有著本質區別。德國慕尼黑聯邦國防軍大學的歷史學教授瓦爾特·德梅爾（Walter Demel）指出，單從貴族家系的強大延續性這一點來看，貴族是歐洲獨有的現象，在全球範圍內可能只有日本與之類似。[11]

歐洲貴族的描述性定義

強大的延續性是歐洲貴族（包括德意志貴族）的重要特徵，但要回答究竟什麼是（歐洲）貴族，仍然非常困難。英國歷史學家多明尼克·利芬（Dominic Lieven，他的家庭背景是波羅的海德意志人）在《一八一五年至一九一四年的歐洲貴族》（*The Aristocracy in Europe, 1815-1914*）一書開頭風趣地說：「人人都知道貴族是什麼，然而一旦要開始寫關於貴族的書，大家就不知道怎麼定義貴族了。」[12]

雖然對利芬教授非常尊重，我們還是要勉為其難地給（歐洲）貴族下個嘗試性、描述性的粗略定義，當然會比較主觀。上文提及的歷史延續性無疑是（歐洲）貴族的一大特點，除此之外，下面幾點也很重要。

一、具有社會的排他性。貴族是個相對封閉的小集團。從平民甚至賤民攀升為貴族並非不可能，但比較困難。到了近代，資產階級逐漸強盛之後，出身平民的官吏、職業人士（醫生、律師、財務專業人員、科學家、藝術家等）、商人有更多機會透過功勳（或者金錢購買）躋身貴族之列。

如何維護排他性？主要是透過門當戶對的婚姻。貴族的婚姻講究門當戶對，所以會形成一個互相通婚的圈子

（Konnubium）。門當戶對的婚姻是維護貴族個人的身分和整個階級的地位的重要手段。

二、屬於統治集團和精英集團，擁有優越的社會地位。一般來講貴族低於王族／皇族，而高於其他群體（除非把王族和皇族算作廣義的貴族）。這種優越性可能來自經濟實力，也可能來自政治權力，或者社會威望，或者身為藝術贊助者的聲名等，或者多方面的組合。借用法國社會學家皮耶・布赫迪厄（Pierre Bourdieu）的理論，象徵資本（頭銜）、文化資本（知識、品味、素養）和社會資本（人脈）讓貴族優越於其他人。

社會威望的一個重要來源是古老的血統。貴族和其他同樣（甚至更為）有權有錢有勢的精英集團（比如中世紀義大利某些商業城邦出現的富裕市民和城市顯貴，德意志的法蘭克福、紐倫堡、漢堡等商業城市也有類似的精英階層）的最大區別，或許就是貴族擁有古老的、值得驕傲的血統。如譚凱所說，這血統的古老可能是「真實的或虛構的」。

歐洲貴族喜歡把自己的血統追溯到天神，甚至不惜給自己生身父親強行安排綠帽子，高抬自己的出身。凱撒說自己是愛與美之女神維納斯的後代。如果不能追溯到天神，能與上古扯上關係也很不錯。血統追溯得越古老，就越高貴。韋爾夫家族自稱是特洛伊人的後代。[13]哈布斯堡家族說凱撒和尼祿皇帝是自己的遠祖。[14]

至少在中世紀早期，大家普遍接受的觀念是，貴族身分是靠血統傳承的，而不是憑藉個人努力和功績能夠贏得的。蘭斯（今天在法國境內）主教艾博（Ebo von Reims, 778?-851）出身農奴，他的母親是皇帝虔誠者路易的乳母。艾博在路易的提攜下當上了主教。但出身貴族的特里爾主教蒂岡（Thegan, 800?-840?）輕蔑地對艾博說：「皇帝給了你自由，但不能讓你成為貴族，因為這是辦不到的。」[15]看來，在那個時代，仍然是血統論至上，即便皇帝也不能讓一介平民變成貴族。當然，隨著時間流逝，市民甚至農民獲得貴族身分的例子會越來越多。

三、貴族身分一般是世襲的。當然也有例外，比如英國的終身貴族（Life peer）不能世襲。德意志的貴族大多可以世襲。

四、貴族一般擁有土地，生活在鄉村（不過以城市為主要活動範圍的貴族也有不少），從事農業和與農業相關的行業（比如畜牧業、釀酒）。根據傳統，貴族不應當從事資產階級的職業（工商業），因為像資產階級一樣為了金錢去工作是粗鄙的，不符合貴族身分，違背貴族的榮譽法則。如果從事那些職業，可能會被剝奪貴族身分。貴族的理想狀態是當有閒的地主，財務自由，而不像資產階級那樣刻意地追求利潤。在宮廷、外交部門、軍隊為君主服務，也是體面的職業。而律師、會計師、醫生這樣的職業屬於資產階級，貴族會儘量避免。當然，這些都是理論，現實中的反例不勝枚舉，十九世紀和二十世紀，從事資產階級職業的貴族會越來越多，當然也會有一些貴族固守傳統的行業：農業。我採訪的奧地利貴族施托爾貝格伯爵曾長期在非洲從事農業和畜牧業，包括牛的育種。

五、至少在部分歷史時期和部分地區，貴族擁有強大的政治權力和一系列特權，比如免（某些）稅，特殊的法律地位（犯法的貴族必須在特別的法庭受審，只有貴族才能審理貴族等等），在宮廷、軍隊、官僚體系中擁有任職的優先權，以及對自己領地內的教會擁有一定權力（比如決定本地牧師的人選）。貴族往往統治著具有人身依附性質的農民。農民對貴族負有徭役等義務。農民的自由程度和貴族統治的具體性質（司法權、員警權乃至初夜權），依照不同的時間與地點而有很大差異。比如在英國農民早已經獲得相對自由的時代，普魯士的農奴制還在延續，儘管普魯士農奴制可能不像我們想的那樣殘酷。遲至一七九四年的普魯士法律中，貴族犯法仍然會得到比平民輕得多的處罰。當然到了十九世紀，法律體系越來越現代化，貴族的許多特權逐漸被廢除。

六、至少在部分歷史時期裡，貴族有武裝自己和建立私人武裝的自由。貴族與軍事緊密捆綁在一起。

七、作為一個社會群體或者階層，貴族有相對統一的心態、生活方式和價值觀。

「榮譽」（Ehre）是貴族的重要價值觀之一，貴族的婚姻和擇業不能違背這種價值觀。與身分低微的人結婚，或者像資產階級一樣追逐利潤，是有損榮譽的事情。榮譽來自貴族的身分（出身），也來自貴族階層的特殊倫理。對貴族來講，榮譽重於生命；為了捍衛自己的榮譽，貴族不惜決鬥，哪怕會因此喪命。而在忠誠和榮譽之間，往往必須選擇榮譽。比方說如果自己的領主不義，那麼為了保住自己的榮譽，貴族應當寧願得罪領主。

七年戰爭末期，普魯士軍隊佔領了薩克森選帝侯的獵苑胡貝爾圖斯堡（Hubertusburg）。腓特烈大王命令貴族軍官約翰・腓特烈・阿道夫・馮・德・瑪律維茨（Johann Friedrich Adolf von der Marwitz, 1723-1781）洗劫該城堡，以報復幾年前薩克森、俄國和奧地利聯軍洗劫了普魯士的夏洛騰堡宮殿並擄掠腓特烈大王心愛的古董。不料瑪律維茨認為這不符合貴族的榮譽，拒絕服從命令，並辭去軍職，從此失去國王的恩寵，最後債臺高築而死。他為自己定下的墓誌銘就是「服從會陷我於不義，我寧願選擇失去寵信」（Wähle Ungnade, wo Gehorsam nicht Ehre brachte）。[16]這句話在德國非常有名。一九四四年七月二十日刺殺希特勒的密謀者也曾援引這個例子。[17]一些反納粹的貴族之所以走上這條危險道路，「榮譽」也是一個重要的理由。

當然，「榮譽」也和很多負面的東西捆綁在一起，比如貴族在法律上的特權、虛榮和追逐頭銜等等。

另一種有名的貴族價值觀可能是「貴人理應行為高尚」（法文：Noblesse oblige；德文：Adel verpflichtet），即貴族有義務承擔社會責任，比如扶貧濟弱、匡扶正義、為國效力乃至犧牲等等，最常見的表現形式則是主持和參與慈善活動。到了十九、二十世紀，資產階級佔據主導地位，貴族階層受到越來越多的批評，而Noblesse oblige往往成為貴族自我辯護、為自己爭取合法性的重要工具。並且，Noblesse oblige也給貴族帶來很多優越感，認為自己既然承擔的責任更多，就理應要求更多的權利。

八、歐洲各國的貴族之間有很多共同點和親近關係。借用漢學家譚凱的概括：「歐洲貴族間有著超越民族的認同感；他們之間彼此團結，強於民族內部貴族、庶民間的彼此認同。」[18]換句話說，一個德意志貴族可能更容易把法國貴族當自己人，而不是德意志本國的市民和農民。因此，貴族具有國際化色彩和跨越國界的身分。而透過婚姻和其他形式的交往，貴族能夠長期維持國際化色彩。因為德意志一度諸侯林立，擁有大量的統治家族（王室、皇室、大公等等），外國王室選擇婚姻對象時經常到德意志來尋找。德意志是歐洲各國的「婚姻介紹所」和「種馬場」。有的國家需要君主時往往到德意志來尋找合適的人選。德意志貴族的後代是（或曾經是）英國、比利時、丹麥、挪威、荷蘭、希臘、葡萄牙、保加利亞、羅馬尼亞等國的君主。

如上所述，我努力給「貴族」下了一個定義。但我們不能忘記，歐洲「貴族」不是一成不變的，也不是同質的，而是始終在發展演變。

為了繼續討論「德意志貴族」，我在後文中還要探討一下什麼是「德意志」。這個問題也不像表面看上去那麼簡單。

二、何為德意志

對近代德意志人而言，法國大革命和拿破崙的崛起猶如晴天霹靂，震撼極大，影響深遠。當時並沒有一個統一的德國，德意志邦國各自為政、一盤散沙。普魯士和奧地利這樣的傳統強國屢次敗於拿破崙，德意志的大片土地被法軍佔領或成為拿破崙的僕從國。

戰敗和被佔領的恥辱極大地激發了德意志民族主義。有志之士希望學習法國的先進之處，奮起保家衛國。不過「家」和「國」對德意志人意味著什麼，在當時還不是十分清楚。是普魯士，奧地利，黑森，還是巴伐利亞？是每一個德意志人所在的邦國，還是所有說德語的人居住的地區？或者是古老的神聖羅馬帝國在地圖上覆蓋的範圍？

德意志：沒有明確疆界的「文化民族」

德國作家理查德・華格納（Richard Wagner，與那位音樂家、《尼伯龍根的指環》的作者同名）在《德意志之魂》的「文化民族空想」一章裡探討了德國歷史上的「文化民族」（Kulturnation）理念，並指出十九世紀初的德意志人對分裂割據的政治局面早已「安之若素、麻木不仁」，乾脆不再用政治來定義祖國究竟是什麼、德意志究竟是什麼；而改用「文化」來衡量和定義德意志。當時的德意志不是「政治民族」，而是「文化民族」。歌德與席勒合寫過一首詩《德意志帝國》，表達的就是這種思想。其中寫道：「德國？請問它在哪裡？我不知道去何處找尋。／學問開始之處，即是政治的終結之地。」可以這樣理解：有德意志「學問」（文化）的地方，便可以算是德意志。

兩位文豪諄諄教導德意志人：「德國人，你們教育自己成為國家，這是徒勞的希望，／把自己培養成自由的人，你們能行。」

華格納批評這種「文化民族空想」，說歌德與席勒此舉是麻痹德意志人民，讓他們安於現狀（政治上的分裂與癱瘓）；另外也是要捧自己為「一種全新自我意識的領軍人物」。德意志民族沒有自己的國家，而「沒有國家的民族乃是為思想家和詩人服務的」。[19]在華格納看來，德意志人成為「文化民族」，一方面是無奈，另一方面也是文人的私心。

此種批評自然有道理，但在本書中要定義「何為德意志」時，恐怕還是要參考「文化民族」，哪怕它只是一種「空想」。因為如果要從「德意志貴族」這條線索來縱覽德意志歷史，實在很難從政治和地理的角度來界定「何為德意志」。我們只能勉強地從文化角度來看德意志。本書的德意志，在地圖上沒有明確的輪廓。

為什麼說很難在地圖上找到德意志的明確輪廓？其中有複雜的歷史原因。

德國國歌的舊版本裡有一句「從默茲到默默爾，從艾施到貝爾特」，指的是奧古斯特·海因里希·霍夫曼·馮·法勒斯雷本（August Heinrich Hoffmann von Fallersleben, 1798-1874）於一八四一年創作該歌詞時認為的德意志（或者至少是受德意志文化影響較大的地區）的範圍。這四個地名是四條河流或水道：默茲河今天流經法國、比利時與荷蘭；默默爾河今天叫尼曼河，流經白俄羅斯、立陶宛和俄羅斯；艾施河今天叫阿迪傑河，在義大利；貝爾特是一條海峽，在今天的丹麥境內。法勒斯雷本寫詩的時候並沒有統一的德意志國家，所以他描繪的邊界只能說是根據語言的使用情況大致勾勒的德意志文化區。這個文化區當然遠遠大於今天的德意志聯邦共和國（由十六個聯邦州組成、國土面積約三十五點七萬平方公里）。

今日德國再加上奧地利、瑞士、列支敦斯登等德語國家，仍然不能完全代表歷史上那個文化意義上的「德意志」。因為發生過複雜的領土變動，很多曾經屬於德意志文化區的地區，今日已經不再是它的一部分，其居民甚至

德國國歌的詞作者奧古斯特・海因里希・霍夫曼・馮・法勒斯雷本的名片正反面，Wilhelm Halffter 攝，約一八六〇年。

不再說德語。

我們把歷史往前推。納粹德國在一九三九年的疆域基本上承襲自第二帝國（多了奧地利、捷克、斯洛伐克等地區[20]），而這個疆域已經不復存在。第二次世界大戰結束之後德國為侵略罪行付出了代價，喪失大片領土，比如東部大片領土劃歸波蘭，而曾經東普魯士的重鎮柯尼斯堡（康德的家鄉）如今是俄羅斯城市加里寧格勒。這是距離我們最近的一次德意志土地的喪失。

既然德意志聯邦共和國、納粹德國和第二帝國都只是文化「德意志」的一個縮影，那麼古老的神聖羅馬帝國能否代表「德意志」呢？我們先要看看神聖羅馬帝國意味著什麼，然後審視它涵蓋著什麼。

神聖羅馬帝國：對已逝去榮光的幻想式復興

對於今天習慣於民族國家觀念的人來

說，神聖羅馬帝國的概念可能令人困惑。它不是一個統一國家，不是一個有效政權，也不是類似今天歐盟的超國家組織或聯合國的國際組織。英國歷史學家詹姆斯・布賴斯（第一代布賴斯子爵）說，神聖羅馬帝國是「一種機構，它由一種奇妙的思想體系創建，也代表著這種思想體系」，是「一種對已逝去榮光的幻想式復興」[21]。他說的「思想體系」指的是普世宗教和普世帝國的思想，「逝去榮光」指的是古羅馬帝國的榮光。布賴斯認為，德意志國王希望能繼承古羅馬普世皇帝的衣缽，但實力不濟，所以為了追尋「羅馬皇帝」這樣光輝（但空虛）的榮耀而犧牲了德意志本國的政治統一和王權[22]。德意志國王（得到教廷加冕之後就是神聖羅馬皇帝）去義大利追尋榮耀的時候，受到倫巴第諸城市的抵抗，再加上長期與教宗鬥爭，嚴重消耗了國王／皇帝的實力。與此同時，因為身在義大利而遠離德意志，他漸漸無力控制本國諸侯，他們的獨立性越來越強，漸漸形成強有力的獨立傳統。皇帝實際能控制的地區越來越小，只剩下自己家族本身的領地和若干帝國直屬城市。而幾乎完全獨立的諸侯的數量也隨之猛增，有的地方甚至一座城堡、一個小村的主人就是一位直屬帝國的統治者。

因為這種政治上的離心傾向，在歷史上，神聖羅馬帝國曾受到伏爾泰的諷刺和詹姆斯・麥迪遜等人的惡評。普芬多夫、蘭克和特賴奇克等近現代德意志歷史學家從近現代民族主義的角度，把德意志在近代落後於英法歸咎於神聖羅馬帝國這樣一種落後的、過時的政治體制[23]。但牛津大學的彼得・威爾遜教授指出，（神聖羅馬）皇帝的職責是道德上的領導和對教會的捍衛，而不是對歐洲大陸的霸權式的直接統治[24]。也許因為他是英國人的緣故，能夠避開德國民族主義的一些思想包袱（比如抱怨德國從中世紀晚期到近代早期的分裂與落後），所以比較心平氣和，對帝國的評價也相當正面。

帝國之內有複雜的、多層次（往往互相重疊）的權力隸屬關係。我喜歡把中後期的神聖羅馬皇帝比作春秋戰國時期的周天子，是名義上的天下共主，但實際上影響力有限。當然歷任神聖羅馬皇帝曾試圖改變這種狀況，比如施陶芬（Staufer）皇朝[25]。而哈布斯堡家族崛起之後，逐漸鞏固和拓展自己家族的勢力範圍，使得奧地利成為近代歐洲的超級大國。

神聖羅馬帝國下轄三個名義上的王國，德意志、義大利和勃艮第，後來演變出來的規則是只有德意志國王有資格成為皇帝，所以德意志國王與神聖羅馬皇帝的身分緊密連繫起來。這同時也意味著帝國內部有大量非德意志的因素，比如在九五〇年，東法蘭克國王鄂圖（後來成為神聖羅馬皇帝鄂圖一世，或稱「鄂圖大帝」）打敗捷克人的波希米亞王國，從此波希米亞成為東法蘭克的附庸（後來成為神聖羅馬帝國的附庸）。而普魯士王國的很大一部分根本就在帝國疆域之外，普魯士國王以布蘭登堡選帝侯的身分（名義上）服從於皇帝。

自西元八〇〇年查理大帝從教宗那裡接過羅馬帝國的皇冠，到一八〇六年神聖羅馬帝國解體，在長達一千年的歷史裡，帝國疆域如同潮水，時有波動和增減，很難準確劃定帝國的版圖。布賴斯認為施陶芬皇朝時期（一一三八至一二五四）帝國的實際政治權力和它的神權影響範圍最為接近，所以選擇這個時間點來描述帝國的疆域。我們不妨借用布賴斯的描述。他把土地分為四類：一、德意志土地，只有在這裡，神聖羅馬皇帝是有效的統治者；二、帝國的非德意志土地，那裡的人們承認皇帝為他們的統治者，但實際上對皇帝視若無睹；三、帝國的某些週邊地區，名義上對帝國效忠，但被自己的君主統治；四、歐洲的其他國家，名義上承認皇帝的地位更高，但實際上獨立於皇帝。

所以只有第一和第二類能算到帝國疆域內，那大致就是德意志、義大利北部、勃艮第王國[26]、阿爾薩斯、洛林、低地國家和瑞士。波希米亞算是依附於帝國的領地。匈牙利從鄂圖大帝時期開始對皇帝有效忠關係，但漸漸脫離了帝國，並且一五六六年的奧格斯堡會議正式確認了匈牙利不屬於帝國。[27]波蘭從鄂圖大帝時期開始臣服於帝國，一直到一二五四年帝國內亂造成的「大空位期」。一二九五年，波蘭正式脫離帝國，不過它的部分地區後來被納入一些德意志邦國，比如查理四世皇帝將波蘭的西里西亞地區納入波希米亞，也就是納入了帝國範圍。一七七二年第一次瓜分波蘭期間，普魯士和奧地利分別吞併了波蘭的波森和加利西亞地區。丹麥一度臣服於帝國[28]，但在「大空位期」之後始終自由。鄂圖大帝是最後一位公認對西法蘭克擁有宗主權的皇帝，此後西法蘭克就發展為中世紀的法蘭西王國，它在大部分時間裡都是帝國的敵人。帝國對瑞典、西班牙、英格蘭、愛爾蘭都沒有任何主權[29]。

若從今日歐洲版圖看，除了德國外，還有十個國家的全部或部分領土曾在某時期屬於神聖羅馬帝國：奧地利、比

英格蘭人康沃爾伯爵理查所使用的德意志國王印章。

利時、捷克、丹麥、法國、義大利、盧森堡、荷蘭、波蘭和瑞士。西班牙因為曾屬於長期壟斷帝位的哈布斯堡家族，所以也與帝國有著緊密連繫。經常被遺忘的是，英格蘭也與帝國有連繫，曾有一位德意志國王來自英格蘭：康沃爾伯爵理查（一二〇九至一二七二），他是無地王約翰的次子、英王亨利三世的弟弟。不過他僅數次到訪德意志，在位長達十六年，在德意志停留的時間只有大約三年，也沒有被教宗加冕為神聖羅馬皇帝。[30]

無論從民族、語言、文化還是政治上來看，神聖羅馬帝國的概念都遠遠大於「德意志」，儘管一五一二年馬克西米連一世皇帝給「神聖羅馬帝國」的說法添加了一個後綴「德意志民族」，使之成為「德意志民族的神聖羅馬帝國」（Heiliges Römisches Reich deutscher Nation）。

德意志移民與德意志語言

德意志人有著悠久的向外移民的歷史。從十二至十三世紀，德意志十字軍和商人開始往波羅的海東岸移民和拓殖。德意志人在波羅的海地區逐漸取得政治、經濟、文化上的主導地位，成為精英階層和統治階級。十八世紀開始之後，很多波羅的海德意志人在俄羅斯帝國的軍事、政治和文化生活中攀升到很高地位。俄國歷史上的很多名人都是德意志血統。另外，凱薩琳大帝邀請德意志移民到伏爾加河流域開墾，他們的後代就是所謂「伏爾加德意志人」。

匈牙利、羅馬尼亞、保加利亞、巴爾幹地區也曾有枝繁葉茂的德裔社區。阿爾薩斯、洛林和南蒂羅爾等地區因為現代民族主義而成為敏感地區，這些地區也受到德意志文化的深刻影響。

這些移民往往在一兩代之後就不能維持德語為自己的母語。不過說德語的人也未必就可以算作德意志人。在中世紀瑞典，低地德語是重要的商業語言和通用語，部分原因是漢薩同盟與瑞典的緊密關係。斯德哥爾摩曾有相當規模的德語人口。梟雄查理十二世時代的瑞典宮廷語言就是德語，他本人不喜歡用瑞典語，瑞典語水準也很一般，倒是把德語當作第一語言[31]。在東歐和北歐，德語一度具有通用語的地位。而在波希米亞、匈牙利等地，上層社會成員往往會說德語。俄國沙皇彼得三世和凱薩琳大帝都是德意志人，他們都是到了俄國之後才學會俄語，但我們顯然把他們都視為俄國君主。當然了，「民族」是一個想像的共同體，我們同樣不能把擁有德意志血統的英國王室算作德意志君主。

何況德意志人也不一定喜歡說德語。最有名的例子就是崇尚法國文化的普魯士國王腓特烈二世（腓特烈大王），他閱讀和寫作文學作品都用法語，與親信交談也用法語，表示過對德語的厭惡，對當時的「狂飆突進」德語民族文學也不感興趣。甚至對德意志的民族史詩《尼伯龍根之歌》，腓特烈大王也予以惡評：「你們太高看那些十二、十三和十四世紀的詩歌了。你們出版它們，認為可以大大豐富德意志語言。但我認為，它們毫無用處，不值得從歷史的塵封中再拿出來。至少在我的圖書收藏中，我不會容忍有這樣乏味蹩腳的作品，我會把它們扔到一邊去。」[32]

既然版圖、政治、地理、語言和血統都無法清晰地界定「德意志」，那麼「何為德意志」真不是一個容易回答的問題，恐怕我們只能繼續含糊其辭下去。本書探討的德意志貴族，生活在今日德意志聯邦共和國覆蓋的領土上，生活在神聖羅馬帝國的部分地理範圍（包括奧地利、瑞士，但不包括荷蘭、比利時），也生活在不屬於神聖羅馬帝國的德語文化區（如波羅的海地區、東西普魯士、西里西亞等）。涉及波希米亞等斯拉夫人地區時，我會把部分在德意志語境發揮作用的貴族也包含在內，儘管他們可能更願意說斯拉夫語而不是德語。我的選擇大體上還是主觀的。

最後強調一下，「德國」這個詞，本書從政治層面理解，用它來指代一八七一年德意志帝國（第二帝國）建立之後的統一政體和國家，包括第二帝國、威瑪共和國、第三帝國、二戰後的東西兩德以及一九九〇年兩德統一之後的德意志聯邦共和國。而「德意志」這個詞，在本書中則是民族、語言、文化、地理等方面的概念。

三、被翻譯成「貴族」的幾個德語詞

既然已經定義了「貴族」和「德意志」，接著我們就要正式開始探討「德意志貴族」了。身為翻譯工作者，我對詞語及其含義比較敏感。有幾個常常被不加區分地翻譯成「貴族」的德語詞，需要解釋一下。它們其實有一些差別，各有側重點。

源自古希臘的 Aristokratie

譚凱在《中古中國門閥大族的消亡》一書中使用的 Aristocracy 這個詞對應的德文是 Aristokratie，來自古希臘語，字面意思是「最優秀的人的統治」。在古希臘，Aristokratie 是一種政體，與君主制（Monarchie）、民主制（Demokratie）、僭主制（Tyrannis）、寡頭制（Oligarchie）等並列。柏拉圖和亞里斯多德在這方面有所闡述。我們可以把古希臘語境下的 Aristokratie 翻譯成「貴族政治」。貴族政治實際上就是一小群特權者掌權。這些掌權的「最優秀的人」就是貴族。請注意，雖然 Aristokratie 常常被用來泛指貴族，但它的本意是一種政體或者政府形式，而不是一個社會群體。

在古希臘，即便在民主制城邦，貴族的優越感也是根深柢固的。前六世紀的詩人，墨伽拉的泰奧格尼斯

（Theognis of Megara）是貴族，他的貴族優越思想對古希臘反對民主制的人有很大影響。泰奧格尼斯根據出身將人類分為兩類：善良而高貴的人、惡劣而卑賤的人。只有貴族擁有判斷力和虔敬，只有他們能做得到溫和、克制和公正。廣大群眾缺乏這些美德，因此是無恥而傲慢的。另外，好的品質是無法傳授的：「生養一個人容易，教他理智卻難。從來不曾有人找到一種辦法，讓一個蠢貨變聰明，也不能讓壞人變善良……」[33]貴族在倫理上的優越感顯然不只是古希臘的現象。

在德意志語境裡，Aristokratie 可以泛指貴族或精英階層，常和另一個詞 Adel 混用。

源自古羅馬的 Patrizier

Patrizier（英文為 Patrician）是另一個常被翻譯成「貴族」的詞，這個詞比較複雜，需要詳細解釋。它的根源是古羅馬共和國，當時羅馬公民分為貴族（patricius）和平民（plebs）。不過，到我們最熟悉的凱撒時代，也就是共和國末期，貴族和平民之間的差別幾乎可以忽略不計。有的貴族家庭已經衰敗，而有的平民家庭有權有錢有勢。凱撒屬於貴族，而龐培出身平民。共和國的統治和精英階層（包括 patricius 和部分 plebs）統稱為 nobilitas（字面意思為「名望」）。共和國的 nobilitas 不是世襲貴族，也沒有明確的界限和標準。

在西羅馬帝國末期和拜占庭時期，朝廷常常向一些達官貴人授予 patricius 的頭銜，於是它逐漸變成了一個銜級或官名。最早的 patricius 往往是權勢很大的行省總督和地方統治者。後來朝廷需要拉攏或招安某些蠻族統治者時，也授予其 patricius 頭銜。四七六年滅亡西羅馬帝國的日爾曼蠻族領袖奧多亞克（Odoaker, 433?-493?）和後來殺死奧多亞克的東哥德統治者狄奧多里克大王（Theoderich der Große, 451?-526）都曾從帝國那裡領受 patricius 頭銜。後來拜占庭還向阿拉伯人和保加爾人軍閥授予過該頭銜。[34]

到了中世紀，在義大利的若干城邦（威尼斯、佛羅倫斯、熱那亞、阿馬爾菲等）和德意志的一些自由帝國城市（如紐倫堡、拉文斯堡、奧格斯堡、康斯坦茨、林道，以及屬於瑞士的伯恩、蘇黎世、巴塞爾等城市）出現了統治

一位富裕的城市貴族，Ludger tom Ring 繪，一五六九年。

城邦的固定的、正式的精英市民集團（通常是商賈），稱為 Patrizier。這些 Patrizier 的起源往往不是真正的貴族，而是小地主。值得注意的是，這些地方大多是繁榮的商業型城市，如威尼斯和熱那亞都是曾經稱霸地中海的航海商業共和國。這些城市的統治者就是 Patrizier 組成的寡頭集團。我們姑且將這種意義上的 Patrizier 譯為「城市貴族」，因為他們的勢力範圍和權力基礎主要在城市，與傳統意義上的與土地緊密連繫的貴族（Adel，本章中下文簡稱「地主貴族」）不同。

在這些城市政權裡，只有男性城市貴族才有政治權利。在威尼斯共和國，非城市貴族幾乎沒有任何政治權利。而威尼斯的城市貴族是一個比較封閉的團體，用著名的「貴族金冊」（Libro d'Oro）來記錄和管理貴族譜系。

漸漸地，許多由城市貴族統治的城邦被強大的君主制鄰國吞併，或者自己演變成單一家族世襲的君主制國家，佛羅倫斯和米蘭都是著名的例子。在演化成君主制政體的城邦，城市貴族就失去了原先的統治寡頭的地位，常常變成市政官員。威尼斯和熱那亞是延續最久的城市貴族政權，後來都被法國大革命和拿破崙軍隊的洪流席捲。在十九和二十世紀，城市貴族這個詞常被用來泛指貴族或社會精英，或者含糊地指非貴族出身的上流社會成員（大資產階級）。比如湯瑪斯・曼出身呂北克的著名商賈世家，他的名著《布登勃洛克一家》有自傳色彩，寫的也是城市貴族的興衰沉浮，其中女主人公、出身大商人家庭的冬妮就曾表示：「我們感覺到自己是貴族。」[35]

德意志的城市貴族階層最早出現在十一世紀，其來源主要是富裕市民、帝國直屬騎士、行政官員和所謂「家臣」（Ministeriale，沒有人身自由、依附於大貴族的底層貴族）。他們往往組成具有排他性的團體（Gesellschaft）或者「家族」（Geschlechter）。在城市裡，城市貴族成員佔據市議會的席位，擔任市政官員，很多重要的職位在不同的家族裡世襲。而不同的城市貴族家族往往互相通婚，結成聯盟。一三八〇年前後，在呂北克，市議會的絕大多數成員都是親戚，對他們來講，政府已經成了他們的家族生意。[36]

為了對抗城市貴族集團，手工藝人往往組成行會，在市議會裡常常能佔據一席之地。城市貴族和行會的鬥爭與妥協，是德意志中世紀城市生活的一條主線。但查理五世皇帝為了懲罰在宗教衝突中敵對他的城市行會，把行會從絕大多數自由城市和帝國城市的統治集團中排除出去，使得城市貴族成為城市的唯一統治者。[37]一五五一至一五五二年，皇帝的官員在南德的二十五座城市（奧格斯堡、康斯坦茨、烏爾姆等）解散行會，組建由城市貴族組成的新政府。[38]

城市貴族除了在自己的城市擔任官員外，也常常經商，在各種企業入股分紅。德意志的城市貴族一般被視為與地主貴族平起平坐，城市貴族自己也往往這麼看，[39]而且他們一般比傳統的地主貴族更富有。並且，如果對自己的地位缺乏安全感的話，只要繳納一筆費用，他們就可以從神聖羅馬皇帝那裡領取正式的貴族證書。一六九六和一六九七年，利奧波德一世皇帝確認了紐倫堡城市貴族的地位，並允許他們吸納新的家族到自己的行列。[40]然而，也有城市貴族對冊封貴族的做法表示不屑。[41]另外，值得一提的是，城市貴族群體始終不接納猶太人。

林道老市政廳的建築立面，左右兩側是城市貴族家族的紋章，JuergenG 攝。

林道的「辛夫岑」城市貴族

林道（Lindau）今天屬於德國巴伐利亞州，位於博登湖東岸附近的島上，在德國、奧地利和瑞士三國的交界處。這座城市的城市貴族很有代表性，不妨介紹一下。林道城市貴族的團體叫作「辛夫岑」（Zum Sünfzen），相關文獻證據最早可追溯到一三五八年[42]。該團體表面上是城裡城市貴族豪門世家之間的社交團體，但實際上是統治城市的寡頭集團，保存至今的團體章程是一四三〇年的。[43]「辛夫岑」這個詞的意義不詳，可能源自該集團社交聚會的酒館門前大樹的樹葉窸窣聲，它聽起來像是歎息（Seufzen）。[44]辛夫岑集團成員的兒子如果尚未獨立成家，可以與父親一同參加集團的社交（比如飲酒），已經成家的兒子要繳費才能成為集團成員；只有長子可以繼承父親的集團成員身分。[45]

辛夫岑集團與鄰近幾座城市的城市貴族集團有著密切連繫與合作關係，比如拉文斯堡的伊澤爾（Zum Esel）集團、康斯坦茨的卡茨（Zur Katz）集團等。

前文提到十六世紀中葉，查理五世皇帝實施改革，消滅城市當中行會的政治勢力，將城市政權完全託付給各個城市貴族集團，辛夫岑集團就是受益者之一。比如原本林道市政府裡有很強的行會勢力，而城市貴族幾乎被完全排擠出去；而在查理五世改革之後，林道市議會有十五人屬於辛夫岑集團，只有四人屬於其他群體，並且普通市民幾乎完全喪失選舉權。查理五世還許可辛夫岑集團收編「其他的正派市民」到自己的隊伍中去。[46]一五四〇至一八三〇年，該集團累計擁有二百五十一名男性成員，其中將近一半曾是市議會成員。另有十八人是市政府聘請的公務人員，比如書記員、醫生等。只有林道市的公民可以成為辛夫岑集團成員，他們互相交際、提攜、幫襯、聯姻，將政治權力和很大一部分經濟利益壟斷在他們自己的小圈子內。

城市貴族身分可以透過女性血統來傳承。比如，城市貴族女性如果嫁給平民，並且得到女方父母的同意，丈夫便可以獲得城市貴族身分（要繳納二個古爾登的費用），哪怕他原本出身低微。[47]這與傳統的地主貴族不一樣，地主貴族女子如果嫁給平民，不會給丈夫帶來貴族身分。辛夫岑集團就是這樣一個有一定開放性的城市貴族集團。這種透過妻子獲得城市貴族身分的手段叫作Erweibern[48]，這個詞裡的weib就是女人或妻子的意思。

辛夫岑成員自視可與地主貴族平起平坐，起初自稱是「可敬」（ehrbar）的團體，後來逐漸自稱「貴族」（adelige）甚至「高級貴族」（Hoch-Adliche）團體。[49]將近一六〇〇年的時候，集團成員當中有正式貴族身分的人被稱為「容克」[50]。很多集團成員從皇帝那裡獲得了正式的貴族冊封文書和紋章，有的從皇帝那裡獲得授權，對已有的紋章加以修改。也有的集團成員在自己的姓氏裡添加了「馮」。

小結一下，在中世紀和近代早期的語境裡，城市貴族的概念比其他幾個表示「貴族」的詞要小得多，絕大多數是在城市中生活和佔據主導地位的精英。當然他們也會在鄉村置辦莊園和地產。城市貴族與城市平民和資產階級有著緊密的連繫。城市貴族的地位在所有貴族當中算是比較低的，但有時比地位高的貴族（Adel）更富有，更有影響力。

源自古德意志的 Adel

德語中最常用的表示「貴族」的詞是 Adel，這個詞源自古高地德語詞 adal，意思是「家系、世系」、「高貴的血統」等；詞源也可能與古高地德語詞 odal 或 uodal 有關係，指祖傳的、世襲的土地，或可引申為家鄉、故鄉。[51] 所以，德意志的貴族概念與土地和對土地的統治連繫緊密，這與本章探討的其他幾個表示「貴族」的德語詞有區別。

四、德意志貴族與其他國家貴族的比較

首先要強調的是，由於諸多歷史原因（長期割據分裂、宗教改革造成的多種宗教對峙等），德意志貴族是高度異質化的群體，在宗教信仰、生活方式、精神面貌、職業與財富來源甚至種族等方面都有很大差別，所以其實並不存在統一的、典型的德意志貴族。歷史學家艾卡特．孔策認為，第二次世界大戰徹底打亂了德國舊有的社會形態、徹底消滅了部分貴族生活的物理空間和權力基礎（比如東部領土的永久性喪失），使得德國貴族變得較為同質，所以一九四五年之後才出現了真正意義上的「德意志貴族」。[52]

與其他國家的貴族相比，德意志貴族有一些值得一說的特殊之處。

一般讀者可能對英國貴族最熟悉。英國貴族（Peer）體制基於頭銜，而頭銜與土地連繫緊密。比如牛津伯爵在世的時候，享有牛津伯爵頭銜的只有一個人，他的兒子們不會擁有牛津伯爵頭銜，並且兒子們如果沒有自己的頭銜的話，在法律意義上算是平民。不過貴族的兒子往往被禮貌地稱為某某勳爵（Lord），儘管這不是具有實質意義的頭銜，而只是「禮稱」（courtesy title）。要等老伯爵去世後，他的長子才會變成下一代牛津伯爵，而新任伯爵的弟弟們如果沒有頭銜，就仍然是平民。

俄國貴族體制則完全不同，是基於血統的。貴族的所有兒子自動擁有父親的頭銜[53]，比如小說《戰爭與和平》裡老保爾康斯基公爵還在世的時候，他的兒子安德列也被稱為保爾康斯基公爵。如果安德列有兄弟的話，他們也是

保爾康斯基公爵。這就導致俄國的貴族比英國多很多。

由於長子繼承制發展和普及的程度在不同地方和不同群體當中有差別，德意志貴族的情況介於英國和俄國這兩種極端狀態之間。侯爵（Fürst）、方伯（Landgraf）、公爵、國王等高級貴族的兒子有一個專門的頭銜：公子（Prinz）[54]。比如，一位侯爵在世時，他的兒子們的頭銜都是公子。長子繼承父親的侯爵頭銜之後，他的兄弟們仍然是公子。這有點像英國的貴族制度。原因大約是，德意志的這些高級貴族在歷史上曾享有君主的地位，他們是神聖羅馬帝國框架內的諸侯或邦君。一國之君自然只有一個，邦君在世的時候，他的兒子和兄弟當然不是邦君。

而「所有兒子均享有與父親相等頭銜」的情況，出現在等級較低的德意志貴族當中，主要是伯爵和男爵。這比較像俄國的情況。比如艾卡特·孔策研究的伯恩斯托夫伯爵家族，所有男性成員都擁有伯爵頭銜。但是，該家族執行長子繼承制，所以儘管兄弟幾個都是伯爵，但只有長子可以繼承祖傳的大部分產業，弟弟們是沒有土地的伯爵。[55]

再舉一個特殊的例子。鐵血首相俾斯麥的伯爵頭銜傳給了他的兩個兒子，但他的侯爵頭銜只能傳給長子。儘管在第二帝國時期大多數侯爵已經不再享有歷史上曾經享有的邦君地位，次子仍然不能與父親和長兄共用侯爵頭銜。普魯士國王腓特烈·威廉四世（Friedrich Wilhelm IV, 1795-1861）曾打算效仿英國習俗，將貴族頭銜與土地掛鉤並實施嚴格的長子繼承制，那樣的話就只有長子能繼承父親的頭銜和土地，但國王的努力被貴族們挫敗了。[56]

此外，關於德意志貴族的頭銜，有一個很有意思的現象。「茜茜公主」（奧地利皇后伊莉莎白）的父親馬克斯·約瑟夫的頭銜往往被翻譯成「巴伐利亞公爵」，但他其實只是維特爾斯巴赫家族一個幼支的成員，地位遠遠沒有「巴伐利亞公爵」這個頭銜聽起來那麼恢弘，他顯然不是巴伐利亞的統治者。看看原文就知道了，他的頭銜比較奇怪，是Herzog in Bayern，字面意思是「在巴伐利亞的公爵」。這個不起眼的介詞in具有重大意義，因為真正的巴伐利亞統治者的頭銜是Herzog von Bayern（巴伐利亞公爵）。德文詞von相當於英文的of，德文的in和英文in差不多。

歷史上維特爾斯巴赫家族曾經有很多分支，各有自己的領地，但都享有Herzog von Bayern（巴伐利亞公爵）的頭銜。一五〇六年家族確定長子繼承制之後，就只能有一個巴伐利亞公爵了，於是為家族的其他男性成員設立了「在巴伐利亞的公爵」的頭銜。這是個很講究的細節，有點像英國貴族的「禮稱」。

類似的例子還有很多。總的來講，如果頭銜裡的介詞是in或zu（大致相當於英文的at），含金量可能比von低很多。畢竟他不是巴伐利亞「的」公爵，而只是一位「在」巴伐利亞的公爵。在任何一個時間點，巴伐利亞公爵只有一位，而在巴伐利亞的公爵可能有好幾個。

另一個現象是，布勞恩斯魏克公爵的頭銜是皇帝封給作為整體的韋爾夫家族，所以該家族的不同分支都用「布勞恩斯魏克—呂訥堡公爵」（Herzog von Braunschweig-Lüneburg）的頭銜，後面再加上自己的分支名稱。[57]

德意志貴族與英國貴族的一大區別是，英國較早出現穩固的中央王權，貴族（哪怕是最高級別的公爵）從來不享有主權，從來不是獨立的統治者。而在德意志歷史上，因為中央王權長期衰弱，大批貴族儘管名義上是神聖羅馬皇帝的封臣，但實際上是獨立國家的統治者。

直屬於帝國和皇帝（reichsunmittelbar），意味著擁有主權（不過與現代的國家主權不能等同），這樣的貴族可稱為「諸侯」（Fürsten或Landesfürsten）或「邦君」（Standesherr），其家族可稱為「統治家族」（regierende Familie）。這樣的貴族往往被稱為「高級貴族」（Hochadel或Hoher Adel）。而諸侯和邦君的兒子們就是「公子」。不曾擁有主權的貴族就是「低級貴族」。

直屬於帝國的身分令人垂涎。出身波希米亞的洛布科維茨（Lobkowitz）家族為了獲得帝國直屬地位，不惜花費巨大的經濟代價獲取了一個極小的帝國直屬村莊施特恩施坦因（Sternstein），還「接盤」了該領地欠帝國的巨額債務。[58]

早期德意志存在很多擁有主權、直屬於神聖羅馬帝國的伯爵、男爵甚至騎士，他們都是各自小國的君主。但隨著大魚吃小魚和政治版圖的整合，擁有主權的邦君越來越少，低級貴族（伯爵、男爵、騎士）大多喪失了主權，臣服於別的貴族。喪失主權、喪失帝國直屬地位的過程，可稱為「陪臣化」（Mediatisierung）。「陪臣」是源自中國先秦的一個概念，周天子的臣子是諸侯，諸侯的臣子是大夫，而大夫又有自己的家臣。所以大夫對於天子，大夫之家臣對於諸侯，都是隔了一層的臣，稱為「陪臣」。日本歷史上也有類似的概念。到了十九世紀，德意志的大多數侯爵也成為陪臣。

德文 Standesherr 這個詞既指邦君，也指陪臣化之後的邦君。被陪臣化的邦君的地位下降，喪失許多特權，但在婚姻市場上他們的地位仍然與擁有主權的統治家族／邦君等同。所以，一位國王／公爵可以娶一個喪失主權的侯爵的女兒，這仍然算得上門當戶對；但不可以娶一個未曾擁有主權的伯爵的女兒，否則就是貴賤通婚（Morganatische Ehe），男方可能被迫放棄頭銜、族長地位和繼承權，其子女沒有完整的繼承權，而且妻子會受到形形色色的侮辱性的限制和冷遇。

如果以德意志的標準來衡量，那麼英國貴族全都是低級貴族，因為英國不存在擁有主權、獨立統治的貴族。所以，即便是高貴而富裕的英國公爵們，也許到了婚姻市場上還要受到默默無聞、囊中羞澀的德意志陪臣（說不定只是伯爵）的輕蔑。不過英國貴族更重視頭銜的高低和財富的多寡，而不重視德意志貴族理解的「高」（邦君或陪臣）與「低」（從未享有主權，從未直屬於神聖羅馬皇帝），因為英國貴族沒有這種區分。英國的威斯敏斯特公爵夫人曾說：「英國貴族慣於對金錢和頭銜很勢利眼，但對血統是否古老無所謂。」著名的英國貴族「米特福德姐妹」之一南茜也說：「英國貴族結婚是為了愛情，而他們的愛情對象總是金錢。英國貴族很少為了讓自己的紋章更好看而結婚」。[59]

在歐洲各國貴族當中，德意志貴族在人口中的比例算是中等，不像波蘭那樣高（百分之五），也不像瑞士與荷蘭那麼低（百分之零點一），大約在百分之零點三（一八一〇年，巴伐利亞）到百分之一（一七九〇年，普魯士）之間。德意志貴族不像英國貴族那樣富裕，也不像很多波蘭貴族那樣貧窮。教會諸侯是德意志貴族的另一大特色，他們同時擁有主教、大主教、修道院長等教會神職和世俗諸侯的地位與領地，其他國家幾乎沒有類似的例子。[60]

五、德意志貴族的分類

德意志貴族不僅在頭銜繼承和有無主權等方面有別於歐洲其他國家的貴族，類別也很複雜，可以按照多種不同的標準分類。

最常見的分類是高級貴族和低級貴族（niederer Adel）。前文已經講過，這裡的高低區別在於是否享有（或曾經享有）主權。一般來講，高級貴族包括神聖羅馬帝國時期的諸侯／邦君和少量直屬於帝國的伯爵；低級貴族包括其他伯爵、男爵、騎士、貴人和無頭銜貴族。其中無頭銜貴族比較特殊，僅在姓氏前有一個「馮」字表示貴族出身。英國沒有無頭銜貴族，但英國的大量鄉紳（gentry）和紳士（gentleman），如果在德意志的話，都可以算作無頭銜貴族。所以德意志貴族的數量比英國多很多。

大部分伯爵屬於低級貴族。[61]喪失了直屬地位的諸侯，即所謂「陪臣」，也算高級貴族。高低的分類方法其實有很多問題，因為十九世紀的很多高級貴族往往是在歷史上從低級貴族提升起來的；而且一八〇六年神聖羅馬帝國解體之後，就很難再用這樣的分類法了。不過在談婚論嫁時，高低貴族之間仍然存在鴻溝。

根據記載德意志貴族譜系的權威著作《哥達譜系學手冊》（*Gothaisches Genealogisches Handbuch des Adels*），最晚到一四〇〇年左右獲得騎士身分的貴族，稱為原始貴族（Uradel）。那麼，什麼算「騎士身分」呢？要往前至少推三代，並且三代人都遵循騎士的生活方式，婚姻也只和騎士家庭締結。[62]諸侯／邦君大多屬於原始貴族。但有的原始貴族的姓氏中沒有「馮」和「祖」這樣表示貴族身分的詞。

而一四〇〇年之後，出身市民或農民階層、透過皇帝／國王／邦君等封授的詔書而獲得貴族身分的人，稱為詔書貴族（Briefadel）[63]。查理四世皇帝效仿法國宮廷的做法，冊封了一些市民出身的官僚（主要是法學家）為貴族。學法律、從事行政管理，是市民實現階層躍升、成為貴族的重要途徑。而冊封貴族並收費，也是王室的一個重要收入來源。目前已知最早的詔書貴族是維克·弗洛施（Wicker Frosch, before 1300-1363），他是美因茨斯蒂芬教堂的教士和查理四世的得力助手，於一三六〇年從皇帝那裡獲得了貴族詔書。[64]獲得貴族身分的市民往往會買地、經營莊園、效仿傳統貴族的生活方式，以便得到原始貴族的接納。有的詔書貴族攀升到直屬於帝國的高位，比如以銀行業起家的富格爾家族和奧地利的酒商埃根貝格（Eggenberg）家族。而原始貴族通常沒有詔書，也不需要詔書來證明自己的高貴。

皇帝冊封的貴族即為帝國貴族（Reichsadel），如帝國伯爵、帝國騎士等。而邦君（如普魯士國王、巴伐利亞選帝侯等）冊封的貴族往往僅在該邦國內得到承認，稱為邦國貴族（Landesadel）。在神聖羅馬帝國時期，封授貴族是皇帝的特權，但也有一些諸侯行使這樣的權力，比如奧地利大公、巴伐利亞選帝侯、薩克森選帝侯、普法爾茨選帝侯、薩爾茨堡大主教、普魯士國王等。一八一五年之後，所有擁有主權的邦君都可以冊封貴族。哈布斯堡家族的族長同時有多個身分，既是皇帝，於是能以皇帝的名義冊封貴族，又是奧地利大公、匈牙利國王、波希米亞國王等，所以能以這些邦君的身分冊封邦國貴族。

有的君主願意把自己的裁縫、御醫、情婦、供應商冊封為貴族，有的君主只冊封功臣。在打勝仗、加冕等重大時機，君主往往會趁著興頭冊封一批新貴族。有的君主冊封起來十分謹慎和吝嗇，有的則慷慨大方。腓特烈大王在位期間冊封了三百五十人為貴族。而巴伐利亞選帝侯馬克西米連三世僅在一七四五年就冊封了超過一百人。薩克森—威瑪—愛森納赫公爵卡爾·奧古斯特（一七五七至一八二八）在位長達七十年（早年由母親攝政），只冊封了八人，包括他的情婦和私生子，以及他的謀臣、大詩人歌德。不過，歌德僅僅被封為終身貴族，不能世襲，而且他對公爵的恩典不以為然，因為他覺得自己身為法蘭克福的城市貴族（Patrizier），早就是貴族了（在歌德一百一十歲誕辰之際，他的兩個孫子被冊封為男爵）。著名的博物學家約翰·克里斯蒂安·森肯貝格（Johann Christian Senckenberg, 1707-1772）更是言辭激烈地表示不屑於被冊封為貴族：「一個正派人的價值超過所有貴族和男爵加起來。如果有人要封我為男爵，我就罵他是賤貨，或者罵他是男爵。我對貴族頭銜就是這麼看的。」[65]

有的時候，冊封還會一人得道雞犬升天。普魯士國王腓特烈一世把自己的教師埃伯哈特·唐克爾曼（Eberhard

Danckelman）封為男爵，他的六個兄弟也獲得了貴族身分。也有的家族只有一支成為貴族，其他的仍然是平民。到了十九世紀，君主的恩澤更加豐厚，大批商人、銀行家、學者成為貴族，如工業家維爾納・馮・西門子（Werner von Siemens, 1816-1892）和猶太人銀行家格爾森・馮・布萊希羅德（Gerson von Bleichröder, 1822-1893）。威廉二世皇帝把許多大資產階級人士提升為貴族，因為提升的人數太多，導致這些「威廉時代貴族」有時不被傳統貴族的圈子接受。他還把許多伯爵提升為侯爵，導致侯爵頭銜貶值，有的人甚至謝絕被皇帝提升。[66]

奧地利和匈牙利常用的一種說法「老貴族」（Alter Adel）包括原始貴族和一些歷史悠久的詔書貴族。

在奧地利，透過從軍為皇帝效勞而獲得貴族身分的人，稱為「體制貴族」（Systemmäßiger Adel）。在德意志第二帝國，達到師長職位（一般是中將軍銜）的軍官大多會獲得貴族身分。這些透過從軍效力而成為貴族的人，稱為「寶劍貴族」（Schwertadel）。一八七〇年普法戰爭期間，普魯士國王威廉一世一次就冊封了一百七十名市民出身的軍官：「您跪下的時候是西伐特上尉，起身的時候就變成了馮・西伐特上尉。」[67]

某些騎士團勳位或者軍事勳章的授予，可以和冊封貴族捆綁在一起。這種貴族稱為「勳位貴族」（Ordensadel）。勳位貴族有的是世襲的，有的僅限本人。一八八四年之前，在奧地利，獲得三級鐵冠勳位（Orden der Eisernen Krone）的人自動獲得世襲騎士身分，獲得二級鐵冠勳位的人有權申請成為世襲男爵，一級鐵冠勳位的獲得者則可獲得樞密顧問（Geheimrat）的頭銜。榮獲瑪麗亞・特蕾莎軍事勳位（Militär-Maria-Theresien-Orden）的人自動獲得「某某騎士」的頭銜，甚至可以申請成為世襲男爵。薩克森的「薩克森公國恩斯特系家族勳位」（Herzoglich Sachsen-Ernestinischer Hausorden）和普魯士的「黑鷹勳位」（Schwarzer Adlerorden）也有這樣的功能。巴伐利亞國王授予的「馬克斯—約瑟夫軍事勳位」（Militär-Max-Joseph-Orden）和「巴伐利亞王冠功勳勳位」（Verdienstorden der Bayerischen Krone）的獲得者可以得到「某某騎士」的頭銜。符騰堡則有「腓特烈勳位」（Friedrichs-Orden）和「符騰堡王冠勳位」（Orden der Württembergischen Krone）。

有些官職自帶貴族身分，不過主要是在哈布斯堡領地內的天主教會內。這叫「官職貴族」（Amtsadel）。比如

奧匈帝國的波蘭裔陸軍元帥塔德烏什・羅茲瓦多夫斯基（Tadeusz Rozwadowski），其左胸上方佩戴的就是一級鐵冠勳位的星章，圖中央較小的十字勳章是瑪麗亞・特蕾莎軍事勳章。

符騰堡王冠勳位的星章和十字勳章，shakko 攝。

獲得布拉格大主教這個職位的人，即便本身是市民出身，也會自動獲得諸侯地位。十八世紀哈布斯堡家族的帝國宮內法院（Reichshofrat）法官也可獲得貴族身分。普魯士和符騰堡也有類似的規定。不過官職貴族一般僅限本人，不能世襲。

中世紀憑藉為君主、諸侯和修道院效勞而獲得貴族身分的人，也稱為「服務貴族」（Dienstadel）。生活方式類似傳統諸侯的大富豪，比如工業家和銀行家，常被稱為「金錢貴族」（Geldadel），其中部分人獲得了真正的貴族封授，比如羅特希爾德家族、西門子家族等。

傳統的歐洲貴族是世襲的。但除了世襲貴族（Erbadel）之外，也有一些終身貴族（Persönlicher Adel），僅限本人，不能世襲，如官職貴族和部分勳位貴族。在巴伐利亞，如果某男子獲得終身貴族身分，其妻亦可成為貴族。而在符騰堡，終身貴族僅限本人，連妻子都沾不到光。

第二章 德意志貴族的頭銜與等級

德意志貴族的頭銜和等級比許多讀者較為熟悉的英國貴族複雜很多，值得詳細討論。我們大致按照從高到低的順序來一一探討。首先要說的是（至少理論上）至高無上的「皇帝」頭銜。德意志歷史上的「皇帝」有好幾種，性質不同，包括神聖羅馬皇帝、奧地利皇帝、奧匈帝國皇帝和德意志第二帝國的皇帝。

一、皇帝

帝與王

看過ＴＶＢ警匪題材電視劇的朋友都聽過一個響亮的名號：皇家香港警察。港英當局下屬的警隊於一九六九年獲得 Royal 稱號，從此稱 Royal Hong Kong Police Force，中文常譯為「皇家香港警察」。英國及其前殖民地冠有 Royal 的機構非常多，我們最熟悉的有 Royal Air Force（皇家空軍）、Royal Navy（皇家海軍）、Royal Mail（皇家郵政）等。這些詞我們都已經耳熟能詳，很少會細想。

但是，喜歡咬文嚼字的朋友知道，royal 這個英文詞譯為「皇家」不太合適。Royal 是形容詞，詞源是古法語 roial（現代法語也寫作 royal）；其名詞形式是法語 roi（國王，相當於英文 king）。當然刨根問底的話，roi 一詞的最終來源是拉丁文rex（國王）。Royal的準確對應詞是「王室」、「王家」等，不應當是「皇室」、「皇家」。因為「皇室」、「皇家」在英文當中另有一套詞，如empire、imperial。

在歐洲和在中國一樣，「國王」與「皇帝」是截然不同的兩個概念。我們不會把西漢的諸侯王與中央的皇帝混淆，不會把明代的宗親王與皇帝混為一談，那麼也不應當把歐洲歷史上的「國王」與「皇帝」搞混。

歐洲語境裡數量眾多的「國王」（king）與數量較少的「皇帝」（emperor）之間可謂天差地別。在歐洲史上，一般來講，至少在名義上，國王低於皇帝；皇帝不必向其他任何世俗統治者承擔責任；而國王往往需要向皇帝承擔至少是禮節上的義務。

這兩個概念在歐洲有不同的起源。「王」的概念一般源自古代的部族領袖，大多是軍事領袖，也可能是宗教領袖。羅馬最早是君主制國家，其國王（Rex）的來源就是羅馬早期的部族領袖，也許可以追溯到傳說中的羅慕路斯建城時代。在共和國與帝國時期，羅馬人把某些蠻族的部族領袖稱為Rex。西羅馬帝國滅亡之後，西歐被多個蠻族王國佔據。十世紀，盎格魯撒克遜諸王國在反抗丹麥人的戰火中統一為英格蘭王國。不列顛北部興起了蘇格蘭王國。法蘭西王國從法蘭克人加洛林帝國的廢墟之上崛起。神聖羅馬帝國主要以德意志（以東法蘭克王國為基礎）、義大利和勃艮第這三個名義上的王國為核心。在伊比利亞半島，西哥德王國被穆斯林消滅之後，基督教勢力分分合合，最終成為亞拉岡、卡斯提爾和葡萄牙這三個大王國。諾曼人在南歐建立了領土橫跨墨西拿海峽的西西里王國。馬扎爾人皈依基督教之後建立匈牙利王國。波蘭王國和波希米亞王國分別在十一和十二世紀建立。北歐出現了挪威、丹麥、瑞典三個主要王國。

以上是中世紀歐洲諸王國的大致情況。可見王國的數量不少。但與此同時，帝國理論上卻只有一個。帝國（empire）的傳統從羅馬帝國開始。在拿破崙建立現代帝國之前的歐洲，一定是只有與古羅馬能扯得上關係的政權才可以算「帝國」。一個極端的例子是在一四五三年土耳其人征服君士坦丁堡後，鄂圖曼蘇丹穆罕默德二世自認為繼承了羅馬的法統，有時自稱為「凱撒」和「羅馬皇帝」。等到拿破崙自立為皇帝之後，出現了若干現代帝國（奧地利帝國、德意志第二帝國、大英帝國等），它們就不再從古羅馬尋找合法性了。

西羅馬帝國滅亡之後，東方的拜占庭帝國維持了羅馬的法統。拜占庭人自稱「羅馬人」，稱其國家為「羅馬帝國」——儘管他們漸漸變得以希臘語為主要語言。日爾曼蠻族在西歐建立的法蘭克國家得到天主教會的支援和許可，自視為羅馬法統的繼承者，其後續就是中世紀的神聖羅馬帝國。中世紀思想界（在當時基本上也就是基督教會）構建了所謂「皇權轉移」（Translatio imperii）學說，來支撐和鞏固神聖羅馬帝國的合法性。它的合法性就在於它（自認為）是古代羅馬帝國的繼承者。在近一千年裡，若不算逐漸衰敗的拜占庭，那麼歐洲只有一位皇帝，就是神聖羅馬皇帝；也只有一個名正言順的帝國，就是神聖羅馬帝國。

不過我們常常越過「帝國」的狹義，把一些強大的、疆域較廣的政權也稱為「帝國」。例如，金雀花家族一度統治英吉利海峽兩岸的大片領土，實力比法蘭西國王強得多，所以歷史學家常說「金雀花帝國」。但金雀花家族的君主從未稱帝，他們的國家也從來不是正式的帝國。對於這種帝國，我權且稱之為「有實無名的帝國」。而相比之下，長期分裂、皇帝沒有實權的神聖羅馬帝國可以說是「有名無實的帝國」了。

英國可能是最典型也最強大的帝國了。但是在大部分歷史時期裡，它是「有實無名的帝國」，比如它統治北美的時候，它的國號仍然是大不列顛王國，並沒有稱帝。英國真正成為「有實有名的帝國」非常晚，是在一八七七年維多利亞女王正式獲得「印度女皇」的頭銜之後。注意，是「印度皇帝」，不是「英國皇帝」。自此到一九四八年喬治六世放棄「印度皇帝」稱號（印度此時已獨立），英國君主一直都享有「印度皇帝」頭銜。也就是說，只有在一八七七至一九四八年這麼短的時間裡，英國統治者才算得上真正意義上的「皇帝」，英國才有「皇家」。其他時間裡，只能說是「王家」。因此前文列舉的 Royal Navy 等等不太適合翻譯為「皇家海軍」，還是譯作「王家海軍」較好。但中文世界早已習慣了「皇家海軍」、「皇家員警」，甚至「英女皇伊莉莎白二世」等說法。約定俗成，怕是很難糾正了。伊莉莎白二世女王陛下也許會很高興看到中國人把她拔高了一級，但英語世界肯定不會稱她為 Empress（女皇）。

腓特烈大王晚年的肖像畫，Anton Graff 繪，一七八一或一七八六年。

其他類似的錯誤是，中文世界裡經常把普魯士國王腓特烈二世的綽號 Friedrich der Große 譯為「腓特烈大帝」，這是不妥的。他只是國王而已，何時稱過帝？在他的時代，自有哈布斯堡家族的神聖羅馬皇帝。我們老老實實地把這位普魯士君主稱為「腓特烈大王」，不是很好嗎？

沙皇的僭越

曾經有一個國家因為擅稱「帝國」的「僭越」行為而引起麻煩。俄國沙皇彼得一世在打敗瑞典之後，於一七二一年開始採用「皇帝」（拉丁文 imperator）的稱號。之前俄國統治者的頭銜沙皇（Tsar）源自「凱撒」。在羅馬帝國，「凱撒」是皇帝的頭銜之一，但後來演變成皇儲或副皇帝的頭銜。而在拜占庭，很多達官貴人被授予「凱撒」的頭銜，同時拜占庭帝國也向一些蠻族統治者授予「凱撒」的頭銜。所以，「凱撒」的含金量一直在下降，肯定低於「皇帝」（頭銜是奧古斯都或 imperator）。俄國統治者原先用「沙皇」就是為了和拜占庭與古羅馬攀親，從歷史當中尋找合法性。儘管我們從中文詞「沙皇」、

「皇帝」裡較難體會到二者的差別，但沙皇（tsar，相當於「王」）搖身一變，成為皇帝（imperator），實際上是一個華麗的變身和大升級，是自我拔高，同時也是彼得大帝廣泛的西化政策的一部分。

我們可以想像，在將近一千年裡擔任歐洲基督教世界（名義上的）天下共主的神聖羅馬皇帝，對來自東歐「蠻荒」之地的俄國人的放肆僭越，會是多麼不悅。而自封為皇帝的彼得大帝心裡可能也有點惴惴不安，需要特別努力來鞏固自己作為皇帝的合法性。

俄國大臣米哈伊爾・莎菲羅夫在翻閱舊檔案與檔時發現了一封一五一四年神聖羅馬皇帝馬克西米連一世寫給瓦西里三世沙皇（伊凡雷帝的父親）的信。在這封信裡，馬克西米連一世稱呼沙皇為「偉大君主瓦西里，皇帝和全俄羅斯主宰者」。這封信是用德語寫的，但裡面的「皇帝」用的是 imperator 一詞。莎菲羅夫將此信拿給彼得大帝看，他立刻命令將信翻譯成多種語言並分發給在聖彼德堡的所有外國使節。同時他讓俄國外交官在西歐各大報紙上刊登這封信，並宣布：「這封信足以無可辯駁地證明，全俄羅斯的君主理應享有皇帝頭銜，因為很多年前神聖羅馬皇帝就承認俄國君主的皇帝頭銜。並且寫這封信的人，是世界上地位最崇高的一位皇帝。」[1]這種「自古以來」風格的借用歷史，當然是一種宣傳手段。大家承認不承認，還要看俄國沙皇自己的實力。

最反對俄國人稱帝的，當然是壟斷神聖羅馬皇帝位置的哈布斯堡家族。一七二一年，皇帝查理六世拒絕承認一五一四年那封信的真實性。哈布斯堡家族認為，基督教世界不能有兩個地位同等的世俗領袖。但二十年後，國際形勢發生了很大變化。一七四〇年，查理六世在維也納駕崩，他沒有兒子，只留下一名女性繼承人，即他的女兒瑪麗亞・特蕾莎。他生前拉攏歐洲各國，讓大家同意後來被稱為《國事詔書》（*Pragmatische Sanktion*）的法令，即允許女性繼承他的大業，不過皇帝的頭銜將傳給她的丈夫。法國、西班牙、普魯士等國家拒絕接受瑪麗亞・特蕾莎及其丈夫繼承哈布斯堡家族的產業，於是爆發了所謂「奧地利王位繼承戰爭」。俄國在奧地利危難之際與其結盟，奧地利為了感謝而承認俄國統治者的皇帝身分。

俄羅斯帝國是有名有實的帝國（不管這「名」來得是否正當，只要歷史足夠悠久並且得到很多人的承認，自然

彼得一世的肖像畫，俄國君主自他開始稱帝，Paul Delaroche 繪，一八三八年。

就合法了），羅曼諾夫家族是名副其實的皇朝。說他們是「王朝」，簡直是對他們的貶低和侮辱。哈布斯堡家族的情況也類似，他們長期壟斷神聖羅馬皇帝的位置，後來又自封為奧地利皇帝，以及後來的奧匈帝國皇帝，同時擁有匈牙利國王、波希米亞國王等多頂王冠。說哈布斯堡是「王朝」，等於給人家降了一級，還是「皇朝」較好。中文世界裡常見「羅曼諾夫王朝」、「哈布斯堡王朝」這樣的說法，我個人認為是不嚴謹的。當然，在中國政治制度史中，常用「王朝」一詞，比如「大明王朝」、「大清王朝」，但我認為，在歐洲歷史的語境裡，「帝」和「王」、「皇室」與「王室」、「皇家」與「王家」，還是有所區分較好。

基督教世界的共主：神聖羅馬皇帝

前文談到俄國統治者頭銜時，我曾介紹過古羅馬皇帝的稱號除了「奧古斯都」，還有 imperator。這個詞在羅馬王政時代的本意是軍事指揮官。在羅馬共和國時期，imperator 一般是獲得重大勝利的將領的榮譽稱號。屋大維（後來的奧古斯都）建立帝國之後，

imperator 一般僅限於皇帝使用。法語的 Empereur（皇帝）和 Empire（帝國），英語的 emperor（皇帝）和 Empire（帝國），都來自這個拉丁詞。所以 imperator 是皇帝的專號。

神聖羅馬皇帝的頭銜在拉丁語裡是 imperator，在英語裡是 emperor。但德語用的是 Kaiser，這個詞來自凱撒的名字 Caesar。他的甥孫和繼承人屋大維採納他的名字，也自稱為凱撒。屋大維建立的羅馬帝國的第一個皇朝，尤利烏斯—克勞狄皇朝的每一位皇帝也都用「凱撒」這個名字。西元六八年，該皇朝的末代皇帝尼祿死去，篡位者加爾巴與凱撒家族沒有任何血緣或姻親關係，但為了鞏固自己的合法性，也採用「凱撒」的名字。久而久之，在羅馬帝國，「凱撒」不再是一個名字，而變成了頭銜和稱號，是皇帝的代名詞。並且逐漸形成了一種制度：皇儲（不一定是現任皇帝的兒子）獲得「凱撒」的稱號，並在繼位之後保留這個稱號。而現任皇帝的全套頭銜裡雖然有「凱撒」，但一般被稱為「奧古斯都」。

西元二九三年，為了解決帝國地理範圍太大、行政管理和軍事防禦困難的問題，戴克里先皇帝建立四帝共治制度，帝國東西各有兩個正皇帝和副皇帝。正皇帝的稱號是奧古斯都，副皇帝是凱撒。奧古斯都死後，由凱撒接任。不過四帝共治制度很快被廢止，帝國逐漸分為東西兩個部分，各有一位奧古斯都。同時，把「凱撒」作為皇儲的習慣延續了下來。

而在拜占庭帝國（東羅馬帝國），後來出現了多個高於「凱撒」的頭銜，如 sebastokratōr（字面意思：尊貴統治者）。很多達官貴人被授予「凱撒」的頭銜，同時拜占庭帝國也向一些蠻族統治者，如瓦拉幾亞、塞爾維亞的統治者授予「凱撒」的頭銜。儘管「凱撒」頭銜比「奧古斯都」低，德語世界裡還是把 Kaiser 與「皇帝」（Imperator）等同起來。與此同時，同樣源自凱撒之名的「沙皇」（Tsar）卻被認為低於 Imperator。也就是說，德語 Kaiser 和俄語 Tsar 雖然同源，前者卻高一級。

西元八〇〇年耶誕節，法蘭克統治者查理大帝被教宗授予「羅馬人皇帝」（Imperator Romanorum）的頭銜，獲得了 imperator 和「奧古斯都」的稱號。從理論上講，羅馬帝國在西歐恢復了。但查理大帝去世後，帝國被他的幾個兒孫瓜分，演化出東、中、西三個法蘭克王國。九六二年，東法蘭克王國君主鄂圖一世憑藉打敗匈牙利蠻族、保衛基督教世界的軍事勝利和榮耀，被教宗加冕為羅馬皇帝，後來獲得「鄂圖大帝」的美譽。羅馬帝國在西歐再度恢復。獲得 imperator 和「奧古斯都」稱號的鄂圖一世是神聖羅馬帝國第一位正式的皇帝，當然有時也把神聖羅馬皇帝從查理大帝算起。鄂圖一世的帝國與查理大帝的帝國相比小了不少，有效控制的疆域主要在德意志。查理大帝及其後來的神聖羅馬皇帝，算是繼承了羅馬帝國的法統。從九六二年到一八〇六年（在一八〇六年，迫於拿破崙的壓力，神聖羅馬帝國被廢除），若是不算拜占庭，那麼歐洲基督教世界只有一個皇帝；說到 emperor，那就只能是神聖羅馬皇帝。

在西歐，神聖羅馬皇帝在法統和理論上是古羅馬帝國皇帝的繼承人，是整個基督教世界的天下共主和世俗領袖（教宗是精神領袖）。神聖羅馬皇帝名義上是選舉產生的，先選出「羅馬人國王」（即德意志國王），他需要到羅馬獲得教宗加冕，才算是皇帝。所以歷史學家也把神聖羅馬皇帝（Kaiser des Heiligen Römischen Reiches）稱為「羅馬—德意志皇帝」（Römisch-deutscher Kaiser）。

與歐洲的其他民族不同，德意志的君主享有「皇帝」的格外崇高的榮譽，當然這也是格外沉重的負擔。歷史學家詹姆斯·布賴斯認為，如果德意志國王和神聖羅馬皇帝由不同人擔任，那麼神聖羅馬帝國可能早就解體了，而德意志國王完全可能和英法一樣發展成強大的中央集權國家。而恰恰就是德意志國王和神聖羅馬皇帝這兩個位置結合在一個人身上，給了帝國更長的壽命，卻削弱了德意志國王的力量。[2]

除了德意志王位，鄂圖大帝還獲得了義大利王位。一〇三二年起，又有勃艮第王國被納入帝國。一一五七年，腓特烈一世皇帝（巴巴羅薩）時期，開始說帝國是「神聖」的。[3]「神聖」、「羅馬」和「帝國」這三個詞連在一起使用，最早的文獻證據是一一八〇年的，一二五四年之後「神聖羅馬帝國」的說法才用得比較多。[4]一四七四年，第一次出現了「德意志民族的神聖羅馬帝國」的說法，一五一二年之後這種說法變得常見。[5]

因為去羅馬的征途遙遠而危險，德意志國王對義大利的控制力很弱，勞師遠征往往落得一去不復返的下場，而且即便去了羅馬，說不定還要用熱臉去碰教宗的冷屁股，所以很多德意志國王並不是當選之後馬上去羅馬，有的則根本沒有去過。一二五〇至一三一二年和一三七八至一四三三年沒有皇帝獲得加冕，但仍然有德意志國王。

為德意志國王加冕的權力，逐漸成為教宗與國王爭鬥的一件重要武器。德意志國王也漸漸意識到，自己並不是非要教宗的「加持」不可。最後一位在羅馬獲得加冕的皇帝是哈布斯堡家族的腓特烈三世（時間是一四五二年）。他的兒子馬克西米連一世因為被威尼斯人阻撓，去不了羅馬，就獲得了教宗的許可，使用「當選的羅馬皇帝」（Erwählter Römischer Kaiser）這個稱號。從此之後一直到一八〇六年，神聖羅馬皇帝都用這個稱號。[6]馬克西米連一世的孫子，強大的查理五世則是最後一位獲得教宗加冕的皇帝，時間為一五三〇年，不過地點不是羅馬，而是波隆那。查理五世的弟弟和皇位繼承人斐迪南一世更是厲害，根本不理睬教宗，而是在選帝侯的支持下，宣布今後德意志國王自動獲得神聖羅馬皇帝頭銜，無需教宗插手。

當選但還沒有獲得皇帝頭銜的德意志國王也被稱為「羅馬王」（römischer König），這個頭銜的其他說法還有「羅馬人國王」（König der Römer）、「日爾曼的國王」（König in Germanien）等，現代學者也稱之為羅馬－德意志國王（römisch-deutscher König）。

有的皇帝在世的時候就透過運作，把自己的兒子確定為下一任國王／皇帝，這樣的繼承人也被稱為「羅馬王」。皇帝在世的時候，羅馬王（皇帝的兒子）沒有實權，就像英國的威爾斯親王。但皇帝去世後，羅馬王立刻自動成為皇帝或「當選的羅馬皇帝」。拿破崙封自己的兒子為羅馬王（Roi de Rome），也是參照這個先例。[7]

按照傳統說法，皇帝有四頂王冠。他首先在亞琛加冕為德意志國王[8]，然後在米蘭加冕為義大利國王，最後在羅馬獲得皇帝的兩頂冠冕。之所以有兩頂皇帝冠冕，是因為皇帝是「全羅馬城與全世界」（urbis et orbis）的君主。另一種理論是，皇帝在羅馬只有一頂王冠，而在阿爾勒獲得勃艮第王冠。[9]關於皇帝的四頂王冠，有很多傳說。其中有一種說法是德意志王冠是白銀的，義大利的是鐵王冠，而羅馬的是黃金的。[10]

有一個問題是，皇帝既然已經是世界之王，為什麼還要在乎義大利國王這樣低一級的榮譽呢？歷史學家布賴斯的解釋是，皇帝的職能與國王不同，皇帝不是某一個具體國家的直接統治者與管理者，而是對國家享有一種普遍的、廣泛的、也比較「虛」的宗主權和控制權。[11]神聖羅馬皇帝是國際性的、宗教性的，而德意志國王是民族性和封建性的。[12]

雖然德意志國王的位置與神聖羅馬皇帝緊密連繫，但從法律上講，並非只有德意志人可以當皇帝，因為皇帝是理論上的基督教世界共主。英格蘭的康沃爾伯爵理查（亨利三世的弟弟）曾當選為德意志國王，到訪過德意志幾次，在亞琛加冕為國王，但最終沒有獲得皇帝加冕。而與他作對的幾位選帝侯甚至把選票投給卡斯提爾國王阿方索十世，這位來自伊比利亞半島的君主的母親是施陶芬家族的德意志國王施瓦本的菲利普（巴巴羅薩的幼子）的女兒，所以也算能和帝國扯上關係。[13]查理五世皇帝和法國國王法蘭索瓦一世競爭帝位的時候，引發過很激烈的討論：非德意志人可否當皇帝？雖然查理五世的祖父馬克西米連一世是皇帝，但查理五世從出身上來講是西班牙人或者佛蘭德人，而法蘭索瓦一世乾脆是法國人。[14]法國的瓦盧瓦伯爵曾參加競選，與亨利七世競爭帝位。英格蘭國王愛德華三世曾當選為德意志國王，不過英格蘭議會不准他去德意志當皇帝。[15]西吉斯蒙德（Sigismund von Luxemburg, 1368-1437）皇帝屬於盧森堡家族，但他也身兼波希米亞、匈牙利和克羅埃西亞國王，身分非常複雜。

多瑙河畔的君主：奧地利皇帝與奧匈帝國皇帝

奧地利哈布斯堡家族壟斷了神聖羅馬皇帝的位置數百年之久，其間只有很短的中斷。但到了十九世紀初，古老的神聖羅馬帝國在拿破崙攻擊下搖搖欲墜，帝國的領導者哈布斯堡家族屢戰屢敗。一八〇四年五月，拿破崙自立為「法蘭西人的皇帝」。他的帝位合法性來自「人民」，而不是古羅馬。這是一個新發明。

八月，最後一任神聖羅馬皇帝法蘭茲二世為了阻止拿破崙篡奪神聖羅馬帝國的尊嚴，並保持與拿破崙平起平坐的地位，宣布建立奧地利帝國（包含哈布斯堡家族的領地，主要是奧地利、波希米亞和匈牙利），自立為奧地利皇帝（Kaiser von Österreich）。不過神聖羅馬皇帝早就是個空虛的榮銜，哈布斯堡家族的實力源於它實際控制的土地，

最後一任神聖羅馬皇帝法蘭茲二世，也是第一任奧地利皇帝法蘭茲一世，Friedrich von Amerling 繪，一八三二年。

而不是源於皇帝身分。所以從務實的角度看，只是換個名號而已。奧地利帝國相對於神聖羅馬帝國，肯定是更實在的實體和產業。法蘭茲二世從此改稱奧地利皇帝法蘭茲一世。不過，從法理上講，在這個時期，他實際上同時擁有兩個帝位，即神聖羅馬皇帝和奧地利皇帝。差不多兩年後的一八〇六年七月，拿破崙把臣服於他的若干德意志邦國（包括巴伐利亞、符騰堡和巴登這樣的二流大國）組成「萊茵邦聯」（Rheinbund）。面對嚴峻的局勢，八月六日，法蘭茲一世宣布神聖羅馬帝國解散，放棄神聖羅馬皇帝的位置。從此，哈布斯堡家族統治者就稱為奧地利皇帝。

從十六世紀中後期開始，哈布斯堡家族憑藉姻親關係和抵抗鄂圖曼帝國的軍事業績，成為匈牙利統治者。但桀驁不馴的匈牙利人不斷反抗哈布斯堡家族的專制，渴求自由和獨立（或至少是自治）。一八四八至一八四九年，匈牙利貴族發動了一系列起義，希望爭取獨立，遭到血腥鎮壓。奧地利帝國在十九世紀中後期與普魯士和義大利的戰爭都失敗了，國家威望受到很大損害。

奧地利皇帝法蘭茲．約瑟夫為了穩定國內秩序和保住匈牙利，在一八六七年對匈牙利權貴做出讓步，改革國體為「二元帝國」，從此匈牙利不再僅僅是帝國的一個部分，而是一個獨立王國，由奧地利皇帝擔任匈牙利國王。匈牙利王國享有很大程度的的立法、行政、司法、稅收、海關、鑄幣等自治權，但外交、國防、匯率等對外事務方面則與奧地利協同一致，統一由帝國中央政府處理。奧地利皇帝和匈牙利國王就這樣一直統治到第一次世界大戰結束，那時皇冠和王冠都轟然墜落。

德意志人的皇帝？德意志皇帝？德意志之皇帝？

一八四八年革命期間，民主派和自由派人士在法蘭克福保羅教堂召開國民議會，設定統一德意志的宏偉藍圖，籌劃組建統一的德意志國家，政體是君主立憲制，並請求普魯士國王腓特烈．威廉四世來當皇帝領導大家。不料國王斷然拒絕。因為資產階級民主派和自由派向國王奉上的頭銜是「德意志人的皇帝」（Kaiser der Deutschen），暗示主權在民，這個帝位是人民給他的。而腓特烈．威廉四世相信君權神授，認為資產階級奉上的皇冠是對他的侮辱。他說，自由派給他奉上的皇冠是「泥和黏土做成的」。國王在給妹妹夏洛特（俄國沙皇尼古拉一世之妻）的信中寫道：「法蘭克福來的那個由人、驢、狗、豬和貓組成的代表團，我已經給了他們回復，你也知道我的回復了。我對他們的話很簡單：『先生們！你們根本沒有權利給我任何東西。你們可以詢問，但你們要想給予的話，必須自己首先擁有它。但事實根本不是這樣！』」[16] 後來，一八四八年的革命者遭到普魯士和奧地利等邦國的君主血腥鎮壓，「德意志人的皇帝」這個頭銜永遠成為歷史的一個註腳。

一八七〇至一八七一年，普魯士打敗法國。普魯士國王威廉一世於一八七一年一月十八日在凡爾賽宮鏡廳被推舉為「德意志皇帝」（德語：Deutscher Kaiser，英語：German Emperor），需要強調的是這裡的「德意志」是個形容詞。其實威廉一世本來是拒絕這個頭銜的，為此和俾斯麥爭吵了很長時間。威廉一世認為自己更多是普魯士人，對德意志的認同感較弱，他更喜歡的說法是「德意志之皇帝」（德語：Kaiser von Deutschland，英語：Emperor of

Germany），注意這裡的「德意志」是名詞。

「德意志皇帝」和「德意志之皇帝」不是無聊的文字遊戲，而是大有深意。簡單地講，前者顯得有局限，而後者更崇高。「德意志之皇帝」意味著他統治德意志，德意志是他的囊中之物；德意志是單一實體。俾斯麥認為，這首先會冒犯那些並不處於威廉一世統治下的德意志人，比如奧地利人、瑞士人和義大利北部的德意志人等；其次，還會得罪已經接受普魯士主宰的德意志諸邦，比如巴伐利亞和薩克森，讓他們覺得自己是比普魯士低一等的臣民。

在俾斯麥設計的框架內，至少在名義上，普魯士國王和巴伐利亞國王、巴登大公這些邦君是對等的。俾斯麥設計的帝國是一個聯邦制國家，諸位邦君互相平等，普魯士國王是這些邦君組成的主席團的主席，不過主席使用「皇帝」這個威風堂堂的頭銜。所以，俾斯麥設計的皇帝並不是對其他邦君擁有絕對主宰地位的專制君主，而是同儕之首（primus inter pares）。[17]即便事實上普魯士國王就是新帝國的主宰，為了安撫諸位邦君，也不能用「德意志之皇帝」這種倨傲的頭銜，並且那樣的話也會和諸位邦君保有的部分主權相衝突。另外，「德意志皇帝」讓人想起古代的神聖羅馬皇帝，主要是代表一種威望，而不是實際的政權。

威廉一世大發脾氣，甚至威脅拒絕接受皇位，但最後不情願地採納了俾斯麥的建議。用威廉一世自己的話說：

「在俾斯麥手底下當皇帝，太難了。」[18]

剛與俾斯麥吵過架的威廉一世氣哼哼地走到前臺接受大家歡呼的時候，邦君們也很為難，不知道怎麼稱呼他，究竟是「德意志之皇帝」還是「德意志皇帝」呢。巴登大公急中生智，解決了難題。他帶頭歡呼：「威廉皇帝萬歲！」[19]就這樣繞過了棘手的頭銜問題。

威廉一世的德意志帝國後來被稱為第二帝國，但和神聖羅馬帝國沒有法理上的延續性。所以，威廉一世的兒子腓特烈繼位時，俾斯麥勸他不要自稱「腓特烈四世」（接著上一個叫腓特烈的神聖羅馬皇帝）。他最後選擇沿用普魯士國王的名號順序，稱為「腓特烈三世」。

德意志皇帝在自己的普魯士王國之外的民政權力很小，對立法沒有否決權，有權任命的文官很少，不過皇帝是陸海軍的最高統帥，也有外交上的決定權。[20]雖然德意志皇帝在法理上的權力並不大，不過因為普魯士王位和德意志皇位捆綁在一起，皇帝同時是普魯士國王，而普魯士是諸邦中最強大者且實力遠遠超過其他邦國，所以德皇的地位和權勢還是非常強大的。

威廉二世時期的政府宣傳中，皇帝是德意志人民統一的象徵。無論是普魯士人、薩克森人、巴伐利亞人或是呂北克這樣的城市共和國的市民，都團結在皇帝周圍。不過同樣在威廉二世統治下，皇帝在第一次世界大戰期間，逐漸被興登堡和魯登道夫領導的陸軍總部架空。這兩位將軍才是德國的真正統治者。而第一次世界大戰結束之後，德國戰敗投降，皇帝退位，德國不再有皇帝。

二、國王

一七〇一年初，布蘭登堡選帝侯（兼普魯士公爵）腓特烈三世從柏林趕往柯尼斯堡。此時他的兩大塊領地布蘭登堡選侯國和普魯士公國之間並不連通，而是隔著波蘭領土（波屬普魯士）。選帝侯及其家眷和隨從此次出行聲勢浩大，動用了三萬匹馬和一千八百輛馬車。途經的村莊無不張燈結綵，大道兩側點著熊熊燃燒的火炬，甚至懸掛精美織物。身穿藍衣、佩戴一種新紋章的傳令官在柯尼斯堡城內宣布，普魯士公國已經被升格為王國，普魯士公爵成了國王。

新國王的加冕禮於一月十八日在柯尼斯堡的御座廳舉行，之前已經專門搭建了全新的王座。選帝侯身穿釘有閃閃發光的鑽石紐扣的鮮紅色和金色長袍，披著白鼬皮鑲邊的深紅色大氅，身邊簇擁著男性親屬、廷臣和高官。選帝侯給自己戴上王冠，拿起權杖，接受在場眾人的宣誓效忠，然後走進妻子的房間，在大家的見證下為她戴上冠冕。隨後國王夫婦走進教堂，接受塗油禮。

當時的布蘭登堡—普魯士是個不富裕的小國，此次加冕禮及相關慶祝活動的開支卻十分驚人，估計高達六百萬塔勒，相當於全國歲入的兩倍。朝廷為了給加冕禮買單，專門徵收了一筆「王冠稅」，但僅徵收到五十萬塔勒，而僅僅王后的冠冕就耗資三十萬塔勒。[21]

選帝侯腓特烈三世（或者，我們用他的新頭銜稱呼他，腓特烈一世國王）的兒子和孫子都是強大的君主，相比之下，他的知名度較低。但他自立為國王、將普魯士公國升級為普魯士王國的舉動，卻是普魯士歷史和德意志歷史上非常關鍵的一個節點。本章就來討論一下德意志歷史上的「國王」頭銜，以及德意志貴族們前赴後繼、為了獲得一頂王冠所做的努力。

德意志國王

在中世紀和近現代歐洲語境裡，德語世界的「國王」一詞（König）和其他歐洲文化裡的國王意義相近，是一個君主國的國家元首（不管有無實權、有多大的實權）。除了皇帝（神聖羅馬皇帝或者拿破崙那樣的近代皇帝），國王的銜級最高。至少在名義上，國王的級別低於皇帝，但高於其他統治者，如大公、公爵等。

德語詞 König 與英語的 king、荷蘭語的 koning、瑞典語的 konung、俄語的 Knyaz（Князь）同源，均出自古日爾曼語，最原始的意思可能是「高貴家系的後代」、「出身高貴的人」等等。上述這些詞，一般來講與歐洲的另一套詞意義等同，如拉丁語 rex、法語 roi、西班牙語 rey 等。

德意志語境內，國王的最早起源可能是古典時代日爾曼部族的酋長和軍事領袖。從法蘭克人的加洛林帝國分家出來的東法蘭克王國後來演化為中世紀的德意志王國，德意志國王就是選舉產生的，沒有演化為絕對專制的君主。在「皇帝」一章裡，我們已經討論過，德意志國王與神聖羅馬皇帝這兩個身分融為一體，對德意志歷史產生了重大而深遠的影響。一五三〇年查理五世獲得教宗加冕之後，歷代當選的德意志國王自動成為神聖羅馬皇帝。

神聖羅馬皇帝不僅是德意志國王，名義上還是義大利國王和勃艮第國王，不過這兩個名義王國在大部分時間裡不是皇帝實際或直接控制的領地。皇帝起初對義大利北部所謂「帝國的義大利」（Reichsitalien，源自八世紀查理大帝征服的倫巴第王國）有一定程度的控制權，腓特烈一世・巴巴羅薩等皇帝為了迫使義大利臣服而消耗了很多力量和資源，但隨著施陶芬皇朝滅亡，帝國實質上喪失了義大利。以後的皇帝一般不再奉行「義大利政策」（Italienpolitik），於是德意志和義大利分道揚鑣。不過一直到神聖羅馬帝國解體，義大利王國始終是帝國名義上的一部分，皇帝是義大利北部若干諸侯的名義宗主。

波希米亞國王

神聖羅馬帝國框架內的另一個王位是波希米亞國王，這個身分最早甚至根本不是德意志的，而屬於斯拉夫人。八〇六年，查理大帝強迫波希米亞的斯拉夫部族向法蘭克帝國稱臣並每年納貢五百馬克白銀與一百二十頭公牛。法蘭克帝國分裂之後，波希米亞是東法蘭克王國即後來的德意志王國的臣屬。八四五年，十四位波希米亞酋長及其追隨者在雷根斯堡受洗，但此後仍然與東法蘭克不斷發生衝突。八六九年，東法蘭克王國再次強迫波希米亞的斯拉夫部族稱臣。[22]與此同時，九世紀，斯拉夫人的另一支摩拉維亞人在今天的捷克、斯洛伐克、奧地利一帶建立了相當強大的國家「大摩拉維亞」，後來它亡於馬扎爾人（匈牙利人）的入侵。大摩拉維亞的一部分向東法蘭克王國效忠，演化為波希米亞公國。九五〇年，東法蘭克國王鄂圖一世打敗波希米亞公爵波列斯拉夫一世（Boleslav I, 915?-972?，屬於普熱米斯爾家族），迫使其再度稱臣。此後波希米亞人為鄂圖大帝效力，配合德意志人在九五五年著名的萊希菲爾德之戰中打敗馬扎爾人。[23]鄂圖一世憑藉這次輝煌勝利獲得教宗加冕，成為神聖羅馬皇帝。

波列斯拉夫一世的後代、波希米亞公爵弗拉季斯拉夫二世（Vratislav II, 1035?-1092）在神聖羅馬皇帝亨利四世與教宗格列高利七世的「敘任權鬥爭」（皇帝與天主教會的鬥爭）中擁護皇帝，為其提供大量白銀和兵員，因此得到亨利四世的獎賞，於一〇八五年從皇帝那裡獲得「波希米亞國王」的頭銜，稱弗拉季斯拉夫二世國王。但這個王位僅限他本人享有，不能世襲。[24]一一五八年，波希米亞公爵弗拉迪斯拉夫二世（Vladislav II, 1110?-1174）因為堅決支持皇帝腓特烈一世・巴巴羅薩針對義大利的行動，被皇帝提升為波希米亞國王，稱弗拉迪斯拉夫一世。但因為這次提升沒有徵詢教宗的意見，所以仍然僅限於弗拉迪斯拉夫一世國王本人，他的後代和繼承者不能自動獲得國王頭銜。[25]

一一九八年，普熱米斯爾家族的波希米亞公爵奧托卡一世（Ottokar I. Přemysl, 1155?-1230）利用施陶芬家族與韋爾夫家族爭奪帝位的衝突，從施陶芬家族的菲利普國王那裡獲得波希米亞王位，並將波希米亞從公國提升為世襲王國。[26]一二一二年，皇帝腓特烈二世為了感謝奧托卡一世對他的支持，正式承認了這種升級。[27]波希米亞王國仍然是帝國的臣屬，但有很強的獨立性，因為腓特烈二世的注意力主要在地中海世界。一二五四年施陶芬皇朝滅亡後，德意志「大空位期」的混亂也對波希米亞人「悶聲發大財」有利。

十三世紀，波希米亞王國一度統治了今天的奧地利、斯洛維尼亞和義大利北部，成為中歐強國。波希米亞國王也成為神聖羅馬帝國框架內最強大、最富裕的諸侯之一。同樣在這個時期，大量德意志人向東遷徙，來到波希米亞定居，兩個民族的交流很普遍，波希米亞出現了許多德語區。大約一三〇〇年，波希米亞的一百五十萬人口當中估計有六分之一是德意志人。[28]

一三〇六年，普熱米斯爾王朝絕嗣，哈布斯堡家族和克恩滕的亨利（Heinrich von Kärnten，1265?-1335，娶了普熱米斯爾末代國王的妹妹）爭奪波希米亞王位，最終都以失敗告終。渴望和平的波希米亞貴族和教士推舉盧森堡伯爵約翰（神聖羅馬皇帝亨利七世的兒子）為波希米亞國王。為了加強合法性，約翰還娶了普熱米斯爾末代國王的另一個妹妹。[29]從這時，德意志人開始成為波希米亞君主。約翰國王後來雙目失明，但憑藉頑強的毅力和嫻熟的政治手腕在歐洲縱橫捭闔，最終把自己的兒子扶持到皇帝的寶座上，讓盧森堡家族成為歐洲最顯赫的家族之一，使波希米亞王國的地位大大提升，布拉格也一躍成為歐洲最重要的大都市之一。後來，「盲人約翰」干預英法百年戰爭，支持法國，在著名的克雷西戰役當中陣亡。[30]

約翰的兒子查理四世於一三四七年繼承了波希米亞王位，一三五五年在羅馬被加冕為神聖羅馬皇帝。查理四世統治時期是捷克的黃金時代之一，他也是德意志歷史上最重要的皇帝之一，頒布了《金璽詔書》（*Goldene Bulle*），確定了選舉皇帝的規則，令波希米亞國王成為七大選帝侯之一。他還創辦了布拉格大學，這是德語世界最古老的大

《金璽詔書》的一個副本，現存德國斯圖加特檔案館。

學。

查理四世的次子西吉斯蒙德皇帝（同時是匈牙利國王）去世後，他的女婿、哈布斯堡家族的阿爾布雷希特二世（德意志國王，但未加冕為皇帝）繼承了岳父的波希米亞和匈牙利王位，但未得到波希米亞人和匈牙利人的普遍支持。此後經過一系列內戰和動亂，波蘭雅蓋沃家族的弗拉迪斯拉夫二世（Vladislaus II, 1456-1516，他的母親是哈布斯堡家族成員，外祖母是西吉斯蒙德皇帝的女兒）被推舉為波希米亞國王，後來他還成為匈牙利和克羅埃西亞國王。一五二六年，鄂圖曼帝國入侵匈牙利，在當年八月二十日的第一次摩哈赤（Mohács）戰役中大敗匈軍。匈牙利國王拉約什二世（一五〇六至一五二六，弗拉迪斯拉夫二世的兒子，同時也是波希米亞國王）戰敗身死。他沒有子嗣，於是按照之前的安排，他的姐夫（同時也是妻兄）斐迪南（屬於哈布斯堡家族，後成為神聖羅馬皇帝斐迪南一世）入主匈牙利和波希米亞（當然也經歷了艱苦的鬥爭）。從此，一直到一九一八年十月二十八日捷克斯洛伐克宣布獨立，波希米亞的王冠一直屬於奧地利的哈布斯堡家族。

尋求新王冠

在神聖羅馬帝國框架內，傳統的王冠就只有上面這幾頂。而德意志諸侯當中野心勃勃想提升自己的銜級、當國王的人不在少數。不過因為帝國政體的限制，很難在帝國框架內設立新的王位。於是不少強大、富裕而大膽的諸侯「曲線救國」，在帝國境外尋求王位。

一六九七年，薩克森選帝侯「強壯的」奧古斯特透過巧妙運作和廣泛賄賂，當選為波蘭國王和立陶宛大公（稱奧古斯特二世），為此不惜皈依天主教。原本薩克森是新教的主要捍衛者，當年就是薩克森統治者幫助了馬丁・路德，而如今薩克森選帝侯成了天主教徒，這在薩克森境內招致許多反對。波蘭和神聖羅馬帝國一樣奉行選王制，缺乏中央權威。奧古斯特二世試圖扭轉波蘭混亂和虛弱的局面，企圖加強中央王權，把波蘭王位改為屬於他的家族世襲，但失敗了。奧古斯特二世和他的兒子奧古斯特三世主要是在俄國彼得大帝的支撐下，才勉強保有波蘭王位。而等奧古斯特三世駕崩後，俄國女皇凱薩琳大帝就用武力支持自己的老情人波尼亞托夫斯基成為波蘭國王。他也是波蘭的末代君主。

對德意志歷史影響最大的一次提升，要數一七〇〇年霍亨索倫家族的布蘭登堡選帝侯腓特烈三世與利奧波德一世皇帝達成協議，在帝國境外建立普魯士王國，自立為「在普魯士的國王」（König in Preußen），稱腓特烈一世。此時哈布斯堡家族與法國波旁王朝爭奪空缺的西班牙王位的戰爭即將打響，利奧波德一世為了爭取布蘭登堡的支持，同意腓特烈三世將自己的普魯士公爵身分提升為國王。腓特烈則同意出兵八千人支持皇帝，並回報一些慷慨的支持哈布斯堡家族的其他保證。

不過，雙方的協議中明確表示，皇帝並沒有「創設」一個新王位，而僅僅是「認可」這個新王位。換句話說，柏林和維也納之間的協議雖然表面上承認皇帝是基督教世界最高世俗領袖，設立新王位需要皇帝批准，但實際上也表示普魯士王位是完全獨立於皇帝和帝國的，皇帝的批准只是客套，而不是必需的。[31]而且，在一七〇一年一月十八日柯尼斯堡舉行的加冕禮上，腓特烈一世是自己給自己加冕的，意思是他的王位獨立於任何世俗和宗教權威（僅需對上帝負責）。[32]

「在普魯士的國王」這個頭銜有點奇怪[33]，讓歐洲其他國家的朝廷忍俊不禁。一個原因是，當時普魯士的一部分在霍亨索倫家族統治下，但另一部分還在波蘭王國的主權範圍內，即所謂「波屬普魯士」或「西普魯士」。所以他還不能算整個普魯士的國王。等到一七七二年腓特烈大王（腓特烈一世的孫子）吞併波屬普魯士，霍亨索倫家族就擁有了整個普魯士，所以將頭銜改為「普魯士國王」（König von Preußen），一直沿用到一九一八年。

一七一四年，因為英國女王安妮駕崩無嗣，而英國法律只允許新教徒當國王，漢諾威的選帝侯格奧爾格（屬於韋爾夫家族的一個分支，他的母親是英國國王詹姆斯一世的外孫女）出人意料地獲得英國王位，稱喬治一世。從此漢諾威和英國成為一個共主聯邦，長達一百二十三年。

黑森－卡塞爾公子腓特烈（一六七六至一七五一）娶了瑞典國王查理十二世（軍事天才，是彼得大帝的死對頭）的妹妹烏爾麗卡・埃莉諾拉。由於查理十二世沒有留下子嗣，他陣亡後烏爾麗卡・埃莉諾拉成了瑞典女王。一七二〇年，她因為與議會矛盾重重而退位，讓位給丈夫腓特烈。這是德意志諸侯靠偶然和聯姻在德意志之外獲得王位的又一個例子。當了多年瑞典國王之後，他又成為黑森－卡塞爾方伯。

有成功的，自然也有失敗的。一八〇六年，巴登大公國曾企圖吞併瑞士，然後建立一個新王國，但在拿破崙的壓力之下計畫失敗。[34]維特爾斯巴赫家族的兩個分支，巴伐利亞分支和普法爾茨分支也躍躍欲試，想當國王。前者企圖把自己的選帝侯地位提升為國王，後者則幻想「亞美尼亞國王」這樣的鏡花水月。[35]不過，維特爾斯巴赫家族有成員當過丹麥、瑞典、挪威、匈牙利等國的國王，現代希臘王國也選了該家族的人當國王（一八三二至一八六二）。薩克森－科堡－哥達家族的成員是（或曾經是）英國、比利時、葡萄牙、保加利亞等國的君主。這都發生在德意志之外。

拿破崙與德意志的新王國

以上都是德意志諸侯在帝國境外獲得的王位。拿破崙這樣一個白手起家、自立為皇帝、打破舊秩序的豪傑給德意志歷史帶來了巨大的衝擊和影響，也給德意志帶來了若干新的王位。因為他的壓力，神聖羅馬帝國被解散。為了應對普魯士和奧地利這兩個德意志大國可能對法國構成的威脅，拿破崙花了很大力氣扶持薩克森、巴伐利亞、符騰堡和巴登等邦國，將前三個扶植和升級為王國。這些邦國大多作為拿破崙的僕從為他作戰和效力，符騰堡在法國影響下甚至發展出相當進步的憲政。不過等到歷史大潮轉為對拿破崙不利時，大多數曾為他效力並得到他提攜與好處的德意志邦國都倒戈了，只有薩克森站在法國那邊，一直打到一八一三年的萊比錫戰役。

拿破崙除了幫助若干德意志諸侯當國王，還於一八〇七年在德意志北部專門建立了一個嶄新的王國——威斯特法倫王國（Königreich Westphalen），讓自己的弟弟熱羅姆當國王。這個王國的領土來自一八〇七年普魯士王國根據《提爾西特條約》割讓的領土、馬格德堡公國、漢諾威選侯國、布勞恩斯魏克—呂訥堡公國和黑森選侯國等，首都是卡塞爾。雖然叫威斯特法倫王國，但實際上該國的絕大部分領土都和威斯特法倫地區沒有交集。這個王國名義上是獨立的，但實際上是法蘭西帝國的附庸，也是拿破崙庇護和操控下的萊茵邦聯的成員國。

拿破崙希望把威斯特法倫王國發展成一個模範國家，所以在這裡花了很大力氣。他為王國頒布了德意志的第一部現代的成文憲法，授予全體男性公民平等權利，解放農奴，設立了法國式的行政管理機構，並開展農業改革。一八〇八年，威斯特法倫王國透過了德意志第一部授予猶太人與德意志人平等權利的法律。在上述方面，威斯特法倫王國都顯得比德意志其他邦國更為「進步」。然而，威斯特法倫軍隊在拿破崙大軍團的框架內參加遠征俄國，損失慘重。由於連年戰爭和拿破崙對王國稅收與兵員的苛刻要求，王國到一八一二年已經瀕臨破產。一八一三年，拿破崙兵敗撤退，威斯特法倫王國被反法同盟軍隊佔領。後來王國的大部分成為普魯士領土。

拿破崙倒臺之後，保守派的列強重劃歐洲地圖，建立新秩序。巴伐利亞和符騰堡因為及時倒戈，算作戰勝國，不僅保住了王位，還得到很多利益。普魯士想要報復薩克森王國，但奧地利不希望普魯士更加壯大，所以反對肢解薩克森王國。薩克森喪失了一半以上領土，但保住了王位。

為了獎賞英國／漢諾威君主，漢諾威選侯國於一八一四年十月維也納會議期間被升級為王國，領土也大大擴張，成為僅次於普魯士、奧地利和巴伐利亞的德意志第四大邦。於是英國國王喬治三世獲得了新的漢諾威王位。所以漢諾威王朝的君主同時擁有兩頂王冠：英國和漢諾威王國。直到一八三七年，維多利亞女王成為英王，因為漢諾威奉行薩利克法，在王族尚有男性的情況下不准女性繼承王位，所以英王不再兼任漢諾威國王。漢諾威王國於一八六六年在普奧戰爭中站在失敗一方，被普魯士吞併。漢諾威成為普魯士的一個省。

奧地利帝國和奧匈帝國的皇帝擁有多頂王冠，這些王國都被整合在帝國框架內。奧地利皇帝的王位包括匈牙利、波希米亞、達爾馬提亞、克羅埃西亞、斯拉沃尼亞、加利西亞、洛多梅里亞和伊利里亞國王，及耶路撒冷國王等等。當然耶路撒冷王國早就不存在了，這裡只是虛銜。

三、大公

聖維圖斯瞻禮日（六月二十八日）對塞爾維亞民族來說具有重大意義。一三八九年的這一天，鄂圖曼軍隊在科索沃戰役中擊潰塞爾維亞軍隊。在巴爾幹雄踞一時的塞爾維亞在此次兵敗之後國力日益孱弱，逐漸淪為鄂圖曼帝國的附庸。

六月二十八日對波希米亞貴族霍亨貝格女公爵索菲來說，也是意義非凡，因為這是她的結婚紀念日。當時的貴族婚姻往往是為了政治和經濟方面的利益交換而締結的務實交易，但索菲的家庭生活非常幸福，這殊為難得。她的丈夫說，娶了「我的索菲」是他做過的最聰明的事情，她是他的「全部幸福」，而他們的孩子是他「全部的喜悅與驕傲」。[36]

而一九一四年的六月二十八日能夠永載史冊，更多是因為在這一天，索菲和她的丈夫、奧匈帝國皇儲法蘭茲·

斐迪南大公在塞拉耶佛被塞爾維亞民族主義者刺殺。這就是著名的塞拉耶佛事件，第一次世界大戰的導火索。

塞拉耶佛是波士尼亞的首府，波士尼亞當時是奧匈帝國的邊陲省份，毗鄰獨立的塞爾維亞王國，並且波士尼亞人口有很大比例是塞爾維亞人。塞爾維亞民族主義者相信，波士尼亞理應屬於他們，他們要「解放」哈布斯堡家族桎梏之下的塞爾維亞同胞。很多人認為，法蘭茲・斐迪南大公偏偏在聖維圖斯瞻禮日訪問塞拉耶佛，是對塞爾維亞民族的冒犯。大公的遇害導致大戰爆發，而大戰的最終結局之一是奧匈帝國的覆滅和奧地利貴族階層在法律上的消亡。

不過本章不講「一戰」風雲，只談皇儲的「大公」頭銜。在德語世界，有兩個差別很大的概念 Erzherzog 和 Großherzog，在中文裡都被譯為「大公」，這可能給中文讀者的理解造成困難。本章將嘗試梳理這兩個概念。

奧地利大公

先說 Erzherzog。首先記住：這個頭銜只有奧地利才有。

從字面看，Herzog 就是公爵；erz 作為前綴，強調較高的級別。那麼從字面上看，Erzherzog 譯為「大公」，是順理成章的。Erzherzog 在英文中被譯為 Archduke，其中 Arch 的最終詞源是希臘語「ἀρχι」（arch），表示「權威」或「主要的」。奧地利帝國在正式的拉丁文文書中，用的是拉丁文 Archidux，它和英語 Archduke 同源且形似。所以英語 Archduke 可以和德語 Erzherzog 畫等號。

奧地利的大公頭銜是從十四世紀的奧地利公爵魯道夫四世（一三三九至一三六五）開始的。他原本就是公爵（Herzog），為何要加一個前綴「大」呢？

一三五六至一三五七年，神聖羅馬皇帝查理四世（魯道夫四世的岳父）在紐倫堡召開帝國會議，最後頒布了《金璽詔書》，明確規定了神聖羅馬帝國的政體和皇帝選舉規則，設立了七個選帝侯（即享有皇帝選舉權的大貴族，他們本身是實力較強的諸侯，同時選票常常能換來很大的利益），其中沒有奧地利公爵。[37]

於是魯道夫四世給自己的頭銜加一個「大」字，發明了 Erzherzog 頭銜。這頗有虛張聲勢的意味，至少在名號上把自己抬高。歷史學家朗邁爾（Langmaier）認為，奧地利公爵把自己提升為「大公」的用意是，讓自己的地位與七大選帝侯平起平坐，並享有《金璽詔書》授予選帝侯的「不得上訴」特權（Privilegium de non appellando），即讓奧地利臣民無法越過奧地利大公去皇帝的法庭那裡發起訴訟，也就意味著奧地利大公的法庭在其領地內是最高的上訴法庭，臣民無法去皇帝那裡起訴奧地利大公；並且假如皇權轉移到其他家族，該特權能夠為奧地利爭取比較有利的法律地位。[38]

查理四世皇帝拒絕承認奧地利公爵的自我拔高，歐洲的絕大多數統治家族起初也不承認。但奧地利公爵從此開始單方面自稱「大公」。

到一四五三年（也就是鄂圖曼帝國佔領君士坦丁堡、消滅拜占庭帝國那一年），奧地利的統治者哈布斯堡家族已經牢牢掌控神聖羅馬皇帝的選舉，事實上壟斷了皇位。原本應由選舉產生的皇帝，從此在哈布斯堡家族世襲（不過選舉的程序還是要走的）。既然皇帝都是自家的了，那麼讓帝國官方承認自己的「大公」頭銜，就比較容易了。這一年，腓特烈三世皇帝（哈布斯堡家族）給自己與弟弟以及他們的後代正式認可了大公頭銜。[39]

不過腓特烈三世自己沒用過「大公」頭銜，仍然自稱奧地利公爵。第一個合法地、正式地使用大公頭銜的是他的弟弟，奧地利大公阿爾布雷希特六世（大約從一四五八年開始）。腓特烈三世的兒子馬克西米連一世皇帝從一四八六年（他當選為羅馬人國王的年份）開始使用奧地利大公的頭銜。此後哈布斯堡家族的所有神聖羅馬皇帝、奧地利皇帝與奧匈帝國皇帝都享有該頭銜。

奧地利公國（Herzogtum Österreich）也就變成了奧地利大公國（Erzherzogtum Österreich）。世界歷史上，叫 Erzherzogtum 的政權只有這麼一個，絕無第二。當然，另一種大公國（Großherzogtum）有很多。但此「大公」非彼「大公」，此「大公國」非彼「大公國」，見下文詳述。

起初，只有哈布斯堡家族領土的統治者才可以用「大公」頭銜。家族會把領土分成多塊，分給家族的不同分支。每個分支的統治者（且僅有統治者）享有大公頭銜。但從十五世紀起，家族的每一位男性成員（哪怕是無統治權的公子）都可以使用「大公」頭銜。十八世紀初，在查理六世皇帝頒布《國事詔書》，規定哈布斯堡家族的世襲領地不可分割（並且可以傳給女兒）之後，哈布斯堡家族的所有女性成員也獲得這個頭銜。也就是說，皇帝及其合法子女、皇帝的兄弟及其合法子女，僅僅憑藉其血統，從出生就自動獲得「大公」稱號。比如，在法國大革命中被斬首的路易十六之妻瑪麗．安托內特，是法蘭茲一世皇帝和瑪麗亞．特蕾莎皇后的女兒，所以是奧地利的女大公。

一八〇六年神聖羅馬帝國被廢除之後，哈布斯堡家族建立奧地利帝國，一八六七年又與匈牙利聯合建立奧匈帝國。奧地利帝國和奧匈帝國的皇室成員（哈布斯堡家族），繼續享有大公頭銜。哈布斯堡家族也被稱為「高貴家族」（Erzhaus），這是專屬於他們的說法，世界上不存在別的 Erzhaus。

一八三九年，奧地利皇帝斐迪南一世頒布家法，規定男女大公締結婚姻、更換住地、出國必須得到皇帝的批准。[40]男女大公的婚姻必須門當戶對（對象必須是統治家族的成員），否則他們的後代沒有皇位繼承權。一個著名的例子是，本章開頭提到的皇儲法蘭茲．斐迪南大公的妻子索菲僅僅是個伯爵（不屬於邦君或陪臣，所以算是低級貴族）的女兒。這對恩愛鴛鴦雖然被允許結婚，但他們的孩子沒有皇位繼承權；並且，在公共場合，索菲不能陪同丈夫一起露面，不能乘坐皇室馬車，不能使用劇院的皇室包廂。

十八世紀初的西班牙王位繼承戰爭之後，波旁家族取代哈布斯堡家族，成為西班牙國王。依據傳統，波旁家族的西班牙國王也使用（名義上的）奧地利大公的頭銜（西班牙文：Archiduque de Austria）。但西班牙只有國王一個人才用這個頭銜。

奧地利大公的頭銜在一九一八年第一次世界大戰結束、奧地利共和國建立之後，與其他的貴族頭銜一起被廢除。

另一種大公

歐洲歷史上的另一種大公 Großherzog，是完全不同的概念，儘管它和 Erzherzog 都被譯為「大公」。一般來講，Großherzog 的地位要低於奧地利的 Erzherzog，也低於國王，但高於公爵（Herzog）。從這裡開始，無特殊說明的話，「大公」均指 Großherzog。

德文 Großherzog 的構詞很簡單，Groß 就是「大」。英文譯為 Grand Duke，十分貼切。大公的繼承人被稱為「大公世子」（Erbgroßherzog）。大公享有「國王陛下」（königliche Hoheit）的尊稱，從這個角度看大公和國王是平級的。

拜占庭時代有過一種大公（Megas Doux），不過是一個官職和軍事頭銜，可譯為「大將軍」。而作為貴族銜級的大公出現比較晚，中世紀葡萄牙和勃艮第曾有君主自稱大公，但沒有獲得普遍承認。

歐洲歷史上第一個正式的大公例子，是一五六九年教宗庇護五世向佛羅倫斯的統治者科西莫・德・美第奇（Cosimo I de' Medici, 1519-1574）授予托斯卡納大公（Großherzog der Toskana）的頭銜。[41] 托斯卡納大公國是神聖羅馬帝國的臣屬，美第奇家族得到哈布斯堡家族的庇護。

之所以有創造一個新頭銜的需要，是因為在中世紀「公爵」頭銜由於被授予得太多，已經大大貶值，需要一個新頭銜來表示一個在政治、軍事或經濟上很重要、超過公國，但還不足以成為王國的政權。一直到十九世紀初，托斯卡納是世界上唯一的大公國（Großherzogtum）。

一七三七年美第奇家族絕嗣，歐洲列強討價還價之後，把托斯卡納大公的頭銜與領地給了洛林公爵法蘭茲・斯蒂芬，他則用自己的洛林公國交換。他娶了奧地利的女繼承人瑪麗亞・特蕾莎，即後來的神聖羅馬皇帝法蘭茲一世。托斯卡納大公國於是成為哈布斯堡家族的領地（法國大革命時期一度被拿破崙佔領，後被哈布斯堡家族收復），直到一八六〇年被皮埃蒙特—撒丁王國吞併，成為統一的義大利王國的一部分。

「大公」這個概念是拿破崙推廣開的，地理範圍主要是在他影響下（並一度臣服於他）的德意志邦國，尤其是他庇護下的萊茵邦聯。在德意志語境下，大公是一個主權國家的統治者，高於公爵（Herzog）和侯爵（Fürst）。一八〇六年，拿破崙把德意志的若干領土整合成貝格大公國（Großherzogtum Berg），以杜塞爾多夫為首都，並把自己的妹婿若阿尚・繆拉提拔為貝格大公（Großherzog von Berg）。繆拉在一八〇八年離開貝格，去當那不勒斯國王，拿破崙親自接管了貝格大公國。

隨後，處於拿破崙影響下的黑森—達姆施塔特方伯、巴登選帝侯和維爾茨堡選帝侯也索要並獲得了大公頭銜。一八一〇年，萊茵邦聯的最高教會領袖雷根斯堡主教也在拿破崙庇護下被封為法蘭克福大公。然而拿破崙倒臺之後，這幾個親拿破崙的大公國遭到清算。貝格大公國被普魯士吞併，普魯士在其領土上建立了名義上的下萊茵大公國（Großherzogtum von Niederrhein），由普魯士國王擔任大公。法蘭克福大公國被自由城市法蘭克福、黑森—卡塞爾、巴伐利亞和普魯士瓜分。維爾茨堡大公國被巴伐利亞吞併。不過黑森—卡達姆施塔特大公國和巴登大公國一直延續到一九一八年。

拿破崙下臺之後，列強召開維也納會議，把好幾個德意志公爵提升為大公，於是出現了薩克森—威瑪—愛森納赫（Sachsen-Weimar-Eisenach）大公、梅克倫堡（Mecklenburg）大公（分為施特雷利茨和什未林兩支，Strelitz 與 Schwerin，均享有大公頭銜）、奧爾登堡（Oldenburg）大公和盧森堡大公。主要是因為這幾個諸侯與勢力強大的普魯士霍亨索倫家族或俄國的羅曼諾夫家族有緊密連繫，才得到這樣的優待。比如梅克倫堡和奧爾登堡家族都與沙皇家族通婚，第一位薩克森—威瑪—愛森納赫大公卡爾・奧古斯特（歌德的好友）曾為普魯士軍隊效力，對抗拿破崙，並且他的兒子娶了沙皇亞歷山大一世的妹妹。

一八四六年，奧地利吞併波蘭的克拉科夫之後，奧地利皇帝享有克拉科夫大公（Großherzog von Krakau）頭銜。

除了擔任下萊茵大公，普魯士國王還享有波森大公（Großherzog von Posen）的頭銜。波森是普魯士參與瓜分波蘭而獲得的領土，德語人口占少數，多數為波蘭人。一九一八年之後，波森大公國的疆域再次成為波蘭領土，二戰期間被德國佔領，一九四五年回歸波蘭。

黑森—卡塞爾方伯享有富爾達大公（Großherzog von Fulda）的頭銜。富爾達在近代以前是一個教會諸侯的領地，即富爾達修道院和主教領地。十九世紀初該領地被世俗化，幾經轉手，被普魯士、奧地利和薩克森—威瑪—愛森納赫瓜分。其中普魯士分得富爾達主教領地的大部分，將其改稱為富爾達大公國，後將其交給黑森—卡塞爾方伯。一八六六年，黑森—卡塞爾被普魯士吞併，富爾達也成為普魯士的黑森—拿騷省的一部分。

在一八九〇年之前，荷蘭國王同時是盧森堡大公。盧森堡大公國在一八六六年之前屬於德意志邦聯。一八九〇年，荷蘭出現了女性王位繼承者，但盧森堡的法律不接受女性統治者，於是拿騷（Nassau）家族的另一個分支成為盧森堡大公。這很像英國與漢諾威王室的分離。

上述的大公國絕大多數在第一次世界大戰結束後灰飛煙滅，到二十一世紀初，盧森堡是世界上唯一的大公國（Großherzogtum）。

俄羅斯的大公

俄國也有大公的概念，但有點複雜，我們從頭說起。俄語中有一個詞Князь，英文音譯Knyaz或knez，但在英文中一般譯為prince，所以常被誤譯為「親王」。這個詞源於原始日爾曼語，與英語的king和德語的König（國王）同源。Knyaz可以譯為「王公」，最初指斯拉夫人的部落酋長，後來成為斯拉夫割據時代封建制國家統治者的頭銜。其中較為強大的統治者，起初是基輔王公，然後是弗拉基米爾王公，之後是莫斯科王公——給自己也加了一個「大」字，改為Velikii Knyaz（ВеликийКнязь），一般譯為「大公」，而其下屬的區域性統治者就稱為Knyaz，可譯為「公爵」。[42]

所以在早期，俄國的大公是一個地方性的獨立統治者，比較接近西歐的Großherzog／Grand Duke。從一三二八年起，莫斯科的大公因為在斯拉夫諸侯中特別強大，改稱「全俄羅斯大公」，他的後代伊凡四世（伊凡雷帝）開始用沙皇（Tsar）的稱號。從此以後，俄國沙皇（後改用西方式的稱號Imperator）的子子孫孫（不一定是繼承人）都享有大公頭銜。所以，俄國的大公起初相當於德意志的Großherzog，但後來變成與奧地利的Erzherzog相當。英文一般把

Velikii Knyaz 譯為 Grand Duke，但其實 Grand Prince 也許更貼近原文。德文則把 Velikii Knyaz 譯為 Großfürst，而不是 Großherzog。

最後概括一下：Erzherzog 只有奧地利才有，都是皇親國戚，大多沒有統治權；在奧地利之外的德語國家，Großherzog 是一個邦國的統治者。英文中將這兩個詞翻譯成不同的詞，而中文將其混為一談地譯為「大公」，方便是方便了，卻讓人很難體察二者的區別。

四、選帝侯

多年前我第一次讀莎劇《哈姆雷特》的時候，產生了一個困惑：丹麥國王死後，他的兒子為什麼沒有自動繼承王位，反而讓國王的弟弟繼承了呢？

我猜測，很多讀者都有過這個疑問。因為我們生活在一個很早就發展出強大的中央集權的國家，「朕為始皇帝。後世以計數，二世三世至於萬世，傳之無窮」[43]的世襲制，對中國古代史來說是常態。而在歐洲的很多國家和部分時期，君主國實行的卻是選王制。莎劇《哈姆雷特》所基於的那段歷史中的丹麥就是一個選王制國家，國王的兒子不一定是下一代國王。

選王制最有名的例子，要數德意志的神聖羅馬皇帝。作為名義上的基督教世俗領袖和天下共主，神聖羅馬皇帝這個機構非常複雜，前文已經做了一些討論。這個帝位是選舉產生的。那麼，誰來選舉皇帝？如何選舉呢？

選帝侯的起源

古日爾曼部落實行選舉制，選舉產生部族領袖（後來發展為貴族和國王）。之所以採用選舉制，很大程度上出於軍事需要，因為部落需要強大的軍事領袖來領導作戰。此外，部族領袖也往往擔當祭司之類的宗教領袖，作為神的代表。不過，領袖的位置雖然不一定是子承父業，但一般在某個家族中延續。

日爾曼人的一個重要分支法蘭克人有時實行選王制。查理大帝建立的法蘭克帝國覆蓋的領土，後來大致被中世紀的西法蘭克王國和東法蘭克王國繼承。西法蘭克後來演化為中世紀的法蘭西王國，最終發展出了世襲制。

而東法蘭克王國後來演化成德意志王國和神聖羅馬帝國。由於東法蘭克的多位國王沒有留下合法子嗣，發生了多次王位爭奪衝突。雖然國王們努力建立世襲制，但因為貴族和教會的抵制，沒有長期而穩定延續的王朝建立起來，所以選舉的傳統越來越強，而世襲的傳統越來越弱。歷史學家布賴斯提出，德意志王國／神聖羅馬帝國與英格蘭、法蘭西等歐洲其他國家不同，沒有形成世襲制王國的最重要原因是，神聖羅馬帝國是普世帝國，帝位具有神聖的普世性，所以大家都不能接受它按照血統世襲下去。如果德意志像英法一樣，僅僅是一個區域性的、民族的封建制國家，無疑也會演化成世襲王國。但德意志人追求貌似更崇高的普世性，犧牲了自己王國的統一和中央王權，也喪失了形成世襲制的機會。[44]

在古日爾曼部落裡，（理論上）所有自由人都有選舉權。而在神聖羅馬帝國，選舉權漸漸地被少數權貴壟斷。特定的幾位諸侯獲得了固定的選舉權，從此就是他們做主，連過場都懶得走了，不再裝模作樣地徵求其他貴族的意見。當然，因為之前缺少固定的選舉制度，理論上任何小貴族都有權在選舉中發言，所以特別容易出現分歧和爭端。而將有權選舉的人數減少並將選舉人固定化，既有利於安定團結，又有利於皇位的順利傳承。

這就是最早的一批選帝侯（德文 Kurfürst，拉丁文 Princeps Elector），一一五六年的史料已經將選帝侯視為一個明確的、重要的群體。[45]我們不確定最早的選帝侯具體是哪幾位，但應當包括教會代表和德意志人四大部族（Stämme）的代表：弗蘭肯公爵（代表法蘭克部族）[46]、施瓦本公爵（代表施瓦本部族）、薩克森公爵（代表薩克森部族）和巴伐利亞公爵（代表巴伐利亞部族）。

選帝侯選出的是所謂「羅馬人國王」，即德意志國王。要經過教宗的加冕，羅馬人國王才會獲得神聖羅馬皇帝的身分。所以嚴格地講，選帝侯其實是「選王侯」。不過話又說回來，他們最終目的是選出皇帝。所以我覺得將這個詞翻譯成「選帝侯」，是沒有問題的；用「選侯」當然也可以。

Kurfürst 這個詞裡的 Kur 源自中古高地德語 kiesen，意思是「仔細查看、審視、斟酌、選擇」，與英語 choose 同源。[47]選帝侯的繼承人的頭銜為「選帝侯世子」（Kurprinz）。

倫斯會議：選帝侯權力的確立

在十和十一世紀的鄂圖皇朝與薩利安皇朝，因為皇權相對較為穩固，皇帝在世時能安排好自己兒子的繼承，所以皇位基本上是世襲的，選帝侯的決議僅僅是加以確認，走個過場。鄂圖皇朝與薩利安皇朝分別有連續四代皇帝是兒子繼承父親。但從一一二五年洛塔爾三世當選開始，選舉的不確定性越來越強。施陶芬皇朝的皇帝一般也能在自己在世的時候就為兒子搞定下一任皇帝的位置。亨利六世皇帝（巴巴羅薩的兒子）甚至嘗試過把帝國變成英格蘭和法蘭西那樣的世襲制君主國，讓帝位在施陶芬家族世襲，但遭到諸侯和教宗的堅決抵制。[48]施陶芬皇朝絕嗣之後，選帝侯發揮了名副其實的作用，在差不多兩個世紀裡，可以說皇帝確實是選舉出來的，不會被任何一個家族壟斷。

皇帝選舉的程序和選帝侯的構成，經歷了一個漫長的發展過程。

一三一四年，上巴伐利亞的公爵、維特爾斯巴赫家族的路易四世（綽號「巴伐利亞人」）與哈布斯堡家族的「美男子」腓特烈競選德意志王位。此次選舉產生了很大爭議，暴露出選舉程序的很多問題。

七位選帝侯分別支持兩名候選人，但票數居然是五比四，而不是五比二。原來，已經被廢黜的波希米亞國王克恩滕的亨利為了拉攏哈布斯堡家族支持自己奪回波希米亞王位，居然一個人投了兩票，而且他事實上已經被廢黜，並沒有選舉權。而韋廷家族此時分裂成兩支，各自都主張擁有選舉權，所以各投了一票。最終路易四世在戰場上打敗了「美男子」腓特烈，成為德意志國王和皇帝。但路易四世與教宗矛盾重重，於是他扶植了一個新教宗來給自己加冕。[49]

一三三八年，為了確立自己選帝的權力與合法性、支持路易四世、反對教宗對德意志選帝程序的干涉，六位選帝侯在萊茵河畔倫斯（今天德國西部的一個小鎮）開會，澄清皇帝的選舉規則。這次倫斯會議（Kurverein von Rhense）決定，選帝侯以多數票自動選出德意志國王，無需教宗確認。

一三三九年，德意志諸侯甚至提出，如果教宗拒絕接受選帝侯選出的德意志國王，那麼國王無需教宗確認，可以由任何一位主教為其加冕。[50]這是神聖羅馬帝國政體和皇帝選舉制度發展史的一個重要節點。選帝侯的強大權力得到了正式確認。

《金璽詔書》：七大選帝侯的確立

擁有選舉皇帝的資格，自然是一種令人羨慕的特權。但誰能擁有這種權利，換句話說，選帝侯的人員構成，還需要成文法律的規定和規範，否則很容易引起紛爭。

一三五六至一三五七年，皇帝查理四世在紐倫堡召開帝國會議，頒布了《金璽詔書》，明確規定了神聖羅馬帝國的政體和皇帝選舉規則，確立了七大選帝侯。查理四世這麼做的目的是改變過去很長時間裡（施陶芬皇朝滅亡之後，也就是十二世紀末到十四世紀中後期）每一次選舉新皇帝都發生激烈衝突甚至內戰的情況，他希望把選舉皇帝的機制固定下來，實現順利的、和平的皇位交接。當然，《金璽詔書》實際上承認了中央皇權的衰弱已經無藥可救，承認了選帝侯的強大地位，將他們選舉皇帝的權利正式化、合法化。

七大選帝侯包括三位教會代表：美因茨大主教、特里爾大主教、科隆大主教。這三位教會代表都是德意志最重要和最富裕教區的領導人。

還有四位世俗代表：波希米亞國王、普法爾茨伯爵、薩克森公爵和布蘭登堡邊疆伯爵。

他們名義上代表德意志人的四大部族。普法爾茨伯爵取代了弗蘭肯公爵，佔據了原先弗蘭肯公國的大部分領土，所以代表法蘭克部族。另外，普法爾茨伯爵與巴伐利亞公爵的頭銜一度由維特爾斯巴赫家族的同一個人掌握，

描繪七大選侯的中世紀插畫，左起：科隆大主教、美因茨大主教、特里爾大主教、普法爾茨伯爵、薩克森公爵、布蘭登堡邊伯和波西米亞國王，一三四一年。

但家族在一二五三年分家，於是普法爾茨伯爵與巴伐利亞公爵成為兩個不同的家系。巴伐利亞公爵作為維特爾斯巴赫家族的幼支，喪失了選帝侯的地位，這讓他們長期耿耿於懷。

一二六八年，末代施瓦本公爵康拉丁（屬於施陶芬家族，是神聖羅馬皇帝腓特烈二世的孫子）在爭奪西西里王位的鬥爭中兵敗被殺，施瓦本公爵的頭銜被廢除。一三五六年的《金璽詔書》將布蘭登堡邊疆伯爵提升為選帝侯，他算是接替了原先施瓦本公爵的位置。後來霍亨索倫家族入主布蘭登堡，他們的後人成為普魯士國王和德意志第二帝國皇帝。

薩克森公爵一直是非常有地位的強大諸侯。

銜級最高的諸侯波希米亞國王也在《金璽詔書》中被確認為選帝侯。

七大選帝侯的構成一直延續到十七世紀。總的來講，歷代選帝侯的宗旨是讓皇帝保持一種虛弱的狀態，避免出現施陶芬皇朝時期那種強大的皇帝。皇帝當然會試圖收回原本直屬於帝國，但後來被諸侯侵佔的土地或特權，而選帝侯則努力阻止皇帝的這些行動。受到如此嚴密的束縛之後，很多皇帝的目標僅僅是在自己短暫的任期內盡可能多地撈油水（兜售皇室土地和特權等），為自己家族獲取更多利益。於是皇帝的權力越來越小，變得虛弱無力。選帝侯體制應當說是神聖羅馬帝國長期沒有強大的中央集權的主要原因之一。布賴斯概括得很精彩，查理四世「將無政府狀態合法化，然後稱其為政體」。[51]

另外，選帝侯在帝國框架內是威望和權勢極大的諸侯，當然受到其他諸侯的嫉妒與敵視。不過一直到近代早期，選帝侯都壟斷著選舉皇帝的權力。哈布斯堡家族的皇帝們為了一帆風順地將皇位傳給自己的兒子，當然會努力與選帝侯保持友好關係，以免節外生枝。

選帝侯構成的演變

一五四六至一五四七年，新教諸侯與查理五世皇帝領導下的天主教諸侯之間爆發「施瑪律卡爾登戰爭」（Schmalkaldischer Krieg）。自一四八五年以來，薩克森公爵家族（韋廷家族）分為兩支，長支「恩斯特系」擁有選帝侯地位，支持新教、反對皇帝；而幼支「阿爾布雷希特系」支持皇帝。恩斯特系被皇帝打敗，阿爾布雷希特系站在皇帝那邊，是勝利者。皇帝把薩克森選帝侯的地位交給了阿爾布雷希特系。

同樣在宗教改革之後新教與天主教鬥爭的年代，選帝侯和普法爾茨伯爵腓特烈五世（一五九六至一六三二）在一六一九年接受捷克人奉上的波希米亞王位，與皇帝分庭抗禮。三十年戰爭的第一階段就是他與皇帝之間的對決。然而登基僅僅一年之後，一六二〇年十一月八日，捷克人在白山戰役中的慘敗終結了腓特烈五世短暫的國王生涯。他因此獲得一個諷刺性的綽號「冬王」。他也被剝奪了選帝侯地位，而對皇帝忠心耿耿的巴伐利亞公爵馬克西米連一世（普法爾茨伯爵的親戚，同屬於維特爾斯巴赫家族）於一六二三年獲得了選帝侯身分。維特爾斯巴赫家族的幼支終於復仇了。

一六四八年，三十年戰爭結束，諸侯簽訂《西發里亞和約》，其中一則條款就是原先的普法爾茨被切割為兩

《西發里亞和約》簽訂現場復原圖，Gerard ter Borch 繪，一六四八年。

塊，信新教的下普法爾茨歸屬「冬王」的兒子卡爾一世・路德維希（Karl I. Ludwig, 1617-1680），帝國為他設立了一個新的選帝侯地位。上普法爾茨歸屬巴伐利亞，同時巴伐利亞公爵保留選帝侯地位。於是選帝侯的數量增加到八人。

哈布斯堡家族想給奧地利爭取選帝侯地位，但失敗了；他們還想讓波希米亞國王（哈布斯堡家族）在投票平局的時候擁有一票決定權，也失敗了。

普法爾茨伯爵原本是信新教的，但在一六八五年，維特爾斯巴赫家族一個信天主教的分支繼承了普法爾茨伯爵的位置。選帝侯集團的宗教平衡愈發不利於新教徒，所以新教徒呼籲設立一個新的新教徒選帝侯，而哈布斯堡家族的皇帝也需要在北德有一個堅強的盟友。一位合適的人選是布勞恩斯魏克－呂訥堡的新教徒公爵恩斯特・奧古斯特（Ernst August, 1629-1698，屬於韋爾夫家族），他統治的漢諾威是北德的一大強國。為了獲得選帝侯地位，他首先要在自己的家族實施長子繼承制，為此與自己的妻子[52]和幾個兒子發生了長期衝突。同時他努力向皇帝示好，出兵幫助皇帝對抗鄂圖曼帝國和法國。比如一六八九年哈布斯堡家族向法國宣戰後，漢諾威出兵一萬八千人。他的一個兒子是哈布斯堡軍中的少將，於一六九〇年與鄂圖曼軍隊作戰時陣亡。經過複雜的談判和賄賂，恩斯特・奧古斯特與皇帝達成協議，皇帝於一六九二年給了他選帝侯地位。這個新的選侯國的正式名稱是「布勞恩斯魏克─呂訥堡」選侯國，但因為漢諾威是其核心領地，於是很快就被大家稱為漢諾威選侯國。作為回報，恩斯特・奧古斯特繼續出兵協助皇帝作戰，並為皇帝提供五十萬古爾登的現金，還承諾在未來選皇時漢諾威選帝侯永遠支持哈布斯堡家族。據統計，為了獲得選帝侯地位，恩斯特・奧古斯特總計花費了二百五十萬古爾登，相當於漢諾威歲入的五倍。[53]一七一四年，恩斯特・奧古斯特的兒子、漢諾威選帝侯格奧爾格・路德維希成為英國國王，即喬治一世，所以此後英國國王在神聖羅馬皇帝選舉中也有一票。

一六九七年，薩克森選帝侯「強壯的」奧古斯特為了當波蘭國王，皈依天主教。不過這是他的個人行為，他的領地人民仍然是新教徒。薩克森選帝侯甚至仍然保留了帝國會議裡新教徒團體領導人的身分。

一七〇六年，西班牙王位繼承戰爭期間，奧地利的哈布斯堡家族與法國的波旁家族爭奪西班牙王位，而巴伐利亞公爵和科隆大主教居然支持法國、敵對皇帝，於是遭到帝國禁令（Reichsacht）。所謂帝國禁令，就是剝奪法律地位，遭此種懲罰的人在法律上被認為已經死亡，失去所有權利和財產，任何人可以隨意搶劫、傷害或殺死他而不受法律追究。不過，一七一四年，巴伐利亞公爵和科隆大主教都得到寬恕，恢復了地位。一七七七年，維特爾斯巴赫家族的巴伐利亞分支絕嗣，來自該家族普法爾茨分支的普法爾茨選帝侯繼承了巴伐利亞公國。普法爾茨選帝侯不再享有選帝侯地位，巴伐利亞則繼續持有，於是選帝侯數量減為八個。

其中有：

五位天主教代表：美因茨大主教、特里爾大主教、科隆大主教、波希米亞國王（哈布斯堡家族）、巴伐利亞公爵。

三位新教代表：薩克森公爵（本人是天主教徒）、布蘭登堡選帝侯（同時是普魯士國王）和漢諾威選帝侯（同時是英國國王）。

強大的奧地利哈布斯堡家族從一四三八年開始壟斷帝位，皇帝選舉變成了走過場，直到一七四〇年的「奧地利王位繼承戰爭」。在這場戰爭期間，反對哈布斯堡家族的勢力推舉巴伐利亞公爵（維特爾斯巴赫家族）為皇帝，即查理七世，他是幾百年來唯一不屬於哈布斯堡家族的皇帝。不過他在位僅三年。這場席捲全歐的大戰的結局是，哈布斯堡家族女繼承人瑪麗亞・特蕾莎的丈夫洛林公爵法蘭茲一世成為神聖羅馬皇帝，再往後，哈布斯堡—洛林家族壟斷帝位，一直到一八〇六年神聖羅馬帝國解散。

選帝侯的特權

選帝侯是帝國直屬的諸侯，優先權高於其他所有諸侯，僅次於國王或皇帝。《金璽詔書》授予他們「不得上訴」特權（Privilegium de non appellando）。歌德在《浮士德》第二部裡描寫過皇帝授予選帝侯的諸多特權：「我要把許多沃土賞賜給你們忠良，同時還授予特權，讓你們及時透過繼承、購買和交換把封土進一步擴張……作為法官你們可以作出終審判決，你們最高的地位不容許上訴。此外，捐稅、地租、貢賦、采邑金、護送費和通行稅，開礦權、制鹽權和鑄幣權統統歸你們獨享。」[54]為了避免紛爭和控制選帝侯的數量，《金璽詔書》還規定選帝侯的領地不可分割，必須執行長子繼承制。

每一位選帝侯都有自己的「帝國要職」（Reichserzämter），並在（主要是儀式性的）皇帝宮廷中扮演角色。美因茨大主教是德意志國相（Reichserzkanzler für Deutschland）、科隆大主教是義大利國相（Reichserzkanzler für Italien）、特里爾大主教是勃艮第國相（Reichserzkanzler für Burgund）。德意志、義大利和勃艮第是神聖羅馬帝國下屬的三個名義王國。

大獻酌官（Erzmundschenk）由波希米亞國王擔任。大司膳（Erztruchseß）由普法爾茨伯爵或巴伐利亞公爵擔任。

大司馬（Erzmarschall）是薩克森公爵。大司閫（Erzkämmerer）是布蘭登堡邊疆伯爵。大司庫（Erzschatzmeister）是普法爾茨伯爵或漢諾威選帝侯。大司旗（Erzbannerträger）是漢諾威選帝侯。

這些「帝國要職」純粹是榮譽稱號而已。不過在某些重大場合，可能真的會請這些顯貴來侍奉君主，為皇帝斟酒，等等。比如一一八四年腓特烈一世皇帝在美因茨的宮廷節慶期間，就請普法爾茨伯爵、薩克森公爵、布蘭登堡邊疆伯爵和波希米亞公爵來侍奉皇帝的宴席。[55]《金璽詔書》規定，在新的德意志國王的加冕禮上，要由享有「帝國要職」的人來侍奉。[56]

選帝侯和帝國的其他統治者一樣，是帝國會議（Reichstag）的成員。重大的決定，比如設立新的選帝侯和建立新諸侯國等，需要諸侯在帝國會議上商議來裁定。

帝國會議分成三個部分：選帝侯會議、諸侯會議和城市會議。所以好幾位選帝侯可以參加前兩個會議。有的選帝侯擁有多重身分，享有多個頭銜，所以在議會裡可能一個人就有好幾票。

根據《西發里亞和約》，帝國會議還可以按照宗教信仰來分成幾個團體，如美因茨大主教是天主教團體的領導人，薩克森選帝侯是新教團體的領導人，儘管薩克森選帝侯「強壯的」奧古斯特為了當上波蘭國王而皈依天主教。

選帝侯還有自己專門的禮服（Kurfürstenornat）。包括選帝侯大氅（Kurmantel），寬袖，全部用白鼬皮製成（象徵國王級別的權威）；白鼬皮的衣領；紫色手套；選帝侯帽（Kurhut），絲絨製成，白鼬皮鑲邊；還有專門的選帝侯寶劍（Kurschwert）。

皇帝選舉的程序

選帝侯選出的是「羅馬人國王」，即德意志國王，要經過教宗的加冕，羅馬人國王才會獲得神聖羅馬皇帝的身分。如果教宗不認可，就可能拒絕為羅馬人國王加冕，不過這不影響德意志國王的統治。哈布斯堡家族從查理五世之後，不再尋求教宗的加冕，因為他們足夠強大，不再需要這種合法性的加持。

選舉的程序大致是這樣的：前一任皇帝駕崩之後一個月內，美因茨大主教召集選帝侯在美茵河畔法蘭克福開會。他們必須在受到大主教傳喚的三個月內聚集到一起商議。在選出下一任皇帝之前，由兩位帝國攝政者（Reichsvikar，相當於臨時皇帝）主持朝政。按《金璽詔書》的規定，帝國攝政者是「帝國的管理者，有權做出司法裁決、封授教會領地、徵收賦稅與收入、封授采邑、以神聖帝國之名義接受宣誓效忠」。薩克森選帝侯是負責北德的帝國攝政者，普法爾茨選帝侯是負責南德的帝國攝政者。巴伐利亞與普法爾茨的統治者是維特爾斯巴赫家族的不同分支，所以他們為爭奪帝國攝政者地位也產生了許多糾紛。

選舉地點一般是法蘭克福，但也在科隆、雷根斯堡和奧格斯堡等地舉行過選舉。選帝侯可以親自到場，也可以派代表來。選舉程序由美因茨大主教主持。法蘭克福有一個專門的選舉禮拜堂（Wahlkapelle）供投票。根據《金璽詔書》，每位選帝侯有一票，多數票即可決定下一任國王。如果某位選帝侯不同意多數票，但不想和別人撕破臉皮，同時也是為了讓選舉結果顯得沒有異議，就往往選擇以各種理由缺席，比如說患病、交通不便、趕不上選舉的時間等等。

選帝侯可以自由投票給任何諸侯，包括他們自己。但在選擇的過程中，家族利益和政治的考量會起很大作用。選出國王之後，選帝侯會向他呈送選舉契約（Wahlkapitulation），它相當於國王與諸侯之間的合同，國王要保障給選帝侯及其他諸侯的權利和讓步。當選者宣誓接受選舉契約之後，他就正式成為羅馬人國王，或稱德意志國王。

神聖羅馬帝國解散之後

拿破崙對德意志各邦的侵略和操縱，使得選帝侯的構成發生了很大變化。一八〇一年的《呂內維爾條約》將整個萊茵河左岸割讓給了法國，於是特里爾大主教和科隆大主教的領地沒了，他們的選帝侯地位被廢除。只剩下一個教會選帝侯，即美因茨大主教卡爾·特奧多爾·安東·馬利亞·馮·達爾貝格（Karl Theodor Anton Maria von Dalberg, 1744-1817）。達爾貝格成為拿破崙的長期盟友。因為美因茨被法軍佔領，達爾貝格的選帝侯地位被轉移到雷根斯堡。

一八〇三年，設立了四個新的選帝侯：符騰堡公爵、巴登邊疆伯爵、黑森—卡塞爾方伯和薩爾茨堡大主教。於是選帝侯總數上升到十人。並且，過去總是天主教選帝侯多於新教選帝侯，現在是旗鼓相當。

一八〇五年，奧地利吞併了薩爾茨堡，用維爾茨堡來補償原主人，於是薩爾茨堡的選帝侯地位轉移到維爾茨堡。不過這幾個新的選帝侯都沒有機會投票，因為神聖羅馬帝國於一八〇六年八月被廢除了，再也不會選舉新皇帝。

雖然神聖羅馬帝國不復存在，但選帝侯們繼續統治自己的地盤，有好幾位在拿破崙庇護下獲得了更高的地位。巴伐利亞、符騰堡和薩克森選帝侯都成為國王。巴登選帝侯、維爾茨堡選帝侯和雷根斯堡選帝侯成為大公。不過黑森—卡塞爾方伯仍然保留了選帝侯的稱號，儘管它已經沒意義了。他的領地很快被拿破崙建立的威斯特法倫王國吞併，該王國的君主是拿破崙的小弟熱羅姆。英國國王則繼續保有漢諾威選帝侯的頭銜。

拿破崙倒臺之後，一八一四年的維也納會議承認巴伐利亞、符騰堡和薩克森選帝侯為國王，以及上述幾個新大公的地位。維也納會議將漢諾威提升為一個王國，由英王兼任漢諾威國王。

黑森—卡塞爾選帝侯想自立為卡蒂[57]國王，在維也納會議上到處遊說，甚至重金賄賂，但失敗了，不過列強表示願意承認他為大公。黑森—卡塞爾選帝侯相信選帝侯的稱號比大公更高貴，於是堅持自稱選帝侯。一直到一八六六年他的國家被普魯士吞併，他都是德意志的唯一選帝侯。

五、公爵

「親愛的侯爵！」

一八九〇年三月二十日，年輕的德皇威廉二世寫信給剛剛辭職的帝國首相鄂圖·馮·俾斯麥。

……我按照您的意願，准許您辭去帝國首相、我的內閣首相與外交事務大臣之職務。我相信，您今後對我、對祖國將不會不提供您的建議、您的精力、您的忠誠和獻身精神。我認為在我登基之時有您作為我的首席顧問，是我平生最為幸運之境遇。您為普魯士、為德意志所做的事情，將在我與德意志人民的心目中留下感激的、不可磨滅的記憶。……我授予您以勞恩堡公爵的尊稱，作為這種感激的標誌。我還將我的等身肖像寄贈予您。願上帝保佑您，我親愛的侯爵，並賜您長壽，願您安享寧靜的、因意識到曾忠誠盡職而充滿光輝的晚年。[58]

俾斯麥回信道：

敬謝陛下於我辭職時所說的美好語言。陛下授予的肖像使我尤感榮幸，我與我的親人將永遠視此為陛下允許我為您效勞時代的光榮紀念。同時陛下還恩賜我以勞恩堡公爵的尊稱，我不揣冒昧向樞密顧問盧卡努斯口頭陳述了我難以使用這一稱號的原因，因此我請求不要公布這一新的恩典。滿足我的請求已不可能，因為在我表示異議時，此事之正式通知已在《國家公報》發表。但仍冒昧恭請陛下恩准我今後繼續使用原有名字和稱號……[59]

俾斯麥的晉升或受辱

此時的俾斯麥與登基僅兩年的威廉二世早已水火不容。兩人在政策、理念和脾氣上差異甚大，分歧很多。俾斯麥對年輕氣盛的皇帝的辛辣評價是：「他對自己沒有任何疑問。他相信自己什麼都辦得到，他希望把所有功勞都包攬到自己身上。」[60]而威廉二世則相信俾斯麥雖然是「高尚的偉人，卻已經權慾薰心，走火入魔」。[61]

不過本章要談的不是俾斯麥倒臺的是是非非，而是一個耐人尋味的話題：威廉二世要冊封卸任的老首相為勞恩堡公爵（Herzog zu Lauenburg），而俾斯麥毫不客氣地拒絕，甚至挖苦說，如果他需要微服私訪的話，才用這個名

俾斯麥辭職後，英國人約翰・坦尼爾（John Tenniel）在《Punch》雜誌發表的漫畫，題為「領航員離去」，一八九〇年。

頭。[62]

俾斯麥和勞恩堡公爵這個頭銜頗有淵源。薩克森—勞恩堡公國（Herzogtum Sachsen-Lauenburg）在北德，毗鄰霍爾斯坦公國，歷史上素來屬於神聖羅馬帝國。拿破崙戰爭結束之後，丹麥王室（奧爾登堡家族的一支，本是源自德意志的貴族世家）獲得了勞恩堡公國，由丹麥國王擔任公爵。經過一八六四年的普丹戰爭和一八六六年的普奧戰爭，普魯士吞併了原屬於丹麥國王的三個公國石勒蘇益格、霍爾斯坦和勞恩堡。俾斯麥憑藉在普丹戰爭中的豐功偉績，於一八六五年被普魯士國王提升為伯爵。[63]在此之前，出身普魯士容克階層的俾斯麥只是無頭銜貴族，名字裡只有一個「馮」字標示他的貴族身分。而到了一八七一年第二帝國建立之後，功勳卓著的俾斯麥被提升為侯爵。[64]

此時的俾斯麥已經是位高權重、叱吒風雲的國際頂級政治家，然而在等級森嚴的德意志上流社會，他的貴族頭銜並不十分高貴，受到許多邦君／陪臣（Standesherr，或曰高級貴族）的輕慢。雄心勃勃的俾斯麥渴望提升自己的地位，渴望與趾高氣揚的邦君／陪臣平起平坐。於是他向威廉一世皇帝建議，為了獎賞他對霍亨索倫家族和德意志帝國的貢獻，請皇帝冊封他為勞恩堡公爵，當然是在普魯士的宗主權之下；等俾斯麥成為勞恩堡公爵之後就把公國主權再交還給普魯士王國，於是俾斯麥就獲得了類似於陪臣的地位，也就躍升為高級貴族。

然而威廉一世認為已經給了俾斯麥足夠的獎賞和認可，就以建立新的公國需要帝國框架內其他邦君的共同批准為理由拒絕了。俾斯麥或許對威廉二世也提過類似的建議，然而始終未能如願。等到俾斯麥被趕下臺之後，皇帝才賜給他一個空虛的勞恩堡公爵頭銜，俾斯麥也許會認為這是一種格外殘酷的羞辱。[65]

我們暫且把俾斯麥提升自己為公爵的希望破滅以及受辱的故事放到一邊，來討論一下德意志歷史上的「公爵」頭銜。

德語裡的「公爵」（Herzog）的詞形和其他主要歐洲語言不太一樣。英語的 duke、法語的 duc、西班牙語的 duque、義大利語的 duca 都源自拉丁語 dux，本意為「領袖」，指羅馬帝國時期的軍政高官。從詞源看，德語的 Herzog 最初是古日爾曼部落的領袖，尤其是軍事領袖[66]，由日爾曼原始民主制度下的部族成員選舉產生。被選中當 Herzog 的人往往是經驗豐富、威望很高的酋長，擁有很多追隨者，豢養大批武士。

傳說中，在奧古斯都皇帝在位末期抵抗羅馬帝國擴張的日爾曼人切魯西部族酋長阿米尼烏斯（Arminius，德語稱赫爾曼，Hermann）就是一位 Herzog。到了法蘭克人的墨洛溫王朝時期，公爵（Herzog）是為國王效力的封疆大吏，一般也是獨當一面的軍事指揮官，權勢非常大。這一時期的公國主要有阿勒曼尼[67]、巴伐利亞、勃艮第、弗蘭肯、阿基坦和布列塔尼等。這幾個超級大的公國被稱為「部族公國」（Stammesherzogtum），代表日爾曼人的不同部族。部族公國一度被強大的加洛林王朝廢除。但隨著加洛林王朝中央集權的衰落，部族公國又重新建立起來，往往形成近似王國的強大割據勢力。

五大公國及其演變

十世紀初，東法蘭克王國有五個大型的部族公國：弗蘭肯、施瓦本（以前的阿勒曼尼）[68]、薩克森[69]、巴伐利亞和洛林。這五位公爵的地位僅次於國王。國王需要和他們討價還價，達成妥協與共識。

後來，在神聖羅馬帝國框架內，原先超大的部族公國逐漸分裂，公爵越來越多，這個頭銜的含金量也下降了很多。德意志歷史上曾經存在的公國數量很多，歷史錯綜複雜，很難在有限篇幅內做清晰而全面的介紹，所以本章不求面面俱到，而是局限於兩個目標：一、簡要梳理五個部族公國的分裂和演化；二、簡述聯邦制的第二帝國（一八七一至一九一八）框架內存在的公國及其淵源，順帶介紹一些在德國統一過程中消失的比較重要的公國，以及僅作為榮譽頭銜而無相應公國的公爵。這兩個目標也有一些重疊。

弗蘭肯公國早在九三九年就因為反叛德意志國王鄂圖一世而被廢除，分裂成許多小邦。一一六八年，維爾茨堡主教從腓特烈一世皇帝那裡獲得了「弗蘭肯公爵」的榮譽頭銜，一直沿用到十九世紀初。

洛林公國的起源可以追溯到查理大帝的孫輩締結《凡爾登條約》三分天下，將加洛林帝國分為東法蘭克王國（後來演化為德意志王國，即神聖羅馬帝國的主體部分）、西法蘭克王國（後演化為中世紀的法蘭西王國）和中法蘭克王國（低地國家、義大利北部等地區）。中法蘭克王國後來分裂成好幾塊，其中一部分被東法蘭克國王捕鳥者亨利（Heinrich der Vogler, 876-936，他是鄂圖一世的父親）於九二五年征服之後演化為洛林公國[70]。此後洛林公國成為神聖羅馬帝國的一部分。

九五九年，洛林公國分裂成上洛林（南）和下洛林（北）。後來只有上洛林（有一小部分分裂出去）被稱為洛林公國，長期屬於神聖羅馬帝國。一七六六年，洛林公爵法蘭茲．斯蒂芬與奧地利的女繼承人瑪麗亞．特蕾莎結婚，將洛林公國交給法國，換取托斯卡納大公國。下洛林則在十二和十三世紀初分裂成盧森堡、布拉邦特和林堡等邦國（屬於今天的盧森堡、荷蘭和比利時），一度歸屬勃艮第公國，後被哈布斯堡家族的馬克西米連一世皇帝透過婚姻關係繼承。

巴伐利亞公國出現得較早，據說六和七世紀就由墨洛溫王朝的國王設立了巴伐利亞公國。九七六年，因為巴伐利亞公爵海因里希二世（綽號為「爭吵者」，der Zänker）犯上作亂，他的堂兄、皇帝鄂圖二世將巴伐利亞公國分裂成巴伐利亞和克恩滕（Kärnten）兩個公國，從而削弱巴伐利亞公爵的勢力。[71]此後克恩滕在多個家族之間轉手，比如在一〇四七年被亨利三世皇帝封給韋爾夫家族[72]，後來在一三三五年被皇帝「巴伐利亞人路德維希」封給哈布斯堡家族，從此克恩滕與奧地利聯合，至今仍是奧地利共和國的一部分。

韋爾夫家族於一〇七〇年從亨利四世皇帝手中獲得巴伐利亞公國[73]。由於韋爾夫家族和施陶芬家族的鬥爭，一一五六年，巴伐利亞的一部分——奧地利邊疆區分裂出去，成為奧地利公國。[74]一一八〇年，施泰爾馬克（Steiermark）又從巴伐利亞分裂出去，成為公國，一一八二年被哈布斯堡家族獲得[75]。同樣在一一八〇年，維特爾斯巴赫家族取代韋爾夫家族，成為新的巴伐利亞公爵（當然，此時巴伐利亞公國比過去縮水不少），後來成為巴伐利亞選帝侯和巴伐利亞國王，直到一九一八年。安戴克斯（Andechs）伯爵除了在巴伐利亞公國內領有土地外，還獲得了伊斯的利亞[76]邊疆伯爵領地，巴巴羅薩封給他們梅拉尼亞（Meranien）公爵的稱號[77]。但梅拉尼亞家族絕嗣後，他們在巴伐利亞的土地都被維特爾斯巴赫家族吞併。

九四七年的一份文書裡出現了「施瓦本公爵」的說法。[78]施瓦本公國在中世紀早期先後被多個家族統治，直到一〇七九年，亨利四世皇帝（就是「卡諾莎之行」那位）把自己的女兒艾格尼絲嫁給施陶芬家族的腓特烈，並冊封他為施瓦本公爵，這個公國才有了相對穩定的傳承。[79]施陶芬家族以施瓦本公國為力量基礎，建立了強盛一時也紛擾不斷的施陶芬皇朝。一二六八年，施陶芬家族絕嗣之後施瓦本公爵這個頭銜就消亡了。原先的部族公國施瓦本也分裂成諸多小國。

策林根（Zähringer）家族是施陶芬家族的遠親，也是中世紀盛期在南德除了施陶芬和韋爾夫之外第三股強大的家族勢力。他們營造了弗賴堡、伯恩等城市，曾與韋爾夫家族結盟[80]、與施陶芬家族對抗。策林根家族一度佔據了施瓦本公國的部分土地和瑞士的一些地區，並與施陶芬家族爭奪施瓦本公爵的頭銜。一〇九八年，策林根家族與施陶芬家族達成協議，施瓦本公國歸屬施陶芬家族，策林根家族被允許繼續使用公爵頭銜，儘管他們並沒有正式建立自己的公國。這一支沒有公國的公爵被稱為策林根公爵，得名自他們擁有的策林根城堡。策林根家族主系於一二一八年絕嗣，其領地被腓特烈二世皇帝「繼承」。但策林根家族的一脈分支先是成為巴登邊疆伯爵，於一八〇六年又升格為巴登大公，並採用「策林根公爵」的頭銜，甚至在一九一八年後巴登家族仍然自稱策林根公爵。[81]而哈布斯堡家族出於不同的政治目的，先自稱是策林根家族的後代，後來又來了個一百八十度轉彎，說自己是策林根家族的祖先。[82]

薩克森公國在中世紀德意志歷史上扮演了舉足輕重的角色。東法蘭克王國的最後一位出身法蘭克部族的國王康拉德一世於九一八年底薨歿，沒有子嗣，臨終前勸自己的弟弟不要爭奪王位，而選定薩克森公爵捕鳥者亨利為繼承人。[83]亨利成為東法蘭克王國第一位非法蘭克人的國王，他的兒子就是著名的鄂圖大帝。神聖羅馬帝國的鄂圖皇朝就這樣由薩克森人建立。一一二六年，韋爾夫家族（此時已經是巴伐利亞公爵）從洛塔爾三世皇帝那裡獲得薩克森公國。[84]韋爾夫家族的著名成員獅子亨利（Heinrich der Löwe, 1129?-1195）一度是薩克森和巴伐利亞這兩個超大公國的統治者，因為屢次挑戰神聖羅馬皇帝腓特烈一世·巴巴羅薩（施陶芬家族），於一一八〇年被剝奪了這兩個公爵頭銜。維特爾斯巴赫家族獲得了巴伐利亞公國，一直統治到一九一八年。而薩克森公國被一分為三。薩克森的西部改稱威斯特法倫公國，被封給科隆大主教；東部被封給阿斯坎尼（Askanier）家族；中間部分，即布勞恩斯魏克和呂訥堡周邊，被留給韋爾夫家族。[85]阿斯坎尼家族獲得新的薩克森公爵頭銜，後成為選帝侯，以維滕貝格為首府。但該家族於一四二二年絕嗣，隨後西吉斯蒙德皇帝將薩克森選帝侯和公爵的頭銜封給了韋廷家族（原為邁森邊疆伯爵），以獎勵其在鎮壓波希米亞胡斯異端的戰爭中的貢獻。

薩克森這個名字原本和今天德國的西北部（下薩克森州一帶）有關係，而與東部的邁森和德勒斯登沒什麼關係，因為韋廷家族獲得薩克森公爵頭銜，於是德意志的這片東部地區也獲得了「薩克森」的名字。一四八五年，韋廷家族分成長幼兩系，都繼續使用薩克森公爵的頭銜。其中恩斯特系擁有薩克森選帝侯地位和在圖林根的領土，阿爾

薩克森—科堡—哥達公爵家族的紋章，今天的英國和比利時王室均出自該家族，Hugo Gerard Strohl 繪。

布雷希特系佔據德勒斯登和萊比錫等地區。恩斯特系就是支持馬丁・路德宗教改革的那一派。而阿爾布雷希特系支持皇帝。新教諸侯與查理五世皇帝領導下的天主教諸侯發生了武裝衝突，即一五四六至四七年的施瑪律卡爾登戰爭（Schmalkaldic War）。恩斯特系被皇帝打敗，阿爾布雷希特系取而代之，他們以德勒斯登為首府，後來成為波蘭國王和薩克森國王，一直到一九一八年。與此同時，恩斯特系分裂成許多小國，比如薩克森—威瑪—愛森納赫，歌德的著名贊助者和好友就是出自這一支；還有薩克森—科堡—哥達，這一支後來與英國王室聯姻，他們的後代至今仍然統治著英國。韋廷家族的這些支系都用「薩克森公爵」的頭銜，但為了區分，會帶有連字號和具體的分支名稱。除了上面的兩個例子，歷史上還有薩克森—科堡—薩爾菲爾德公爵（Sachsen-Coburg-Saalfeld）、薩克森—邁寧根（Sachsen-Meiningen）公爵和薩克森—阿爾滕堡（Sachsen-Altenburg）公爵等。

我們回過頭去說韋爾夫家族。他們在一一八

〇年喪失薩克森和巴伐利亞這兩個公國之後，領地急劇縮水。一二三五年，韋爾夫家族與施陶芬家族終於和解，獅子亨利的孫子「孩童鄂圖」從腓特烈二世皇帝那裡獲得布勞恩斯魏克－呂訥堡公爵的頭銜。一二六七年，鄂圖的兩個兒子分家，布勞恩斯魏克和呂訥堡成為兩個諸侯國，此後韋爾夫家族開枝散葉，分分合合，歷史非常複雜，但絕大多數分支都繼續採用布勞恩斯魏克－呂訥堡公爵的頭銜。[86] 其中以漢諾威為核心的呂訥堡－卡倫貝格（Calenberg）分支於一六九二年獲得選帝侯地位，後來這個邦國被稱為漢諾威選侯國，演化為後來的漢諾威王國。今天的英國王室即出自這一支的血脈。

一八一五年拿破崙戰爭結束的時候，韋爾夫家族的諸邦已經演化為兩個邦國：漢諾威王國和布勞恩斯魏克公國。一八六六年漢諾威王國被普魯士吞併，王族流亡奧地利；而比較親普魯士的布勞恩斯魏克公國在一八七一年加入普魯士領導的德意志帝國。布勞恩斯魏克公爵威廉沒有子嗣，於是希望讓自己的親戚、漢諾威王族的王子繼承自己的公爵位置，但因為漢諾威王族拒絕接受普魯士的統治，所以幾方爭執不下。一八八四年威廉去世，漢諾威王族的恩斯特．奧古斯特太子（一八四五至一九二三）自立為布勞恩斯魏克公爵，但因為他不放棄對漢諾威王位的主張，所以不被普魯士承認。直到一九一三年，恩斯特．奧古斯特的兒子（也叫恩斯特．奧古斯特，一八八七至一九五三）娶了德皇威廉二世的女兒維多利亞．路易絲，霍亨索倫和韋爾夫兩家才算和解，這個小恩斯特．奧古斯特向第二帝國效忠，放棄對漢諾威的主張權，於是成為布勞恩斯魏克公爵。這場婚禮是第一次世界大戰爆發之前歐洲各國王室的最後一次盛會，英國國王喬治五世及王后、俄國沙皇尼古拉二世及皇后都參加了婚禮。恩斯特．奧古斯特也是一九一八年革命前的最後一任布勞恩斯魏克公爵，他是德意志邦君當中第一個退位的。[87]

公國的分合與層出不窮的公爵

以上是從五個部族公國演化出來的諸多公國。下面則介紹與五個部族公國沒有直接關係的一些較為重要的公國。

恩斯特・奧古斯特和妻子維多利亞・路易絲，後者是德皇威廉二世的獨生女，T. H. Voigt 攝，一九一三年。

我們從北德說起。從一一三一年到一九一八年，奧博多里特家族（Obodriten，或稱梅克倫堡家族）幾乎不間斷地統治北德的梅克倫堡地區。奧博多里特家族原為異教徒斯拉夫人，在神聖羅馬帝國的諸侯當中，斯拉夫血統出身的諸侯不多見。其中一支的領主普利比斯拉夫（Pribislaw, -1178）臣服於薩克森公爵獅子亨利並皈依基督教，成為該地區百年來第一位基督徒諸侯。在獅子亨利的庇護下，普利比斯拉夫成為梅克倫堡領主。他的後代於一三四八年從查理四世皇帝那裡獲得梅克倫堡公爵的頭銜。

和其他很多邦國一樣，梅克倫堡公國也是分分合合。三十年戰爭時期，已經皈依新教的梅克倫堡一度被阿爾布雷希特・馮・華倫斯坦（Albrecht von Wallenstein, 1583-1634）指揮下的天主教軍隊佔領，華倫斯坦於一六二九年被斐迪南二世皇帝封為梅克倫堡公爵[88]，不過他在幾年後被皇帝授意殺死。原先奧博多里特家族的梅克倫堡公爵在瑞典國王古斯塔夫・阿道夫的幫助下復位，後與皇帝和解。經過多年內戰，梅克倫堡的幾個分支於一七〇一年達成協議，確立長子繼承制，並將公國分為兩支：施特雷利茨和什未林。一八一五年維也納會議之

梅克倫堡・施特雷利茨大公阿道夫・腓特烈六世，拍攝者不詳，一九一二年。

後，兩個梅克倫堡公國都被提升為大公國。兩國的統治者被稱為大公，但家族的其他沒有統治權的男性成員繼續被稱為梅克倫堡公爵。普奧戰爭中，兩個梅克倫堡大公國都是普魯士的盟友，並且兩位大公都是普魯士國王和德皇威廉一世的近親，所以兩個大公國都順利以邦國的身分進入聯邦制的第二帝國。梅克倫堡―施特雷利茨的末代大公阿道夫・腓特烈六世於一九一八年二月自殺且無嗣，他的親戚、梅克倫堡―什未林大公腓特烈・法蘭茲四世擔任施特雷利茨的臨時統治者，一直到幾個月後帝制滅亡。

十二世紀，奧爾登堡伯爵是北德的一方諸侯。一四四八年，奧爾登堡伯爵克里斯蒂安被選為丹麥國王（一四五七年又當選為瑞典國王和挪威國王），於是把奧爾登堡轉交給弟弟。奧爾登堡家族的丹麥分支一直統治到今天，還曾是石勒蘇益格公爵、霍爾斯坦公爵等，甚至登上沙皇[89]和希臘國王[90]的寶座。另外，奧爾登堡家族的成員還曾是瑞典國王，並且至今仍然是挪威國王。

一七七三年，石勒蘇益格―霍爾斯坦―戈托爾夫家族（奧爾登堡家族的一支）的族長（後來的保羅沙皇）透過領土交換獲得了奧爾登堡伯國，幾天後將其贈給自己的親戚呂北克主教。這位主教則在一七七四年被約瑟夫二世皇帝提升為奧爾登堡公爵。一八一一年，拿破崙吞併了奧爾登堡公國。一八一五年拿破崙倒臺之後，奧爾登堡被提升為大公國。在普奧戰爭中，奧爾登堡是普魯士的盟友，後加入第二帝國，一直到一九一八年。

本章開頭提到的石勒蘇益格、霍爾斯坦和勞恩堡這三個公國在一八六四年從丹麥轉手到普魯士。不過霍爾斯坦和勞恩堡在歷史上一直屬於神聖羅馬帝國。石勒蘇益格則一直是丹麥領地，從未屬於神聖羅馬皇帝，丹麥人和德意志人在那裡雜居。十四世紀，德意志貴族紹恩堡（Schauenburg）家族獲得丹麥國王的封授，成為石勒蘇益格公爵，但此後長期試圖脫離丹麥國王的主權，並企圖將石勒蘇益格與紹恩堡家族統治的霍爾斯坦伯國合併。一四五九年紹恩堡家族絕嗣，石勒蘇益格與霍爾斯坦兩國的權貴希望繼續由同一個君主統治兩國，於是選舉丹麥國王克里斯蒂安一世（就是上文講到的那位）為石勒蘇益格公爵和霍爾斯坦伯爵。但丹麥國王不願意當一個區區伯爵，於是在一四七四年把霍爾斯坦也升格為公國。石勒蘇益格與霍爾斯坦兩個邦國「永不分割」的傳統最終導致十九世紀六〇年代這兩個公國脫離丹麥，成為德意志第二帝國的一部分。今天的石勒蘇益格分成南北兩部分，北部屬於丹麥，南部屬於德國。霍爾斯坦和勞恩堡則完全屬於德國。

符騰堡家族得名自他們的祖先在十一世紀建造的城堡符騰堡。十二世紀，他們成為伯爵。一四九五年，符騰堡伯爵被皇帝馬克西米連一世提升為公爵。在宗教改革時代，符騰堡公爵是重要的新教諸侯。符騰堡公爵於一八〇三年成為選帝侯，一八〇六年成為國王。

三十年戰爭時期，為皇帝效勞的波希米亞名將華倫斯坦於一六二三年獲得弗里德蘭（Friedland）伯爵頭銜。弗里德蘭在今天的捷克北部。他在波希米亞擁有廣袤的土地，一六二四年被斐迪南二世皇帝提升為侯爵，一六二五年被提升為弗里德蘭公爵。[91]因為皇帝高度依賴華倫斯坦，他獲得了很多特權。弗里德蘭公國實際上獨立於波希米亞王國的其餘部分，華倫斯坦有權鑄幣，有權封授貴族身分與城鎮特權。但最終皇帝忌憚華倫斯坦的強大勢力，解除了他的職務，並授意一些軍官將他刺殺。華倫斯坦死後，弗里德蘭公爵的頭銜廢止。

一六二八年，哈布斯堡家族的斐迪南二世皇帝（同時是波希米亞國王）冊封自己的親信、宮廷大總管和樞密院院長漢斯・烏爾里希・馮・埃根貝格（Hans Ulrich von Eggenberg, 1568-1634）為克魯毛公爵（Herzog von Krumau），其領地在波希米亞（今天的捷克共和國境內）。埃根貝格家族最初為市民出身，靠做葡萄酒生意發財，給皇帝提供資金。在反宗教改革運動和三十年戰爭期間，他們支持哈布斯堡家族，於是平步青雲，成為男爵、伯爵、侯爵，甚至公爵。十八世紀初埃根貝格家族絕嗣後，這個公爵頭銜傳給了他們的姻親施瓦岑貝格（Schwarzenberg）家族。[92]

在拿破崙主宰德意志的時代，一大批親近他的德意志諸侯獲得提升。有些諸侯被提升為選帝侯和國王，有的諸侯則被提升為公爵。

一二一二年，阿斯坎尼家族的一個分支安哈爾特（Anhalt）家族獨立出來，建立自己的邦國[93]，但此後分裂成多個小國。安哈爾特家族最主要的幾個分支是安哈爾特—伯恩堡（Anhalt-Bernburg）、安哈爾特—德紹（Anhalt-Dessau）、安哈爾特—科騰（Anhalt-Köthen）和安哈爾特—采爾布斯特（Anhalt-Zerbst）。安哈爾特家族在宗教改革時期是新教的主要支持者之一，在三十年戰爭初期也發揮了重要作用。安哈爾特—科騰侯爵沃爾夫岡（Wolfgang, Fürst von Anhalt-Köthen, 1492-1566）是一五二九年的施派爾帝國會議上發出「抗議」的新教諸侯之一。[94]安哈爾特—伯恩堡侯爵克里斯蒂安一世（Christian I von Anhalt-Bernburg, 1568-1630）是「冬王」的重要謀臣，也是三十年戰爭初期新教聯盟的主要將領之一。不過，安哈爾特家族不久之後脫離了新教路德宗，轉投加爾文宗，所以和同屬於加爾文宗的普法爾茨選侯國、奧倫治家族以及後來皈依加爾文宗的普魯士統治者走得很近。[95]三十年戰爭之後，幾個安哈爾特小國在政治上無足輕重，完全依賴於強大的鄰國普魯士。許多安哈爾特諸侯為普魯士君主效力，在普魯士的軍隊和政府中獲得很高的位置。最有名的例子應當是腓特烈大王麾下的名將安哈爾特—德紹侯爵利奧波德一世（Leopold I, Fürst von Anhalt-Dessau, 1676-1747）。這位綽號「德紹老頭」的侯爵是普魯士德高望重的軍事家，最終成為陸軍元帥。他的好幾個兒子也都成為普魯士陸軍元帥。值得一提的是，古典音樂大師巴哈是安哈爾特—科騰宮廷的樂隊指揮。而整個安哈爾特家族最有名的成員大概要算安哈爾特—采爾布斯特侯爵小姐索菲，即俄國女皇凱薩琳大帝。

一八〇六年，安哈爾特—伯恩堡（Anhalt-Bernburg）侯爵從最後一位神聖羅馬皇帝法蘭茲二世那裡獲得了公爵頭銜。一八〇七年，安哈爾特—德紹（Anhalt-Dessau）和安哈爾特—科騰（Anhalt-Köthen）兩個分支則從拿破崙那裡獲得公爵地位，並加入萊茵邦聯。[96]科騰分支於一八四七年絕嗣，[97]伯恩堡分支於一八六三年絕嗣，於是三個公國統一起來，成為新的安哈爾特公國，以德紹為首都，[98]一八七一年加入第二帝國。

德意志西部科隆附近的阿倫貝格（Arenberg）領地於一五〇九年被提升為伯爵領地，一五七六年被馬克西米連二世皇帝提升為侯爵領地，由阿倫貝格—利尼（Arenberg-Ligne）家族統治。一六四四年，阿倫貝格被斐迪南三世皇帝提升為公國。法國大革命爆發後，阿倫貝格公爵的領地因為在萊茵河左岸，於一七九四年被法國革命軍佔領。一八〇三年，神聖羅馬帝國透過立法，用原屬於明斯特修道院和科隆大主教的部分土地補償阿倫貝格公爵，建立了一個新的公國，稱為阿倫貝格—邁本（Arenberg-Meppen）公國，擁有六百六十平方公里和七萬六千名居民。一八〇六年，阿倫貝格—邁本公國加入了拿破崙操控的萊茵邦聯。普羅斯珀・路德維希（Prosper Ludwig, 1785-1861）公爵覺得自己受到普魯士的威脅更大，於是站在拿破崙那邊，親自帶兵為拿破崙效犬馬之勞，甚至跑到西班牙參加半島戰爭，還被英軍俘虜過。另外他還娶了拿破崙之妻約瑟芬皇后的一個親戚。但在一八一〇年，拿破崙還是翻臉不認人，吞併了這個公國。拿破崙為了補償普羅斯珀・路德維希，給了他一筆豐厚的年金和一個法國的公爵頭銜。戰爭結束後，阿倫貝格—邁本的一部分被漢諾威王國吞併，一部分併入普魯士，阿倫貝格—邁本公爵成為沒有主權的陪臣，但借助龐大的地產和商業頭腦，仍然富甲一方。一八六六年普奧戰爭之後，阿倫貝格—邁本在漢諾威王國境內的部分隨著漢諾威一起被普魯士吞併。

拿騷家族可以上溯到十一世紀，在歷史上不斷分家，支系極多。該家族最有名的成員應當要數：拿騷伯爵阿道夫（Adolf von Nassau, 1250?-1298），曾當選為德意志國王，但沒有被加冕為皇帝；拿騷—狄倫堡的威廉（Wilhelm von Nassau-Dillenburg, 1533-1584），即後來赫赫有名的奧倫治親王「沉默者」威廉，是尼德蘭反抗西班牙哈布斯堡家族統治的民族英雄。「沉默者」威廉的後代成為尼德蘭聯省共和國的世襲執政，後來在一八一五年成為荷蘭國王，統治荷蘭至今。「沉默者」威廉的後代威廉三世於一六八九年成為英國國王。

一七三六年，拿騷家族的三個分支達成協議，聯合起來，避免再度分裂。此時，他們在荷蘭共和國、比利時和德意志都有領地。法國大革命戰爭打響之後，拿騷家族在荷蘭共和國、比利時和萊茵河左岸德意志的土地都被法國佔領。天主教會的一些領地被世俗化，拿來補償這些喪失土地的諸侯。作為補償，拿騷家族還得到了萊茵河右岸的一些土地。一八〇六年，在拿破崙的壓力下，拿騷家族將其領地（源自之前的二十多個獨立邦國）組織成了拿騷公國，以威斯巴登為首都，並加入拿破崙主宰的萊茵邦聯。一八一四年，拿騷公國頒布德意志各邦的第一部憲法，主張財產自由、宗教寬容和新聞自由。拿騷軍隊曾一度為拿破崙效力，甚至到西班牙作戰。拿破崙倒臺之後，拿騷公爵的親戚成為荷蘭國王，拿騷公國也得以存續。一八六六年的普奧戰爭中，拿騷公國站在奧地利一邊，甚至對普軍取得了一場勝利，但最終無力回天，被普魯士吞併，與同樣被吞併的法蘭克福和黑森選侯國一起，構成普魯士的黑森—拿騷省。

公爵虛銜

君主還可以冊封有名無實的名義公爵，這樣的公爵可以獲得一些地產和收入，但並不真正擁有相應的公國。一八一七年，巴伐利亞國王馬克斯一世·約瑟夫提升他的駙馬歐仁·德·博阿爾內（Eugène de Beauharnais, 1781-1824，他是拿破崙的繼子，約瑟芬皇后的兒子）為洛伊希滕貝格公爵（Herzog von Leuchtenberg）。[99]歐仁的次子馬克西米連·德·博阿爾內（第三代洛伊希滕貝格公爵）娶了沙皇尼古拉一世的長女，於是洛伊希滕貝格公爵成為俄國皇室的一部分。

拿破崙與奧地利女大公瑪麗·路易絲（Marie-Louise, 1791-1847）的兒子拿破崙二世（一八一一至一八三二，實際上沒有統治過法國）在父親退位後與母親一起回到奧地利生活，從此再也沒有見過父親。一八一八年，他從外祖父奧地利皇帝法蘭茲一世那裡獲得「賴希施塔特公爵」（Herzog von Reichstadt）頭銜。他十二歲進入奧地利陸軍，但受到種種約束，鬱鬱不得志，最後患肺結核死去，被安葬在維也納的哈布斯堡家族墓穴。值得一提的是，一九四〇年十二月，已經打敗法國的希特勒為了向法國人表現友好的姿態，把拿破崙二世的靈柩送回巴黎，讓他在榮軍院長眠。不過法國人似乎並不領情，在巴黎各地寫了標語：「他們把木炭奪走了，卻只還給了我們灰燼！」[100]

一八四〇年，維克多・祖・霍恩洛厄—希靈斯菲斯特侯爵世子（Victor zu Hohenlohe-Schillingsfürst, 1818-1893，帝國首相克洛德維希・霍恩洛厄—希靈斯菲斯特侯爵的兄長）被普魯士國王腓特烈・威廉四世提升為拉提博爾公爵（Herzog von Ratibor）。拉提博爾公國是從西里西亞公國分裂出來的領地之一。他的兒子、第二代拉提博爾公爵維克多二世於一九二三年去世。

一八六一年，陸軍將領、政治家和工業家胡戈・祖・霍恩洛厄—厄林根侯爵（Fürst Hugo zu Hohenlohe-Oehringen, 1816-1897）被普魯士國王提升為烏耶斯特公爵（Herzog von Ujest）。烏耶斯特也曾是西里西亞的一部分，在今天波蘭的南部。[101]胡戈的兒子克里斯蒂安・克拉夫特・霍恩洛厄—厄林根是第二帝國時期最著名的貴族企業家和富豪之一。（詳見第八章第二節「德意志貴族中的實業家富豪」）

一九〇〇年，普魯士政治家、第三代哈茨菲爾特—特拉亨貝格侯爵赫爾曼・腓特烈・安東（Hermann Friedrich Anton, 3. Fürst von Hatzfeldt zu Trachenberg, 1848-1933）被德皇威廉二世提升為特拉亨貝格公爵（Herzog zu Trachenberg）。

另外，值得注意的是，在德意志的部分公爵家族裡，所有父系血統的男性成員都擁有「公爵」的虛銜，但往往不用 von，而用 zu 或者 in，比如「在薩克森的公爵」（Herzog zu Sachsen）和「在巴伐利亞的公爵」（Herzog in Bayern）。

六、侯爵與公子：兩個容易混淆的概念

德意志貴族銜級當中最麻煩、也造成最多誤會的兩個概念要數 Prinz 和 Fürst。在關於德意志歷史的英文著作中，

這兩個德語詞經常被統一翻譯成Prince。英文的含糊翻譯或許是對Prinz和Fürst的理解容易出現偏差的原因之一，因為全世界很多讀者是透過英文資料來瞭解德意志歷史。而中文資料則經常將這兩個詞都翻譯成「親王」、「王子」等。比如文豪海因里希・馮・克萊斯特的著名戲劇《Prinz Friedrich von Homburg》的袁志英譯本題為《洪堡親王》[102]。在網路上搜索一下，中文世界對這個題目還有「洪堡王子」的說法。那麼這裡的Prinz究竟是親王還是王子？

當然，在翻譯歐洲貴族頭銜時，中文譯者遇到的許多麻煩，是因為要遵守「約定俗成」的規矩，用「公侯伯子男」的中國體系去生搬硬套歐洲體系，這也是不得已為之。不過在這裡，為了搞清楚Prinz的準確含義，我們不妨抬一下槓。克萊斯特劇中的人物腓特烈是黑森—洪堡統治者的兒子。他的父親的頭銜是Landgraf（方伯）。關於這個頭銜可以詳見本書關於伯爵的那一章，這裡只需要說，方伯高於一般伯爵，地位可能與公爵平起平坐，但肯定低於國王。所以我們很難說方伯的兒子是「王子」，也很難說他是「親王」。

Prinz：統治者的兒子

追根溯源，德語的Prinz和英語的prince雖然同源（拉丁文princeps，就是「元首」，即羅馬帝國早期皇帝的正式稱號），但在含義上有重大差別：Prinz不一定是國王的兒子，只要是神聖羅馬帝國框架內的諸侯、邦國統治者或曰高級貴族，他的兒子都可以叫Prinz。也就是說，侯爵（Fürst）、公爵（Herzog）、國王（König）、皇帝（Kaiser）、邊疆伯爵（Markgraf），以及上述的方伯的兒子都享有Prinz的頭銜。在英法義西等國家，一般不會把公爵、侯爵的兒子稱為prince，只有國王和皇帝的兒子才會是prince。

Prinz的陰性形式Prinzessin同理。如俄國女沙皇凱薩琳大帝原名Prinzessin Sophie von Anhalt-Zerbst。她的父親是德意志的一個Fürst（侯爵），所以她享有Prinzessin頭銜。儘管英文資料裡把Prinzessin翻譯成princess，她的頭銜還是譯為「侯爵小姐」較妥當，而不是「公主」。所以她的全名是安哈爾特—采爾布斯特侯爵小姐索菲。

簡而言之，在指代貴族的兒子這個意義上，德語Prinz的指代範圍比英語prince要大。

但是英語 prince 的含義比德語 Prinz 豐富得多，也混亂得多。Prince 可以指君主或一個政治實體的統治者，比如列支敦斯登在英文中被稱為一個 principality，其統治者是 prince。但德語 Prinz 永遠只是某個統治者的兒子，自己並不是統治者。另外 Prinz 的兒子一般也被稱為 Prinz。

如何翻譯 Prinz 這個詞？中文世界裡常常把 Prinz 譯為王子或親王，都不準確。Prinz 的概念比王子豐富。Prinz 的地位則往往比中國人想像中的親王（中國古代皇室貴族中地位僅次於皇帝的高級爵位，比如皇帝的兄弟）要低得多。我覺得只能請譯者辛苦一點，多查資料，確認涉及的 Prinz 的父親的地位。如果是國王或皇帝的兒子，那很簡單，Prinz 就是王子或皇子。如果是公爵、侯爵或方伯的兒子呢？借用春秋戰國時代的「公子」，即諸侯的兒子，似乎不錯。那麼，我們似乎應當稱克萊斯特戲劇中的腓特烈為「洪堡公子」。

與 Prinz 相連繫的，還有兩個概念，Kronprinz 和 Erbprinz。前者很簡單，就是國王或皇帝的繼承人，譯為王儲或皇儲即可。Erbprinz 則是公爵、侯爵等諸侯的繼承人，如何翻譯？參考漢代諸侯王的正式繼承人亦稱「太子」。漢以後，親王的正式繼承人改稱「世子」，與德文的 Erbprinz 頗為貼切。所以 Erbprinz 不妨譯為「世子」，儘管中國味兒也太濃了些。

多重意義的 Fürst

另一個在英文中被譯為 prince 的德語詞是 Fürst。這個詞更為複雜，也很容易造成混亂。Fürst 的詞源是古高地德語的 furisto，意為「第一人」、「最首要的」、「領導者」等等。英語 first（第一）與這個詞同源。[103] Fürst 可以泛指任何統治者或君主[104]，包括歐洲文化之外的統治者，比如印第安人酋長等，這不是本書考量的範圍。在德意志語境內，Fürst 主要有兩個意思。

一、作為一個具體的貴族等級和頭銜，在神聖羅馬帝國，Fürst 高於伯爵（Graf）和無統治權的 Prinz，但低於公爵（Herzog）。可以把這個意義上的 Fürst 譯為侯爵，儘管它與英法義西等國家的侯爵（Marquess）不是一個詞源。

洪堡公子肖像畫，Pieter Nason 繪，約一六六〇至一六九〇年期間。

Fürst 在德意志是出現較晚的一種頭銜。一四九五年之後，一般的伯爵如果得到提升，不會成為邊疆伯爵、方伯，而是被提升為 Fürst。這些新晉的 Fürst 和過去的擁有選帝侯、公爵、邊疆伯爵、方伯身分的老諸侯相比，一般來講地位和勢力都較低。作為新貴的 Fürst 和老諸侯之間有一種雖然微妙但是重要的區別。[105] Fürst 也不一定與具體的領土掛鉤，可以是無領土的榮譽頭銜。

Fürst 的一個比較有名的例子，就是凱薩琳大帝的父親安哈爾特—采爾布斯特侯爵克里斯蒂安·奧古斯特（Christian August, Fürst von Anhalt-Zerbst）。他長期在普魯士軍中服役，最終被腓特烈大王封為陸軍元帥，但他一輩子都是個地位並不顯赫、手頭頗為拮据的中等貴族。

二、Fürst 可以泛指神聖羅馬帝國及後來德意志的高級貴族、邦君、諸侯、統治者。神聖羅馬皇帝、國王、選帝侯、大公、公爵、邊疆伯爵、方伯、行宮伯爵、侯爵，均可算 Fürst。但普通伯爵及更低的貴族一般不算 Fürst。在德意志語境內，Fürst 的重要內涵是直屬於神聖羅馬帝國、擁有主權，算得上一個邦國的君主。所以英文資料裡常把這層意思的Fürst譯為Prince，這裡的Prince應當作為「君主」或「諸侯」（如春秋戰國時期的諸侯，其實算得上獨立君主）理解，而不是王子或親王。十九世紀初神聖羅馬帝國解散後，大批諸侯喪失直屬於帝國的地位和主權，被「陪臣化」，成為別的統治者的臣屬，此後一般只有仍然擁有主權的諸侯才算Fürst。這個意義上的Fürst可譯為「邦君」、「諸侯」、「統治者」、「君主」等。所以出現一個悖論：喪失主權的侯爵（Fürst）不能算是邦君（Fürst），而只是陪臣（Standesherr）。

值得注意的是，神聖羅馬帝國語境內兩種意義的Fürst和Prinz一樣，在拉丁文中的表述都是princeps。所以英文、法文等語言都將Fürst和Prinz譯為prince。

一個有趣的問題來了：英國王儲的頭銜Prince of Wales應當如何翻譯成德語？Prinz von Wales和Fürst von Wales兩種說法都有。但應當是用Fürst比Prinz好，因為他（名義上）是威爾斯的統治者，而不是威爾斯統治者的兒子。當然德譯者往往根本不翻譯，直接照搬英語Prince of Wales。再舉一個例子，大英帝國統治下的印度的諸邦國，名義上是君主，實際上是英國掌控的傀儡。這些邦國在英文中被稱為Princely States，如果翻譯成德語的話Fürstenstaaten較好，因為Fürsten能表達「統治者」的意思，而Prinz不能，儘管它的詞形很像英文Prince。

七、形形色色的伯爵

我喜歡看服裝華麗、滿是俊男美女的宮廷片。前不久看了俄羅斯電視一台的電視劇《凱薩琳大帝》。這是一部不錯的電視劇，對凱薩琳大帝、伊莉莎白女皇、命運悲慘的彼得三世等人物的形象刻畫相當出色。我看的版本是俄語原聲配中文字幕。我不懂俄語，但是懂德語。有意思的是，從第一集開始，我的耳朵就不斷受到德語詞的轟炸。

俄語從德語當中借的詞實在太多了，尤其在古代俄國宮廷的語境下。當然，彼得大帝在俄國推行現代化，學習西方的一個重要途徑就是透過德意志。他雖然不是後來的彼得三世、保羅那樣的瘋狂「德粉」，但也從德意志借鑒了很多東西。他建立西方式的宮廷，宮廷人員的銜級都是用德語，如Kammerherr（宮廷侍從）、Hofmeister（宮廷總管）、Oberhofmeister（宮廷大總管）等。他還改革貴族體制，把俄國傳統的「波雅爾」貴族體系[106]擱在一邊，引進了西方式的貴族體制。比如，俄國的「伯爵」（Граф）這個詞直接就是德語Graf的音譯，這個頭銜就是照搬德意志的伯爵（Graf）。在彼得大帝時代俄國與瑞典殊死搏鬥的大北方戰爭中一度擔任俄軍總司令，並在一七〇九年著名的波爾塔瓦戰役中大敗瑞典軍隊的俄國名將伯里斯・舍列梅捷夫（Boris Sheremetev, 1652-1719），於一七〇六年成為俄國的第一位伯爵。[107]

在西歐，伯爵是最經典、歷史也最悠久的貴族頭銜之一（另一個古老的頭銜是公爵）。在羅曼語系國家，伯爵這個詞在不同語言裡的寫法是同源的，如法語comte，義大利語conte，西班牙語和葡萄牙語conde。英語中有count這個詞，但一般用來指歐洲大陸的伯爵，英國自己的伯爵是另一個詞earl（不過因為earl這個詞沒有陰性形式，所以英國的伯爵夫人用的詞是count的陰性形式countess）。這幾個以C開頭的詞都源自拉丁語comes，原意為「夥伴」，一般指的是君主的親信和肱股之臣。英語companion一詞也是這個來源。

德語中與comes對等的詞是Graf。這個詞的詞源可能是拜占庭希臘語「γραφεύς」（gráphein），本意為「書記員」、「抄寫員」[108]。在讀寫能力普及之前，知識就是力量，掌握讀寫能力的人從普通文員和秘書崛起為權臣的故事在很多國家屢見不鮮，也有很多純粹的文書機構演化為國家的權力機關。

在德意志語境，Graf和羅曼語系國家的comte等詞基本是一個概念，地位也差不多，一般是地位中等的貴族。不過，德意志的伯爵特別複雜，種類繁多，地位也相差很大，令人頭暈目眩。本章就對德意志的多種伯爵做一個梳理。

伯爵與帝國伯爵

我們從最普通的伯爵（Graf）說起。在墨洛溫王朝和加洛林王朝時期，Graf原本是國王任命的官員，往往負責一個行政區域，代表國王實施統治。這樣的封疆大吏往往在地方上很有勢力，子承父業的情況越來越多，世襲的傳統越來越強。雖然兒子在繼承父親的Graf位置時需要國王確認，但除非有特別充分的理由，國王都會順水推舟地允許世襲。後來，Graf就從官職徹底演化為世襲貴族，於是有了我們今天意義上的伯爵。

在神聖羅馬帝國以及一八〇六年神聖羅馬帝國被廢之後德意志各邦的框架內，伯爵就是一片中等領土的領主，地位低於侯爵（Fürst）和公爵（Herzog），高於男爵（Freiherr）。伯爵領地／伯國在德語中是Grafschaft或Gau。伯爵的另一種說法是Gaugraf，不過這個詞較少使用。後來納粹黨就用了Gau這個古色古香的詞。納粹政府開展行政區劃改革，採用Gau（常譯為「大區」）作為一級行政區劃單位，取代傳統的邦（Land）。而納粹黨在每個大區的一號領導人就是Gauleiter（大區領袖）。

由於長子繼承制的執行力度不同，有的伯爵的兒子們也被稱為伯爵，儘管父親還活著、兒子們還沒有繼承父親的頭銜和領地。在嚴格執行長子繼承制的地區，伯爵在世的時候，他的兒子們可能被稱為男爵（Freiherr），只有長子（稱為Erbgraf，伯爵世子）繼承了父親的頭銜和領地之後，才成為下一代伯爵。

在神聖羅馬帝國時期，有些所謂的「帝國伯爵」（Reichsgraf）在其領土之上享有接近君主的主權（Landeshoheit），他們的頭銜是由神聖羅馬皇帝直接授予或認可的，他們直轄於皇帝，而不是像許多普通的伯爵一樣，要聽命於侯爵、公爵等。帝國伯爵還在帝國會議（Reichstag）享有投票權。所以帝國伯爵和侯爵、公爵與皇帝同屬於「高級貴族」，或者說邦君、諸侯。當然大多數伯爵在歷史長河中都逐漸喪失了主權，成為陪臣。

皇帝有時會向沒有領土的臣民或外國人授予帝國伯爵頭銜，但不會向這些人授予領土。所以，這樣的帝國伯爵只是榮譽性稱號。

即便在一八〇六年神聖羅馬帝國被廢之後，帝國伯爵的地位和優先權也比普通伯爵要高。一直到一九一八年德意志第二帝國滅亡，帝國伯爵都享有統治家族（或曰邦君或陪臣）的榮譽和特權。

帝國伯爵也稱為gefürsteter Graf。其中gefürsteter這個詞來自動詞fürsten，它又來自名詞Fürst。前一章已經講過，

Fürst 這個詞有兩層意思：一是泛指高級貴族、諸侯、邦君、統治者；二是作為一個具體的貴族等級和頭銜，指侯爵，高於伯爵，低於公爵。這裡作為動詞的 fürsten，意思是「把……提升到 Fürst（這裡應當採納第一種意思）的地位」。gefürsteter Graf 就是被提升為諸侯的伯爵。

一個著名的帝國伯爵的例子是德意志商業和銀行業大亨富格爾家族。他們曾在十五與十六世紀的歐洲工商界呼風喚雨。家族的創立者漢斯・富格爾（Hans Fugger, 1348?-1408 或 1409）是奧格斯堡的織工。在他的孫子烏爾里希（Ulrich, 1441-1510）、格奧爾格（Georg, 1453-1506），特別是雅各・富格爾（Jakob Fugger, 1459-1525）的經營下，家族企業開展國際貿易，包括香料和奴隸貿易，並透過開採銅礦和銀礦獲得大量財富。雅各・富格爾於一五一一年被皇帝馬克西米連一世提升為貴族，一五一四年被提升為帝國伯爵。一個商人獲得這樣崇高的地位，在神聖羅馬帝國還是破天荒頭一遭。富格爾家族給予各國國王和皇帝貸款，並參與教宗贖罪券的販售，使家族在歐洲政治中具有很大的影響，因而招致馬丁・路德的強烈批評。查理五世能夠順利當選為神聖羅馬皇帝，雅各・富格爾的強大財力支持是一個重要原因。當時雅各是歐洲第一銀行家，不僅為查理五世的借貸做擔保，兌現別的銀行給查理五世發放貸款的信用證，自掏腰包借給他將近五十五萬弗羅林的鉅款，還拒絕兌現查理五世的競選對手法王法蘭索瓦一世獲得的貸款信用證。查理五世向布蘭登堡選帝侯的行賄就是透過雅各・富格爾來操作的。[109]十六世紀後，富格爾家族逐漸衰落，但三個有爵位的支系一直延續到二十世紀。

高於伯爵的方伯、邊疆伯爵、行宮伯爵

除了帝國伯爵之外，還有一些 Graf 有前綴，比如 Landgraf（方伯）、Markgraf（邊疆伯爵）、Pfalzgraf（行宮伯爵）等。這三個頭銜雖然名義上是 Graf（伯爵），但皇帝往往會承認他們的地位高於一般的伯爵，甚至和公爵（Herzog）平起平坐。

方伯（Landgraf）比較簡單，一般領土面積比普通伯爵大，權力也大一些，甚至享有直接從德意志國王那裡獲得

的高級司法權，可以宣判和執行死刑。之所以出現方伯這個頭銜，就是德意志國王為了壓制眾多野心勃勃的伯爵，提拔了一些比較強大的伯爵為方伯，代行王權。Land是「土地」或「邦國」的意思。一一三一年，皇帝洛塔爾三世發明了「方伯」這個頭銜，冊封越來越強大的路多溫格家族（Ludowinger）為圖林根方伯，從而將這個強大諸侯與中央皇權連繫起來。[110]

不知道哪位前輩學人把Landgraf翻譯成「方伯」，很有意思。《禮記・王制》載：「千里之外設方伯。」[111]商周時期，天子為加強對遠方諸侯的控制，會讓個別諸侯擔當一片地區內所有諸侯的領袖，稱為方伯。比如周文王就是西方的方伯。Landgraf與中文的方伯當然不是準確對應，但在高於一般領主的意思上接近。

路多溫格家族最有名的幾位成員可能要數：以贊助文藝而聞名的圖林根方伯赫爾曼一世（見第七章第五節「童話國王、騎士詩人和貴族作家：德意志貴族與文學」）和他的兒媳、以致力於慈善事業而聞名的聖徒伊莉莎白（見第八章第五節「貴人理應行為高尚」：貴族的慈善活動」）。赫爾曼一世的第三子、最後一任圖林根方伯海因里希・拉斯佩（Heinrich Raspe, 1204-1247）是出生於該家族的唯一一位德意志國王。教宗英諾森四世為了對抗施陶芬家族的腓特烈二世皇帝，扶植海因里希・拉斯佩為對立國王。這位對立國王因為接受王位而獲得的報酬是，從教宗那裡得到了二萬五千銀馬克的不小數目。他的支持者人數微乎其微，但在教廷的進一步資助下，一度取得了不錯的戰績，但最終被打敗，傷重不治身亡。[112]從此路多溫格家族絕嗣，圖林根方伯的頭銜被廢除，圖林根方伯領地分裂成多個小國。根據之前的協定，海因里希・拉斯佩的外甥邁森伯爵海因里希三世（韋廷家族）繼承了圖林根，而聖徒伊莉莎白的外孫繼承了黑森，成為黑森方伯。[113]

黑森方伯家族後來分成好幾支，其中的黑森—卡塞爾方伯於一八〇三年獲得選帝侯稱號，儘管此時神聖羅馬帝國已經日薄西山，很快就不需要選帝侯了。不過他覺得選帝侯的稱號比方伯更尊貴，所以一直使用黑森選帝侯的稱號。一八六六年的普奧戰爭中，黑森—卡塞爾選侯國站在失敗者那邊，領土被普魯士王國吞併。黑森—達姆施塔特方伯則在拿破崙提攜下成為大公，後與普魯士取得諒解，加入了普魯士主導的第二帝國。黑森大公家族最有名的成員可能要數俄國的末代皇后亞歷山卓，她是黑森大公的女兒。一九一八年帝制滅亡之後，黑森家族的族長不再享有大公或選帝侯的稱號，而是稱為黑森方伯，一直到今天。目前的黑森家族（包括黑森－卡塞爾和黑森－達姆施塔特兩支）族長是海因里希．多納圖斯（一九六六至今），他的頭銜是黑森公子與方伯（Prinz und Landgraf von Hessen），他經營酒莊、酒店等生意。

Markgraf（邊疆伯爵）中的Mark不是德國馬克，而是表示「邊疆」。與之類似且同源的英語詞是march（注意，不是「比賽」或「行軍」的意思）。在中世紀，英格蘭與威爾斯和蘇格蘭經常發生衝突，英威邊境和英蘇邊境上的英格蘭領主們（被稱為marcher lords，邊疆領主）擁有超出一般諸侯的實力，可以說是封疆大吏，負責保衛邊疆地帶。舉個例子，羅傑．莫蒂默（一二八七至一三三〇）原本是邊疆領主之一，後來參加對英王愛德華二世的造反，推翻了國王不說，還成了王后伊莎貝拉的情夫。一三二八年，他終於完成了飛黃騰達的最後一步，崛起成為上層貴族的一員，獲得了一個不尋常而新穎的頭銜：馬奇伯爵（Earl of March）。馬奇（March）的意思是邊境，這裡指英格蘭與威爾斯的邊境。在英格蘭，此爵位通常被授予居住在此邊境地區的大封建主。後來它逐漸演化成僅僅是頭銜而已，領有者不必真的駐守邊陲。

德意志的Markgraf與英格蘭的marcher lords類似，一定程度上負有保衛邊疆的軍事職責，所以往往擁有高於一般伯爵的權力和勢力。一個著名的例子是布蘭登堡邊疆伯爵，一一五七年設立，首任布蘭登堡邊疆伯爵是阿斯坎尼家族的大熊阿爾布雷希特（Albrecht der Bär, ca. 1100-1170），後來維特爾斯巴赫家族和盧森堡家族先後獲得布蘭登堡邊疆伯爵的地位。一四一五年起，霍亨索倫家族的一支成為布蘭登堡邊疆伯爵，其家系後來發展為普魯士國王和德國皇帝。霍亨索倫家族在弗蘭肯地區的分支還擁有兩個諸侯國，分別以安斯巴赫和庫爾姆巴赫／拜羅伊特為核心領地，這兩個諸侯國的統治者也用「布蘭登堡－安斯巴赫邊疆伯爵」和「布蘭登堡－庫爾姆巴赫－拜羅伊特邊疆伯爵」的稱號，儘管他倆的領地不在邊疆，而在神聖羅馬帝國的心臟地帶。

後來成為薩克森選帝侯／國王的韋廷家族是從邁森邊疆伯爵的身分起家的，早先也是鎮守帝國東部邊境、對抗斯拉夫人的一方諸侯。奧地利皇帝和奧匈皇帝的諸多頭銜中也包括「波希米亞邊疆伯爵」，儘管他們還是波希米亞國王。一九一八年帝制滅亡後，薩克森王室和巴登大公家族的族長出於傳統，分別仍用「邁森邊疆伯爵」和「巴登邊疆伯爵」的稱號。

中文世界裡也有人把Markgraf翻譯成「藩侯」。這有一定道理。「藩」讓人想起藩鎮和藩屬，與Markgraf的意思有一定連繫。英法等語言中的侯爵（Marquess，Marquis）在詞源和本意上與Markgraf有緊密連繫，所以說Markgraf是「侯」有一定道理。

不過我傾向於使用「邊疆伯爵」的譯法而不是「藩侯」，理由有三：首先，畢竟原文Markgraf裡有「伯」（Graf），這個頭銜也是從伯爵發展起來的；其次，德語有另一個詞Fürst（侯爵），所以如果說Markgraf是「侯」，容易混淆；第三，Markgraf與英法的侯爵在詞源上相同，但英法並不把Markgraf和它們自己的侯爵劃等號，德意志的Markgraf到了英法，不會被稱為Marquess或Marquis，而是用Margrave這個詞（是對Markgraf的硬譯）。

Pfalzgraf（行宮伯爵）比較複雜。英文的說法是Count palatine，這個單詞比較容易幫助我們理解。Palatine／Pfalz就是宮殿的意思。最初的行宮伯爵出現在羅馬帝國，是非世襲的宮廷官員。羅馬帝國滅亡之後，六世紀法蘭克人的墨洛溫王朝也設有行宮伯爵的職位，這是很高的官職，有的負責司法，有的負責軍事或行政。加洛林王朝取代墨洛溫王朝之後，行宮伯爵仍然是很高的職位。[114]

在封建時代的早期階段，神聖羅馬帝國和其他歐洲國家一樣，沒有固定的首都，君主帶著宮廷到處「流竄」。皇帝在帝國境內有許多處行宮（Pfalz），負責駐守和管理這些行宮的領主就是行宮伯爵。在十一世紀，一些強大的公爵無視皇權，有了獨立傾向。皇帝用行宮伯爵作為重要的政治工具來壓制犯上作亂的公爵們。[115]行宮伯爵直屬於皇帝，在帝國會議有席位和投票權，威望相當高。起初每個公國都有行宮，也就有相應的行宮伯爵，但後來大多數行宮伯爵領地都與更大的諸侯國融合，在中世紀只剩下一個行宮伯爵領地，碰巧也是最強大、最著名的那個行宮伯爵領地：萊茵行宮伯爵領地，在今天德國西南部、萊茵河流域。萊茵行宮伯爵領地的名字後來乾脆被簡稱為Pfalz。

為了方便指稱，一般把這個領地音譯為「普法爾茨」。普法爾茨伯爵的頭銜長期屬於維特爾斯巴赫家族的一支，其後人最終又繼承了另一支的領地巴伐利亞，成為巴伐利亞國王。

較罕見的伯爵頭銜

堡伯（Burggraf）比較少見，但也比較複雜。堡伯大致有兩種。一、一座城堡的管理者和軍事長官，類似於英語中的 castellan，即城堡總管。他只是城堡（一般也包括周邊地區）的經理人，不是產權人；他可能被一位國王、主教或其他諸侯任命為某座城堡的管理者，一般會享有司法權和軍事指揮權。在這個意義上，堡伯不是貴族頭銜，而是官職，但這個官職可能是世襲的。二、堡伯也可能是一個貨真價實的領主，地位比伯爵（Graf）低，比男爵（Freiherr）高。有的堡伯甚至獲得了直屬於帝國的地位。一位有名的堡伯是紐倫堡的堡伯腓特烈六世（一三七一至一四四〇），他屬於霍亨索倫家族。一四一一年，他被西吉斯蒙德皇帝任命為布蘭登堡的管理者。一四一五年，皇帝又授予他布蘭登堡邊疆伯爵和選帝侯的地位。這位從堡伯躍升的領主，就是後來的普魯士國王和德意志第二帝國皇帝的祖先。

上述的所有伯爵，都是頭銜的類別，但也有一些奇怪的頭銜，僅限於具體的家族。比如森林伯爵（Wildgraf）、萊茵伯爵（Rheingraf）[116]、山地伯爵（Raugraf）、納厄伯爵（Nahegraf，得名自德國西部的納厄河）、老伯爵（Altgraf）、哈爾伯爵（Hallgraf，得名自地名巴特賴興哈爾）等。他們都是普通伯爵，之所以取了這些特殊的頭銜，實在是因為「自古以來」的「傳統」便是如此。

不是伯爵的伯爵

還有一些官職，也被稱為 Graf。比如鹽礦的長官被稱為 Salzgraf（字面意思：鹽伯爵），林業官員被稱為 Holzgraf（字面意思：木伯爵），負責管理堤壩的官員叫 Deichgraf（字面意思：堤壩伯爵），漢薩同盟負責管理商貿、市場等事務的官員叫 Hansegraf（漢薩伯爵）等。十九世紀德國的文豪、《茵夢湖》的作者特奧多爾・施托姆（Theodor Storm）的小說《白馬騎士》（*Der Schimmelreiter*）講的就是一位「堤壩伯爵」盡心盡力修建堤壩的故事。

值得注意的是，Vizegraf（字面意思：副伯爵），或稱 Zentgraf，是伯爵的助手，但不是一個貴族頭銜。英語 Viscount、法語 Vicomte、義大利語 Visconte、葡萄牙語 Visconde 的字面意思也是副伯爵，但都發展成了正式的貴族頭銜，比男爵高，比伯爵低，我們一般譯為子爵。但在德意志一般不用「子爵」頭銜。

八、德意志的兩種男爵

一九一八年四月二十二日，第一次世界大戰激戰正酣。在法國亞眠附近，澳大利亞軍隊舉行了一場特殊的軍事葬禮。澳大利亞軍官為死者扶靈，儀仗隊鳴槍致敬。協約國空軍的一些單位送來花圈。其中一個花圈上寫著「致我們勇敢而高尚的敵人」[117]。

死者是他們的敵人，德國戰鬥機飛行員曼弗雷德・馮・里希特霍芬男爵。他是航空史上最著名的王牌飛行員之一，是第一次世界大戰中擊落敵機數量最多的戰鬥機王牌，官方公布的最終戰績是八十架敵機[118]。協約國對頗有騎士風度的里希特霍芬十分尊重，才會有上述為他舉行隆重葬禮的情節。

里希特霍芬的座機塗裝為紅色。他於一九一七年撰寫的自傳題為《紅色戰鬥機飛行員》（*Der rote Kampfflieger*）[119]，法國人給他的綽號是「小紅」（le petit rouge）[120]、「紅魔鬼」（Diable Rouge）[121]或「紅男爵」（le Baron Rouge）。英國人給他的綽號是「紅男爵」（the Red Baron）。後來德國人也開始稱他為「紅男爵」（der Rote Baron），這成了他最廣為人知的名號。

值得注意的是，他的德文全名是 Freiherr Manfred Albrecht von Richthofen。其中作為男爵頭銜的詞是 Freiherr，不是法語和英語的 Baron。

德語詞 Freiherr 在英語、法語裡被翻譯成 Baron（男爵），的確有道理，因為德語國家的 Freiherr 大體上相當於英法的 Baron。但這個詞 Freiherr 可以與 Baron 畫等號嗎？德意志世界的男爵究竟是 Freiherr 還是 Baron？

德意志男爵的門道

在神聖羅馬帝國及其繼承國，如奧地利、普魯士和後來的德意志第二帝國等，男爵的正式頭銜是 Freiherr（字面意思是自由領主），而不是 Baron。男爵是倒數第二低的有頭銜貴族，最低的有頭銜的貴族是「騎士」（Ritter），再往下就是沒有頭銜、僅在姓氏前加一個「馮」（von）的最低級貴族。

在社交場合，可以用 Baron 來稱呼 Freiherr，因為大家覺得拉丁味道的 Baron 更優雅。不過神聖羅馬帝國男爵的正式頭銜不會用 Baron 這個詞。德語世界也有一些男爵用的正式頭銜就是 Baron，但他們大多是波羅的海德意志人，他們的頭銜是俄國沙皇冊封的。

男爵的妻子是 Freifrau（男爵夫人），稱呼可以用 Baronin，即 Baron 的陰性形式。男爵的未婚女兒是 Freiin（男爵小姐），稱呼可以用 Baronesse。

男爵頭銜往往不受長子繼承制的約束，大多數男爵的合法兒子們也被稱為男爵，儘管父親還活著，他們還沒有繼承父親的頭銜和領地。

在普魯士，「男爵」頭銜放在全名的前面，如曼弗雷德・馮・里希特霍芬男爵就應當是 Freiherr Manfred von Richthofen。但根據奧地利和巴伐利亞的習俗，「男爵」頭銜放在名和姓之間，如 Manfred Freiherr von Richthofen。

第一次世界大戰結束之後，奧地利廢除了貴族制度，禁止公開使用貴族頭銜，其中包括「男爵」，也禁止使用「馮」字。所以原先的 Manfred Freiherr von Richthofen（假如他是奧地利人）的名字會變成簡單的 Manfred Richthofen（曼弗雷德・里希特霍芬）。但在日常生活中，尤其是社交場合，為了表示禮貌和客氣，很多奧地利人還會使用貴族頭銜稱呼別人。

曼弗雷德・馮・里希特霍芬男爵，C. J. von Dühren 攝，一九一七年。

澳大利亞軍隊為里希特霍芬舉行葬禮，John Alexander 攝，一九一八年。

而在德國，一九一九年之後，貴族頭銜正式變成姓氏的一部分。所以，Freiherr Manfred von Richthofen 就會變成 Manfred Freiherr von Richthofen，即 Freiherr（男爵）這個詞的位置發生了變化。

帝國男爵

直屬於神聖羅馬皇帝統轄的男爵可以稱為「帝國男爵」（Reichsfreiherr）。在自己的領地內，帝國男爵可以幾乎完全自由地行使各種特權。這些帝國男爵的領地和特權往往來自「傳統」，也就是說歷史比較悠久，已經得到普遍認可。

另一種較新的帝國男爵從神聖羅馬皇帝那裡獲得男爵頭銜和相應的貴族詔書（Adelsbrief）。這種情況下，「帝國男爵」的頭銜就僅僅說明他們的頭銜是皇帝封的，不代表他們擁有直屬帝國的地位。皇帝往往向市民階層的人，乃至外國人頒發帝國男爵的詔書。這種帝國男爵可以說是「暴發戶」。

一八〇六年，神聖羅馬帝國被廢除之後，帝國男爵不再算是單獨的一個等級，而是被算在所有的男爵裡面。但根據一八一五年的維也納會議的決議，帝國男爵的稱號又得到認可。神聖羅馬帝國被廢除之後，一些獨立的德意志邦國，比如巴伐利亞、符騰堡被提升為王國，其統治者獲得了冊封新貴族（包括男爵）的權力。不過布蘭登堡選帝侯因為同時是普魯士國王，而普魯士不在神聖羅馬帝國範圍內，所以他們透過自己的國王身分早就有了冊封新貴族的權力。於是，一八〇六年之後出現了一批新的男爵。為了和這些「暴發戶」區分，一八〇六年之前就獲得男爵頭銜的家族開始自稱為「帝國男爵」。

九、騎士、家臣、貴人與無頭銜貴族

一九〇〇年一月二十二日，正在作航行訓練的奧匈帝國海軍裝甲巡洋艦「岑塔」號（SMS Zenta）抵達香港。奧匈官兵得到消息，中國北方發生了大規模動亂。義和團高舉「扶清滅洋」的旗號，進京「勤王」，攻擊外國使館和教堂等機構，並攻入天津租界。作為奧匈帝國海軍此時在遠東的唯一代表，「岑塔」號奉命支援遭到義和團圍攻的奧地利和其他外國駐北京使領館。五月底到六月初，八國聯軍正式出兵北京。「岑塔」號於六月三日抵達天津週邊的大沽口。一隊奧匈官兵從這裡乘火車前往北京，但他們背後的鐵路線隨即被義和團切斷。在北京，奧匈帝國使館建築被義和團燒毀。六月十七日，「岑塔」號的約一百名奧匈水兵與約一千八百名德軍、一千五百名法軍和五千名俄軍聯合攻克大沽口炮臺。

因為此次戰功，年輕的奧匈帝國海軍軍官格奧爾格・路德維希・馮・特拉普騎士（Georg Ludwig Ritter von Trapp）獲得二級軍事功勳十字勳章。[122]

這個名字對大家來說也許很陌生，但大家想必看過電影《真善美》（*The Sound of Music*）。特拉普就是這部電影的原型人物。他是第一次世界大戰中奧匈帝國海軍的戰鬥英雄，戰果輝煌的潛艇指揮官，也是音樂愛好者，他的孩子們組成的合唱團名噪一時。納粹上臺之後，特拉普拒絕了納粹提供的海軍職位，也拒絕讓自己的合唱團為希特勒的生日宴會助興。在二戰爆發前不久，特拉普及其家人利用出國演出的機會逃往美國。特拉普於一九四七年在波士頓去世。

值得一提的是，特拉普的第一任妻子愛葛莎是魚雷發明者、英國工程師羅伯特・懷特黑德（Robert Whitehead）的孫女和財產繼承人；而懷特黑德的一個外孫女，即愛葛莎的表姐，嫁給了鐵血首相的兒子赫伯特・馮・俾斯麥。

不過本章不談八國聯軍和義和團，也不談特拉普那些非富即貴的英國和德國親戚，而是集中注意力於特拉普的貴族頭銜「騎士」（Ritter）。

騎士與帝國騎士

這裡說的騎士不是歐洲歷史普遍意義上的「騎士」，而是德意志貴族的一個具體銜級。騎士（Ritter）低於男爵

（Freiherr），高於僅在姓氏前加一個「馮」（von）字的無頭銜貴族。德意志的騎士大致相當於英格蘭的 Knight，但英格蘭 Knight 不是世襲的，而德意志 Knight 可以世襲，所以又有點像英格蘭的從男爵（Baronet）。另外，對騎士的妻子的稱呼是 Frau（夫人）。

格奧爾格·路德維希·馮·特拉普騎士在其潛艇 SM U-5 號上的照片，拍攝者不詳，一九一五年。

特拉普騎士是德意志「騎士」的一個著名的例子。此外，二戰中最後一任德國空軍總司令格萊姆元帥的全名是羅伯特·馮·格萊姆騎士（Robert Ritter von Greim）。他任職僅幾周，戰爭就結束了。

符騰堡和巴伐利亞等邦國在十八世紀授予 Ritter von 頭銜，但這種貴族一般是終身貴族，不能世襲。

頭銜「帝國騎士」（Reichsritter）有兩種意思。第一種是直屬於帝國的自由騎士，除了皇帝之外沒有領主，名義上與其他直屬帝國的諸侯（公爵、侯爵等）和帝國自由城市平等，不過在帝國會議裡沒有席位，也沒有投票權，所以屬於低級貴族（niederer Adel）。[123]帝國騎士享有一定程度的主權，如立法、收稅、民事司法、鑄幣等。帝國騎士主要生活在施瓦本、弗蘭肯和萊茵蘭，領地往往很小，但帝國騎士的數量眾多。在神聖羅馬帝國滅亡時，這種帝國騎士約有三百五十家，共擁有約四十五萬臣民，而帝國騎士領地在十八世紀九〇年代還有一千七百個之多。[124]

直屬於帝國的騎士可以說是德意志西南部的一個特色。中世紀早期，這些地區曾經屬於施瓦本公國和弗蘭肯公國，但這兩個公國後來瓦解成許多袖珍領地，長期沒有統一成較大的邦國。數量多、領地小、獨立性強的騎士階層，也只有在這種缺乏壓倒性強大諸侯的地方才能長期生存。還有一些帝國騎士的起源是主教領地、修道院或高級貴族的家臣。為了保護自己的權益，避免喪失本身就有限的主權、防止被諸侯吞併，帝國騎士們在十五和十六世紀曾多次聯合起來，組成騎士法團（Reichsritterschaft），與諸侯抗衡，和皇帝討價還價。一八〇二、一八〇三年和一八〇六年的兩波「陪臣化」（Mediatisierung）與「世俗化」（Säkularisation）過程中，奄奄一息的神聖羅馬帝國在拿破崙的強大壓力下逐漸崩潰，乃至最終被廢除，大量小諸侯（包括帝國騎士）的領地被強大的鄰國吞併，諸侯數量驟減，客觀上推進了德意志的統一。帝國騎士在這幾年裡可以說是最大輸家，他們大多喪失了主權，被鄰邦吞併。

第二種帝國騎士屬於「詔書貴族」，即從皇帝那裡獲得冊封為騎士的詔書，因而得到騎士身分。皇帝的冊封在整個帝國有效。而邦君的冊封一般只在自己領地內有效。比如，布蘭登堡選帝侯可以將某人冊封為騎士，但此人的騎士地位僅在布蘭登堡境內得到承認。而哈布斯堡家族的皇帝同時是奧地利大公、波希米亞國王和匈牙利國王，所以有權將某人冊封為奧地利貴族、波希米亞貴族或匈牙利貴族，但皇帝也可以將某人冊封為帝國的貴族。

不自由的騎士：家臣

中世紀的德意志騎士中有很大一部分不是自由人，而是依附於高級貴族或教會。這些不自由的騎士就是所謂「家臣」（Ministeriale）。家臣往往是從農奴攀升起來的，侍奉自己的主人，擔任宮廷官員、行政官僚和軍官等。家臣不享有完整的自主權，比如他們的婚姻要經過主人的許可；家臣也不可以自行把主人賞賜的土地和財產傳給自己的兒子。家臣的依附身分的一個重要標誌是，他們的子女要被分給其父親的領主和母親的領主。[125]不過家臣通常被視為貴族。很多家臣往往從小接受騎士的訓練，長大後作為騎士為主人效力。

當然，家臣有上升的機會，很多後來成為更高級的貴族。一個著名的早期例子是腓特烈・馮・施塔德（Friedrich von Stade, -1135），他的母親是英格蘭人，因為遭遇海難流落到德意志，失去了自由。腓特烈原為施塔德伯爵（烏多家族）的家臣，後來與薩克森公爵洛塔爾（後來的皇帝洛塔爾三世）聯手反對烏多家族，得到皇帝的恩賜，獲得了自由，最終自己成為施塔德伯爵。[126]馬克瓦德・馮・安維勒（Markward von Annweilerm, -1202）是亨利六世皇帝手下的家臣，非常有政治才幹，一度成為皇帝推行的義大利政策的主導者。一一九五年，皇帝冊封馬克瓦德為拉文納公爵和安科納邊疆伯爵，並正式賜予他自由。[127]

既然有上升的機會，家臣也難免和自己的主公發生矛盾甚至暴力衝突。一〇六六年，選舉特里爾大主教的時候，大主教區的家臣們覺得自己的意見沒有得到尊重，乾脆謀殺了候選人康拉德・馮・普弗林根。十二世紀初，三位伯爵路德維希・馮・蒙博爾加德（Ludwig von Mompelgard）、康拉德・馮・拜辛林根（Konrad von Beichlingen）和西格哈德・馮・布爾格豪森（Sigehard von Burghausen）被他們的家臣謀殺。一一六〇年，自己也是家臣出身的美因茨大主教阿諾爾德・馮・西倫霍芬（Arnold von Selenhofen）被謀殺，他的死亡與幾個家臣家族的互相爭鬥有關。[128]

十三世紀末，「家臣」這個概念逐漸從史料中消失。有的家臣上升成為自由的低級貴族，也有的絕嗣或者墜落到平民階層。今天現存的德國貴族家族，如果能上溯到中世紀，大多曾經是家臣。[129]

貴人

貴人（Edler）是一種低級貴族，低於騎士（Ritter），但高於僅有一個「馮」字表示貴族身分的無頭銜貴族。Edler 這個詞源於 Edelherr 或 Edler Herr，意思是「高貴的先生」、「高貴的領主」。「貴人」頭銜主要是中世紀晚期到一九一八年在巴伐利亞和奧地利封授。不過在十九世紀的奧地利，「貴人」和僅有「馮」的無頭銜貴族的差別已經微乎其微。貴人的妻子和女兒的頭銜都是 Edle，即 Edler 的陰性形式。

比較有名的例子有第一次世界大戰末期與協約國簽訂停戰協定的奧匈帝國將領維克多・馮・韋伯瑙貴人（Viktor Maria Willibald Weber Edler von Webenau, 1861-1932），以及偉大的詩人胡戈・馮・霍夫曼斯塔爾（Hugo Hofmann, Edler von Hofmannsthal, 1874-1929）。奧地利的偉大作家、《沒有個性的人》的作者羅伯特・穆齊爾（Robert Musil）在第一次世界大戰期間是軍官，因功獲得「貴人」頭銜。

「馮」先生和「祖」先生：無頭銜貴族

對德國歷史或德國文學稍微有一點概念的讀者，一定注意過「馮」這個字，在比較老的中文書裡有時也譯成「封」。大家可能讀到過，德語名字裡有「馮」（von）表示此人是貴族。比如二戰時的德軍元帥埃里希・馮・曼施坦因（Erich von Manstein, 1887-1973）就是普魯士貴族出身。

果真如此嗎？

既對，也錯。先說結論：名字裡有「馮」的，大多是貴族；而貴族的名字裡不一定有「馮」。

其實熟悉歐洲歷史文化的朋友會知道，不僅德語裡有「馮」，法語、西班牙語、義大利語裡還有「德」（de），荷蘭語裡有「凡」（van），等等。包含這些單字的姓名很多，而且有的確實表示貴族身分。類似這樣加在姓名裡的單詞，被稱為「貴族小品詞」（英文 Nobiliary particle；德語 Adelsprädikat）。不同國家的「貴族小品詞」有相似之處，也有區別。在有些語言裡，「貴族小品詞」和普通介詞同形，而非貴族的姓名裡有時也會用介詞，這種情況下就容易被誤認為是貴族。

本節把視野局限在德語世界。最常見的「貴族小品詞」是 von 和 zu。還有它們的變體 von der、von dem、vom、zum 和 zur。以及二者融合而成的 von und zu。並且 von und zu 這個片語還常常被用來戲謔或諷刺地描述整個貴族群體。

從最簡單的「馮」（von）說起。von 大致相當於英語 of 或 from，字面意思為：「……的」；「來自……的」。而 von der、von dem 與 vom 都是 von 加上一個冠詞，相當於英語 of the。

「馮」可以表示居住地、統治範圍、出身原籍或管轄範圍，比如巴伐利亞公爵（Herzog von Bayern）。

zu 略微少見一些，大致相當於英語 at 或 in，意為「在……」。我將其音譯為「祖」。zum 和 zur 也是 zu 加上一個冠詞，相當於英語 at the 或 in the。

「馮」和「祖」後面接貴族的姓氏，而貴族姓氏往往是地名，即貴族的采邑或莊園或城堡的名字。有時「馮」的含金量比「祖」要高。比方說，用「馮」的薩克森公爵（Herzog von Sachsen）只有一個，因為真正統治薩克森公國的君主只能是一個人；但同時可能會有多個用「祖」的薩克森公爵（Herzog zu Sachsen），這樣的公爵不是薩克森公國的統治者，只是來自薩克森家族的享有公爵這個榮譽稱號的人。一個類似的例子是「在巴伐利亞的公爵」（Herzog in Bayern）這個頭銜，前文已經討論過。另外，邦君被「陪臣化」之後，往往用「祖」，而不用「馮」，比如薩爾姆侯爵（Fürst zu Salm）。但也有的邦君按照傳統使用「祖」，這並非意味著他們被陪臣化了，比如瓦爾戴克侯爵（Fürst zu Waldeck）。所以「祖」的含金量並不一定比「馮」低。有的貴族頭銜歷來就是用「祖」。

一個貴族家族在幾百年裡可能會多次分家或者搬遷，或者獲得新的封地等等，所以祖籍和現居地可能不一樣。比如列支敦斯登君主的稱號是 Fürst von und zu Liechtenstein，他仍然掌控著列支敦斯登這個領地，所以既有「馮」，也有「祖」。另一個有名的例子是，在普魯士被拿破崙大敗並割地賠款之後實施改革、振興普魯士的中興名臣海因里希・腓特烈・卡爾・馮・祖・施坦因帝國男爵（Heinrich Friedrich Karl Reichsfreiherr vom und zum Stein），也是同時使用「馮」和「祖」兩個「貴族小品詞」。

「祖」也可以代表一個家族的不同分支。比如 von A 家族分成兩支，分別居住在 B 和 C，那麼這兩個分支的姓氏可能就會演變為 von A zu B 和 von A zu C，有的時候簡稱 von A-B 和 von A-C。所以德意志貴族的姓氏裡經常有連字號，比如薩克森—阿爾滕堡和薩克森—科堡—哥達，他們都是薩克森（韋廷）家族的分支，分別以阿爾滕堡和科堡—哥達為主要的領地和居住地。

等級較高的貴族的名字裡當然很可能有「馮」或「祖」，或者兩個都有。但最低級的無頭銜貴族就只有一個

「馮」或「祖」來表示自己的貴族身分了。在德意志，無頭銜貴族的數量相當多，往往並不富裕。

我們知道，德意志人是俄羅斯帝國的一個重要的少數民族，比如波羅的海德意志人、伏爾加德意志人等。其中的貴族有的會把「馮」與姓氏用連字號連接起來，比如俄國著名的劇作家鄧尼斯・馮維辛（Denis Fonvizin, 1744 or 1745-1792）是立窩尼亞騎士團的德意志人的後裔，他的姓氏 Fonvizin（Фонвизин）其實是德語 von Wiesen 的變形。

貴族的名字不一定有「馮」

但並不是所有貴族的名字都用「馮」或「祖」之類的詞。許多歷史非常悠久的原始貴族家庭（Uradel），以及很多古老的無頭銜貴族，姓氏裡沒有「貴族小品詞」，如格羅特（Grote）、克尼格（Knigge）和溫克（Vincke）家族。這是因為「馮」作為貴族標識的用法出現較晚，至少比這些家族獲得貴族身分的時間要晚。為了強調自己的貴族身分、與平民區分，許多原本不用「馮」字的貴族開始使用，但格羅特等家族沒有去趕這種時髦。

而到了近代，很多市民階級的人或甚至農民，因為各種原因被提升為貴族，這些人就是所謂「詔書貴族」。他們一般會在名字裡添加「馮」字，給自己增添貴氣。最有名的一個例子應當就是大文豪歌德了，他是市民階層出身，原名約翰・沃爾夫岡・歌德（Johann Wolfgang Goethe）。在恩主和好友薩克森—威瑪—愛森納赫公爵的幫助下，他於一七八二年從約瑟夫二世皇帝那裡獲得詔書，從此成為貴族[130]。但他沒有爵位，僅僅在名字里加了一個「馮」，變成約翰・沃爾夫岡・馮・歌德。

有「馮」的姓名不一定是貴族

而在德國西北部（不萊梅、漢堡、霍爾斯坦等地）和瑞士德語區，很多非貴族家庭的姓氏裡也用「馮」和「祖」，這種情況下這兩個詞就純粹是介詞了，並不表示貴族身分。在奧地利和巴伐利亞，如果非貴族的姓氏裡有「馮」，為了區分貴族的「馮」，會把「馮」與姓氏連寫成一個詞。比如 von Werden 有兩種可能性，可以是貴族，也可能不是；為了區分，如果是平民的話，就寫作Vonwerden。另外，貴族的非婚生子可以用「馮」，但不算貴族。

區分「馮」是否代表貴族的另一個辦法是，十世紀起普魯士習慣將貴族的「馮」縮寫為v.（注意有一個點），後面不加空格，直接加姓氏；而非貴族的「馮」則完整拼寫。

在貴族內部互相稱呼時一般省略「馮」字，直呼其名。

一九一九年，德國和奧地利都廢除了君主制，也就沒有了法律意義上的貴族。德奧兩國對「馮」的處置方法不同。在德國，「馮」被視為姓氏的一部分，繼續保留。而在奧地利，不僅貴族頭銜被廢除，就連「馮」這樣的詞也被禁止使用。所以著名的經濟學家海耶克，以前叫腓特烈・馮・海耶克（Friedrich von Hayek），從一九一九年起就只能叫腓特烈・海耶克了。

歷史篇

第三章 歷史長河中的德意志貴族

一、從起源到中世紀

最早的德意志貴族可能源自古典時代的日爾曼部族酋長和武士，比如凱撒在《高盧戰記》，塔西佗在《日爾曼尼亞志》中提到的那些日爾曼人首領。他們可能憑藉出身於酋長世家，以及先輩曾擁有的顯赫地位或曾立下的功勳與個人才幹而鶴立雞群。阿米尼烏斯就是一個著名例子。德意志貴族的起源可能還包括拉丁人、凱爾特人與斯拉夫人的酋長、富裕農民和地主。前文講過，梅克倫堡的君主奧博多里特家族原本就是斯拉夫人。

在法蘭克王國的時代，九世紀的修道院長和歷史學家尼特哈德（Nithard, 795?-845，他是查理大帝的外孫）在四卷本《歷史》（*Historiarum Libri IV*）中記載道，薩克森人[1]分三個等級，第一等級為貴族，第二等級為自由人，第三等級為奴隸。[2]十世紀的僧人，科維的維杜金德（Widukind von Corvey, 925?-973?）在史書《薩克森人事蹟》（*Res gestae saxonicae*）中記載，薩克森人有公爵（duces）和伯爵（comes）。不過此時的公爵和伯爵可能還是官職名，[3]後來才演化為爵位。而巴伐利亞在六世紀就成為公國，隨後出現了貴族階層。

查理大帝把他的主要助手封為伯爵或邊疆伯爵，這些人都是掌握軍政的大員和一方諸侯。伯爵在自己的領地代行王權。邊疆伯爵還肩負保衛邊疆的重任。在西元一〇〇〇年之前就留下史料記載的著名貴族家系有韋爾夫家族、雷吉納里家族（Reginare，後來的盧森堡和黑森統治者）和韋廷家族。他們是有史可查的德意志最古老的貴族。後來特別強大的哈布斯堡家族存世最早的文獻證據是約一〇二〇年的，不過起初他們是低級貴族。[4]

封建關係

在中世紀早期，貴族肩負重要的軍事職能。在九和十世紀，基督教世界遭到維京人、撒拉森人和馬扎爾人等異教徒的襲擊。德意志的貴族以軍事手段保護人民，以重裝騎士的身分作戰，而戰馬、鎧甲和兵器都十分昂貴。因此，國王向諸侯、諸侯向小貴族封授采邑（Lehen），作為收入來源。采邑的一個主要功能就是供養貴族，為其提供裝備。封建關係的主要職能就是維持軍隊，每一層貴族都向上一層負有軍事義務，從而在戰時組建起一支軍隊。

於是封建關係構成一個金字塔，稱為「軍盾」制度（Heerschild）。根據十三世紀出現的律法書《薩克森之鏡》（*Sachsenspiegel*），「軍盾」的最高一級是皇帝或國王；第二級是教會諸侯（主教和男女修道院長）；第三級是直屬於帝國的世俗諸侯；第四級是伯爵和自由領主；第五級是第四級的封臣；第六級是第五級的封臣和附庸；第七級的情況則不清楚，可能是農奴身分的家產。[5]

貴族可以收取過橋費、過路費、進城稅，這些都是中世紀貴族的重要收入來源。而非諸侯的領主的主要收入來源是莊園經濟。對領主具有不同程度人身依附關係的農奴在莊園勞作。領主對農奴享有低級司法權（Niedere Gerichtsbarkeit），可以對犯有輕罪的農奴罰款或施加較輕的肉刑；有的領主甚至還有高級司法權（Hohe Gerichtsbarkeit），可以對犯人施行殘酷的肉刑甚至死刑。中世紀晚期，為了保衛自己的這些特權，貴族常常組成聯盟或騎士法團，在地方議會發揮政治作用。

中世紀和近代早期的土地產權大致有兩種：絕對產權（Allod）和采邑（Lehen）。絕對產權的情況比較少見。如果一位領主佔據某塊土地，這塊土地除了該領主之外對任何人都沒有封建義務，完全屬於他，他可以對其自由支配，那麼他就對這片土地享有絕對產權。這樣的領主可稱為「擁有特殊自由的諸侯」。韋爾夫家族和韋廷家族最早

《薩克森之鏡》一三八五年抄本原件，現存德國杜伊斯堡市立圖書館，Britta Lauer 攝，二〇〇五年。

《薩克森之鏡》中表現「軍盾」秩序的插圖

就是「擁有特殊自由的諸侯」。絕對產權產生於封建制度建立完備之前。在中世紀的英格蘭和法蘭西，絕對產權逐漸消失或者變得罕見，而德意志長期存在絕對產權。

采邑的所有者需要向更高一級的領主承擔封建義務。封建義務的主要形式是兵役、徭役、實物等。采邑的所有者不是該土地的絕對產權人，無法對其自由買賣、轉讓、分割等，理論上他只享有土地的使用權和受益權，該土地的產權屬於他的上一級領主。領主封授給附庸的采邑起初不是世襲的，但後來逐漸變成世襲，傳承給後代的時候往往只需要領主走過場的確認，也可能還需向領主繳納費用。一〇三七年，康拉德二世皇帝頒布法令，確認了封建采邑的世襲制。[6]十二世紀，整個公國和伯國都可能作為采邑，被賞賜給某人。

漸漸地，貴族把國王封授的采邑當作自己的絕對產權財產自動世襲下去，並且相對於國王取得越來越多的自治權，甚至開始統一和拓展自己的領地。擴張的手段包括聯姻、武力征服、收購、交換和接受小貴族為自己的附庸。比如符騰堡伯爵大量收購周邊敗落的小貴族家族的領地，從而擴張自己的地盤。

有的弱小貴族將自己的絕對產權土地奉獻給強大的諸侯，向其效忠，成為其附庸，擔任他們的文武官員；然後諸侯再把土地以采邑的形式封授給自己的新附庸。雖然土地仍然在原主人手裡，但產權關係發生了巨大變化。也有的小貴族為了保護自己的獨立性（或者說直屬於帝國的地位）而拚命抗爭，比如利用多位諸侯之間的矛盾，同時向多位諸侯效忠，夾縫中求生存。關於諸侯、小貴族和皇帝這三股勢力之間的拉鋸，詳見本書下一章「德意志騎士的最後一次私戰」。

小貴族與諸侯抗爭的另一種辦法是，組成區域性的法團，約定好互相幫助、互相支援，大家採用統一的徽章、符號等等。結社抗爭主要出現在德意志西部和南部，這裡的一些勢單力薄的帝國騎士也能長期維持獨立性。而在北部和東部，小貴族幾乎全部喪失了獨立性，成為諸侯的附庸。

瑞士人反抗哈布斯堡家族的鬥爭證明，使用長矛的步兵足以打敗主要由貴族組成的重騎兵。長弓和弩弓也對騎士構成威脅。而一五〇〇年之後隨著火藥武器普及，騎士的軍事功能漸漸消失。他們有的成為雇傭兵，為外國效力；有的成為獨立的軍事「企業家」，比如法蘭茲・馮・濟金根（Franz von Sickingen, 1481-1523）把打仗當作生意來做。傳統的城堡也無力抵擋炮火的轟擊，而能夠抵禦炮火的新式防禦工事，不是所有貴族都負擔得起的。以貴族騎士為核心的封建軍隊被職業化的雇傭軍取代，於是封建關係在很大程度上失去了它的初衷。

十四世紀，中歐由於黑死病和氣候變化而人口驟減，導致糧價暴跌、勞動者的工資上漲，這對很多貴族來說是沉重的打擊。在很多歷史學家看來，這也是近代國家產生的重要催化劑。為了維持符合貴族身分的生活方式，不少貴族負債累累，不得不尋找出路。德意志貴族兩極分化，有的成為邦君和一方統治者，構建現代的普魯士、奧地利等強大的專制君主國；有的則官僚化，為邦君服務，當軍官、宮廷官員、行政官員和司法官員。為帝王和邦君服務，是比較穩定的工作，有不錯的收入來源，說不定還能獲得新的采邑，能夠適應新局面的貴族往往能獲得之前無法想像的財富和權力；但與此同時，官僚化的貴族喪失了獨立性與主權。

到一四〇〇年前後，貴族身分不再主要取決於自治權力，而是取決於貴族與國家（帝王、邦君）的關係。大約也是在這個時期，古老的貴族家系紛紛滅絕。比如十二世紀中葉威斯特法倫的一百二十個伯爵或男爵家族，到十六世紀只剩下九個。舊貴族的滅亡為新貴族騰出了空間，而取代舊貴族的新貴族的精神面貌與生活方式與之前大不相同。這些「暴發戶」往往是透過為帝王忠心耿耿地服務而從卑微出身攀升到高位的。例如，列支敦斯登家族的崛起，主要就是透過為哈布斯堡家族服務從而得到提攜和賞賜。把這種軌跡與中世紀早期那些近似獨立君主、敢於和帝王對著幹的伯爵們比較一下，就可以深切體會到貴族的面貌發生了巨大變化。[7]但在邦君的統治下，小貴族又遭遇市民階層的有力競爭。這兩個群體之間存在不少敵意和對抗，小貴族嫉妒和怨恨富裕市民的豪華生活方式，常常譴責他們的靡費，誇耀自己的簡樸。

二、德意志騎士的最後一次私戰

一五六七年四月十八日，德意志中部小城哥達的集市廣場上演了一齣慘劇。一群死囚被公開行刑。其中的首犯被捆縛結實，劊子手用利刃挖出他的心臟，猛地甩到他臉上，並厲聲喝道：「看吶，看你這奸詐的心！」隨後該犯人被斬首、車裂，肢解後的屍塊被懸掛在哥達城門口的十二根柱子上。劊子手所用的劍被小心地收走，一直到二〇〇二年之前都是措貝爾．馮．吉伯爾施塔特男爵家族的傳家寶。這支劍被稱為「贖罪之劍」（Süneschwert）。除了這個受折磨最苦的首犯之外，還有一人被車裂，一人被絞死，多人被斬首。

這場死刑大戲，是早期現代德意志歷史上的一個重要節點。隨著罪人伏法，德意志貴族私戰的歷史落下大幕。私戰這種充滿中世紀色彩的歷史現象，從此不復再現。

什麼是「私戰」？

Fehde 這個詞和英語 feud（血親復仇、世仇）同源，詞義卻有不同。在今天的英語裡，feud 一般指兩群人（通常是兩個家族或家族集團）為了榮譽、復仇、爭奪利益等原因而進行的長期對立和暴力衝突，乃至謀殺。Feud 可能持續幾年，甚至幾十年。一個有名的例子是莎劇《羅密歐與茱麗葉》中兩大家族的世仇，它需要兩個年輕人的生命來和解。

古代日爾曼人的傳說裡也有很多血親復仇的故事，比如《尼伯龍根之歌》裡克里姆希爾德為了給丈夫齊格菲復仇，遠嫁匈人國王埃策爾（即阿提拉），借助匈人的力量，把仇人（恰恰是克里姆希爾德的哥哥和親戚）誅盡殺絕。這個故事裡的「血親復仇」用的是 Fehde 這個詞，它此時的含義與英語的 feud 相似。

但在中世紀德意志語境裡的 Fehde 就不是「血親復仇」了，我們將其譯為「私戰」。它和血親復仇一樣，也是私人衝突，但在相當長的歷史時段裡是德意志貴族運用的一種法律工具，以此來滿足自己的訴求。

中世紀的德意志諸侯割據，神聖羅馬皇帝僅僅是名義上的最高統治者。在缺乏更高權威來主持司法、伸張正義的情況下，為了解決衝突，貴族可以（也只能）進行小規模的私人戰爭。奧地利歷史學家鄂圖・布隆納（Otto Brunner）認為，私戰是中世紀社會的一個有機組成部分，甚至是必需的部分，而非異常現象；私戰本質上是恢復公義與和諧的一種機制。他還認為，只有那些有能力接受武裝挑戰的人，也就是貴族，才是中世紀德意志社會的完整意義上的成員。[8]而到了近代早期，現代國家羽翼漸漸豐滿，國家壟斷了暴力和司法權，私戰也就消失了。

私戰的原因五花八門，可能是爭奪財產（土地、金錢、收稅權等等）、人身傷害、財產損失或者人格侮辱。因為缺乏強有力的中央權威，中世紀德意志社會「無法無天」，貴族與貴族之間、貴族與市民之間的私戰非常頻繁。因為歌德的戲劇而聞名的騎士「鐵手」葛茨・馮・貝利欣根（Götz von Berlichingen, ca. 1480-1562）在晚年撰寫的回憶錄裡自稱曾以自己的名義打過十五場私戰。[9]

私戰有時和傳統意義上的戰爭很難區分。德意志人把私戰稱為「小騎行」（kleine Reiterei），把戰爭稱為「大騎行」（große Reiterei），意思是二者只有程度與規模的區別。不過一般來講，私戰是私人（包括私人團體，可能是一座城市、一座修道院）之間的行為，而戰爭是政權和國家之間的。

私戰不是為所欲為的報復與反報復，而是受到很多規矩的限制。首先，要向敵人正式宣布開始私戰，不能搞突然襲擊。如果敵人在國王／皇帝身邊，或在去求國王／皇帝庇護的路上，則必須停止對他的私戰。正在教堂或法庭，或在去教堂或法庭的路上，或剛從這些地方回來的人，得到法律保護，其他人不可以對其發動私戰。

私戰是烈度有限、受到控制的暴力，目的不是將對方斬盡殺絕，而一般是透過暴力迫使對方屈服並締結和解條約（Urfehde），從而獲利。比如在一五一四年，騎士法蘭茲・馮・濟金根幫助別人打私戰，以七千人攻打沃爾姆斯，破壞其農田，阻斷其商貿，目的不是毀掉這座城市，而是迫使它繳納賠款。一五一八年，他以二萬人攻打梅斯城，最後勒索了二萬五千古爾登。[10]

私戰挑戰了皇帝和諸侯的權威，也給社會帶來了嚴重的不安定因素，常常造成城堡和城鎮被焚毀、無辜群眾喪命的悲劇。十三和十四世紀的多位皇帝試圖遏制私戰，比如規定在若干年內、在具體的某些地區不准私戰，即施行「地區和平」（Landfrieden），但效果不佳，因為皇帝畢竟沒有足夠的軍力和警力來執法。一二三五年腓特烈二世皇帝頒布的《美因茨地區和平法令》（*Mainzer Landfriede*）第一次在帝國全境對私戰進行控制，規定只有在法庭處置無效的情況下，才可以訴諸私戰；必須至少提前三天以書面形式（Fehdebrief 或 Widersage）公開宣布私戰；私戰不得侵害教堂、磨坊、公墓等地方，不得侵害神職人員、孕婦、病人、朝聖者、商人、運貨馬車夫、正在勞作的農夫與葡萄園工人等，也不得破壞犁鏵和牲口棚。

《美因茨地區和平法令》的規定非常細，但仍然承認私戰的合法性，這也是因為皇帝自己沒有足夠實力約束貴族而向其讓步。貴族繼續打打鬧鬧，殺人放火。一直到一四九五年，強大的哈布斯堡皇帝馬克西米連一世才在沃爾姆斯帝國會議上力排眾議，強迫各等級同意「國內永久和平」（Ewiger Landfriede），禁止貴族用暴力解決爭端。從此，即便在以前得到許可的私戰，也在帝國全境被徹底禁止。一四九五年建立的帝國樞密法院（Reichskammergericht）和一四九七年建立的帝國宮內法院（Reichshofrat）[11]這兩個互相競爭的最高級別法庭的問世[12]，以及一五五五年帝國樞密法院設立的所謂「臣民之訴」程序（Untertanenprozess），給人們提供了以司法手段和平解決衝突的途徑，小貴族（以及農民）也可以到兩個最高法院去起訴自己的主公。這些措施是馬克西米連一世對帝國機構實施的大範圍改革的一部分，雖然沒有給帝國注入新活力，但逐漸增強了哈布斯堡家族的實力。當然上述的約束往往只對弱者有效，強者可以無視這些規矩。恰恰因為私戰受到這麼多限制，顯然並不是所有人都覺得私戰是社會的正常機制，所以前文引述的鄂圖．布隆納的觀點值得懷疑。

那麼，到底應該如何理解私戰？德國歷史學家維爾納．羅澤納（Werner Röesener）提出，因為人口結構變化、社會經濟變革等原因，德意志小貴族（主要是騎士階層）在中世紀晚期的經濟條件嚴重衰退，收入大大減少，為了維護自己的身分與形象又不得不進行奢侈消費，從而囊中更為羞澀。走上絕路又滿腹怨恨的小貴族往往淪為攔路搶劫乃至打家劫舍的「強盜騎士」；而他們打出的私戰旗號只不過是試圖給不合法的暴力活動披上合法外衣而已。[13]果真是這樣嗎？

騎士格魯姆巴赫與主教大人的恩怨

「國內永久和平」自然沒辦法迅速見效，一四九五年之後還發生了很多私戰，比如符騰堡公爵烏爾里希（Ulrich Herzog von Württemberg, 1487-1550）與帝國城市羅伊特林根（Reutlingen）的私戰，導致烏爾里希長時間被驅逐出自己的領地[14]；法蘭茲・馮・濟金根於一五二二年與特里爾大主教的私戰導致濟金根被宣布為不受法律保護之徒，他的城堡遭到圍攻，他本人於次年負重傷後死去[15]；一五一八年，希爾德斯海姆主教企圖非法地收回已經抵押給自己領地內一些貴族的財產，再加上法國國王的渾水摸魚，引發了主教與布勞恩斯魏克諸侯之間的私戰。[16]皇帝馬克西米連一世自己也捲入了希爾德斯海姆的私戰。而德意志歷史上最後一次私戰，「國內永久和平」最後一次遭到侵犯，就是本章開始時講到的故事。慘死的那個首犯名叫威廉・馮・格魯姆巴赫（Wilhelm von Grumbach）。他的故事很典型，特別有助於我們瞭解中世紀德意志的私戰為什麼會發生，過程又是什麼樣子。[17]

格魯姆巴赫生於一五〇三年，也就是「國內永久和平」宣布沒過幾年之後。他出身於弗蘭肯地區歷史悠久、血統高貴的帝國騎士家庭，在維爾茨堡附近擁有許多地產，包括格魯姆巴赫宮。他的直接主公是維爾茨堡主教。格魯姆巴赫從小在主教宮廷受教育，後來在拜羅伊特的布蘭登堡—庫爾姆巴赫邊疆伯爵（霍亨索倫家族）的宮廷也待過幾年。

一五二四年，德意志農民戰爭爆發，很多地方的農民不堪忍受壓迫，揭竿而起反抗貴族領主。年紀輕輕的格魯姆巴赫為布蘭登堡—庫爾姆巴赫邊疆伯爵效力，鎮壓農民起義。一位貴族同時為好幾個主公服務，在當時司空見慣。貴族甚至會利用自己多個主公之間的競爭關係來為自己牟利，比方說告訴A主公，B主公會給他什麼優待，以迫使A主公給出更多的好處。

巧合的是，農民起義軍的重要將領、貴族騎士弗洛里安・蓋爾（Florian Geyer, 1490?-1525）也曾在布蘭登堡—庫爾姆巴赫姆巴赫邊疆伯爵的宮廷服務，和格魯姆巴赫曾是同僚。有一種證據不足的說法是，蓋爾娶了格魯姆巴赫的妹妹。總之，本來可能是朋友的格魯姆巴赫和蓋爾站在了對立面。

一五二五年五月，湯瑪斯·閔采爾（Thomas Müntzer, 1489?-1525）領導的起義軍在弗蘭肯豪森戰役中被擊潰，蓋爾是起義軍最後的一小批倖存者之一。六月，蓋爾在逃亡過程中遇到自己的老同事（可能還是小舅子）格魯姆巴赫的兩名部下。他們告訴蓋爾，格魯姆巴赫願意幫他東山再起。蓋爾信任他們，與他們一同出行，結果在維爾茨堡附近的一片森林裡被格魯姆巴赫的部下刺死。這算是格魯姆巴赫對貴族階層的一大功勞。

此後，格魯姆巴赫作為一名典型的騎士、地主和小貴族，過著優哉遊哉的生活，並且還有貴人提攜。一五四〇年，他與生性好鬥的新一任布蘭登堡—庫爾姆巴赫邊疆伯爵阿爾布雷希特二世·亞西比德[18]（Albrecht II. Alcibiades, Markgraf von Brandenburg-Kulmbach, 1522-1557）結識，一拍即合，後來長期為他效力，在拜羅伊特擔任地方官。而格魯姆巴赫原本的主公，維爾茨堡主教康拉德三世·馮·比布拉（Konrad III. von Bibra, 1490-1544）也很器重格魯姆巴赫，提拔他為宮廷總管，還贈給他一萬古爾登現金。

到此時為止，心滿意足的格魯姆巴赫還只是一名普普通通的騎士，肯定想不到自己居然會變成人人皆可誅之的逆賊，最後暴死街頭。

命運的轉折發生在康拉德三世主教去世之後。教會諸侯不像世俗諸侯，不能把領地和頭銜傳給兒孫，而是由教會領導層選出新人。新任維爾茨堡主教梅爾希奧·措貝爾·馮·吉伯爾施塔特（Melchior Zobel von Giebelstadt, 1505-1558）手頭吃緊，並發現了一個漏洞：當初康拉德三世贈款給格魯姆巴赫，動用了教會的錢，而沒有得到教會領導層的批准。

隨後措貝爾主教做了一件可以理解，但不能算厚道的事情：他要求格魯姆巴赫把吃下去的吐出來，把那一萬古爾登交還。人在屋簷下，不得不低頭，格魯姆巴赫忍氣吞聲地服從主公，交出了錢，但從此他和措貝爾的關係就不可能像他與康拉德三世那樣親切友好了。

與此同時，馬丁・路德宗教改革之後，德意志境內新教諸侯與天主教諸侯的衝突越來越激烈，終於在一五四六至四七年爆發了所謂的「施瑪律卡爾登戰爭」，最後新教諸侯戰敗。不過，為了集中力量對付法國，代表天主教勢力的查理五世皇帝對新教徒讓步，於一五五二年簽訂了《帕紹和約》，賦予新教徒一定的自由。查理五世在帝國內統一宗教信仰的希望破滅了。而格魯姆巴赫在新教一邊參加了戰爭，在軍事和外交方面都有不錯的成績。

措貝爾不是個壞老闆，他可能是為了補償，也可能是為了獎賞臣子格魯姆巴赫，決定把一座修道院和六個村莊賜給他作為世襲領地，價值高達八萬古爾登。如果這筆交易能夠順利完成，那麼後面的悲劇也就不會發生了。偏偏上帝不肯幫忙，格魯姆巴赫的另一位主公與好友阿爾布雷希特二世因為在施瑪律卡爾登戰爭末期背叛了皇帝，被排除在《帕紹和約》之外。惱羞成怒之下，他縱兵燒殺搶掠，這就是所謂「第二次邊疆伯爵戰爭」（一五五二至一五五五）。格魯姆巴赫協助了阿爾布雷希特二世。皇帝大怒，宣布該地區諸侯之間訂立的條約全部無效。他的本意是遏制阿爾布雷希特二世，但不幸的是措貝爾給格魯姆巴赫賞賜的條約也受到影響，無法執行。皇帝憎惡阿爾布雷希特二世，順帶著也討厭格魯姆巴赫。措貝爾不肯幫助格魯姆巴赫，何況格魯姆巴赫曾替阿爾布雷希特二世燒殺搶掠。格魯姆巴赫惱怒之下，新仇舊恨一起湧上心頭，又不敢與皇帝撕破臉皮，乾脆起訴措貝爾，這下子把措貝爾惹惱了。

措貝爾開始打官司，要求對格魯姆巴赫實施「帝國禁令」（Reichsacht）。帝國法庭覺得措貝爾的要求沒有道理，但又要擁護皇帝的決定，兩難之下施行搪塞戰術，遲遲不肯下判決。

此時，一五五三年，好鬥而肆無忌憚的阿爾布雷希特二世在西弗斯豪森（Sievershausen）被支持皇帝的勢力打敗，投奔法國國王，後來死去。措貝爾趁機沒收了阿爾布雷希特二世的一些地產。格魯姆巴赫向帝國樞密法院申訴，要求措貝爾償還他的全部財產和當初康拉德三世給他的錢，但法庭沒有支持他。求告無門的格魯姆巴赫終於狠下心來，準備訴諸暴力，奪回自己的財產，並向措貝爾復仇。一場私戰開始了。

造反的騎士

一五五八年四月十五日，措貝爾主教帶著兩名宮廷官員，騎馬離開自己的城堡，準備去維爾茨堡的主教座堂或者附近的官衙辦公。在維爾茨堡的老美因橋附近，兩個人向他恭敬地請安。措貝爾正要回禮，不料對方從懷中抽出手槍，向主教等三人開火。主教中彈死亡，兩名殺手銷聲匿跡。

大家很容易猜到，幕後黑手就是格魯姆巴赫。他矢口否認，不過還是畏罪逃往法國。兩名刺客在法國邊境附近被捕，招供出了格魯姆巴赫指使他們襲擊措貝爾主教的事實。不過，殺死措貝爾應當不是格魯姆巴赫的本意，他本想劫持主教從而強迫他滿足自己的要求。

此時的格魯姆巴赫已是喪家之犬，但他並不灰心，因為他如今有了一個強大的靠山。施瑪律卡爾登戰爭期間，新教聯盟的首領、薩克森選帝侯「寬宏的」約翰．腓特烈一世（Johann Friedrich I，der Großmütige, 1503-1554）[19]戰敗之後被皇帝剝奪了部分領土和選帝侯地位。皇帝把薩克森選帝侯的地位交給了韋廷家族的另一個支系阿爾布雷希特系。落敗的恩斯特系對皇帝頗為怨恨，約翰．腓特烈一世的兒子約翰．腓特烈二世（Johann Friedrich II, 1529-1595）渴望恢復選帝侯地位。格魯姆巴赫成了他的忠實謀臣，幫助他與普法爾茨伯爵聯姻。格魯姆巴赫還找來了一個所謂能與天使交流的「通神者」（其實是個農民孩子），在「通神者」幫助下說服了約翰．腓特烈二世，他注定會在上帝幫助下奪回選帝侯地位，甚至還能當上丹麥國王，同時德意志騎士階層的權力和地位會大大增強。這個預言的最後一點大有深意，應當是格魯姆巴赫授意的，稍後詳細解釋。

根據以色列歷史學家希萊．茲莫拉（Hillay Zmora）的研究，私戰的一個重要特點就是，小貴族之間的恩怨總要把大諸侯牽扯進來，私戰總是和更大範圍的政治矛盾連繫在一起，所以不僅僅是兩個村莊之間打群架。[20]就這樣，格魯姆巴赫從一個鳴冤訴苦、到處求公道而不得的受害者，變成鋌而走險的暴徒，又變成參與更高層次危險政治遊戲的權力掮客。這是一條不歸路。

一五六三年十月，在約翰．腓特烈二世的幫助下，格魯姆巴赫奇襲了維爾茨堡城，將其拿下，洗劫了主教的財產。新主教懇求他歸還維爾茨堡城，他毫不客氣地開出了苛刻的條件。主教的贖金自然也要從人民那裡盤剝而來。用茲莫拉的話說，私戰是獲取經濟利益和敲詐敵方民眾的手段，就像現代黑手黨敲詐勒索和收取保護費。透過敲詐和收保護費，私戰貴族對當地建立起了自己的「霸權」。[21]

此時的皇帝是查理五世的弟弟斐迪南一世，他對格魯姆巴赫犯上作亂、悍然侵犯「國內永久和平」的行為大為光火，也意識到，對皇權滿腹怨恨的約翰·腓特烈二世這樣的大諸侯具有潛在危險性。於是，皇帝在一五六三年十一月對格魯姆巴赫施加「帝國禁令」，並明確要求約翰·腓特烈二世不要庇護格魯姆巴赫。但沒過多久皇帝駕崩，所以沒有來得及對格魯姆巴赫採取措施。

新皇帝馬克西米連二世（斐迪南一世之子）打算把格魯姆巴赫問題留到下一屆帝國會議上處置，這就給了格魯姆巴赫兩年時間。此時他已經不再是僅僅為追回自己幾個莊園而奔相走告、為了殺人命案而逃竄的小小騎士了。他的視野已經變得很寬廣，野心也愈加膨脹。他在這兩年時間裡到處遊說歐洲君主和諸侯，準備在德意志煽動一場普遍的騎士反叛，解放整個騎士階層，使其不再受諸侯的壓迫和利用，在皇帝面前獲得獨立性。這個目標同樣耐人尋味。

格魯姆巴赫原打算在一五六五年發動叛亂，但因為沒有籌措到足夠的「革命經費」而失敗。不過他不灰心，甚至異想天開地要把皇帝拉到自己這邊。他多次透過使節和書信向皇帝表示，他領導的騎士反叛不是造皇帝的反，而是造諸侯的反；他打算領導騎士階層為皇帝效力，去對抗鄂圖曼帝國。不過皇帝仍然決心把此事交給帝國會議處理。

而在一五六六年三月的奧格斯堡帝國會議上，小小的騎士格魯姆巴赫沒有辦法掌握自己的命運。他闖入了大佬們的權力遊戲，大佬們卻鄙夷地認為他根本沒有資格參與這個遊戲。薩克森選帝侯奧古斯特屬於韋廷家族的阿爾布雷希特支系，也就是約翰·腓特烈二世的主要敵人，他玩弄嫻熟的外交和政治手腕，勸服了所有新教諸侯：若要皇帝在宗教問題上向新教讓步，新教諸侯就不要保護格魯姆巴赫。而格魯姆巴赫原本就已經得罪了皇帝和天主教諸侯，所以他的命運在此時已經注定了。

五月，帝國會議再次對格魯姆巴赫實施「帝國禁令」，並請薩克森選帝侯奧古斯特執行。同時皇帝還多次派人去勸約翰・腓特烈二世不要再庇護格魯姆巴赫等一群破壞「國內永久和平」的罪人。格魯姆巴赫可能缺少政治才幹，但識人交友的本領卻不錯。約翰・腓特烈二世有情有義，拒絕交出格魯姆巴赫，也不肯把他趕走。從此這兩隻螞蚱就牢牢捆在一起了。

奧古斯特奉皇帝的命令，武力討伐冥頑不靈的罪人。碰巧約翰・腓特烈二世又是他的親戚和死敵（畢竟這兩家親戚在爭奪選帝侯地位），奧古斯特毫不客氣，炮轟約翰・腓特烈二世和格魯姆巴赫所在的哥達城。奧古斯特還大搞心理戰，向城內秘密輸送傳單，保證不傷害平民。果然，平民拒絕服從約翰・腓特烈二世。一五六六年十二月三十日，奧古斯特的四千六百名騎兵和五千名步兵開始圍城，於次年四月一日入城。他對哥達市民的唯一要求是向他宣誓效忠。罪人很快被送上法庭。格魯姆巴赫被殘酷地處死，「贖罪之劍」被措貝爾主教的親戚收走，當作傳家寶。約翰・腓特烈二世被押往維也納。他被裝在敞開的囚車裡，在傾盆大雨中被拖來拖去示眾和受辱，隨後在維也納被囚禁了二十二年之久，一五九五年在施派爾（Speyer）孤獨死去。格魯姆巴赫的獨生子康拉德與維爾茨堡主教區達成和解，收回了被沒收的部分財產。康拉德還當過煉金術士。[22]一六〇三年，格魯姆巴赫的孫子去世而沒有留下子嗣，於是家族滅亡，其財產被維爾茨堡主教區收回。格魯姆巴赫的私戰，也可以說是謀反或革命，徹底宣告結束。

革命者格魯姆巴赫與私戰的消亡

茲莫拉關於弗蘭肯騎士私戰的研究著作沒有把格魯姆巴赫的故事當作主要的案例，但茲莫拉對私戰的闡釋非常有助於我們理解格魯姆巴赫的作為。

在格魯姆巴赫的時代（以及再往前推幾十年），中世紀晚期和近代早期的德意志政治環境發生了深刻變化。貴族出現了兩極分化，強者愈強，弱者愈弱。一些大諸侯開始進行中央集權的努力，建立新型的以領土為基礎的領邦（Territorialstaat），而不再依循過去以個人之間的封建關係和共主邦聯為基礎的鬆散政權。這個過程叫作領邦化（Territorialisierung）。最顯著也最成功的例子當然就是哈布斯堡家族，他們逐漸把鬆散而淩亂的許多領土整合起來。馬克西米連一世皇帝對哈布斯堡家族成長為近代早期的超級大國貢獻極大。當然，領邦化的最大輸家是中央皇權。[23]哈布斯堡家族的強勢地位不是因為他們是皇帝，而主要是因為他們自己邦國的強大，他們也不會運用自己的資源來加固中央皇權。

諸侯透過侵犯和兼併小貴族領地來壯大自己的勢力。許多小貴族的獨立性和直屬於帝國的地位逐漸喪失，即便是原本直屬於皇帝的帝國騎士階層也無法抵抗自己當地的諸侯。

對小貴族來講，有三條路可走：一是接近諸侯，為其效勞，與其發生經濟與政治關係，甚至貸款給諸侯，從而從諸侯那裡獲得官職、土地和地位。（比如法蘭茲·馮·濟金根的父親靠經營銅礦、水銀礦和銀礦發財，就連普法爾茨選帝侯這樣的大諸侯都從他那裡貸款二萬四千三百古爾登，並用一座城堡的部分產權作為償還。[24]）在新型的以領土為基礎的國家裡，小貴族不再是主公的封臣（同時在自己領地稱王稱霸），而變成了向主公負更多責任、受約束也更多的官僚。格魯姆巴赫這樣的小貴族往往在大諸侯的宮廷當官，或者擔任大諸侯屬下部分土地的行政管理者。這種工作能給小貴族帶來很多經濟和政治利益，但壞處是讓他們逐漸喪失獨立性。貴族群體內部原本至少名義上的平等也實質上消失了。

第二條路是，如果不能有效地接近諸侯並分一杯羹，小貴族就可能繼續衰敗下去直至滅亡，甚至淪為強盜騎士。

第三條路就是武裝反抗諸侯，這樣的例子不勝枚舉，最有名的可能是法蘭茲·馮·濟金根。格魯姆巴赫的私戰也有這個因素。

要想走第一條路，小貴族需要有拿得出手的資源，讓諸侯覺得他有利用的價值。而要獲得資源，私戰就是一個不錯的工具。並且，小貴族透過私戰還能有機會與諸侯拉上關係，比如格魯姆巴赫和約翰．腓特烈二世結交，給後者當軍師。

以上就是茲莫拉對私戰的理解。他還反駁了羅澤納的觀點，指出當時德意志西部的地租主要是實物形式而不是貨幣，所以小貴族受到通貨膨脹和貨幣貶值的影響並沒有那麼大，他們的經濟狀況沒有羅澤納說的那麼糟糕。[25]

我們套用一下茲莫拉的理論框架：格魯姆巴赫原本在「接近諸侯並為其服務」的過程中相當成功，但後來由於偶然和私人恩怨而沒辦法在這條路上繼續走下去，無法從主公維爾茨堡主教那裡繼續得到恩寵和好處。這就威脅到了格魯姆巴赫的生存。他選擇的對策並不新鮮，在他之前的濟金根也做過。和他一樣受到諸侯擴張威脅的騎士有很多，騎士古老的「自由」和獨立性漸漸消失，他要把這些難兄難弟組織起來，向諸侯開戰。所以上文講到，他希望鞏固騎士階層的地位，以及領導騎士反叛。不過他的反叛並不針對皇帝，而是希望把歷史倒推，回到之前的騎士階層日子比較舒服的時代。這當然是逆流而動，因為時代的趨勢是降低封建化的程度，減少割據，減少獨立領主的數量，從而建立現代意義上的國家。這樣看來，格魯姆巴赫是個人奮鬥的豪傑，也是抵抗歷史大潮而必敗的悲劇人物。

一五七四年，也就是格魯姆巴赫伏法的僅僅幾年之後，馬克西米連二世皇帝收到了一份報告，說過去私戰給德意志造成了嚴重的糾紛和破壞，但如今私戰漸漸消亡了，因為「貴族的生活方式發生了變化，教育和學校的出現發揮了重要作用，尤其是印刷機和圖書產生了有益效果；也是因為之前歷代皇帝非常睿智的幫助。所以德意志人魯莽放肆而嚴酷的天性得到了軟化，國內更加安定和平，生活更加井然有序」。[26]也就是說，透過教育、道德風尚的變化和印刷機與圖書的教化，私戰從德意志消失了。騎士「鐵手」葛茨．馮．貝利欣根廝殺了一輩子，他的孫子就不打仗了，反倒成了著名的藏書家，擁有約六二五種圖書。[27]不過茲莫拉指出，很難說是教育造成的道德革新消滅了私戰，說不定反過來是私戰的消失導致了道德革新。這是個雞生蛋、蛋生雞的問題。

茲莫拉對私戰消亡的解釋是，處於生存危機中的騎士階層產生了覺悟。至少部分騎士認識到，他們互相之間以及為了諸侯利益而進行的私戰，最終只是對諸侯有利，對曾經「自由」的騎士階層沒有好處。這些覺醒的騎士以結社的形式表達自己的立場，拒絕被諸侯當槍使。早在一四九四年，就有騎士法團規定，其成員「絕不可以為了任何諸侯或領主的利益，而傷害法團其他成員的人身和財產」[28]。這樣的法團有不少，它們涉及區域的廣泛性和抵抗諸侯的堅定性各不相同。騎士集團是小貴族自衛的工具，他們要抵制諸侯，而諸侯的目標是透過兼併弱小鄰居來壯大自己。

另外，在一四九五年沃爾姆斯帝國會議上，馬克西米連一世的帝國改革還包括一項舉措，即徵收所謂「一般帝國稅」（Gemeiner Pfennig）。按照皇帝的設想，這種新稅將越過各級諸侯和領主，向神聖羅馬帝國十五歲以上全體臣民徵收；預計徵收十六年；以人頭稅、財產稅、收入稅等形式徵收；目的是提供資金給帝國中央，以維持帝國針對法國和鄂圖曼帝國的戰爭（此時這兩個國家是神聖羅馬帝國的主要敵人），以及維持帝國樞密法院。貴族也必須繳納此種新稅，不得豁免。[29]

在此之前，帝國體制的一個重大缺陷就是皇帝幾乎完全沒有能力越過各級諸侯與貴族在全國範圍內普遍徵稅，所以皇帝的財力往往很弱。於是皇帝沒有實權，得不到大家的尊重，沒有能力按照自己的想法統治。「一般帝國稅」的計畫是馬克西米連一世加強皇權的理想工具，但引起了貴族和騎士階層的強烈反對。這也很容易理解，畢竟抗稅是歐洲歷史的恒久主題。在弗蘭肯，騎士集團有效地代表了他們自己的利益，他們竭力抵制「一般帝國稅」，最後導致這種帝國全境的普遍稅不了了之，於一五〇五年被取消。而恰恰就是在抵抗「一般帝國稅」的鬥爭過程中，騎士們較好地團結了起來，互相之間不再廝殺，這也是私戰消失的原因之一。[30]

所以，私戰與中世紀晚期和近代早期德意志社會的重大變革——領邦化與現代國家萌芽——密切相關。長久來看，這些變革導致騎士階層喪失了獨立性。要參加這些變革，騎士需要私戰。要抵抗這些變革，格魯姆巴赫也需要私戰。但騎士階層對變革的集體抵制，又導致了私戰的消失。當然，歷史的趨勢是騎士階層逐漸喪失了曾經的獨立性，而奧地利、普魯士、巴伐利亞、薩克森這樣的強大邦國在德意志民族神聖羅馬帝國的僵死之軀之上崛起了。

三、從宗教改革到十九世紀

毫無疑問，宗教改革是德意志歷史的一大分水嶺。從一開始，貴族就在宗教改革當中發揮複雜的作用，也受到宗教改革的深刻影響。馬丁·路德在《致德意志基督教貴族公開書》（*An den christlichen Adel deutscher Nation*）中呼籲皇帝和貴族改革教會，削減天主教會的世俗權力，抵制教宗對德意志的無理要求。他還認為貴族的社會作用高於教士。

查理五世皇帝出於各種原因對路德實施「帝國禁令」，路德陷入生命危險，是薩克森選帝侯「智者」腓特烈三世庇護他，把他送到瓦爾特堡，讓他在那裡避難和翻譯《聖經》。著名的人文主義學者和騎士烏爾里希·馮·胡滕（Ulrich von Hutten, 1488-1523）從智識的角度支持路德，而著名的雇傭兵領袖、騎士法蘭茲·馮·濟金根從個人利益出發，打著路德的旗號燒殺搶掠、抵抗諸侯。貴族們不得不在天主教、路德宗以及後來的加爾文宗之間各自站隊，選擇自己的陣營。

德意志貴族與宗教改革

宗教改革極大地擴張了新教諸侯的權利。他們成為自己領地的教會領袖和精神領袖，還透過將天主教會的財產世俗化以及關閉修道院等天主教機構（實際上就是侵佔和掠奪教會財產）而擴張領土、獲得大量的物質利益。新教教義讚美貴族作為國家的中間權力（「中間」指的是介於君主與平民之間）的作用，認為他們有責任管理教會、統治平民，甚至有責任對抗暴君；同時，新教教義也允許貴族獲取教會土地。因此新教對很多貴族非常有吸引力。[31]

德意志的天主教貴族沒有從宗教改革中獲取這麼多利益，但天主教會為了鞏固自己的陣營，對天主教貴族也有一些讓步和妥協。至於究竟選擇站在哪個宗教陣營，個人的出身、教育、家庭、經歷和信念固然重要，務實的政治和物質利益肯定也有很大影響。比如三十年戰爭期間的帝國軍隊統帥華倫斯坦從小受新教徒的教育，但後來為了政治利益倒向天主教，同時與信奉新教的妻弟保持合作關係。

飽受壓迫的農民也受到路德的啟發，於一五二四年掀起了德意志農民戰爭，不過路德本人敵視農民起義。一些害怕被諸侯吞併的小貴族也加入到農民起義軍當中，最有名的是上一章講到的騎士弗洛里安·蓋爾（Florian Geyer, 1490?-1525）。農民起義最後被諸侯殘酷地鎮壓下去。

查理五世皇帝對新教的對立態度並不激進，因為他在對抗法國與鄂圖曼帝國的鬥爭中需要新教諸侯的支援。「智者」腓特烈三世的弟弟和繼承人「堅定的」約翰（Johann der Beständige, 1468-1532）繼承兄長的衣缽，支持新教，於一五二七年建立了獨立的薩克森新教教會，由自己擔任領袖，並爭取到查理五世的讓步。等到皇帝試圖取消這些讓步、重新採取敵視新教的政策時，約翰選帝侯和其他諸侯在一五二九年的施派爾帝國會議上發出嚴正抗議。「新教」這個詞 Protestantismus 即源自「抗議」（Protestation）[32]。

為了抵抗皇帝和天主教勢力，約翰選帝侯組建了新教諸侯軍事聯盟：施瑪律卡爾登聯盟。一五四六至四七年爆發了以皇帝為首的天主教諸侯和新教諸侯之間的「施瑪律卡爾登戰爭」，最終新教諸侯戰敗，「堅定的」約翰的兒子「寬宏的」約翰·腓特烈一世被皇帝剝奪選帝侯地位。皇帝將薩克森選帝侯的位置交給了韋廷家族的另一個支系即阿爾布雷希特系的莫里茨（Moritz von Sachsen, 1521-1553）。皇帝試圖再度推動天主教一統天下的時候，新教諸侯在一五五一至五二年在法國支持下猛烈反抗，他們的領導人是出人意料地背叛了皇帝的莫里茨選帝侯[33]。

為了騰出手來專心對付法國，查理五世做出一定的妥協，一五五二年，他與新教徒簽訂了《帕紹和約》，許可他們一定的自主權。一五五五年，查理五世授權弟弟斐迪南（當時是羅馬人國王，後成為皇帝）與新教諸侯簽訂《奧格斯堡和約》，提出「教隨邦立」（Cuius regio, eius religio）的原則，即由諸侯的宗教信仰來決定其臣民的信仰，為德意志帶來短暫的和平，也提升了新教的勢力，相對削弱了皇帝的權力。不過，宗教衝突並沒有得到徹底的解決，最終引發了一六一八至四八年的三十年戰爭。

人文主義和啟蒙時代的批評聲音

宗教改革大大開拓了歐洲人的思想視野，平等思想逐漸發展，一些激進的思想家甚至開始質疑人分三六九等的封建制度和貴族階層本身存在的意義。近代早期的人文主義者常常批評貴族的陰暗面：耽於私戰；窮貴族淪落為打家劫舍的強盜，危害社會；貴族的道德淪喪和粗俗無知等。

一三八一年英格蘭的瓦特．泰勒農民起義的領導人之一，叛教神父約翰．鮑爾的那句名言「亞當耕種、夏娃織布的時候，哪有什麼貴族？」（When Adam delved and Eve span, Who was then the gentleman?）很快在德意志也傳播開了，有了德文版本：「Da Adam reut und Eva spann, wer war doch da der Edelmann?」德意志開始有了這種觀念：美德與才能不是天生的，不是透過血統承襲的，而是靠後天努力。

不過，近代早期的人們對貴族（以及等級制社會）的批評並不激烈，目的也不是剷除整個封建社會，而是希望貴族能夠自我改良，提高自己的道德水準，承擔起貴族應當承擔的責任，從而穩定整個社會制度。這樣的溫和批評者當中有不少人自己就是貴族。比如騎士烏爾里希．馮．胡滕說過：「在我看來，美德不是靠血統傳播的。行事不光彩的人，即便身為王公，也沒有資格算作貴族。」[34]

到了十七和十八世紀的啟蒙時代，貴族受到了更為嚴厲的批評。和教會一樣，貴族也要受到理性目光的審視乃至審判。啟蒙思想家否認人間的秩序由神的意志決定，質疑傳統的價值觀和貴族階層的特權，主張人的地位和威望應當與他對社會的貢獻掛鉤。由此貴族對自己出身和血統的驕傲是可笑的，貴族應當成為樸素、善良、理性和勤奮的公民。[35]

人人生而平等的哲學理念逐漸得到受過教育的人們的接受。貴族制度是否有益於社會、是否符合效率原則，也受到質疑。美國的獨立和繁榮似乎表明，沒有貴族的社會也好得很，貴族似乎並不是自然秩序的必需。市民階層開始覺得，貴族是國民經濟發展的障礙，因為貴族蔑視勞動、奢靡放縱、壓迫農民、不向國家納稅、拒絕從事有益的商業活動。這樣看來，貴族作為不創造價值而只消費的階層，是沒有存在理由的。[36]

法國大革命與德意志貴族的大洗牌

宗教改革之後，德意志貴族階層受到的最大一波衝擊來自國外。法國大革命震撼了歐洲，法國貴族制度被廢除，國王被處死。神聖羅馬帝國的萊茵河左岸地區於一七九四年被法國革命軍隊佔領。萊茵河左岸的大批德意志諸侯（很大比例是教會諸侯）逃往右岸，他們的土地和財產徹底喪失。法國革命政府特別敵視德意志的教會諸侯，因為他們庇護和幫助法國保王黨流亡者。法國革命政府以及後來的拿破崙下定決心要永久性吞併萊茵河左岸地區[37]，從而保護法國的東部邊境。為了促使德意志諸侯接受這個事實，拿破崙鼓勵喪失領土的德意志諸侯去吞併教會諸侯、小邦和自由城市的領土來補償自己。這可以說是柿子撿軟的捏。在德意志諸侯的談判中，法國擔任「調停者」，但實際上法國主宰著談判。德意志諸侯紛紛帶著自己的「購物清單」前往巴黎，與法國外交部長塔列朗商談，為自己爭取有利的條件，而塔列朗毫不客氣地收受巨額賄賂。[38]

在神聖羅馬皇帝法蘭茲二世的授意下，帝國會議於一八〇三年頒布《帝國代表會議主要決議》（*Reichsdeputationshauptschluss*），將萊茵河右岸地區的部分教會領地「世俗化」（Säkularisation），分給一些逃亡的諸侯。很多較強大的邦國趁機吞併弱小的鄰居。在這過程中，大量諸侯（有教會貴族也有世俗貴族）喪失了直屬於帝國的地位和主權，被「陪臣化」（Mediatisierung），成為臣服於邦君的陪臣。許多小邦，包括修道院領地、騎士領地、伯國和侯國、自由城市，紛紛被強大的鄰居吞併，德意志諸侯的數量大幅度減少。[39]一八〇六年，拿破崙建立萊茵邦聯，整頓德意志各邦，於是發生了第二波大規模的「陪臣化」。一七八九年的神聖羅馬帝國有大約三百個享有直屬地位的邦國，一八一五年維也納會議之後只剩下三十九個。拿破崙倒臺之後，奧地利領導的德意志邦聯基本上維持了現有格局，之前被「陪臣化」的小邦未能恢復，不過陪臣作為曾經的統治者，仍然算是高級貴族，享有與現存的統治者（國王、大公、公爵等）平等的地位（Ebenbürtigkeit）。根據一項統計，在一八九七年，德國有九十一個陪臣家族。不過這個數字是浮動的，因為有的家族會絕嗣。[40]

奧地利對「陪臣化」持敵視態度，因為被消滅的大量小邦，尤其是天主教教會諸侯，原本都是哈布斯堡家族的傳統支持者。但哈布斯堡家族的皇帝認識到「陪臣化」的浪潮不可避免之後，就和其他很多邦君一樣努力去為自己爭取利益。義大利的托斯卡納大公國和摩德納公國原本由哈布斯堡家族的成員統治，這兩個邦國被拿破崙吞併之後，皇帝堅持要求在德意志為自己的親戚獲得補償。另外，奧倫治家族（拿騷家族的一支）喪失了尼德蘭世襲執政的位置，他們也要在德意志境內獲得補償。最後托斯卡納大公、摩德納公爵和奧倫治家族都獲得了不錯的條件。[41]

十九世紀初的大規模「世俗化」與「陪臣化」是一九四五年之前德意志最大規模的一次財產洗牌與再分配。總計約七萬三千平方公里的教會土地、約二百三十六萬人口和一千二百七十二萬古爾登的財政年收入易手。四十七座帝國自由城市中的四十一座，包括四千三百三十平方公里土地和三十五萬人口，被移交給新的統治者。教會諸侯只剩下三個：美因茨大主教（遷往雷根斯堡）、條頓騎士團和聖約翰騎士團。[42]

一八〇三年和一八〇六年的兩波「陪臣化」之所以發生，主要是因為來自法國和拿破崙的外在壓力。在德意志一度佔據霸主地位的拿破崙不希望德意志分裂成幾百個小邦，因為他需要調動和利用德意志的資源和人力，尤其是兵員，而很多小邦拿不出資源為他服務，比如有的小邦僅能為他提供幾十名士兵。把德意志諸邦整合成較大，但不至於大到威脅法國的邦國，符合拿破崙的利益。為了制衡德意志的傳統大國普魯士和奧地利，拿破崙扶植了巴伐利亞、薩克森、符騰堡、巴登、黑森－卡塞爾等二流邦國，鼓勵他們透過侵佔弱小鄰居的地盤來擴張自己。另外俄國沙皇也施加干預，幫助羅曼諾夫家族在巴登、符騰堡、黑森－達姆施塔特、奧爾登堡和梅克倫堡的親戚獲取領土和利益。這些二流邦國是「陪臣化」運動的最大贏家。比如巴登獲得的新領土是其喪失領土的七倍，符騰堡獲得的新領土是其喪失領土的四倍，普魯士也獲得了相當於喪失領土將近五倍的新領土。漢諾威並未損失任何領土，卻也吞併了奧斯納布呂克主教領地。[43]

所以，「陪臣化」的初衷——補償損失土地的諸侯，早已被拋在腦後，《帝國代表會議主要決議》也只不過是追認既成事實，為其披上合法的外衣而已。不過，客觀上講，拿破崙給德意志諸邦洗牌的舉措推動了德意志的統一。

貴族面對新興的資產階級

隨著普魯士、奧地利等現代國家逐漸形成，宮廷內臣與國家行政官員的分野也逐漸清晰起來，為邦君效力的貴族也逐漸官僚化和專業化。面對受過良好教育的市民的競爭，很多貴族勤學苦練，掌握了專業的技能和知識，足以勝任現代國家的行政管理。貴族的地位和特權不再單純依賴自己的高貴血統，而是取決於為國家和君主服務的能力。與此同時，成功的市民官僚常常獲得貴族身分的冊封。

在貴族的理想狀態中，貴族應當從事與土地直接相關的農業和採礦業，而不是手工業和商業，因為後兩樣是中世紀市民階層（後來發展為資產階級）的活動範圍。有些破落貴族因為生活所迫，不得不進入不屬於貴族傳統職業的領域，比如商業，這會被其他貴族與市民認為喪失了貴族的體面（Dérogeance），從而也會喪失貴族身分。另一方面，一些保守的貴族堅持認為，宮廷生活是不符合貴族身分的，或者說不利於貴族體面的維持，因為宮廷生活紙醉金迷、奢侈淫蕩，不利於美德的培養；貴族唯一正當的職業是在鄉村從事農業。鄉村和大自然是貴族的避風港和安樂窩，是恢復與培養其道德情操的理想天地。[44]這種對鄉村和自然的崇拜，應當說不僅限於德意志，也不僅限於貴族，在歐洲歷史上，甚至直至今日，仍是很常見的現象。

與此同時，即便在啟蒙時代的開明專制君主腓特烈大王統治下的普魯士，貴族仍然在政府和軍隊享有優先權，甚至可以說是壟斷權。他們的知識水準往往不及受過良好教育的資產階級子弟，卻僅憑自己的血統而佔據幾乎所有高位和大部分中層和下層官位，阻塞了資產階級的上升通道。這自然會招致資產階級對貴族的更多厭惡和敵視。資產階級將自己的道德觀和價值觀奉為圭臬，也希望貴族能變得像他們一樣守紀律、高效和更關心社會。的確也有一些貴族認同資產階級的道德觀和價值觀，希望本階層在新的時代能夠有所調整，不要被時代拋棄。

不過即使在資產階級逐漸占上風的社會裡，大部分思想進步的資產階級和貴族仍然堅信，貴族仍然是精英群體不可或缺的組成部分，當然貴族必須要改良和提高自己，成為真正意義上的精英領導階層，而不僅僅是憑血統獲得特權。

德意志歷史和英國歷史的一個重大區別是，英國的貴族和資產階級，當然主要是資產階級上層，在十九世紀就有了成功的合作與部分融合和通婚，而德意志的貴族與資產階級的關係遠遠沒有英國那麼融洽。英國較早出現了由傳統貴族地主和商業資產階級聯合而成的新精英群體，他們奉行自由主義，支持商業和工業；而德意志的這兩股勢力一直沒能很好地攜手共進，很大一部分貴族仍然固守土地和傳統的貴族價值觀。尤其在德意志東北部——主要是普魯士的易北河以東地區，貴族面對新時代和資產階級的挑戰或者說威脅，日趨右翼和保守，乃至反動。

法國在大革命之後，崇尚賢能政治的資產階級市民階層憑藉教育和金錢逐漸崛起，結束了貴族在政府和社會層面對精英地位的壟斷，「消除了將貴族與其社會中其他富有而強大的成員分隔開來的最後的實質性差異」，讓貴族成為「更廣泛意義上的統治階級的諸多組成部分之一」。[45]而在十九世紀的德意志，關係盤根錯節、與統治者連繫密切的貴族階層照舊把持著軍事、行政、外交等方面的大部分官職，仍然享有崇高的社會地位與威望，並且很多貴族仍然擁有令人羨慕的財富。

德意志的沙龍與沙龍文化

沙龍文化發源於十六世紀的義大利，但我們最熟悉的沙龍是在十七至十八世紀法國啟蒙運動的環境裡出現的。法國的這些沙龍往往是社會精英與文化精英聚會的場所，大家交流文學、哲學、政治等方面的資訊與心得。古羅馬詩人賀拉斯說詩歌的使命是「給人愉悅或教誨」（Prodesse et delectare），沙龍也是這樣。沙龍的主持人往往是受過教育、精明世故、長袖善舞的上層女性。她們主持活動、挑選客人、制定沙龍的規則與主題。沙龍裡的社會等級不像宮廷那樣分明，貴族和資產階級可以近距離接觸和交際。沙龍女主人（Salonnière）的一大藝術就是在「封閉的小圈子」與「開放」之間達成微妙的平衡，也就是說一方面維護貴族階級的團結，另一方面又結交和拉攏資產階級精英。[46]沙龍幫助打破了這兩個階層之間的社會障礙，對啟蒙運動做出了很大貢獻。

另外，對貴族女性來說，沙龍往往是唯一能夠比較自由地與外界接觸的機會。男性貴族的自由活動空間很大，

沙龍女主人亨麗埃特·赫茲，Anna Dorothea Therbusch 繪，一七七八年。

他們能從軍、當官、經商、社交等等，可以獨自出門，與各色人等接觸。而女性貴族的活動自由受到很大限制，出門要有丈夫陪同，除了走親訪友和各種正式的舞會、酒會之外，她們很少有機會與外人比較深入地接觸和交流，而沙龍給了她們這個機會。

德意志的沙龍文化出現較晚，起初發揮的作用與法國沙龍類似，是啟蒙和教化的場所與工具，也是交換八卦與蜚短流長的地方。在十八世紀晚期的柏林，約百分之四十的沙龍參與者是貴族，他們在沙龍與資產階級出身的學者和職業人士交流，往往是分享批評性的觀點。[47]德意志湧現了一大批著名的沙龍女主人，她們在自己的宮殿和宅邸舉辦沙龍，通常每週有固定的時間，比如每週二下午三點至七點或週三下午三點至八點之類，她們的朋友無需邀請，可以直接來。這樣的交流比較輕鬆自如，也更有意思，不像需要正式邀請的社交場合那樣，其實往往只能說些客套話。沙龍期間大家可以享用茶、咖啡、餅乾或雪麗酒等。[48]

德意志最有名的兩位沙龍女主人要數亨麗埃特·赫茲（Henriette Herz, 1764-1847）和拉赫爾·萊溫（Rahel

Levin, 1771-1833）。她倆都是猶太人。在十八和十九世紀的德意志，很多受過教育的猶太人希望融入主流社會。猶太女性面臨雙重障礙：反猶主義和傳統社會對女性的束縛。而沙龍為富裕和有人脈的猶太女性提供了很好的機會，能與德意志名流相對平等地交往，暢談文學、政治、哲學、藝術等，所以這個時期德意志的很多著名沙龍女主人是猶太人。赫茲的父親是第一位在柏林開業的猶太醫生，萊溫的父親是富裕的珠寶商。她倆都是融入柏林精英社會的被同化的猶太人，不太講究猶太教規矩。當時的普魯士啟蒙與改革運動中，接受了德意志文化與基督教的猶太人發揮了重要的作用。與德意志其他邦國和其他歐洲國家相比，普魯士對猶太人也相對寬容和接受。

赫茲的沙龍一度是柏林文藝界、思想界和科學界的中心，高朋滿座，席間包括神學家腓特烈・施萊爾馬赫、威廉和亞歷山大・馮・洪堡兄弟、戲劇家海因里希・馮・克萊斯特等。

至於拉赫爾・萊溫，漢娜・鄂蘭專門為她寫了一部傳記《拉赫爾・瓦爾哈根：浪漫主義時代一個德國猶太女性的生活史》（*Rahel Varnhagen. Lebensgeschichte einer deutschen Jüdin aus der Romantik*）。拉赫爾嫁給了外交官、軍官和文學家卡爾・奧古斯特・瓦爾哈根・馮・恩澤（Karl August Varnhagen von Ense），並皈依基督教。她喜好遊歷和結交，與許多貴婦締結了友誼。歷史悠久的容克世家子弟，甚至普魯士王室成員，都來參加她的沙龍，與科學家、作家、批評家交流。[49]她的客人包括哲學家謝林、腓特烈・施萊格爾、施萊爾馬赫、洪堡兄弟、富凱男爵（Friedrich de la Motte Fouqué）、讓・保羅（Jean Paul）、費希特、路德維希・蒂克（Ludwig Tieck）等著名文人與思想家。熟悉德國文學史和文化史的朋友應當對上面列舉的名字耳熟能詳，這的確可以說是群星璀璨的聚會。在她的沙龍裡，不管客人的社會地位如何，大家都以「你」（du）相稱。德語裡的「您」（Sie）和「你」含義大相逕庭，前者禮貌而顯得冷淡，後者親熱而顯得不太嚴肅。在十九世紀，「您」和「你」在感情上的差別比今日大得多，貴族與資產階級互相親熱地稱呼「你」，是非常稀罕的事情。

十九世紀中後期的普魯士和德意志第二帝國時期也有繁榮的沙龍文化。根據一項統計，一八六〇至九〇年間柏林有二十六個真正的沙龍，一八九〇至一九一四年間則有二十八個。[50]此時的沙龍大概分成兩種，一種是文藝型

拉赫爾・瓦爾哈根，作者不詳，約十九世紀。

的，客人多為文人、學者、藝術家等；另一種是政治型的，客人多為政治家、外交官和高級將領。

文藝型沙龍的另一個典型是黑德維希・馮・奧爾弗斯（Hedwig von Olfers, 1799-1891）的沙龍。她是科學家、外交官和王家博物館館長伊格納茨・馮・奧爾弗斯（Ignaz von Olfers, 1793-1871）的妻子。在奧爾弗斯的沙龍，群賢畢至，藝術家與上流社會成員觥籌交錯。她的客人包括天才科學家亞歷山大・馮・洪堡、歷史學家利奧波德・馮・蘭克、古典學者恩斯特・庫爾提烏斯（Ernst Curtius, 1814-1896）、畫家阿道夫・馮・門采爾（Adolph von Menzel, 1815-1905）、雕塑家約翰・戈特弗里德・沙都（Johann Gottfried Schadow, 1764-1850）、音樂家漢斯・馮・彪羅（Hans von Bülow, 1830-1894）等。奧爾弗斯的沙龍得到普魯士國王腓特烈・威廉四世和威廉一世皇帝的庇護，「從一八四〇年到一八六〇年，奧爾弗斯的沙龍是藝術家、學者、文人和宮廷成員最重要的交流場所。」[51]

政治型沙龍中最有名的可能要數瑪麗・馮・拉齊維爾侯爵夫人（Marie Fürstin von Radziwill, 1840-1915）的沙龍。拉齊維爾侯爵夫人是歐洲貴族高度國際化的一個典型例子。她的父親是一位法國侯爵，祖父是法國的陸軍元帥和外交部長。她的外祖母多羅特婭・馮・薩根（Dorothea von Sagan, 1793-1862）是庫爾蘭公爵的女兒、法國著名政治家和外交家塔列朗的侄媳婦，是歐洲著名的美人和交際花。瑪麗的丈夫安東・拉齊維爾侯爵是為普魯士效力的波蘭大貴族，擔任普魯士將軍和上議院議員，是威廉一世皇帝的侍從長和親信。安東的祖母是一位普魯士公主。[52]有了這些關係，美麗而聰穎的瑪麗在德國社交界如魚得水，與威廉一世夫婦和威廉二世的關係都很好。他們都經常出席她的沙龍。另外，瑪麗的兩個女婿分別是奧匈帝國和俄羅斯帝國的波蘭貴族。她的兒子是俄國軍官，所以她與俄國皇室也有很好的關係。

在柏林，拉齊維爾侯爵夫人是法國文化的代表人物，她的宅邸和舉辦沙龍的場所就在法國大使館對面，大家在她的沙龍上都說法語。拉齊維爾侯爵夫人的沙龍客人絕大多數是政治家和外交官，她很少與藝術家和學者打交道，尤其是德國的藝術家和學者，部分原因可能是她的德語水準不高，對德國文化也很輕蔑，認為法國文化才是最高雅的。一八七一至一九一四年間，拉齊維爾侯爵夫人的沙龍是聚集了最多政治家和外交官的聚會場所，駐柏林的外國外交官最大的願望就是得到她的邀請。[53]

一八七二年，剛上任的法國駐德大使艾利・德・貢托—比龍（Élie deGontaut-Biron）先去拜訪德國皇室成員，下一站就是去拜訪拉齊維爾侯爵夫人。貢托—比龍大使在夫人的沙龍裡結識了宮廷總管大臣腓特烈・威廉・馮・雷德恩伯爵（Friedrich WilhelmGraf von Redern, 1802-1883）、商貿大臣海因里希・腓特烈・奧古斯特・馮・伊岑普利茨伯爵（Graf Heinrich Friedrich August von Itzenplitz, 1799-1883）、鄂圖曼帝國公使阿利斯塔齊貝伊（Aristarchi Bey, 1843-1914）、葡萄牙公使利爾瓦斯伯爵（Graf Rilvas）、巴伐利亞公使佩爾格勒・馮・佩爾格拉斯男爵（Pergler vonPerglas）、俄國大使館參贊、俄國首相的兒子戈爾恰科夫（Gortschakow）以及德國的許多達官貴人。[54]而在一八九七年一月十九日的沙龍上，聚集了奧地利大使瑟傑尼—馬利希伯爵（Graf Szögyény-Marich）、義大利大使蘭扎伯爵（Graf Lanza）、法國大使諾瓦耶侯爵（Marquis de Noailles）、巴伐利亞王國駐帝國議會代表胡戈・馮・萊辛菲爾德—科弗林伯爵（Hugo von Lerchenfeld-Köfering），還有奧地利外交大臣阿格諾爾・戈武霍夫斯基伯爵（Graf Agenor Goluchowski, 1849-1921）。[55]

拉齊維爾侯爵夫人透過自己的沙龍，以及與各國外交官和政治家的交往和通信，能夠獲得大量重要的資訊，她就利用這些資訊為普魯士和德國朝廷提供建議。她經常與威廉一世皇帝交換意見，皇帝也把她的沙龍當作重要的資訊來源。拉齊維爾侯爵夫人是一位沒有官職的外交官，她的意見得到最高層的重視，但她絕不會狂妄自大地為自己爭取政治角色。[56]

在奧匈帝國，有的貴族女主人的沙龍獨具特色，比如亞歷山德琳娜・馮・迪特里希施坦因（Alexandrine von Dietrichstein, 1824-1906）侯爵夫人在維也納的沙龍是奧地利貴族接觸英國王室和貴族圈子的一個樞紐，因為她的丈夫亞歷山大・馮・曼斯多夫—普伊（Alexander von Mensdorff-Pouilly, 1813-1871，曾任奧地利外交大臣）的母親索菲是薩克森—科堡家族的成員、英國女王維多利亞的姨母、維多利亞的丈夫阿爾伯特親王的姑母。英國王室成員若來維也納，必去迪特里希施坦因家的沙龍，因此亞歷山德琳娜的兒子阿爾伯特後來成為奧匈帝國駐英大使也就不奇怪了。喜歡馬的貴族可以參加金斯基（Kinsky）家族的沙龍，他們是奧地利貴族當中最顯赫的養馬和賽馬愛好者，就連女性家族成員也酷愛騎馬。拉里施（Larisch）家族也是著名的養馬大戶，在英國擁有賽馬的馬廄，一年要在英國度過好幾個月，他們家的沙龍也圍繞馬的話題展開。對戲劇、文學和藝術感興趣的人可以參加瑪麗・祖・霍恩洛厄—希靈斯菲斯特侯爵夫人（Marie zu Hohenlohe-Schillingsfürst, 1837-1920，法蘭茲・約瑟夫皇帝的宮廷大總管的夫人）的沙龍，她大力提攜和扶助年輕的作家、藝術家和建築師。[57]

四、一八四八年革命：廢除貴族？

一八四八年五月在法蘭克福聖保羅教堂（Paulskirche）舉行的國民議會（Frankfurter Nationalversammlung）代表著羽翼漸豐的德意志資產階級尋求政治權利的努力，同時也承擔著為德意志統一尋找出路的重任。從貴族史的角度，法蘭克福國民議會是資產階級與貴族彌合鴻溝的一次嘗試，也是新與舊、民主與專制的一次鬥爭。

雖然叫「國民議會」，但參會的五百八十五名法定代表[58]中有一百多人是貴族。許多在一八〇六年前後喪失了主權的諸侯，希望透借助國民議會來重新發揮影響力。不過從各邦代表的貴族比例可以看出，在不同地區和邦國，貴族和資產階級力量的相對關係是怎樣的。比如普魯士的三十二名代表差不多有一半是貴族；受法國影響較大的萊茵蘭的三十五名代表只有三人是貴族；巴登已經有了民主憲法，二十名代表中只有二人是貴族；波希米亞、摩拉維亞和西里西亞代表幾乎沒有貴族。國民議會的第一任主席是自由派政治家海因里希・馮・加格恩男爵（Heinrich von Gagern, 1799-1880），第二任主席是大學教授愛德華・西姆松（Eduard Simson, 1810-1899），他後來被封為貴族。[59]其他比較有名的貴族代表還有東普魯士地主恩斯特・腓特烈・馮・紹肯－塔爾普琴（Ernst Friedrich von Saucken-Tarputschen, 1791-1854）和萊茵蘭地區的地主卡爾・馮・施泰特曼（Carl von Stedtmann）。[60]

激進左派人士在國民議會上提出立即徹底廢除貴族制度。多個邦國的地方國民議會，甚至包括普魯士國民議會，附和了這一提案。這就是有名的「貴族辯論」。這場大辯論的背景是，一八四八年初德意志若干邦國發生了反對貴族地主特權的農民暴動，許多邦國的議會做了妥協，匆匆立法，宣布解放農民，廢除貴族對農民享有的封建特權。法蘭克福國民議會原本只打算對解放農民的立法加以確認，不料有激進人士提出要廢除整個貴族體制，這當即被否決。當年十二月一日，聖保羅教堂的國民議會第二次審閱該提案，最後竟然以八票的多數透過了這樣的決議：「廢除作為一個階級的貴族。」但隨後有六十一名議員公開表示，他們之所以投贊成票，是因為他們對這句話的理解僅限於再次確認之前解放農民、廢除貴族地主特權的立法。這究竟是不是個誤會，今天已經很難確定。[61]

但「貴族辯論」表現出，很多資產階級人士對貴族並沒有多少階級仇恨，而是出於浪漫主義[62]和務實考量，對貴族這種歷史悠久的傳統機構抱有相當程度的尊重和敬畏，並且資產階級人士尊重私有財產。所以他們並不同意廢除貴族制度，甚至也不同意貴族和平民選舉權平等的提案。議會中的左派如莫里茨・莫爾（Moritz Mohl, 1802-1888）和右派如菲利克斯・馮・李希諾斯基侯爵（Felix von Lichnowsky, 1814-1848）都同意，不可能用立法手段廢除貴族制度，因為它超脫於法律之上。資產階級此時還不願意把貴族視為敵人，還有一個原因也許是資產階級對風起雲湧的

描繪在聖保羅教堂舉行的法蘭克福會議場景的版畫，Ludwig von Elliott 繪，一八四八年。

群眾運動和極左力量感到畏懼和警惕，不願意看到極左派的勢力更加壯大。畢竟資產階級一方面要對抗貴族，另一方面也要與貴族合作來壓制極左派與廣大勞動者。德意志自由派聚集於法蘭克福聖保羅教堂商議大業的時候，真正的大眾民主還為時過早，與會的資產階級還不需要大眾民主。他們想要的民主，是精英主義的民主，是他們自己階級的民主。最後，一八四八年革命被鎮壓下去，廢除貴族的議題也就被擱置了，直到一九一八年。

一八四八年革命期間，貴族當中有民主派，甚至有共和主義者，但大多數貴族站在革命的對立面，擁護君主，反對自由主義。魯道夫．馮．奧爾斯瓦爾德（Rudolf von Auerswald, 1795-1866）擔任首相、大衛．漢澤曼（David Hansemann, 1790-1864）擔任財政大臣的普魯士政府傾向於自由主義，提出要廢除貴族對自己莊園上農民的司法權，無償廢除貴族在農民土地上的狩獵權[63]，並向此前一直免稅的貴族土地徵稅。這項改革計畫遭到了普魯士貴族的強力反對。在貴族看來，「這才是真正的革命……與它相比，之前的革命都只是玩笑而已！如果改革真的實施，所有地主就全完了！」俾斯麥也說，這個改革計畫是「非法的暴力鎮壓……其對象是那些無力自衛、數百年來對王權最為忠順的臣民」。是年八月，貴族地主聚集在柏林，組成所謂「容克議會」，堅決抵制改革，最終稱心遂願。貴族地主的免稅權一直維持到一八六一年，後來廢除時政府還給了貴族一大筆賠償金。而廢除農民的封建勞役時，農民還要向地主繳納賠償金。[64]

革命之後的反動

一八四八年對貴族階層存在之意義的大辯論（包括批判）結束之後，德意志在政治上趨向保守，尤其是在普魯士統一德意志之後。一八四八年革命給了普魯士一部新憲法（一八五〇年修訂）和上下兩院制的議會。根據一八四九年的選舉法，只有這些人才有權投票選舉上議院議員：每年繳納八塔勒的等級制收入稅（Klassensteuer），或擁有價值至少五千塔勒的地產，或年收入不低於五百塔勒。這樣的話大部分民眾根本無權選舉上議院議員。而且這個上議院沒過幾年就被取消，讓位於所謂貴族院（Herrenhaus）或新的上議院。貴族院的議員由國王指定。

一直到一九一八年，普魯士貴族院的絕大部分成員為貴族，包括曾享有主權的陪臣家族的族長、被國王授予世襲席位的貴族、大學代表和城市代表等。一九一一年，貴族院的三百四十七名議員中仍有二百六十人是貴族。在十九世紀，這個比例更高。而在下議院裡，由於三級選舉制（Dreiklassenwahlrecht）的存在，貴族和保守派的比例也非常高。二十世紀初，四百四十三名下議院議員裡的保守派始終超過二百人。[65]

普魯士的一八五〇年憲法設立了三級選舉制，將二十四歲以上男性公民按照其納稅金額分成三個等級，納稅最多的等級（多是貴族和大資產階級）人口最少，納稅最少的等級（多是窮人，不過在特別富裕的選區，富人也可能落到第三等級）人口最多。比如在一八六一年十二月的選舉中，第一等級佔據總人口的百分之四點七，第二等級占百分之十三點五，餘下百分之八十一點八是第三等級。制度是間接選舉，每個等級選舉出數量相同的選舉人。所以，前兩個等級的選票權重比第三等級大很多。[66]

貴族，尤其是被資產階級左翼自由派視為反動勢力的普魯士容克群體（詳見下一節「什麼是『容克』？」）的影響力越來越強；貴族與資產階級仍然難以聯手構建一個類似英國那樣的精英統治集團。後來德國歷史的「特殊道路」（Sonderweg）理論也由此產生，該理論激烈地把德國的很多負面發展歸咎於貴族，尤其是容克。比如歷史學家漢斯—烏爾里希・韋勒（Hans-Ulrich Wehler）認為德國後來發展出納粹這樣的恐怖極權，就是因為在十九世紀德國的經濟和技術現代化了，但政治體制沒有現代化，仍然被前現代的貴族制度所主宰。這些貴族阻礙了現代化的、資本主義的和資產階級的力量，所以德國沒有像英法一樣演化為現代民主國家，而是走上了一條奔向極權與反人類罪行的「特殊道路」。韋勒、漢斯・蒙森和弗里茨・費舍爾（Fritz Fischer）等歷史學家嚴厲批評第二帝國建立到一九四五年之間的德國精英（其中很大一部分是貴族），指責他們在第二帝國期間推行威權主義、破壞民主並慫恿和幫助納粹作惡。當然，今天「特殊道路」理論已經受到了很多質疑和批判。

不少資產階級出身的人士以官僚或軍官的身分為國效力，實際上比傳統的貴族地主掌握更多的權勢和社會資源。這些新的精英常常被君主授予貴族身分。儘管巴伐利亞國王馬克西米連一世、威廉二世皇帝等君主努力促進資產階級新精英與老貴族的融合，向資產階級人士授予貴族身分、邀請他們進入宮廷圈子，希望借此打造出新的統治精英群體，但這些新貴和傳統貴族之間的隔閡難以消除。很難說貴族資產階級化了，也很難說資產階級貴族化了，這兩個群體雖然互相打交道（比如在政府機關是同事）甚至偶爾通婚，但與其說是融合，不如說只是肩並肩共存。貴族和資產階級兩方面都有人呼籲效法英國，讓大資產階級和貴族融合成新的精英階層，但這種現象一直到一九一八年都沒有在德國出現。

五、什麼是「容克」？

一八三四年春，有位年輕的普魯士貴族沒能順利從中學畢業，所以擔心自己不能按計劃進入柏林大學。他在給友人的信中，設想了自己如果上不了大學，會變成什麼樣子：

我會先當幾年軍官，對著新兵大呼小叫；然後娶妻、生子、種地，無節制地生產蒸餾酒，用酒來敗壞我的農民的道德。所以，如果十年後你正好到我家鄉，我會邀請你一起尋歡作樂，從莊園找一個水性楊花、曲線玲瓏的小娘們兒來耍一耍。我還會請你痛飲馬鈴薯白蘭地，想喝多少就喝多少。我還會請你打獵，玩得痛痛快快。那時你看到的我，會是一個肥胖的民兵軍官，蓄著兩端翹起的鬍鬚，罵人可以罵得地動山搖，憎恨猶太人和法國人，恣意鞭笞狗和家僕，與此同時是個妻管嚴。我會穿皮褲子，在斯德丁[67]毛料廠大出洋相。大家向我這個男爵大人請安的時候，我會和氣地捋鬚，給大家一個優惠價。國王誕辰那天我會喝得爛醉如泥，並高聲為陛下祝壽。其餘時間，我會定期高談闊論。我的口頭禪是：「老天！這匹馬真棒！」[68]

這個年輕人就是後來的鐵血首相俾斯麥。

俾斯麥出身於普魯士容克地主家庭，他這一席話給自己所在的階級繪製了一幅諷刺漫畫。俾斯麥的父親是貨真價實的易北河以東的容克貴族，非常保守。但他的母親出身資產階級書香門第和官宦人家：她的祖父是法學教授；她的父親，即俾斯麥的外祖父，曾在三代普魯士國王的政府裡擔任內閣秘書，是著名的自由主義政治家。[69]俾斯麥是依靠容克集團的政治勢力上臺的，但上臺之後就「背叛」了容克集團。他不是一名典型的容克，人生軌跡和絕大部分容克不同。

那麼，什麼是容克？容克在德意志歷史上究竟發揮了什麼作用？它的真實形象是什麼？

容克：普魯士的地主鄉紳

我們從「容克」這個詞的本意開始說起。容克（Junker）的本意是「年輕貴族」或「少爺」，在中世紀和近代早期用來指年輕或者地位較低的貴族[70]。馬丁・路德潛伏在瓦爾特堡期間用的化名是容克約爾格（Junker Jörg）[71]。他還曾譏諷地稱英王亨利八世為「容克海因茨」[72]。作為低級貴族的容克一般沒有頭銜，只是姓氏中有「馮」或「祖」。

到了近代早期，在普魯士，「容克」這個詞有了特殊的意思，指的是農業地區如易北河以東的地主，他們大多是小貴族。我們今天說到容克，絕大多數情況下指的是普魯士容克。

普魯士容克控制了普魯士東部的大部分土地，驅使農民為他們勞作，而這些農民與德意志西部和南部農民相比，享有的自由和權益少得多。容克生活環境的自然條件不佳，多沼澤和沙地，土地貧瘠。英國歷史學家克里斯多夫・克拉克（Christopher Clark）在《鐵王國：普魯士的興亡》一書中這樣描繪普魯士容克的生活環境：

> 沒有顯眼的地標。這裡的河流都是懶洋洋地蜿蜒流淌的小河，缺乏萊茵河或多瑙河那樣的雄偉壯麗。大部分地面被白樺和冷杉林覆蓋，單調乏味……「土地平坦，有林木，大部分地方是沼澤」。「沙地」、「平坦」、「沼澤」和「未開墾地區」是所有的早期描述（哪怕是歌頌的文章裡）中的常見主題。布蘭登堡的大部分土壤很貧瘠。在有些地區，尤其是柏林周邊，土壤過於單薄，沙子太多，連樹都長不了。[73]

生活在這樣貧瘠的地理環境裡，總的來講，容克地主是不富裕的鄉紳階層。他們的生活方式和精神面貌，與德意志西部和南部的富裕貴族相去甚遠，簡直不是一個世界。因為經濟條件較差，沒有受過良好教育，沒有見識過廣闊的精彩世界，容克常常和沒文化連繫在一起。「他們一般沒有受過教育，文不成句，甚至說話也不連貫，只會把名詞和名詞化的詞連在一起亂說出來，然後再加上驚嘆號。」[74]

農業是容克的核心利益。一八七一年德意志帝國建立之後，容克在德國政府中佔據了重要的位置。並且普魯士長期施行的三級選舉制（Dreiklassenwahlrecht）使貴族地主的選票權重特別大，所以容克在普魯士的政治影響力很大。他們運用自己的能量，積極地干預和影響政府的農業政策，提高糧食進口的關稅，以保護普魯士本土的農業。德意志保守黨（DeutschkonservativePartei，一八七六年建立）和十九世紀七〇年代之後的農場主聯盟（Bund der Landwirte，一八九三年建立）主要為容克地主的利益服務。他們向政府遊說，要求為地主提供資金補助、減稅，並保障較高的糧價。據估計，一九〇〇年前後德國人口為五千六百萬左右，而容克地主階層有二萬四千人。這一小群權力精英坐鎮於他們的莊園和縣長職位，幾乎不受限制地按照自己的利益統治著廣大農村地區。[75]

在有些比較正面的描繪裡，容克地主是性格嚴峻、執行嚴格紀律但待下慈愛的一家之主。容克不僅對自己的妻兒和直系親屬，對僕人和農民也是父親式的人物：威嚴但友愛的權威和管理者，為一大家子的生計而忙碌。小說家特奧多爾·馮塔納（威廉時代德國的珍·奧斯汀）的小說《施特希林》（*Der Stechlin*）描寫的就是這種容克地主，他筆下是一個理想化的老普魯士：田園風光、地主仁厚、農民恭順、大家一團和氣。小說的主人公貴族地主老施特希林是正派善良的可愛老鄉紳，並且思想開明。他參加國會競選，儘管大家都覺得本地是保守而忠君愛國的地方，最終他還是輸給社會民主黨人。這是在十九世紀末的德國，社會主義已經是很強大的力量。老施特希林雖然輸了，但輸得優雅，他也認識到時代已經變了，雖然充滿懷舊情緒，但能坦然地面對新時代降臨。與這個「反動地主」相比，某些代表進步力量的資產階級人士反倒顯得功利心重、吃相難看。

容克：普魯士的軍國主義者

來自窮山惡水的容克往往堅忍不拔，是很好的軍人材料。十八世紀上半葉，容克從軍開始成為傳統，於是一代代容克子弟自幼就受到這種頑強精神和軍人榮譽感的灌輸，世代從軍。在七年戰爭期間，腓特烈大王領導普魯士與歐洲大陸的另外三個大國俄、法、奧對抗，容克軍人在流血犧牲的過程中鑄就了與普魯士國王的緊密連繫。也正是這樣的容克軍人，幫助普魯士打贏了一八六六年和一八七一年的大戰。英國歷史學家利芬指出，正是霍亨索倫家族與容克的聯盟把普魯士從一個不起眼的小國窮國發展為近代強國，所以容克的軍國主義、威權主義和貴族原則得到合法化，[76]從而他們在普魯士／德國政府與軍隊中都有了很大的發言權。

容克往往和軍隊連繫在一起，在政敵眼中尤其如此。十九世紀八〇和九〇年代德國自由派的各種諷刺漫畫上的容克形象往往是身穿筆直軍服的軍官。慕尼黑的諷刺雜誌《癡兒西木》（*Simplicissimus*）的漫畫裡，容克軍官虛榮、無能、穿的軍服過緊，要麼是把自己繼承的財產揮霍一空的賭棍，要麼是追逐女性的登徒子，要麼是不學無術之輩。而一九三七年讓・雷諾瓦（Jean Renoir）的電影《大幻影》（*La Grande Illusion*）中埃里希・馮・施托洛海姆（Erich von Stroheim）扮演的容克更是深入人心：身材瘦削、站得筆直、短髮、小鬍子、面無表情、戴著單片眼鏡。[77]

普魯士容克的形象——鄉土、狹隘、粗俗、頑固、保守甚至反動的貿易保護主義者——逐漸成了一種刻板印象，常常受到自由主義者以及後來的社會主義者的嘲笑和惡評。「卷心菜容克」（Krautjunker）成為一種常見的貶稱。十九世紀初的普魯士改革家施坦因男爵對容克發出這樣的惡評：「普魯士貴族是國家的累贅，因為他們人數太多、大多貧窮，對官職、薪俸、特權和形形色色的優待貪得無厭。他們貧窮，所以不能接受良好教育，只能上水準很差的軍校。因為沒有受過教育，他們沒有辦法擔任高級職務……這一大群只受過較差教育的人，還要神氣活現地索取……既是貴族也是官僚，他們對同胞來說是一害。」[78]

一些有影響力的歷史學家指控容克集團應當對第二帝國時期民主的失敗和第一次世界大戰的爆發負責。的確，容克是反民主勢力，是軍國主義者，是威權主義者。歷史學家利芬指出，容克雖然不是第二帝國唯一的反民主勢力，甚至也不是最堅定的帝國主義者，卻很大程度上阻礙了民主化，製造了一種極端的輿論和氣氛，而這種輿論和氣氛是一九一四年德國統治者選擇戰爭的一個主要原因。容克之所以危險，是因為他們人數多、堅韌不拔並且深深植根於霍亨索倫國家，很難把他們邊緣化。[79]但利芬反對把第一次世界大戰的爆發怪罪到容克頭上，因為他相信戰爭爆發的主要原因還是帝國主義時代的國際關係與列強競爭。

在威瑪共和國時期，容克地主一般支持右翼政黨德意志民族人民黨（DNVP），繼續扮演保守乃至反動的角色。德國歷史學家海因里希・奧古斯特・溫克勒說：「沒有一個群體，比易北河以東的容克地主更早、更積極、更成功地參與了摧毀威瑪民主。」[80]不過值得注意的是，在刺殺希特勒的「七月二十日」抵抗運動裡，也有不少容克地主和軍官，比如漢寧・馮・特雷斯科（Henning von Tresckow, 1901-1944）。

德國歷史學家馬林諾夫斯基則認為，「容克」主要是自由派和馬克思主義者批判貴族時用的詞，用來指他們的敵視對象；而這種批判早就完成了歷史使命，所以學術界不應當用這個詞。[81]的確，把一個群體臉譜化很容易，但要真正理解和描繪它卻很難。不管是好是歹，容克都是普魯士歷史的一部分，有時是積極的力量，有時是消極的勢力。

六、貴族與德意志第二帝國

一八七〇年，普魯士打敗法國，完成統一德意志的大業。一八七一年一月十八日，普魯士國王威廉一世在巴黎凡爾賽宮鏡廳正式登基為德意志皇帝，德意志帝國建立了。為了區分中世紀到一八〇六年的「德意志民族的神聖羅馬帝國」，一八七一年建立的帝國被稱為「第二帝國」。

新帝國是若干德意志諸侯與邦國組成的「聯邦」，共有二十五個邦國（Bundesstaaten），包括四個王國（普魯士、巴伐利亞、薩克森和符騰堡），六個大公國、五個公國、七個侯國、三個自由漢薩城市（呂北克、不萊梅和漢堡），外加一個帝國直轄領地（阿爾薩斯—洛林）。在各邦國中，普魯士王國佔據絕對的支配地位。

對於廣大貴族來講，第二帝國的建立似乎開啟了一個輝煌的新時代。因為這個帝國看起來對他們特別有利，首先因為普魯士和帝國新政權對貴族友好，貴族享有許多特權和法律上的特殊地位，而且軍隊的突出地位也意味著貴族有很多機會在軍界飛黃騰達。德國成為歐洲主要大國，國際地位大大提升，意味著在外交界會有很多空間給貴族施展拳腳。另外，帝國的宮廷也為貴族提供了許多就業機會和上升機遇。貴族直接或間接地控制著許多關鍵性的實權職位，帝國的政策處於貴族利益的強大影響之下，以至於自由主義者班貝格爾說德意志帝國處於「從未見過的容克統治」之下。[82]

不過，這段時間也恰逢德國工業化與城市化一日千里，這對以土地和農業為主要財富來源的貴族來說，不是好消息。資產階級的快速崛起、咄咄逼人的攀升和他們的專業化技能，讓貴族遇到了強勁的競爭對手。比如在公務員體系裡，尤其是在與法律、財政等技術領域相關的體系裡，貴族的特權不足以保障他們一定能獲得並保住職位。雄心勃勃的資產階級在不斷攀升。

貴族地主在新時代

在十九世紀，一部分貴族在他們的傳統經濟領域即農業，仍能夠維持住自己的經濟地位，甚至獲得更多財富並擴大自己的莊園。不過從全德範圍來看，貴族地主的經濟發展有很強的地域性。比如在德國南部和西南部，貴族莊園一般比較小，大多數大莊園都在易北河以東。比如在西里西亞，遲至一九二五年，還有一百五十二位貴族的莊園地產面積超過五千公頃，四十九位貴族的地產面積超過一萬公頃，其中普萊斯公爵的地產在一九〇〇年前後居然有七萬公頃之多。[83]十九世紀後半葉，尤其是在普魯士，許多貴族試圖透過家產信託（Familienfideikommiss）的法律手段來維護和保住自己的地產，並順利地傳給下一代。

所謂家產信託，就是以法律手段規定家產（一般是土地）永久性地不可拆解，只能作為一個整體傳給單一繼承人，只有這名繼承人能夠自由支配土地的產出；即便他負債，也不能轉手土地來變現。這種手段主要是為了保護家族的財產基礎和社會地位，防止家產四分五裂。[84]

舉個大家可能更熟悉的例子，英劇《唐頓莊園》裡格蘭瑟姆伯爵的家產，就是因為類似的法律手段（Fee tail 或 entail，限定繼承）而無法傳給女兒。因土地和爵位捆綁在一起，不可拆解，女兒不能獲得爵位，也就不能繼承土地。家產只能傳給一個沒見過面的遠親。小說《傲慢與偏見》中的本奈特家遇到的是同樣的問題。英國的限定繼承和德國的家產信託非常相似。

一八四九年法蘭克福聖保羅教堂的國民議會制定的憲法和一八五〇年的普魯士憲法一樣，都禁止設立新的家產信託並廢除現有的家產信託，但普魯士的相關法律在貴族的抗議聲中於一八五二年被廢除。家產信託在德國和奧地利直到一九三八年，也就是納粹時期才被廢除，巴登－符騰堡州甚至到一九八三年才正式廢除。[85]

一八九〇年，德國共有約三百二十萬公頃土地，也就是國土面積的約百分之六點八，處於二三一四個家產信託控制之下。一九一七年普魯士的資料是，二百五十萬公頃土地處於一三六九個家產信託控制之下，占普魯士總面積的百分之七點三。一九一八至一九年，全德的大莊園有四分之一到三分之一處於家產信託控制之下。[86]不過十九世紀七〇年代以後，由於整個國家經濟結構的變化，貴族莊園的農業經濟受到的壓力越來越大。

在資產階級看來，普魯士的容克地主大多是些沒受過像樣教育的反動分子，是德國現代化進程的絆腳石。在資產階級、自由主義者和社會改革家眼裡，貴族地主往往是這樣的形象：對自己的土地經營不善，不懂得學習和採納現代化的農業技術，將土地出租出去而不是親自經營，過著遠遠超出自己收入的奢靡生活，一心只想著到宮廷任職，動不動就強調自己的貴族特權，最後常常債臺高築，把自己的莊園搞得每況愈下。[87]當然，實際上有很多莊園經營得井井有條，在經濟上相當繁榮。莊園經濟的成功與否，因素實在太多，包括個人才能與精力和機緣等。不過，總的來講，新時代對貴族地主來說不利，貴族內部的貧富差距也在這個時期急劇拉大。

貴族地主當然會想方設法來保護自己的農業經濟。德意志保守黨和農場主聯盟主要為貴族地主的利益服務。這兩個組織緊密合作，你中有我、我中有你。德意志保守黨的會議經常在農場主聯盟的場地或在其領導人家中舉行。東部各省份的地方官員和農場主聯盟也密切合作。一九〇二年，農場主聯盟的遊說取得了令人矚目的成功，迫使政府將小麥進口關稅大幅度提升。農場主聯盟的宣傳裡喜歡用「德意志血統」、「德意志風俗」之類的說法，有強烈的民族主義和種族主義色彩。他們眼中的敵人是猶太人、自由派和社會主義者，相信這三種人會把德國變成「被國際大資本家主宰的出口工業國和世界貿易國」，而不是他們心目中的天堂，即容克地主的大莊園。一八九四年底，農場主聯盟有二十萬二千名會員，一九一一年則有三十二萬八千名，它的週報發行量高達二十四萬二千份。[88]這是一支不容小覷的力量，而它的極端保守和右翼色彩，對未來也是一種不祥的預示。

貴族的職場：宮廷、政府、軍隊、議會、慈善

在貴族的傳統就業與活動領域——宮廷，同樣存在資產階級和貴族爭鬥的情況。越來越多出身資產階級的官員、學者、經濟界人士和藝術家進入宮廷，身居要職。不過貴族仍然在德國皇帝的宮廷，普魯士、薩克森、符騰堡、巴伐利亞四個國王宮廷和其他各級宮廷佔據主宰地位。貴族在宮廷擔任管理官員、侍從女官、教師等，並組織、參加和維護貴族的慈善機構。貴族的這些儀式感很強的活動，會一直維持到一九一八年十一月。

貴族在第二帝國的政府當中發揮的作用、佔據的位置遠遠超過其人口按照比例所應得的份額。一八七一年，普魯士的中層和高層公職人員當中，貴族的比例仍和一八五八年時一樣，高達百分之四十二。一九一〇年，普魯士十一個部的大臣有九位是貴族，六十五位高級樞密顧問（Wirkliche Geheimräte）中有三十八位是貴族，十二位省長（Oberpräsidenten）中有十一位是貴族，三十六位行政專區主席（Regierungspräsidenten）中有二十五位是貴族，四百六十七位縣長（Landräten）中有二百七十一位是貴族。一九一四年，普魯士政府的全部候補官員（Regierungsreferendare）中有百分之五十五點五是貴族，至一九一八年仍有百分之五十五的候補文職人員（Regierungsassessoren）是貴族。普魯士內政部是傳統政治制度的支柱，該部的貴族官員占了全體官員的三分之一。[89]

第二帝國時期縣長的權力極大，集地方行政長官、地方最高法官和員警總長於一身，簡直是一方諸侯，可以執行自己的政策，權力遠遠超過很多僅有頭銜而無官職的大貴族。縣長在絕大多數情況下忠於皇帝，十分保守，是君主制的支柱。擔任縣長也是仕途攀升的重要的第一級階梯，有機會晉升帝國中央的要職。比如東普魯士的小貴族阿爾伯特・馮・萊韋措（Albert von Levetzow, 1827-1903）曾任柯尼斯堡（諾伊馬克）縣長，後來一直做到帝國議會主席。

在德國統一的三場戰爭（普丹戰爭、普奧戰爭、普法戰爭）中，普魯士軍隊贏得了很高的聲望，而當時的普魯士軍官大多為貴族。比如在普法戰爭期間，普魯士兩個主力集團軍的全部軍、師、旅級指揮官當中，沒有一個人的

名字裡沒有「馮」字。普魯士歷史上那些著名的軍人世家的姓氏大量出現在攻入法國的普軍的戰鬥序列中：馮・克萊斯特（三個）、馮・德・戈爾茨（兩個）、馮・比洛（兩個）、馮・德・奧斯滕、馮・曼陀菲爾、馮・阿爾文斯萊本等等。[90]在普魯士之外的其他邦國，普魯士軍隊被奉為現代化軍隊的楷模。在第二帝國，軍隊更是成為全社會的榜樣。貴族在軍隊中發揮的重要作用，對維護貴族的聲譽和地位，應當說起到了很大作用。

但隨著軍事的現代化，傳統的貴族軍官也不得不面臨資產階級的競爭，尤其在炮兵、工兵等技術領域。第一次世界大戰爆發之前，德軍有約八千名現役貴族軍官，占到整個軍官團的百分之三十。[91]不過在高級軍官和將領當中，貴族仍然佔據主宰地位。舉個例子，在第二帝國期間，德軍的三十幾位陸軍元帥全部是貴族，其中不少是王侯、公爵、王子。相比之下，到第三帝國期間，德軍的二十位陸軍元帥中就有埃爾溫・隆美爾、腓特烈・保盧斯、斐迪南・舍爾納、瓦爾特・莫德爾等七位非貴族；六位空軍元帥中有四位非貴族；二位海軍元帥都不是貴族。所以，在軍事這個貴族傳統的活動領域，貴族的影響力在逐漸下降。

除了宮廷和軍隊，議會也是貴族發揮作用的主要場所。[92]而且，帝國議會的議員選舉與過去的三級選舉制不一樣，男性公民一人一票。第一屆帝國議會的議員有差不多一半是貴族。不過到一八九〇年，三百九十七名帝國議會議員中就只有一百二十五名貴族，一九一二年就只剩下五十七名貴族議員。帝國議會主席大多是貴族或者獲得冊封的資產階級人士，一直到第十三位主席才出現了資產階級人士。對貴族來講，擔任帝國議會議員是一種榮譽。[93]

一八七〇年建立的德國中央黨（Deutsche Zentrumspartei）當中，天主教貴族占了很大比例。在起初比較傾向於改革的自由保守黨（Freikonservative Partei）當中，富裕的貴族也很有影響。不過隨著工業化推進、資產階級日漸壯大，貴族議員越來越傾向於保守。而隨著政黨越來越朝著現代黨派的方向發展，貴族在議會的影響力也不斷萎縮。

在貴族的另一項傳統事業（不能算是職業）——慈善事業當中，貴族與資產階級主要是合作的關係，這與男性貴族同資產階級的競爭關係形成對比。一個著名的例子是巴登婦女協會（Badische Frauenverein）。一八五九年奧地利—義大利戰爭期間，德皇威廉一世的女兒、巴登大公夫人路易莎（一八三八至一九二三）根據一些資產階級婦女的呼籲，建立了這個慈善機構，其工作包括募捐、照料傷病員、培訓護士、照料老人、扶助失學女童、撫養棄嬰等。[94]路易莎大公夫人是機構的領導者，但協會的其他主要活動家大多是資產階級女性，如卡洛琳娜・拜爾（Karoline Bayer, 1821-1903）、皮婭・鮑爾（Pia Bauer, 1881-1954）、恩內斯蒂娜・特倫（Ernestine Thren, 1899-1981）等。特倫在二戰期間作為護士救死扶傷，曾隨德軍被包圍在史達林格勒，幸運地與一些傷患乘飛機撤離，可謂九死一生。

反猶主義的滋長

有一部分貴族，在農業、宮廷、軍隊、政治等方面都發展得不順利，於是受到貧困的威脅。貧困貴族往往特別不願意接受資產階級的職業，比如工商業或醫生、律師等專業化的職業，因為那樣的話他們就和資產階級沒什麼差別了。這部分在社會上格格不入、眼睜睜看著自己鄙視的資產階級風生水起的貧困貴族，很容易接受種族主義、極右翼思想從而極端化。

一八七四年，德國貴族聯合會（Deutsche Adelsgenossenschaft，簡稱ＤＡＧ）應運而生，主要代表易北河以東的貴族地主的利益。這個社團對現代化的經濟、文化、藝術和政治都持否定態度，思想日趨保守和右翼，並強烈地反猶。一些高層貴族與猶太資本家的結交，也遭到德國貴族聯合會的斥責。在後來的威瑪共和國與第三帝國時期，德國貴族聯合會最終變成為虎作倀的力量。

反猶主義在十九世紀的德意志貴族當中有很深的根源。屬於極端保守派的普魯士將軍與政治家腓特烈・奧古斯特・路德維希・馮・德・瑪律維茨（Friedrich August Ludwig von der Marwitz, 1777-1837）在一八一一年向普魯士國王上書，反對自由主義改革，並指出：

> 〔普魯士國王的〕詔書向猶太人授予佔有土地的權利，具體用詞是「那些信奉摩西的宗教的人」。這些猶太人，如果忠於自己的信仰，就是每一個現存國家的敵人；如果他們不再固守自己的信仰，他們就是虛偽的小人，並且他

們手裡掌握著巨額的現金資本。所以，只要佔有土地變得那麼容易，讓他們能夠透過投機土地來贏利，土地就會落到他們手裡。成為地主之後，他們會成為國家的主要代表，於是我們古老的、可敬的布蘭登堡—普魯士就會變成一個新的猶太人國家。

瑪律維茨反對允許猶太人佔有土地，否則「國將不國」。他把猶太人視為資本主義和自由市場經濟的承載者，這也是當時的普魯士容克階層普遍的觀點。[95]

十九世紀中後期，猶太人確實在德意志的經濟生活與資本主義發展中發揮了突出作用。一八八一年，柏林人口當中猶太人只占百分之四點八，但柏林的金融市場從業人員中猶太人占到百分之二十五點八，批發商、零售商和運輸商當中猶太人占到百分之四十六。布萊希羅德、羅特希爾德、施派爾、維爾特海默、歐本海默、班貝格、瓦瑟爾曼等猶太人銀行世家，主宰著柏林、法蘭克福、科隆、慕尼黑等地的銀行與金融界。一九〇八年，普魯士的巨富當中，身價超過五千萬馬克的二十九個家庭當中，有九家是猶太人（占百分之三十一）；並且排名前六的巨富當中有兩人是猶太人。[96]

在很多保守派，尤其是貧窮的小貴族的想像中，猶太人是資本主義的代表，所以這些貴族仇視與上流社會（帝王、邦君／高級貴族）關係密切的猶太人資本家，也順帶仇視這些「猶太化」的高級貴族，甚至因此對威廉二世皇帝都頗有微詞。有的猶太人資本家憑藉與宮廷的關係和貢獻，獲得了貴族身分，比如幫過俾斯麥大忙的猶太人銀行家格爾森·馮·布萊希羅德。同時，也有一些富裕猶太人家庭與德意志貴族通婚。貴族上層和資產階級上層（有的是猶太人）之間攜手合作賺錢，而貴族下層和資產階級下層都是社會上的失敗者，他們攜起手來敵視猶太人。貧窮讓很多小貴族痛苦，但他們把自己的貧窮喬裝打扮為「節儉」的美德，激烈地譴責現代的金錢社會，主張金錢是庸俗的，一心賺錢的資產階級是醜惡的，貴族的傳統美德才是高尚的。而在他們眼中，猶太人等於資本家，等於令貴族惶惑不安的現代社會。

而在另一種思潮裡，猶太人等於自由主義，等於社會主義，甚至等於共產主義。蘇俄領導人當中有不少猶太人，比如托洛茨基、季諾維也夫、加米涅夫等；一九一八至一九一九年德國的革命者當中也有不少是猶太人，比如羅莎・盧森堡和庫爾特・艾斯納。這三種主義都是許多貴族畏懼和仇視的對象。雖然並非每一位德意志貴族都是反猶主義者，但反猶主義將在十九世紀和二十世紀上半葉成為一股強大的力量，並推動許多德意志貴族走上萬劫不復的罪惡道路。

第四章 德意志貴族與威瑪共和國

一、威瑪共和國的建立與貴族制度的廢除

一九一八年十一月十二日，利珀侯爵利奧波德四世（Fürst Leopold IV. zur Lippe）授予樞密顧問庫爾特・馮・克利菲爾德（Kurt von Kleefeld）貴族身分，以嘉獎這位工業家和行政官員的兢兢業業。[1]克利菲爾德是德國最後一位獲得冊封的貴族。[2]我們不知道他有沒有機會為自己得到的榮譽高興，因為這個時間點，正好是德國「變天」的時候。

走向共和

德意志帝國毀於第一次世界大戰。

十月革命爆發，布爾什維克黨在俄國掌權之後，列寧與德國議和。一九一八年三月，雙方簽訂了《布列斯特—立托夫斯克條約》，俄國以屈辱的條件退出戰爭。德國得以將大批部隊從東線轉往西線，希望集中力量打一場大勝仗，迫使西方盟國議和，爭取到對德國有利的和平條件。這就是此時德國的實際領導者埃里希・魯登道夫將軍「透過勝利獲得和平」的戰略。

然而，一九一八年春季德軍寄予厚望的西線攻勢，即所謂「皇帝會戰」，先小勝後大敗，喪失大片土地。不過主要是在原先的敵國境內，尚未波及德國本土。德軍的預備隊消耗殆盡，無力再戰。協約國方面卻有美國不斷向歐洲輸送生力部隊。而多年的鏖戰已經讓德國的國力瀕臨枯竭，民眾無力支撐。魯登道夫相信德國必敗無疑。九月二十九日，魯登道夫向皇帝威廉二世報告，他無法保證能夠繼續維持前線二十四小時，請求皇帝准許向協約國求和。魯登道夫還建議修憲，實施改革，將政權移交給當時議會的第一大黨社會民主黨，該黨屬於左派，受到魯登道夫和皇帝等右派的敵視。魯登道夫這麼做是為了轉移民眾的注意力，保護軍隊的名譽。[3]「背後一劍」（Dolchstoßlegende）的傳說就這樣誕生了。後來的德國極端民族主義者和右翼分子大肆宣傳，謊稱德國輸掉一戰是非戰之罪，是社會民主黨等左派出賣了國家。這些背黑鍋的人被稱為「十一月罪人」。魯登道夫和軍隊借此保住了自己的名譽。這可以說是歷史上最大的騙局之一。

社會民主黨願意在大廈將傾的危急時刻接管政府。十月二十八日，議會正式確定修憲。然而此時德國內部已經陷入混亂，很少有人注意到德國的政體已經從君主專制變成了實際上的君主立憲制。皇帝主動把權力交給了議會。隨後政府按照魯登道夫的建議，向協約國求和。

然而，與美國總統伍德羅·威爾遜交涉並碰壁之後，魯登道夫改了主意，要求取消議和，讓德軍繼續作戰。但大廈將傾，德軍內部發生嘩變，軍隊沒有力量也沒有意願繼續打仗。全國各地發生動亂。極左、中左、中右和極右各種勢力犬牙交錯。為了防止極左勢力掌權從而發生俄國布爾什維克式的革命，為了掌控這場「十一月革命」，為了滿足協約國的要求，也是為了保護皇帝，防止他成為各種敵對勢力的靶子，社會民主黨領袖腓特烈·艾伯特（Friedrich Ebert, 1871-1925）於十一月六日請求皇帝退位。

皇帝拖延了幾天。他意識到自己受到的壓力太大，所以必須放棄德皇的身分，但還抱有幻想，希望保住普魯士國王的位子。艾伯特表示，如果皇帝不退位，社會革命將不可避免，艾伯特不希望發生革命，而是對革命恨之入骨。[4]他打算親自去當時德國陸軍大本營所在地（比利時的斯帕）拜見皇帝，勸他退位。但局勢發展太快，超出了艾伯特的預期和控制範圍。柏林爆發了動亂。為了控制局勢，最後一任帝國首相巴登公子馬克西米連（Maximilian von Baden, 1867-1929）於十一月九日中午在沒有得到皇帝本人確認的情況下，在柏林單方面宣布皇帝退位、皇儲也放棄繼承權。許多天之後，才得到皇帝和皇儲的書面確認。十一月九日當天，社會民主黨領導人菲利普・謝德曼宣布建立共和國，就是我們熟知的威瑪共和國。不久之後，極左翼領導人卡爾・李卜克內西（Karl Liebknecht）在柏林也宣布建立「自由的德意志社會主義共和國」。

十一月十一日，德國向協約國投降。二十八日，皇帝威廉二世正式退位。德國的其他邦國君主也都相應退位。德國的君主制驟然結束了，連一個過渡都沒有。根據德國歷史學家漢斯—烏爾里希・韋勒（Hans-Ulrich Wehler）的研究，此時的德國約有九萬五千名貴族；貴族在德國不同地區占的人口比例不一樣，從千分之一到千分之三不等。[5]而根據德國貴族社團總會（Vereinigung der Deutschen Adelsverbände）的資料，當時的德國貴族人口約八萬，相當於總人口（八千二百二十萬）的約千分之一。[6]

貴族制度與貴族特權的廢除

共和國建立之後，貴族制度就顯得格格不入、十分刺眼。在為共和國制定憲法的工作中，廢除貴族制度便被提上日程。一九一九年二月六日，國民議會召開，由於首都柏林時局動盪，國民議會改在威瑪召開，共和國的非正式國名和憲法的名稱由此而來。此時議會的主要任務是起草憲法。

八月十四日，《威瑪憲法》（*Weimarer Reichsverfassung*）生效，其中第一〇九條如下：

> 全體德國人民在法律面前一律平等。男女公民的權利和義務完全相同。由公法得來的特權，以及出身或等級造成的不平等待遇，一律廢止。貴族頭銜與稱號僅作為姓氏的一部分，而且以後不再授予。今後可授予的，僅限於表示官職與職業的頭銜。學位和學銜不受此限。國家不再授予勳章和獎章。德國公民不得接受外國政府授予的頭銜或

動章。[7]

德國獨立社會民主黨（USPD）和社會民主黨（SPD）提案要求在憲法中寫入「廢除貴族」字樣。一九一九年七月十五日，威瑪制憲會議在討論第一〇九條時，對是否直截了當地表述「廢除貴族」做了表決，主張此種表述的動議沒有獲得多數票。但是，從最終成文的憲法條文看，貴族的地位和頭銜都被廢除了，所以作為法律意義上特權階層的貴族，事實上已經不復存在。

而在一九二〇年六月二十三日，普魯士邦制憲會議頒布了《普魯士廢除貴族階層特權與處置貴族財產法》（*Preußische Gesetzüber die Aufhebung der Standesvorrechte des Adels und die Auflösung des Hausvermögens*）。其他邦也推出了類似的法律。就這樣，德國正式廢除了貴族制度。

普魯士的法律還規定，原本由於長子繼承制而不享有繼承權的貴族，如大多數公子（Prinz），可以將其頭銜（如公子、伯爵等）作為姓氏的一部分。表示貴族身分的「馮」、「祖」等字樣，也作為姓氏的一部分，予以保留。

根據一九二六年德國最高法院的決定，因為長子繼承制而享有繼承權的貴族，如侯爵和公爵，可以在有生之年繼續使用其頭銜，但不能世襲。這主要涉及各個邦的統治家族。

與此同時，普魯士貴族還喪失了一項重要的政治特權。三級選舉制被廢除，貴族不再擁有選舉上的特權。《威瑪憲法》第十七條規定：「各邦應有自由邦之憲法。其人民代表應由德國公民，不分男女，依照比例選舉原則，以普遍、平等、直接、秘密的選舉方法選出。各邦政府需獲得人民代表的信任。……」

貴族財產的保留

根據共和國的法律，貴族透過繼承獲得的土地，可以繼續保留為私人財產，但也有的地方政府強行將貴族財產充公，於是貴族們不得不想辦法來轉移和保全自己的財產。一九二三年之前，圖林根和巴伐利亞等地的統治家族將其動產、不動產和藝術收藏品等移交，有的是無償捐贈到基金會等機構，以這種手段來保護自己的財產。比如科堡公爵家族就在一九一九年八月建立了「科堡土地基金會」，將自己的大部分財產捐贈給基金會，要求該基金會與未來的任何政治體制都不發生連繫，這筆財產完全用於改善科堡人民的生活。該基金會今天仍然存在，其管轄的原屬於科堡公爵的財產包括公爵府邸伊倫堡宮殿（Schloss Ehrenburg）、維斯特城堡（Veste Coburg）、公爵的自然博物館、圖書館和檔案館等。

薩克森—科堡地方議會沒有尋求與薩克森—科堡—哥達公爵達成妥協，而是在一九一九年八月通過法案，要求將公爵財產沒收。卡爾·愛德華公爵因此向威瑪共和國中央法院起訴，在一九二五年總算得到中央政府的支持。

維特爾斯巴赫家族比較幸運。在巴伐利亞王國，為了保護王室財產，新的巴伐利亞邦政府早在一九一八年十一月二十日就組建了「巴伐利亞國家宮殿、園林與湖泊管理局」（Bayerische Verwaltung der staatlichen Schlösser, Gärten und Seen），由巴伐利亞財政部負責領導。之前巴伐利亞王室內廷管理部門的財政主管海因里希·馮·赫格勞爾（Heinrich von Höglauer）擔任管理局的局長，辦公地點就在前巴伐利亞王宮。王室的宮殿等財產被視為國家財產。維特爾斯巴赫家族發出抗議，希望將這些財產視為私有財產而收回。最後政府與維特爾斯巴赫家族達成了妥協，組建了兩個基金會來管理王室的宮殿、藝術品、森林、地產和檔案館等等，基金會的盈利會交給維特爾斯巴赫家族，而家族保證不再索取這些財產，將其完整地留在政府手中。巴伐利亞的局面得以妥善解決，一方面是因為當地的君主主義影響較大，另一方面是因為巴伐利亞的共和派相對溫和，與王室的關係也不錯。[8]

一九二六年，德國共產黨發起全民公決，要求「為了全體國民的福祉」，無償剝奪曾經的德國諸侯（統治家族）的財產，將其土地分給農民，將其宮殿改為住宅或療養院等，將其現金財產分給傷殘軍人和陣亡將士家屬。共產黨這次運動的聲勢非常浩大，贏得了許多著名知識份子和藝術家的支持，包括愛因斯坦、庫爾特·圖霍爾斯基、柯勒惠支等。出人意料的是，許多天主教徒也贊成這個主張。一九二六年六月二十日的全民公決中，四千多萬有權投票的德國人當中有多達一千四百五十萬（百分之三十六點四）贊成無償剝奪諸侯的財產，但未能達到絕對多數（百分之五十），最終失敗了。[9]各邦當中，巴伐利亞贊成無償剝奪貴族財產的票數最低。新教和天主教會都反對，並建議自己的信徒投反對票，把沒收貴族土地的提議譴責為布爾什維克主義的、目無神明的「攔路搶劫」[10]。所以對地主貴族來說，至少他們的這部分財產得到了保全。不過，其他方面，法律中所有對貴族具有傾向性的關於財產和繼承的條文，均遭廢除。

貴族在共和國的生活

對一九一八年末的將近十萬德國貴族來說，君主制和貴族制的突然廢除彷彿晴天霹靂。宮廷（不僅是皇宮，還有各個邦君的宮廷）一夜之間消失，貴族們喪失了宮廷，也就喪失了政治權力的中心、社交網路和重要的職場。失去了特權地位的德國貴族，在經濟、社會生活、就業等方面都受到極大衝擊。東普魯士的安東妮·祖·奧伊倫堡（Antonie zu Eulenburg）伯爵夫人在一九五〇年回顧兩次世界大戰時說：「君主制的滅亡對我們來說太難接受了……對我們來說，德國〔在一九一八年〕的崩潰比一九四五年的情況更困難，儘管客觀來講〔一九一八年的崩潰〕不像一九四五年那樣徹底」。後來成為反抗希特勒的義士的魯道夫·馮·格斯多夫男爵（Rudolf-Christoph Freiherr von Gersdorff, 1905-1980）認為，貴族在一九一八年一夜之間喪失了「他們整個歷史生命的根基」。南德的卡斯泰爾—卡斯泰爾侯爵（Fürste Castell-Castell）也同意：「在這之前我們眼中一切理想的、值得尊敬的東西，都被摧毀了，被玷汙了，被敗壞了……我們的政治角色以我們的歷史地位為基礎，如今全完了。」[11]

總之，德國貴族必須在新生的民主共和國裡找到自己的位置；必須重新定義自己作為精英集團的社會地位與自我認識；必須去尋找和嘗試新的職業，以避免在社會中下滑和衰敗。

共和國剛開始的幾年內，很大一部分貴族在經濟上遇到了困難。當然，絕大部分非貴族的人群的生活也很拮据。

根據《凡爾賽條約》，德國喪失了百分之十三的領土（人口相應減少了百分之十），尤其在東部失去了波森省、西普魯士大部分和上西里西亞。[12]這給很多大地主貴族造成了災難性打擊。奧匈帝國的覆滅也導致許多在波希米亞、摩拉維亞和匈牙利擁有土地的德國貴族不得不放棄在那裡的地位，也往往被迫廉價賣掉自己的地產。一九二〇年代和三〇年代初的長期農業危機、通貨膨脹和經濟蕭條也對很多貴族，尤其是易北河以東地區的貴族，造成了沉重的經濟打擊。

上一章講過，縣長（Landräten）是第二帝國時期保守主義的重要支柱。一九一〇年有一半以上的縣長是貴族。在威瑪共和國時期的普魯士邦，貴族在縣長中的比例在一九二二年下降到了百分之十二，在一九三一年下降到僅有百分之七。貴族階層喪失了幾百年來對基層政府的主宰。[13]在更高級別的政府機構中，貴族的比例也大幅下降。比如一九一四年普魯士有二百零三名部級官員是貴族，到一九三一年就只有三十一名部級官員是貴族。[14]

德國與西方列強簽訂的《凡爾賽條約》對德國貴族來說特別不利，因為德國軍隊被限制為十萬人。而從軍（尤其是軍隊指揮層）一直是貴族鍾愛的職業。軍官職位急劇減少，隨之而來的是貴族軍官也大量喪失軍職。有約九千三百名貴族軍官在一戰結束之後離開軍隊，有的是被迫，有的是因為不願為共和國效力。[15]很多貴族自幼學習軍事，沒有其他職業技能，從此失去了職業，有的甚至生計都成了問題。漢斯—于爾根·馮·阿尼姆（Hans-Jürgen von Arnim, 1889-1962）上尉回憶說：「有辦法的人都在走別的路。有的回到家裡的莊園，當農場主；有的……透過朋友的關係進入工業界。而我一直在前線，在工業界一個熟人都沒有，所以我只能去上夜校學速記，免得什麼技能都沒有。」[16]

阿尼姆出身於布蘭登堡古老的貴族軍人世家，父親是一位普魯士將軍。後來阿尼姆在二戰期間表現相當出色，他指揮的第十七裝甲師是整個德軍唯一有據可查地拒絕執行希特勒臭名昭著的「政委命令」[17]的師。[18]他還曾作為集團軍群司令接替隆美爾在非洲作戰，一九四三年五月被俘，最終軍銜陸軍大將。這樣一個相當有成就而且有原則的軍人，在威瑪時期竟然困窘到要去上夜校學速記，可見當時貴族軍人們的彷徨與委頓。

在貴族家庭裡，沒有繼承權的幼子的前景特別黯淡。而在政府機關、外交、司法等領域，貴族要面對資產階級的強有力競爭。沒有受過職業教育和培訓的未婚貴族女子，更難取得經濟上自給自足的生活。很多單身貴族女子或寡婦，不得不寄居於教會的慈善女子養老院，或者在城市中蝸居，或者寄人籬下。

總的來講，只有少數貴族，主要是原本就富裕的高級貴族，在新的環境裡能夠維持自己原先的經濟地位，大部分原本經濟條件就一般的小貴族的經濟狀況開始走下坡路，甚至出現了「貴族無產階級」的說法。生活的窘困，將是決定很多貴族的政治立場、決定他們在威瑪共和國時期錯綜複雜的政治形勢中站到哪一個陣營的重要因素。

二、貴族對威瑪共和國的敵意

一七八九年的法國大革命和一九一七年的俄國十月革命都伴隨著對貴族階層的清算、沒收土地乃至大規模的肉體消滅。與法國貴族和俄國貴族相比，一九一八年之後德國貴族的運氣算是很好了。威瑪共和國政府沒有對貴族實施肉體消滅，也沒有全盤剝奪他們的財產。實際上除了一些邦君的部分財產被國有化之外，大多數貴族的財產和土地沒有受到侵犯。這是德國貴族群體能夠在理論上已經沒有貴族的共和國繼續生存，甚至仍然享有一定程度的社會威望的重要原因。作為一個群體的德國貴族熬過了帝制崩潰和貴族喪失法律地位的嚴冬，頑強地生存了下去。他們甚至還可以繼續使用「公爵」、「侯爵」、「伯爵」之類的頭銜和「馮」字。

如果說共和國待貴族不薄，那麼貴族待共和國怎麼樣呢？大概有以下幾種心態：

一、從十九世紀到二十世紀初，德國貴族整體來說相當保守，他們當中真正認同共和制度、議會民主和自由主義的人的確有，但為數不多。一個比較有名的例子是高級外交官阿爾布雷希特·馮·伯恩斯托夫－施丁騰堡伯爵，他長期在英國學習、生活和工作，對英式的民主和自由很有好感（詳見本書第八章第六節「外交界的德意志貴族」）。

西班牙內戰期間的海明威（中）與雷恩（右），拍攝者不詳，一九三六年。

甚至有一些貴族出身的左翼人士最終走到社會主義和共產主義道路上。其中最有名的要算小說家路德維希・雷恩（Ludwig Renn, 1889-1979）。他的真名是阿諾爾德・維特・馮・格爾瑟瑙（Arnold Vieth von Golßenau），出身於德勒斯登的一個騎士家庭，父親是薩克森宮廷的太子師。一戰期間雷恩擔任過連長和營長，後來寫了小說《戰爭》來講述自己的這段經歷。《戰爭》和雷馬克的《西線無戰事》一樣，是戰後最成功的反戰文學作品之一。戰爭結束後，他在德勒斯登當員警，因拒絕向罷工群眾開槍而離職，後來逐漸左傾，加入了德國共產黨。一九三三年納粹上臺後，雷恩和著名的諾貝爾和平獎得主卡爾・馮・奧西茨基與德國國會中共產黨的最後一任議會黨團領袖恩斯特・托爾格勒（Ernst Torgler, 1893-1963）一起被捕。奧西茨基後來死於集中營。而雷恩被判三十個月監禁。他出獄之後，正好趕上西班牙內戰。這是左翼與右翼意識形態的激烈衝突，納粹德國和墨索里尼統治下的義大利支持佛朗哥的右翼勢力，而蘇聯與國際左翼人士支援西班牙共和國。包括喬治・歐威爾和海明威在內的很多國際左翼人士趕到西班牙參戰。雷恩也去了西班牙，加入著名的第十一國際旅，與海明威打過很多交道。在第十一國際旅，雷恩曾任「恩斯特·台爾曼」營（台爾曼是當時的德國共產黨領導人）的營長和旅參謀長。佛朗哥打敗了左翼共和國，參戰的國際左翼人士各奔東西，雷恩逃往墨西哥，擔任「自由德國民族委員會」（Nationalkomitee Freies Deutschland）組織的主席。這是二戰期間蘇聯運作的一個組織，吸收了很多德軍戰俘和德國共產黨人。一九五二年，他搬到東柏林，成為自由作家，還成為東德藝術院院士。雷恩寫了一本書，講述他自己一生的傳奇故事，書名叫《沒落的貴族》（*Adel im Untergang*）。[19]

在二十世紀的德國貴族當中，雷恩的人生經歷非常獨特和戲劇性。如果我們挖掘史海，還能找到一些類似的德國貴族左翼分子，[20] 但如歷史學家斯蒂芬·馬林諾夫斯基所言，這些貴族共產黨員的例子並不能說明一九一八年之後德國貴族的政治光譜很廣泛。[21] 恰恰相反，雷恩的故事，只是極少數，他們的路是孤獨的路，在德國貴族的群體當中，他們是局外人。

二、不少普魯士地主貴族軍人拒絕為共和國效力，退隱到自己的莊園，試圖在偏僻的農村追尋往昔的美好時光。他們屬於消極的反對派。而一旦有合適的機會，這批貴族對共和國的敵視就會明顯地表露出來。

三、很多貴族內心不喜歡共和國體制，渴望君主制復辟，但他們會暫且接受現實（或者說適應現實），成為「理智上的共和主義者」。他們會在共和國體制下出仕，與共和國有一定程度的合作。

一些貴族軍人在起初的猶豫之後，加入了威瑪國防軍，畢竟工作難找，很多貴族除了軍事什麼都不會。威瑪時期國防軍總人數為十萬，軍官人數約四千，其中約九百人是貴族。[22] 這些貴族軍人為德國軍隊的重建發揮了重要作用，不過他們大多沒有改變對共和國的負面態度，很容易被納粹等右翼勢力吸引，與其合作。

共和國議會裡也有不少貴族的身影，他們對從第二帝國繼承來的政治傳統忠心耿耿。貴族大多參加的是德意志保守黨（Deutschkonservativen Partei），還有德意志民族人民黨（Deutschnationale Volkspartei，簡稱 DNVP）這樣的右派政黨。

保羅・馮・興登堡（Paul von Hindenburg, 1847-1934）元帥雖然從一九二五年起擔任共和國總統，但對共和國沒有好感。他的母親是市民，但父親的祖先是典型的普魯士地主和軍官，他家位於西普魯士的莊園據說是腓特烈大王贈給興登堡的祖先的。威瑪共和國的政體屬於半總統制，總統、內閣和國會都掌握權力。總統任期七年，聯合國會管治國家，而且可在特殊情況下行使緊急權力。威瑪時期政局不穩定，黨派之爭常使國會癱瘓，讓總統掌握了相當大的權力，總統甚至可以解散國會，用總統令來替代法律。興登堡就常常使用緊急狀態令，以致共和政權不斷趨向右翼。[23]在當選總統之前，他曾這樣表示：「說到總統的位置，我是非常不願意接受的。按照我的想法，這樣的位置只能屬於我的皇帝，所以我不願意去坐。而要我住在飄著黑紅金三色旗的屋子裡，更讓我極其反感。讓我和那些人打交道，教我十分不舒服，因為他們對我沒有同情，而我對整個議會制度及其果實都無比鄙視。」一九三二年，興登堡再次當選總統，身邊簇擁著貴族。在他領導下，共和國的倒數第二任總理法蘭茲・馮・巴本（Franz von Papen，出身威斯特法倫貴族世家）的內閣當中，十個部長有七個是貴族，以至於被譏諷為「男爵內閣」（Kabinett der Barone）。[24]最後一任總理庫爾特・馮・施萊歇爾（普魯士貴族）與興登堡和巴本一樣，是敵視共和國、敵視民主制的貴族。他們將共和國變成了專制國家，事實上為希特勒開闢了道路。他們未完成的，將由希特勒來完成。用歷史學家漢斯—烏爾里希・韋勒的話說：「傳統的權力精英們能夠為希特勒上臺效犬馬之勞……在當時的實際狀況下，如果沒有人扶一把，納粹黨的『領袖』是絕對不可能成功上臺的。」[25]

四、也有很多貴族，從一開始就公開地、極端地敵視共和國。這不足為奇。帝國的覆滅，德皇的退位與出逃，讓許多貴族很容易聽信「背後一劍」的傳說。他們拒絕相信德國軍隊（很多領導人是貴族）是在戰場上被打敗的，而堅信軍隊一定是被國內的社會民主黨等左派和猶太人戳了「背後一劍」。而威瑪共和國似乎毫不抵抗地接受嚴苛的《凡爾賽條約》，更是被許多貴族視為賣國。很多貴族還將自己特權身分的喪失與財產受損怪罪於民主制與共和國。

所以，從共和國誕生伊始，就有貴族積極參與旨在顛覆共和國的暴力活動。一九一八年之後的反革命勢力當中，少不了貴族的身影。不過首先撞到右翼貴族槍口下的，不是社會民主黨領導的威瑪共和國，而是比社會民主黨更左的政治派別。

艾斯納之死：貴族的暴力反革命

一九一九年二月二十一日，巴伐利亞自由人民邦（Freier Volksstaat Bayern）總理庫爾特・艾斯納（Kurt Eisner）走出巴伐利亞外交部大樓，身後跟著兩名職員和兩名保鏢。此時的艾斯納已經不是兩個多月前那位意氣風發的革命領導人，而是滿臉烏雲、心力交瘁。他剛擬好了自己的辭職演講稿。政治形勢錯綜複雜又十分嚴峻，他所在的獨立社會民主黨在選舉中慘敗，他已無力掌控局勢，便做好了離開政壇的準備。

一九一八年十一月革命期間，德皇威廉二世退位，社會民主黨人在柏林宣布建立共和國，即威瑪共和國；而在慕尼黑，巴伐利亞末代國王路德維希三世倉皇出逃，他是德國第一個下臺的君主。柏林的革命領導人是腓特烈・艾伯特和菲利普・謝德曼。在慕尼黑挑起革命大樑的是獨立社會民主黨領導人、猶太人艾斯納。他於十一月八日夜間宣布推翻維特爾斯巴赫王朝，建立「巴伐利亞自由人民邦」。他被工農兵蘇維埃選舉為第一任總理。[26]

艾斯納屬於政治光譜的左派，但不是極左派。對於未來巴伐利亞的國家形態，究竟是多黨制議會民主，還是一黨制、蘇俄式的無產階級專政，自由人民邦政府內部發生了激烈衝突。艾斯納比較溫和，沒有觸犯貴族地主、工商界和資本家的利益，也沒有驅逐保王派官員，僅僅實施了八小時工作制和婦女選舉權等少量進步舉措。他和更為激進的德國共產黨不是一路人。即便如此，在右翼眼中，他仍然是個該死的赤色分子。為了在與西方列強談判時證明德皇政府的戰爭責任，從而為巴伐利亞爭取寬大條件，他公開了巴伐利亞政府的一些秘密報告[27]，這下子得罪了保守派把持的軍方。更有反猶分子拿他的猶太人身分大做文章，惡語相向。一九一九年二月，在左右兩派夾擊之下地位搖搖欲墜的艾斯納知道自己的政治生命即將結束。

二月二十一日這一天，艾斯納在街上行走時，一名路過的青年男子突然掏槍，在極近的距離向他的頭部和後背

安東・馮・阿爾科—瓦萊伯爵，拍攝者不詳，一九二三年之前。

各開了一槍。艾斯納當場死亡。保鏢向兇手猛撲過去，把他打得奄奄一息，不過兇手後來被警方送往醫院，得到及時醫治而存活。

兇手是法律系大學生和前巴伐利亞王軍近衛步兵團少尉安東・馮・阿爾科—瓦萊伯爵（Anton Graf von Arco auf Valley, 1897-1945）。阿爾科是極端民族主義和反猶主義組織「圖勒協會」（Thule-Gesellschaft）的成員，這是當時多如牛毛的敵視共和國的右翼組織之一。阿爾科伯爵行刺艾斯納，是威瑪共和國初期動盪歲月裡右翼勢力反攻倒算、對抗共和國的著名事件之一。

在武裝反革命的浪潮中，德國貴族扮演了重要角色。有不少貴族像阿爾科伯爵一樣，訴諸暴力、暗殺和恐怖主義。他們用軍事手段對抗革命，鎮壓極左派，並籌建各種準軍事組織，企圖奪回貴族階層的特權地位。在這場貴族反革命的鬥爭中，赤膊上陣的往往是小貴族，大貴族則在幕後出錢出力。

反革命的貴族當中，有許多失意、沮喪、憤怒、在和平社會裡找不到出路，並且因為經歷了刀山血海，變得麻木而殘暴的前線軍人。他們堅信「背後一劍」傳說，決意向社會主義者、猶太人和共產黨復仇。曾在東線和非洲與「低等種族」和「原始部落」作戰的軍人（包括貴族軍人）則徹底喪失了騎士風度，不把敵人當人。在一九一四年之前的非洲，德軍在鎮壓土著時就毫不手軟地以「赤裸裸的暴力」和「恐怖主義」對付婦孺。一九〇四至一九〇八年，德軍對德屬西南非洲（今納米比亞）的赫雷羅（Herero）部族發起種族滅絕，導致該部族人口從八萬人驟降到一九一一年的一萬五千人。[28]而在一戰初期，有些德軍軍官主張就地槍決戰俘，或用皮鞭驅使俘獲的敵國軍官去做苦力。抱有這種思維的德國軍官裡不乏貴族。這些貴族已經粗俗化和極端化，完全沒有歷史上的貴族戰爭倫理和騎士精神。戰爭宣告結束了，但戰火並沒有消停。在波羅的海地區，在德國與新建的波蘭共和國的邊境，德國軍人仍然在鏖戰。他們還會把殘暴與血腥帶到反革命的內戰中去。[29]

也有很多因為年齡小而沒有參加過一戰的貴族青年，自己沒有體驗過戰爭的殘酷，就把戰爭理想化和浪漫化。他們崇尚暴力、渴望戰爭，並且具有極端的世界觀，把世界看成黑白分明、非友即敵。這樣的人在當時的德國社會隨處可見，他們大多加入了形形色色的右翼準軍事組織，比如自由團（Freikorps）、鋼盔團（Stahlhelm），以及後來的納粹衝鋒隊。對這些人來說，唯一的鬥爭武器是暴力，對待政敵唯一的辦法是肉體消滅。

在全國範圍內，許多貴族利用自己的莊園為掩護，儲存軍火；為其追隨者提供槍械炸彈；組建各種民兵組織，為其提供武裝訓練[30]；還窩藏庇護謀殺左派人士的凶手。

巴伐利亞蘇維埃共和國的挫敗

艾斯納死後，慕尼黑的中左派（社會民主黨）和極左派（先是無政府主義者，然後是共產黨）的鬥爭越發激烈。四月七日，極左派宣布建立巴伐利亞蘇維埃共和國，組建了約二萬人的紅軍。落敗的一方逃走，尋求威瑪共和國中央政府的支持。社會民主黨領導的中央政府運用極右翼的自由團、其他民兵武裝以及正規軍，前來鎮壓。

在高度緊張的氣氛裡，圖勒協會的若干成員和所謂反革命分子被紅色武裝人員扣押，後來被槍決，包括好幾名貴族，如海拉・馮・韋斯塔普伯爵小姐（Haila Gräfin von Westarp，秘書）、畫家腓特烈・馮・塞德里茨男爵（Friedrich von Seydlitz）、自由團志願兵法蘭茲・馮・陶伊謝特男爵（Franz von Teuchert）和古斯塔夫・馮・圖爾恩與塔克西斯公子（Gustav von Thurn und Taxis）。這幾名人質被槍殺的事件在全德引起軒然大波，被右翼視為「紅色恐怖」的例證。海因里希・霍夫曼（後成為希特勒的御用攝影師）在現場拍攝的照片被刊登在全德各大報紙，引起極大關注和憤慨。印有幾位死者照片，尤其是韋斯塔普伯爵小姐照片的明信片，一時間傳遍全國。[31]後來納粹將這幾位死者定性為「最初的烈士」。巴伐利亞蘇維埃共和國迅速喪失公信力。另外，它的好幾位領導人雖然獲得了德國國籍，卻是俄國猶太人出身，這更讓畏懼和仇視蘇俄的保守派大做文章，攻擊這個「外來政權」。並且共產黨領導的巴伐利亞政府確實在尋求列寧的支持。[32]

巴伐利亞蘇維埃共和國倉促組建的紅軍遠遠不是自由團和威瑪正規軍的對手。五月初，自由團、其他右翼民兵武裝以及共和國正規軍，血腥鎮壓了巴伐利亞蘇維埃共和國，其手段之殘酷，殺人之多（六百至一千二百人）[33]，遠遠超過了持續時間僅四周的紅色政權。

有意思的是，希特勒當時是慕尼黑駐軍的士兵，而慕尼黑駐軍支持蘇維埃共和國。希特勒曾被選為連隊代表和營級蘇維埃的候補成員，甚至有人說看到過他戴紅袖章。「紅軍戰士希特勒」的形象令人難以置信，當時具體的情形我們已經無從知曉。他自己對後來這段歲月很少提及。不過在蘇維埃共和國滅亡後，希特勒曾檢舉自己的戰友為共產黨。希特勒後來的司機、親密盟友和黨衛軍第一任領導人尤利烏斯・施雷克（Julius Schreck, 1898-1936）當時也在慕尼黑，曾報名參加紅軍。[34]鎮壓巴伐利亞蘇維埃共和國的自由團包括很多右翼名人，如赫爾曼・埃爾哈特（Hermann Ehrhardt, 1881-1971）；還有很多後來的納粹高層人物，如陸軍將領和貴族法蘭茲・馮・埃普騎士（Franz Ritter von Epp, 1868-1947）和魯道夫・赫斯。[35]

經歷了短暫的蘇維埃政權之後，巴伐利亞急速向右轉，在威瑪共和國時期成為保守乃至反動勢力的核心基地，是後來納粹黨的主要溫床。

刺殺艾斯納的凶手阿爾科伯爵在審訊中宣揚自己出於愛國主義而行刺「賣國賊」艾斯納，並寫道：「艾斯納是布爾什維克，是猶太人。他不是德國人，沒有德國人的思想。他破壞每一種愛國思想和情感。他是賣國賊。」[36]阿爾科伯爵受到成員多為右翼分子的法庭的袒護，起初被判死刑，後改為無期徒刑，被關押在蘭茨貝格要塞監獄，也就是希特勒曾被關押的同一所監獄。一九二四年，阿爾科伯爵獲假釋出獄，一九二七年在興登堡總統八十大壽時獲赦免。他在此時已經非常右傾的德國被普遍讚譽為英雄。儘管他自己的母親是猶太人，納粹還是稱頌他為「民族社會主義運動的英雄」。[37]不過阿爾科伯爵是君主主義者和聯邦主義者，反對希特勒的中央集權傾向，並且由於他的猶太血統，所以他與納粹也有一些摩擦。阿爾科曾遭納粹政府逮捕和監視。一九四五年六月，他死於交通事故。

受害者艾斯納的遺孀和兩個女兒卻受到巴伐利亞政府的迫害。作為政府領導人的家眷，她們理應可以得到政府的撫恤金，但一分錢都沒有拿到。她們逃離巴伐利亞，生活困苦。希特勒上臺後，艾斯納一家逃往法國。一九四〇年德軍佔領法國之後，艾斯納的妻子走投無路，最後自盡。[38]這就是威瑪共和國時期司法系統的悲劇和荒誕：殺人放火的右翼分子得到包庇和寬貸，左翼人士作為受害者卻得不到公道。

李卜克內西與盧森堡之死

差不多與艾斯納在慕尼黑遇害的同時，一九一九年一月十五日，柏林的德國共產黨領導人羅莎・盧森堡和卡爾・李卜克內西也慘遭右翼分子殺害。共產黨試圖將十一月革命的洪流引導到蘇維埃共和國的方向。但社會民主黨領導的共和國政府為了鞏固自己的政權，選擇與右翼和軍隊合作，去鎮壓共產黨。一九一九年一月，柏林發生激烈巷戰，軍隊殘酷鎮壓左翼起義者，殺死數百人。最後共產黨起義失敗。盧森堡與李卜克內西被逮捕和殺害。

在這起凶案中，也有貴族發揮作用。記者和作家腓特烈・威廉・馮・厄爾岑（Friedrich Wilhelm von Oertzen, 1898-1944）是當時著名的極右分子，寫過醜化波蘭的種族主義著作。他在第一次世界大戰中是軍官，戰後加入自由團，一九一九年一月奉威瑪共和國首任國防部長古斯塔夫・諾斯克（Gustav Noske, 1868-1946）之命，去監視極左派政治家。厄爾岑竊聽盧森堡和李卜克內西的電話，摸清了他們的行蹤，協助右翼軍人抓捕和殺害他倆。[39]

右翼軍官瓦爾德馬・帕布斯特（Waldemar Pabst, 1880-1970）上尉命令部下處死盧森堡和李卜克內西。帕布斯特當時是近衛騎兵步兵師（Garde-Kavallerie-Schützen-Division）的實際指揮官。近衛騎兵步兵師是從前線撤回來的正規軍，參與了多次對左翼革命者的鎮壓，後來多支自由團脫胎自該師。負責處決李卜克內西與盧森堡的指揮官是海軍上尉和貴族霍斯特・馮・普福魯克—哈爾通（Horst von Pflugk-Harttung, 1889-1967），槍擊兩名受害者的凶手當中還有幾名貴族：海軍中尉烏爾里希・馮・里特根（Ulrich von Ritgen, 1894-1969）和普福魯克—哈爾通的兄弟海因茨。[40]

來自英國的德國公爵與極右翼恐怖主義共舞

薩克森—科堡—哥達公爵卡爾・愛德華（Carl Eduard Herzog von Sachsen-Coburg und Gotha, 1884-1954）是第二帝國的邦君之一，但他原本是英國籍。他的父親是維多利亞女王的第四子利奧波德，母親是德國人，是瓦爾戴克—皮爾蒙特侯爵的女兒。他從小在英國長大，英文名字是查爾斯・愛德華（Charles Edward）。

維多利亞女王的丈夫阿爾伯特親王是薩克森—科堡—哥達公爵恩斯特二世的弟弟，所以德意志的這個小小的邦國與英國王室緊密連繫起來。一八九三年，恩斯特二世去世，沒有子嗣，於是他的侄子，也就是維多利亞女王與阿爾伯特的次子阿爾弗雷德繼承了薩克森—科堡—哥達公爵的位置。阿爾弗雷德於一九〇〇年去世後，因為獨生子已經自殺，所以在沒有其他合適人選的情況下，阿爾弗雷德的侄子，十六歲的英國王子查爾斯・愛德華成為薩克森—科堡—哥達公爵；在他前往德國後，名字也改成了德文的卡爾・愛德華。

德皇威廉二世的母親是維多利亞女王的女兒，所以威廉二世是卡爾・愛德華的表兄。德皇對年幼的表弟卡爾・愛德華十分關愛，花了很大力氣，按照自己的世界觀，親自把卡爾・愛德華培養成「真正的德國人」和普魯士軍國主義者，而不是英國人。[41]第一次世界大戰期間，親戚關係錯綜複雜的英國王室和德國皇室成為敵人，卡爾・愛德華公爵選擇站在德國那邊，於是被剝奪了在英國的所有頭銜和財產。此時德國國內民族主義情緒高漲，卡爾・愛德華作為「外國人」，遭受很多敵意。或許是為了掩蓋自己的英國出身，他變得比德國人更德國人，成為極端民族主義者。

一九一八年，和皇帝與所有邦君一樣，卡爾・愛德華公爵被迫退位。共和國待他不薄，讓他仍然保留了很大一部分財產與土地。但他從一開始就敵視共和國，運用自己的金錢、人脈和影響力，支持形形色色反對共和國的右翼勢力。他利用自己的莊園和私宅藏匿武器和在逃的右翼分子，甚至在一九三一年，專門與著名的右翼軍官和軍火商瓦爾德馬・帕布斯特——前文講到的命令處死李卜克內西和盧森堡的那個人，一同組建了「法西斯主義學習社團」（Gesellschaft zum Studium des Faschismus），來學習和研究義大利法西斯主義，希望把墨索里尼的「成功」經驗搬到德國。[42]卡爾・愛德華還經常組織大家去義大利實地調研。到一九三三年，該社團共有三二九名成員，四分之一以上是貴族，包括皇儲威廉。[43]這個社團把很多右派人士聚到了一起，比如鋼鐵大亨弗里茨・蒂森（Fritz Thyssen, 1873-1951）和銀行家亞爾馬・沙赫特（Hjalmar Schacht, 1877-1970）博士等人，其中很多人後來加入了納粹黨。[44]另外，卡爾・愛德華還是堅定的反猶主義者，把猶太人與自由主義和社會主義畫等號。

赫爾曼・埃爾哈特是得到卡爾・愛德華支持的最著名的右翼領袖之一，也是威瑪共和國時期最囂張、最具有傳奇色彩的反革命冒險家之一。埃爾哈特是職業海軍軍官，一九〇四年參加過對德屬西南非洲土著的殘酷鎮壓。一戰期間，他在魚雷艇部隊服役，最終軍銜少校。戰爭結束後，德國海軍公海艦隊被扣押在英國的斯卡帕灣，後來為了避免艦船落入英國人手中，大部分艦船被鑿沉。埃爾哈特指揮的魚雷艇也被鑿沉。他帶領水兵乘船返回德國威廉港，但接近海岸雷區時，水兵們害怕觸雷而拒絕前進，掀起嘩變。埃爾哈特作為指揮官鎮壓了嘩變，並帶領船隻安全抵達港口。此時威廉港和德國大部分地區一樣，也爆發了革命。一九一九年一月二十七日，共產黨人建立了「威廉港蘇維埃共和國」。埃爾哈特聚集了三百人，衝擊共產黨人控制的兵營，終結了這個短命的紅色政權。二月，他組建了一支志願兵部隊，即所謂「埃爾哈特海軍旅」，擁有一些火炮和約一千五百人。埃爾哈特海軍旅是當時德國眾多反對共和國的右翼準軍事組織之一，不過是其中比較強大和著名的一個。埃爾哈特海軍旅於一九一九年四月鎮壓了布勞恩斯魏克地區的革命。隨後它橫穿德國，參與了對巴伐利亞蘇維埃共和國的血腥鎮壓，大肆殺戮，隨意在大街上槍決被認為有赤色分子嫌疑的人。後來它又參與了對柏林罷工工人和上西里西亞波蘭民族主義者的鎮壓。一九一九年底，埃爾哈特海軍旅得到一些曾在波羅的海地區作戰的兵員的補充，實力增強到四千人。

卡爾・愛德華公爵支持了埃爾哈特的很多行動，出錢出力。一九一九年和一九二〇年之交，威瑪共和國政府在西方列強的壓力下，決定解散各個自由團，包括埃爾哈特海軍旅。一九二〇年三月，該旅在右翼民族主義者沃爾夫岡・卡普和國防軍將領瓦爾特・馮・呂特維茨領導下造反，佔領了柏林。這就是著名的「卡普政變」。在這個重大時刻，同情右翼的國防軍和員警拒絕幫助共和國政府。最後是工人群眾發動罷工，讓柏林癱瘓，政變才破產。埃爾哈特倉皇逃跑，卡爾・愛德華把他窩藏在自己的卡倫貝格城堡。埃爾哈特海軍旅於一九二〇年五月被解散。[45]

埃爾哈特海軍旅的一小部分被納入威瑪國防軍，大部分則被解散，其中不少人加入了埃爾哈特新建的右翼恐怖組織「領事組織」[46]。該組織約有五千人，目標是透過恐怖活動推翻共和國，並且反共和反猶。卡爾・愛德華是該組織在科堡（後來在整個圖林根地區）的分支領導人。[47]

貴族恩斯特・馮・薩洛蒙（Ernst von Salomon, 1902-1972）是「領事組織」的刺客之一。他是埃爾哈特的副官，也是公爵的好友。薩洛蒙的姓氏有點像猶太人，所以他格外激烈地表達自己的右翼和反猶思想。薩洛蒙在一九一八年十二月就志願參加自由團，參與了對斯巴達克斯同盟（後來的德國共產黨）的鎮壓。他後來到了波羅的海地區，參加當地的德意志人自由團，抵抗蘇俄勢力。回到德國之後，他就投入埃爾哈特的懷抱。後來他根據自己在二十年代的政治和犯罪活動寫了幾部暢銷小說。卡爾・愛德華對薩洛蒙一見如故，把自己收藏的珍貴勳章交給他拿到瑞典去出售，以籌集「革命經費」。「領事組織」的一部分經費就是這樣由公爵間接提供的。[48]

一九二一年六月九日，「領事組織」在慕尼黑刺殺了獨立社會民主黨政治家卡爾・加賴斯（Karl Gareis）。八月二十六日，他們殺害了前財政部長馬蒂亞斯・埃茨貝格爾（Matthias Erzberger）。右翼分子仇恨埃茨貝格爾的一個主要原因是，他是一九一八年在法國貢比涅簽訂停戰協定的德國代表團團長，並且他主張接受《凡爾賽和約》。一九

卡普政變期間的右翼軍人，Ludwig Vantahlen 攝，一九二〇年。

二二年六月，「領事組織」企圖刺殺前總理菲利普・謝德曼，但失敗了。不久之後的六月二十四日，他們刺殺了外交部長瓦爾特・拉特瑙（Walther Rathenau）。拉特瑙的一大貢獻是與蘇俄簽訂了《拉帕洛條約》，使德國和蘇俄這兩個在歐洲受孤立的國家抱團取暖，讓德國得以在蘇俄境內開展軍事訓練和研究，這些活動都是被《凡爾賽和約》禁止的。拉特瑙是猶太人，早就被右翼圈子放在了死亡黑名單上。拉特瑙德高望重，他的遇害引起了公憤，很多人上街遊行示威，要求政府嚴辦此案。「領事組織」的兩名凶手赫爾曼・費舍爾（Hermann Fischer）和埃爾溫・科恩（Erwin Kern）藏匿起來，薩洛蒙希望幫助他們逃跑，但沒有成功。兩名凶手一人被員警擊斃，一人自殺。希特勒後來讚譽費舍爾和科恩是「先驅鬥士」。[49] 薩洛蒙是拉特瑙刺殺案的幫兇，被判五年徒刑。卡爾・愛德華沒有親自扣動扳機，但他和「領事組織」的刺客一樣有罪，甚至比他們罪孽更重。

三、遺老遺少思潮史：威瑪時期的君主主義

一九一八年，德國的帝制滅亡了，但還有相當多的人

對君主制抱有憧憬或懷舊。許多貴族，包括興登堡總統，百般不情願地為共和國效力，內心仍然是君主主義者。他們渴望恢復帝制、恢復法律上的貴族制度，回到他們的美好舊時光。經歷了群魔亂舞的威瑪共和國、萬馬齊喑的納粹統治和意識形態激烈對抗的兩德時期，德國的君主主義[50]潮流有過曇花一現，受過殘酷鎮壓，但一直以這種或那種形式堅持著。前朝舊人已經辭世，但遺老遺少至今仍然在德國存在。他們經歷的風風雨雨，能幫助我們更好地理解二十世紀德國史。而這段歷史裡最有意思的問題也許是：德國君主主義為什麼失敗？帝王為什麼始終不能在德國復辟？君主主義者與納粹的關係是什麼？

要回答這些問題，就必須重新回去審視威廉二世退位、帝制崩潰的那個時間點。

狼狽出逃的皇帝

威廉二世皇帝在一九一八年的革命期間做了什麼呢？十一月九日，還沒有得知巴登公子馬克西米連宣言的時候，皇帝對隨從說：「孩子們，拿起武器！」[51]他似乎鬥志昂揚，但針對誰戰鬥呢？革命者？「出賣了帝國」的社會民主黨？還是協約國？

然而得知馬克西米連宣言之後，皇帝帶領隨從乘火車出逃，第二天清晨就踏上了荷蘭領土，一去不復返。皇帝自己也很想復辟。但談到復辟的可能性，先要問一個問題：在一九一八年，除了倉皇出逃之外，皇帝有別的路可走嗎？

絕大部分右派，包括貴族，相信皇帝原本有三個讓大家可以接受的選擇，而他一個都沒選，而是做了第四個，也是最壞的決定。正因如此，帝制的威望嚴重衰減，復辟的可能性大大減小。

帝制的最後幾天，在比利時小鎮斯帕，皇帝和他身邊的軍官、外交官與侍從武官激烈地探討著他的三個選擇。首先，按照首相馬克西米連的意見，皇帝應當「及時」退位，這樣還有保存君主制的一線希望。首相派普魯士內政部長威廉·德魯茲博士（Wilhelm Drews, 1870-1938）去見皇帝。德魯茲在十一月一日向皇帝彙報了首相和外交部的建

德皇威廉二世，拍攝者不詳，約一九一五年。

議：儘快退位。皇帝當場斷然拒絕，並豪情萬丈地說：「我要用機槍在石子路上打出給你的答覆。即便把我自己的皇宮炸爛，也必須維持秩序！」[52]

德魯茲等人苦苦哀求，說皇帝如果不退位，那麼柏林可能爆發布爾什維克革命。於是皇帝提出了他的第二個選擇：「那麼我就親自帶幾個師向柏林進軍，把叛徒全部絞死。到時候看群眾是不是站在皇帝和帝國這邊！」[53]、「若有必要，把柏林城都炸爛。」[54]

主張皇帝率軍回國鎮壓革命的，在高層圈子裡大有人在。「德國皇儲」集團軍群參謀長腓特烈・馮・德・舒倫堡伯爵（Friedrich Graf von der Schulenburg, 1865-1939）[55]是堅定的保皇派。他堅信，此時仍然有辦法集結一些忠誠可靠的部隊，撤回本土，向柏林進軍，武力鎮壓革命。好幾位將領支持舒倫堡的想法。舒倫堡聲淚俱下地懇求皇帝「上前，到我們當中來」[56]，去打一場內戰。而皇帝在戰爭的大部分時間裡都是興登堡與魯登道夫的傀儡，此時終於有一個機會去擺脫受制於人的狀態，真正做一次大事。

那麼皇帝親自率軍鎮壓革命，是否可行呢？在十一月八日和九日的陸軍大本營軍事形勢報告會上，軍需總監（實際上是陸軍總部的一號首長）威廉·格勒納（Wilhelm Groener, 1867-1939）對德軍狀態的評估非常悲觀。格勒納冷靜地指出，此時軍官對部隊的控制力已經很弱，無法約束和有效地指揮士兵；部隊已經不願意跟隨皇帝，所以用陸軍來鎮壓革命是辦不到的。[57] 陸軍總參謀長興登堡（實際上是陸軍最高統帥）贊同他的分析。皇帝徵詢了大本營三十九位將領和高級軍官的意見，大多數人相信，軍隊已經不可靠。

與此同時，柏林政府不斷打電話和發電報催促皇帝退位，隨後馬克西米連首相又單方面宣布皇帝和皇儲都放棄了皇位。興登堡想到法國大革命期間路易十六出逃、被捕和被處死的悲劇，以及幾個月前俄國沙皇全家的悲慘結局，沒有勇氣支持舒倫堡的計畫。他提議皇帝逃往僅僅五十公里之外的荷蘭王國。最後皇帝選擇的就是這條路。

很多貴族相信，皇帝原本可以有另一個選擇，那就是：他可以去死！在洪水滔天的危急時刻，皇帝應當親自上戰場，向協約國軍隊發起最後的攻擊，轟轟烈烈地戰死。這樣才能捍衛君主制的威望，讓君主制有希望在德國生存下去，並為後世留下光輝燦爛的象徵符號。

按照格勒納的記述，他在斯帕曾主張「皇帝立刻上戰場去求死。皇帝充滿英雄主義的壯烈犧牲能夠一下子改變政治局勢。或者即便他沒有陣亡而只是負傷，民意也極有可能轉變到對皇帝有利的方向。後來陸軍總部的一些較年輕的軍官接受了我的想法，表示願意與皇帝一同赴死」、「……在我看來，皇帝應當上戰場，就像他的偉大祖先在類似的絕望形勢下會做的那樣」。[58] 格勒納甚至還和總參謀部作戰處處長約阿希姆·馮·施蒂爾普納格爾少校（Joachim von Stülpnagel, 1880-1968）一起做了安排皇帝壯烈犧牲的準備工作。他們打算在前線選擇一個合適的地段，並尋找願意陪皇帝最後一程的志願者，最後讓皇帝親自率領這些死士向敵人發起攻擊。確實有很多人願意與皇帝一起慷慨赴死。德國駐比利時總督路德維希·馮·法爾肯豪森男爵（Ludwig Freiherr von Falkenhausen, 1844-1936）據說曾在皇帝面前發誓：「請陛下保持堅定，為了您，我們都甘願一死！」[59] 海軍總部的高級軍官構思了更可靠的方案：讓皇帝登上一艘旗艦，在海上發起自殺式攻擊，與軍艦一起沉入大海，[60] 這樣可以避免皇帝沒有死卻被俘的尷尬局面。不過格勒納說，他是符騰堡人，不適合向皇帝指明這條路，這應當是普魯士將軍們的使命。但顯然沒有人直接向皇帝提出這個建議。

不只是大本營的這些狂熱軍人，其他方面也有人主張皇帝以死謝天下。曾任首相的格奧爾格·米夏艾理斯（Georg Michaelis, 1857-1936）早在一九一八年十月就主張皇帝參加「最後一戰」，「親自拔劍參戰」。[61]不過米夏艾理斯在最後一次覲見皇帝的時候也沒敢說出來。御前樞密文官幕僚（Geheimes Zivilkabinett）的最後一位主管腓特烈·馮·貝格[62]也在回憶錄中說，皇帝待在軍隊裡，不應當是為了保護自己的人身安全；皇帝應當親自上前線，並待在前線，而不是躲在後方。「生命無足輕重，重要的只有榮譽、君主制和祖國。」[63]就連皇帝曾經的好哥們菲利普·祖·奧伊倫堡侯爵[64]也覺得，皇帝錯失了挽回自己顏面、挽回帝國體面的最後機會：「既然國王的大業已經瓦解，那麼國王只能上前線，而不是逃往荷蘭！只有上前線，才能維護他的王朝的榮譽。也許透過他作為軍人的犧牲，能夠鞏固王朝的榮譽。或者他可以待在柏林，帶領仍然忠誠的部隊，去嘗試鎮壓叛亂。不管興登堡怎麼說，都沒有別的路！」[65]

皇帝不肯及時退位，沒有勇敢地鎮壓革命，也沒有以死挽回榮譽，而是不加抵抗地溜之大吉。年紀較大的貴族相信，皇帝本人有堅強的戰鬥意志，但他身邊簇擁著軟弱無能的謀臣，這些人慫恿和背叛他，誘騙他走上了逃亡的不光彩道路。而更多貴族相信，皇帝這麼做是臨陣脫逃，是當了可恥的逃兵。原本在第二帝國後半期，貴族圈子（尤其是下級貴族）中就對威廉二世有諸多不滿，比如批評他拉攏和勾結資產階級，尤其是猶太資本家，忽視了貴族的利益，而當了逃兵的皇帝威望更是一落千丈。

而且不僅僅是當逃兵，皇帝還食言了。他曾多次向不同人承諾，要與軍隊待在一起，絕不拋下官兵，哪怕死路一條。侍從武官西古爾德·馮·伊爾澤曼（Sigurd von Ilsemann, 1884-1952）[66]回憶，皇帝曾說：「只要我身邊的先生們還有幾個人對我忠誠，我就和他們一起死戰到底，哪怕我們全都戰死！我不怕死！我要留在這裡！」[67]舒倫堡伯爵也有這樣的回憶：「我對陛下說：『請親自領導軍隊……請您答應我，無論如何要和軍隊在一起。』陛下向我道別時說：『我會和軍隊在一起！』我親吻了他那親愛的、堅強的手，此後就再也沒有見過他。」這麼煽情的場面其實很空洞。皇帝對自己的長子也有過承諾：「我要留在這裡，和忠於我的人們在一起！」君無戲言，然而皇帝輕而易舉地背誓了。廣大貴族對威廉二世的惡評和鄙夷達到了一個高峰。

在威瑪共和國時期聞名遐邇或者說臭名遠揚的右翼人士、準軍事組織領導人赫爾曼·埃爾哈特能夠代表象當一部分年輕軍官和貴族的立場。他後來娶了一位侯爵小姐，也算進了貴族圈子。他說，皇帝和皇儲在一九一八年十一月有兩個選擇，要麼「率領幾個近衛團向柏林進軍，徹底粉碎赤匪」，要麼「手執利劍，戰死在通往自己寶座的臺階上」。一九一九年，有傳聞說協約國打算要求德國交出皇帝，將其作為戰犯審判。埃爾哈特和其他一些舊軍官安排了計畫，打算突襲皇帝的流亡地，將他救走。這時他對皇帝還有一份忠心。而到了一九二六年，他就公開譴責皇帝在危急關頭背棄了德國，背叛了貴族和人民。還有一群年輕貴族軍官也公開表態：「從此我們應當將君主制和具體的某位君主做嚴格區分，因為這位君主背叛了君主制。」[68]

歷史學家斯蒂芬·馬林諾夫斯基挖掘了大量這一時期的貴族私人通信、日記和回憶錄，發現類似上文的情感表達俯拾皆是，這樣的情感對君主主義思想造成了沉重打擊。皇儲的副官路易·米爾德納·馮·米恩海姆（Louis Müldner von Mülnheim, 1876-1945）早在一九一九年就斷言：驕傲的「君主威嚴」竟落到了這樣可恥的結局，這對君主主義思想造成了「可怕的損害」。[69]貴族地主和騎兵軍官威廉·馮·奧彭—托爾諾（Wilhelm von Oppen-Tornow）在一九二五年的日記裡寫道：「德國的所有君主未經一戰便放棄了寶座，這是無與倫比的奇恥大辱！……第一個跑路的皇帝罪責最大！」[70]

既然威廉二世的形象已經難以修復，那麼他的長子皇儲威廉的形象怎樣呢？如果他能保全體面的話，霍亨索倫家族和君主制是不是還有希望？

一九二二年，皇儲威廉寫了本回憶錄，把自己在帝制最後歲月裡的表現描繪得堅定勇敢。不過這本回憶錄其實是多個寫手為他捉刀代筆的。一九一八年十一月九日前後，威廉皇儲的表現並不比父皇強，甚至更糟。有傳聞說，在國家危亡的這幾天，他沒幹什麼正事，而是和幾個法國娼妓玩樂。皇儲的荒淫放蕩在貴族圈子裡人人皆知。舒倫

末代皇儲威廉，E. Bieber 攝，一九一四年。

堡在戰後有幾年對皇儲還抱有一絲幻想，希望艱苦歲月的磨礪能讓皇儲成熟起來，成長為一個「真正嚴肅的人」。[71]然而舒倫堡漸漸大失所望，後來說：「皇儲在民眾當中最有名的一點，就是他寫了這本書，而這本書裡沒有一個字是他自己寫的。這讓我感到噁心。」他還說：「如果德國知識份子知道了皇儲的真實面目，會造成巨大的反彈。皇儲的角色就完蛋了。」施蒂爾普納格爾也有同樣的擔憂：「德國是君主國還是共和國，完全取決於有沒有合適的人當君主。如果沒有的話，霍亨索倫的皇帝夢就破滅了。」[72]

皇帝和皇儲在一九一八年的糟糕表現，不僅違背德國貴族的傳統價值觀，還粉碎貴族習以為常的世界觀。所以在貴族乃至廣大民眾當中，君主主義變得邊緣化和不流行。而即便在出於懷舊、守舊和敵視民主制等原因仍然信奉君主主義的少數人當中，也沒有多少人支持威廉二世復辟。這些君主主義者在原則上主張德國應當有君主制，但內心裡沒有人願意看到威廉二世和他的兒子捲土重來，因為覺得他們不配。所以霍亨索倫君主主義只能是一種有氣無力的思想，很難有實際的支撐、切實的目標和可行的事業。君主主義組織「保守派主要協會」（Hauptvereins der Konservativen）的主席埃瓦爾德・馮・克萊斯特—施門岑（Ewald von Kleist-Schmenzin, 1890-1945）在一九二七年的一次聚會上祝酒，向「戴皇冠的人」致敬，卻不肯說威廉二世或者皇儲的名字。[73]德國貴族聯合會在一九二六年一次會議上的決議是：「威廉二世皇帝不是能得到大家認可的君主人選，這一點我們都同意。他的已成年的兒子們也沒有一個合適。目前我們的希望在皇儲的長子身上。」[74]所以霍亨索倫君主主義有至少三個皇位覬覦者：威廉二世、皇儲威廉和皇長孫威廉。

威瑪時期的霍亨索倫君主主義

威瑪共和國時期，有一些霍亨索倫皇朝的遺老遺少組建了一些君主主義組織，不過都不成氣候。極右翼的德意志民族人民黨（ＤＮＶＰ）是君主主義政黨，綱領之一就是復辟霍亨索倫皇朝。[75]不過他們嘴上說著君主主義的言辭，吃飯時向皇帝或皇朝敬酒，卻沒有真正的復辟計畫，更談不上實踐了。

一九一八年十一月九日，也就是皇帝退位的當天晚上，右翼作家漢斯・普法伊費爾（Ernst Pfeiffer, 1876-1942）在柏林建立了「正直者聯盟」（Bund der Aufrechten），該組織的宗旨就是君主主義和反猶主義，到一九一九年有超過一千會員。在其第一次大會上有一百四十名來自普魯士的代表參會。「正直者聯盟」網羅了不少有名的政客、軍人和貴族，如威廉二世的次子、普魯士王子埃特爾・腓特烈（Eitel Friedrich von Preußen, 1883-1942）、威廉二世的第五子奧斯卡王子（Oskar Prinz von Preußen, 1888-1958）、陸軍大將、曾任陸軍部長的卡爾・馮・艾內姆（Karl von Einem, 1853-1934）、國會議員庫諾・馮・韋斯塔普伯爵（Kuno Graf von Westarp, 1864-1945）等。興登堡總統的女婿、普魯士地主和軍官漢斯・約阿希姆・馮・布羅克胡森（Hans Joachim von Brockhusen, 1869-1928）是「正直者聯盟」第一任主席。[76]一九二二年，「正直者聯盟」在柏林的腓特烈斯海因（Friedrichshain）舉辦了「普魯士大會」，有三千人參加。此時「正直者聯盟」有六十個地方分支，約有二萬五千名萬會員。這些活動當然引起了共和國政府的注意。該年六月，外交部長瓦爾特・拉特瑙被右翼分子刺殺。共和國政府借此機會對形形色色的右翼和反共和國組織進行調查和鎮壓。「正直者聯盟」雖然與這起刺殺案件沒有直接連繫，但也被查禁。該組織的半月刊《正直者》（*Der Aufrechte*）第二十六期在拉特瑙遇刺之前剛剛出版，也被查抄。「正直者聯盟」的若干單位繼續活動，直到一九三四年被納粹黨徹底解散。

「忠皇青年團」（Kaisertreue Jugend）是威瑪時期的一個遺少組織，一九二二年成立，主要在柏林活動，定期去荷蘭多倫宮（Huis Doorn）拜訪在那裡過流亡生活的老皇帝，並向皇帝介紹組織的新成員。一九三四年，「忠皇青年團」被納粹黨查禁。二戰結束後，部分「忠皇青年」加入了「傳統與生活」組織。

一戰結束之後的右翼準軍事組織「鋼盔團」（主要由一戰老兵組成）也有君主主義的色彩。它極力反對民主制，反對共和國，但在一九三四年被納粹黨強迫吸納進了衝鋒隊。

威瑪共和國的倒數第三任總理（任職時間一九三〇至一九三二）、中央黨政治家海因里希·布呂寧（Heinrich Brüning, 1885-1970）是德國歷史上的爭議人物，有人說他是威瑪民主的最後捍衛者，也有人說他葬送了威瑪民主。他反對共產黨，也反對納粹黨。他任總理期間德國國內政治極其動盪，又趕上大蕭條，經濟衰退，而他的經濟政策不受歡迎，給工人階級和中產階級帶來很多困苦。他禁止共產黨的準軍事組織「紅色陣線戰士同盟」（Rote Frontkämpferbund），也禁止納粹黨的衝鋒隊。下臺之後，布呂寧逃往英國，後來去了美國，在哈佛大學當政府管理學教授，在美國去世。

布呂寧畢生是堅定的君主主義者。一九三三年六月，也就是納粹上臺不久之後，他向英國駐德大使表示，現在挽救形勢的唯一辦法就是恢復君主制。[77]他還在回憶錄裡說自己當總理的主要目標就是復辟君主制。儘管他相信俾斯麥的體制是最好的，但他沒有詳細的復辟計畫，更不要說迎回老皇帝的想法了。[78]

對皇室的失望，讓貴族尋找新的領袖

既然威瑪時期的霍亨索倫君主主義不成氣候，既然皇帝和皇儲都是逃兵和軟蛋，沒有能力和資格繼續領導德國，既然貴族、右派只是暫時與共和國合作，骨子裡仍然敵視共和國與民主制，那麼問題來了，德國應當往何處去？貴族對這個問題做了很多思考。

皇儲威廉在一九二四年表示：「只有一個獨裁者才能把德國這輛破車從屎坑里拉出來。」我們不知道皇儲說的獨裁者指的是不是他自己。但在貴族眼裡，他肯定不是這樣的英雄。鐵杆的霍亨索倫保皇派舒倫堡伯爵說：「只有一位泰坦巨人，才能掌控當前的局勢。而目前無論左派還是右派都沒有這樣的偉人。」[79]

既然缺少值得尊重的新皇帝人選，大部分貴族又不接受共和國，貴族就非常需要新的領導者，新的領袖，也就是新的「元首」。借用歷史學家馬林諾夫斯基的著作的標題來說，這就是對貴族而言的「從國王到元首」的轉變。這是一個世界觀的大幅度轉變。貴族渴望、呼籲和需要一個新型的領袖。尤其在普魯士貴族當中，這種思想相當普遍和具有代表性。

那麼貴族渴望的新型領袖應當是什麼樣的人呢？有一個現成的樣板：墨索里尼。梅克倫堡的退伍軍官安德列亞斯·馮·伯恩斯托夫—威登多夫伯爵（Andreas v. Bernstorff-Wedendorf）在日記中寫道：「只有出現一位獨裁者，我們才有救。他要用鐵掃帚橫掃這些國際寄生蟲無賴。要是我們像義大利人一樣，有一位自己的墨索里尼就好了！」[80]他這裡的「國際寄生蟲無賴」指的就是威瑪時期德國右派（包括貴族）眼中的敵人：英法資本主義、俄國共產主義，以及本土的社會民主黨，當然還有猶太人，因為前三者包括了太多猶太人，至少在反猶主義者眼中是這樣的。

墨索里尼成功地建立了新秩序，把義大利的舊精英（王室、貴族）與新精英（法西斯黨）融合起來，這似乎為在共和國體制下無所適從、如坐針氈的德國貴族指明了一條出路。欣賞墨索里尼，是當時德國貴族當中常見的現象。前文講過，薩克森—科堡—哥達公爵卡爾·愛德華組建了「法西斯主義學習社團」來學習和研究義大利法西斯主義。另外，皇儲威廉也在一九二八年寫信給父親威廉二世，讚揚墨索里尼的法西斯主義是「神奇的解決方案」；在墨索里尼的義大利，「社會主義、共產主義、民主和共濟會被連根拔起，是一種精彩的暴力運動取得了這樣的成就」[81]。

君主主義的癱瘓，讓很多貴族做好了心理準備，去接受一位強有力的墨索里尼式獨裁者，哪怕這位獨裁者出身草根。後來希特勒得到很多貴族歡迎和支援的原因之一，就是他能扮演霍亨索倫皇室無力擔當的強大領袖角色。

藍白夢想：巴伐利亞君主主義

在威瑪共和國時期，除了霍亨索倫家族夢想復辟，德國還有其他一些地方性的君主主義思潮，其中最強勢的要數巴伐利亞王室維特爾斯巴赫家族的擁護者。

他們強大到足以讓普魯士君主主義者擔憂。皇帝逃往荷蘭之後，普魯士王儲身邊的謀士驚慌失措地注意到，巴伐利亞有人公開宣稱：「維特爾斯巴赫家族應當接過帝國的戰旗！」[82]巴伐利亞王儲魯普雷希特（Rupprecht Kronprinz von Bayern, 1869-1955）說，魯登道夫在一九二一年十二月向他表示：「現在是決定大局的時刻，我身後有一支特別強大的力量。不管是霍亨索倫，還是維特爾斯巴赫，誰伸手，這支力量就是誰的。」[83]

魯登道夫如果真的這麼說過，那麼他相當看好維特爾斯巴赫家族。也難怪。與普魯士霍亨索倫君主主義的混亂和內部爭吵形成鮮明對比的是，巴伐利亞有著相當強勁有力的君主主義。首先，霍亨索倫君主主義者無法決定應當支持哪一位王子復辟，而巴伐利亞君主主義者擁有一個毫無爭議的核心人物和王位覬覦者：魯普雷希特王儲。他享有相當好的聲譽和威望，在第一次世界大戰期間擔任過集團軍群一級的司令官，獲得陸軍元帥軍銜。他是一戰期間德軍最優秀的將領之一，並且可能是諸多憑藉自己的高貴出身而獲得高級軍職的王室成員當中唯一稱職的軍人。[84]普魯士王儲威廉也擔任過集團軍群司令，但他沒有軍事才幹，是個空架子，主要依賴身邊的參謀軍官。

巴伐利亞王室的名聲沒有像霍亨索倫家族般惡名昭彰，還得到相當多民眾的愛戴和懷念。巴伐利亞末代國王路德維希三世（一八四五至一九二一）去世後，數千人在慕尼黑老城區追隨他的靈柩，為他送行。[85]並且，路德維希三世在一九一八年十一月十二日發表的《阿尼夫宣言》（*Anifer Erklärung*）並不是退位宣言，而是解除文武官員和士兵對他的效忠義務。因此從技術上講，他和他的兒子魯普雷希特都沒有放棄王位。魯普雷希特希望復辟君主制，但

巴伐利亞王儲魯普雷希特，Bernhard Dittmar 攝，約一九一四年。

他只願意透過合法手段和人民的推舉來實現這個夢想。[86]

除了擁有可靠的王位覬覦者，巴伐利亞還有組織嚴密而高效的君主主義組織：一九二一年建立的「巴伐利亞家鄉與國王聯盟」（Bayerische Heimat- und Königsbund）。它在民眾當中有不錯的群眾基礎，與政界也有很好的人脈紐帶。到一九二六年底，「巴伐利亞家鄉與國王聯盟」有一千三百三十個分支，會員共六萬五千人。[87]

「巴伐利亞家鄉與國王聯盟」還有一位優秀的領導者埃爾維因·馮·阿雷廷男爵（Erwein Frhr. v. Aretin, 1887-1952），他是個奇人，雖然銜級不高，也不富裕，但在巴伐利亞貴族當中威望很高。並且在德國貴族當中，他的人生經歷也很不尋常。他曾在萊比錫、慕尼黑和哥廷根深造，攻讀數學、天文學和藝術史，曾在維也納天文臺工作，後成為記者。他因為心臟不太好，所以遠離了德國貴族最常見的職業——從軍。而他對普魯士貴族的軍事色彩和軍國主義也經常發出尖刻的挖苦。

普魯士的君主主義往往耽於清談，大家都不是真誠地希望老皇帝回來。而阿雷廷對自己的君主主義使命非常認真，投入了很大精力。一九二六年，他報告稱，「在城市居民當中的宣傳鼓動工作進展不順利」，但在鄉村取得了很大進步。他從一些大地主及其社團那裡獲得資金來從事君主主義宣傳工作。也有一些貴族慷慨地把自己的宮殿和莊園拿出來供「巴伐利亞家鄉與國王聯盟」使用。一九二九年，阿雷廷「無比恭順地」向魯普雷希特王儲彙報：「雖然還有很多不足，但今天的『巴伐利亞家鄉與國王聯盟』是殿下能夠運用的最鞏固的組織。它當然需要改進和新生力量。但它隨時可供調遣，並且有發展前途。……德國其他地方沒有一個邦擁有能與之相提並論的組織。」[88]

「巴伐利亞家鄉與國王聯盟」在宣傳工作上相當前衛，樂於接受和運用新技術。它有自己的報紙，有傳單，有幻燈片，有自己的車隊可以送人到各地去搞宣傳活動和講座。魯普雷希特王儲還打算拍一部宣傳電影，並親自編劇。他的設想是拍一部講巴伐利亞國王路德維希一世（一七八六至一八六八）的故事片，把他描繪成反抗拿破崙的德意志民族解放戰爭的英雄。因為一般來講，最受媒體和文藝界關注的德國英雄人物都是普魯士人，比如腓特烈大王和俾斯麥。魯普雷希特希望讓公眾更多瞭解巴伐利亞的英雄。阿雷廷也希望這部電影能克服北德人對巴伐利亞的偏見，並提升巴伐利亞君主主義的聲望。

拍攝電影宣傳片的計畫一方面展現出巴伐利亞君主主義者和貴族的思維開明，但另一方面則證明他們還不夠前衛。畢竟與同一時期納粹黨的宣傳工作，以及蘭妮・萊芬斯坦（Leni Riefenstahl）短短幾年後為納粹拍攝的宣傳電影《意志的勝利》、《奧林匹亞》等相比，巴伐利亞貴族遺老遺少的宣傳電影還是太稚嫩了些。[89]

其他地方性君主主義潮流

除了巴伐利亞之外，漢諾威也有相當強勢的君主主義思想，主張恢復韋爾夫家族的統治。一八六六年的普奧戰爭中，漢諾威王國站在奧地利那邊，曾在一次戰役中打敗過普軍，但畢竟寡不敵眾。奧地利戰敗，漢諾威被普魯士吞併，成了普魯士王國的一個省。原先統治漢諾威的韋爾夫王室被推翻，流亡奧地利。一八六七年，漢諾威保王黨人組建了「德意志—漢諾威黨」（Deutsch-Hannoversche Partei），其終極綱領是恢復漢諾威獨立、恢復韋爾夫王室。該黨雖然一度引起俾斯麥及其繼任者的緊張，但始終是合法和守法的政黨，其達到目的的途徑是改革而非革命。隨著漢諾威人逐漸接受和融入普魯士主導的德國，十九世紀九〇年代之後該黨的影響力大大減弱。[90]一九一八年十一月革命之後，「德意志—漢諾威黨」要求在威瑪共和國框架內建立一個漢諾威國家，但為此舉行的公投沒有達到法定人數。一九二五年，鼓吹韋爾夫君主主義的德國貴族聯合會漢諾威分支還因此與德國貴族聯合會柏林總部發生了衝突。[91]由此可見，君主主義不但不能把貴族團結起來，反而讓他們更加分裂。韋爾夫君主主義和巴伐利亞君主主義一樣，有反普魯士的成分。畢竟這兩個地區都曾站在普魯士的對立面。

德國西南部的部分天主教貴族還對哈布斯堡家族抱有憧憬，甚至相信古老的神聖羅馬帝國才是正統，哈布斯堡家族是理所當然的德意志領導者，而霍亨索倫家族只不過是篡位者。修道院長奧古斯提努斯·馮·加倫（Augustinus von Galen, 1870-1949）[92]在一九二六年表示：「霍亨索倫家族的帝國與老帝國沒有一絲一毫關係，所以根本不是老帝國的合法繼承者。從這個角度看，他們絕不應當是未來皇冠的主張者。」德國西南部的有些貴族，尤其是諸侯，依然堅持神聖羅馬帝國的思想，而不喜歡普魯士和霍亨索倫家族。因此，這些貴族親近哈布斯堡家族，同時又篤信天主教，與奧地利教會有緊密連繫，所以支持哈布斯堡家族統治德國的貴族大有人在。不過，哈布斯堡君主主義在德國同樣主要是一種模糊而曖昧的思想，沒有觸發實際的行動。何況，這比霍亨索倫君主主義更不切實際。[93]

阿提拉·馮·奈佩格伯爵（Attila Graf v. Neipperg）向一位巴伐利亞貴族解釋說，巴伐利亞貴族忠於維特爾斯巴赫家族，但德國西南部的貴族對本地的統治王朝符騰堡王室和巴登大公家族沒有好感。因為這兩個統治家族是在拿破崙扶持下得到提升的，許多原本直屬於神聖羅馬帝國的陪臣諸侯的地位與符騰堡和巴登至少在理論上是平起平坐的，如今卻不得不臣服於他們，非常不服氣。[94]另一方面，尤其符騰堡王室對曾經與自己平等的陪臣諸侯非常敵視，對其加以各種限制和約束。[95]很多貴族對這些君主頗為怨恨。所以沒有出現符騰堡君主主義。

後繼無人

威瑪共和國時期的君主主義除了地區性的差別和內在矛盾之外，還有一個嚴重問題是後繼無人。即便在年輕的貴族和右派當中，也越來越少有人對復辟君主制感興趣。貴族和大資產階級的精英社團紳士俱樂部（Deutscher Herrenklub）在一九二八年的調查表明，年輕一代的右派雖然堅決反對共和國體制和議會民主，但他們與一戰之前的舊世界沒有緊密的連繫，對那個舊時代沒有多少懷舊與憧憬，所以很難把這些人引導到君主主義道路上去。克萊斯特—施門岑於一九三二年在易北河以東地區做的調查得出的結論也是這樣。

就連對君主主義最熱心的巴伐利亞貴族，也是青黃不接。雖然老一代信奉君主主義的巴伐利亞貴族非常努力地向年輕人灌輸君主主義思想，但德國貴族聯合會的巴伐利亞分支承認，在年輕一代貴族當中「沒有正統主義和君主主義思想」。[96]年輕貴族雖然堅定反對威瑪「體制」，但他們「拒絕毫無意志力地盲從長輩的信念」。一九二八年的一份報告擔憂地指出，很多年輕巴伐利亞貴族公開表態：「我們對君主制沒有感覺。」[97]

而等到納粹黨發展壯大之後，君主主義者會遇到最大的挑戰。

四、「雅利安人條款」與《純正德意志血統貴族鐵書》：威瑪時期的貴族反猶主義

一九三四年三月，德國總統興登堡大發脾氣。

原因是德國貴族聯合會柏林分支的領導人，前農業部長馬格努斯・馮・布朗男爵[98]（Magnus Frhr. v. Braun, 1878-1972）向他彙報了德國貴族聯合會總部的一項新舉措：對貴族血統提出更嚴格的標準，要求貴族證明自己的家族往前推到一七五〇年，全都是純正的德意志血統，並且配偶全都是純正德意志血統的人；不符合標準的貴族將被踢出貴族聯合會。[99]

德國貴族聯合會是當時德國唯一一個全國性、跨地區、跨宗教的貴族社團。它於一八七四年在柏林成立，起初

的影響力很小，一八九〇年有約一千名成員，到一九一四年有二千五百名成員。但第一次世界大戰開始後會員數快速增長，至一九二五年已擁有一萬七千名男性成員。[100]德國其他的貴族社團往往是地方性的、特定宗教的、社交和慈善性質的，而德國貴族聯合會具有強烈的政治色彩，有自己的政治主張和宗旨，傾向於保守和右翼，反對自由主義和社會主義。在第二帝國末期，德國貴族聯合會是皇室及其保守主義政權的捍衛者，對皇室的一些傾向自由主義的政策也發出激烈批評。德國貴族聯合會在那個時期主要代表普魯士容克地主的利益，後來雖然有很多大貴族和南德天主教貴族加入聯合會，但經濟條件窘困的普魯士新教徒小貴族仍然占主導地位。聯合會鼓吹清貧的美德，敵視資產階級和猶太人所代表的城市文化。[101]

一九一八年之後，聯合會的一個重要功能是救濟，以捐款、捐物等方式說明陷入貧困的貴族。不過，在威瑪共和國期間，聯合會越來越積極地參與右翼政治活動，力圖為德國貴族爭取到新的領導地位。它敵視共和國，敵視議會民主，敵視保守派的左翼，越來越激進地奉行種族主義、反猶主義。早在一九二〇年，聯合會就規定，貴族必須保證自己的血統上溯到一八〇〇年都是純正的德意志人，不能有猶太人和其他非雅利安人血統，否則就要被開除。這就是所謂「雅利安人條款」（Arierparagraph）。除了德國貴族聯合會，鋼盔團和各種右翼組織也採納了「雅利安人條款」，將自己隊伍裡有猶太血統的人排擠在外。

自從阿道夫．祖．本特海姆—泰克倫堡侯爵（Fürst Adolf zu Bentheim-Tecklenburg, 1889-1967）於一九三二年擔任主席以來，德國貴族聯合會急劇右傾，路線更加接近和迎合納粹。這讓很多貴族，尤其是南部和西部的天主教貴族感到不安。一九三三年九月，此時希特勒已經上臺，本特海姆侯爵拜見了「元首」，向他保證貴族聯合會的忠誠。不久之後，貴族聯合會就推出了升級「雅利安人條款」的政策，要求將血統純正的標準往前推到一七五〇年。這在貴族當中引起了軒然大波和激烈爭吵。首先，德意志貴族歷史上從來就不是血統純正的群體，有很多斯拉夫人和猶太人的血統，貴族聯合會這一招的打擊面太大；其次，要透過挖掘檔案、研究譜系等科學手段來證明自己的「清白」，需要花不少錢，不是每一個貴族都承擔得起；並且，貴族的傳統是以血統的「古老」為傲，「純正血統」是一個比

科堡榮譽獎章，PimboliDD 攝。

較新的種族主義概念，不符合貴族的傳統，不符合基督教精神和騎士精神。本特海姆不以為然，說既然在希特勒統治下，連公務員都需要證明自己的祖父母和外祖父母共四位祖先都是純正德意志血統，那麼貴族理應對自己有更嚴格的要求。[102]

「雅利安人條款」要按照符合納粹思想的方式對貴族集團進行改造，對「貴族」這個歷史概念提出了挑戰。許多貴族憤怒地主動退出聯合會，也有一些貴族無奈地被開除，甚至還出現了檢舉揭發某貴族的祖先有猶太人血統這樣的事情。著名的普魯士貴族世家馮・德・瑪律維茨家族的多位成員主張，僅僅因為某貴族的祖先兩三百年前與猶太人結過婚，就把他視為貴族當中的下等人，把他趕出聯合會，這非常不公平，於是馮・德・瑪律維茨家族的多名成員為了表示抗議而主動退會。[103]

當時的副總理法蘭茲・馮・巴本和布朗男爵作為老牌貴族，對貴族聯合會的種族主義舉措大為不滿，所以由布朗男爵去找興登堡總統訴苦。興登堡從一九〇三年起就是貴族聯合會成員，一九二〇年起還擔任榮譽主席。雖然他也不喜歡看到貴族與猶太人通婚，但覺得本特海姆做的還是太過分了，怒斥他簡直是要毀掉德國貴族群體。興登堡以辭去榮譽主席位置並退會相威脅，要求本特海姆接受那些在歷史上已經獲得邦君和帝王認可的貴族家族，不管他們有沒有猶太人血統。不料本特海姆傲慢地斷然拒絕，還揚言要就地解散貴族聯合會，然後請希特勒批准組建新的聯合會。他說新的種族標準的目的是「為了有朝一日，把血統純正的德國貴族送到元首面前，聽候他的調遣」。雙方爭執不下。[104] 一九三四年八月二日，興登堡去世，上述危機才自然解除，但此時貴族聯合會已經完全被納粹「一體化」，喪失了獨立性，淪為納粹的附屬機構了。而反猶主義分裂了德國貴族，讓其中一部分種族主義者更加堅決地為虎作倀。

威瑪共和國廢除了法律意義上的貴族，而原本負責管理貴族譜系資料的權威機關「普魯士王國紋章院」（Das königlich-preußische Heroldsamt）於一九二〇年三月三十一日解散，於是如何判定某人是不是貨真價實的貴族，成了令人頭疼的問題。除了設立「雅利安人條款」、清洗自己組織內的猶太人之外，德國貴族還試圖編纂全新的、全國性的、「血統純淨的」貴族譜系名冊。這就是後來所謂的《純正德意志血統貴族鐵書》（*Eisernes Buch deutschen Adels Deutscher Art*），簡稱ＥＤＤＡ。為了編纂ＥＤＤＡ，貴族們籌措到了不少經費，一九二五年秋出版了第一卷，第一個條目就是霍亨索倫家族。

那麼什麼樣的人可以被登記在ＥＤＤＡ裡呢？一九二〇年一月，波美拉尼亞的一百二十七位貴族聯名提出，猶太血統應當不超過八分之一。但也有人提出，哪怕是三十二分之一的猶太血統也非常有害，並建議那些有猶太血統的貴族保持單身，讓自己的家族自然滅絕。最後，一九二〇年十二月，ＥＤＤＡ編纂委員會以多數票通過的標準是：從自己往上推，三十二位祖先至多可以有一個猶太人或者有色人種的人；配偶必須符合同樣的標準。

ＥＤＤＡ同樣引起了爭議。比如有一些猶太人曾被普魯士國王或德皇封為貴族，如今難道要排斥這些貴族嗎？很多君主主義者認為這是對德皇尊嚴的冒犯。並且，因為譜系研究的困難、耗時與不小的開銷，「有能力證明自己三十二位祖先都是純正德意志血統的貴族不到百分之五十」。最後因為經費和人力不足、很多貴族的冷漠和不配合乃至反對，ＥＤＤＡ到一九三一年只登記了五百零八個家族中的三千一百五十八人。這只是德國貴族的一小部分，完全不能代表德國貴族。[105]

「雅利安人條款」和《純正德意志血統貴族鐵書》標誌著德國貴族當中的反猶主義已經愈演愈烈，到達了一個新的極端。反猶主義是許多德國貴族最終與納粹攜手的重要原因，還會有一批貴族直接成為納粹屠殺猶太人的劊子手。

第五章 德意志貴族與納粹

一、納粹的貴族支持者與同路人

薩克森—科堡—哥達公爵卡爾．愛德華是威瑪共和國的死敵。支援「領事組織」之類的右翼恐怖分子，只是公爵大人的「事業」之一。他還是高級貴族和上流社會當中最早支持納粹黨的人之一。

一九二二年十月十四至十五日，公爵在科堡舉辦了一次「德意志之日」集會活動，希望把形形色色的右翼勢力團結起來，共同對付共和國和共產黨。此時的希特勒和納粹黨的知名度還不高，他們很高興有這樣的機會把自己的勢力範圍從慕尼黑向外擴張。這也是衝鋒隊第一次大規模公開活動，有數百名衝鋒隊員參加。這次活動中的出席者總共有四千多人。社會主義者和共產黨人針鋒相對地舉行了自己的遊行示威，在科堡城與右翼勢力發生鬥毆，演化成雙方都有六百多人的混戰，據說就連希特勒也參加了鬥毆。當晚，在科堡的宮廷啤酒館，卡爾．愛德華和其他一些權貴聆聽了希特勒的演講。這是希特勒與公爵的友誼的開端。後來希特勒把一九二二年科堡的「德意志之日」視為「鬥爭年代」的一大里程碑。參照同樣發生在一九二二年十月的墨索里尼「進軍羅馬」，希特勒把科堡的那次行動稱為「進軍科堡」。他還專門設立了「科堡榮譽獎章」（Koburger Ehrenzeichen），授予參加過一九二二年「德意志之日」活動的「老戰士」。[1]在公爵大人的促成下，科堡成為德國第一個由納粹黨人控制市議會的城市。[2]希特勒上臺之後，卡爾・愛德華公爵繼續為他效力，比如借助自己與英國王室和上層社會的連繫，拉攏英國，推動英國的綏靖政策等等。

而在希特勒掌權之前就已經出於各種理由提攜、幫助和支持納粹運動的德國貴族，遠遠不止卡爾・愛德華一人。

與希特勒握手的理由

十九世紀末，德意志貴族面臨兩大挑戰：民族主義和現代民主。這兩方面對貴族來講都是陌生的。貴族本身是高度國際化的，狹隘的民族主義對他們是一種威脅；而民主似乎是更大的威脅，民主主義要推翻舊的等級制社會，剝奪貴族的特權與地位。兩害相權取其輕，很多貴族選擇了民族主義。在這條道路上，有的人越走越遠，最終投入了極端民族主義的納粹黨的懷抱。[3]

第一次世界大戰失敗的奇恥大辱、戰後遭到西方列強《凡爾賽和約》的羞辱和壓制、嚴重的經濟危機和通貨膨脹引起的生活水準急劇下降，這一切都是德國廣大民眾越來越右傾並最終投票給希特勒的深層次原因。許多貴族也經歷了類似的軌跡，尤其是北德和東部的大量小貴族陷入貧困，心理落差極大，更加容易激進化。畏懼和敵視共產主義，是貴族倒向納粹的另一個主要原因。這種畏懼並非無中生有。一九一七年十二月，新生的蘇俄政權與德國和奧匈帝國進行停戰談判時，蘇俄代表團團長阿道夫・阿布拉莫維奇・越飛（Adolph Abramovich Joffe, 1883-1927）坦然告訴奧匈帝國外交大臣奧托卡・切爾寧伯爵（Ottokar Czernin, 1872-1932）：「我們希望在你們國家也發動革命。」[4]托洛茨基則把蘇聯共產黨的世界革命理想和對德國的圖謀表達得很清楚：「從莫斯科到半亞洲的俄國，我們將拓展歐洲革命。這將引領我們走向一場世界革命。記住德國的千百萬小資產階級，他們在等待復仇的時刻。他們是我們的後備軍。我們的騎兵將和這支後備軍一起，進軍萊茵河，以無產階級革命戰爭的形式前進。」[5]一九一九年柏林的共產黨「斯巴達克團」起義和慕尼黑的蘇維埃共和國，以及一九二〇年春季魯爾區工人組成的紅軍的起義（最後被

退位之後的威廉二世與妻子赫米內，Oscar Tellgmann 攝，一九三三年。

自由團鎮壓，一千多名紅軍戰士被屠殺）[6]，也讓德國貴族心有餘悸。雖然蘇聯一九二四年之後以史達林的「一國社會主義」理論取代了「世界革命」路線，並且蘇聯和德國這兩個同樣被西方排斥的國家同病相憐，有過一些合作，但對德國大部分保守派和右翼人士來說，共產主義仍然是你死我活的不共戴天之敵。這讓很多原本對納粹並不感興趣的貴族也倒向了納粹。羅馬尼亞的末代王后瑪麗是薩克森－科堡－哥達公爵阿爾弗雷德的女兒、英國女王維多利亞的孫女。她說：「法西斯主義固然也是一種暴政，卻為進步、美、藝術、文學、家庭、社會生活、禮貌和整潔留出了空間。而布爾什維克主義卻要毀滅一切。」[7]

君主主義不成氣候，貴族無法寄希望於霍亨索倫皇室復辟來解決威瑪共和國時期的一系列社會和政治問題（比如向西方列強復仇、重建軍隊、改善經濟），於是需要尋找新的領袖。墨索里尼在義大利上臺後的一系列成功，再加上他給了義大利貴族和君主制一個新的地位，讓很多德國貴族對他頗為欣賞。前文講過，薩克森－科堡－哥達公爵卡爾・愛德華就特別希望把墨索里尼的成功經驗移植到德國。很多貴族對墨索里尼的欣賞，為他們支持希特勒做了鋪墊。

有些貴族擔心「民族社會主義」裡的「社會主義」並非僅僅說著玩玩而已，害怕納粹黨真的是「社會主義」[8]，要剝奪私有財產。希特勒在接受記者採訪時明確表示，納粹黨絕不會剝奪貴族地主的土地，而是要贏得地主和知識階層的支持。「從皇子到最後一個無產階級分子，」全體德國人都要團結起來「抵抗布爾什維克主義」。[9]這就讓很多原本對納粹抱有疑慮的貴族放寬了心。

歷史學家馬林諾夫斯基認為，貴族走上納粹道路的動機主要是情感的，而不是理性的。[10]但物質方面的理性考量也很重要。納粹政府的上臺給貴族帶來了極大的利益。這利益體現在：政府對農業和大地主的支持和扶助；透過對外擴張——尤其是在東歐的擴張和殖民，就像新一輪的條頓騎士團東擴，地主有希望獲得更多土地和財產；納粹重整軍備和擴軍，讓威瑪時期的「十萬國防軍」大幅膨脹，有了更多軍職提供給貴族；猶太人被從政府機關清除出去，留下的空缺給貴族提供了很多職業機遇。這些對需要打拚自己天地，較貧窮的年輕貴族來說，都是天賜良機。

納粹黨的意識形態，比如高貴的日爾曼血統的理念和反猶主義，對許多右翼貴族來說也相當悅耳。不少種族主義理論家屬於貴族，如馬克斯・馮・格魯伯（Max von Gruber, 1853-1927），他是種族優生學的創始人之一。納粹黨的「血與土」（Blut und Boden）浪漫傳說對貴族地主非常有吸引力。根據納粹的這種意識形態理論，民族的生存依靠血（民族的血統）和土地（農業生產的基礎），同時也強調了農業的重要意義以及農村生活的美德及傳統價值。這讓很多憎惡現代城市生活的「腐化墮落」、沉溺於鄉村「美好往昔」的貴族十分開心。強烈的反猶主義也讓很多貴族比較容易接受納粹。

所以不少貴族熱情洋溢地支持納粹黨，相信納粹黨是讓德國「再次偉大」和實現「偉大復興」的唯一希望，納粹黨是抵抗共產主義的壁壘。

也有很多貴族不是納粹黨的支持者，但希望能夠控制和利用納粹黨。比如幫助希特勒當上總理的保守派政治家法蘭茲・馮・巴本在希特勒內閣裡就安排了足夠多的保守派，企圖形成多數優勢以控制希特勒。[11]一九三三年一月

普魯士王子奧古斯特・威廉於在柏林體育館的演講場景，Carl Weinrother 攝，一九三二年。

三十日希特勒上臺之初的第一屆政府內閣只有兩個部長是納粹黨人[12]，倒是有多位貴族[13]與保守派。部長們絕大多數是巴本的朋友，並且巴本與興登堡總統關係不錯，所以巴本自信能夠輕鬆把希特勒與納粹黨玩弄於股掌之間。他傲慢地說，希特勒是「我們雇來用的」，「兩個月之內我們就能把希特勒擠壓到角落裡，讓他嗷嗷叫」。[14]當然，我們都知道希特勒的手腕比巴本那樣的貴族政治家不知高到哪裡去了。

一九三三年之前：納粹崛起道路上的貴族提攜者

在納粹黨發展的前期，很多貴族和名流用自己的沙龍和社交圈子幫助納粹黨打通人脈，進入上流社會，結交金主和政治盟友，拉攏文化界與思想界名人，或者慷慨解囊，為黨提供活動經費。在納粹黨掌權很久之前，希特勒在上流社交場所親吻貴婦的手的形象就很有名了。

一個很好的例子是艾爾莎・布魯克曼（Elsa Bruckmann, 1865-1946）的沙龍。她是一位家系古老的侯爵的女兒，血統可以追溯到拜占庭帝國的貴族。布魯克曼嫁給了著名出版家胡戈・布魯克曼，她從一八九九年開始在慕尼黑開辦沙龍，一直持續到一九四一年。許多顯赫的政治家、經濟學家、文學家、藝術家、工業家都是她的座上賓，包括詩人里爾克、胡戈・馮・霍夫曼斯塔爾與斯特凡・格奧爾格，文豪湯瑪斯・曼，也包括英裔德籍的休斯頓・斯圖爾特・張伯倫這樣的種族主義理論家（希特勒對他十分推崇）。布魯克曼的第一次沙龍活動就是請張伯倫來朗讀他的反猶「名著」《十九世紀的基礎》。

一九二〇年，布魯克曼第一次見到希特勒，就對他五體投地，從此開始大力贊助和支持他。希特勒啤酒館政變失敗之後坐牢，布魯克曼去探監：「……希特勒向我走來，他樸實、自然、極有騎士風度、目光炯炯有神！」[15] 希特勒出獄之後立刻去拜訪布魯克曼。從此魯道夫・赫斯、阿爾弗雷德・羅森堡、巴爾杜爾・馮・席拉赫等納粹高層人士成為布魯克曼沙龍的常客。她還幫助納粹黨與精英階層建立了連繫，比如她撮合希特勒與工業巨頭埃米爾・基爾多夫（Emil Kirdorf, 1847-1938）談妥了德國工業界為納粹黨提供經濟支援的協定，基爾多夫慷慨解囊，捐贈十萬馬克，幫助納粹黨度過了早期的一些財政難關。[16] 布魯克曼於一九三二年才入黨，但希特勒指示將她的黨齡從一九二五年算起，因為她在那一年就申請入黨，不過當時希特勒認為她在黨外比在黨內能發揮的作用更大。

維多利亞・馮・蒂爾克森（Viktoria von Dirksen, 1874-1946）是柏林版的布魯克曼，她的沙龍是納粹黨與貴族結識和交往的最重要場所。她出身於小貴族家庭，第二次婚姻嫁給一位比她大二十多歲的外交官和政治家。蒂爾克森在位於柏林瑪格麗特大街的豪華宮殿內組織沙龍、晚宴和茶話會，她家在一九一八年之前就是波茨坦和柏林上流社會的重要活動場所。

威瑪共和國時期，很多貴族、舊精英和敵視共和國體制的右翼人士又聚集在她的沙龍。客人包括興登堡總統及其兒子奧斯卡、皇儲威廉夫婦、皇子奧古斯特・威廉和埃特爾・腓特烈、威瑪共和國最後一任總理庫爾特・馮・施萊歇爾將軍、曾任總理的布呂寧、義大利大使齊亞諾（墨索里尼的女婿）等。

蒂爾克森從一九二三年起開始支持希特勒，二十年代末又把自己的沙龍提供給納粹黨，幫助納粹與上流社會牽線搭橋，對黨的貢獻極大。她的沙龍被稱為「民族社會主義運動的社交中心」。比如一九三二年十一月的一次沙龍聚會可謂「高朋滿座」，與會者包括戈林、戈培爾、瑪麗・阿德爾海德・利珀侯爵小姐（Marie Adelheid Prinzessin zur Lippe，一九三〇年入黨）、維克多・祖・維德公子（Viktor Prinz zu Wied，納粹時期曾任德國駐瑞典大使）攜夫人、《德國貴族報》社論作者瓦爾特—埃伯哈特・馮・梅德姆男爵（Walther Eberhard Frhr. v. Medem）、奧古斯特・威廉皇子、銀行家奧古斯特・馮・德・海特男爵（August Frhr. v. d. Heydt）和威廉二世的全權代表利奧波德・馮・克萊斯特。希特勒、戈林和戈培爾在蒂爾克森沙龍與霍亨索倫家族成員和其他貴族促膝長談。納粹忠粉奧古斯特・威廉皇子身穿衝鋒隊的褐色制服參加蒂爾克森的沙龍。據說他和他的兒子亞歷山大就是在這裡成為希特勒的信徒。用歷史學家馬林諾夫斯基的話說，蒂爾克森沙龍把貴族與納粹這兩個原本沒有交集的世界連接在了一起。[17]戈培爾對蒂爾克森的評價是：「了不起的女士，我對她非常尊重。」戈培爾稱自己有一次發高燒，蒂爾克森「如母親般無微不至地照料我」。戈培爾結婚時只請了十八位客人，其中就有蒂爾克森。蒂爾克森還利用自己與興登堡的交情，勸說興登堡任命希特勒為總理。戈培爾在一九三三年一月二十二日，也就是興登堡任命希特勒的不到一周前，寫道：「蒂爾克森夫人在全力工作。」[18]納粹黨高層甚至有人讚譽蒂爾克森為「革命之母」。[19]

戈林的第一任妻子卡琳（Carin Göring, 1888-1931）出身德國—瑞典貴族，是男爵小姐。她和她的貴族親戚也是納粹黨羽翼未豐時期的重要推動者。一九三一年八月，在戈林夫婦家的沙龍，希特勒向一群貴族和精英發表了長達兩小時的演講。聽眾包括利奧波德・馮・克萊斯特、銀行家亞爾馬・沙赫特（後在希特勒政府擔任央行行長和經濟部長）和威廉二世的親信、海軍將領和警官馬格努斯・馮・萊韋措（Magnus von Levetzow, 1871-1939）。這群貴族和精英聽完演講大受震撼，結束後沉默了很長時間。[20]

威廉二世皇帝退位之後娶的第二任妻子羅伊斯侯爵小姐赫米內（Hermine, Prinzessin Reuß ältere Linie）雖然和丈夫一起在荷蘭過流亡生活，但與德國境內的君主主義和右翼圈子有密切連繫。她贊助這些組織，並寄希望於赫爾曼・戈林，期待他能幫助帝制復辟。一九三一年十一月，在蒂勒—溫克勒（Tiele-Winckler）男爵夫人的沙龍，「皇后」赫米內和其他一些貴族聆聽了希特勒長達數小時滔滔不絕的演講。他手舞足蹈地宣稱自己要把「十一月罪人」——極右派用這個詞辱罵一九一八年推翻帝制的革命者和後來的威瑪共和國左派領導人，全都公開絞死。皇帝的妻子聽得心潮澎湃，對希特勒「十分認可，尤其是他那優雅而剛正的面部表情、英俊的眼睛和真誠的表情」。[21]一九三一年和一九三二年，赫米內安排戈林到荷蘭拜訪皇帝。她對希特勒的上臺也十分歡迎。

對柏林上流社會非常熟悉的專欄作家貝拉・弗洛姆（Bella Fromm, 1890-1972）在日記裡敏銳地捕捉到了上流社會的逐漸納粹化。沃爾夫・海因里希・馮・海爾多夫伯爵（Wolf Heinrich Graf von Helldorf, 1896-1944）[22]和奧古斯特・威廉皇子這樣的大貴族身穿衝鋒隊制服在沙龍談笑風生，越來越多的老貴族開始展示和炫耀自己的納粹身分。弗洛姆在一九三二年寫道：「看到這麼多老貴族成了民族社會主義的新朋友，真讓人沮喪。」[23]「精英階層把匪徒惡棍當作英雄來膜拜，把殘忍暴行視為壯舉。形形色色的破落戶出於怨恨和絕望而結盟」[24]。漢娜・鄂蘭這句話描寫的是德雷福案件[25]時期的法國上流社會，但拿來形容納粹時期的德國上流社會也很貼切。

德國皇子的納粹生涯

如今美國總統大選時，候選人常常拉上各種領域的名人，包括影星、歌星，為自己搖旗吶喊。這種做法一點都不新鮮，九十年前另一個「民主」國家的「民主」選舉中，「民選」領袖阿道夫・希特勒乘飛機在德國各地趕場拉票時，身邊也有一位重量級名人，唾沫飛濺地為「元首」鼓吹。

之所以說重量級，因為此人是正統的皇子。

他就是德意志皇子、普魯士王子奧古斯特・威廉（1887-1949, August Wilhelm Prinz von Preußen），威廉二世皇帝的第四子，暱稱「奧威」（Auwi）。生在帝王家，即便上面有三個哥哥，自己不大可能繼承皇位；即便一九一八年廢除帝制，他也應當過著優哉遊哉的閒暇生活，怎麼成了希特勒的競選助手了呢？會不會太貶低自己？

從頭說起。奧古斯特貴為皇子，在波茨坦的皇宮長大，衣食無憂，後在波昂、柏林、史特拉斯堡等地求學，在特殊照顧之下僅用了六個學期就獲得政治學博士學位。不過他的博士論文有人捉刀代筆。他的博士論文導師、著名的經濟學家古斯塔夫・施莫勒爾教授（Gustav Schmoller, 1838-1917）因為此次「功勳」被提升為貴族，那位代筆者也獲得勳章的嘉獎[26]。

一九〇八年，奧古斯特與親戚石勒蘇益格—霍爾斯坦公爵的女兒亞歷山卓・維多利亞喜結連理，一九一二年得了個兒子，取名亞歷山大。這對小夫妻在波茨坦的宅邸成為藝術家和學者聚會的沙龍，可謂高朋滿座。

然而幸福家庭生活的表象之下其實暗流湧動。奧古斯特有個童年好友，是普魯士軍事貴族世家子弟，奧古斯特・馮・馬肯森元帥的兒子漢斯・格奧爾格。漢斯年紀比皇子小六歲，擔任他的貼身副官。皇子和年輕的副官朝夕相伴，竟然情意眷眷，想要與妻子離婚，與漢斯長相廝守。奧古斯特的父親，也就是德皇，得知此事，大為光火，不准兒子離婚。但從此奧古斯特和亞歷山卓也只是形婚而已。

第一次世界大戰期間，奧古斯特雖然從軍，但主要在後方坐辦公室。一九一七年，他在東歐接觸到了猶太人，「每天坐在猶太人學校的對面，透過窗戶聽到這群烏合之眾的瘋狂呼號叫嚷」，於是他「對這些野獸的仇恨」、「更加強烈」[27]。

最後讓皇子擺脫婚姻生活的，竟然是德國的戰敗、帝制的滅亡。縱使皇子萬般敵視威瑪共和國，共和國畢竟有一個好，那就是允許他離婚。然而好基友漢斯不肯出櫃，並且已經「找個老實人結婚了」，娶了官二代小姐。心灰意冷的皇子隱居在波茨坦，一心學畫，靠賣畫居然也掙了不少錢。

但過慣了風雲激蕩生活的皇子，怎麼會滿足於當隱士畫家呢。他還是個有抱負、有情懷的人。威瑪共和國期間，左右翼各種勢力你追我趕，對共和國政權虎視眈眈。縱然少有人希望復辟帝制，卻也少有人支持民主共和。一般傾向於保守的德國貴族，往往對共和國政權抱有敵意，有的甚至赤膊上陣，訴諸武力，「造反有理」。

皇子也蠢蠢欲動，先是加入右翼老兵組織「鋼盔團」，一九二九年秋，也就是納粹黨在當年九月取得大選勝利之前，又加入了方興未艾的納粹黨，黨號二十四[28]。入黨不算很早，黨號數字卻這麼小，是黨給他的莫大榮耀。儘管父親（已退位的德皇）和其他親人極力反對，奧古斯特皇子還是做出了冒天下之大不韙的荒唐事：一九三一年十一月，他又加入衝鋒隊。[29]皇子成為充斥街頭打手、一派流氓作風並且滿嘴平等主義口號的衝鋒隊成員，蔚為奇觀。他對納粹黨的搖尾乞憐和對希特勒的頂禮膜拜，招致左翼媒體與政客的冷嘲熱諷，被戲稱為「褐衫奧威」[30]。而在部分「左傾」的納粹黨人眼中，貴族是與工人大眾水火不容的敵對勢力，皇室更是大反動派。

不過希特勒還是很歡迎皇子加入自己的陣線。道理很簡單，早期納粹黨比如衝鋒隊領導人恩斯特・羅姆那一派，大多是退伍軍人、社會邊緣分子，屬於草根，他們的思想也比較「左傾」，敵視貴族、資產階級和其他既得利益集團。但希特勒要的不是一場雅各賓黨式的徹底推翻舊制度的血腥大革命。他敏銳地感到，自己需要與貴族地主、軍人集團和大企業家合作，當然也是互相利用。也就是說，納粹黨需要改變自己的草根鬧革命的形象，尋求登入「大雅之堂」。

所以希特勒需要高規格的上流社會夥伴。還有比宗親皇子更好的選擇嗎？因此奧古斯特就成了納粹黨的吹鼓手。比方說，一九三二年四月的普魯士地方議會選舉中，他就是納粹黨主推的候選人。納粹黨刻意利用奧古斯特皇子在選舉中拉票，還讓他陪同希特勒在全國飛來飛去搞活動、演講鼓吹。希特勒喜歡吃甜食，奧古斯特就投其所好，在陪同希特勒旅行的過程中隨時準備好巧克力。[31]奧古斯特被納粹黨授予「帝國演講家」（Reichsredner）的稱號，還創造了一句奴顏婢膝的名言：「希特勒領導，霍亨索倫跟隨。」他顯然有所企圖，也許是希望納粹黨會把他扶到皇座上去：「我要盡可能和希特勒搞好關係……畢竟我是霍亨索倫的馬廄裡最好的駿馬。」[32]

一次在柯尼斯堡搞宣傳時，身穿衝鋒隊制服的奧古斯特捲入了納粹與反對派人士的鬥毆，遭到支持共和國的員警的棍棒毆打。幾天後，在另一次演講中，皇子描述了自己去醫院看望在上述鬥毆中負傷的衝鋒隊員的情況。他走進病房時，衝鋒隊傷患對他親如兄弟地說：「這張床是我們給你預備的，你要是和我們躺在一起，我們會非常開心！」皇子說：「你們看，這些小夥子……非常清楚地感受到，是什麼把我們緊緊連繫在一起。不管是工人還是皇子，都屬於集體的一份子。我們是一個偉大的犧牲精神的共同體，大家互相幫助。」後來他在慕尼黑的一次萬人大會上還說：「我的皇子頭銜對我來說一種美好的回憶，但不是我畢生的事業。我的事業是為這場運動（按：即納粹運動）兢兢業業地勞作。」[33]

皇子在公共場合的露面，讓一些原本對納粹黨持不慍不火態度的社會階層逐漸被吸引過去。當時一位政客說：「奧古斯特．威廉皇子走在隊伍最前面的政治運動，不可能是不可靠的。」[34]而出身上流社會、後來一度成為希特勒親信的恩斯特．漢夫施滕格爾（Ernst Hanfstaengl, 1887-1975）[35]這樣回憶奧古斯特．威廉皇子對他的影響：「主要是透過他，我接受了〔納粹〕運動。我想，如果一位前皇室成員都願意加入它，那麼我們就有更多希望把它約束住。」[36]

一九三三年納粹黨奪權之後，奧古斯特成為帝國議會議員，但納粹黨已經不再需要他了。希特勒當然對復辟帝制、自己屈居老二更無興趣。廣大人民，甚至廣大貴族，也對帝制十分冷漠，而傾心於更有魅力的「元首」。一九三四年春，奧古斯特便不再能直接接觸到希特勒。既便如此，他對希特勒依舊頂禮膜拜。一九三九年一月，他成為衝鋒隊的高級集團指揮（Obergruppenführer），這是衝鋒隊第二高的級別，與陸軍上將平級。但這只是空虛的榮耀，他已經沒有任何實際的政治影響力。一九四二年，他因為批評戈培爾生活奢侈而被人檢舉，從此徹底被冷落，也被禁止發表公開演講。從此蟄伏不出。[37]

一九四五年二月，蘇聯紅軍逼近波茨坦，奧古斯特與嫂子、前太子妃采齊莉一起逃向西方，前往姑媽瑪格麗特公主（威廉二世的妹妹）家中避難。五月八日，歐戰結束，奧古斯特被美軍逮捕。一九四八年，在「去納粹化」審判中，法官問他現在是否已經擯棄民族社會主義。他困惑地問：「你說什麼？」[38]法庭判處他兩年半苦役，但因為他在押時間已經超過兩年半，所以被當庭釋放。

但他獲釋不久之後，又有人起訴他。此時波茨坦屬於蘇聯佔領區，當地的法院向他提起訴訟。不過他沒過多久就病倒，最後在斯圖加特一家醫院去世，享年六十二歲，躲過了紅色怒潮。

皇子的納粹生涯，實在是一場鬧劇。不過，在德國高級貴族當中，他不是例外，而是一個典型的代表。積極擁護納粹黨的貴族不在少數。擁有這樣顯赫身分的人，在政治動盪的浪潮中能夠明哲保身需要很大的智慧。而大部分人可能都沒有這樣的智慧。

貴族軍官效忠納粹

在一九三三年納粹黨奪權期間，希特勒利用和仰仗了國防軍中的貴族軍官，如出身波羅的海德意志貴族的維爾納・馮・勃洛姆堡（Werner von Blomberg, 1878-1946）。

興登堡總統在任命希特勒為總理的一天前，任命勃洛姆堡為國防部長，並晉升他為上將。興登堡認為勃洛姆堡作為貴族，是自己人，希望借助他來制衡和控制希特勒。但興登堡沒想到，勃洛姆堡對納粹黨非常同情。此時的希特勒特別需要國防軍的支援，而總參謀長庫爾特・馮・哈默施坦因－埃克沃德男爵（Kurt von Hammerstein-Equord, 1878-1943）是個貴族保守派，非常鄙視粗鄙的納粹黨，一度企圖阻止興登堡任命希特勒為總理。[39]勃洛姆堡在另一名仰慕希特勒的貴族高級軍官瓦爾特・馮・賴歇瑙（Walter von Reichenau, 1884-1942，後成為陸軍元帥）的幫助下，擺平了哈默施坦因，幫助希特勒獲得國防軍的支持。[40]

希特勒對國防軍的承諾：實施義務兵役制從而大規模擴軍、重整軍備、收復《凡爾賽和約》導致德國喪失的領土、實施積極進取的外交政策、對外擴張，讓勃洛姆堡等大多是貴族的高級將領心馳神往，他們領導下的國防軍與納粹黨越來越情投意合。勃洛姆堡為了表達對黨的忠誠，宣布實施「雅利安人條款」，開除軍中的猶太人，並把納粹的萬字元號（卐）採用到軍隊的徽記裡。[41]

在所謂的「長刀之夜」（Nacht der langen Messer），即一九三四年六月三十日至七月一日的夜間，希特勒清洗了自己的革命同志羅姆，順便殺掉了不少與羅姆無關，但反對希特勒的人士。羅姆的衝鋒隊是國防軍的競爭對手，所以勃洛姆堡代表國防軍，支持希特勒大開殺戒。兩位國防軍將軍——庫爾特・馮・施萊歇爾和斐迪南・馮・布雷多（Ferdinand von Bredow）在「長刀之夜」期間被納粹黨殺害[42]。哈默施坦因為了施萊歇爾被殺[43]而去找勃洛姆堡，希望他採取行動反對希特勒[44]，但勃洛姆堡沒有為自己的同袍發聲，反倒讚揚希特勒處置「叛徒與謀殺犯」的「軍人式的果斷」。賴歐瑙則發表聲明，說施萊歇爾將軍與羅姆和境外勢力勾結，是賣國賊，所以罪有應得。就連後來反納粹的抵抗分子埃爾溫・馮・維茨萊本（Erwin von Witzleben, 1881-1944）和行刺希特勒的年輕軍官施陶芬堡伯爵這樣的貴族軍人，也為希特勒鼓掌喝彩。[45]

一九三四年八月二日，興登堡總統去世，勃洛姆堡規定軍人從此向希特勒本人宣誓效忠。誓詞是賴歐瑙起草的：「以上帝的名義，我發出如下的神聖誓言：我絕對服從德意志帝國與人民的元首與武裝部隊最高統帥阿道夫・希特勒，隨時願意為之獻出我的生命。」也就是說，從此對德國軍人來說，效忠的對象不是祖國、人民或憲法，而是希特勒本人。後來很多人就以軍人不得違背誓言為由拒絕參加反希特勒的活動。希特勒專門寫信給勃洛姆堡表示感謝，並承諾對軍隊的忠誠投桃報李。[46]一九三五年，希特勒任命勃洛姆堡為國防軍總司令（包括陸海空三軍）[47]，一九三六年提升他為納粹時期國防軍的第一位陸軍元帥[48]。一九三七年，勃洛姆堡獲得納粹黨金質獎章，並正式入黨。至於勃洛姆堡騎虎難下，最終被老虎推翻，就是後話了。

納粹的上臺，當然不能全怪貴族。貴族的確對納粹的上臺有推波助瀾的作用，大資本家、中產階級、工人階級和農民也發揮了這樣的作用。但貴族的支持不可能是納粹掌權的主要原因，因為貴族在德國社會已經完全沒有過去一呼百應的影響力和號召力，他們只是社會的一個少數群體。希特勒不是貴族，他的大多數主要親信也不是貴族。千百萬為他投票，後來為他賣命的人，絕大部分不是貴族。英國歷史學家利芬指出，把納粹崛起怪罪到貴族頭上，是戰後德國一些人為自己開脫的藉口。專業階層、中產階級和廣大選民才是真正把希特勒抬上寶座的人。但要承認這一點，大家的心理障礙實在太大了。[49]

另外值得注意的是，勃洛姆堡代表的國防軍是希特勒掌權的主要支柱之一。此時的國防軍仍然是保守派和貴族的天下。希特勒與國防軍暫時締結了盟友關係，但從一開始，國防軍和納粹黨之間就存在矛盾，因為納粹黨沒能徹底地將國防軍吸納為自己的鷹犬，軍官團還存在相當程度的獨立性，而軍官團的相當一部分人來自貴族家庭。這為後來二戰期間軍官團與納粹黨的既互相利用，又互相排斥，埋下伏筆，最終發生了一位曾經崇拜希特勒的參謀軍官往元首的會議桌下塞炸彈的驚人事件。

一九三三至一九四五：與狼共舞的德國貴族

一九三三年，納粹掌權不久之後，德國貴族聯合會的主席阿道夫．祖．本特海姆—泰克倫堡侯爵受到希特勒接見，承諾讓他的聯合會對新政府「無條件地忠誠」。他還說，德國貴族將與元首聯手「贏得民族革命」，否則就「帶著榮譽獻出生命，埋葬在革命的廢墟中」。[50] 一九四四年七月二十二日，施陶芬堡伯爵行刺希特勒之後，本特海姆侯爵趕緊寫了公開信向希特勒表忠心。在所謂「一體化」[51] 過程中，納粹政權吸收和控制了國內各種社團組織，驅逐其中的猶太人成員，並安插納粹黨員。德國貴族聯合會也受到了這樣的改造，不過它顯得格外恭順聽話。德國貴族聯合會的巴伐利亞分支在希特勒上臺前與納粹黨保持距離，但在一九三三年之後也迅速歸順中央。只有德國南部與西南部的少數貴族繼續對納粹黨持冷淡態度。一般來講，年紀較大的貴族對納粹黨更為冷淡，而他們的兒孫，即年輕貴族，更趨向於與納粹黨合作，很多人甚至成為熱情的納粹分子。

雖然從地區上講不存在涇渭分明的差別，但粗略地講，更親近哈布斯堡帝國、敵視普魯士、信奉天主教的傳統南德貴族與更親近普魯士、大部分信新教、在普魯士軍中服役或者在易北河以東地區佔據大莊園的傳統北德貴族，兩者還是不大一樣，前者較少親近納粹。當然，這是泛泛而談，不能一概而論。

衝鋒隊帶有「無產階級」群眾運動和反建制的色彩，並且價值觀與傳統貴族大相逕庭，「在很多方面，衝鋒隊是納粹黨的各種組織當中最令貴族感到不適的一個」。但即便如此，也有大量貴族加入衝鋒隊。根據一項統計，衝鋒隊級別最高的一百七十八名幹部當中，有二十一人是貴族，比例占到將近百分之十二。一九三二年一月，普魯士的三十九名高級衝鋒隊幹部（級別相當於陸軍少將和中將）當中有八人是貴族。[52]

有些貴族衝鋒隊員是家境優渥的大貴族。前面已經講了奧古斯特．威廉皇子，他加入衝鋒隊主要是作為納粹黨和衛鋒隊的「形象大使」和「吉祥物」，當然不會真的與無產階級衛鋒隊員為伍，不會住在衛鋒隊的集體宿舍，更不會參與街頭鬥毆。像這樣的大貴族衛鋒隊員有不少。也有一些小貴族加入衛鋒隊，是因為在一戰之後喪失了之前的社會地位和經濟條件，淪為「貴族無產階級」，而衛鋒隊能夠給他們提供晉升的機遇。

與衛鋒隊相比，黨衛軍這樣的精英團體對貴族更是有著很強的吸引力。實際上在希姆萊的願景裡，黨衛軍就是德國新的「貴族」群體。一九三七年十一月八日，在面向黨衛軍幹部的一次演講中，希姆萊表示：「我們要為德國創建一個能夠延續千百年的精英統治階層，一個新的貴族群體，它將持續不斷地吸收我們人民當中最優秀的兒女……這樣的貴族永遠不會老朽，可以上溯到上古的最有價值的傳統與往昔；對於我們的人民來說，這樣的貴族將是永遠的青春力量。」這樣的話是德國貴族愛聽的，所以加入黨衛軍、成為新的「精英統治階層」的貴族有不少。[53]

一九三八年，黨衛軍上將當中有百分之十八點七是貴族，黨衛軍中將有百分之九點八是貴族，黨衛軍少將有百分之十四點三是貴族，上校有百分之八點四是貴族。[54]貴族在衛鋒隊和黨衛軍裡一般不會從小兵幹起，他們的貴族身分往往能讓他們一進來就成為幹部，而且提升速度比其他人快得多。並且，在衛鋒隊和黨衛軍裡級別越高，貴族的比例就越高。

但很難說貴族在納粹黨當中占到什麼樣的比例。在黨外的貴族肯定多於在黨內的貴族。但是在易北河以東的大地主貴族家庭當中，幾乎家家都有至少一個黨員。歷史學家馬林諾夫斯基研究的三百一十二個貴族家庭中有三千五百九十二名黨員。一九四一年納粹黨自己的一份報告顯示，到當時為止，有二百七十名高級貴族是黨員，其中八十人是一九三三年之前入黨的。有意思的是，在高級貴族黨員當中，多達百分之三十五是女性。在納粹黨的女性支持者當中，貴族的比例非常高，大大超出了貴族女性在全體女性人口中的比例。[55]

很多在威瑪共和國時期生活困窘的貴族，在納粹黨的新德國找到了上升的路徑。是黨給了他們新生，他們也因此對黨死心塌地。舉個例子，亞歷山大・馮・韋特克（Alexander von Woedtke）出身波美拉尼亞貴族，家族的莊園在一戰後負債累累，難以為繼。一九二九年，為了餬口，他不得不賣掉祖傳的土地。[56]隨後，他就加入了納粹黨，攀升到黨衛軍旗隊長（與陸軍上校平級）的位置，一九四三年在波蘭的索斯諾維茨（Sosnowiec）擔任警察局長，參與了對猶太人的鎮壓和遣送。數萬猶太人從他的手裡經過，被送上死路。

更有名的例子是埃里希・馮・德姆・巴赫—齊勒維斯基（Erich von dem Bach-Zelewski, 1899-1972），他出身東普魯士的卡舒布貴族。卡舒布人是一個斯拉夫民族，很大程度上德意志化了。值得注意的是，在普魯士貴族當中，波蘭和其他斯拉夫血統的人極多。巴赫—齊勒維斯基家境貧困，早就失去了祖傳的莊園。父親死後，他和幾個姐妹先後被好幾家人收養。他於一九三〇年入黨，一九三一年加入黨衛軍，很快平步青雲，官拜黨衛軍上將。[57]巴赫—齊勒維斯基在二戰中參與鎮壓猶太人和反游擊作戰，罪行累累，雙手沾滿鮮血。一九四一年對蘇作戰開始後，他負責在俄羅斯中部掃蕩游擊隊。他指揮下的一個旅在不到一個月裡就槍殺了超過二萬五千名猶太人：「必須槍決所有猶太男人。把猶太女人趕進沼澤。」[58]一九四四年八月，華沙的波蘭人發動起義。「治安戰」的老手巴赫—齊勒維斯基又率領黨衛軍和員警部隊前來鎮壓。他將起義軍分割包圍，全部消滅，在這過程中華沙城的絕大部分地區被夷為平地，有超過二十萬波蘭人死亡，包括婦女兒童。[59]巴赫—齊勒維斯基已經不只是與狼共舞，而是自己變成了惡狼。

韋特克和巴赫—齊勒維斯基是典型的在納粹社會獲得出路的貧窮小貴族。但高級貴族，甚至帝王家，也有不少人成為納粹分子。比如前文提到過的普魯士王子奧古斯特・威廉；梅克倫堡—什未林大公腓特烈・法蘭茲（Friedrich Franz Herzog zu Mecklenburg-Schwerin, 1910-2001）在慕尼黑上大學時就認識希姆萊，一九三一年入黨，在納粹執政時期擔任外交官和武裝黨衛軍軍官；[60]黑森—卡塞爾方伯菲利普（一八九六至一九八〇）是德皇威廉二世的外甥、維多利亞女王的曾外孫、義大利國王的駙馬爺，是為希特勒鞍前馬後的外交官和省長，為德國和義大利結盟做出了很大貢獻。後來，他被指控對反墨索里尼的密謀知情不報，與妻子一起被逮捕並投入集中營；菲利普的弟弟克里斯多夫[61]（一九〇一至一九四三）是黨衛軍區隊長（相當於準將）和負責監聽電話、攔截電報等通訊的情報機構空軍研究局（Forschungsamt）的局長；紹姆堡—利珀公子腓特烈・克里斯蒂安（Friedrich Christian Prinz zu Schaumburg-Lippe, 1906-

1983）在二十二歲時就請求希特勒允許他入黨，後成為納粹黨的宣傳鼓動家，曾是戈培爾的副官；[62]瓦爾戴克—皮爾蒙特侯爵世子約西亞斯（Josias zu Waldeck und Pyrmont, 1896-1967）早在一九二九年就入黨，同希姆萊與黨衛軍高級將領賽普・迪特里希是稱兄道弟的好友，最後攀升到了武裝黨衛軍和員警上將的高位。[63]

值得注意的是，在貴族當中（或許對其他人來說也一樣），反對或是支持納粹黨，家庭和親友固然會產生影響，但往往是個人的信念起決定作用。「七月二十日」事變之後被處決的抵抗分子弗里茨—迪特洛夫・馮・德・舒倫堡伯爵（Fritz-Dietlof Graf von der Schulenburg, 1902-1944）的家族中有四十一人是堅定的黨員。抵抗運動的領袖之一的漢寧・馮・特雷斯科，其家族除了漢寧之外，還有他的哥哥格爾德（Gerd von Tresckow）參加抵抗運動，但也有三十名忠心耿耿的黨員。卡爾—漢斯・馮・哈登貝格伯爵拒絕入黨，後來被投入集中營，活到了戰後，他家裡有二十七人是黨員。抵抗分子烏爾里希・威廉・什未林・馮・施瓦嫩菲爾德伯爵（Ulrich Wilhelm Graf Schwerin von Schwanenfeld, 1902-1944）在「七月二十日」事變之後被處決，他家裡有五十二名黨員。[64]

貴族和第二帝國與威瑪共和國時期的其他傳統精英群體一樣，深度參與了同納粹的共謀與合作。貴族和納粹之間有足夠多的意識形態的相似和相通之處，納粹也給予了貴族足夠多的精神和物質上的滿足，他們能夠走到一起並不令人驚訝。但另一方面，作為傳統的保守派精英的貴族群體，又和民粹主義的納粹有足夠多的差異，所以他們之間的關係非常複雜。蜜月是有的，但分歧和爭吵也始終存在。最初的裂縫會一步步演變成鴻溝。而對於君主主義和帝制復辟的態度，就是貴族與納粹的一個重要分歧。

二、從曖昧到決裂：君主主義與納粹

一九三三年三月二十一日是所謂「波茨坦日」（Tag von Potsdam）。在宣傳部長戈培爾的精心策劃下，剛剛上臺的納粹黨在普魯士小城波茨坦的駐軍教堂（Garnisonkirche）這個與普魯士和第二帝國光輝歷史緊密連繫的地點，「在腓特烈大王的靈柩前」，舉行了一場盛大的儀式。用學者赫爾弗里德·明克勒（Herfried Münkler）的話說，這一幕把普魯士的神性賦予了希特勒。[65]

納粹對貴族的矛盾態度

此時希特勒雖然已經當上德國總理，但他的權力還不穩固。納粹黨還沒有佔據議會的絕對多數，他還需要與國防軍和普魯士的保守派舊精英合作，比如興登堡總統這樣有君主主義思想的人。此時希特勒在身穿筆挺軍服、胸前佩戴許多勳章、偉岸挺拔的興登堡元帥面前俯首，顯得謙卑而恭敬。「波茨坦日」的儀式象徵著納粹黨與國防軍和普魯士舊精英締結了聯盟。這個聯盟一直維持到陸軍上校施陶芬堡伯爵在東普魯士「狼穴」行刺希特勒的那一天。

戈培爾天才地剽竊和盜用了普魯士王國與第二帝國的遺產。之所以選擇三月二十一日，是因為六十二年前的這一天，俾斯麥宣布成立第一屆帝國議會。駐軍教堂是普魯士國王腓特烈·威廉一世（「士兵國王」）為軍人修建的，也是為自己準備的墓地。教堂的塔尖沒有十字架，只有普魯士的雄鷹；教堂內沒有聖人畫像，只展示兵器、軍號和普魯士陸軍各團的軍旗。[66]儀式中演奏的音樂都是普魯士和霍亨索倫皇室常用的曲子。流亡的老皇帝沒有出席，但儀式上給他留了位置。興登堡還舉起元帥權杖向皇帝的空位子敬禮鞠躬。皇儲威廉[67]、皇次子埃特爾·腓特烈、皇四子奧古斯特·威廉、皇五子奧斯卡都參加了典禮，接受興登堡和希特勒的檢閱。興登堡還向普魯士國王腓特烈·威廉一世與腓特烈大王的靈柩敬獻花圈，並在演講中呼籲大家「回想起老普魯士……願這個光榮地方的古老精神，也鼓舞我們今天的人……」[68]

就這樣，希特勒對皇室和皇朝歷史做了選擇性的、實用主義的借用。然而，在《我的奮鬥》裡，他清清楚楚地表達過自己對君主的看法：「他們（按：德國統治者們，以皇帝為首）如驚弓之鳥一般逃竄，看到紅袖章就驚慌失措、溜之大吉，火速把帝王之戟換成散步手杖，系上資產階級的領帶，搖身一變成了愛好和平的市民！……這樣的

位於波茨坦的駐軍教堂，一九二〇年。

描繪拿破崙在駐軍教堂悼念腓特烈大王的場景，一九三三年。

騎士只能丟掉王位，卻沒有本事獲得王冠。……大廈開始晃動的時候，他們就被吹走了。」[69]這應當更接近希特勒內心的真實想法。

納粹黨的宣傳機構有時也運用類似上面的說法來攻擊和抹黑舊權威。這是納粹黨對貴族立場的一個矛盾之處：納粹黨既要借用貴族的力量，又以「社會主義工人黨」和群眾運動自居，敵視代表封建社會等級制的貴族，主張建立民族內部人人平等的「民族共同體」。曾任農業部長的納粹理論家理查德・瓦爾特・達雷（Richard Walther Darré, 1895-1953）可能是黨內最敵視貴族的人。他在一九三四年說：「這些人（按：流亡的君主）在人民最危急的時刻背棄了人民，我們為什麼還要迎接他們回來？……我們農民對領導者只有一個要求，就是他們愛我們，好好地領導我們。」[70]達雷甚至主張，如果皇帝回來，要把他送上納粹黨的人民法庭。

納粹黨對君主制和高級貴族「怯懦」的批評雖然言辭激烈，但內容和廣大下級貴族對君主制的批評（見第四章第三節「遺老遺少思潮史：威瑪時期的君主主義」）差不多：威廉二世的臨陣脫逃，意味著他已經沒有資格當領袖。[71]

一九四〇年五月二十三日，德軍正在法國長驅直入。德軍第一步兵師的一名中尉身負重傷，幾天後死亡。他是普魯士的威廉王子、末代皇帝威廉二世的長孫。五月二十九日，威廉王子的葬禮在波茨坦舉行，多達五萬群眾自發前來為他送行。這是納粹時期規模最大的非官方、非政府組織的公共遊行。[72]希特勒認識到，群眾和軍官團裡還有不少人對舊皇室抱有好感。於是他發布了所謂「公子法令」（Prinzenerlass），禁止所有在一九一八年之前擁有統治權的皇室、王室和諸侯家族的公子們參加戰鬥。[73]一九四三年五月，希特勒乾脆命令將這些家族的成員全部免去軍職。這不是為了保護這些貴胄，而是為了防止他們獲得影響力和人民的同情。

霍亨索倫君主主義者對納粹的幻想

如果說納粹對君主主義的態度是一方面利用，另一方面排斥，那麼保皇派對納粹的態度是什麼呢？

在信奉君主主義的貴族當中，對納粹黨抱有幻想的大有人在。希特勒在《我的奮鬥》裡嚴厲批評過臨陣脫逃的德國君主，但對未來的德國國家形態究竟是什麼樣，表達得卻模棱兩可，說這不是「一個具有根本性意義的問題」，需要「相機而動」。[74] 一九三四年正式查禁君主主義組織之前，納粹黨高層雖然有達雷那樣明確敵視貴族和君主制的人（他很快就失勢），但還是對君主復辟的問題很曖昧。這就足夠吸引很多有君主主義思想的貴族投到納粹門下。

有的貴族幼稚地、一廂情願地相信納粹主義也是一種君主主義運動。舒倫堡伯爵在一九二九年說：「我覺得目前民族社會主義運動是通往君主制的唯一道路。」一九三三年，已經入黨的舒倫堡居然還說：「希特勒是君主制的關鍵所在，這毋庸置疑。」[75] 一九三三年秋季，退役陸軍中將奧古斯特・馮・克拉蒙（August von Cramon, 1861-1940）等人向興登堡請願，說一九三四年一月二十七日是威廉二世的七十五歲生日，給皇帝最好的生日禮物莫過於幫助他在那一天重新登基。克拉蒙說，納粹思想和君主主義是相符合的，「元首思想」必然引向不死的元首，也就是世襲君主制，「希特勒自己就是君主主義者」。興登堡和他身邊的人顯然比克拉蒙更懂得政治現實，告誡克拉蒙，復辟的時機尚不成熟。[76]

另外，也有一些貴族心裡敵視或厭惡納粹，但幻想利用納粹的力量復辟君主制。換句話說，這些貴族和威瑪共和國時期的很多保守派一樣，高估了自己的能耐，相信可以讓納粹為己所用，自己可以把納粹操控於股掌之間。更有不少貴族可以做到人格分裂，寫信給流亡的老皇帝時落款「陛下最恭順最忠誠的僕人」，給納粹黨領導和黨衛軍同志寫信時落款「希特勒萬歲！」[77]

那麼霍亨索倫家族自己對納粹的態度是什麼呢？對於這個話題，敘述最為詳細的專著的作者，居然就是霍亨索倫家族的成員。普魯士王子腓特烈・威廉（一九三九至二〇一五）是霍亨索倫族長路易・斐迪南王子（一九〇七至一九九四）的兒子，也就是威廉二世的曾孫。他於一九八四年發表的歷史學博士論文題為《霍亨索倫家族與民族社會主義》。大家可以想像，對於這個話題，他擁有得天獨厚的研究條件，畢竟大量的文獻資料就在他自己家裡。不

維夏德・馮・阿爾文斯萊本，拍攝者不詳，約一九八二年之前。

過歷史學家馬林諾夫斯基批評這篇論文，認為它對霍亨索倫家族與納粹的關係做了粉飾，刻意對霍亨索倫家族的幾位重要成員皇儲威廉、威廉二世流亡期間娶的第二任妻子赫米內、皇四子奧古斯特・威廉積極支持納粹的醜行避而不談，或者輕描淡寫，而著重寫霍亨索倫家族反納粹的一面。馬林諾夫斯基說，這是貴族「選擇性記憶」的表現。[78]

在赫米內「皇后」等人的牽線搭橋之下，流亡荷蘭的威廉二世與納粹有過一些接觸。赫爾曼・戈林曾兩次到多倫宮拜訪皇帝。威廉二世嘲笑戈林的衣品和粗魯的餐桌禮儀，但馬林諾夫斯基認為這只是高高在上的皇帝對資產階級的輕蔑，不能說明皇帝是反納粹的。[79]威廉二世透過全權代表馬格努斯・馮・萊韋措和「宮廷事務總管」利奧波德・馮・克萊斯特（Leopold von Kleist, 1872-1946）與納粹政權保持緊密的溝通。萊韋措還在皇帝的許可下成為納粹黨員和國會議員。在一九三二年之前，以皇帝為首的霍亨索倫家族實際上一直明確地把尋求與納粹合作當作自己的主要戰略。[80]皇室對納粹抱有幻想，希望借助納粹的幫助復辟，一直到這種希望破滅之後，霍亨索倫家族才與納粹拉開了距離。一九三二年十二月，皇帝與萊韋措絕交。

希特勒上臺之後，皇帝透過官方代表多次向希特勒詢問復辟的可能性。起初希特勒含糊其辭，說恢復君主制是可能的，不過只能恢復霍亨索倫皇朝，不能恢復其他邦君的地位；復辟的時間還不能確定，必須等未來的戰爭打贏之後再說。再往後，希特勒的口氣越來越強硬，對君主主義也越來越敵視。他說，德國的任務是消滅共產主義和猶太人，而無論是作為機構的君主制還是作為個人的皇儲都不夠堅強，沒有能力完成這樣的偉大任務。在一九三四年二月的最後一次會談中，納粹高官巴爾杜爾・馮・席拉赫和達雷乾脆怒斥皇帝是懦夫。希特勒說自己的使命是懲罰「十一月罪人」和重建國防軍，這工作需要十二到十五年時間，請德國君主們不要再來煩他。[81]

反納粹的霍亨索倫君主主義者

一九三四年一月二十七日是威廉二世的七十五歲生日，君主主義者在柏林舉辦慶祝活動，不料遭到身穿褐衫的衝鋒隊員恣意毆打。希特勒趁機宣布禁止所有的君主主義組織。君主主義貴族顯然沒想到黨的拳頭會打到自己身上來。即便他們胸前戴著黨徽，也仍然遭到衝鋒隊暴徒的毆打。[82]身為柏林警察局長的萊韋措也沒有辦法阻止這些暴力活動。漸漸地，一些普魯士保皇派走到了納粹的對立面。納粹針對猶太人、斯拉夫人、智力殘障人士等群體的殘酷迫害，也讓很多思想保守或者有宗教情懷的保皇派越來越敵視納粹。

在保守派政治家卡爾・戈德勒（Carl Goerdeler, 1884-1945）和貴族軍官施陶芬堡伯爵等人領導的反納粹密謀集團中，就有一些君主主義者和普魯士的遺老遺少。戈德勒是反納粹抵抗運動的主要領導人，按照計畫，刺殺希特勒和政變成功之後，他將成為德國總理。他本人是君主主義者。一九四〇至四一年冬季，戈德勒花了很多時間與同謀者路德維希・貝克大將等人討論，一旦政變成功，霍亨索倫家族的哪一位成員應當成為皇帝。戈德勒反對迎接老皇帝威廉二世回來，覺得他年紀太大、性格也不適合當君主；也反對皇儲威廉，因為他名聲很臭，並且公開支持納粹。[83]皇次子埃特爾・腓特烈在一戰後因為參與金融投機而名譽掃地，三子阿達爾貝特體弱多病，四子奧古斯特・

被國防軍營救後的囚犯，穿軍裝者為博吉斯拉夫・馮・博寧，穿黑衣者為英國特工貝斯特，一九四五年。

威廉是納粹分子。戈德勒支持皇五子奧斯卡，不過他也有「鋼盔團」的右翼背景[84]。另一種路線是推舉皇儲威廉的次子路易・斐迪南為皇帝[85]，他在政治上比較清白，保守的軍官、進步的工會和社會民主黨都能接受他。[86]

戈德勒主張施行英國式的君主立憲政體，皇帝僅僅是象徵意義上的國家元首，沒有實權，「不是為了統治，而是為了守護憲法和代表國家」。[87]密謀分子甚至準備好了復辟的宣言。然而一九四四年「七月二十日事變」中，施陶芬堡刺殺希特勒失敗，密謀集團幾乎被一網打盡。皇孫路易・斐迪南早在一九三〇年代就與反納粹密謀集團建立連繫，並堅信「推翻希特勒是我作為愛國者的義務」；「七月二十日事變」之後，路易・斐迪南遭到蓋世太保逮捕，被審訊了七個小時[88]，好在倖免於難。霍亨索倫家族的全權代表庫爾特・馮・普萊滕貝格男爵（Kurt Freiherr von Plettenberg, 1891-1945）是施陶芬堡等人的好友和密謀集團內層圈子成員，他被蓋世太保逮捕後，在提審過程中一拳打倒警衛，從四樓跳窗自殺。[89]君主主義者當中不乏有血性的烈士。

納粹時期的巴伐利亞君主主義

巴伐利亞君主主義的核心人物魯普雷希特王儲在巴伐利亞一直享有崇高的威望。他與各種老兵社團合作，巡遊巴伐利亞各地。一九三三年希特勒上臺之後不久，魯普雷希特有一次走進歌劇院，室內響起雷鳴般的掌聲，大家唱起巴伐利亞王國的國歌。[90]

巴伐利亞君主主義者也考慮過與納粹合作的可能性。一九三三年二月，巴伐利亞君主主義者計畫發動政變，此時部分人對納粹黨還沒有死心。他們相信：「巴伐利亞若是建成君主國，就能讓現政府癱瘓，從而阻止法西斯主義在德國蔓延。而民族社會主義當中真正好的部分、所有人都能贊成的部分，可以留下來。」[91]

不過在魯普雷希特王儲的親信圈子裡，反納粹人士占多數。他們在一九三三年二月籌劃的政變的宗旨就是「反抗納粹獨裁」。[92]埃爾維因．馮．阿雷廷男爵於一九三三年被蓋世太保審訊期間說：「信奉希特勒的人，只要還有正常人類的理智，就不可能忠於皇帝。」[93]所以整體來講，巴伐利亞君主主義對納粹持敵視態度。這和前文講到的普魯士君主主義希望利用納粹來達到自己目的，是迥然不同的路線。君主主義者的政變計畫甚至得到了一些社會主義者的支持，但最後沒能實現。[94]

魯普雷希特本人一直與各個極右派系保持距離。他對魯登道夫沒有好感，曾這樣評價魯登道夫的政治活動：「並非每一位將軍都是腓特烈大王那樣的政治家。」[95]希特勒曾試圖拉攏魯普雷希特王儲，並承諾幫助他復辟。[96]但在希特勒的啤酒館政變期間，魯普雷希特沒有支持希特勒。[97]希特勒曾在私下裡表示討厭魯普雷希特[98]，而魯普雷希特於一九三四年在倫敦與英王喬治五世一起用午餐時說希特勒是瘋子。[99]

一九三三年三月，魯普雷希特的親信圈子裡有四人被納粹逮捕。秋季，王儲的兒子阿爾布雷希特被檢舉為納粹黨的敵人，僅僅由於恩斯特．羅姆的干預才沒有被投入達豪集中營。魯普雷希特拒絕在自己的宮殿升納粹旗，避免與當局打交道，並開始「內心流亡」，讓自己的兒女接受天主教教育，避開納粹黨控制的教育系統。

「巴伐利亞家鄉與國王聯盟」於一九三四年被納粹黨禁止，其部分成員後來與好幾個反納粹的抵抗組織有連繫。法學博士和律師阿道夫・馮・哈尼爾男爵（Adolf Freiherr von Harnier, 1903-1945）領導的抵抗運動「哈尼爾集團」從一九三三年開始積極反對納粹，散播傳單，主張維特爾斯巴赫家族重登王位，反對霍亨索倫家族復辟，並要求改善勞工階層的福利。蓋世太保的奸細滲透進了哈尼爾集團，並於一九三九年將其鎮壓。哈尼爾病死在獄中。[100]

一九三九年十一月，木匠約翰・格奧爾格・埃爾澤（Johann Georg Elser, 1903-1945）單槍匹馬刺殺希特勒，事敗被捕。戈培爾在日記裡寫，此次暗殺「可能是巴伐利亞君主主義者做的」。[101] 埃爾澤和巴伐利亞君主主義沒有關係，但戈培爾會這麼想，顯然納粹對巴伐利亞君主主義非常敵視。

一九三九年，魯普雷希特王儲與納粹的關係嚴重惡化，他不得不逃往義大利，接受義大利國王和教宗庇護十二世的保護，直到義大利被盟軍解放。王儲的妻兒在匈牙利避難，一九四四年十月德軍佔領匈牙利之後，這些王室婦孺被逮捕並投入集中營，一九四五年被美軍救出。那時王妃安東妮的體重已經下降到僅四十公斤，她拒絕返回德國，幾年後在瑞士去世。[102]

自始至終，納粹對貴族君主主義的態度都是實用主義的、用後即棄的。而君主主義者起初對納粹抱有幻想，但隨著形勢變得清晰，他們很快就成為希特勒政權的敵人。

三、索多瑪的義人：反抗納粹的德國貴族

一九四五年四月二十九日，也就是第二次世界大戰的最後日子裡，在奧地利阿爾卑斯山麓的小鎮塞科斯騰的慕斯（Moos bei Sexten，今屬義大利），德國國防軍上尉維夏德・馮・阿爾文斯萊本（Wichard von Alvensleben, 1902-1982）接到了一項特殊任務：附近有一個黨衛軍單位正押解著一群犯人，隨時可能將其屠殺；這是不合法的，國防軍不能坐視不管，他必須去營救這些犯人。也就是說，他可能需要向身為戰友的黨衛軍開槍。與此同時，美軍的滾滾洪流正在不可阻擋地逼近。

黨衛軍和國防軍一直都有摩擦，但發展到兵戎相見，實屬罕見。阿爾文斯萊本特別適合執行這個人道主義任務，他出身北德貴族地主世家，自幼在修道院學校受教育，非常虔誠，是聖約翰騎士團德國新教分支的成員。無論從出身還是信仰來看，他都是一位名副其實的騎士。

事不宜遲，阿爾文斯萊本孤身前往犯人所在地，距離慕斯十七公里的小鎮尼德多夫（Niederdorf，今屬義大利），偵察「敵」情。次日早上，他帶領十五名士官展開行動。兩個小時後，八十名擲彈兵的增援部隊奉命趕到，封鎖了尼德多夫村。國防軍和黨衛軍同袍針鋒相對，情勢萬分緊張，一觸即發。

為了避免同室操戈，阿爾文斯萊本打電話給黨衛軍高官卡爾・沃爾夫（Karl Wolff, 1900-1984），他是駐義大利的所有黨衛軍和員警的最高指揮官。好說歹說，沃爾夫總算同意指示押解犯人的黨衛軍指揮官放棄任務、自行撤離。犯人被國防軍實施「保護性監禁」。

這時阿爾文斯萊本才發現，他解救的犯人當中有多少顯赫的名人！這批囚犯共一百三十九人，來自十七個國家，包括奧地利前總理庫爾特・馮・許士尼格（Kurt von Schuschnigg）、法國前總理萊昂・布魯姆（Léon Blum）、匈牙利前總理卡洛伊・米克洛什（Kállay Miklós）、普魯士王子腓特烈・利奧波德（Friedrich Leopold von Preußen）、前德國央行行長亞爾馬・沙赫特、大工業家弗里茨・蒂森、國防軍參謀軍官博吉斯拉夫・馮・博寧上校（Bogislaw von Bonin）——博寧因為違抗希特勒的命令、指示部隊撤退而被捕。[103]正是他設法打電話與阿爾文斯萊本的上級取得連繫，才有了這次營救行動；亞歷山大・馮・法爾肯豪森（Alexander von Falkenhausen）上將、英國特工西吉斯蒙德・佩恩・貝斯特（Sigismund Payne Best）、著名的反納粹抵抗分子法比安・馮・施拉布倫多夫（Fabian von Schlabrendorff, 1907-1980），以及行刺希特勒的抵抗分子施陶芬堡伯爵的親眷。[104]

沒過幾天，美軍趕到，這群犯人得到解放。阿爾文斯萊本自己也被美軍俘虜，但因為他歷史清白，很快獲釋，戰後做生意、管理莊園、從事慈善事業，安度晚年。一直到一九六四年，他當年的壯舉才為公眾所知。他在一封信中表示，他作為基督徒，救人一命，義不容辭。

阿爾文斯萊本是一位貴族軍人。他盡忠職守，在納粹軍隊中服役，所以與納粹政權有一定程度的合作。在那樣的黑暗社會裡，極少有人能與納粹政權完全撇清關係。但他有自己的良心底線。他不是納粹分子，也不是反納粹的抵抗戰士，而是有基督教情懷的保守派。

德國貴族與納粹有著複雜和曖昧的關係史，有過「熱戀」，有過沆瀣一氣，有過幻想破滅，也有過衝突和反抗。貴族當中有死心塌地、為虎作倀的納粹分子，有從一開始就抵制納粹的勇士，也有曾經崇拜希特勒，後來卻往元首的會議桌下塞炸彈的參謀軍官。大多數貴族和阿爾文斯萊本一樣，也和大多數德國平民一樣，努力在「體制」當中生存。有的時候，他們能捍衛自己的底線，有的時候則隨波逐流。

反對納粹的理由

貴族不是鐵板一塊的同質群體，貴族身分並不是決定政治立場的主要因素。所以，面對納粹黨，貴族的態度不盡相同。話又說回來了，非貴族的人群，或者任何一個以出身或職業而論的人群，何嘗不是這樣？整體來講，貴族在納粹德國的地位和其他精英群體如工業家、科學家、文化精英等類似，受到政府的分化、吸納、「統戰」、削弱和利用。很多貴族從一開始就表現出對納粹的疑慮和反對，也有很多人是逐漸覺醒的。

許多貴族出於他們階層天生的保守與虔誠信教，對街頭流氓風格（如恩斯特．羅姆的衝鋒隊），並且在前期非常草根化、民粹化、貌似「左傾」和喊著平等主義口號的納粹黨持懷疑態度。希姆萊、羅森堡等人的異教神秘主義思想讓他們敵視基督教，這也引起虔誠的基督徒的反感。

根據歷史學家馬林諾夫斯基的研究，天主教信仰讓南德貴族天然地對極端思想和納粹思想有一定程度的抵抗力；新教的普魯士貴族更容易接受納粹；而威斯特法倫等西部地區雖然也信天主教，但受普魯士影響的時間比南德久，影響也更深，所以比南德貴族更容易接受納粹，但不像東部貴族那樣熱情。典型的貴族納粹分子是「易北河以東的小貴族，男性，年輕，信新教，從軍，沒有自己的地產」[105]。其實，不僅是貴族，對於全體德國人來說，在三十年代初的選舉中，也是信奉新教的北德地區和易北河以東地區更支援納粹，信奉天主教的西部和南部較少支持納粹。[106]

納粹上臺之後對各種各樣的反對派與潛在反對派的凶殘迫害與鎮壓，毫不掩飾的對外擴張的侵略計畫，以及戰爭打響之後（尤其是對蘇戰爭開始之後）的反人類的殘酷暴行，包括無視國際公法的《政治委員命令》，即屠殺被俘的紅軍政治委員，讓相當多的貴族感到驚恐和憎惡。即便是有軍國主義、種族主義和反猶主義思想的貴族，即便是在戰爭初期支持爭取「生存空間」、對德軍起初的輕鬆勝利感到陶醉的貴族，在目睹了成千上萬的猶太人、戰俘、平民被槍決和丟進萬人坑，耳聞目睹了集中營和滅絕營的慘劇之後，也往往對納粹喪失人性的罪行感到震驚和憎恨。而在史達林格勒戰役以慘敗告終以及美國參戰之後，很多貴族清楚地認識到，希特勒正在把德國拖向地獄。於是，越來越多的貴族投身於抵抗運動。

九月密謀

阿爾文斯萊本並非積極的抵抗分子。但有不少貴族軍人堅決地站到納粹政權的對立面，用自己的生命去抗爭。其中最有名的當然是出身於歷史悠久的施瓦本天主教貴族家庭的克勞斯・馮・施陶芬堡伯爵（Claus Graf von Stauffenberg, 1907-1944），他於一九四四年七月二十日用炸彈行刺希特勒，不幸失敗，當夜即犧牲。他的英雄壯舉在戰後德國家喻戶曉，多個城市建有他的紀念碑或以他的名字命名的街道或廣場。戰後西德國防軍的一處兵營被命名為「施陶芬堡伯爵兵營」。每年七月二十日，西德政府及兩德統一戰後的聯邦德國政府都舉行紀念活動，聯邦國防軍軍人會鄭重宣誓以紀念施陶芬堡。他的故事還被多次搬上銀幕，其中最有名的可能要屬二〇〇四年德國明星塞巴斯蒂安・科赫出演的電影《施陶芬堡》（*Stauffenberg*）和二〇〇八年湯姆・克魯斯出演的《行動目標希特勒》（*Valkyrie*）。

其實抵抗集團（有不少人屬於貴族）刺殺希特勒的行動有很多次，施陶芬堡是其中最有名的一次。軍人抵抗集團在戰爭爆發之前就形成了。

一九三八年九月，國際形勢高度緊張，希特勒威脅要吞併捷克斯洛伐克的蘇台德地區，不惜動武。國防軍的許多高級軍官和外交部官員相信德國並沒有做好戰爭準備，一旦開戰，德國必敗無疑。在他們眼中，希特勒是國之大患。本著救國的精神，他們開始密謀，打算發動政變，衝入總理府，殺死或者劫持希特勒，推翻納粹黨政府。這就是所謂「九月密謀」（也叫「奧斯特密謀」）。

密謀的核心人物是國防軍軍事情報局外軍處（Amt Ausland/Abwehr）的漢斯・奧斯特中校（Hans Oster, 1887-1945，最終軍銜少將）。他是當時多個反對希特勒的群體當中「最核心、最積極的角色；是驅動力量，同時也是各個反抗集團之間的中間人」[107]。為了阻止戰爭、推翻希特勒，他多次向荷蘭、比利時等國洩露希特勒的侵略計畫。他說：「也許人們會說我是叛徒。但我不是。我認為，與那些跟在希特勒後面的人相比，我是更優秀的德國人。我的目標和我的責任是從這場瘟疫當中拯救德國，也拯救世界。」[108]這一席話頗能代表大多數抵抗分子（尤其是軍人）的信念。

參與奧斯特密謀圈子的人地位很高，包括曾任陸軍總參謀長的路德維希・貝克大將（Ludwig Beck, 1880-1944）、現任陸軍總參謀長法蘭茲・哈爾德（Franz Halder, 1884-1972）、軍事情報局局長及海軍上將威廉・卡納里斯（Wilhelm Canaris, 1887-1945）、內政部高官漢斯・貝恩德・吉澤維烏斯（Hans Bernd Gisevius, 1904-1974）、央行行長沙赫特博士等高級將領和大員。

密謀者當中有不少貴族，包括埃爾溫・馮・維茨萊本（第三軍區，即柏林與布蘭登堡軍區的司令，最終軍銜陸軍元帥）、柏林市警察局長沃爾夫・海因里希・馮・海爾多夫伯爵、柏林市警察局副局長弗里茨—迪特洛夫・馮・德・舒倫堡伯爵、駐紮在波茨坦的第二十三師師長瓦爾特・馮・布羅克多夫—阿勒菲爾特伯爵（Walter von Brockdorff-Ahlefeldt, 1887-1943）、第五十步兵團團長保羅・馮・哈澤（Paul von Hase, 1885-1944，最終軍銜中將，在一九四四年七月政變期間是柏林衛戍司令）、司法部官員漢斯・馮・多納尼（Hans von Dohnanyi, 1902-1945）、陸軍總參謀部軍需總長

施陶芬堡伯爵，拍攝者不詳。

漢斯・奥斯特，拍攝者不詳，一九三九年。

卡爾—海因里希・馮・施蒂爾普納格爾（Carl-Heinrich von Stülpnagel, 1886-1944，最終軍銜上將）。就連新任陸軍總司令瓦爾特・馮・勃勞希契元帥（Walther von Brauchitsch, 1881-1948）似乎也參與了密謀。或者說，即便他不是參與者，但也沒有告發。

按照密謀者的計畫，一旦希特勒命令軍事動員、入侵捷克斯洛伐克，他們就以「黨衛軍發動政變，國防軍要重建秩序」為藉口在柏林發動政變。首先由腓特烈・威廉・海因茨（Friedrich Wilhelm Heinz, 1899-1968）率領可靠的突擊隊殺入總理府，殺死或控制希特勒。隨後逮捕納粹黨其他領導人，建立一個為期盡可能短的軍事獨裁政權用以穩定形勢，然後建立新的臨時政府。[109]

然而，英國首相張伯倫害怕戰爭，在談判中向希特勒讓步，於九月二十九日簽署了《慕尼黑協定》，讓希特勒不費一兵一卒就贏得了捷克斯洛伐克的蘇台德地區。戰爭暫時沒有爆發，希特勒大獲全勝，在國內贏得極高威望，「九月密謀」無疾而終。

「九月密謀」集團被英國政府釜底抽薪，因此一蹶不振，但其中不少成員轉入其他的抵抗集團，繼續以各種方式抵抗納粹政權。他們當中的很多人，包括貴族，將會為抗爭強權而付出生命的代價。

特雷斯科與中央集團軍群

「九月密謀」的參與者弗里茨—迪特洛夫・馮・德・舒倫堡伯爵於一九四〇年五月以預備役軍官的身分加入駐紮在波茨坦的第九步兵團，舒倫堡伯爵有四個兄弟都曾在該團服役。該團因為有很多貴族出身的軍官而被戲稱為「九伯爵」團，很多參加抵抗運動的軍官都和該團有千絲萬縷的連繫，一九四四年七月二十日的政變之後，有十九名遇害的抵抗分子曾是「九伯爵」團的成員。[110]戰爭之初，舒倫堡計畫組織一批同心同德的軍官行刺希特勒，但多次嘗試都沒有成功。比如一九四〇年七月二十日，希特勒原定在巴黎舉行勝利閱兵式，舒倫堡打算利用這個機會。然而希特勒只是在六月二十三日淩晨飛到巴黎，參觀了香榭麗舍大道、歌劇院、盧浮宮、榮軍院（包括拿破崙陵墓）等景點，幾個小時之後就飛走了，並且取消閱兵式。所以舒倫堡的計畫落空了。[111]舒倫堡還參與了一九四四年七月二十日的政變，事敗後被殺害。

一九四一年，「九月密謀」的另一位貴族參與者埃爾溫・馮・維茨萊本元帥出任西線總司令，他一直在尋找合適的刺客。有好幾位貴族軍官挺身而出：巴黎衛戍司令指揮部的上尉阿爾弗雷德・馮・瓦德西伯爵（Alfred Graf von Waldersee）、維茨萊本的幕僚漢斯—亞歷山大・馮・福斯少校（Hans-Alexander von Voss, 1907-1944）、烏爾里希・威廉・什未林・馮・施瓦嫩菲爾德伯爵等。瓦德西伯爵多次表示，一旦希特勒踏入巴黎，他們就會發動刺殺行動。一九四一年五月，國防軍計畫在香榭麗舍大道舉行閱兵式，陸軍總司令勃勞希契要來，估計希特勒也會來。瓦德西等人作了安排，準備由兩名軍官槍擊正在檢閱部隊的希特勒，另外什未林伯爵打算從附近一家酒店的陽臺向希特勒投擲炸彈，以確保萬無一失。然而希特勒最終沒有來巴黎。[112]

被阿爾文斯萊本解救的犯人之一法比安・馮・施拉布倫多夫也是一位勇敢的刺客。他曾是律師，在一九三九年夏季曾飛往英國，與邱吉爾等英國政治家密談，勸英國人對納粹擺出強硬態度，並告訴他們，希特勒即將與史達林達成協議，希望能借此阻止戰爭。[113]後來為了更好地反抗納粹，施拉布倫多夫參軍，成為抵抗運動主要領導人漢寧・馮・特雷斯科上校的助手。

特雷斯科不是抵抗運動中地位最高的，卻是最堅決、最活躍的，他組織了多次刺殺希特勒的行動。他出身普魯士貴族軍人世家，曾在普魯士第一近衛步兵團服役，一九三六年加入著名的第九步兵團。上級在戰爭期間對他的評價極高，認為他是傑出的軍官、能力遠遠超過平均水準，非常勤奮，非常有決斷力。並且他道德高尚，嫉惡如仇，所以越來越敵視納粹。早在一九三九年夏季，特雷斯科就告訴施拉布倫多夫：「責任和榮譽要求我們竭盡全力推翻希特勒和納粹黨，只有這樣才能挽救德國和歐洲，使其免於陷入野蠻。」[114]

特雷斯科起初因為納粹黨撕毀喪權辱國的《凡爾賽條約》而對納粹黨有一些好感，但一九三四年納粹黨血洗衝鋒隊並殺害兩位貴族將軍庫爾特・馮・施萊歇爾和斐迪南・馮・布雷多，就讓他對納粹黨的幻想破滅了。三十年代

漢寧・馮・特雷斯科，拍攝者不詳，一九四四年。

先後發生了勃洛姆堡和弗利契案件，讓特雷斯科更加敵視納粹黨。

勃洛姆堡元帥原為國防部長，是幫助希特勒掌權的得力幹將之一，但他反對希特勒的侵略政策。不是因為對外侵略是非正義的，而是因為他認為德國的實力比不上英法，如果開戰必敗無疑。這時有人發現勃洛姆堡新娶的第二任妻子曾是妓女。希特勒便以公開醜聞相威脅，迫使他辭職。維爾納・馮・弗利契（Werner von Fritsch）男爵原為陸軍總司令，也反對希特勒向外武力爭取「生存空間」的計畫。希特勒以弗利契的同性戀者身分作為把柄，迫使他辭職。希特勒利用這兩個案件大大削弱了傳統的貴族軍官團力量，借機撤換了一批對他來說不夠可靠的人，用唯唯諾諾之徒勃勞希契、凱特爾等取而代之。但沒過多久就發現，針對弗利契的同性戀指控是捏造的。陸軍總參謀長路德維希・貝克憤而辭職，他後來成為抵抗分子的主要領導人之一。弗利契雖然被洗脫罪名，但希特勒拒絕讓他官復原職，僅僅讓他當一個炮兵團的團長，最後弗利契於一九三九年在波蘭戰役中陣亡。勃洛姆堡則於一九四六年死於盟軍的獄中。115

雖然希特勒借助這兩個事件改組了德國陸軍，使其更俯首貼耳，但因為這兩個事件而走到希特勒對立面的軍人，尤其是貴族軍人，不止特雷斯科一個。

一九三八年十一月九日夜間，納粹黨在全國範圍襲擊和迫害猶太人，對猶太人的住宅、商鋪、會堂等進行打砸搶燒。因為許多猶太商店的窗戶在當晚被打破，破碎的玻璃在月光的照射下有如水晶，因此這個恐怖的夜晚被稱為「水晶之夜」（Kristallnacht）。這場迫害猶太人的暴行，更讓特雷斯科覺得納粹黨是反人類的魔鬼。在向與自己關係很好的上司維茨萊本倒苦水的時候，他提出想辭去軍職。但維茨萊本勸他留在軍中，因為等到將來清算納粹黨的時候，大家會需要他。

蘇德戰爭爆發之後，特雷斯科在中央集團軍群司令部擔任首席參謀（Ia），並開始有條不紊地把同心同德的抵抗分子集中到中央集團軍群。所以，中央集團軍群司令部的很多軍官是抵抗分子，其中不少還是貴族，除了前文提到的漢斯—亞歷山大·馮·福斯中校，還有上校魯道夫—克里斯多夫·馮·格斯多夫男爵（中央集團軍群司令部的情報參謀，最終軍銜少將）、中校卡爾—漢斯·馮·哈登貝格伯爵（Carl-Hans Graf von Hardenberg, 1891-1958，集團軍群總司令的副官）、中校貝恩特·馮·克萊斯特（Berndt von Kleist）、少校漢斯—烏爾里希·馮·厄爾岑（Hans-Ulrich von Oertzen, 1915-1944）、沙赫·馮·維特瑙少校（Schach von Wittenau，集團軍群總司令的副官）、埃伯哈特·馮·布萊滕布赫上尉（Eberhard von Breitenbuch, 1910-1980）、愛德格·馮·馬圖施卡伯爵（Edgar Graf von Matuschka）上尉、中尉菲利普·馮·伯澤拉格爾男爵（Philipp Freiherr von Boeselager, 1917-2008，克盧格元帥的副官）及其兄長格奧爾格上尉（一九一五至一九四四）、中尉海因里希·馮·利恩多夫—施坦因奧特伯爵（Heinrich Graf von Lehndorff-Steinort, 1901-1944，集團軍群總司令的副官）[116]、中尉勒內·馮·貝格伯爵（René Graf von Berg）等。一時間，中央集團軍群司令部成為抵抗運動的中樞神經。[117]

哈登貝格伯爵有一次在東線上空飛行時目睹了黨衛軍在白俄羅斯的鮑里索夫（Borissov）屠殺數千名猶太人的慘劇，立刻將此事告訴了格斯多夫男爵、特雷斯科和集團軍群總司令費多爾·馮·博克（Fedor von Bock, 1880-1945）元帥。哈登貝格還在司令部的日誌裡勇敢地記錄道：「我與很多軍官做了長時間的會談。無需我提起，他們總是主動問起槍殺猶太人的事情。我的印象是，全體軍官幾乎普遍憎惡槍殺猶太人、戰俘和政治委員的行為，尤其是最後一點，因為那會讓敵人的反抗更加頑強。這些屠殺是德國軍隊，尤其是德國軍官團的榮譽汙點。」[118] 遺憾的是，博克元帥仍然對希特勒忠心耿耿：「我不會允許任何人攻擊元首。如果有人敢攻擊他，我就擋在元首的身前保衛他。」[119]

一九四一年九月，特雷斯科派遣自己的下屬和同謀者施拉布倫多夫去柏林聯絡其他的抵抗分子。施拉布倫多夫擔當前線抵抗分子（特雷斯科為首）和後方抵抗分子（路德維希．貝克、維茨萊本元帥、漢斯．奧斯特等，包括九月密謀的很多人）之間的聯絡員。施拉布倫多夫還把陸軍總部的高官腓特烈．奧爾布里希特（Friedrich Olbricht, 1888-1944）將軍爭取過來。[120]

一九四三年一月，菲利普．馮．伯澤拉格爾男爵及其兄弟格奧爾格（德軍當中有名的五項全能運動員和戰鬥英雄，已經獲得橡葉騎士十字勳章）在特雷斯科的幫助下專門組建了一個「中央騎兵團」（共二千二百人，其中約六百五十人為俄國哥薩克），名義上是集團軍群司令部直屬的機動「救火隊」，實際上大部分軍官是抵抗分子，或者至少是「可靠」的人。格奧爾格擔任團長，菲利普擔任其中一個營的營長。[121] 抵抗分子計畫在未來的政變中運用這支力量。

抵抗集團的計畫是，特雷斯科的小組將刺希特勒，然後奧爾布里希特等人在後方發動政變。一九四三年二月底，也就是史達林格勒的災難降臨不久之後，奧爾布里希特說他已經做好了準備，只等刺殺行動開始了。[122] 一九四三年三月十三日，希特勒來到斯摩棱斯克附近的中央集團軍群司令部視察。安保措施非常嚴密，希特勒不用中央集團軍群司令部提供的車輛，而只用自己帶來的車輛和司機；附近的鐵路暫時停運；隨處可見荷槍實彈的黨衛軍。不過負責外層安保的部隊中就有伯澤拉格爾兄弟的騎兵。其中一隊騎兵計畫在希特勒經過時槍擊他，但沒有實現，可能是因為希特勒臨時選擇了別的路線。[123]

特雷斯科的一個計畫是在希特勒用餐時讓多名軍官同時槍擊他，然而他的上司、中央集團軍群的新任總司令君特・馮・克盧格元帥（Günther von Kluge, 1882-1944）雖然同情抵抗運動，但阻止了他，理由是在對方吃飯的時候槍擊他是不體面的行為，並且可能誤傷其他高級軍官，包括克盧格自己。[124]

特雷斯科的第二個方案是，讓施拉布倫多夫將偽裝成兩瓶酒的定時炸彈送上了希特勒的飛機。然而飛機起飛之後，炸彈並未按時爆炸，後來發現是因為貨艙內溫度過低，炸彈失靈。希特勒安然無恙。次日，施拉布倫多夫冒著極大風險飛到東普魯士，想方設法換回了炸彈酒瓶，沒有露餡。[125]一九四四年七月二十日施陶芬堡刺殺希特勒失敗之後，抵抗運動幾乎被一網打盡，施拉布倫多夫也被逮捕，遭受慘無人道的毒刑拷打。[126]一九四五年二月三日，他在接受庭審時，法庭大樓遭到盟軍轟炸，法官被炸死，審判中斷。[127]隨後施拉布倫多夫輾轉多個集中營，最後被阿爾文斯萊本營救。施拉布倫多夫在戰後成為律師和法官，還著書立說，講述二戰期間德國軍人抵抗運動的故事。

施拉布倫多夫的炸彈襲擊失敗的一周後，一九四三年三月二十一日，中央集團軍群在柏林的一家軍事博物館（原為軍械庫）辦展會，展出繳獲的蘇聯紅軍旗幟和武器。希特勒計畫要和希姆萊、戈林、戈培爾等人一起去參觀。格斯多夫男爵能夠以擔任現場講解員為藉口參加展會。他主動向特雷斯科報名，要攜帶炸彈與希特勒同歸於盡。他的炸彈的引爆時間是十分鐘，不料希特勒也許是嗅到了危險的氣息，臨時改了行程，提前離開博物館。暗殺計畫再次破產。格斯多夫在最後關頭成功地解除炸彈的引信，救了自己和博物館內其他人的命，而且沒有引起注意。[128]

阿克塞爾・馮・德姆・布舍—施特賴特霍斯特男爵（Axel von dem Bussche-Streithorst, 1919-1993）的父親是威斯特法倫的貴族地主，母親是丹麥人。布舍於一九三七年參軍，加入在反希特勒的抵抗運動中發揮了重要作用的第九步兵團。布舍是職業軍官，作戰英勇，獲得過多次嘉獎。一九四二年十月五日，他在烏克蘭的杜布諾（Dubno）機場親眼目睹了黨衛軍屠殺數千猶太人的慘景：猶太人，包括婦孺，被強迫脫光衣服，俯臥到堆著前一批受害者屍體、甚至還有未死的人在掙扎的壕溝裡，然後被黨衛軍慢條斯理地槍殺。[129]布舍大受震撼，也明白這肯定是最高層的意

阿克塞爾·馮·德姆·布舍—施特賴特霍斯特男爵，拍攝者不詳，一九四三年。

志，於是他堅定地站到了這個喪盡天良的犯罪政權的對立面。透過舒倫堡的介紹，他與施陶芬堡、特雷斯科等人成了同志。施陶芬堡計畫利用一九四三年底希特勒參加一次東線新軍服展示會的機會將其刺殺。身為戰鬥英雄並且外貌特別具有日爾曼人特色的布舍被挑中去做講解，他決心在身上藏炸彈，到時候衝向希特勒將其死死抱住，與其同歸於盡。引信燃燒的聲音較響，他打算到時用咳嗽聲掩蓋。但很不湊巧，運送新軍服的列車遭空襲損毀，展示會沒有開成。布舍還不氣餒，準備等待下次機會，但不幸在前線負傷，一條腿被截肢。[130]因為他是戰鬥英雄和德意志金質十字勳章獲得者，作為特權人士被送入黨衛軍的一家醫院，因此也躲過了「七月二十日事變」之後納粹對抵抗分子的搜捕和鎮壓。他是少數活到戰後的抵抗分子之一，後來曾為BBC、蘇爾坎普出版社和西德政府工作。

埃瓦爾德·馮·克萊斯特—施門岑（Ewald von Kleist-Schmenzin, 1890-1945）是出身普魯士貴族名門的保守派政治家，在威瑪共和國時期反對民主。但他是君主主義者和篤信宗教、堅守傳統道德的保守派，所以敵視納粹的累累罪行。他拒絕在自己的城堡升納粹旗，拒絕給納粹黨一分錢（當地的納粹黨官僚甚至低聲下氣地請他捐款哪怕十芬尼也行）。他鄙視倫德施泰特和勃洛姆堡等與納粹合作的貴族軍官，還說出了這樣一句辛辣的名言：「將來人們會說：性格軟弱如德國官僚，褻瀆神明如新教牧師，毫無原則如普魯士軍官。」[131]戰前他曾代表卡納里斯與奧斯特到英國與邱吉爾等達官貴人會談，警示英國人不要對希特勒放鬆警惕，因為希特勒不會滿足於佔領捷克斯洛伐克和奧地利，而是企圖主宰世界；克萊斯特敦促英國政府以強硬態度對付希特勒。[132]無奈當時的英國奉行綏靖政策，在希特勒面前步步妥協，而邱吉爾正處於下野的低潮階段。

克萊斯特的兒子、總參謀部軍官埃瓦爾德—海因里希·馮·克萊斯特—施門岑（Ewald-Heinrich von Kleist-Schmenzin, 1922-2013）是施陶芬堡和特雷斯科抵抗集團的成員，也曾在第九步兵團服役。施陶芬堡打算重演布舍的行刺計畫，利用新一次軍服展示的機會刺殺希特勒。埃瓦爾德—海因里希接受了這次自殺攻擊任務，但請求給他二十四小時，以便與父親商談。他問父親，為了殺死希特勒而拿自己的生命冒險是否值得。老克萊斯特說：「你必須這麼做。如果誰有機會卻拒絕了，那麼會抱憾終身。」[133]但因為演示會被一再推遲，最終沒有舉行，小克萊斯特失去了機會。[134]「七月二十日事變」期間，他積極參與了施陶芬堡等人領導的政變，參與逮捕納粹要人。政變失敗之後，父子兩人都被逮捕。兒子因為證據不足被釋放[135]，但父親於一九四五年四月九日被用斷頭臺處死[136]。小克萊斯特—施門岑在戰後成為出版人，還是慕尼黑安全會議（旨在促進和平）的創始人。

埃伯哈特·馮·布萊滕布赫上尉（Eberhard von Breitenbuch, 1910-1980）是另一位抵抗希特勒的貴族軍官和刺客。他出身圖林根的「原始貴族」家庭，還是聖約翰騎士團的成員。布萊滕布赫的背景是民族主義和保守的，但他的妻子在一九三八年與他結婚前是德國駐英國大使館的秘書，能夠讀到外界的報紙和接觸英國社會，對國際形勢有很好的把握，也比較傾向自由主義。布萊滕布赫受到了妻子的很大影響。戰爭初期，他目睹了納粹對猶太人和共產主義者的迫害與屠殺，也經歷了員警部隊血腥的反遊擊作戰。後來他調到中央集團軍群司令部，進入了特雷斯科的圈子。布萊滕布赫表示願意擔當刺客。特雷斯科建議他使用炸彈，但他因為對炸彈裝置不放心，就拒絕了，提議用手槍打死希特勒。一九四四年三月十一日，中央集團軍群總司令布施元帥（Ernst Busch）奉命到上薩爾茨堡的元首大本營彙報，布萊滕布赫作為布施元帥的副官陪同前往。他決定抓住這次機會行刺。按理說他可以陪著布施來到希特勒面前，不料這次警衛卻宣布元帥的副官不能進去，必須在外室等待。布萊滕布赫身上還藏著子彈上膛的白朗寧手槍，只得在會議室外等待，心情無比焦灼。他相信自己的計畫已經被識破，警衛隨時會逮捕他。煎熬了兩個小時之後，會議終於結束，布萊滕布赫才得以離開。他的行刺也就失敗了。[137]戰後他擔任林務官員，最終病逝。

上述是施陶芬堡之前最重要的幾次刺殺希特勒的嘗試，多由貴族軍人策劃和執行，但都失敗了。隨著戰事吃緊，希特勒再也不去前線視察，也很少去柏林，大部分時間待在東普魯士的狼穴或巴伐利亞貝希特斯加登的貝格霍夫，並且安保措施越來越嚴密。一九四三年四月，漢斯・奧斯特及其副手漢斯・馮・多納尼等人的抵抗小組被偵破，奧斯特被軟禁，後於一九四五年四月九日在弗洛森比爾格集中營被殺害[138]。奧斯特等人的退場對特雷斯科是又一重打擊。

特雷斯科不知疲倦地勸說高級將領，如博克元帥、克盧格元帥和曼施坦因元帥，加入抵抗運動，但都沒有成功。他還在這些高級將領身邊安插了抵抗分子作為參謀軍官，以影響和爭取他們。克盧格一直同情抵抗分子，但始終下不了決心。曼施坦因直截了當地拒絕背叛希特勒，說「普魯士的元帥不會嘩變」[139]，但也沒有告發特雷斯科的「謀逆」。

施陶芬堡與女武神

以特雷斯科為首的抵抗運動提出了一個新策略。後備軍[140]有一個緊急預案叫「女武神」計畫（Unternehmen Walküre），為的是防備盟軍的空襲或空降造成國內法律與秩序崩壞，或者國內的數百萬奴隸勞工與戰俘起義。[141]抵抗運動的想法是，利用或者說「劫持」女武神計畫，在殺死希特勒之後，「假傳聖旨」，以黨衛軍叛變為藉口，讓後備軍控制各大城市、解除黨衛軍的武裝並逮捕納粹領導人，然後建立以貝克和維茨萊本等人為首的新政府，與西方盟國停戰。[142]在全國的多個軍區，抵抗組織安插了自己的人，準備隨時回應柏林的政變。比如第三軍區（柏林）的參謀長漢斯・君特・馮・羅斯特（Hans-Günther von Rost, 1894-1945，最終軍銜中將）為政變做的準備工作非常巧妙和充分，對施陶芬堡的幫助極大。羅斯特摸清了柏林城內納粹黨與黨衛軍的各種機構的地理和安保情況，以及無線電廣播台等設施的情況，並串聯可靠的軍官。[143]

從一九四三年七月起，特雷斯科與奧爾布里希特花了很大力氣來修改女武神計畫。[144]特雷斯科的妻子艾麗卡・特雷斯科[145]和秘書瑪格麗特・馮・奧芬[146]負責打字[147]，製作命令文件和宣言書等。這些檔案在戰後被蘇聯紅軍繳獲，二〇〇七年被歷史學家彼得・霍夫曼發現，證明了特雷斯科是抵抗運動的靈魂人物。

但在一九四三年十月，特雷斯科被調往前線擔任第四四二步兵團團長（後擔任第二集團軍參謀長），遠離了帝國的中樞神經，沒有條件繼續領導政變[148]。他結識了北非戰場的英雄、獨眼獨臂的施陶芬堡伯爵，後者接過了籌劃和執行刺殺與政變的使命。特雷斯科對施陶芬堡十分信任，在去第四四二步兵團上任臨行前說自己很高興看到施陶芬堡「在本土接過他的工作，將其繼續推進，而不是像之前那樣把精力浪費到千百個管道」。[149]

施陶芬堡被任命為後備軍參謀長並做好行刺準備的時候，西方盟軍已經在諾曼地登陸。施陶芬堡問特雷斯科，德國眼看就要戰敗，刺殺和政變是否還有意義。特雷斯科的回答是：「無論如何都一定要刺殺。即便刺殺不成功，柏林的政變也必須發動。現在的問題不是政變有沒有實際意義，而是要向全世界、向歷史證明，為了反對希特勒，德國的抵抗運動願意付出自己的一切。」也就是說，德國內部必須要有公開的反對希特勒的行動，以昭示天下，德國人並非都是納粹，這樣德國人將來才能無愧於良心。[150]特雷斯科還告訴同志瑪格麗特・馮・奧芬，每天有數萬猶太人被納粹殘酷地殺害，即便為了阻止這個，也要殺掉希特勒。[151]

七月二十日，施陶芬堡伯爵刺殺希特勒失敗，抵抗運動遭到大清洗。次日，特雷斯科在前線用手榴彈自殺。他給施拉布倫多夫留下的遺言是：

現在全世界都會誹謗我們了，但我今天堅信不疑，我們做的事情是正確的。希特勒不僅是德國的死敵，也是全世界的死敵。再過幾個小時，我在上帝面前解釋自己的所為和所不為的時候，我能夠為自己反對希特勒的鬥爭辯護。上帝向亞伯拉罕承諾，只要索多瑪還有十個義人，他就不毀掉索多瑪。我希望為了我們的緣故，上帝不會毀掉德國。[152]

特雷斯科和施陶芬堡抵抗集團的成員很多是貴族和軍人精英，他們的人脈極廣，擁有很多資源，有機會在狩獵、社交等場合串聯，能夠接觸到納粹黨核心和希特勒，所以他們從事抵抗的時候，活動空間肯定比其他人（比方說共產黨、社會主義者和普通民眾）更大，機會也更多。從這個角度看，貴族身分對他們的抵抗活動有幫助。

因為「七月二十日」事件而被牽連和殺害的一百五十名主要受害者中有大約三分之一是貴族。[153]納粹注意到了貴族在抵抗運動中扮演的重要角色。施陶芬堡所在的抵抗集團被鎮壓並且其親友被連坐[154]之後，納粹勞工部長羅伯特・萊伊怒斥刺殺希特勒的人是「藍血的豬狗」。按照歐洲傳統的說法，貴族的血是藍色的，大致是因為貴族一般不從事體力勞動，皮膚白皙，所以藍色的靜脈血管比較明顯。黨衛軍的報紙《黑色軍團》則說貴族是「藍血的豬狗與叛徒」。萊伊在戈培爾辦的報紙《進攻》上發表文章批判貴族：「他們的墮落深入骨髓，高貴到了白癡的地步，腐敗到令人作嘔，和一切齷齪的東西一樣怯懦……這就是被猶太人驅使來攻擊民族社會主義的貴族集團……我們必須剷除這些骯髒的貴族，將其徹底消滅。」希姆萊則說：「將來不再會有公子王孫。希特勒已經給我下了命令，把德國的王公立刻消滅，一個不留。他建議給其中最重要的人定的罪名應當是間諜罪和叛國罪，其他人則是性變態的罪行。人民法庭會把他們全部判處死刑。戈培爾希望在柏林的皇宮前將他們執行絞刑……我們會說東線的戰敗是他們的錯。王公們的財產將分給黨員和黨的老戰士。」[155]此時納粹黨對貴族已經極度反感和厭惡。

以上是保守派貴族軍人對納粹的反抗。必須強調的是，雖然軍人抵抗運動裡很多發揮突出作用的人是貴族，但也有很多不是貴族，比如已經講到的政變高層領導人奧爾布里希特、貝克與奧斯特。另外，通訊兵將領埃里希・費爾吉貝爾（Erich Fellgiebel, 1886-1944）特別值得一提。在刺殺希特勒和發動政變的時期，抵抗運動必須控制電話、電報、電傳、無線電等通訊網路，保證只有自己的資訊能夠暢通無阻，封鎖希特勒大本營對外的聯絡。費爾吉貝爾將軍是通訊技術的專家，希特勒雖然厭惡他，但缺他不可。[156] 費爾吉貝爾在政變的通訊工作當中發揮了關鍵作用，盡了最大努力。

軍人集團之外的貴族反納粹志士

在貴族工作的另一個傳統領域——外交部，也有很多貴族屬於反納粹的志士。在戰前，他們就透過各種管道與英國等國家的政府和要人聯絡，揭露希特勒的侵略野心，希望英國停止綏靖政策、強硬對待希特勒，從而挽救和平、為推翻希特勒創造條件。這些反納粹的貴族外交官包括烏爾里希·馮·哈塞爾（Ulrich von Hassell, 1881-1944，曾任德國駐義大利大使）、漢斯·伯恩德·馮·赫夫騰（Hans Bernd von Haeften, 1905-1944）[157]、亞當·馮·特羅特·祖·索爾茨（Adam von Trott zu Solz, 1909-1944）等。外交部的大員、國務秘書恩斯特·馮·魏茨澤克男爵（一八八二至一九五一）[158]也毫不掩飾地表示，「只有那個集所有權力於一身的狂人消失掉，世界和平才有希望，德國才能得救」。[159]

還有一些貴族組成了所謂「克萊紹集團」（Kreisauer Kreis），這是一個反對希特勒和納粹黨的小圈子，其成員大多為高級貴族和保守派精英，也有中產階級和教會人士。德國歷史上最顯赫的一些姓氏，出現在這個圈子裡，比如赫爾穆特·詹姆斯·馮·毛奇伯爵（Helmuth James Graf von Moltke, 1907-1945），他是普法戰爭時期老毛奇元帥的曾侄孫。「克萊紹集團」這個名字，得名自毛奇位於克萊紹（今天波蘭的克日若瓦）的莊園，他們經常在那裡開會。

另一個名門之後是彼得·約克·馮·瓦騰堡伯爵（Peter Graf Yorck von Wartenburg, 1904-1944），[160]他的一位著名祖先是一八一三年德意志解放戰爭時期的普魯士名將路德維希·約克·馮·瓦騰堡（Ludwig Yorck von Wartenburg, 1759-1830），他在一八一二年與俄國軍隊簽署停戰協定，儘管當時的普魯士王國仍然與俄國處於戰爭狀態。約克這麼做在理論上是叛國，但實際上推動普魯士脫離與法國的盟約。約克後來被認為是愛國者，反納粹的抵抗運動把約克視為自己的先驅和榜樣[161]。

克萊紹集團的其他貴族成員還有霍斯特・馮・艾因席德爾（Horst von Einsiedel, 1905-1947）、鄂圖・海因里希・馮・德・加布倫茨（Otto Heinrich von der Gablentz, 1898-1972）等。他們的主要思想是基於基督教的人道主義。

克萊紹集團的一項主要工作是籌劃未來的德國政府，擬定未來的憲法。他們與西方盟國，尤其是英國有連繫，向其報告德國國內情況。一九四四年，毛奇被捕，於是克萊紹集團瓦解，有些成員加入施陶芬堡的抵抗集團。

在宗教界，許多貴族對納粹黨進行了堅決的抵抗。明斯特主教克萊門斯・奧古斯特・馮・加倫伯爵（Clemens August Graf von Galen, 1878-1946）出身威斯特法倫的天主教貴族家庭，在十三個孩子當中排行第十一，家境比較清貧，自幼生活的城堡裡沒有自來水、抽水馬桶，大部分房間沒有暖氣。他的父母教導他，良心，尤其是宗教良心，比服從權威更重要。加倫是政治上的保守派，起初歡迎納粹的民族主義[162]，但從一九四〇年起堅決反對納粹黨用安樂死手段殺害殘疾人、精神病人等人群的政策。一九四〇年十二月，梵蒂岡發布宣言，明確表示「殺死有智力或身體缺陷的無辜者是錯誤的」、「違背了自然的律法和神聖的律法」。加倫頂著納粹政府的壓力，傳播教廷的宣言，並於一九四一年六月和七月三次在明斯特及其周邊地區佈道，譴責納粹對天主教會財產的侵犯。為了威嚇加倫，蓋世太保襲擊了加倫妹妹所在的女修院，將她逮捕。八月，義憤填膺的加倫再次佈道，公開譴責納粹的整個安樂死計畫，並給出確鑿證據，明確表示這是謀殺。他告訴信眾，人不是牲口，不能說智力殘障人士無用就將其肉體消滅。加倫的反抗產生了很大的社會影響，這是第三帝國建立以來國內發生的針對納粹政策的最明確也最廣泛的抗議運動。納粹領導人對加倫恨之入骨，但他的影響太大，如果讓他成為烈士的話，對政府非常不利。希特勒表示等戰爭結束之後再懲辦加倫。[163]

柏林主教康拉德・馮・普萊辛伯爵（Konrad Graf von Preysing, 1880-1950）可能是天主教會裡最公開地譴責納粹屠猶政策的人士。他在一九四三年八月寫了一份請願書，準備呈送給政府。他在請願書中嚴厲譴責政府用殘暴手段將德

柏林主教克萊門斯・奧古斯特・馮・加倫伯爵，Domkapitular Gustav Albers 攝，一九五七年。

國猶太人遣送到東歐的行徑，不過沒有明確提及政府對猶太人的滅絕。他希望主教們都能在請願書上簽字，但遭到很多人的拒絕。他去向教宗特使求助，對方卻說：「愛自己的鄰人是好事，但最重要的鄰人之愛是不要給教會添麻煩。」因為此時的教宗庇護十二世更關心的是共產主義對歐洲的威脅，所以認為德國是反共的唯一堡壘。[164]

第三帝國時期的貴族並不享有曾經的特權與特殊地位，但他們仍然是引人注目的社會精英團體。他們對納粹黨的態度，以及他們的作為，很容易受到格外關注。所以貴族面對納粹黨的英勇義舉，或是共謀與罪行，都特別顯眼。一九四四年七月二十日標誌著德國保守派抵抗運動的高潮。保守派與希特勒同床異夢多年之後，終於公開地短兵相接。貴族在保守派中占到相當高的比例，但必須強調的是，反希特勒的保守派並非全是貴族。反抗希特勒的貴族不是現代意義上的民主主義者，反而往往是老派的普魯士軍國主義者和保守主義者[165]，有的還敵視蘇聯、敵視共產主義、敵視斯拉夫民族、歧視猶太人，但這些歷史局限不能減損他們奮起反抗暴政的英勇義舉。他們是當之無愧的英雄。

第六章 一九四五年之後：新的生活

一、德意志貴族在民主德國

一九四五年一月至四月九日的柯尼斯堡戰役，是第二次世界大戰末期東線戰場最殘酷、最激烈的戰役之一。蘇聯紅軍志在必得，德軍亡命堅守。守城德軍力竭投降之時，全城房屋已幾乎全部被空襲和炮火摧毀，「那景象如同月球表面，一個彈坑連著一個彈坑，然後是海洋一般的瓦礫堆。」[1]

逃離東普魯士

在幾個月的絕望死守期間，一位德國外科醫生在遍地瓦礫、不斷遭到炮擊與轟炸的城市內堅持救死扶傷。醫院的條件惡劣，景象慘不忍睹：「多名女性通訊員身負重傷，醫生也束手無策。她們一連幾天躺在走廊裡，因為實在沒有地方了。其他傷患自己走到醫院，耐心等待輪到他們接受治療。其中也有幾名重傷患，儘管他們還沒有意識到自己的傷多麼嚴重。比如一名婦女左臂的肘關節被一根有掃帚柄那麼粗的碎木片穿透，讓她的手臂看上去像十字架……」[2]「醫院已經根本談不上有條不紊地工作。我們只能把距離我們腳邊最近的人抬上手術臺。新來的傷患太多，我們只能儘量先挑出那些脈搏還比較強的。其他人我們就幫不了了，因為我們根本沒有條件處理重傷造成的休克。後續治療更是談不上。」[3]

蘇聯紅軍佔領城市之後大肆縱火、搶劫、姦淫，柯尼斯堡如墮人間地獄。「四處可聽見女人的哭喊慘叫。」[4]「很快就沒有一個女人還有力氣反抗了。僅僅幾個鐘頭功夫，她們身上就發生了變化。她們的靈魂死了，她們只發得出歇斯底里的狂笑，這讓俄國人更加癲狂。」[5]

不久之後，這位醫生和其他一些平民被蘇聯紅軍擄走，中途逃脫，後又被抓獲，關進集中營，後又在蘇聯人控制下的醫院工作。因為遭到奸細的告發，為了避免被逮捕，他踏上了逃亡之路。途中，他目睹了無數人間慘劇，也得到很多好心人的幫助。逃到一個小鎮後，他得知自己的母親（曾因同情一位反納粹的牧師而被蓋世太保囚禁）[6]、一位兄弟和其他十六名平民已經被紅軍槍殺或燒死，屍體被投進萬人坑。[7]一九四七年五月，他和其他一些德國平民一起，被波蘭當局驅逐到西方盟國佔領區，在那裡開始新生活，並繼續行醫。

他的名字是漢斯·馮·利恩多夫伯爵（Hans Graf von Lehndorff, 1910-1987），出生於東普魯士貴族地主家庭，父親是有名的養馬場場主和賽馬運動員，外祖父是著名的保守派政治家艾拉爾德·馮·奧爾登堡—雅努肖（Elard von Oldenburg-Januschau, 1855-1937）[8]。利恩多夫將自己戰後初年的見聞與經歷寫成了一本書《東普魯士日記：一九四五至一九四七年間一位醫生的記錄》（*Ostpreußisches Tagebuch: Aufzeichnungen eines Arztes aus den Jahren 1945-1947*），書中記載了許多慘絕人寰的悲劇，但他的筆調冷靜克制，不動聲色，既記錄許多蘇聯人的凶殘，也描寫許多蘇聯人的善心，同時揭露很多德國人對佔領軍搖尾乞憐、對同胞卻兇神惡煞的醜態，經常流露出苦澀的幽默感。他還有一本書叫《人、馬、廣闊的土地：童年與少年時代的回憶》（*Menschen, Pferde, weites Land. Kindheits-und Jugenderinnerungen*），講述的是他幼時在東普魯士作為貴族地主少爺的鄉村生活，充滿了懷舊和傷感情緒，不過很少涉及政治與歷史的大背景。

如果我們把利恩多夫伯爵的懷舊與思念放到一九四五年德國戰敗之後的大環境裡看，就更顯得悲切了。因為，他魂牽夢縈的那個地方，普魯士貴族地主主宰的「易北河以東」的德國鄉村，一去不復返了。德國東部多個省份的整個空間都不復存在，留下的只有回憶。

共產主義的紅旗下

對德國來說，一九四五年的災難遠甚於一九一八年。第二次世界大戰結束後，德國一九三七年領土的約四分之一被盟國割走。阿爾薩斯—洛林被歸還法國。蘇台德地區被歸還捷克斯洛伐克。東部地區的西里西亞、諾伊馬克（Neumark，奧德河以東的一個地區）與波美拉尼亞歸屬波蘭統轄。根據德國政府的統計數字，在一九四五至一九四九年，約有七百萬德國居民自東部地區被驅逐到新的德國國境之內。在捷克斯洛伐克則有三百萬名德國民眾也被迫遷往德國。另有一百八十萬難民來自其他地區。所以二戰之後離散的德國難民多達一千二百萬左右。有三百二十萬至四百三十萬難民在蘇占區定居。英占區接受了超過四百二十五萬人。美占區接受的難民超過三百五十萬人。[9]

德國被分成四個佔領區，分別被英美法蘇四國佔領。一九四九年，英美法佔領區合併，建立德意志聯邦共和國，即西德。蘇占區則變成了德意志民主共和國，即東德。

這些天崩地裂的變化，對德國貴族來說是莫大的挑戰。原先德國東部的大片領土變成了波蘭等國的土地，德國東部地主貴族的生存基礎被一舉消滅。他們的不動產和莊園，都徹底地、無償地喪失了。比如霍亨索倫家族在一九四五年損失了百分之九十五的財產、八萬公頃土地、七十三座宮殿與城堡。[10]大多數逃到德國西部的東部貴族變得幾乎身無分文。

在蘇聯佔領區，所有屬於納粹黨員的企業和面積超過一百公頃的地產都被無償沒收。大約一萬四千家農業或林業企業以及大部分德國東部貴族因此受到衝擊。很多「容克」遭到逮捕和監禁，東部貴族紛紛西逃，留下的大多是老人、寡婦、未婚女子等。貴族的宮殿、城堡和莊園被改為博物館、學校、度假村、住房或養老院。[11]

貴族作為「前朝舊人」和「剝削階級」，在蘇聯佔領區和後來的民主德國政府領導下很難融入新秩序，並且遭到政府的敵視和打壓。民主德國官方的《歷史大辭典》的「容克」一條裡寫道：「他們的惡劣影響，在很大程度上促成了德國帝國主義侵略成性的品質。」[12]蘇聯佔領當局和民主德國政府致力於消滅貴族階級。數百名未能逃往西方的貴族被殺害或自殺。[13]

借用當時流行的一句口號，一九四五年九月開始在蘇占區開展的土地改革致力於「把容克的土地交給農民」（Junkerland in Bauernhand）。東德的很多貴族生活困難，依賴生活在西德的親友的救濟。二〇〇七年《鏡報》的一篇文章中指出，僅在一九五六至一九六十年間，在西德活動的薩克森貴族協會就向東德的八十七名貴族寄送了價值至少一萬馬克的包裹。[14]在冷戰時代，除了寄送包裹，東西兩德的貴族之間很難取得連繫，東德境內的貴族當然也無法加入西德貴族新建的各種協會和組織。

不過，即便在民主德國，一些貴族也被允許繼續使用「馮」作為自己姓氏的一部分。著名的共產主義記者和宣傳工作者卡爾—愛德華・馮・施尼茨勒（Karl-Eduard von Schnitzler, 1918-2001）出身普魯士貴族（據說他的祖母是德皇腓特烈三世的私生女），他曾主動向東德國家領導人瓦爾特・烏布利希提出，要停止使用自己名字裡的「馮」。不料首長大發脾氣：「你一定是瘋了吧！應當讓大家知道，方方面面的人都投入了我們黨的事業！」[15]「馮」字對黨來說有「統戰」的宣傳價值，他們可以說就連貴族也站到了黨的那一邊。

民主德國的外交官斐迪南・圖恩（Ferdinand Thun, 1921-2022）的原名是斐迪南・猶達斯・塔道伊斯・馮・圖恩—霍亨施坦因伯爵（Ferdinand Judas Thaddäus Graf von Thun und Hohenstein）。據說東柏林的實際統治者、蘇聯政治家和外交官弗拉基米爾・謝苗諾夫（Wladimir Semjonow）對民主德國的那些出身無產階級的外交官的粗俗不堪表示不滿，於是建議民主德國政府挑選知書達禮的人來當外交官。貴族當然是外交官的合適人選。圖恩先後擔任外交部禮賓司司長、民主德國駐蘇聯大使館參贊、駐伊朗大使、駐聯合國教科文組織代表等。[16]

甚至還有一位貴族從西德叛逃到東德。他就是著名的賽車運動員曼弗雷德・馮・勃勞希契（Manfred von Brauchitsch, 1905-2003）。[17]

西德基民盟（CDU）的政治家和紅十字會主席博托・賽因—維特根施坦因—霍恩施坦因公子（Botho Prinz zu Sayn-Wittgenstein-Hohenstein, 1927-2008）的父親是一位屬於統治家族的公子，母親屬於市民階層，他們的婚姻並非門當戶對，博托的母親後來獲得了男爵夫人的身分，但博托只能用男爵頭銜，不能用公子頭銜。反倒是東德政府在一九四六年批准他使用公子頭銜。[18]

總的來講，生活在民主德國的貴族數量很少。一九九二年，在原屬於民主德國的薩克森、薩克森—安哈爾特與圖林根州僅有三十五名貴族。[19]值得一提的是，第二帝國的邦君當中，只有一位成為民主德國的公民，那就是薩克森—阿爾滕堡的末代公爵恩斯特二世（Ernst II. von Sachsen-Altenburg, 1871-1955），他的宮殿雖然被佔領當局沒收，但獲得了終身居住權。

兩德統一之後，原先生活在東德的一些貴族地主希望收回當初被沒收的土地。但他們最終要大失所望了。一九九〇年九月十二日，東德、西德和原先的四個佔領國英美法蘇簽署了《最終解決德國問題條約》，即所謂「2+4條約」（Zwei-plus-Vier-Vertrag），國際社會承認了德國統一，但德國必須承認和波蘭的現有邊界，並永久性放棄一九四五年戰敗後德國割讓的領土。這是為了防止德國在未來對奧德河—尼斯河線以東領土提出任何主張。二戰之前德國在這條線以東佔有大片領土，一九四五年之後都割讓給了波蘭，少部分割讓給蘇聯。德國又於一九九〇年十一月十四日與波蘭單獨簽署條約，保證「兩國邊界在當前和未來不受侵犯」。[20]所以，對德國來說，失去的東部省份是永遠回不來了，東德貴族收回土地的希望永遠破滅，他們的要求都被德國聯邦憲法法庭和聯邦行政法庭駁回。

不過，很多貴族到曾經屬於民主德國的五個州從政或經商；隨著歐盟東擴，波蘭等國家進入歐盟大家庭，德國貴族有了更多機會到他們曾經的家園去投資、工作和生活。這有助於德國與東歐國家的互相諒解和友好交往。

也有一些幸運的貴族在原屬於東德的地區買回了自己祖先的土地，不過這種「尋根」行為經常產生法律上的糾紛。前文講過的二戰期間的抵抗分子和英雄阿克塞爾・馮・德姆・布舍—施特賴特霍斯特男爵在一九九一年起訴德國聯邦政府，要求政府歸還原屬於他的四百二十公頃土地（一九四六年被蘇聯紅軍和東德政府沒收）。布舍說，按照當時蘇聯的法律，沒收土地的對象是法西斯分子，而他是抵抗戰士，所以當年的沒收即便根據蘇聯法律也是不合法的。他不能理解，兩德統一之後的德國政府為什麼仍然拒絕將這些土地歸還合法主人。德國聯邦憲法法庭則主張，沒收布舍家族土地的行為發生在一九四九年德意志聯邦共和國建立之前，聯邦共和國政府不能為這之前的事情負責。共和國政府要把這塊土地拍賣。為了這起官司，布舍還和他的老戰友、當時的聯邦總統理查德・卡爾・馮・魏茨澤克男爵（Richard Karl Freiherr von Weizsäcker, 1920-2015）鬧了彆扭。最後布舍的女兒花錢從聯邦政府手裡買回了自家的地產。[21]

一九九四年，聯邦德國政府頒布一部法律，允許在類似的情況下把土地歸還原主人，但條件是原主人及其後代沒有「積極支援」過納粹或東德的共產主義政權。而霍亨索倫家族收回自己的土地和其他財產（宮殿、藝術品、古董）等的努力一再受挫，就是因為對該家族與納粹的關係存在許多爭議。[22]

二、德意志貴族在聯邦德國

貴族如何融入共和國：從政治和經濟的角度看

在聯邦德國，貴族很快就適應了新的生活。

一九四五年的情況與一九一八年相比有一個重大的區別：貴族不再仇恨共和政體和議會民主，而是相對順利而輕鬆地融入了聯邦德國的民主社會。貴族在兩次世界大戰之間抵制和敵視共和國，而這種現象在一九四五年之後幾乎完全絕跡。

一個重要原因是，一九一八年之後協約國軍隊並沒有全面佔領德國本土（除了佔領萊茵蘭和在一段時間內佔領魯爾區），於是各種極右翼勢力擁有上下操作的活動空間。而德國在一九四五年的戰敗更為徹底，整個國境被盟軍佔領，基本上沒有機會產生「背後一劍」的傳說了。貴族再也不能像一戰結束之後那樣，聲稱貴族領導的軍隊並沒有在戰場上失敗，德國的戰敗是因為國內的社會民主人士戳了德國軍隊「背後一劍」。並且戰爭的慘敗讓德國貴族大傷元氣，借用社會學家拉爾夫・達倫多夫[23]的話，儘管德國的舊精英（主要指貴族）在一九四五年之後仍然擁有一些權力和影響，尤其在本地層面，但他們的力量已經大大衰退，即便他們敵視民主，也不可能對聯邦共和國的民主制構成威脅了。[24]

盟軍的全面進駐和強有力的管控，以及美國領導的「馬歇爾計畫」對聯邦德國的救濟和重建援助，讓聯邦德國的政局和社會生活相對穩定，與威瑪共和國時期的群魔亂舞截然不同。有了穩定的環境，在盟國佔領軍的掌控之下，民主改革就比較容易了。

盟國對普魯士和代表著軍國主義的「容克」貴族有著足夠的警惕。一九四七年二月二十五日，盟軍佔領當局一紙律令，宣布：「普魯士在歷史上就一直是德國軍國主義和反動派的搖籃，現在普魯士事實上已經不復存在。……普魯士國家及其中央政府與一切機構，一律廢止。」[25]

盟軍和西德的政治家當然很清楚，許多貴族在第三帝國時期與納粹黨有很高程度的合作與共謀。所以一些曾經為虎作倀的貴族遭到了清算。在紐倫堡審判中，法蘭茲・馮・巴本是紐倫堡審判的二十四名被告之一。他對希特勒的上臺無疑起到了很大的助推作用。女貴族皮婭・菲爾斯滕貝格—赫爾丁根伯爵夫人（Pia Gräfin Fürstenberg-Herdingen）找到西德第一任總理康拉德・阿登納，替巴本說情。阿登納對她說，「大多數貴族」、「出於不可理解的對真正民主制的敵視，追隨了一場犯罪的冒險，所以在上帝面前要為自己的罪孽負責」。[26]不過也沒有阿登納說的那麼嚴重。巴本僅被判八年苦役，並且於一九四九年早早獲釋。之前他被西德政府沒收的土地和家產也物歸原主。

反倒是曾經的貴族抵抗分子，比如「七月二十日」事變的參與者，在聯邦德國初期還沒有擺脫叛國的臭名。人民對他們仍然不理解，許多人仍然相信戈培爾散佈的謠言，相信施陶芬堡等人的刺殺行動幫助了敵人，導致德國戰敗。一直到五十年代末，抵抗分子的貢獻才得到認可，刺殺希特勒的行動在聯邦德國才有了立國神話的意義。[27]赫爾穆特・詹姆斯・馮・毛奇伯爵、特雷斯科和施陶芬堡伯爵這樣的貴族抵抗分子，成為西德公眾眼中的英雄，被認為代表了「好的德國」。他們三人都是貴族。在西德，他們的保守價值觀、榮譽感、責任感、積極主動精神和為了更高理想犧牲自己生命的勇氣，得到了認可和讚許。這幾位在德國婦孺皆知的貴族抵抗分子，可以說為德國貴族恢復名譽做了很大貢獻。

就這樣，在政治上，貴族與聯邦共和國之間達成了諒解。而貴族能否最終接受共和國，還要看經濟方面：共和國能否尊重和保護貴族的私人財產？

盟軍計畫在自己管區內消滅「容克」貴族地主的大莊園，從而削弱其政治和社會影響力。在蘇占區，蘇聯佔領當局實施了土地改革，系統性地沒收了貴族地主的土地；而在西方佔領區，佔領當局不可能對私有財產發動這樣肆無忌憚的進攻，只能對地主的土地實施有償徵收。但由於西德政治家的堅決抵制，這種有償徵收也不了了之。例如，巴登—符騰堡州的第一任州長萊因霍爾德·邁爾（Reinhold Maier, 1889-1971）使出了渾身解數，保住德國西南部的貴族產業。不過在這個地區，貴族大地產本來就很少，因為大莊園主要在德國東部。到西方盟軍結束佔領時，其佔領區內貴族的地產被真正徵收的很少。[28]所以在南德，圖爾恩與塔克西斯（Thurn und Taxis）、富格爾（Fugger）、霍亨索倫—西格馬林根（Hohenzollern-Sigmaringen）和霍恩洛厄（Hohenlohe）等家族仍然擁有龐大的地產和廣袤的森林。符騰堡公爵就擁有十六座農業莊園、五千公頃森林以及若干葡萄酒莊。[29]

冷戰的開始以及蘇聯與東德對西德構成的威脅，也讓貴族在西德社會的調整和適應來得更快和更順利。西德堅決反共，與易北河以東的共產主義國家對立，並且尊重個人自由和私有財產，這都是貴族願意接受和融入西德社會的重要原因。[30]與東德貴族喪失自己全部土地、沒有得到一分錢賠償相比，西德貴族會覺得自己的日子不算太難過，西方盟軍的要求也不算太嚴苛了。

另外，根據一九五二年的「負擔平衡法」（Lastenausgleichsgesetz），西德政府從擁有巨額財產、地產、房產的三百萬德國人手中徵收了三百七十億馬克，用來部分補償因為戰爭和驅逐而喪失財產的公民。《時代》週刊的出版人格爾德·布塞里烏斯（Gerd Bucerius）說這是「世界歷史上最大規模的財產上交活動」。[31]而正是由於西德國家主導的這場「劫富濟貧」，從已經變成波蘭、捷克和蘇聯領土的原德國土地逃亡到西德的人民，包括貴族，在西德白手起家的時候，可以得到一筆賠償金。這有助於他們開始新生活。比如，我們知道東普魯士最大的地主之一亞歷山大・祖・多納—施勞比滕侯爵（Alexander zu Dohna-Schlobitten, 1899-1997）在一九四五年之前擁有八千公頃土地，這些土地在一九四五年的總價值約為六三五萬帝國馬克，他後來透過「負擔平衡法」得到了約十七點二萬德國馬克的補償金。[32]

五十年代，西德開始蓬勃發展，見證了「經濟奇跡」。許多貴族家庭和其他人一樣，也從中得到益處。貴族順利成為富足、穩定、民主的聯邦德國的一份子。他們完全接受了共和國。霍亨索倫家族的現任族長、普魯士王子格奧爾格・腓特烈（Georg Friedrich Prinz von Preußen, 1976-）的話應當能代表今日很多德國貴族的心態：「我尊重和珍視我的家族的傳統，並努力把這種傳統延續下去……但我的角色和繼承了歷史悠久的家族產業並努力維持和發展家業的資產階級人士沒有什麼不同……要成為一個國家的精英，僅僅有一個很長的姓氏是不夠的，還需要教育、勤奮，也需要運氣。我不否認，即便在今天，一個有名的姓氏也能夠幫人敲開很多門，但如果你不努力、不稱職的話，那些門會很快被重新關閉。」[33]

貴族在聯邦德國的事業與生活

在聯邦德國，貴族比較順利地實現了「保守主義軌道上的民主化」，在民主國家發光發熱。

在民主社會，大多數貴族都過得不錯，但貴族身分並不是個人與家庭經濟繁榮的決定性因素。據《經理人》（*Manager Magazin*）雜誌列出的西德首富名單，一直到第十六位才出現了一位貴族，銀行家奧古斯特・馮・芬克（August von Finck, 1898-1980）。[34]從這份名單看，貴族在最富有的西德公民中的比例，與貴族在總人口中的比例差不多。但是也有研究表明，貴族身分對於成為商界精英仍然是一個加分項。[35]

軍事是貴族的傳統活動領域。聯邦德國的軍隊裡也少不了貴族的身影。薩克森貴族沃爾夫・馮・包迪辛伯爵（Wolf Graf von Baudissin, 1907-1993）[36]在聯邦國防軍的組建和發展中做出了很大貢獻，最終軍銜中將，擔任過北約駐巴黎的副總參謀長。對於聯邦國防軍的兩個重要理念「內在領導」（Innere Führung）和「軍人是穿制服的公民」（Staatsbürger in Uniform）[37]，包迪辛伯爵有重要貢獻。烏爾里希・德・梅齊埃（Ulrich de Maizière, 1912-2006）是另一位在西德國防軍擔任領導職務的貴族，一度擔任國防軍總監（相當於總參謀長），他和包迪辛伯爵、約翰・阿道夫・馮・吉爾曼賽格伯爵（Johann Adolf Graf von Kielmansegg, 1906-2006）並稱西德國防軍之父，而他們三位都是貴族出身。

西德和統一之後的聯邦德國不承認貴族特權和貴族地位，但貴族作為社會精英群體，往往仍然享有很高的社會聲望。他們可以以個人身分加入各黨派，主要是屬於保守派的基民盟和基社盟，可以參選議會和擔任公職。一九四九年聯邦共和國的第一屆聯邦議會的五百一十八名議員中就有十一名貴族，後來幾乎每一屆議會都有侯爵、公子、伯爵、男爵和「馮」們擔任議員，甚至包括巴伐利亞王子康斯坦丁（Konstantin Prinz von Bayern, 1920-1969）這樣的前王室宗親。[38]聯邦議會裡貴族的比例始終不超過百分之四，比貴族在總人口中的比例高，但仍然比第二帝國和納粹時期貴族在議員中的比例低。[39]

有一些貴族擔任高級公職。海因里希・馮・布倫塔諾（Heinrich von Brentano, 1904-1964）曾任外交部長，漢斯—約阿希姆・馮・梅爾卡茨（Hans-Joachim von Merkatz, 1905-1982）曾任司法部長和難民事務部長，出身波羅的海德意志貴族家庭的鄂圖・蘭姆斯多夫伯爵（Otto Graf Lambsdorff, 1926-2009）曾任經濟部長。理查德・卡爾・馮・魏茨澤克男爵曾任西柏林市長和聯邦總統。

有意思的是，在很多勢利的人看來，聯邦共和國的政府各部有「高」、「低」之分。歷史悠久的部門比較「古典」和「高貴」，貴族更願意去那裡工作；一些較新的部門的資產階級色彩較重，在那裡工作的貴族就較少。高低的區別非常微妙，一個重要的標記是部門名稱裡用冠詞 der（或 des）還是用介詞 für，前者更「高貴」。例如，司法部（Bundesministerium der Justiz）、財政部（Bundesministerium der Finanzen）、內政部（Bundesministerium des Innern）是比較「貴氣」的部門。而勞工與社會部（Bundesministerium für Arbeit und Soziales），家庭事務、老年、婦女及青年部（Bundesministerium für Familie, Senioren, Frauen und Jugend），衛生部（Bundesministerium für Gesundheit）都是比較新、比較

「現代」的部。國防部以前叫「Bundesministerium für Verteidigung」，後來改為比較「貴氣」的「Bundesministerium der Verteidigung」。[40]

貴族在政界裡的比例和影響並不顯著，但貴族家庭，尤其在其家鄉，作為雇主、文藝贊助者、慈善家和社會活動家，往往頗受尊重。

有意思的是，很多貴族聚集到巴伐利亞或慕尼黑，包括曾經的帝王後代。慕尼黑成了貴族文化的一個重要聚集地。奧地利末代皇帝的兒子鄂圖・馮・哈布斯堡曾於一九七九至一九九九年間任歐洲議會的議員，代表巴伐利亞基督教社會聯盟（CSU）。薩克森末代國王的兒子腓特烈・克里斯蒂安（Friedrich Christian, 1893-1968）享有薩克森王子和薩克森公爵的頭銜，但自稱邁森邊疆伯爵（Markgraf zu Meißen）。他也長期在慕尼黑生活。一九六一年，他參與創辦了「薩克森歷史與文化研究集團，慕尼黑協會」（Studiengruppe für Sächsische Geschichte und Kultur e. V. München），這是西德最大的致力於研究薩克森歷史文化的社團之一。[41]

媒體上關於貴族，尤其是高層貴族的報導，常常非常吸引讀者。關於已經失去的東部世界的貴族回憶錄，往往成為暢銷書。像本章開頭講到的利恩多夫伯爵那樣用文學創作來緬懷失落世界的德國貴族，還有不少。比如艾絲特・馮・什未林伯爵夫人（Esther Gräfin von Schwerin）回憶自己年輕時在東普魯士的莊園生活的書《鸕鶿，黑莓藤：東普魯士回憶錄》（*Kormorane, Brombeerranken: Erinnerung an Ostpreußen*）；德國《時代週報》的總編和出版人瑪麗昂・鄧恩霍夫伯爵小姐（Marion Gräfin Dönhoff, 1909-2002）在二戰期間是反對希特勒的抵抗圈子的成員，後來也寫了好幾本關於已經失去的德國東部地區貴族生活的書，其中最有名的可能要數《逝去的名字》（*Namen, die keiner mehr nennt*）。

聯邦德國的貴族社團組織

曾與納粹共舞的德國貴族聯合會在一九四五年名譽掃地。但聯邦德國的貴族建立了一些新的社團與組織，為貴族群體發聲，互幫互助，並從事相關的譜系學和歷史學研究。一九五六年，在波昂組建了「德國貴族社團總會」[42]

（Vereinigung der Deutschen Adelsverbände，簡稱 VdDA），作為戰後西德各種貴族社團的總會。二〇一八年，「德國貴族社團總會」有二十三個成員社團，約有八千名會員。二〇二〇年一月，總會的主席為阿爾弗雷德・馮・舒恩堡—哈滕施坦因公子（Prinz Alfred v. Schönburg-Hartenstein）。總會沒有任何政治權力，對德國政界的影響力也幾乎為零。

只有真正「歷史上的貴族」的後代，並且名字記錄在《哥達譜系學手冊》中的，經過嚴格審查，才可以成為總會的成員。貴族的私生子、養子、改用貴族妻子之姓氏的男子，都不算真正的貴族。之所以規定這麼嚴格，是因為二十世紀七〇年代有不少人透過過繼給貴族，獲得了貴族的姓氏，甚至出現了漢斯—赫爾曼・威爾（Hans-Hermann Weyer, 1938-）這樣兜售頭銜的販子[43]。出售頭銜是一種詐騙，因為買家不會得到真正貴族的承認，而賣家也會遭到貴族的唾棄。

「德國貴族社團總會」下轄一九四九年組建的「德國貴族法律委員會」（Deutsche Adelsrechtsausschuss，縮寫 ARA），該委員會繼承了第二帝國貴族紋章院的職能，負責貴族名冊的記載、整理和保管。今天有的貴族在選擇婚姻對象之前，還會請「德國貴族法律委員會」給出專家意見，看對象與自己是否門當戶對。[44]總會還保存和管理著大量貴族檔案和實物資料，經營一家科研圖書館，並出版相關書籍。

「德國貴族社團總會」負責管理和出版「哥達譜系學手冊」叢書。一七六三年，在哥達城出版了首部記錄德國貴族譜系的專著，稱為《哥達宮廷名冊》（*Gothaischer Hofkalender*），後來成為延續數百年的傳統。這種名冊可以印製得很小，隨身攜帶。貴族在參加舞會、狩獵甚至打仗時都可以帶著名冊，以便隨時查驗與自己打交道的人是不是真的是貴族，以及究竟是什麼身分。二戰之後，譜系學家和法學家漢斯・腓特烈・馮・伊倫克魯克（Hans Friedrich von Ehrenkrook, 1888-1968）從一九五一年開始繼續編修《哥達譜系學手冊》，分成四大部分：邦君、伯爵、男爵和普通貴族。二〇一五年起，該系列由瑪律堡的德國貴族檔案出版社（Verlag des Deutschen Adelsarchivs）出版。[45]

伊倫克魯克還與律師于爾根・馮・弗洛托（Jürgen von Flotow）合作，於一九六一年在瑪律堡創辦了德國貴族檔案館（Deutsches Adelsarchiv）。檔案館後成為「德國貴族社團總會」的分支。今天它是一所研究機構，向學者開放，也為政府、司法部門等提供關於貴族譜系的諮詢。[46]

根據「德國貴族社團總會」給出的數字，聯邦共和國的貴族人口約七萬人，但無法做精確的統計。約有一萬一千個貴族家族，其中一千五百個屬於原始貴族，至少有七百年歷史。人丁最興旺的德國貴族家族為：比洛（Bülow，八百人）、維德爾（Wedel，五百人）、阿尼姆（Arnim，將近五百人）、普特卡默（Puttkamer，四百五十人）、施特卡爾貝格（Stackelberg，四百人）、什未林（Schwerin，三百六十人）、厄爾岑（Oertzen，三百四十人）、韋廷霍夫（Vittinghoff，三百三十人）、克萊斯特（Kleist，三百人）和勃蘭登施坦因（Brandenstein，三百人）。[47]可惜這只是一九八〇年代的數字，至於二十一世紀初德國貴族的人口情況，我暫時還沒有找到準確的資料。

三、一九四五年之後的君主主義

普魯士的霍亨索倫家族的支持者

貴族接受了民主制度，但君主主義在聯邦德國並沒有銷聲匿跡。正如很多君主主義者愛說的那樣，君主主義與民主並不矛盾。不過，君主主義在聯邦德國始終是邊緣化、非主流的思想。

經歷了納粹時代的壓抑之後，一九五〇年代的西德出現了一些關於君主制的討論。一度有三分之一的西德公民希望建立某種形式的君主制。[48]有猶太血統的歷史學家、哲學家和親普魯士的君主主義者漢斯—約阿希姆・舍普斯（Hans-Joachim Schoeps, 1909-1980）[49]主張重建普魯士國家，並邀請霍亨索倫家族回國復辟。他還打算組建「君主制人民聯盟」，但沒有實現。[50]

有人希望在西德《聯邦基本法》的框架下恢復君主制，比如讓世襲君主來代替本身也主要是「吉祥物」而沒有實權的聯邦總統。不過《聯邦基本法》規定國體是共和國，不可改變，除非重新制憲。

「正直君主主義者聯盟」（Bund Aufrechter Monarchisten）是「正直者聯盟」在西德的後繼組織，不過這個新的聯盟認可自由民主的政治制度和聯邦制政體，只是希望由霍亨索倫家族的人來當皇帝，取代聯邦總統。二〇一四年，該聯盟自行解散。[51]

一九六九年的聯邦總統大選期間，雜誌《Quick》和《圖片報》（*Bild*）做的讀者調查分別顯示，百分之三十九點八和五十五點六的受訪者認為，霍亨索倫家族當時的族長路易．斐迪南王子是合適的總統人選。[52]路易．斐迪南王子在一九九三年接受《明鏡》雜誌採訪時說，一九一九年的皇帝退位是一個「歷史的事故」，僅僅是威廉二世及皇太子威廉放棄皇位，並不是整個霍亨索倫家族放棄皇位；德國人民應當在德國再度統一之後考慮是否復辟君主制。[53]

但從一九六〇年代開始，君主主義的影響力在西德變得越來越弱，主要原因是西德的「經濟奇跡」使得它成為一個富強的民主國家；受到一九一八年事件影響的那幾代人漸行漸遠；新一代年輕人對君主制的往昔既不瞭解，也不感興趣。基督教的影響力減弱、社會的高度世俗化，也讓「君權神授」的理念越來越失去支持。所以君主主義的影響力日漸衰微。《世界報》（*Die Welt*）在二〇二〇年二月四至六日做了一次民意調查，其中一個問題是：「如果德國和英國與瑞典一樣，由國王或皇帝擔任國家元首，是好事還是壞事？」百分之八十五的受訪者認為這不是好事。不過有意思的是，老年人更反對君主制。認為君主制是「好事」的受訪者當中只有百分之四是六十五歲及以上的老年人，而十八到三十四歲的受訪者中有百分之十七認為君主制是好事。但有百分之九十四的受訪者認為在德國恢復君主制是「空想」。[54]

不過霍亨索倫家族和普魯士歷史傳統對東西兩德的政府來說都仍然很有意義。民主德國政府雖然在早期把霍亨索倫皇室視為帝國主義者和剝削階級，把普魯士視為軍國主義的罪惡淵藪，但很快也開始運用普魯士傳統來宣傳和美化自己，從而鞏固自己的合法性。一九八一年，民主德國的文化部長甚至專門到西德去拜訪霍亨索倫家族的族長路易．斐迪南，請求把腓特烈大王及其父親腓特烈．威廉一世的棺材（二戰末期被轉移到德國西部，一九五二年被路易．斐迪南送到巴登符騰堡州的霍亨索倫城堡，即霍亨索倫家族的源起之地）送回其原先的長眠之地波茨坦。路易．斐迪南王子讚揚東德政府的這個想法，但表示移棺只能在德國統一之後進行。[55]一九九一年八月十七日，兩位普魯士國王的棺材終於被送到波茨坦無憂宮重新下葬，德國總理赫爾穆特．科爾親自到場，聯邦國防軍軍官擔任儀仗隊，軍樂隊奏起普魯士傳統的哀樂和讚美詩，超過十萬民眾參觀了儀式。[56]

二十一世紀的德國還有不少形形色色的君主主義組織，其中最有影響的兩個是「傳統與生活」（Tradition und Leben）和「君主制之友公民聯合會」[57]（Bürgervereinigung der Monarchiefreunde）。這兩個組織的宗旨都是建立霍亨索倫家族為首的議會制君主立憲國家。「傳統與生活」主張透過和平手段爭取大多數公民的支持，就像一九八九年東西兩德和平統一一樣。它的口號是「我們為民主加冕！」（Wir setzen der Demokratie die Krone auf!），並主張在全國層面實施君主制，但各州公民可自行決定施行君主制或共和制。「傳統與生活」有一本雜誌叫《遺產與使命》[58]（*Erbe und Auftrag*）。霍亨索倫家族的現任族長、普魯士王子格奧爾格．腓特烈在二〇〇五年接受採訪時表示：「作為霍亨索倫家族的族長，我沒有政治角色，也不打算爭取政治角色。我想要的是，大家對我的家族的歷史能夠公平看待。遺憾的是，並不是所有人都能公平看待我的家族。比如我聽到有人說霍亨索倫家族都是戰爭罪犯。有的新納粹分子濫用普魯士的歷史和普魯士黑鷹之類的符號，這是我堅決反對的。正是因為這個原因，我請人重新設計了普魯士的鷹徽，好讓大家知道：這才是真正的普魯士。我要明確地定義我的家族意味著什麼。這主要是透過慈善事業，以及我們越來越多的在文化領域的工作……對我來說，普魯士代表藝術、文化、哲學與自由……我在聯邦共和國長大成人，感謝這個國家給我的權利與自由。」[59]

巴伐利亞的維特爾斯巴赫家族的支持者

二戰結束之後，巴伐利亞屬於美軍佔領區。一九四五年十一月，魯普雷希特王儲返回慕尼黑。他繼續宣傳君主制思想並提出，在第二帝國時代就有一些地方政府是共和性質的，比如漢堡政府和不萊梅政府，那麼在西德的聯邦體制之下，也應當允許某些地方政府是君主制的。比如，在巴伐利亞建立服從聯邦中央的君主制政府，讓州長擔當實際掌權的政府首腦，讓世襲君主，也就是維特爾斯巴赫家族的人擔當僅具有代表性質的國家元首。此時冷戰已經開始，在嚴酷的大環境下，這個提議不可能得到回應。以美國為首的西方陣營和美國支持的西德政府對這當然不會感興趣。

一九五五年八月二日，魯普雷希特病逝，享年八十六歲。巴伐利亞州政府命令降半旗表示哀悼。兩天時間裡有約五萬人前來瞻仰身穿巴伐利亞陸軍元帥制服的王儲遺體。[60]

戰後，維特爾斯巴赫家族的支持者重建了被納粹解散的「巴伐利亞家鄉與國王聯盟」，但因為它的非民主色彩，美軍立刻查禁了該組織。[61]顯然大部分巴伐利亞人接受了聯邦共和國。不過巴伐利亞人對維特爾斯巴赫家族及其歷史傳統仍然很有好感。一九五二年，「巴伐利亞家鄉與國王聯盟」重建，一九六七年更名為「巴伐利亞聯盟」（Bayernbund）。今天的「巴伐利亞聯盟」[62]已經放棄了君主主義主張，新的宗旨是保護巴伐利亞獨特的文化和生活方式、增進人民對歷史的認識、保護西方基督教傳統，以及保護巴伐利亞的各種方言。除了「巴伐利亞聯盟」之外，還有一九四五年組建的君主主義組織「巴伐利亞家鄉與國王黨」（Bayerische Heimat- und Königspartei），注意它與「巴伐利亞家鄉與國王聯盟」沒有關係。「巴伐利亞家鄉與國王黨」於一九四六年被美軍查禁，一九五〇年重建，但很快就在政壇失敗。[63]

巴伐利亞黨（Bayernpartei）是僅在巴伐利亞州活動的一個區域性政黨，有巴伐利亞分離主義色彩，主張「巴伐利亞屬於巴伐利亞人」。該黨在一九四八年正式建立時吸收了「巴伐利亞家鄉與國王聯盟」的一些君主主義者。巴伐利亞黨作為一個政黨，在君主主義的問題上沒有明確立場，但很多黨員主張迎回維特爾斯巴赫家族的成員當君主。該黨曾呼籲就君主復辟的問題舉行全民公決，但魯普雷希特王儲始終與該黨保持距離。[64]

漢諾威的韋爾夫家族的支持者

從「德意志—漢諾威黨」（Deutsch-Hannoversche Partei）發展出來的「德意志黨」（Deutsche Partei）在一九五二年

的黨章裡有明確的君主主義色彩。他們認為國家元首應當是超越和獨立於各路政黨的。連續擔任多個部長級職務的「德意志黨」政治家漢斯—約阿希姆・馮・梅爾卡茨曾表示自己是「堅定的君主主義者，因為我認為君主制是獨裁的最大障礙」。不過梅爾卡茨總的來說是屬於基督教保守派。[65]

一九五二年在下薩克森州組建的「韋爾夫聯盟」（Welfenbund）是與韋爾夫家族有連繫的君主主義組織。二〇一一年，該組織發生分裂。現在有兩個自稱「韋爾夫聯盟」的組織[66]。兩個「韋爾夫聯盟」都仍然相當活躍，在二〇一九年還組織了多場活動，但主要是歷史和文藝性質的活動。

一九一四年，歐洲的大部分國家是君主國，而到了一九一八年底，包括俄羅斯皇帝、德皇、奧匈皇帝和德國二十幾個邦君在內的許多皇冠和王冠已經落地。在這之後的歲月裡，復辟帝制或許是一種異想天開，並且德意志君主主義者曾經誤入與納粹惡魔合作的歧途，不過說到底，君主主義最凶殘的敵人還是納粹。出人意料的是，君主主義一直存活到二十一世紀初的德奧，儘管它存在的形式已經與威廉二世和魯布萊希特王儲所認識的模樣大不相同。今天的德國貴族是民主社會的一份子，而君主主義在思想自由、結社自由、言論自由的社會裡有自己棲息的空間。

但君主和貴族即便在今天的民主社會仍然擁有一種特殊的魅力。比如英國王室的一舉一動都是全球新聞界密切追蹤的對象，是全世界人津津樂道的話題。今日德國已經沒有君主，也沒有法律意義上的貴族，但德國人對君主和貴族仍然有著濃厚興趣。一九七二年慕尼黑奧運會期間，德國女子希爾維亞・索梅爾拉特（Silvia Renate Sommerlath, 1943-）邂逅瑞典王儲，後成為瑞典王后的故事，對很多德國人來說是美妙的傳奇。與德國有著血緣關係的英國女王伊莉莎白二世多次訪問德國，都引起民眾的關注。二〇一一年八月二十七日，霍亨索倫家族的現任族長、普魯士王子格奧爾格・腓特烈與伊森堡侯爵小姐索菲・約翰娜・瑪麗亞（Sophie Johanna Maria Prinzessin von Isenburg）在波茨坦的婚禮吸引了德國媒體和民眾的熱情關注。學者赫爾弗里德・明克勒哀歎聯邦德國沒有自己的神話。暫且不談君主和貴族在歷史上的功過是非，身為共和國的德國與英國、丹麥、瑞典等君主國相比，或許有時真的缺少那麼一點神話的光輝。

社會篇

第七章 德意志貴族的生活方式

一、德意志貴族說什麼語言？

德意志貴族說什麼語言？

這個問題好像是廢話。當然是德語啦！

不過，其實沒那麼簡單。

德意志貴族的高度國際化

德意志貴族（特別是皇室、王室、諸侯／高級貴族）和歐洲其他國家的貴族一樣，是高度國際化的。

歐洲各國的統治家族互相通婚，比如英國自漢諾威王朝開始，因為信奉新教，貴族（特別是王室和高級貴族）較少與天主教國家（法國、西班牙、義大利等）的貴族通婚，所以英國貴族在婚姻中的選擇面較窄，德意志的廣大新教貴族是英國貴族最重要的婚姻對象。英國女王伊莉莎白二世的丈夫愛丁堡公爵菲利普親王在二〇〇〇年說：「歐洲的各個統治家族互相之間很熟悉。他們經常見面，交流很多。法國是天主教國家，所以英國王室很少與法國上層通婚。我們和比利時有一些婚姻關係，但都是很久以前的事情了。當然斯堪的納維亞是可以接受的。但距離英國最近、最能為英國王室成員提供妻子和丈夫的國家就是德國，所以英德在這方面的親戚關係非常多。」[1]

與之類似，在天主教圈子裡，哈布斯堡家族統治下各邦（奧地利、波希米亞、西班牙、匈牙利、義大利部分地區、巴爾幹部分地區、波蘭部分地區等）的貴族也會構成一個通婚的網路。

廣泛的跨國婚姻讓很多貴族的領地跨越了國家和語言的疆界。有的家族枝繁葉茂，在許多國家都有分支（這一般是家族特別成功的體現）。所以我們很難用民族和邊界來劃定歐洲貴族。德意志貴族也是這樣，他們是高度國際化的一群人。最典型的例子要算哈布斯堡家族，他們一度統治著多民族的超級大國。薩克森—科堡—哥達家族的成員曾統治德意志的薩克森—科堡—哥達公國、葡萄牙王國、保加利亞王國、比利時王國和英國。霍亨索倫家族的成員不僅是普魯士國王、德國皇帝，還曾是羅馬尼亞國王。曾經當過希特勒的秘密外交官的馬克斯·霍恩洛厄—朗恩堡公子（Max Egon zu Hohenlohe-Langenburg, 1897-1968）曾感慨過霍恩洛厄家族的國際化，他的家族養育了「一位德國首相、一位法國元帥、一位樞機主教、好幾位奧匈帝國元帥、好多位普魯士將軍和巴登將軍、多位符騰堡世襲元帥和俄國沙皇的好幾位侍從長」。[2]

掌握多種語言的德意志貴族

既然擁有高度國際化的身分，那麼德意志貴族掌握和使用多種語言也就理所當然了。中世紀的腓特烈二世皇帝是著名的語言天才，懂得拉丁語、義大利語、德語、阿拉伯語、希臘語。[3]紹恩堡與霍爾斯坦伯爵阿道夫二世（Adolf II. von Schauenburg und Holstein, 1128-1164）受過教會教育，能說流利的拉丁語和德語，還懂斯拉夫語；美因茨大主教克里斯蒂安一世·馮·布赫伯爵（Christian I. von Buch, 1130?-1183）「在使用拉丁語、羅曼語族語言、法語、希臘語、阿普里亞語、倫巴第語和佛蘭芒語時像母語一樣得心應手」；德意志國王拿騷的阿道夫（before 1250-1298）精通法語、拉丁語和德語；[4]馬克西米連一世皇帝在半自傳體的作品《白色國王》中描寫自己如何熟練掌握了「法語，是他從妻子那裡學習的」和「佛蘭芒語，是他從一位年邁的公主那裡學習的」，以及英語、西班牙語、義大利語和拉丁語，當然還有他的母語德語。「因為他的士兵說的是這七種語言，當各部隊的指揮官來找他商議和接受命令時，他能夠用每個人的母語與其交談」；[5]馬克西米連一世的孫子、著名的查理五世皇帝在佛蘭德長大，母語是法語，九歲開始學佛蘭芒語。為了繼承西班牙王位，他在西班牙議會要求下學習了西班牙語[6]。查理五世在二十歲之後就習慣於說和寫西班牙語。他一輩子都隨身帶著一本法文版的修昔底德《伯羅奔尼薩斯戰爭》，常讀常新，還把法語詩歌翻譯為西班牙語。身為德意志人的皇帝，他的德語說得倒是不怎麼樣，在沃爾姆斯帝國會議上處置馬丁·路德問題的時候，皇帝的發言用的是法語，然後有人翻譯成德語。他的弟弟，後來的斐迪南一世皇帝，自幼在西班牙長大，以西班牙語為母語。兩兄弟交流的時候，查理五世用法語，斐迪南一世用西班牙語。[7]

貴族子弟很小年紀就要學外語。普萊斯侯爵漢斯·海因里希十七世（Hans Heinrich XVII.von Pleß,1900-1984）八歲時就要每天閱讀英文的《泰晤士報》和法文的《費加羅報》，然後把新聞濃縮一下，口述給父親。順便說一下，這是學外語的一種很好的辦法，值得向讀者推薦：霍亨索倫—西格馬林根侯爵威廉[8]每天讀三種語言的報紙：英語的《倫敦新聞畫報》（*Illustrated London News*）、法語的《羅馬獨立報》（*Indépendence romaine*）和德語的《布加勒斯特日報》（*Bukarester Tageblatt*）。[9]

懂得多種語言，有利於貴族對臣民的統治。奧匈帝國皇帝法蘭茲·約瑟夫自己會說法語、義大利語、捷克語，匈牙利語也會說一些。所以他能與自己的各族臣民交談，這是維繫君主與臣民之間紐帶的重要手段。一位會說捷克語的奧匈皇帝，比較容易讓捷克臣民對他產生認同感和好感，覺得他不是外國人，而是「我們的皇帝」。他的妻子，著名的「茜茜公主」原為巴伐利亞公爵小姐，嫁到奧地利皇室之後也立刻受到督促，去學習帝國臣民的諸語言。最後她成為才華橫溢的語言專家，懂得九種現代語言，還懂古希臘語和拉丁語。[10]她掌握了不錯的匈牙利語，贏得了匈牙利人的好感，這是哈布斯堡家族能夠在一八四八年革命的動亂之後保住匈牙利的原因之一。

普萊斯侯國位於西里西亞，在今天的波蘭南部。普萊斯家族的孩子除了德語之外要學波蘭語，因為他們的領地上有很多波蘭農民。作為地主老爺的普萊斯侯爵自己懂波蘭語，能夠順暢地與農民交流，就可以更好地避免對立與

嫁入德國豪門的英國軍官之女黛西，James Lafayette 攝。

衝突，波蘭農民也會對主子有更多認同感；菲斯滕貝格侯爵馬克西米連・埃貢二世（Max Egon II. zu Fürstenberg, 1863-1941）是威廉二世的密友。他的領地橫跨德奧兩國，手下同樣有大量斯拉夫臣民（捷克人），他也努力學習捷克語。後來他成為奧匈帝國上議院議員的時候，優秀的語言技能幫了他不少忙。[11]

懂多門外語，除了非常實用之外，在德意志貴族圈子裡也是身分和地位的符號。如果只懂一門德語，是有失身分的事情。荷蘭貴族維多利亞・本廷克（Victoria Bentinck）說她的侄女出於某種原因嫁給一位德意志伯爵，而此人是個粗鄙的鄉村地主，只會說德語，在世家豪門本廷克家族的環境裡如同魚兒出了水，因為本廷克家族的人會在四種語言當中隨意自由切換。[12]

黛西・康瓦利斯—韋斯特（Daisy Cornwallis-West, 1873-1943）是一位英國軍官的女兒，嫁給了德國最富有的貴族家庭之一的掌門人普萊斯侯爵漢斯・海因里希十五世。四十年來她一直沒有好好學過德語，一個重要原因是，德國貴族，包括皇帝威廉二世，都堅持和她說英語。[13]威廉二世的母親維多利亞皇后是英國女王維多利亞的女兒。維多利亞皇后讓孩子們從小用英語和她通信，培養他們的英文水準。在威廉二世十五歲之前，每次寫的信都會被母親退回來，母親還會糾正其中的英文拼寫錯誤。[14]

可見當時德國貴族圈子已經有相當程度的英語技能。不過黛西的另一位朋友，英國國王愛德華七世曾告誡她要學好德語。在二十世紀上半葉的英國王室，德語還是很重要的，愛德華七世確保他的幾個年紀較長的兒子學好德語。王子喬治（後來的喬治五世）被冊封為威爾斯親王之後就被送到德國黑森去學習德語。[15]他的兒子愛德華八世（退位後稱溫莎公爵）年輕時在德國待了一段時間學德語，甚至說德語是自己的母語（這未免有些誇張）[16]。

對德意志貴族來說，最重要的外語曾經是法語，畢竟法語一度是歐洲非常強勢的文化與外交語言，並且法國保姆和家庭女教師在全歐洲上流社會的圈子裡都很普遍。普魯士的腓特烈大王自幼由法國胡格諾教徒女教師瑪爾特・德・盧庫爾（Marthe de Roucoulle）夫人撫育，並且他生命中其他重要的女性，比如他的母親和姐姐，和他說話都只用法語。他長大之後崇尚法國文化，日常讀寫、與親信談話都用法語，只有對下人講話才用德語。他曾明確流露過對德語的惡感，當時的「狂飆突進」德語民族文學也絲毫未能打動他。[17]腓特烈大王的弟弟，普魯士王子海因里希則告誡年輕軍官要掌握法語，「免得人家以為我們是日爾曼野獸」。[18]

到了十九世紀末，法國保姆不再一統天下，英國保姆和家庭女教師席捲全歐。聘請英國保姆在德意志貴族圈子裡變成很時髦的事情。於是，形形色色的英國兒歌、童謠對德意志貴族孩子們產生了很大影響。據說在二十世紀初的德國，如果哪個貴族孩子不知道英國兒歌《三隻瞎老鼠》（*Three Blind Mice*），在貴族圈子裡簡直是奇恥大辱，說明這個孩子幼年沒有受過體面的教育。[19]出生於美國的英國社交名流和政治家亨利・「奇普斯」・錢農（Henry 'Chips' Channon, 1897-1958）於一九三六年在日記中寫道：「今天上午我和黑森方伯菲利普談到，歐洲的絕大多數王室成員說英語的時候都有倫敦口音，是從英國保姆那裡學來的……」嫁給黑森－達姆施塔特公子路德維希（一九〇八至一九六八）的愛爾蘭女人瑪格麗特說：「因為家裡用的是英國保姆，所以大家說很多英語。兄弟六人小的時候都是英國保姆帶大的。」[20]

不過，在民族主義高漲的十九世紀後半期和二十世紀前期，說多種語言、擁有國際化身分的德意志貴族也因此遭到民族主義者和右翼勢力的攻擊。不說「純淨」的德語，被認為是不愛國、不接地氣或者墮落的表現。而受教育程度較低、有反智主義傾向、常常趨向於右翼保守的德國東部小貴族也加入了對高級貴族語言國際化的抨擊。普魯士小貴族漢斯・馮・特雷斯科（Hans von Tresckow）有一次到飯店吃飯，遇見三位大貴族：兩位德意志諸侯和一位波蘭伯爵。這三人都是普魯士上議院議員。當時普魯士政府正在推行將自己領地內波蘭少數民族日爾曼化的政策，包括為波蘭族臣民推行德語教育。而這兩位德意志諸侯居然和波蘭伯爵用法語交流，並且這個波蘭人明明德語說得極好。此事讓「愛國志士」特雷斯科惱羞成怒。[21]

貴族口中的德語

即便說德語的時候，德意志貴族也和其他階層的人不太一樣。直到二十世紀五〇年代，奧地利貴族的德語還受到資產階級的嘲笑，因為他們的德語不夠純淨，用的外語詞非常多。[22]這也許是因為掌握多種語言的貴族即便在說母語時也不由自主地使用外語詞，在德語裡摻入許多英語、法語、義大利語、拉丁語等。

但貴族德語的獨特不僅僅在於用詞。它的發音、語調等習慣都與其他人不甚相同。舉一個一般人比較熟悉的例子來類比，英國區分階層的一個重要標誌就是發音，上層社會、資產階級與工人階級的發音和語言習慣有非常大的差別，一聽就知道某人屬於什麼階層。電視劇《唐頓莊園》裡，伯爵老爺是沉穩、高雅、雍容的上流社會口音，伯爵夫人是美國人則另作他論，管家和老爺的貼身男僕是不錯的中產階級口音，廚娘和小廝們則完全是另一種口音。《唐頓莊園》雖然是部娛樂化的電視劇，並且在尊重史實方面受到了一些批評，但在上述的大框架方面的表達沒有問題。

語言學家艾蘭・羅斯（Alan S. C. Ross）參與編寫了一本書叫作《貴族理應行事高尚：英國貴族可識別特徵的研究》（*Noblesse Oblige: An Enquiry into the Identifiable Characteristics of the English Aristocracy*），在英國引起了轟動，很多資產階級人

士把這本書當作教科書，來模仿和學習上流英語的發音和用詞。[23]

貴族口音的獨特，在女性身上比男性更為顯著。原因可能是男性貴族有較多機會闖蕩世界，比如從軍、旅行、到外地當官，他們需要與形形色色的人交談；而女性相對來講過著社會化程度較低的生活，與外界接觸少。羅斯的研究就主要得到了很多貴族女性的幫助，並以她們為主要研究對象。《唐頓莊園》裡伯爵本人的口音還算「正常」，而他的女兒們，尤其是大小姐瑪麗，就讓人覺得口音比較浮誇，比較矯揉造作。

德國貴族的情況類似，可惜沒有讀者熟悉的影視作品來當例子。德國男性貴族的口音一般沒有女性那麼誇張。一直到二十世紀三〇年代，錄音保存下來的男性貴族的口音總體還相對「正常」。[24]

與不同的人講話的時候，貴族當然會用不同風格的德語。威廉二世在民眾面前表現得「接地氣」，他對貴族說話時也比較輕鬆隨意，但貴族如果同樣「接地氣」地回答他，就大錯特錯了。比如皇帝稱呼克洛德維希·霍恩洛厄—希靈斯菲斯特侯爵（Chlodwig zu Hohenlohe-Schillingsfürst，1819-1901，曾任首相）為「叔叔」，後者當然不能以長輩自居，而是自稱「皇帝陛下最謙卑、最忠誠的僕人」。[25]

不過君主之間（至少在理論上）是平等的。德意志第二帝國是個聯邦制君主國，帝國框架內有二十六個邦君，雖然有的是普魯士國王，有的是小小的侯爵，但他們都算統治者，互相之間可以比較親近地說話。大家知道，德語裡的「您」和「你」在含義上有很大差別，前者顯得正式、尊重、地位懸殊或冷淡，甚至敵意，後者顯得隨意、地位平等或親熱，甚至放肆。霍亨索倫—西格馬林根侯爵威廉和英國國王喬治五世在用德語交流的時候，互相就稱「你」，而不是「您」，儘管喬治五世是一個龐大帝國的統治者，而威廉統治的是一個沒有完整主權的袖珍小國。[26]

君主之外的貴族圈子內部也有一定程度的平等。在巴伐利亞，貴族們即便第一次見面，也要用名字互相稱呼，顯得很親熱而平等，而不是用拘謹、正式的全套頭銜與姓名。[27]這也許是貴族集團凝聚力的一個表現。而貴族互相之間的這種親近，其實也是貴族拉開自己與資產階級之間距離的手段。貴族彼此之間刻意親如手足，而對資產階級彬彬有禮，其實是把資產階級當外人。

英國貴族比較普遍地使用標準發音，各地區的貴族較少用方言。比如《唐頓莊園》裡的格蘭瑟姆伯爵的家在英格蘭北部的約克郡，他的下人大多是講約克郡土話的本地人，他自己則用上流社會通行的標準發音，不講方言。而德國貴族常常用方言和地方口音。俾斯麥喜歡用土腔和下層人民交談。德皇威廉二世的口音聽起來像普通柏林人。[28]很多軼聞故事裡提到過皇帝陛下的柏林口音，他相當受民眾歡迎的原因之一可能就是平易近人的口音和語言習慣。

德意志貴族喜歡用地方口音的一個重要原因是，他們傳統上信奉「親民」（Volksnähe）的理念，與鄉村和土地有著緊密連繫；很多貴族敵視城市生活、現代性和資產階級。他們往往從小在鄉村莊園長大，從身邊的下人（當地農民）那裡學會了很多言辭。貴族往往更願意和下層民眾相處，而不喜歡受過教育、附庸風雅、攀龍附鳳、熱中於模仿貴族的資產階級。所以有很多乍看起來很奇怪的描述貴族與農民親密相處的故事。比如，博多・馮・阿爾文斯萊本伯爵（Bodo Graf v. Alvensleben, 1882-1961）曾是一戰之後右翼準軍事組織「鋼盔團」的領導人之一，還當過德國紳士俱樂部主席。一九二〇年代，他常在自家莊園的啤酒館站櫃臺，為村民倒免費啤酒。巴伐利亞王儲魯普雷希特有次一邊散步一邊與朋友高談闊論，被一個老農民的問候打斷，於是停下來親切地詢問對方家裡的孩子如何、牲口如何、莊稼收成如何。[29]腓特烈・卡爾・卡斯泰爾—卡斯泰爾侯爵（Friedrich Carl zu Castell-Castell, 1864-1923）於第一次世界大戰期間在德軍服役，他就覺得貴族很容易與農民出身的普通士兵打成一片，而喜歡拿腔拿調的資產階級軍官令他厭惡。並且他生活在鄉村環境裡，他和農民關心的話題是類似的：莊稼、騎馬、大自然等等。出身城市的資產階級與貴族地主的共同話題比較少，說話的習慣也不一樣。

德國語言學者沃爾夫岡・弗呂瓦爾德（Wolfgang Frühwald, 1935-2019）說，德國資產階級有自己的「受過教育的方言」，與貴族和「下層民眾」都不一樣，後兩者倒是有很多相似之處。[30]所以，總結來看，語言，無論是外語還是作為母語的德語，都是德意志貴族身分的象徵，也是他們與其他階級拉開距離、劃清界限的工具。

二、隱藏的家族史：德意志貴族的姓名

一八〇〇年十二月三日，法國大革命戰爭如火如荼。在慕尼黑以東三十三公里的霍亨林登（Hohenlinden），第二次反法同盟的奧地利和巴伐利亞聯軍與法蘭西共和國軍隊交鋒。法軍名將讓・莫羅（Jean Moreau, 1763-1813）表現出色，決定性打敗敵軍，俘敵八千人，繳獲五十門大炮、八十五輛彈藥車與輜重車。[31]神聖羅馬皇帝法蘭茲二世沮喪地寫道：「毫無疑問，我們只能屈從於形勢。」[32]法軍的此次輝煌勝利，再加上幾個月前拿破崙（此時擔任法國第一執政）在義大利的馬倫戈（Marengo）大敗奧軍，讓奧地利終於支撐不住，在一八〇一年二月九日簽署了《呂內維爾條約》，於是奧地利實際上退出了戰爭。第二次反法同盟戰爭結束。法國獲得了比利時、盧森堡和萊茵河左岸。

本章不談霍亨林登戰役與拿破崙稱霸的天下大勢，只講此役中一個不起眼的人物。他是巴伐利亞選帝侯近衛步兵團的團長，此役中他的團損失慘重，不過打得相當英勇，得到了上峰的表揚。

主導名：父子同名、爺孫同名

這位團長的頭銜是羅伊斯・祖・科斯特利茨伯爵，而他的名字就非常奇怪了：海因里希五十二（Graf Heinrich LII. Reuß zu Köstritz, 1763-1851）。他的父親叫海因里希二十三。五十二本來是小弟，沒機會繼承爵位，但他的兩個哥哥海因里希四十七和海因里希四十九先後故去且沒有後嗣，才輪到五十二。而五十二自己也沒有兒女，於是爵位傳給了他的侄子海因里希七十三。[33]

歐洲人名當中有數字，讀者一般不會覺得奇怪，畢竟路易十六、亨利八世這樣的名字我們已經耳熟能詳了。對於帝王，數字一般用來表示其在同一個王朝中若干個同名人中的次序——有時也不一定是同一個王朝，只要能扯得上親緣關係也行。比如，英王亨利八世是英格蘭列王當中第八個叫亨利的，儘管他在都鐸王朝當中只是第二個叫亨

幼支羅伊斯侯爵的紋章，Hugo Gerard Ströhl 繪。

利的國王。

歐洲人常用父輩、祖輩和其他長輩或祖先的名字來給孩子取名，以示尊重，以及延續家族傳統。所以父子同名、爺孫同名的情況在歐洲司空見慣。

所以在歐洲，包括我們要講的德意志，一個家族裡同名的現象極多，為了區分，難免要用數字。當然因為帝王家這種情況更普遍，而且帝王更容易引起關注和得到記載，所以名字後面帶數位的情況，在帝王家更常見。

在歐洲歷史上，尤其是早期，一個家族中反復出現的名字，在德語中被稱為主導名（德文 Leitname，英文 Leading name）。[34]比如法國波旁王朝的男性成員，包括國王，很多叫「路易」。而擔任布蘭登堡邊疆伯爵，後來成為選帝侯、普魯士國王和德國皇帝的霍亨索倫家族裡，「腓特烈」這個名字也屢見不鮮。

主導名不是隨便取的，一般規矩是這樣：假如 A 生了兩個兒子，長子 B1 沿用其祖父的名字；次子 B2 沿用外祖父的名字。而 B1 再生長子 C1 的時候，就會給 C1 用 A 的名字。這樣很多代延續下去，就可能出現這種情況：這家歷代的長房長子只有兩個名字，並且輪流出現。

舉個例子，從一五一三年到一九七二年，丹麥國王只有兩個名字：弗雷德里克和克里斯蒂安，並且交替出現。一直到一九七二年出了女王瑪格麗特二世，才打破這個迴圈。不過，瑪格麗特二世的長子叫弗雷德里克，而弗雷德里克的長子叫克里斯蒂安。所以，在丹麥王室，弗雷德里克和克里斯蒂安的迴圈應當還會繼續下去。

有的家族，長子（一般就是繼承人）的主導名是始終如一的，只要是長子就必須叫這個名字。如果長子死了，那麼次子要改成那個主導名。英國歷史小說家伯納德·康沃爾（Bernard Cornwell）的「撒克遜」系列歷史小說（被改編為電視劇《最後的王國》〔*The Last Kingdom*〕）講的是阿爾弗雷德大王時代的英格蘭，當時基督教和北歐多神教在爭奪人心，盎格魯撒克遜人和丹麥人在爭奪英格蘭土地。主人公烏特雷德（Uhtred）是名撒克遜貴族，他的原名是奧斯貝特（Osbert），是班堡領主烏特雷德的兒子。這個老烏特雷德有兩個兒子，分別叫烏特雷德和奧斯貝特。後來小烏特雷德在戰鬥中死亡，老烏特雷德喚來了次子奧斯貝特，說：「從今天開始，你就叫烏特雷德了。」[35]

八百年來，這家所有男人都同名

最後我們再回去看看羅伊斯家族吧。貴族世家裡反復出現主導名不奇怪，但羅伊斯家族實在太獨特了：從十二世紀末起，家族的所有男性成員都叫海因里希。[36]據說這是為了紀念當初授予羅伊斯祖先一塊重要領地的神聖羅馬皇帝亨利六世（也譯為「海因里希六世」）。所以難怪海因里希二十三的兒子分別叫四十七、四十九和五十二，畢竟平輩裡有十幾個甚至幾十個重名者。這下好了，父母不用為給兒子取名而煩心，反正已經有祖宗家法，規定所有男丁都叫海因里希。

羅伊斯家族歷史非常悠久，可以追溯到十二世紀初，而且特別枝繁葉茂，主要在圖林根東部地區生息繁衍。他們起初是身分低微的家臣，被施陶芬皇朝的皇帝任命為地方行政長官，一六七三年成為帝國伯爵，[37]十八世紀末有幾個分支獲得帝國侯爵頭銜。這一家有點像《冰與火之歌》裡的孿河城佛雷家族，生育力超強，家族分支極多。一

羅伊斯家族若干分支的紋章，一三七〇年。

五六四年，羅伊斯家兄弟分家，分成長、中、幼三個分支。中支於一六一六年絕嗣，只剩下長幼兩支。[38]兩支內部又不斷分家，到一七〇〇年共有十個羅伊斯伯爵頭銜。為了防止家業越分越小，從一六九〇年起取消兄弟平等繼承的制度，改為長子繼承制。後來擁有實際統治權的就只剩下兩個侯爵，分別是長支羅伊斯侯爵和幼支羅伊斯侯爵。[39]

既然所有男性都叫海因里希，那麼如何區分呢？用數字。但具體怎麼編號呢？如果從「一」開始往下編，幾百年來豈不得成千上萬？

羅伊斯們很聰明，他們在一六六八年就頒布了家法，專門規定如何編號。在家族分為長、中、幼之前，編號方式還比較簡單，就是按出生順序來。中支這樣編號到一六一六年最後一位統治者海因里希十八去世。而長幼兩支則從分家開始，重新從「一」開始編號。在長支，開始的做法是在每一輩人當中從「一」開始按長幼編號。幼支的分支太多，輩分複雜，各個分支都有自己的辦法，難以一一詳述。其中辦法之一是從每個世紀初清零，從「一」重新開始。

幾位有名的海因里希．羅伊斯

一七九二年九月二十日，法蘭西革命軍隊在瓦爾密（Valmy，法國東北部小鎮）附近決定性打敗企圖干涉革命的普魯士與奧地利軍隊。由老兵和義勇兵所組成的雜牌軍，擊敗了具有極高聲譽的普軍與訓練有素的奧軍。這是法國革命政府的第一次勝利，鼓勵它於兩天后宣布建立第一共和國。大文豪歌德當時陪同他的恩主威瑪公爵在普魯士軍中，戰鬥結束後說了一句名言：「從此時此地，世界歷史翻開了新篇章。你們可以說，你們見證了這一刻。」[40]而在此次戰役期間，歌德還有一番奇遇，就是在炮火中見到了長支羅伊斯侯爵海因里希十一，並與他探討自己心愛的顏色學理論：

> 此時我遇到了羅伊斯十一世侯爵，在我的印象中，他一直是一位友好的、仁慈的紳士。我們在葡萄園的牆垛後面徘徊，借此保護我們免遭被圍困者不懈發射出的炮彈的襲擊。在談論過一些使我們陷入希望與憂慮交雜的迷宮般的政治事務之後，侯爵垂問我：我目前在忙於什麼工作？當我沒有答之以悲劇或小說，而是被今天的折射現象所吸引，與沖沖地開始談起顏色理論時，侯爵感到非常驚訝……
>
> 面對這樣一個人物，無需多費口舌，就能讓他相信，自然之友慣於在戶外度過一生，無論是在花園、在獵場、在旅途還是在行軍途中，總是能找到機會和必要性去觀察大自然的整體，讓自己熟悉各種現象。而大氣、蒸汽、雨、水與土地都不斷地交替呈現出各種色彩現象，在不同的條件與環境下，迫切地讓人渴望去學習這些特定的知識，將它們歸類，放置於不同的條目之下，探究它們或遠或近的親緣關係……
>
> 我們在濕漉漉的草地上來回走時，討論的就是這樣的事情；我因侯爵的提問和反對而興奮，繼續闡述自己的理論，破曉前的寒冷驅使我們走向一片奧地利人的露營地，這裡徹夜燃著一個巨大的、溫暖宜人的篝火堆。[41]

一八七一年德意志第二帝國建立，它是若干德意志諸侯與統治者的「聯邦」，長支羅伊斯侯爵和幼支羅伊斯侯

末代幼支羅伊斯侯爵海因里希二十七，拍攝者不詳。

爵都在其列，是名義上與普魯士國王平坐的統治者。這兩個侯國都很袖珍，比如長支羅伊斯國只有三百一十六平方公里和六點七萬人口，其統治者被俾斯麥挖苦為「籬笆國王」。[42]

一九一八年，德國廢除帝制和貴族制度，當時的末代幼支羅伊斯侯爵海因里希二十七（Heinrich XXVII, 1858-1928）兼任長支羅伊斯侯國的攝政者。他也不得不退位。

最後一位長支羅伊斯侯爵海因里希二十四（Heinrich XXIV, 1878-1927）沒有子嗣，於是長支滅亡。末代幼支羅伊斯侯爵海因里希二十七的兒子海因里希四十五（Heinrich XLV, 1895-1945?）於二戰末期被蘇聯紅軍俘虜，可能死在戰俘營，他沒有留下子嗣，於是幼支羅伊斯侯爵家系也滅亡了。

德皇威廉二世在退位之後流亡荷蘭期間娶的第二任夫人赫米內，就是羅伊斯長支的一位侯爵小姐。

本章一開頭講到的巴伐利亞的羅伊斯・祖・科斯特利茨伯爵，是從幼支羅伊斯侯爵家族分裂出去的一個分支，早就失去了獨立的統治權，所以從屬於巴伐利亞統治者，當兵吃糧，打工討生活。如今羅伊斯大家族只有這一支還存活。目前的羅伊斯．祖．科斯特利茨族長，也就是整個羅伊斯家族的族長，是一九五五年出生於維也納的海因里希十四（Heinrich XIV）。

羅伊斯家族的存在感一直不算強，但誰能想到他們在二十一世紀突然「爆紅」了一次，當然這肯定不是絕大多數家族成員願意看到的：出身於幼支羅伊斯侯爵家族一個旁支的海因里希十三（Heinrich XIII. Prinz Reuß, 1951-）參加了極右翼的未遂政變，於二〇二二年十二月七日被逮捕。根據政變陰謀集團的「綱領」，這位公子將會成為新德國的國家元首。海因里希十三是個滿腦子陰謀論、反猶主義和各種怪誕思想的危險分子。羅伊斯家族的族長趕緊與這個政變分子劃清界限，表示與他早就沒有連繫，並且海因里希十三在十幾年前就主動退出了家族聯合會。[43]

所謂名不正言不順，在西方的貴族圈子裡，名字是身分、合法性和榮譽的符號。為了延續這種身分、合法性和榮譽，晚輩與父輩同名的現象很常見。但八百年來全家男性只用一個名字，可謂奇觀。

德意志貴族的姓氏和暱稱

討論完了德意志貴族的主導名，我們再來說說姓氏。貴族的姓氏往往是地名，來自其發源地。如果一個家族有多個分支，有的分支遷往別處，就用新的居住地當自己的姓氏。所以有很多家族同源，紋章也一樣，姓氏卻不同。有的家族搬遷之後會換姓氏，比如馮．阿恩施坦因（von Arnstein）伯爵變成了馮．巴比（von Barby）伯爵。有的家族搬遷之後會把新舊地名（也就是新舊姓氏）連在一起，比如馮．施坦因．祖．阿爾騰施坦因，意思是這家原住在施坦因，現居阿爾騰施坦因。

有的姓氏源自紋章上的動物，如福克斯（Fuchs，狐狸）、甘斯（Gans，鵝）、哈恩（Hahn，公雞）等。有的姓氏源自該家族的人曾擔任的官職，比如申克（Schenken，斟酒官）、特魯赫賽斯（Truchseß，膳務總管）、福格特（Vogt，地方長官）等。或者是某位祖先的個人特質，比如格羅特（Grote，低地德語的高大）、科瓦特（Quadt，壞）、曹恩（Zorn，憤怒）等。

貴族之間喜歡使用暱稱。「魯道夫」（Rudolf）可以變成「魯迪」（Rudi）；「卡爾」（Karl）的暱稱是Kari（卡利）；「海因里希」（Heinrich）變成「海尼」（Heini）。歷史學家卡琳娜・烏爾巴赫認為，使用暱稱的一個原因是在重名太多的情況下方便稱呼和辨識。另一個原因是，暱稱再加上親熱的稱呼「你」（而不是「您」），是一種不言自明的法則，表明大家屬於同一個階層，是自己人。[44]在十九世紀獲得貴族身分的人往往受到老貴族的鄙夷和排擠，而一旦老貴族用暱稱來稱呼新貴，就表明新貴已經得到認可和接受。猶太人銀行世家子弟納塔內爾・邁爾・馮・羅特希爾德男爵（Nathaniel Meyer von Rothschild, 1836-1905）的家族在奧地利獲得貴族身分已經有好幾代人的歷史，但他始終不自在，與老貴族之間總是有種隔閡，直到有一天一位奧地利伯爵用「你」稱呼他，並且給他取了個暱稱「納蒂」，他才感到自己終於成功了，終於被奧地利貴族階層所接受。[45]

貴族互相之間的暱稱往往很孩子氣。[46]黑森—卡塞爾方伯腓特烈・卡爾（一八六八至一九四九）的暱稱是「小魚」（Fischy），他的妻子瑪格麗特（一八七二至一九五四，威廉二世皇帝的妹妹）的暱稱是「莫西」（Mossy）。他們的四個兒子的暱稱是押韻的：菲利普被稱為Phli，克里斯多夫的暱稱是Chri，理查德是Ri，沃爾夫岡是Bogie。Chri有一段時間被兄弟們稱為「小狗」（Doggie）。這些幼稚的暱稱往往伴隨貴族的一生。[47]比如薩克森—科堡—哥達公爵阿爾弗雷德（一八四四至一九〇〇，維多利亞女王的次子）最小的女兒在家裡的暱稱是「寶寶」（baby）。她成了老太太之後，給自己的姐姐羅馬尼亞王后的信裡還自稱「你的老寶寶」。

三、血脈與資本：德意志貴族的婚姻與家庭

熟悉德國古典文學的朋友應當會知道符騰堡公爵卡爾・歐根（Karl Eugen, Herzog von Württemberg, 1728-1793），他是席勒的早期贊助者，當然也是折磨席勒的兇神惡煞。這位公爵很有文藝素養，曾跟著作曲家卡爾・菲利普・埃馬努埃爾・巴哈（Carl Philipp Emanuel Bach, 1714-1778，音樂大師約翰・塞巴斯蒂安・巴哈的兒子）學習音樂，並且熱中植

物栽培。卡爾．歐根自幼在普魯士的著名君主腓特烈大王的宮廷受教育。在君主專制和自由主義兩種思想互相鬥爭的年代，卡爾．歐根是一位典型的兼具兩方面色彩的統治者。

在私生活方面，卡爾．歐根有一連串情婦和十一個私生子，鬧出過不少醜聞。但他的真愛是一個地位卑微的女子：弗蘭齊斯卡（Franziska, 1748-1811），一位男爵的女兒，另一位男爵的妻子。[48] 對於普羅大眾來講，男爵小姐和男爵夫人當然是高高在上的，但對於統治著一個重要德意志邦國的公爵大人來講，男爵實在地位太低了，所以他於一七八五年執意要娶弗蘭齊斯卡時，遇到了很大阻力。即便是明媒正娶，卡爾．歐根與弗蘭齊斯卡的婚姻仍然算是貴賤通婚，一個明顯的表現就是弗蘭齊斯卡不能用符騰堡公爵夫人的頭銜，他倆生的孩子也沒有完整的繼承權。

為了提高弗蘭齊斯卡的地位，卡爾．歐根向神聖羅馬皇帝約瑟夫二世求情（也許還行賄），在一七七四年為她搞到了「霍恩海姆帝國女伯爵」（Reichsgräfin von Hohenheim）的頭銜。卡爾．歐根還想把她的地位升級到侯爵，但皇帝拒絕了。霍恩海姆帝國女伯爵弗蘭齊斯卡使用的紋章是已經絕嗣的邦巴斯特．馮．霍恩海姆（Bombast von Hohenheim）家族的紋章。即便如此，弗蘭齊斯卡始終沒能獲得「符騰堡公爵夫人」的頭銜，她與公爵的孩子也被排除在繼承順序之外，並且在正式的禮儀場合，她的優先權低於卡爾．歐根的弟媳。

弗蘭齊斯卡的故事很有典型意義，能幫助我們更好地理解德意志貴族的婚姻，這就是本章探討的主題。

婚姻當中的不平等

家族要傳宗接代，最重要的是保證有合法的繼承人，換句話說就是在婚姻範圍內盡可能多生男孩，以抵禦疾病、戰爭、動亂、事故等災難因素的造成的「損耗」。這是貴族婚姻的主要功能。但是，如果生的男孩很多而又都健康地長大成人，對家庭的經濟就是沉重的負擔。大多數貴族家庭即便想給所有孩子同等的待遇，也做不到，尤其是在長子繼承制之下。這意味著，在長子繼承家業和財產的同時，幼子往往需要自謀生路；而長子結婚生子的同時，幼子不一定有足夠的經濟實力找到門當戶對的對象建立自己的家庭。不過要強調一下，這不是因為貴族的幼子絕對結不起婚，而是結不起門當戶對的婚。從較長的歷史時段來看，一個家族的長房和幼房往往在結婚比率、門當戶對婚姻的數量和孩子的數量等方面出現較大的差距。根據一項統計，在十九世紀，有百分之九十的貴族地主會結婚，而沒有自己地產的貴族男性（也就是幼子們）能夠結婚的不到三分之二；一八七一年到一九〇〇年出生的沒有資格繼承家產的貴族男性當中，有一半人終身未婚。[49]

在貴族社會的壓力下，很多貴族幼子被迫終身不婚（當然這不代表沒有性生活和沒有孩子），這是他們為了家族的利益不得不做出的犧牲。在天主教地區，有的貴族男孩從小就被父母安排走宗教道路，長大之後擔任神職人員，也就是說單身守貞。不過，如果長房發生變故無人繼承，原本要走神職道路的親戚也可能需要離開教會、還俗、結婚、生子。

在婚姻問題上，長子和幼子不平等，男性和女性也不平等。婚姻的不平等導致貴族婚姻市場的失衡：待字閨中的女子太多，能夠娶親的男子太少。只有地位顯赫的女子出嫁才不會遇到困難。女性常常嫁給地位比自己低一級的男性，這有利於女方的家庭利益，因為這樣能把女婿與女方家族緊密連繫在一起。[50]

女子一般沒有機會自行選擇配偶，大多數情況下要服從父母或其他長輩的安排。如果敢於反抗，就會引起軒然大波。普法爾茨伯爵、施陶芬家族的康拉德（Konrad der Staufer, 1134?-1195）的女兒艾格尼絲（約一七七六至一二〇四）原本的命運是服從施陶芬家族的族長，也是她的長輩亨利六世皇帝的安排，嫁給法蘭西國王腓力二世，但她偷偷嫁給了獅子亨利（韋爾夫家族，是施陶芬家族的對手）的長子。亨利六世皇帝大怒，要求普法爾茨伯爵家解除這門婚事，但沒有成功。[51]

「門當戶對」一方面是指社會地位以及它能帶來的人脈，貴族只與貴族結婚，不同等級的貴族之間較少通婚，比如高級貴族（邦君、一八〇六年之後的陪臣）很少和低級貴族通婚；另一方面與宗教因素有關，比如天主教貴族一般不會選擇新教徒或加爾文教徒，易北河以東的新教徒貴族男子一般不娶天主教貴族女子。金錢是很重要的因素，但如果為了金錢而娶出身低的女子，在貴族圈子裡也會被鄙視。

在中世紀晚期，男性貴族如果和市民階層的女子結婚，會受到許多形式的歧視。比如，一四八五年的騎士比武規章制度禁止與市民之女結婚的貴族參加比武大會。與城市貴族（Patrizier）之女結婚的傳統土地貴族（Adel），除非妻子的嫁妝超過四千古爾登，否則也被禁止參加比武；即便符合條件，在比武場還會受到其他貴族的欺侮。這些不人道的規定，都是為了將階級固化，維護貴族階層的排他性和精英性，阻止外來者闖入貴族的小圈子。從十三世紀到十六世紀，德意志的伯爵和男爵們有百分之八十七點五締結了門當戶對的婚姻，只有百分之六「下娶」，剩餘的則是憑藉婚姻而攀升到更高階層的幸運兒。[52]

有的貴族家族設立了家法（Hausgesetz）來規定婚姻方面的政策。而不門當戶對的婚姻（Mesalliance）可能被視為貴賤通婚，後果會很嚴重。貴賤通婚大部分是男方地位較高。女方可以從夫家得到收入，但不能享有相應的社會地位與特權，不能用丈夫的頭銜，但可能會獲得一個較低的新頭銜。貴賤通婚所生的孩子不能享有完整的繼承權，但可以算作「備胎」，如果沒有合法性更強的繼承人的話，這樣的孩子也可能繼承頭銜和家業。

「貴族的婚姻必須門當戶對」在很多地方是法律的明文規定。一七九四年普魯士王國的法律明文禁止貴族男子締結不符合貴族榮譽與體面的婚姻，不過允許他們與「資產階級上層」的女子結婚。這項規定只在普魯士有效，但一直延續到十九世紀下半葉。在整個德意志範圍，一般來講，貴族結婚時需要得到自己所在家族族長的許可。如果固執己見非要和地位遠遠低於自己的人結婚，那麼男女貴族都會受到很大的負面影響，比如在財產繼承方面不能享受完全權益。

到了十九世紀之後，貴族只與貴族結婚的規矩逐漸放鬆，不門當戶對的婚姻不會受到法律的懲治，但在上流社會的社交場合仍然是會受歧視的事情。所以很多貴族家庭按照傳統仍然只在自己圈子裡尋找婚姻對象，當然如果能與地位更高的家族攀親就再好不過了。

婚姻談判與契約

有了門當戶對的婚姻對象之後，兩個即將聯姻的貴族家庭就要開始一系列談判了。中世紀的貴族婚姻很少與愛情有直接關聯，主要是政治影響力和經濟的交易（當然不是說沒有愛情）。參與談判的是雙方家庭，有時是新郎與新娘的父親直接談。指腹為婚和父母為幼童包辦婚姻的現象很常見，有的新人直到結婚才第一次見面。[53]

談判的主要內容是女方的嫁妝（包括 Aussteuer, Mitgift, Heiratsgut），以及除了嫁妝之外岳父應當給女婿多少錢，如果丈夫死亡而寡婦進修道院的話，寡婦的父親應當為其提供多少經濟支援；女方的零花錢（Nadelgeld, Spillgeld），這指的是丈夫定期給妻子自由支配的金錢；財產繼承的安排，女方有無繼承丈夫財產的權利，如果有的話又可以繼承多少；監護權的安排，如果男方早逝，孩子歸誰監護；寡婦的贍養（Wittum），即如果男方早逝，寡婦如何維持生計，寡婦有無權利繼續居住在丈夫的房子裡，寡婦從男方家庭得到多少生活費和實物津貼，等等。畢竟婚姻大事不能開玩笑，德意志人很早就對婚姻的經濟層面考慮得非常細緻，也極認真。另外，一個貴族女孩能不能嫁得出去，嫁得怎樣，她的父親能拿出多少嫁妝是重要的因素。

談判的過程就是討價還價的過程，談判有可能拖得很慢。美國傳記家克斯汀·唐尼在描寫亞拉岡的凱薩琳與英格蘭王子亞瑟（亨利八世之兄）的婚姻談判時說，「這些婚姻安排還是很像買賣牲口」。英格蘭王室與西班牙王室對嫁妝、彩禮等問題討價還價，從一四八八年一直談到一五〇九年，從凱薩琳三歲一直談到她二十四歲。[54]

雙方談妥之後就可以簽訂婚姻契約（Ehevertrag）。其實先小人後君子的婚姻談判和契約有時對女方有利，尤其是比男方富有的女方，比如在十九世紀，富有的女方可以規定婚後雙方財產仍然是分割的，不會構成夫妻共有財產；女方可以自由支配自己原先的財產，等等。

蘭茨胡特婚禮

對貴族來說，婚禮是展示和誇耀自己的財富、權力與地位的大好機會。只要實力允許，婚禮往往會大操大辦，東道主、組織和安排婚禮的人以及賓客往往會換上華美的新衣服，佩戴首飾。一位貴族帶領數百名隨從參加婚禮的例子不少見。十五世紀的布蘭登堡邊疆伯爵阿爾布雷希特·阿希萊斯（Albrecht Achilles）一次參加婚禮帶了上千人騎馬趕來，好不威風。[55]

在中世紀和近代早期，德意志貴族的婚禮至少持續三天。第一天從迎親開始，即新娘抵達婚禮地點，然後是婚禮儀式（Trauung）和入洞房（Beilager）。第二天，丈夫向妻子贈送晨禮（Morgengabe，可能是金錢或其他財物，轉手之後就屬於妻子的財產），夫妻一起去教堂做禮拜，進行婚宴，然後舉行比武大會（可能延續到第四天和第五天）。差不多一周的婚禮結束，新人夫婦向賓客饋贈禮物，送他們回家。[56]

一四七五年的蘭茨胡特婚禮是德意志中世紀歷史上的一次著名婚禮，因為極盡奢華且得到詳細記載而特別聞名，並且從一九〇三年開始至今每隔四年（兩次世界大戰期間暫停）都會舉辦歷史重演，熱鬧非凡，堪稱盛事。蘭茨胡特市民身穿中世紀服裝，扮演新娘、新郎、主教、騎士等，每次重演長達數周，能吸引數十萬觀眾。

巴伐利亞—蘭茨胡特公爵格奧爾格（Georg der Reiche, 1455-1503，綽號「富人」）於一四七五年迎娶了遠道而來的波蘭公主黑德維希·雅蓋隆（Hedwig Jagiellonica, 1457-1502），這是兩國結盟對抗如日中天的鄂圖曼帝國的政策一部分。婚禮期間大擺宴席，舉行比武大會和各種表演。薩爾茨堡大主教親自主持婚禮，年邁的腓特烈三世皇帝親自引領新娘跳舞。婚禮持續五天五夜，賓客超過一萬人。除了皇帝之外，還有兩位選帝侯——布蘭登堡邊疆伯爵和普法爾茨伯爵賞光駕臨。據說婚宴有三十二道菜，動用了一百四十六名廚師。宴會期間賓客共吃掉了三百二十三頭牛、九百六十九頭豬、三千二百九十五隻羊、四百九十頭牛犢、一萬一千五百隻鵝、四萬隻雞和十九萬四千三百四十五個雞蛋。婚禮總開銷為六萬零七百六十六古爾登，相當於二〇一四年購買力的二千一百五十五萬歐元，差不多是公爵的一年收入。[57]

蘭茨胡特市政廳內的歷史壁畫，Oktobersonne 攝。

長子繼承制

既然中世紀和近代早期的貴族婚姻主要是一種政治和經濟安排，那麼土地、頭銜、財富等的繼承就是婚姻機制的重要組成部分。古日爾曼人主要實行分家習俗，父親死了之後，所有財產大體上在幾個兒子當中平分。一個有名的例子就是查理大帝的孫輩締結《凡爾登條約》三分天下。

這種諸子繼承制有幾方面的好處，首先是「不要將所有雞蛋放進同一個籃子」，如果全部家業給了一個兒子，他也許會敗光所有家產（要麼是他昏庸無能，要麼是遇到某種災難），所以諸子繼承制有利於整個家族的延續。

其次，貴族領地往往不是連續的整體，同一個家族因為婚姻、征服和接受封賞等原因，可能在不同地區都擁有領地，這些領地互相之間沒有陸路連接，這是非常普遍的現象。按照歷史學家克里斯多夫·克拉克的說法，普魯士歷史的一個重要主題和線索，就是普魯士君主必須始終絞盡腦汁地保衛自己的很多片地理跨度極大、彼此之間隔著其他國家的領地。為了管理方便，很多貴族世家選擇把不連續的若干領土分別傳給不同的子弟。

並且，諸子繼承制對幼子很照顧，讓他們能有自己的家業，也就有了更好的婚姻前景，這對整個家族是有利的。

當然諸子繼承制的壞處就是容易造成家族內戰，維特爾斯巴赫家族和韋廷家族都發生過兄弟相殘的內戰；家業可能越分越小，無法形成強有力的勢力集團。這是中世紀德意志諸侯林立的原因之一。

德意志古人當然很容易理解長子繼承制對家族整體的好處（維持強大的、統一的家族勢力），但諸子繼承制的幾個優點在中世紀還是很突出的，所以長子繼承制得到普遍接受是一個漫長過程，在不同地區的被接受程度和發展速度也不一樣。九一二年韋爾夫家族的勃艮第王國首次實行長子繼承制，九三六年東法蘭克王國首次實行（捕鳥者亨利指定兒子鄂圖大帝為繼承人，當然他還需要經過選舉的程序），九五四年西法蘭克王國（後來的法蘭西王國）首次實行，但在十世紀，長子繼承制還往往被視為對幼子的莫大不公。[58] 一般來講，封建制度的發展和完善會鼓勵長子繼承制[59]，而腓特烈一世皇帝（巴巴羅薩）在一一五八年明確主張實行長子繼承制（這和施陶芬家族希望把皇位留在自己家族之內也有關係）。一三五六年，幾個世俗選帝侯也實行了長子繼承制[60]，這主要是為了控制選帝侯的數量。巴伐利亞的維特爾斯巴赫家族分分合合，嘗盡了分家和內戰的苦頭，終於在一五〇六年規定遵守長子繼承制。[61] 一五八二年，為了控制帝國會議中的票數，帝國直屬的領地被禁止分割。大多數德意志貴族家族在十三至十五世紀之間採納了長子繼承制（不過可能有中斷，也有例外），但長子繼承制在德意志仍然沒有形成普遍的局面，比如遲至一六五四年，哥達的「虔誠者」恩斯特公爵明確拒絕實行長子繼承制。歷史學家彼得・威爾遜說這是因為宗教改革增強了婚姻在社會層面的重要性，也讓新教諸侯重返「舊約聖經」式一家之主的傳統，作為族長要為所有兒女提供生計。[62]

隨著長子繼承制越來越普遍，上文提到的貴賤通婚也越來越多，因為沒有繼承權的幼子往往找不到門當戶對的妻子，只能接受社會地位較低的女性。對小貴族來說，這種事情一般可以靈活處理，但對高級貴族和統治家族來講，貴賤通婚仍然可能造成嚴重的問題和衝突，因為他們可能覺得貴賤通婚損害了家族的榮耀，並且可能影響家族的繼承安排。

所以娶了地位較低女子的大貴族常常絞盡腦汁地想辦法提升妻子的地位。主要的辦法是向皇帝求情。前文講到的符騰堡公爵與弗蘭齊斯卡的故事，就是典型的例子。這也是缺乏強大中央集權的皇帝向諸侯施壓和雙方利益交換的一種途徑。

「幸福的奧地利」

前現代的貴族婚姻很少與愛情有關，它的一大主要功能是延續家族血脈，另一個主要功能是政治資本、物質資本（金錢、土地）和社會資本（人脈、威望）的交易。透過婚嫁讓自己家族開枝散葉、擴展到不同地區，也是增強家族力量、提升家族榮耀的一種手段，或者用來加強政治聯盟，與宿敵和解，或者攀高枝。

為了家族利益而結婚的夫妻，在年齡上往往很不般配。韋爾夫五世（約一〇七三至一一二〇）十六歲時娶了巨額財產的女繼承人，四十多歲的托斯卡納的瑪蒂爾達（約一〇四六至一一一五），她就是亨利四世皇帝與教宗格列高利七世鬥爭期間皇帝受辱的著名「卡諾莎之行」的目擊者；波希米亞國王奧托卡二世（Ottokar II, 1232?-1278）在二十歲出頭時娶了巴本貝格的瑪格麗特（Margarete von Babenberg, 1205?-1266），兩人年齡差距更大。瑪格麗特的弟弟是統治奧地利的巴本貝格家族的最後一位公爵，死時沒有子嗣，於是瑪格麗特成了奧地利繼承人。奧托卡二世之所以娶她，就是為了得到奧地利。等他得到奧地利之後，又和她離婚了。[63]

在用婚姻為家族利益服務的方面，最成功的例子要數哈布斯堡家族了。他們能夠從一個相對較小的家族崛起成為近代歐洲的超級大國，在很大程度上要感謝他們精明的婚姻政策。有一句流傳數百年的名言是「讓別人去打仗吧，你，幸福的奧地利，去結婚吧！戰神瑪爾斯賜給別人的，愛神維納斯會給你」（Bella gerant alii, tu felix Austria nube.

Nam quae Mars aliis, dat tibi regna Venus）。這句話有誇張的成分，但如果我們追蹤哈布斯堡家族崛起的軌跡，不得不要感歎「幸福的奧地利」所言不虛。

哈布斯堡家族的腓特烈三世於一四五二年成為神聖羅馬皇帝，一四九三年去世，在位時間很長，但他是有名的政治才幹相對匱乏的一位皇帝。不過他給兒子，後來的馬克西米連一世皇帝訂下一門好親事。馬克西米連一世娶了勃艮第公國的女繼承人瑪麗亞。於是富庶並且城市化和商業化程度很高的尼德蘭（今天的法國北部、荷蘭和比利時等地區）成為哈布斯堡家族的領土，使得奧地利的實力和地位有了一個巨大飛躍。

馬克西米連一世繼承了父親在婚姻政策方面的才華，把自己的兒子美男子腓力和女兒瑪格麗特分別許配給西班牙的公主胡安娜（綽號「瘋女」）和王子胡安。此時胡安娜和胡安的父母，即「天主教雙王」斐迪南與伊莎貝拉統治下的西班牙正處於上升期，剛剛發現了美洲，崛起成為世界霸主。後來美男子腓力與胡安娜的兒子成為西班牙（包括美洲殖民地）、奧地利、尼德蘭、義大利的很大一部分等廣袤地區的統治者，他就是神聖羅馬皇帝查理五世。此時的哈布斯堡家族是歐洲霸主。

查理五世皇帝的弟弟和繼承人斐迪南一世皇帝娶了匈牙利公主安娜，她的弟弟拉約什二世是匈牙利國王兼波希米亞國王。此時強大的鄂圖曼帝國入侵匈牙利，打敗並殺死了拉約什二世，他沒有合法子嗣，後來匈牙利貴族推舉他的姐夫和內兄斐迪南一世為匈牙利和波希米亞國王。從這時起，一直到一九一八年底，波希米亞和匈牙利土地一直由奧地利的哈布斯堡家族統治。靠聯姻獲得如此廣袤的領土，奧地利不可謂不幸福。

斐迪南一世把自己的三個女兒分別嫁給義大利的曼托瓦公爵（貢扎加家族）、費拉拉公爵（埃斯特家族）和托斯卡納大公（美第奇家族）。這三個國家都是義大利的強國和有價值的盟友。

偉大的女君主瑪麗亞・特蕾莎也透過兒女的婚姻，在歐洲各國拓展和鞏固奧地利的影響力，尤其是與奧地利的死敵普魯士對抗。她的女兒瑪麗亞・卡洛琳娜嫁給了那不勒斯―西西里國王（波旁家族），此時波旁家族統治著法國、西班牙、那不勒斯―西西里和帕爾馬，是歐洲一霸。瑪麗亞・特蕾莎的另一個女兒瑪麗・安托內特嫁給了法國國王路易十六，最後不幸死於大革命的狂潮。

瑪麗亞．特蕾莎的孫子奧地利皇帝法蘭茲一世遇上了強敵拿破崙，多次戰敗，維也納也曾被法軍佔領。拿破崙渴望得到合法的繼承人，而奧地利需要與強大的法國結盟，或至少維持友好關係，於是法蘭茲一世把女兒瑪麗．路易絲嫁給了拿破崙。瑪麗．路易絲也許會認為這是自己為了家族和國家所做的犧牲，但在當時的歷史條件下，假如她不嫁給拿破崙，也許整個奧地利和哈布斯堡家族的生存會受到威脅。

領養和過繼

如果沒有親生兒子來繼承家業，施行長子繼承制的貴族家庭也可以接受領養和過繼。他們通常會把自己的侄子等男性血統的親戚（有時也可以接受外甥）收養為自己的兒子，讓其繼承頭銜和家業。這種做法可以得到大家的接受。但到了十九世紀，有些窮貴族為了換取金錢利益而收養資產階級子弟，這樣雙方皆大歡喜，貴族可以得到金錢，資產階級可以得到貴族身分。德國貴族聯合會為了維護貴族階級的「純淨」，激烈地抗議和反對這種做法，但似乎沒有什麼效果。納粹德國的外交部長約阿希姆．馮．里賓特洛甫（Joachim von Ribbentrop, 1893-1946）的名字裡有「馮」，是因為他被一個有貴族身分的女性親戚格特魯德．馮．里賓特洛甫（Gertrud von Ribbentrop, 1853-1943，其父卡爾．貝托爾德於一八八四年獲得貴族身分）收養，據說約阿希姆為此要向格特魯德支付每個月四百五十馬克的終身年金。[64]《西線無戰事》的作者、著名作家埃里希．瑪利亞．雷馬克也幹過這事兒。這個工人階級子弟成名和發財之後，花了一筆錢，透過收養，給自己搞到了布赫瓦爾德男爵（Freiherr von Buchwald）的頭銜。[65]這是透過收養來用金錢換貴族身分的兩個例子。

這種事情甚至到了二十世紀還有。德國歌手和演員奧利．邁爾（Olli Maier, 1945-2011）原名萊因哈德．邁爾。一九九二年，他付給艾莉娜．艾爾茨（Erna Eilts, 1921-2010）二十萬馬克鉅款，讓她收養自己。艾莉娜的丈夫是薩克森末代國王的孫子，所以她的頭銜是「薩克森王妃艾莉娜」。從此以後，奧利．邁爾就自稱「薩克森王子與公爵萊因哈德」。[66]當然薩克森王室後代不會把他視為親戚。

貴族與資產階級的通婚

十九世紀中後期，資產階級取得了強勢的經濟和社會地位，而貴族階層日漸衰微。於是，本來互相之間壁壘森嚴的兩個群體之間的通婚越來越多，一般是手頭拮据但身分高貴的男性貴族迎娶富裕的資產階級女子。這樣的現象屢見不鮮：有錢的資本家千金為了獲得高貴的身分，登報紙徵婚，尋找一位「伯爵」；家族歷史悠久的窮男爵到處相親，尋找有錢的資產階級女子。[67]普魯士國王腓特烈・威廉四世有句名言：「我的貴族們愛基金（Fonds），我的銀行家女兒們愛『馮』字（vons）。」[68]這是各取所需的雙贏。

根據一項對威廉二世時代，五百零二名最富有的資產階級人士的研究，年輕一代資產階級當中，與貴族結婚的已經占到百分之二十八，其中百分之十二是與血統古老的貴族結婚。在該研究抽樣的企業家子弟當中，有百分之三十二娶了女性貴族，有百分之三十三的企業家女兒嫁給了貴族。這些資產階級當中包括猶太人。猶太血統的大資產階級當中，有百分之三十的男性與貴族女子結婚。[69]化學工業大亨康拉德・亨克爾（Konrad Henkel, 1915-1999）的兩個女兒分別嫁給薩克森－科堡－哥達家族的公子和布朗男爵；[70]著名的鋼鐵和軍工大亨阿爾弗雷德・克虜伯深得皇帝寵倖，但拒絕了皇帝給他的貴族身分。克虜伯的兒子娶了一位普魯士的官僚貴族之女，他們的獨生女貝爾塔（Bertha Krupp, 1886-1957）是整個克虜伯企業的繼承人。威廉二世相信克虜伯企業對帝國來說至關重要，於是安排她與貴族外交官古斯塔夫・馮・波倫與哈爾巴赫（Gustav von Bohlen und Halbach, 1870-1950）結婚，並允許波倫與哈爾巴赫把自己的姓氏改為克虜伯・馮・波倫與哈爾巴赫。[71]這算是貴族「入贅」資產階級家庭吧。

資產階級女子嫁給貴族之後，便獲得貴族姓氏和身分，打入貴族集團，地位獲得提升。然而貴族女子如果嫁給資產階級人士，便會喪失自己的貴族姓氏和身分，地位下降。這意味著，在選擇婚姻對象時，男性貴族享有的自由度比女性貴族大得多。所以，男性貴族迎娶資產階級女子的現象遠遠多於女性貴族嫁給資產階級男士。很多女性貴族如果不能在貴族群體中找到合適的對象，往往終身不嫁。這樣的話她們仍然可以用自己父親的貴族姓氏，保留自己的貴族身分，受到尊重。尤其是擁有大宗財產的獨身女貴族往往享有很高的社會地位。正如英國小說家薩克雷（W. M. Thackeray）在《浮華世界》（又譯「名利場」）中寫道：「隨便什麼老太太，銀行裡有了存款，也就有了身分。如果她是我們的親戚（我祝福每個讀者都有二十來個這樣的親戚！），我們准會寬恕她的短處，覺得她心腸又軟，脾氣又好。……哎，老天哪！求你也賞給我一個上了年紀又有錢的姨媽或是姑媽……」[72]

四、務實的精英：德意志貴族的教育養成

貴族受教育的目的，有個人和集體兩個層面。在個人層面，貴族子弟要學習恰當的知識與技能，為將來的職業與生活做準備，這和平民家庭的孩子差不多。在集體層面，貴族子弟對自己的家族乃至整個貴族階層負有責任。往小了說，是要保證自己家族的生存和延續，並盡可能繁榮發展，獲得更多榮耀和權利；往大了說，要維護整個貴族階層的生存和價值觀。所以，貴族孩子肩負著雙重責任。

而對諸侯和君王的子弟來說，教育的意義就更重大了。人文主義學者伊拉斯謨在《論基督君主的教育》（*Institutio Principis Christiani*）中說：「得到一位良君的主要希望便繫於他所受到的恰當教育……王儲的心智必須從（人們所謂之）繈褓之始，當其保持開放、未經發育之時，即灌輸以健康的思想。……要是無權選擇君主，就必須相當細緻地挑選教育王儲的人。」[73]

教育的不平等

貴族制度植根於人類社會的不平等。在貴族階層內部，甚至單個家庭的內部，也存在極大的不平等。男女不平等，兄弟之間也不平等。上一章講到貴族在婚姻方面的不平等，教育其實也是這樣。

在實行長子繼承制的貴族家庭，長子會繼承頭銜和家業，責任重大，所以長子得到的教育往往最好。長子從小就會受到諄諄教導，他長大之後會成為一家之主，整個家族的榮譽都仰仗他。如果家族的資源有限，父母在給孩子安排婚姻時，顯然最重視長子。兄弟幾個都從軍的話，父母往往會想方設法把長子安排到最有威望的部隊，比如近衛步兵團或總參謀部），其他兒子就在普通部隊，比如常規的步兵團。

幼子並非不重要。現代醫學誕生之前，兒童夭折率很高，並且男性特別容易死於戰亂、鬥毆等因素，所以家族需要足夠多的男孩當預備隊。長子意外死亡而幼子繼承家業的例子不勝枚舉。不過長子和幼子受到的教育不可能是完全一樣的，一個重要原因是經濟因素。即便是貴族家庭，很多也沒有財力為所有孩子提供最好的教育。在中世紀，往往是長子接受昂貴的騎士教育，將來成為騎士、統治者和軍人；而幼子到修道院接受較便宜的宗教或人文教育，將來當教士。

貴族女性往往是婚姻市場的商品。女兒們的使命主要是與其他家族結婚，從而維護和壯大自己的家族。她們受到的教育主要是培養她們成為賢妻良母和莊園女主人，而不是為了獲得知識和文化，更不是從事學術研究。父母對女兒教育的投入不可能和對兒子的投入相提並論。一九三五年，奧地利女貴族加布里艾拉·圖恩─圖爾恩（Gabriele Thun-Thurn）概括得很準確：「對兒子，當然要給他最好的教育，讓他學習將來的職業需要的一切知識和技能。兒子要成為全面發展的人，成為自己階層的優秀代表。至於女兒，父母要幫助她們為生活做好準備，也就是女人持家的本領。」[74]

在貴族家庭內部，教育是不平等的。為了維護整個家族的利益，要求家族的部分成員作出犧牲。婚姻方面也存在不平等，也需要有人犧牲。那麼，貴族為什麼願意犧牲自己的利益？或者說，家族作為一個機構，如何誘使或迫使部分成員做出犧牲？首先，家族網路是靠山，是飯票。要對抗和背棄自己的家族，簡直就是自殺。其次，有家法來做硬性規定，讓次子放棄財產，把全部財產都給長子，從而維護家族利益的完整性。第三，貴族家族擅長「操控」成員的情感，喚起他們對家族的忠誠。貴族兒童從小就被灌輸，家族的歷史多麼光輝，為了家族的利益，許多祖先做了卓越的貢獻和偉大的犧牲等等；也譴責家族歷史上的害群之馬，描述其可恥下場；並且家裡會擺滿英雄祖先的畫像、雕像、軍服、劍等物品，讓大家緬懷和紀念他們。[75]

另外，不平等當然會引發不滿。尤其在長子繼承制之下，弟妹們往往會對長兄產生嫉妒，引起家庭關係不和睦。貴族小說家阿希姆·馮·阿尼姆的中篇小說《長子繼承人》（*Die Majoratsherren*）當中就描寫了一個家庭的長子繼承人對其他親戚的吝嗇，以及其他人對他的嫉妒。

中世紀和近代早期的男性貴族教育

男孩受到的教育當然與他們長大成人之後從事的職業息息相關。貴族可以對科學藝術感興趣，但他們不可能以此為業；貴族可以投資商業吃利息，但不可能自己去做買賣。這些活動都是不符合貴族體面的。符合貴族身分的職業要麼是地主，要麼是為國效力，在宮廷、外交部門、行政官衙或軍隊為君主服務。

在中世紀盛期，身體訓練對貴族子弟的教育特別重要，主要是騎術和使用兵器。如果父親不能親自教導，就請經驗豐富的教頭來給兒子傳授軍事技能。鄂圖三世皇帝（九八〇至一〇〇二）接受霍伊科（Hoico）伯爵的教導，亨利六世皇帝（一一六五至一一九七）的武藝教師是著名的騎士海因里希·馮·卡爾登（Heinrich von Kalden, before 1175-after 1214）。青年貴族經常到別的宮廷受教育，充當騎士侍從和侍童，長見識，學宮廷禮儀。公爵韋爾夫五世「宮中秩序井然，因此兩個公國的最尊貴的人都爭先恐後把兒子託付給他教育和訓練」。[76]

除了預定要當神職人員的孩子之外，大多數貴族子弟很少得到正規的文化教育。貴族孩子早期的教育大多在家中完成，父母聘請的家庭教師往往是神職人員，即天主教神父或新教牧師。所以貴族在初始階段大多是在家受教育（homeschooling）的學生，一般不會去上公立學校，一直到十九世紀上半葉都是這樣。而貴族女孩在家受教育的習慣一直延續到十九世紀末。為了省錢，往往出現鄰近的好幾家貴族聘用和分享同一個家庭教師的現象。一六九九年舍恩博恩（Schönborn）伯爵家族教育子弟的每日課程安排留存至今，讓我們能體會到當時的貴族孩子是多麼辛苦：

早晨五點起床，複習預習；九點到十點半聽家庭教師講課，然後才吃早飯；練法語會話；午飯；中午可以玩一會兒魯特琴；學法語；下午三點開始學法律，然後練擊劍、舞蹈、騎術等符合貴族身分的運動。[77]

總的來講，到十五世紀，大部分貴族一般至少通文墨（一般除了母語還懂一些拉丁文），會簡單的算術。到十七和十八世紀，貴族還要學習法語、地理、歐洲文學、各國王朝的歷史和一些法律知識。他們還要學習如何與僕人和農民打交道，以及騎術、打獵等社交技能。宗教改革和三十年戰爭之後，宗教教育也變得更重要。十五世紀末之後，南德貴族開始流行到大學學習法律，北德貴族緊隨其後。預定要去教會發展的天主教貴族子弟可以去精英的耶穌會中學，然後去德意志之外（一般是義大利或法國）讀大學。[78]

貴族少年可以去專為貴族子弟服務的「騎士學校」（Ritterakademie），為進入宮廷做準備，主要學習騎術、禮節、舞蹈、擊劍、音樂等，沒有高水準的學術教育。騎士學校起源於西歐和南歐，後來發展到神聖羅馬帝國。帝國的貴族子弟起初也會去法國的騎士學校就讀。一五九四年，德意志的第一家騎士學校在圖賓根建立，隨後出現了很多類似的貴族教育機構，比如布勞恩斯魏克—沃爾芬比特爾公爵安東．烏爾里希（Anton Ulrich von Braunschweig-Wolfenbüttel, 1633-1714）在一六八七年開辦的沃爾芬比特爾騎士學校，它開設神學、法學、歷史、數學和語言課程。公爵希望運用這所學校把當地貴族爭取來為宮廷服務，並與本國之外的貴族建立連繫。共有超過三百四十名貴族子弟曾就讀於這所學校，其中只有百分之二十來自布勞恩斯魏克本地，有百分之十學生屬於公子和高級貴族。[79]到了十九世紀，絕大多數騎士學校要麼解散，要麼改為現代化的文理中學。

除了書本知識和舞蹈擊劍等貴族所需的社交技能之外，旅行的歷練也很重要。文藝復興以後，貴族子弟在結束教育之後，如果家庭條件許可，還往往會去「壯遊」（德文 Kavalierstour 或 Bildungsreisen；英文 Grand Tour）。壯遊是貴族子弟的一種傳統旅行，後來也擴展到富有的平民階層。壯游尤其盛行於十八世紀的英國，留下了豐富的文字記述。壯遊的主要價值，一方面是接觸古代和文藝復興時期的文化遺產，另一方面是接觸歐洲各國的貴族和上流社會。一次壯遊可能會持續幾個月到幾年，通常有博學的嚮導或教師陪伴。德意志貴族壯游的目的地一般是法國、尼德蘭和義大利，而較少去西班牙、英格蘭或斯堪的納維亞。[80]從歌德等人的文學作品中可以看出，生長於北方的德意志人似乎特別喜愛陽光明媚並且與古典文化有關聯的義大利。德意志貴族子弟一般在十四歲至二十歲去「壯遊」。為了交際，也為了省錢，他們常常成群結隊，由一名家庭教師陪同和監督。他們會去參觀著名的大學城，比如義大利的波隆那；但更重要的是拜訪各地的君主宮廷和豪門大族，以汲取上流社會社交的經驗，也許能締結有價值的友誼或盟約，也許還能邂逅合適的結婚對象。換句話說，貴族壯游不是為了獲取知識，不是為了體察民情，不是為了結識平民階層的人，而主要是為了和外國的本階級人士（外國貴族）攀附結交。如果有機會在某位君主的宮廷服務，也是極其寶貴的經驗。回家之後，壯遊的經歷也是很好的談資，說不定足夠在社交場合吃一輩子了，還可能因此得到貴婦、小姐的青睞。

薩克森選帝侯「強壯的」腓特烈・奧古斯特一世（一六七〇至一七三三）還是世子時的「壯遊」很典型。年滿十七周歲後，一六八七年五月十九日，他化名「萊斯尼希伯爵」，在家庭教師哈克斯特豪森、醫生巴托羅繆博士和另外三人陪同下，開始長途旅行，從萊比錫出發，途經美茵河畔法蘭克福和史特拉斯堡去往巴黎，拜訪路易十四的宮廷；然後轉到馬德里，得到西班牙國王查理二世的接見；隨後訪問葡萄牙、英格蘭、荷蘭、丹麥、瑞典，之後途經法蘭克福、紐倫堡、奧格斯堡、慕尼黑和因斯布魯克，到威尼斯體驗狂歡節；從義大利返回，取道維也納，拜訪皇帝的宮廷，最終於一六八九年四月二十八日回到德勒斯登。他給父親定期寫信報告自己的見聞。歐洲幾個大國的宮廷給他留下了深刻印象，對他的審美和理念影響極大。旅行期間還發生了一系列冒險、愛情故事和決鬥。[81]

新時代的文理中學、大學和軍校

隨著現代國家的萌芽與發展，公務員、軍人、外交官也不是那麼容易當了，要求越來越高。一八六六年，巴伐利亞政府開始強制要求軍官必須有中學畢業文憑。普魯士沒過多久也提出了硬性的學歷要求。[82]貴族在家裡受的傳統教育和「壯遊」的經驗越來越無法滿足現代政府的需求。騎士學校也不足以培養孩子成為合格的現代官僚、外交官或軍人。十九世紀下半葉，普魯士的騎士學校也吸收了新形勢下需要的課程（自然科學、現代語言等），比如萊茵蘭和威斯特法倫地區天主教貴族常去的貝德堡騎士學校（Ritterakademie Bedburg, 1842-1922），但漸漸這些學校也跟不上時代了。[83]

德意志的「市民知識份子」（Bildungsbürger）階層在十九世紀憑藉優異的教育、專業技能和文化，漸漸在社會生活的各方面成為貴族的有力競爭者。現代化的文理中學（Gymnasium）教育是「市民知識份子」階層興起的重要因素。一八〇六至一八一五年，在拿破崙的威脅和壓力之下，普魯士的中興名臣施坦因和哈登貝格（兩人都是貴族）開展了一系列改革，教育改革是其中重要的一環，主要由偉大的教育家威廉·馮·洪堡（一七六七至一八三五）負責。他的努力包括建立現代的文理中學。這些中學的課程有拉丁文、希臘文、數學、自然科學等。按照洪堡的新人文主義思想，教育不應當像啟蒙時代那樣只講求目的和實用，教育的宗旨不應當單純是培養為國家服務的人，而是要全面培養人的精神與品格。英國教育家馬修·阿諾德（一八二二至一八八八）對普魯士文理中學讚揚道：「普魯士人對它們很滿意，也為之驕傲。他們有理由滿意和驕傲，因為文理中學籌劃得非常聰明，能滿足他們非常聰明的要求。」[84]歷史學家多明尼克·利芬認為德意志文理中學比同時期英國培養上流社會子弟的公學更為開明。德意志文理中學的使命是培養聰明而有文化的官員，所以不像英國公學那樣喜歡給學生填鴨式硬灌古希臘文和拉丁文語法，而是利用德意志學者在古典學方面的偉大成就，讓孩子對希臘和羅馬的文化、哲學與社會產生興趣，這樣的話，「費希特，甚至洪堡，培養出的人才即便不是哲人王，也是哲學家官僚，可以成為治理普魯士的棟樑之才」。另外，德意志文理中學的有組織體育運動比英國公學少得多，後者似乎過於重視體育了。[85]

有的貴族刻意與資產階級氣味濃厚的現代正規學校教育體制拉開距離，但也有不少貴族開始和平民孩子一起就讀文理中學。不過十九世紀的文理中學學生大多來自家境富裕或至少小康的資產階級家庭，貴族屬於少數。一位英國訪客欽佩地說：「德意志貴族子弟和商業階層的孩子坐在一起上課，並不為此羞恥。」[86]

大多數貴族子弟會入讀私立的寄宿中學。以奧地利為例，最受貴族歡迎的寄宿中學有維也納的特蕾莎學校

一八五八年的一個大學生社團，畫作作者不詳。

（Theresianum）、位於費爾德基希的晨星（Stella Matutina）耶穌會中學、卡爾克斯堡耶穌會中學（Kollegium Kalksburg）等。貴族男孩一般十歲進入這樣的寄宿中學，每年只能回家休假兩三次。這幾所學校以紀律嚴格著稱，尤其是在天主教會開辦的學校，特別強調樸素、克己和服從。孩子們往往很早起來，餓著肚子做晨禮，學習時間很長，自由活動很少。奧匈帝國末代皇后濟塔的哥哥、帕爾馬及皮亞琴察公爵克薩維爾（Franz Xaver von Bourbon-Parma, 1889-1977）在二戰期間被納粹投入達豪集中營，他後來說，自己幼年在晨星耶穌會中學的生活為他後來的集中營牢獄之災做好了準備，因為他在中學就學會了忍饑挨餓和吃盡各種苦頭。這種嚴峻的寄宿學校生活可以被理解為磨練品格、培養忍耐和自制力的方式。而共同經歷過這種考驗的同學往往成為摯友。[87]

文理中學為上大學做準備。因為家境優越，很多貴族子弟可以在歐洲各個著名大學遊學聽課，而且他們往往更享受大學生的自由生活，所以很多貴族大學生並不會完成學業、拿到文憑。

他們也不在乎。這種情況到十九世紀後半葉才改變。[88]就讀大學的貴族子弟常選擇的專業是法學，因為這樣能為當法官和行政長官做準備。十九世紀，即便貴族子弟將來要繼承家裡的莊園、從事農業，也很少學農學、林學等專業。直到二十世紀三〇年代以後，貴族子弟才比較多地選擇農學、林學等實用性強的學科。有的大學受到貴族的偏好，因為貴族在這些大學裡比較容易拿到文憑，比如格賴夫斯瓦爾德（Greifswald）大學和耶拿大學。而哥廷根大學「成了全德貴族階級所賞識的學校，貴族青年都到那裡去學習法律和政治科學，同時也在那裡學習禮貌和風度」。[89]大部分貴族讀大學不是為了成為專業學者，而是為了拿到文憑，以便將來當官。[90]威廉二世皇帝年輕的時候也進過大學，但不是因為追求學術，而是為了「向資產階級的教育理念展現友好的姿態」，所以他在大學待了四個學期，主要是享受大學生社團的快樂生活，而沒有拿文憑。[91]對很多貴族，比如年輕的俾斯麥來講，大學生活就是飲酒作樂、打打鬧鬧，是愉快的時光，而不是頭懸樑、錐刺股的苦學。奧匈帝國的皇太子魯道夫（法蘭茲·約瑟夫之子）曾批評，貴族大學生因為慣於舒適和享樂，學習成績一般不如市民階層的大學生。[92]

在大學裡，貴族的主要社交生活是參加形形色色的大學生社團（Studentenverbindung）。德意志的大學生社團很有特色，往往擁有悠久的歷史和豐富的傳統（儘管有些傳統在現代人看來顯得怪異），有色彩和設計獨特的服裝、帽子、緞帶等（合稱 Couleur）和規章制度。Corps 是大學生社團的一種，比較精英主義，超越種族、民族、宗教和黨派的限制。Corps 這個詞源自拉丁文，本意是「身體、團體、集體」等，軍隊編制裡的「軍」（在集團軍與師之間）也用這個詞，不過德語的「軍」現在一般寫作 Korps。作為一種大學生社團的 Corps 不太好翻譯，暫且就用原文吧。形形色色的 Corps 很多，參加 Corps 的往往是富裕而懶散的大學生，包括貴族。不過即便到一九〇〇年，貴族在德國大學生中也占少數。「十九和二十世紀之交，Corps 中貴族的比例下降到了百分之八。」、Corps 的新成員要經受一系列考驗，參加許多儀式，才被大家接受 Corps 的儀式感非常強，有句名言是「喝酒作樂這種不嚴肅的事情，需要嚴肅的儀式來管理」。擊劍決鬥（Mensur）是 Corps 常見的元素，大家必須表現出勇氣、冷靜和始終願意為了自己的榮譽而接受挑戰。大學畢業之後有職業和收入的舊成員（Altherr，字面意思是「老先生」）出於對自己青春年少時的自由／放蕩生活、夥伴情誼的懷舊，往往願意慷慨解囊，資助學弟們。而 Corps 的關係也構成人脈網，對大學生的未來生涯有很多幫助。[93]

既然從軍是貴族的主要職業選擇之一，那麼許多貴族子弟在軍校（Kadettenanstalt）受教育就不足為奇了。普魯士的第一所軍校開辦於一六四五年，薩克森的第一家軍校創立於一六九二年，巴伐利亞的軍校始建於一七五六年。這些早期的軍校都只接納貴族，直到拿破崙戰爭時期面對局勢壓力才開始招收資產階級子弟。遲至一九一〇至一四年，柏林－里希特菲爾德的著名軍校培養的約一千兩百名軍官學員中仍有三百八十六人是貴族。[94]

十九世紀的德意志軍校招收十歲及以上兒童，學員要待六到八年，畢業之後獲得軍職。十九世紀四〇年代起，德意志軍校的課程其實和普通文理中學類似，但更強調數學和現代課程，而不是古典學。軍校生活嚴酷而艱苦，是「極權主義」的機構。學員五點半起床，晚上十點睡覺，一天中的每一分鐘都處於管制之下。他們小小年紀就要學會絕對服從上級、堅定不移地完成任務。只有到了高年級，學員才學習軍事，但對低年級學員來說，軍隊的氣氛同樣瀰漫著他們生活的方方面面。軍校培養的主要是鋼鐵意志、堅忍不拔和其他軍事美德，對學術成績不太看重，對道德情操和審美更是不以為然。不過軍校的使命主要是培養一線作戰軍官，所以這種教育方式很合適。[95]許多貴族世家世代從軍，常常也是很多代人都受過同一家軍校的教育。年輕的學員在軍校食堂用餐時，說不定就坐在自己的父輩或祖先的同一個位置，用的是同一套餐具。[96]這是貴族軍事傳統延續性的突出體現。

貴族女性的教育

如果說貴族男性的教育很少鼓勵他們追求知識和文化本身，那麼貴族女性的教育就更是如此了。女孩受到的教育主要是為了吸引未來的理想夫君，以及成為主持家庭的女主人。第二帝國時期柏林著名的沙龍女主人和俾斯麥的好友，出身符騰堡貴族的希爾德加德·馮·施比岑貝格男爵夫人（Hildegard von Spitzemberg, 1843-1914）說，絕大多數德意志貴族女性受到的教育都極差，她們對家庭之外的世界也沒什麼興趣。[97]這話也許有謙虛和自貶的成分，因為

身穿 Couleur 並佩劍的大學生，Georg Mühlberg 繪。

施比岑貝格男爵夫人自己就是在文化人與政治家當中遊刃有餘的貴族女才子。

從中世紀到近代早期，貴族女孩除了在家受教士或家庭教師的教育之外，到一定年齡後可以去教會女校（Damenstift）。也可能把貴族女孩送到修道院受教育。一二二三年，烏爾里希·馮·達克斯貝格（Ulrich von Dachsberg）贈送溫德斯托爾夫主教區修道院一塊土地，條件是讓他的女兒在那裡「免費吃住，直到她把《聖經·舊約》中的《詩篇》卷全部學會」。修道院裡的教師（大部分為修女）的知識水準普遍不高，所以使用大量德語材料，較少用拉丁文。不知為什麼，對中世紀貴族女性教育來說，《詩篇》似乎特別重要，簡直是必修課。修道院長阿爾伯特·馮·施塔德（Albert von Stade, 1187?-1260）描述著名的貴族女學者、科學家和聖徒希爾德加德·馮·賓根（Hildegard von Bingen, 1098-1179）時說，她「像其他貴族青年女子一樣，除了《詩篇》卷，別的什麼都沒有學過」。十三世紀的藝術家塑造的貴婦形象很多都手拿《詩篇》。[98]

雖然中世紀大部分德意志貴族女性的文化水準

有限，但也出現了一些學識淵博的貴族女性。康拉德二世皇帝的皇后施瓦本的吉澤拉（Gisela von Schwaben，989?-1043）和她的兒媳、亨利三世的皇后普瓦圖的艾格尼絲（Agnes von Poitou，1025?-1077）是兩位有名的識文斷字的女政治家。圖林根方伯路德維希一世（?至一一四〇）的女兒尤迪特（約一一三〇至一一七四）後來成了波希米亞王后，她「在科學知識和拉丁語方面的造詣很深」。[99]

近代，貴族女孩到女子寄宿學校（Mädchenpensionat）接受教育成為風尚。最有名的一家貴族女子寄宿學校要數阿爾滕堡的瑪格達萊娜教會女校（Magdalenenstift in Altenburg），它始建於一六六五年，原為薩克森—阿爾滕堡公爵腓特烈·威廉二世為自己妻子瑪格達萊娜準備的住所，以便自己死後妻子能得到很好的照料，不過建築沒有完工，公爵夫人就去世了。一七〇二年，宗教詩人和慈善活動家亨麗埃特·卡塔琳娜·馮·格斯多夫（Henriette Catharina von Gersdorff, 1648-1726）男爵夫人請求當時的公爵將這棟建築改為慈善機構，供生活無著的貴族女子容身，並為貴族女童提供恰當的新教教育。公爵二話沒說答應了。於是瑪格達萊娜教會女校從一七〇五年開始運營，到一九七〇年解散時共經營了兩個多世紀（納粹時期曾被禁止）。女童七歲入學，可以待到十七歲。教師主要是牧師和在學校工作的貴族女子。[100]

這些貴族女校的宗旨不是培養女才子，而是培養社交能力和持家技能，課程有英語、法語、女紅、繪畫、鋼琴等。十九世紀末和二十世紀初，德意志的很多貴族家庭漸漸陷入貧困，於是貴族女校開始提供實用課程，比如一九〇〇年瑪麗亞·馮·塔登（Marie von Thadden）在卡塞爾開辦的學校教貴族女孩烹飪、洗衣、園藝、養雞和護理等。這種課程一般只有一年時間。[101]一九〇七年，德國最大的貴族社團和互助組織，德國貴族聯合會得到慷慨資助，在薩克森的勒比肖（Löbichau）建立一家「女子經濟學校」，每年招收三十六名貴族女生，培訓烹飪、烘焙、做果醬蜜餞、洗衣、熨衣、手工、園藝、縫紉、養家禽等實用技能。一九一八年之後，對大量家境敗落的貴族女子來說，這些技能越來越成為救命稻草。[102]

貴族反智主義？

納粹作家漢斯・約斯特（Hanns Johst, 1890-1978）獻給希特勒的戲劇《施拉格特》（*Schlageter*）當中有句名言流傳至今：「一聽到文化這個詞，我就給我的白朗寧手槍打開保險！」（Wenn ich Kultur höre, entsichere ich meinen Browning!）。後來有人錯誤地把這句話歸於希特勒、戈林等人，以挖苦他們的粗鄙。[103]不過，在十九和二十世紀，其實頗有一些德意志貴族對「文化」真的是恨不得掏出手槍。

在現代社會，科學技術日新月異，對社會的影響越來越大。資產階級憑藉教育、知識和專業技能，在各行各業逐漸取得主導地位。對他們來講，教育至關重要。很多資產階級人士從小聽著母親的鋼琴音樂長大，自幼學習多種語言，長大之後成為工業、金融、法律等行業的領導者。知識就是力量，這一點不誇張。

然而對貴族（尤其是小貴族）來講，教育卻沒有同等的崇高地位。資產階級的教育觀念是鼓勵個人的自由發展，而貴族的教育觀念是培養同質化的群體，反對突出的個人主義。貴族階層日漸受到風吹雨打，面對資產階級的強力競爭而逐漸衰微。越是走下坡路，貴族就越需要固守自己的思想準則和生活方式，與資產階級拉開距離，並維持優越感。[104]

貴族，尤其是高級貴族，在資產階級風格的新型教育體制裡其實表現得不錯，往往達到很高的教育和文化水準。一九〇八年的一次調查顯示，當時有四十六名貴族從事寫作，其中不少人還小有名氣。[105]擁有博士學位的貴族也很容易舉出許多例子來。比如第二次世界大戰期間著名的傘兵軍官腓特烈・馮・德・海特（Friedrich August Freiherr von der Heydte, 1907-1994），不僅是男爵，還擁有法學和政治學兩個博士學位。不過，貴族對教育的態度有明顯的地域差別。一般來講，德國西部和南部貴族對教育更為重視，文化水準也更高。北德，尤其是普魯士容克，作為不學無術的「土老帽」，成了漫畫的嘲諷對象，不是完全沒有道理。

部分貴族的沒文化，不是因為經濟條件差，而是因為他們有意識地與學校教育和書本教育保持距離，表現出反智主義傾向。歷史學家馬林諾夫斯基搜集的大量貴族回憶錄、書信和日記等材料中，貴族對自己少年時代接受學校教育的回憶往往是：可憎的資產階級出身的教師、沉悶無聊的上課時間、對糟糕的考試成績無所謂；反抗乃至毆打非貴族出身的教師和校長；受到左翼教師教唆的資產階級同學辱罵和攻擊貴族學生。現代學校教育體制被資產階級主導，作為學生當中少數派的貴族常感到自己被邊緣化、受威脅，他們的排斥教育有反資產階級的意味。[106]就連俾斯麥也說，在中學裡，「我姓氏前面的『馮』在我與同學和老師交往時，對於我的童稚的快樂是一種不利。我在格勞恩修道院的中學時，也忍受到了某些老師對貴族所懷有的憎恨，而這種憎恨在大部分受過教育的資產階級中，是作為對一八〇六年以前時代的回憶而延續了下來的。」[107]

約阿希姆・馮・溫特菲爾特—門肯（Joachim v. Winterfeldt-Menkin, 1865-1945）是普魯士的地主和地方大員，自己也很有文化，但他對走上學術道路的親戚，大學教授保羅・馮・溫特菲爾特的描述卻相當負面。保羅滿臉鬍鬚，高度近視，離群索居，住在寒酸的公寓裡，除了成櫃的書，幾乎家徒四壁。溫特菲爾特家族的人大多是軍官、地主和官員（也就是普魯士貴族的傳統職業），保羅與家族之間的鴻溝很深，交往很少。這個研究中世紀歷史的老學究幾乎被親戚完全拋棄。現代學術具有資產階級色彩，並不是傳統的貴族行當，即便是學富五車的老教授也不會得到貴族的尊重。[108]有一位貴族被其他貴族戲稱為「書蟲」，其實他僅僅經常閱讀有關狩獵的報紙而已。[109]

那麼貴族尊重什麼呢？博吉斯拉夫・馮・塞爾肖（Bogislav von Selchow, 1877-1943）出身普魯士軍官家庭，在第一次世界大戰期間是海軍軍官，威瑪時期上大學，獲得歷史學博士學位。他講過自己上中學時的一個段子。因為搞體育運動時出事故，他的大腦受到「震盪」，拉丁語考試不及格。於是他寫信給首相俾斯麥，引用了一句拉丁文來讚頌他。俾斯麥在回信裡表揚了他的拉丁文。塞爾肖把俾斯麥的信拿給校長看，校長看到俾斯麥已經發了話，只得給他及格。[110]塞爾肖後來成為大學者，但對自己少年時代的「花招」津津樂道，這可以體現貴族對教育的觀念：書本知識比不上頭腦靈活和性格堅定，而這些品質，他們相信是貴族與生俱來的。

俾斯麥曾譏諷地說，資產階級富不過三代，因為第三代就開始學藝術史了。[111]威廉二世流亡期間的全權代表馬格努斯・馮・萊韋措說：「有三位德國偉人，大家只要聽他們的話就足夠了……路德、腓特烈大王和俾斯麥，分別是農民、君主和貴族。德國人需要知道的，這三位都已經說得足夠多了。」有右翼色彩的大詩人斯特凡・格奧爾格（Stefan George, 1868-1933）也說：「對正派人來講，五十本書就足夠了。其餘的都是『教育』。」[112]這幾句話很能代表部分貴族對文化的輕蔑。

典型貴族追求的是「無所不包的膚淺知識」[113]，而不是在某一個具體學科的專門知識。也就是說，貴族喜歡的是廣度。無論什麼話題，藝術、建築、宗教、文學、博物學、法律等等，貴族都能侃侃而談，知識面極其豐富，令人眼花繚亂；但在任何一個領域他們都沒有深度。貴族要的不是深度，而是淺嘗輒止的廣泛涉獵以及它帶來的愉悅。貴族是雜家，不是專家，也不想當專家。在社交場合，資產階級專家知識份子冗長而專業的誇誇其談令貴族厭惡。[114]貴族抱有這樣的文化觀念：貴族天生的優雅、智慧和鑒賞力，賦予其文化上的權威和創造力。這些品質是天生的，學不來的（專門學習甚至對其有害），是專屬於貴族的。[115]

培養未來「精英」的右翼教育

威瑪共和國時期，很多貴族仍然堅信自己身為傳統精英，是理所當然的國家與社會領導者。為了在年輕一代貴族當中培養新的「領袖」，貴族做了很多教育方面的嘗試，其中最重要的就是一九二七年在圖林根愛森納赫附近一座貴族莊園建立的「艾利納學校」（Schulgemeinde Ellena）。它集中體現了兩次世界大戰之間大部分德國貴族的保守和右翼思想模式。

該學校的創建人和校長是個出身資產階級的怪人，名叫古斯塔夫・胡恩（Gustav Huhn, 1901-?）。他得到了一群志同道合的貴族的支援，包括德國貴族聯合會領導人瓦爾特・馮・博根（Walter von Bogen）和「紳士俱樂部」（也是貴族參與的一個重要社團）萊茵蘭分支的主席阿爾布雷希特・馮・霍亨索倫公子[116]。胡恩向貴族的呼籲是，他們應當承擔起反對自由主義、反對共和國、反對議會民主制的鬥爭。他對貴族極盡諂媚，再加上他的反民主思想與許多貴族臭味相投，讓他贏得了很多貴族在金錢和思想上的支持。

按照他的設想，艾利納學校應當是超越不同地區和宗教的，面向全體德國貴族，培養新一代領導人。他的這些思想在當時都很常見，他自己的特色在於一種神棍式的說教，頗有神秘主義色彩：「古老的巨龍在拚死搏鬥。這時，基督的戰士米迦勒跳上白馬，他的盾牌熊熊燃燒如烈日。基督萬歲！第三帝國萬歲！」[117]胡恩既推崇貴族的高貴血統和種族主義，又帶有市民知識份子階層的「賢能政治」色彩，主張年輕貴族透過努力和成績來證明自己。艾利納學校的課程包括歷史、政治、國民經濟學、藝術史，也包括「人與自然的宇宙共同體」這種玄乎的形而上學。有意思的是，艾利納學校還有一門專門培訓農民和工匠的課程，招收無業平民青年。課程的目的是讓未來的領導人，即貴族子弟，與下層有直接的接觸，練習自己的領導技能。[118]

艾利納學校並沒有取得胡恩吹噓的成績，反而引起了貴族內部的爭吵。有不少貴族對胡恩和他的學校發出了質疑和抨擊。尤其是巴伐利亞天主教貴族指責「胡恩的愚蠢教導」不符合基督教精神，不符合貴族傳統的保守主義，違反貴族的君主主義思想。[119]巴伐利亞貴族卡爾．奧古斯特．馮．德雷克塞爾伯爵（Karl August Graf von Drechsel）說，胡恩的課程「是極端民族主義的，與基督教精神牴觸……把舊的反天主教思想、極端民族主義和納粹主義混合在一起……是後果嚴重的烏托邦幻想，比希特勒還誇張」。[120]卡爾．馮．阿雷廷男爵（Karl Frhr. v. Aretin, 1884-1945）甚至說，胡恩思想是布爾什維克主義，胡恩是列寧思想的傳播者。在阿雷廷這樣敵視納粹的天主教貴族眼中，布爾什維克主義和納粹主義是一個硬幣的兩面。[121]最後艾利納學校於一九三二年一月因為財政原因而關門。[122]德意志貴族教育的一個荒唐篇章就這樣結束了。胡恩不是納粹黨人，但他的思想在二十世紀上半葉的德國很普遍；支持胡恩的那些貴族，後來很多成為納粹黨人，或是納粹的同路人。

五、童話國王、騎士詩人和貴族作家：德意志貴族與文學

英國歷史學家多明尼克．利芬在比較十九世紀德、英、俄三國貴族時提出一個具有挑釁性的觀點：德意志和英

國貴族對文學的貢獻很小。利芬認為，對世界文學有影響力的德意志貴族作家勉強只有一位海因里希・馮・克萊斯特，英國只有拜倫。而俄國有普希金、萊蒙托夫、托爾斯泰、丘特切夫和屠格涅夫這樣一大批世界級的文豪。[123]

當然，利芬沒有把歌德和席勒這樣出身市民階層，後來得到貴族身分的人算作貴族文學家。另外值得一提的是，大學者和作家腓特烈・施萊格爾的祖先曾經擁有過貴族身分，不過從十七世紀開始放棄了。但施萊格爾於一八一五年從羅馬教廷那裡獲得了一枚騎士勳位，於是開始自稱腓特烈・馮・施萊格爾。[124]

利芬說的有沒有道理，歡迎讀者諸君自行評判。熟悉德語文學史的朋友會知道，德意志貴族與文學歷來有著緊密的連繫。尤其在古典和浪漫派時期，德意志貴族當中湧現了一大批優秀作家，他們在文學史上的地位可能與普希金和托爾斯泰等相比有些遜色，但仍然是德語文學和世界文學的瑰寶。另外，德意志貴族對文學的貢獻不僅表現在親自提筆創作上，還體現在貴族對文學和文學家的贊助與提攜方面。

本章首先梳理德意志貴族作為文學的贊助者與消費者所發揮的作用，然後大致遵循時間順序，介紹一些比較重要的貴族作家。為了節約篇幅，也是為了效仿利芬，本章不會涉及歌德和席勒那樣的出身市民階層，但後來被冊封為貴族的作家。

德意志的梅塞納斯：貴族作為文學贊助者與消費者

貴族擔當文學藝術贊助人和供養人的歷史非常悠久。德語中「贊助文藝」這個詞 Mäzenatentum 的詞源是 Maecenas 這個名字，即蓋烏斯・梅塞納斯（Gaius Maecenas, 68-8 BCE），他是羅馬第一位皇帝奧古斯都的摯友和謀臣，也是著名的文藝贊助者。梅塞納斯在選擇詩人加入自己的朋友圈子時頗具慧眼。大詩人維吉爾和賀拉斯都曾得到梅塞納斯的提攜和資助。維吉爾透過梅塞納斯認識了奧古斯都。人們普遍相信，是奧古斯都敦促維吉爾開始了創作史詩《埃涅阿斯紀》的偉大工程。[125]

從古至今，德意志貴族以梅塞納斯為榜樣，大力贊助文藝，提攜和幫助文人。這麼做的理由部分是附庸風雅、追求虛名；部分是為了拉攏文人為自己的政治目的服務，用名人的光輝給自己的統治增添光彩與威望；當然也有貴族恩主對藝術特別愛好，真心實意地喜愛甚至崇拜藝術家。除了文學之外，其他的藝術形式，如繪畫（肖像、紋章等）、建築、雕塑、音樂、芭蕾歌劇等，也是貴族生活的一部分。這些藝術形式的功能和作用與文學類似。貴族是這些藝術作品的消費者；這些活動是貴族的休閒，也是他們地位的象徵。

德意志貴族贊助和消費文學的歷史大概可以追溯到發源於十二世紀中葉的德意志騎士－宮廷文學的時代。這個時代很短暫（大約從一一七〇年到一二五〇年），卻是德語文學的一個重要階段。貴族／騎士是文學的承載者，宮廷是文學活動的中心，宮廷的主人（貴族）是恩主，騎士文學通常是受恩主的委託而創作的，所以可以說騎士文學是一種御用文學。當然，有的作者本身也是貴族和騎士。德意志的騎士文學在很多方面借鑒和學習了法蘭西的騎士文學，也受到十字軍東征時代歐洲人接觸東方文化的影響。[126]

我們先談騎士文學的貴族贊助者，下文會介紹幾位貴族創作者。

騎士文學在中世紀最著名的贊助者可能要數圖林根方伯赫爾曼一世（Hermann von Thüringen, ca. 1155-1217），他統治下的瓦爾特堡成為德意志宮廷敘事詩的中心之一。除了著名的詩人沃爾夫拉姆・馮・埃申巴赫（Wolfram von Eschenbach, 1170-1220），他還贊助過費爾德克的海因里希（Heinrich von Veldeke, 1150?-1190?）、福格威德的瓦爾特（Walther von der Vogelweide, 1170?-1230?）等德語文學史尤其是騎士文學史當中赫赫有名的人物。

著名的「瓦爾特堡歌唱比賽」（Sängerkrieg auf der Wartburg）就發生在赫爾曼一世的宮廷，這是德意志文化史上的美談，不過可能只是個傳說。大約一二〇六年，六位歌手／詩人聚集在赫爾曼一世的宮廷，比試才藝，參賽選手包括費爾德克的海因里希、福格威德的瓦爾特、沃爾夫拉姆・馮・埃申巴赫、茨威特爾的萊因瑪律（Reinmar von Zweter, 1200?-1248）、比特羅爾夫（Biterolf，約十三世紀人物）和奧夫特丁根的海因里希（Heinrich von Ofterdingen）。根據比賽規則，失敗者將被斬首。五位詩人和歌手使出渾身解數歌頌赫爾曼一世，只有奧夫特丁根的海因里希歌頌自己的主公奧地利大公，說他是太陽，其他君主只是星辰。於是其他五人歌頌赫爾曼一世是白晝，說白晝來得比太陽更

《馬內塞古詩歌手抄本》之插畫，描繪了瓦爾特堡歌唱比賽，約一三〇五至一三一五年。

早，並宣布自己勝利。奧夫特丁根的海因里希即將被處死，後來得到赫爾曼一世之妻的庇護，得到緩刑一年。他要利用這一年的喘息之機去找歌唱大師克林格索爾（Klingsor），來證明自己是對的。克林格索爾最後證明，太陽比白晝更早到來，於是奧夫特丁根的海因里希獲勝[127]。

到了德意志歷史的近代，最有名的貴族恩主與藝術家的故事，除了薩克森—威瑪大公與歌德的友誼之外，也許要數巴伐利亞國王路德維希二世（一八四五至一八八六）與理查德·華格納的惺惺相惜。路德維希二世是著名的「童話國王」，是狂熱的城堡修建者，他一擲千金建造的新天鵝堡（Schloß Neuschwanstein）在當年被認為是君主的狂想和奢侈浪費，但在今天是巴伐利亞的重要旅遊景點和收入來源。路德維希二世天性敏感脆弱，耽於幻想，可能有同性戀傾向。他對華格納頂禮膜拜，幾乎到了癡情的地步。他是華格納的命中貴人，若沒有國王的大力支持，華格納的很多作品（既是音樂，也是文學）未必能順利出世和上演。華格納在政治上是有名的激進派，而且生活放蕩不羈，揮金如土，所以時常債臺高築，在德意志各邦乃至國外被員警或債主窮追不捨。路德維希二世在十五歲時看過華格納的歌劇《羅恩格林》（*Lohengrin*），從此對他五體投地。一八六四年三月四日，國王首次接見華格納，從此德意志歷史和藝術史上一段偉大的友誼開始了。華格納在國王的「供養」之下獲得財務自由，終於可以全身心地投入創作：「在我高貴的朋友的庇護下，最沉重的生活壓力再也不會動我一根毫毛了。」[128]國王對華格納可以說是皇恩浩蕩，不僅幫助他還清了所有債務，國王的私人預算也可供他支配。華格納搬入國王提供的豪宅，國王還把自己位於施塔恩貝格湖畔的鄉間別墅騰出來給華格納使用。[129]著名的《崔斯坦與伊索德》（*Tristan und Isolde*）就是在路德維希二世贊助下於慕尼黑首演的。後來華格納在拜羅伊特建造自己的歌劇院時，也仰仗國王的慷慨解囊。兩人之間有著強烈的感情。國王在信中稱他為：「我摯愛的人！天神般的朋友！」華格納則回答：「親愛的、忠實的、我唯一所愛的人！」[130]

貴族作為創作者：從中世紀到巴洛克時代

談到身為貴族的文學創作者，也要從中世紀的騎士—宮廷文學講起。

貴族宮廷往往是流光溢彩、鶯鶯燕燕的場所，自然也少不了男女私情。熟悉歐洲文學的朋友都知道「典雅愛情」或「宮廷愛情」（英文 Courtly love，德文 Minne）這種文學母題。顧名思義，這種愛情以宮廷為背景，但一般是騎士與有夫之婦（並且往往是自己領主的妻子）之間的愛情，或者說私情。貴婦人與其情人的關係酷似領主與家臣，情夫對他神聖的情婦表現出完全的尊重、忠貞和崇拜。貴婦人永遠是美麗的，因為美麗不是指相貌，而是指身分高貴。騎士為女主人獻殷勤，表達精神上的愛慕。這種愛慕不是一般意義上的戀愛，而是「提高了的覺悟，美化了的姿態，是對本能衝動的淨化，因此是教育人、督促人上進的力量。騎士就是靠這種力量不斷地追求，不斷地完善自己……他期待的『報酬』（lohn）僅僅是女主人用一個眼神、一句問候或者丟下一塊手帕表示認可，而他就滿足了」。[131]

這種故事最早出現在法蘭西南部的阿基坦、普羅旺斯等地，時間大約是十一世紀。以這類故事為藍本，這一時期產生了許多優秀的文學作品。在十二至十四世紀的德意志，也出現了許多關於「宮廷愛情」的故事和詩歌，稱為「騎士愛情詩」（Minnesang）。這是德意志騎士文學三大門類之一，另外兩種是宮廷史詩和英雄史詩。創作和演唱這些作品的藝術家被稱為「騎士愛情詩詩人」（Minnesänger，字面意思是「愛情歌手」）。德意志的騎士愛情詩詩人和普羅旺斯的遊吟詩人（troubadour）與法蘭西北部的遊吟詩人（Trouvère）類似。他們關於「宮廷愛情」的文藝作品起初是宮廷和貴族的消費品，後來受眾漸漸擴大。騎士愛情詩是德語文學的重要組成部分。大詩人沃爾夫拉姆·馮·埃申巴赫雖然主要以史詩聞名，但也創作關於「宮廷愛情」的抒情詩，所以他也算是騎士愛情詩詩人。

騎士愛情詩詩人當中有大貴族，比如十四世紀的《馬內塞古詩歌手抄本》（*Codex Manesse*）當中列出的騎士愛情詩詩人當中有國王、公爵、伯爵，甚至還有神聖羅馬皇帝亨利六世。[132]有的騎士愛情詩詩人是家臣（Ministeriale），也就是無自由的騎士。總的來講，騎士愛情詩詩人屬於貴族階層，他們的藝術創作和表演是為了娛樂本階級的人，他們不是貴族雇用來提供娛樂的職業藝人。

最早的騎士愛情詩詩人之一腓特烈·馮·豪森（Friedrich von Hausen, 1150?-1190）出生於男爵家庭，是神聖羅馬皇帝腓特烈一世的宮廷扈從，在這位「紅鬍子」皇帝領導的十字軍東征期間戰死[133]。他的一首詩歌探討了「愛情」和「上帝」，即為「女主人服務」和為「上帝服務」之間的矛盾。這兩項義務不能兼顧，他最後選擇拒絕「愛情」：

我的心靈和我的軀體想要分離，
可它們待在一起已經這麼長時間。
軀體渴望為反對異教徒而戰，
心靈卻公開選擇了一位婦人。
長久以來，這一直是我的負擔，
它們二者再也不願攜手同行，

這麼大的不幸，我無能為力，
唯有上帝才能平息這場爭端。[134]

巴伐利亞騎士和詩人沃爾夫拉姆・馮・埃申巴赫被譽為德意志中世紀最偉大的敘事文學作家。[135]從他的作品看，他可能是圖林根方伯赫爾曼一世的家臣。他在詩歌中說「當騎士打仗是我的天性」。[136]他的代表作史詩《帕西法爾》（*Parzival*）是現存最早的德語「聖杯」騎士傳奇作品，也是中世紀的「暢銷書」。主人公帕西法爾出身於負責守護聖杯的家族，但從小不知道自己的神秘出身。他原本是個幼稚的孩童，逐漸接受教育和磨練，經歷愛情與冒險，吃了不少苦頭，犯了許多錯誤。第一步，他獲得騎士的武藝和勇氣；但這還不夠，他還需要懂得騎士的品德與義務，懂得克制與節度。這些還不足以讓他成為完善的人，因為他遇見身患重病的漁王（即守衛聖杯的國王，也是他的舅舅）竟然無動於衷，也不知道噓寒問暖。經歷更多磨難和教育之後，他終於懺悔，問候漁王：「舅父，你身體如何？」這簡單的一句話表明帕西法爾已經大徹大悟。漁王因此痊癒。最後帕西法爾繼承聖杯堡的王位。

沃爾夫拉姆的另一部作品《維勒哈爾姆》（*Willehalm*）講的是法國南部基督徒和穆斯林之間的戰爭，有點像《羅蘭之歌》；但有意思的是，主人公維勒哈爾姆娶了穆斯林君主的女兒，還任用一名拒絕接受基督教的穆斯林俘虜倫納瓦爾特。這個倫納瓦爾特是非常正面的形象，品格高尚、武藝高強。[137]除了這些騎士題材作品外，沃爾夫拉姆還是有名的「騎士愛情詩詩人」，有九首抒情詩留存至今，其中五首是典型的「宮廷愛情」題材的「破曉歌」。這種題材源於普羅旺斯，一般寫的是騎士與貴婦人纏綿廝守一夜，到天亮時騎士必須離開，以免毀了貴婦人的名節。沃爾夫拉姆被認為是德意志破曉歌的真正締造者。[138]

福格威德的瓦爾特出生於奧地利下層貴族，曾在奧地利公爵（巴本貝格家族）、施瓦本的菲利普和腓特烈二世皇帝（施陶芬家族）、圖林根、邁森等宮廷服務。他創作了許多膾炙人口的騎士愛情詩，並且對典雅愛情的理念有所發展。在他筆下，愛情不再是高貴的女主人和身分較低的青年騎士之間「服務」和「報酬」的關係，而是男女平等的真正愛慕。所以貴婦之所以值得愛慕，不是因為她的等級，而是因為她的美德；平民女子如果品德高尚，也可以成為愛情詩的描寫對象。[139]在韋爾夫家族與施陶芬家族爭奪皇位的鬥爭中，瓦爾特堅決支持後者，希望施瓦本的菲利普（腓特烈．巴巴羅薩皇帝的幼子）「戴上那頂寶石王冠」（出自名詩《我聽見潺潺流水聲》〔*Ich hôrte diu wazzer diezen*〕），成為強大的中央集權皇帝；瓦爾特對堅持割據的諸侯和製造分裂的教宗深惡痛絕。所以他寫了很多政治格言詩來表達自己的政見，比如《我坐在岩石上》（*Ich saz ûf eime steine*）：

有三件東西怎麼才能獲得，
而且缺一不可。
前兩件是尊嚴和財富，
它們早就成了障礙，常常招災惹禍。
那第三件是上帝的恩澤。……
和平與正義被置於死地，
只要它們不恢復，
那三者就少了必要的保護者。[140]

在瓦爾特心中，只有強大的皇帝才是「尊嚴和財富」、「上帝的恩澤」的「保護者」。不過有意思的是，施瓦本的菲利普於一二〇八年遇害，韋爾夫家族的鄂圖四世成為皇帝，瓦爾特又在另一首詩裡支持新皇帝。[141]沃爾夫拉姆．馮．埃申巴赫和福格威德的瓦爾特應當算是中世紀騎士文學的貴族創作者當中最優秀的代表。[142]

到了巴洛克時代，布勞恩斯魏克－沃爾芬比特爾公爵安東．烏爾里希（Anton Ulrich von Braunschweig-Wolfenbüttel, 1633-1714）是典型的開明專制君主，一個重要表現就是他大力贊助和支持文藝、建築和科學等。他崇拜路易十四，在自己的宮廷推行法國文化，說法語；一六九〇年在布勞恩斯魏克建造了當時最大的歌劇院，邀請一大批著名的作曲家和歌手到布勞恩斯魏克。他慷慨解囊，擴建著名的沃爾芬比特爾圖書館。更了不起的是，公爵本人也是文學創作者，涉獵廣泛，在德語文學史上留名。他可以算是德語歷史小說的先驅之一，著有小說《尊貴的敘利亞女王阿拉梅娜》（*Die durchlauchtige Syrerin Aramena*）和《屋大維婭，羅馬故事》（*Octavia. Römische Geschichte*）。前者試圖證明神確立的世界秩序是不可撼動的，後者則借古喻今[143]，一直到他去世前才寫完，為他奠定了在十七世紀德意志文學史上的地位。安東・烏爾里希學生時代就寫詩，一六五六年結婚時為了慶祝自己的婚禮，創作了他的第一部戲劇《春天的芭蕾》。他還創作了許多清唱劇、歌劇和宗教詩歌。「他在一個短暫時期內把沃爾芬比特爾這個小小的邦國……提升為德意志的文化中心之一。」[144]

值得一提的是，安東・烏爾里希的父親奧古斯特公爵是當時著名的藏書家，他的四萬冊藏書在當時被譽為「世界第八大奇跡」。安東・烏爾里希的母親伊莉莎白是有名的女才子，創作了一些詩歌、歌劇唱詞和小說。[145]

十九世紀：貴族作家群星閃耀

到了十九世紀，德意志貴族更加活躍地參與到文學活動當中。作為受過良好教育的階層，他們本身就習慣於閱讀。讀小說是貴族（尤其是貴族女子）重要的消遣手段，閱讀各種古典作品或技術書籍（比如法學、農學和軍事科學著作）也是貴族教育的重要組成部分。技術書籍的創作者有不少就是貴族，他們涉足的都是對貴族階層來講特別重要的領域，比如前面講到的法學、農學和軍事科學。不過創作文學（尤其是面向市場和大眾的作品）對貴族來講，在很大程度上仍然是一種有失身分的事情，所以很多貴族作家要用筆名掩飾自己的身分。比如安東・亞歷山大・馮・奧爾施佩格伯爵（Anton Alexander Graf von Auersperg, 1806-1876）作為詩人的筆名是阿納斯塔西烏斯・格林（Anastasius Grün）；奧地利浪漫派作家尼古拉斯・法蘭茲・馮・施特雷瑙（Nikolaus Franz Edler von Strehlenau, 1802-1850）的筆名是尼古拉斯・雷瑙（Nikolaus Lenau）。描寫本階層生活的傳記、回憶錄、家史等，也是貴族作家常選擇的題材。

十九世紀德語文學史當中活躍著一大批優秀的作家，下面就大致按照年代順序，簡單介紹幾位。

諾瓦利斯（Novalis, 1772-1801），原名格奧爾格・菲利普・腓特烈・馮・哈登貝格（Georg Philipp Friedrich von Hardenberg），可以說是最才華橫溢的浪漫派詩人之一，可惜英年早逝，作品不多，但「思想廣博而深邃，意象奇詭而神秘，語言純淨而清晰，在同時代作家中，可謂獨樹一幟」，是「歐洲現代主義文學的重要先驅者之一。他對濟慈、愛倫・坡和法國象徵主義產生過很大影響，德國現代派作家霍夫曼斯塔爾、赫爾曼・布洛赫、湯瑪斯・曼等都曾從他的作品中汲取過養分和靈感」。[146]

諾瓦利斯出身薩克森貴族家庭，父親是莊園主和鹽務官員。九歲那年，諾瓦利斯得重病而倖免於難，此後心智突飛猛進，勤於學習，尤其精於研究哲學，而且學習過地質學、礦物學、化學等專業，是一位有很深的自然科學造詣的文人。在萊比錫大學，他和另一位浪漫派作家腓特烈・施萊格爾成為好友。

對諾瓦利斯的人生和文學創作影響最大的事件，可能要數未婚妻索菲（比他小十歲）在年僅十五歲時病逝。在諾瓦利斯那裡，對索菲的「愛情儼然已超凡脫俗，進入了哲學，甚至宗教的領域」。[147]諾瓦利斯在世界文學史上有一席之地的神秘主義詩歌《夜頌》（*Hymnen an die Nacht*）的源起就可以追溯到他在索菲墓前的一次靈異經歷。他在一七九七年的五月十三日的日記中寫道：「晚上我去找索菲。無以名狀的欣悅——突來的瞬間的狂喜——我像吹塵土一樣吹開墳墓——千百年如同幾個瞬間——感到她近在咫尺……」這段神秘體驗就是全詩的核心。[148]《夜頌》很難讀，蘊含了複雜而撲朔迷離的意象。我覺得這首詩有兩種讀法，一種是借助大量的研究和闡釋著作，來領會作為哲學和思想詩的《夜頌》；一種是不用考慮那麼多，單純透過朗讀來欣賞它的音樂美和文字美。

阿希姆・馮・阿尼姆（Achim von Arnim, 1781-1831）出身柏林的貴族家庭，父親是普魯士官僚。阿尼姆也學過自然科學，後來興趣轉向文學。他和另一位浪漫派作家、鉅賈世家子弟克萊門斯・布倫塔諾（Clemens Brentano, 1778-1842，布倫塔諾家族原本是義大利北部倫巴第的貴族）是莫逆之交，後來還娶了布倫塔諾的妹妹貝蒂娜。貝蒂娜・

馮．阿尼姆（Bettina von Arnim, 1785-1859）是當時有名的才女，也是作家，著有《歌德和一個孩子的通信》（*Goethes Briefwechsel mit einem Kinde*），是她與歌德的母親和歌德本人的通信，以及她表達對歌德崇拜之情的日記。

婚後，阿希姆．馮．阿尼姆隱居在自己的莊園，一面當地主，一面從事創作。他和好友布倫塔諾合作，搜集整理德意志民間歌謠，結成《男童的奇異號角》（*Des Knaben Wunderhorn*）。當時正值拿破崙在德意志稱霸的時代，阿尼姆和布倫塔諾挖掘整理德意志的民間文學，也是為了激發同胞「民族自強、文化自救的熱情」。[149]從浪漫派作家到海涅、畢希納乃至二十世紀的霍夫曼斯塔爾都深受《男童的奇異號角》的影響。歌德曾表示，希望看到每家每戶都有這部詩集，「放在窗臺、梳粧檯或者放歌譜和菜譜的地方」。透過貝多芬、舒曼、勃拉姆斯、孟德爾松—巴托爾迪、理查德．施特勞斯和馬勒等音樂家的譜曲，《男童的奇異號角》的影響力也跨越了德意志的國界。[150]

阿德爾貝特．馮．沙米索（Adelbert von Chamisso, 1781-1838）無論在德語文學史還是德意志貴族史上都是一位獨特人物。他其實是法國人，出身於香檳地區的貴族世家，法國大革命後隨家人流亡到德意志。他年少時當過普魯士王后露易絲的侍童，因為聰明好學而得到王后的青睞，獲得了很好的教育機會。後來他在普魯士軍隊中服役，還學習植物學，參加過為俄國效力的波羅的海德意志探險家鄂圖．馮．科茨布（Otto von Kotzebue，劇作家奧古斯特．馮．科策布的兒子）組織的環球科考隊，去過太平洋和北極，並根據自己的科考和航海經歷寫了一部《環球之旅》（*Reise um die Welt*）。沙米索憑藉自己在科學上的貢獻被選為柏林科學院院士。

沙米索十五歲到了柏林之後才開始學德語，後來居然成為德語文學史上繞不開的重要人物。德語不是他的母語，寫作尤其困難，他曾說：「我以無限的艱難同詩句和韻腳作戰。」但一八三一年他出版第一部詩集之後，就已經被譽為當之無愧的「德意志詩人」。[151]他的詩歌往往有政治色彩，批評時政，譴責拿破崙戰爭結束之後神聖同盟的復辟政策，提出自由民主的訴求。而他最重要的小說要算《彼得．施萊米爾的奇異故事》（*Peter Schlemihls wundersame Geschichte*），主題是金錢並非萬能。

身為法德兩國的貴族，經歷過法國大革命，沙米索對貴族階層的命運也有思考。他認為，貴族統治的時代已經過去了，未來社會的中堅力量將是「工業貴族」[152]。他指的大約就是工業革命之後掌握新的生產力的資產階級。

腓特烈．德．拉．富凱男爵（Friedrich de la Motte Fouqué, 1777-1843）也是法國貴族的後裔，遠祖參加過十字軍東征。他的祖輩是胡格諾教徒，在法國受迫害所以流亡到信奉新教的普魯士。富凱和沙米索一樣，也曾在普魯士軍中效力。

富凱熱中於騎士夢想，寫過大量騎士小說，在當時負有盛名，著名的文學評論家腓特烈．施萊格爾甚至說富凱的《魔戒》（*Der Zauberring*）是「《唐．吉訶德》之後最好的小說」。不過富凱的騎士小說今天已經很少有人讀了。晚年的富凱更是像唐．吉訶德一樣沉迷於騎士夢，「詛咒自己無法理解的現代社會，成為一個可笑而可悲的時代落伍者」。能夠讓富凱留名文學史的作品應當算是他的中篇小說《渦堤孩》（*Undine*，有徐志摩的譯本）。《渦堤孩》講的是一個純情水妖的淒婉的愛情故事。

詩人和小說家約瑟夫．馮．艾興多夫男爵（Joseph von Eichendorff, 1788-1857）出身於西里西亞的一個信奉天主教的貴族家庭，年輕時受過阿尼姆和布倫塔諾的《男童的奇異號角》很深影響。一八一三年的德意志解放戰爭期間，艾興多夫參加呂措志願軍（Lützowsches Freikorps），抗擊拿破崙軍隊，後成為普魯士軍官。他的中篇小說《一個無用人的生涯》（*Aus dem Leben eines Taugenichts*）被譽為「近乎完美的浪漫文學作品……通篇就像一首抒情詩」。小說的第一人稱敘述者以「廢物」自居，滿不在乎，拒絕做常人心目中有用的人，不在乎人世間的物質享受和世俗價值，歡天喜地投入大自然的懷抱。他不諳世故，天真爛漫，卻總是逢凶化吉，傻人有傻福。[153]

在歷史學家利芬眼中唯一對世界文學有影響力的德意志貴族作家海因里希．馮．克萊斯特（Heinrich von Kleist, 1777-1811）出身於普魯士的軍官世家（克萊斯特家族出過二十多位將軍），自己也少年從軍，卻在軍旅生涯一帆風順時主動辭去軍職，去法蘭克福大學攻讀數學和哲學，因為他不願意成為「無知的容克」。[154]他屬於苦吟派的作家，創作極為艱苦，身心俱疲，多次患重病，作品又受到歌德和席勒等文豪的冷遇，在當時沒有獲得成功；辦報紙和刊物來闡述自己政治抱負的理想又屢次受挫。最後他與身患不治之症的女友一同在柏林的萬湖畔自殺。到了二十世紀，文學界對克萊斯特的接受才發生徹底改觀，甚至有人認為他在德國文學史上是僅次於歌德和席勒的偉大作家。[155]

克萊斯特的內心充滿矛盾。一方面，他目睹社會的諸多不公，試圖與自己所在的貴族階層決裂；另一方面，他又對自己的高貴出身依依不捨。他對普魯士當局的腐敗無能深惡痛絕，又對普魯士抱有強烈的愛國主義。他因為法律和秩序限制個人自由而厭惡它們，又宣導必須遵守法律和秩序[156]。這些矛盾體現在他的作品之中。

《洪堡公子腓特烈》（*Prinz Friedrich von Homburg*）是一部戲劇，取材於十七世紀布蘭登堡的「大選帝侯」與瑞典之間戰爭的歷史。洪堡公子腓特烈是選帝侯麾下的將領，違反了軍令，雖然取勝，但選帝侯仍然要判他死刑。最後在大家的求情和施壓之下，選帝侯同意赦免他，但條件是他必須公開承認選帝侯的死刑判決是公正的。洪堡公子經過激烈的思想鬥爭，終於承認自己違反軍令是有罪的。克萊斯特厭惡國家和強權對個人的壓制，反對盲目服從，要求人有權按照自己的意志行動。但另一方面，他又覺得服從紀律和維護秩序是人應盡的義務。

克萊斯特的另一部傑作，中篇小說《米夏埃爾．科爾哈斯》（*Michael Kohlhaas*）也取材於真實歷史。科爾哈斯原本是安分守己的馬販子，無辜遭到大地主的欺壓，馬匹被搶走。而法官與地主狼狽為奸。正所謂官逼民反，科爾哈斯嘯聚山林，開始造反。這是一場私戰。官軍屢次鎮壓都失敗了。但科爾哈斯後來接受了馬丁．路德的忠告，放下武器，再次走上法庭，結果被判處死刑。但法庭也判地主搶奪科爾哈斯的馬匹是違法的，必須物歸原主。克萊斯特相信，造反必須受到懲罰，不管造反的緣由是什麼，因為只要造反就是破壞了社會秩序。

出身於匈牙利的奧地利貴族詩人尼古拉斯．法蘭茲．馮．施特雷瑙（Nikolaus Franz Edler von Strehlenau, 1802-1850）用的筆名是尼古拉斯．雷瑙（Nikolaus Lenau）。他被同代詩人稱為「德意志的拜倫」。[157]他一生經歷諸多病痛，最後死在精神病醫院。他的幾次愛情都以悲劇告終，他曾愛上古斯塔夫．施瓦布（希臘神話的編纂和普及者）的外甥女，雖然一往情深，卻從一開始就無比悲觀，說自己骨子裡能體驗到的幸福實在太少，所以無法再分給別人。他經常在詩歌中表達自己的不安、躁動、抑鬱和悲世憫己。[158]他的聲譽主要來自抒情詩，比如獻給情人的《蘆葦之歌》

（*Schilflieder*）：

平靜的湖面上，
皎潔的月光
把白色玫瑰
編入蘆葦綠色的花冠。
山坡上鹿群漫步，
仰望夜空，
又有振翅之聲
發自蘆葦密叢。
我低垂淚眼，
甜蜜的思念
穿過我靈魂深處，
如同夜晚的祈禱。

——《蘆葦之歌，第五首》[159]

奧古斯特·馮·普拉滕（August von Platen, 1796-1835）伯爵出身漢諾威的破落貴族家庭，少年從軍，但對軍旅生涯毫無興趣，後來學法律，博覽群書。他是罕見的語言天才，能夠直接用原文閱讀希臘、西班牙、法國、義大利、荷蘭、丹麥、葡萄牙和英國的文學。[160]

他和克萊斯特一樣，是充滿矛盾的人。他對許多不熟悉甚至不認識的男子表現出強烈的愛慕之情，但一旦與自己愛慕的對象接觸，他的愛情想像就立刻崩潰。他自己曾寫道：「我的一生，是夢幻和理想的一生。我所生活於其中的現實，對我的心靈毫無影響。」[161]他經常抱怨自己無法企及前人的高度，但又經常無比自負。艾興多夫說普拉滕是「克萊斯特的漫畫版」，克萊斯特像垂死的羅馬人一樣試圖掩蓋自己的痛苦，而普拉滕把自己的痛苦作為藝術到處展示。[162]

普拉滕的詩作經常借鑒阿拉伯、波斯等國的古典詩歌，比如他的抒情詩《加扎勒》（*Ghaselen*）就學習了阿拉伯詩歌的一些元素，「加扎勒」本身就是阿拉伯和伊斯蘭詩歌的一種題材。歌德也盛讚這是一部「令人賞心悅目的、意義深刻、完全符合東方情調的詩集」。[163]不過也正是因為學習阿拉伯詩歌，普拉滕捲入了與卡爾．伊默爾曼和海涅的論戰，在唇槍舌劍之中還恥笑海涅的猶太血統，為人不齒。

安奈特．馮．德羅斯特—許爾斯霍夫男爵小姐（Annette von Droste-Hülshoff, 1797-1848）是德國文學史上最偉大的女作家之一。一九八九年西德發行的第四套也是最後一套德國馬克中，二十馬克面值紙幣的正面是德羅斯特，背景是她在人生後期常住的邁爾斯堡，紙幣的背面是鋼筆和櫸樹，象徵她的小說《猶太人櫸樹》（*Die Judenbuche*）。西德一九六一年至一九六五年發行一套十六枚系列郵票「重要的德國人」（Bedeutende Deutsche）中就有德羅斯特的紀念郵票。

德羅斯特出身於威斯特法倫血統最古老的貴族世家，少女時代就有才氣，七歲時就被稱為「第二個莎芙」。[164]她與威廉．格林、奧古斯特．威廉．施萊格爾等文人有交往。二十出頭的時候，德羅斯特不幸捲入一場戀愛醜聞，無法繼續留在貴族的社交圈，更沒有機會締結門當戶對的婚姻。這樣的沉重打擊對她的一生造成了災難性影響。「荒蕪和晦暗」、「死亡」、「枯萎」、「呆滯」是她詩中經常出現的詞彙，也是她對自己生活和靈魂的寫照。[165]

結識了比自己年輕十七歲的男作家列文．許京（Levin Schücking, 1814-1883）之後，德羅斯特終於有了心心相印的「靈魂伴侶」。「她對許京的感情既有母性的關愛，也有戀人之間的情愛，更有志同道合者之間的理解。」[166]許京是第一個發現德羅斯特的文學天才的人，並鼓勵和支持她寫作。但與許京在一起的快樂時光因為許京結婚而驟然結束，這對德羅斯特是又一次沉重打擊。

除了宗教詩集《宗教年》（*Das geistliche Jahr*）之外，德羅斯特還寫了大量以家鄉威斯特法倫為背景的敘事謠曲，大多以瘋狂、復仇、犯罪和懲罰為主題，常有鬼怪的元素。而她描繪家鄉風景的《荒原畫卷》（*Haidebilder*）則是德語抒情詩歷史上的里程碑，描繪的是德語詩歌裡從來沒有過的荒原和沼澤。「在她的筆下，每一處細節、每一種聲響都被淋漓盡致地展現出來：閃亮的雨滴掛在荒原的柏樹上，像水晶掛燈上的玻璃垂飾，綠草在陽光中顫抖，掩在甲蟲的金色甲殼和蟬的透明的翅膀下。德羅斯特的聽覺甚至比視覺還要靈敏，她能聽到一隻蒼蠅發出的恐懼的叫聲、小草的沙沙聲和一個漿果落地的聲音。德羅斯特把感官所捕捉到的各種感覺全部記錄下來。」[167]

十九世紀最重要的德語女作家瑪麗・馮・埃布納—埃申巴赫男爵夫人（Marie von Ebner-Eschenbach, 1830-1916）是一位摩拉維亞—奧地利伯爵的女兒，對文學的興趣自幼受到繼母的鼓勵和培養。她的丈夫（也是表兄）是物理學和化學教授，也是陸軍副元帥，對妻子的文藝創作大力支持。埃布納—埃申巴赫創作戲劇和小說，並且思想進步，致力於用作品改變社會，提升道德和人性。她的代表作是小說《村裡收容的孩子》（*Das Gemeindekind*），體現了她的人道主義思想，用她自己的話說就是：「如果富人都能與人為善，那就不會有社會問題。」[168]小說裡的姐弟倆命運不幸，父親因殺人被處以絞刑，母親也坐牢。姐姐得到地主的同情，被送到教會學校讀書。弟弟由村裡撫養，因為父母的惡名而受到歧視，甚至被誣陷為投毒者。他自甘墮落，打架鬥毆，甚至偷竊。但在姐姐的影響下，他改過自新，逐漸贏得村裡人的尊敬。母親刑滿釋放之後，他不顧村裡人的惡意攻擊，堅持把她接回家贍養。埃布納—埃申巴赫堅信人性本善，不管出身和社會地位，只要堅持自我教育，就有機會在社會裡擁有自己的位置。

埃布納—埃申巴赫在世時就得到公眾認可，一八九八年獲得奧地利藝術與文學十字勳章，一九〇〇年成為維也納大學的第一位女性榮譽博士。二十世紀後半葉，奧地利和德國都發行過以她為主題人物的紀念郵票。

威廉・馮・波倫茨（Wilhelm von Polenz, 1861-1903）是出身薩克森貴族地主家庭的小說家。他自己是莊園主，熟悉農村生活，作品有自然主義色彩，多寫資本主義對農村和農民生活的破壞性影響。他的《溝灘》（*Der Grabenhäger*）

寫的是一個破落的容克地主採用資本主義方式經營的過程。他的代表作、長篇小說《比特納的農民》（*Der Büttnerbauer*）描寫一個農民「辛勤勞動，含辛茹苦，竭力想保住父親留下的大院，但無力與資本主義和技術的強大力量相抗衡」，最終破產並自殺。這部小說一出版就得到大作家特奧多爾．馮塔納的讚賞，托爾斯泰於一九〇二年為該小說的俄譯本撰寫序言，列寧也表示喜歡該書。波倫茨的手法近乎白描，很少用形容詞，風格冷峻，但流露出對弱者的同情，也貫穿著幽默。[169]

德特勒夫．馮．李利恩克龍男爵（Detlev von Liliencron, 1844-1909）是出身於基爾的大詩人，年輕時從軍，參加過普奧戰爭和普法戰爭，以自己的軍旅生涯為題材創作過許多詩歌和短篇小說，如將近四十歲時發表的第一部詩集《副官騎馬出行》（*Adjutantenritte*）描繪了「浪漫主義化的戰爭圖景，表達了頑強的自由思想，熱烈的愛情之快樂和青春的獨立意識。詩人對構詞和詞的複合之大膽，令人刮目相看」。他的貴族氣質、對戰爭的歌頌和忠君思想得到皇帝的認可。李利恩克龍在六十大壽時，威廉二世皇帝賜給他一筆年金。不過李利恩克龍更關注的其實是大自然、愛情和死亡。他的詩作「散發著泥土的芬芳和葡萄酒的馥鬱。他的抒情詩透過優美、嚴整的形式，用鮮明的語言描繪聽覺和視覺的瞬間印象」。[170]

大詩人和劇作家胡戈．馮．霍夫曼斯塔爾（Hugo von Hofmannsthal, 1874-1929）在奧地利享有「貴人」（Edler）的貴族頭銜，有猶太、德意志和義大利血統，是銀行家的獨生子，生活優裕，是著名的「青年維也納」文學流派的核心人物之一。霍夫曼斯塔爾還是中學生時就寫出了不朽的詩篇和散文，是「早熟的偉大奇跡。世界上大多數偉大作家都有個準備階段和發展過程，也有的作家開始時非常光燦耀目，但很快就文思枯竭，像流星一樣隕落了。霍夫曼斯塔爾則不一樣，他的起點很高，一開始就完全成熟，非常完美，非常輝煌，而且多年以後他的光輝依然不滅」。[171]霍夫曼斯塔爾的名詩有《旅行之歌》（*Reiselied*，1898），寫他從瑞士翻越阿爾卑斯山到義大利的一次旅行經歷。他與著名戲劇導演馬克斯．賴因哈特和著名作曲家理查德．施特勞斯的友誼與強強聯合讓他的許多作品被搬上舞臺、走向世界，比如著名的歌劇《玫瑰騎士》（*Rosenkavalier*）和充滿中世紀宗教氣息的《耶德曼》

（*Jedermann*）。

在現當代的高級貴族（或者說統治者）當中，舞文弄墨最有名的要數黑森的末代大公恩斯特（一八六八至一九三七），他是英國女王維多利亞的外孫，他的妹妹就是俄國末代皇后亞歷山卓。恩斯特大公以E曼的筆名寫過多部戲劇（並且得到公演）和一部詩集。他同時也是文藝贊助者，以「我的黑森繁盛，藝術在黑森也繁盛」為宗旨，於一八九九年建立了著名的達姆施塔特藝術家村（Darmstädter Künstlerkolonie），讓設計大師彼得・貝倫斯（Peter Behrens）、畫家漢斯・克里斯蒂安森（Hans Christiansen）等人在這裡創作。藝術家村在一九〇一至一四年舉辦了多次藝術展。[172]

貴族翻譯家

因為我自己是翻譯工作者，所以對翻譯和譯者的問題特別感興趣。在德意志貴族當中也出過一些翻譯家，對文化交流做過貢獻。

拿騷－索爾布呂肯伯爵夫人洛林的伊莉莎白（Elisabeth von Lothringen, Gräfin von Nassau-Saarbrücken, ca. 1395-1456）透過翻譯法文的散文羅曼司，為近代早期高地德語文學做出了很大貢獻。她夫家的領地拿騷－索爾布呂肯是德意志西部的一個小邦，緊鄰法國，受到法國文化的薰陶。伊莉莎白翻譯了四部法文作品，題材類似於帝王傳奇和騎士小說。《赫爾平》（*Herpin*）的主人公布日的赫爾平是查理大帝的封臣，遭到奸臣讒言陷害，不得不流亡。他們的孩子吃獅子的奶長大，所以叫「獅子」。他成長為勇敢的騎士，後來娶了一位公主。赫爾平夫婦和獅子夫婦後來都被敵人害死，第三代人才復仇並返鄉。《席必勒》（*Sibille*）講的是君士坦丁堡皇帝的女兒席必勒嫁給查理大帝。一個卑劣的侏儒對王后抱有非分之想，遭到拒絕後陷害她，讓查理大帝誤以為她與人通姦，將她趕走。席必勒在流亡過程中經歷了很多冒險，最終與丈夫和好如初。《洛赫爾和馬勒爾》（*Loher und Maller*）講的是查理大帝與席必勒的兒子洛赫爾因為生活放蕩被父親放逐，外出冒險。馬勒爾是一位外國王子，與洛赫爾是好友。兩人經歷千難萬險，但都憑藉勇氣和智慧逢凶化吉。洛赫爾娶了拜占庭皇帝的女兒，春風得意，但遭到兄弟路德維希身邊奸臣的陷害，與路德維希發生衝突，甚至遭到閹割。在馬勒爾幫助下，洛赫爾打敗了路德維希，與他和解。後來洛赫爾無意中殺死了馬勒爾，遭到馬勒爾親人的報復，最後與之和解。洛赫爾最終當了隱士。《胡戈．沙普勒》（*Huge Scheppel*）是法蘭西的卡佩王朝創始人的故事，不過與史實相距甚遠。伊莉莎白的這幾部翻譯作品在當時都頗受歡迎，在德語文學史上也算青史留名。[173]

貴為薩克森國王的約翰（一八〇一至一八七三）還有一個身分是翻譯家。一八二一至二二年，當時還是王子的約翰在義大利旅行，在帕維亞偶然得到但丁《神曲》的一本初版書。這激發了他對這部經典名著的極大興趣，決心將其翻譯成德文。還在旅行期間，他就開始研讀但丁的傑作，回到德勒斯登之後開始翻譯。一八二六年，他在自己主持的晚間沙龍上首次朗誦了他翻譯的《神曲．地獄篇》的前十節。此後二十五年裡，這樣的沙龍每個月在約翰王子的宅邸舉辦一次，一八三二年起該沙龍獲得了「但丁學院」的美名。參加沙龍並與約翰討論文學的人有語文學家、歷史學家、藝術家、作家、天文學家、自然科學家。透過與學者的交流，約翰王子獲益匪淺。他不僅僅是簡單地翻譯《神曲》，還撰寫了大量研究和評論文章。他用「真理之友」（Philalethes）的筆名從一八二八年開始出版自己的德文評註版《神曲》譯本，大約到一八六六年出齊。至今他的譯本仍然是德語世界文筆最優美、學術上最可靠的《神曲》譯本之一。在德意志諸侯當中，約翰享有學者的盛名。與他私交甚篤的普魯士國王腓特烈．威廉四世經常親昵地稱他為「教授」。[174]

六、競技場上的角逐：貴族的比武

在中世紀和近代早期的歐洲，競技／比武（Turnier）是騎士階層鍛煉武藝、模擬實戰的手段，也是具有觀賞性和表演性的娛樂活動。沒有實戰的時候，騎士可以透過比武來爭奪榮譽和聲望，有時還有金錢，或者觀眾席上貴婦小姐的青睞。

一般認為，後來在全歐流行的比武形式是十二世紀的法蘭西人發明的，逐漸傳到英格蘭、德意志等國。而在德意志，最早發展比武的地區是下洛林，即法蘭西和德意志交界、兩種文化接觸與交流最頻繁的地區。[175]

根據德意志史書的記載，東法蘭克國王「捕鳥者」亨利（鄂圖大帝的父親）在九三八年最早制定了比武的規章制度[176]，並親自參加比武。德語詞 Turnier 的詞源是古法語 tornoi，本意為「旋轉」[177]，指的是馬上作戰時運用劍或長槍時的常見動作[178]。德語文獻裡最早使用 Turnier 這個詞的出處是弗賴辛主教鄂圖（Otto von Freising, ca. 1112-1158，德意志國王康拉德三世的同母異父弟弟）的著作。而德語文獻裡最早對比武的描述出自愛情歌手烏爾里希・馮・列支敦斯登（Ulrich von Liechtenstein, ca. 1200-1275）的作品，他自己也是騎士，參加過至少一次比武。[179]

五花八門的打法

比武有多種形式，最重要的有全甲格鬥（法語為 Mêlée，德語為 Buhurt），即騎士們分成兩組，群體對抗；或者長槍比武（Tjost），即兩名身披重甲的騎士騎著馬迎面衝鋒，努力用長槍將對方擊倒。勝利者可以俘獲失敗者，從他那裡獲取贖金。武藝高強的騎士可以靠在比武大會上掙得的贖金發大財。當然也有人因為比武而散盡家財。很多年輕、貧窮的騎士（尤其是沒有希望繼承家產的次子）往往靠參加比武大會獲取贖金為生。他們有時會組隊參加集體比武。

全甲格鬥（Buhurt）的具體定義其實有爭議，有時把真實的武裝衝突也稱為 Buhurt，有時則僅指比武。有的人區分全甲格鬥和競技比武（Turnier），認為前者主要是表演性質，後者的危險性更高；前者一般不用鎧甲，而且用鈍器；後者則披堅執銳；前者可以隨時舉行，只需要合適的場地，後者則需要提前幾周下戰書和準備。但即便中世紀史書也常把這些概念混為一談，所以很難給出準確的定義。總的來講，在德意志，全甲格鬥出現得比法蘭西風格的比武（Turnier）要早。

德意志人所謂的「棍棒比武」（Kolbenturnier）其實不一定用棍棒，也可能用硬頭錘、釘頭錘、連枷和鈍劍，目標是擊落對方的頭盔裝飾。棍棒比武是一種較高級的、符合貴族身分的比武形式。棍棒比武有兩種：一對一；或者兩組對抗，可能有二百至三百人參加。參加棍棒比武的人身穿板甲或胸甲，佩戴特殊的頭盔，只允許擊打對方的上半身。贖金是比賽開始前約定好的，不能坐地起價。歷史上最後一輪著名的「棍棒比武」是一四七九至八七年在德意志南部維爾茨堡、美因茨、海德堡、斯圖加特、因戈爾施塔特、安斯巴赫、班貝格、雷根斯堡和沃爾姆斯這九座城市舉行的「四邦比武」（Vier-Lande-Turniere）。所謂「四邦」是德意志的幾個傳統地區：弗蘭肯、施瓦本、萊茵河流域和巴伐利亞。這九場比武大會留下了豐富詳盡的史料，從史料可以看出這些大會規模宏大，熱鬧非凡，不亞於諸侯婚禮期間的節慶。一四七九年一月十至十二日在維爾茨堡舉行的比武有約七百八十名騎士、總計一千五百名參與者，動用了四千零七十三匹馬。一四八一年海德堡的比武有四百四十一名騎士，一四八二年海德堡的比武有五百二十名騎士參加。這幾輪比武的程序差不多。第一天，展示紋章和頭盔，貴婦在裁判幫助下核實參賽者資格。（比如在一四八一年的海德堡比武大會上，四百四十一名參賽者有九十人的資格被否決。）第二天，參賽者分成兩組，在城市的市場上對抗；隨後可能用鈍劍比試第二輪，或者增加一對一的長槍比武。當晚，向勝利者頒發獎品，舉行宴飲和舞會。活躍氣氛需要女性，貴族一般要帶至少一名貴族小姐或貴婦來參加宴飲和舞會，否則要交罰款。一四八〇年的美因茨比武大會有一二八名貴族女子出席，其中有九位伯爵夫人。[180]

比武有很大的危險性，因比武而死傷的人很多。德意志最早的記載比武的文獻之一，僧人貝托爾德（Berthold）在十二世紀的《茨維法爾滕編年史》（*Zwiefalter Chroniken*）中描寫了哈布斯堡家族的海因里希的死亡：「他經常從事這種褻瀆神明的比武和危險的娛樂，最後在比武中不幸死亡。」[181]中世紀編年史裡對比武造成死亡的事件記述很多。一一七五年，僅在薩克森就有十六名騎士死於比武。[182]

所以歷史上經常有對比武的禁令。教會甚至威脅對參加比武的人施加絕罰，不准以基督教儀式安葬比武的死者。[183]一一三〇年，教宗英諾森二世宣布禁止比武，「因為這些遊戲和活動無非表現了他們的力氣和輕率」，並且

《馬內塞古詩歌手抄本》之插畫，描繪了德意志的貴族騎士瓦爾特·馮·克林根（Walther von Klingen）馬上比武的場景，約一三〇五至一三一五年。

比武妨礙了騎士履行參加十字軍東征的義務。[184]不過也有教會的權貴參加比武。一三一六年，教會才撤銷了不准死於比武的人獲得基督教葬儀的禁令，那時的比武已經不像之前那樣危險。[185]

貴族的遊戲

從一開始，比武就是貴族的特權，參加比武的騎士要展示自己的紋章。與市民階層女子結婚的貴族想要參加比武時會受到重重阻撓。中世紀南德貴族有專門的比武社團，要求社團成員在日常生活中也要維護自己的形象，規範自己的言行，並將市民排除在比武活動之外，比如規定：凡是從事商貿的人，都沒有資格參加比武。在一四八四年的斯圖加特比武大會上，一位名叫西格蒙德·馮·格布薩特爾（Siegmund von Gebsattel）的騎士的參賽資格受到懷疑。於是他請十一位有身分的人寫信證明，過去五十年裡他有四位祖先參加過比武，所以他也有資格參加。為了洗去恥辱、避免自己的後代受影響，他詳細記錄了「四邦比武」以及自己的參與情況。[186]

不過在貴族內部，比武帶有平等主義色彩。至少在理論上，一名貧窮的普通騎士也可以挑戰有權有勢的諸侯，在比武場上打敗對方，贏得榮耀。

比武的場地最初是城堡的庭院，後來越來越多地改到城市周邊，甚至城內。維也納、慕尼黑、海德堡和德勒斯登和上面提及的九座城市都是有名的經常舉行比武的城市。這會吸引很多平民來觀看，而為了給觀眾提供飲食和娛樂，很快出現了相關的旅遊業和服務業。比武大會往往變成盛大的節日，會有來自遠方的樂師、馴獸人、雜耍藝人、說書人、娼妓為觀眾服務。另外，也會有醫生專門趕來為比武者提供服務。

貴族女性對比武大會非常感興趣，觀眾席上往往坐滿了太太小姐。她們往往有自己最傾心的英雄好漢，就像現代人追星一樣。年輕的迪特爾·馮·卡策內爾恩博根（Diether von Katzenelnbogen）伯爵在一次比武中負重傷而死，許多仰慕他的貴族女性將他的遺體送到萊茵河邊，等待用船將他送回家。而有的騎士之所以參加比武，就是為了女人。一二二六年，圖林根的騎士瓦爾特曼·馮·塞丁施塔特（Waltman von Seidingstadt）向別人發起長槍比武的挑戰時，將自己的全套裝備和一名衣著華麗的少女作為勝利者的獎品。果然很多人受到吸引，接受他的挑戰。不過他力克群雄，最後把少女帶回去了。[187]

到了中世紀後期，比武大會更具有表演性和戲劇性。參戰的騎士可以打扮成歷史或神話人物，可以使用具有象徵意義的徽記圖案。十四世紀起，騎士的軍事意義逐漸減小，直至消失。比武成為貴族階層自我展示、彰顯威儀的好機會，也成為專屬於貴族的少數領域之一，所以他們格外積極地捍衛這個領域，排斥市民參加比武。年輕的騎士還可以借此機會在富裕領主那裡找到薪水豐厚的職位，或者締結有價值的人脈，或者甚至找到一門好親事。所以比武大會也是貴族的交流中心、婚姻市場和社交場所。用一四三六年一位西班牙外交官的話說，南德的貴族平時都待在自己的城堡和宅邸，若不是定期聚會的話，簡直沒有機會互相認識、締結友誼、商談聯姻和瞭解騎士的生活方式，而比武大會能夠提供這樣的機會。[188]

七、森林與火槍：德意志貴族的狩獵

康熙皇帝愛好狩獵。史書記載了他自稱的戰績：「朕自幼至今，凡用鳥槍弓，獲虎一百三十五，熊二十，豹二十五，猞猁猻十，麋鹿十四，狼九十六，野豬一百三十二。哨獲之鹿凡數百。其餘圍場內、隨便射獲諸獸，不勝記矣。朕曾於一日內，射兔三百一十八。若庸常人，畢世亦不能及此一日之數也。」[189]他顯然為之洋洋自得。

與東方的皇帝相似，西方君主也有驚人的狩獵戰果。德皇威廉二世在狩獵中崇尚火力，追求數量，每次出獵都帶兩支槍，一次打死八百隻兔子，另一次擊斃九百二十五隻雉雞。在十次狩獵中，他共殲滅三千八百九十二隻獵物。[190]威廉二世很可能和康熙一樣自豪。但我們知道，德皇的戰績受到了一些貴族的白眼。在當時的德國貴族眼中，以如此宏大的規模屠殺動物是粗俗不堪的事情，違背了貴族的狩獵傳統與準則。

那麼，狩獵對德意志貴族來說意味著什麼？狩獵在德意志貴族的歷史上發揮了什麼作用？

狩獵：貴族的特權和生活方式

和其他歐洲國家一樣，在德意志，從中世紀到近代早期，狩獵一度是貴族的特權。

在等級森嚴的社會，人分三六九等，獵物和狩獵活動也有高貴與低賤之分。高級狩獵（Hoher Jagd）的獵殺對象是「高級獵物」，包括絕大多數有蹄類動物、熊、松雞、猞猁、雉等，只有貴族、國家和教會的高層人士才有權享受高級狩獵。低級狩獵（Niederer Jagd）的對象是兔子、鷹等小型動物，可供平民捕獵。貴族不屑於捕捉低級獵物，而平民若膽敢染指高級獵物，就是僭越。

貴族不僅在自己的領地狩獵，也可以在公地（草場、森林、沼澤等）狩獵。國王或諸侯的獵苑當然禁止平民入內打獵，哪怕打隻兔子也不行。貴族在公地甚至農民的土地行獵，往往踐踏莊稼，造成各種麻煩與事端；而且野獸常常糟蹋農民的莊稼，傷害農民的牲畜，農民如果去獵殺野獸，又可能會遭到貴族的懲罰；農民甚至被禁止建造堅固柵欄、陷阱等設施來防備野獸；貴族狩獵時常常調動大批農民驅趕獵物和侍奉貴族，這種傜役讓農民深惡痛絕。[191]

對貴族狩獵特權的抗議是德意志歷史的一條線索。而抗議的一種常見方式就是偷獵：闖入貴族的禁獵區，偷走屬於貴族老爺的兔子或鹿。德意志歷史上有一位傳奇的偷獵者，名叫馬蒂亞斯・克羅斯特邁爾（Matthias Klostermayr, 1736-1771），他帶領的一幫夥計不僅偷獵，而且劫富濟貧，是「巴伐利亞的羅賓漢」和民間英雄，不過最後被政府軍抓住，死得很慘。[192]

狩獵除了是貴族特權身分的象徵，在中世紀還是貴族軍事訓練的手段，幫助他們磨練體魄，學習騎術、射擊、偵察、追蹤、組織和領導技能。大型狩獵是作戰的模擬和排練。狩獵也是貴族的生活方式、休閒娛樂和社交活動。與狩獵相關的裝備和設施，比如獵苑、宮殿、服裝、槍械、獵犬、獵鷹，都需要不小的開支，這能讓貴族與其他階層拉開社會地位上的距離。所以狩獵是彰顯貴族財富與地位的手段。對帝王而言，狩獵還是一種儀式，顯示帝王的身體素質、軍事技能和謀略，並以象徵意義強調帝王對土地的統治。[193]黑森方伯菲利普教導他的兒子們，狩獵是一個很好的機會，可以趁機巡視自己的領地，並讓人民有機會直接與領主交流和「告御狀」。石勒蘇益格－霍爾斯坦－松德堡的腓特烈二世（一五五九至一五八八在位）利用長時間的狩獵來與自己屬下的貴族接觸和交流。[194]而到了近現代，狩獵還是對新型社會感到無所適從的貴族逃避現代生活的港灣。

從中世紀到十九世紀：眼花繚亂的取樂方法

最具貴族氣質的狩獵方式要數鷹獵。施陶芬家族的神聖羅馬皇帝腓特烈二世（一一九四至一二五〇）是這方面的專家。這位皇帝是德意志人的君主，但因為在西西里長大成人，氣質更像義大利人和東方人，並且是一位遠遠超越時代的博學通才。他更像現代人，而不是中世紀人。他對自然科學、哲學、語言學等都興趣濃厚且頗有造詣。他喜歡研究鳥類和其他動物，親自撰寫了一本關於鷹獵的專著《鷹獵的藝術》（*De arte venandi cum avibus*），展現出對野生動物的淵博知識和深刻理解。這樣的知識在十三世紀是罕見的。該書基於皇帝本人的細緻觀察和實驗，而且實用性和可操作性極強，因為它融入了皇帝多年放鷹打獵的經驗。這既是鷹獵的使用手冊，又是鳥類學研究專著。他寫作本書受到了亞里斯多德的啟發，但他不盲從權威，而是參考其他作者的著作並結合自己的觀察，糾正了亞里斯多德在該學科的很多錯誤。他說自己寫書的目的是「展現事物的本來面目」（manifestare ea que sunt, sicut sunt）。有意思的是，皇帝還用獵鷹來做實驗，比如遮住獵鷹的眼睛，判斷它是透過嗅覺還是視覺來發現獵物。[195]他在自己宮廷雇用的養鷹人有五十人之多。他還寫信要求呂北克城提供獵鷹，甚至從格陵蘭訂購獵鷹。他還請人將阿拉伯人關於鷹獵的著作翻譯成拉丁文，並聘請多名來自埃及和阿拉伯半島的穆斯林養鷹人到他的宮廷當差。據說獵鷹頭罩（Falkenhaube，不行獵時束在鷹頭上，遮住鷹的眼睛）就是他從阿拉伯世界引進到歐洲的[196]。傳說腓特烈二世與蒙古大汗通信時，蒙古人命令他臣服於大汗，然後可以在大汗宮廷獲得一個職位。腓特烈二世開玩笑說自己可以當大汗的養鷹人。[197]皇帝對「理想的鷹獵者」的標準很高。他在關於獵鷹的書中對理想的鷹獵者作了一番描繪：機智、敏銳的視力、良好的記憶力、敏銳的聽力、勇氣和耐力是必不可少的，而且完美的鷹獵者必須是中等身材，長腿的人是沒有用的。只有一半或四分之一資格的人不被允許接近獵鷹，年紀太輕的人必須首先在皇帝的服務中成長為有用的人。皇帝明確規定：「鷹獵者的行為不能太孩子氣，以免他的孩子氣導致他違背鷹獵的藝術；因為孩子們總是不耐煩，主要是喜歡看漂亮的飛行和很多的飛行。但我們並不完全排斥男孩，因為即使他們也會變得更聰明……」[198]

一直到十八世紀，腓特烈二世關於鷹獵的著作仍然在德意志貴族圈子裡得到流傳和閱讀，鷹獵也一直受到富裕貴族的青睞。馬克西米連一世皇帝的第一任妻子，給哈布斯堡家族帶來了巨額財富與廣袤領土的勃艮第的瑪麗，酷愛鷹獵，婚後甚至把獵鷹帶進臥室。[199]布蘭登堡—安斯巴赫邊疆伯爵卡爾·腓特烈（一七一二至一七五七）宮廷的記載顯示，他在一七三〇到一七五五年間用獵鷹捕捉到三萬四千四百二十九隻獵物。科隆大主教和選帝侯克萊門斯·奧古斯特·馮·維特爾斯巴赫（一七〇〇至一七六一）顯然也熱愛鷹獵，因為他在布呂爾（Brühl）的奧古斯圖斯

《馬內塞古詩歌手抄本》之插畫，描繪施瓦本公爵康拉丁（神聖羅馬皇帝腓特烈二世之孫）的鷹獵場景，約一三〇五至一三一五年。

城堡的樓梯飾有獵鷹圖像，他還在那裡建了一座獵苑，叫作「鷹趣」（Falkenlust）。[200]

類似的獵苑星羅棋佈地點綴於德意志的森林地帶，彰顯貴族對狩獵的熱愛和富有。黑森－達姆施塔特是個小國，但其統治者擁有十幾處獵苑，而且有的獵苑簡直就是相當規模的宮殿和園林。黑森－達姆施塔特方伯名下的獵苑「獵人谷」（Jägertal）有十四座建築之多。小小的狄安娜堡（Dianaburg）只是獵苑內一個用來觀察和吃飯的亭子，也有精美的洛可可裝潢。設有多處獵苑主要是為了防止一地的獵物資源枯竭。諸侯需要到不同地方打獵，意味著一年可能有幾個月時間在路上，這是諸侯與自己的鄉村臣民接觸交流、展示自己、彰顯統治權的好辦法。[201]

十五世紀起德意志開始出現大型圍獵（eingestellte Jagd）：先調動大批農民將獵物驅趕和聚攏到一處（這個過程可能需要好幾周，這也是農民為貴族提供的一種徭役），然後由貴族守株待兔地將其一舉殲滅。特別受歡迎的做法是把獵物驅趕到湖邊或河邊，這樣公子王孫和貴婦就可以優哉遊哉地坐在船上開槍，不用費力去追逐。[202]

十七世紀八〇年代，德意志貴族從法國人那裡學會了用大群獵狗追蹤獵物的追獵（Parforcejagd）。這需要大量專業獵手、馬匹和獵狗，所以成本很高，不是所有貴族都負擔得起。比如，七年戰爭之後，普法爾茨選帝侯卡爾・特奧多爾（一七二四至一七九九）因為財政拮据，不得不放棄追獵。[203]

符騰堡貴族特別會玩。一七六三年，符騰堡公爵卡爾・歐根（一七二八至一七九三，大詩人席勒的老熟人）慶祝自己的生日，舉行一場狩獵大會，一次就屠戮了五千頭野獸。一七八二年，為了歡迎俄國的保羅大公（後來的保羅沙皇，他娶了卡爾・歐根的侄女）到訪符騰堡，新一次狩獵打破了之前的記錄，消滅了六千頭鹿和二千五百頭野豬。[204]

除了狩獵之外，德意志貴族還有其他一些用野獸取樂的玩法。可以鬥獸，比如用狗鬥熊、用狼鬥雄鹿，甚至用獅子老虎鬥公牛或馬。普魯士國王腓特烈一世（一六五七至一七一三）嗜好鬥獸，命人打造的一種獎章的正面是他自己的肖像，反面是鬥獸場景。另一種奇怪且殘忍的玩法是「拋狐狸」（Fuchsprellen），就是多人用一張網或毯子把狐狸不停地高高拋起來，直到它死掉。狐狸可以說很慘了。這種娛樂一般在宮廷進行，紳士淑女都樂此不疲。一七四七年，薩克森選帝侯和波蘭國王奧古斯特三世用這種方法玩死了四百一十四隻狐狸、二百八十一隻兔子、三十九隻獾和九隻野貓。一六七二年，在維也納，利奧波德一世皇帝和宮廷侏儒與兒童一起拋狐狸，然後用棍棒把僥倖未死的狐狸結果。這場面讓瑞典使者吃了一驚。[205]

跑馬獵狐是來自英國的玩法，不過德意志貴族，尤其是普魯士貴族，能夠負擔得起獵狐遊戲的不多，因為它需要大片平坦草地（可能需要數千畝）和大量馬匹。布蘭登堡貴族卡爾・馮・赫特菲爾德（Karl von Hertefeld）男爵曾在滑鐵盧與英軍並肩作戰，後來成為狂熱的英國粉，效仿英國貴族的生活方式，包括獵狐。他租下了自己莊園周圍的大片草地和森林，大搞英國式獵狐。一八六七年，赫特菲爾德男爵去世無嗣，地產傳給了侄孫女，而這位侄孫女嫁給了菲利普・奧伊倫堡伯爵，這位伯爵的兒子就是威廉二世皇帝的摯友，同性戀者菲利普・奧伊倫堡侯爵。赫特

描繪「拋狐狸」的版畫，Greiner 繪，一八九五年。

菲爾德的利本貝格（Liebenberg）莊園成為威廉二世最喜歡的鄉村莊園之一。[206]

狩獵有季節性，不同季節有不同的獵物。比如十九世紀下半葉到二十世紀上半葉，梅克倫堡的伯恩斯托夫伯爵家族在初春獵山鷸和琴雞，然後是麅子；六月初開始獵野鴨，八月中旬開始獵野雞，然後是兔子和雉雞；十一月一日開始大規模圍獵，主要獵物是兔子、狐狸和野豬，一直持續到次年二月。另外秋季是獵鹿的季節。[207]

在啟蒙時代，貴族狩獵因為奢靡浪費而且殘忍，開始受到批評。普魯士的腓特烈大王（前面講到的愛鬥獸的腓特烈一世的孫子）在《反馬基雅維利》一書中批評貴族對狩獵的愛好。他認為狩獵是身體娛樂，不能滋養和教育頭腦，讓人虛度光陰而沒有能力做深度的思考。[208]

在近代德意志的另一個大國奧地利，貴族狩獵也漸漸成為批評的靶子。一七五四年，奧地利陸軍元帥約瑟夫·腓特烈·馮·薩克森—希爾德堡豪森公子（Joseph Friedrich von Sachsen-Hildburghausen, 1702-1787）在維也納附近準備了八百頭鹿，供皇帝法蘭茲一世和皇后瑪麗亞・特蕾莎消遣，不料皇后要求饒恕這些可憐的動物。她的兒子約瑟夫二世皇帝對狩獵做了很多限制，一七八八年甚至廢除皇室的所有狩獵機構，讓年紀較大的皇室獵人退休，讓年輕的皇室獵人改行當護林員或者僕人，把獵狗賣掉或送人。此時公眾對貴族奢侈浪費而毫無節制的狩獵已經發出了很多抗議。所以無論普魯士還是奧地利，都沒有出現符騰堡那種誇張的大規模屠戮。[209]

十九和二十世紀的貴族狩獵：勢利眼與大自然

直到差不多一八四八年革命時期，德意志貴族的狩獵特權才受到有效的裁撤，從此貴族就一般只能在自己的莊園（或其他貴族的地產）狩獵。十九世紀四〇和五〇年代，普魯士、巴伐利亞和其他一些邦國永久性廢止了貴族在公地的狩獵權，並且沒有給他們任何補償。漢諾威、薩克森、布勞恩斯魏克和巴登也廢止了貴族狩獵權，但允許他們用金錢贖買狩獵權。農民開始大規模獵殺對農業和畜牧業有害的野獸，導致野獸數量大大下降，再加上狩獵法規的約束，貴族歷史上的大規模跑馬狩獵變得非常罕見。取而代之的是小規模的射擊狩獵，目標往往是人工飼養的大量鳥類。貴族也引進一些稀罕的動物供狩獵，比如西里西亞野牛，甚至澳洲袋鼠。[210]

到了這個時期，富裕的資產階級也開始狩獵，部分原因是為了攀龍附鳳，邯鄲學步地模仿貴族的生活方式。資產階級闖入了原本專屬於貴族的領域，卻往往不能敏銳地把握貴族狩獵文化當中不計其數的微妙之處，因此受到貴族的嘲笑和鄙夷。狩獵是一種勢利而排外的小圈子，有無數潛規則和不成文的習慣，圈內人一眼就知道某人是不是「自己人」。陷阱實在太多了。比如某位富裕市民應邀參加貴族的狩獵，居然使用火力特別強的槍械，他自己可能覺得這是時髦和展示財力的方式，但在貴族眼裡，這是「用大炮轟兔子」，有失體面。錯誤的持槍方式、不恰當的騎馬姿態、打獵時帶雨傘，都會讓資產階級丟人現眼而不自知。貴族獵手有自己的一套狩獵用語，這是身分和地位的象徵。[211]比如，真正的德意志貴族獵手不會說去「森林」（Wald），因為這個詞聽起來有城市或者人工裝飾園林的味道，而應當說去「林」（Holz）中。貴族不說「美麗」的（schön）野獸，只說「強壯」的（stark）野獸。狩獵時，貴族對下人的態度既不能過於親切友好，又不能過於冷淡倨傲。這個微妙的「度」是資產階級暴發戶很難掌握的。唐克瓦特・馮・阿尼姆伯爵（Dankwart Graf v. Arnim）說，資產階級對這無數不成文規矩的冒犯，會讓兩位真正的貴族獵手互相會意一笑，就把資產階級人士永久地劃入某個等級，讓他永遠不能成為貴族的「自己人」。[212]就連貴為皇帝的威廉二世也因為粗俗的狩獵習慣而讓人皺眉頭。

德意志貴族從小就學習打獵，隨著年齡增長，火力逐步增強，追擊的對象也越來越厲害。小孩子用吹管和彈弓攻擊虎頭蜂、家鼠、田鼠、松鼠；少年用氣槍和小口徑步槍獵鴨子、兔子和鹿；經驗豐富的成年人用真正的獵槍捕殺狼、熊、狐狸、野牛、獅子、鱷魚。動物和狩獵是貴族童年與成長的一部分，培養了他們與大自然的感情。一字排開的獵物、掛在室內裝飾的鹿角和熊頭等等，展現了貴族對大自然的統治。[213]

歷史學家馬林諾夫斯基說，貴族對大自然的態度和資產階級迥然不同。資產階級生活在城市裡，大自然對他們來講是欣賞對象和休閒工具，也是現代工業和科技的犧牲品。而貴族（至少自認為）生活在大自然當中，與大自然一體。面對現代城市生活的種種困擾，走到大自然當中去打獵，也是貴族尋找避風港、逃避現代社會壓力的方式。西班牙哲學家奧特嘉（Ortega y Gasset, 1883-1955）的描述很準確：「他們為什麼打獵？當他們厭倦了惱人的現實，當他們對二十世紀感到疲倦的時候，他們就拿起獵槍，吹口哨喚來獵犬，走到森林裡，在幾個小時或者幾天裡享受一下當石器時代人的感覺。」[214]

在聯邦共和國

一九五二年西德頒布的《聯邦狩獵法》規定：「土地所有者在自己的土地上享有狩獵權。狩獵權與土地所有權不可分割。」聯邦共和國的大地主有很多是貴族，他們常常在自己的土地上繼續享受狩獵的樂趣。貴族也會去國外，比如遠赴土耳其和蘇格蘭打獵。聯邦共和國的職業獵手當中只有少部分是貴族，但各種狩獵協會與社團的領導人大多是貴族。比如巴登符騰堡的狩獵協會主席是沃爾夫・馮・道格拉斯伯爵。萊茵蘭—普法爾茨的狩獵協會主席是維德（Wied）侯爵。對資產階級人士來說，如果能參加貴族組織的狩獵，是榮耀的事情，也是社交和構建人脈的極好機會。例如，萊茵蘭的工業大亨會組團去石勒蘇益格－霍爾斯坦，曾花很大的價錢去參加貴族的狩獵會。[215]

八、榮譽之戰：德意志貴族的決鬥

一八五二年三月二十五日晨八時，柏林東郊，特格爾湖畔。前幾日下了大雪，但這一天陽光明媚。七位普魯士貴族聚集到這個偏僻的地點。兩位政客，鄂圖·馮·俾斯麥（後來的帝國首相）和格奧爾格·馮·芬克男爵（Georg von Vincke）將在這裡進行生死決鬥。

按照規矩，在正式開始之前，中間人路德維希·馮·博多爾施文格[216]最後一次勸說雙方冰釋前嫌、避免流血，兩人都拒絕了。博多爾施文格提出，兩人之間的仇恨並沒有到你死我活的地步，建議決鬥的形式是每人僅放一槍。雙方同意。芬克的助手問，假如俾斯麥道歉，芬克是否願意取消決鬥。俾斯麥拒絕道歉。手槍出了點問題，等到決鬥正式開始的時候，差不多已經十點了。[217]

俾斯麥後來這樣描述這場決鬥：「我們擺好位置，按照博多爾施文格的命令開槍，但都沒有命中……兩人都安然無恙，我立刻明白這是上帝的恩典。如果我看不到這一點，就罪孽深重了。但我不能否認，透過煙霧看到對手安然屹立時，我沒有辦法像其他人那樣歡呼雀躍。博多爾施文格激動得流下了眼淚。決鬥的條件被規定得很溫和，這讓我不開心。我很願意繼續打下去。但因為我不是受辱的一方，所以我只能一言不發。決鬥結束了，大家互相握手。」[218]

俾斯麥完全有可能死在這場決鬥中。那樣的話，就不會有鐵血首相了，德意志是否能在普魯士領導下統一就要存疑，德國的歷史軌跡也很可能大不相同。

那麼，是什麼驅使三十七歲的外交官和議員俾斯麥視死如歸呢？

哥廷根大學的學生用劍決鬥，一八三七年。

俾斯麥與芬克反目成仇

芬克和俾斯麥其實有很多共同點。他們都是血統古老的貴族地主，都是忠君愛國的普魯士人，都是哥廷根大學的校友，都是新教徒和法學家，都是議員，都脾氣火爆，都有極強的榮譽感和責任感。他倆畢生的奮鬥目標也相同：保衛普魯士國家，擁護霍亨索倫君主。但兩人的政治立場不同。芬克傾向於自由主義，更關注德意志統一，而不單單是普魯士的利益。他比俾斯麥更擅長演講，也更優雅，但沒有俾斯麥那種百折不撓的鬥爭精神和雄心壯志。俾斯麥是堅定的保守派。

俾斯麥和芬克起初的關係不錯，互相尊重。但他們畢竟不是一路人，在議會和政壇不斷發生摩擦。一八四七年四月的普魯士聯合省議會當中，兩人都是議員。芬克提出效仿英國建立君主立憲制，逐漸改良從而取得社會進步。俾斯麥則捍衛普魯士的君權神授思想，說德意志人反對拿破崙是為了趕走異族統治者，不是為了自由主義或憲政。[219]芬克說，未來德意志的憲政不可能透過軍事暴力來獲得，因為那樣會損害德意志的和睦。俾斯麥則認為，當前德意志的問題需要

「鐵和血」來解決，而不是演講和多數表決。[220]兩人的針鋒相對在普魯士議會引發了騷動。俾斯麥被朋友們戲稱為「芬克捕捉者」（Vinckenfänger）。[221]

一八四八年，革命風暴席捲歐洲。各國的專制君主都受到挑戰，革命者呼籲憲政和民主。三月，柏林也發生了動亂。十八日，柏林街頭爆發街壘戰，軍隊與革命者發生血腥衝突。芬克力勸普魯士國王腓特烈・威廉四世不要動用武力鎮壓革命者。國王對他頗為信任，請他出任大臣，但芬克說自己是「紅土地」的人（威斯特法倫人），可以批評和反對，但不適合當大臣。[222]有人提議讓俾斯麥在這個多事之秋當大臣，但國王堅決拒絕，因為國王覺得俾斯麥是極端分子，「只有在刺刀不受限制地實行統治時方可使用」。[223]

形勢危急，普魯士國王的寶座搖搖欲墜。芬克主張只有國王退位，才能挽回局面、安撫革命者並保全君主制。腓特烈・威廉四世沒有兒子，他的弟弟威廉（即後來的皇帝威廉一世）是太子，因主張強硬鎮壓革命而獲得「霰彈王子」的惡名，成了柏林城裡最受憎恨的人物。[224]他逃到了英國，但他的妻子，即太子妃奧古斯塔還在波茨坦。芬克希望不受自由派歡迎的威廉也放棄王位，並請俾斯麥幫忙勸說。三月二十三日，俾斯麥拜訪了奧古斯塔，但這次會談的過程如何已經成了羅生門，雙方各執一詞，後人無法知道真相。

俾斯麥後來說，奧古斯塔告訴他，威廉太子已經去了英國（這讓俾斯麥大吃一驚），她打算扶持她與威廉的長子（即後來的皇帝腓特烈三世）為普魯士國王。俾斯麥認為這是叛國，是對國王和太子的背叛。奧古斯塔對此次會談的描述卻完全不同。她說，當時俾斯麥代表普魯士王子卡爾（腓特烈・威廉四世和威廉太子的三弟）來找她，請求她允許他們用威廉及其長子的名義發動反革命，撤銷國王已經做出的對革命者的讓步（言論自由、新聞自由、實施憲政等）。她拒絕了。[225]

俾斯麥和奧古斯塔究竟談了什麼，芬克是唯一在場的知情人。後來俾斯麥說此事是他與芬克決鬥的理由之一。歷史學家埃里希・艾克（Erich Eyck）認為，如果真相是俾斯麥說的那樣，那麼這不足以成為他與芬克決鬥的理由；而如果真相是奧古斯塔說的那樣，那麼俾斯麥就有理由怨恨芬克了，因為芬克是唯一知道他在奧古斯塔面前失敗丟臉的人。[226]

一八四八年革命期間，芬克加入了自由主義者組成的法蘭克福國民議會，主張德意志各邦透過協商實現統一，並宣揚主權在民。身為保守派的俾斯麥堅決抵制這些理念。並且在隨後的危機中，俾斯麥寧願普魯士屈服於奧地利，也不願意普魯士屈服於自由主義。

一八四八年革命被鎮壓下去之後，歐洲處於專制力量回潮的「反動年代」。德意志各邦恢復了「德意志邦聯」，以奧地利為領導者，這讓普魯士十分不滿。新任普魯士派駐德意志邦聯的公使俾斯麥的使命就是盡可能打擊奧地利的聲望。在俾斯麥擔任該職務期間，發生了著名的「燃燒雪茄」傳奇。這個故事很可能是俾斯麥自己編造並傳播的，真實性可疑。大致的情節是這樣的：奧地利在德意志邦聯議會中占主導地位，奧地利公使擔任主席；只有主席有權在會議室抽煙；俾斯麥拒絕接受奧地利公使獨享特權，就故意也點起雪茄來抽。[227]在普魯士國內，大家覺得這是針對奧地利的一次外交勝利。

一八五二年三月，在普魯士議會上，俾斯麥與芬克等自由派政治家唇槍舌劍。俾斯麥表示，普魯士軍人和大部分民眾是忠誠的，只有大城市裡的民主派對國王的忠誠度可疑。這句話被各大報紙炒得火熱，引發了種種挖苦和抨擊。另外，媒體對俾斯麥的話也有曲解，比如說俾斯麥的意思是政府不信任甚至敵視民眾，俾斯麥想要消滅大城市等等。[228]

本屆議會的另一個議題是，是否為修復霍亨索倫城堡的工程撥款十萬塔勒。芬克指出，這座城堡的駐防人員僅一百五十人，軍事意義不大。他懷疑該專案僅僅是霍亨索倫王室為了光宗耀祖，修繕祖先的城堡的形象工程而已，這筆錢不如用到修路等基礎設施建設上。芬克還對俾斯麥預測六個月內可能發生戰爭的話大加挖苦。一時間，輿論對俾斯麥十分不利，把他描繪成好戰、嗜血、滿口胡言、自吹自擂的可笑人物。

在辯論中，芬克對俾斯麥冷嘲熱諷，說他在外交方面唯一的成績就是「燃燒雪茄」的故事。俾斯麥認為這件事情是他私下裡當作笑話講給芬克聽的，如今芬克居然拿這件事情大做文章，不僅違背了外交界的規矩，也有失體面。[229]俾斯麥對芬克的攻擊十分憤怒，尤其是芬克與他屬於同一階級，身分類似，居然如此不講情面。俾斯麥對芬克的反擊就是，芬克沒有教養，配不上自己的貴族身分。

這下子惹惱了芬克，他透過中間人向俾斯麥發起了決鬥挑戰，要捍衛自己的榮譽、人格與地位。俾斯麥也承認自己的話侮辱了芬克。當然雙方的矛盾由來已久，不僅僅是因為近期的爭吵，也不僅僅是個人榮辱的問題，而是關係到政治立場。雙方透過中間人緊鑼密鼓地準備決鬥。俾斯麥原希望用軍刀（Säbel）決鬥，因為雙方都曾是大學生兄弟會成員，都劍術高超。據說俾斯麥在大學的三個學期就決鬥二十五次[230]；而他對手槍決鬥沒有經驗。芬克也是鬥劍的老手，一八三三年為此受過要塞監禁。但最後雙方還是約定用手槍。於是有了本章開頭的那一幕。

俾斯麥後來成為世界級偉人，芬克則被淹沒在歷史長河裡。不過，俾斯麥因為政治而捲入的決鬥還不止這一起。

一八六五年六月二日，在一場充滿火藥味的普魯士議會辯論之後，時任普魯士首相的俾斯麥當著眾多議員的面，向他的政敵，著名的醫生、病理學家、大學教授和自由派議員魯道夫・菲爾紹（Rudolf Virchow, 1821-1902）發起了決鬥挑戰。菲爾紹思想進步，支持社會福利和少數民族權益，反對擴大軍備、反對戰爭，與俾斯麥發生政治衝突已經有一段時間了。此時正值普魯士的「憲法危機」，國王、俾斯麥和保守派希望為陸軍大幅度撥款，需要議會通過。但議會裡的自由派認為這麼一筆鉅款最好用於國內基礎設施建設。菲爾紹在議會嚴厲批評了俾斯麥，讓首相覺得自己受到了侮辱。菲爾紹拒絕了決鬥，說這不是符合時代精神的解決爭議的方式。的確，在這樣一位出身資產階級的高級知識份子眼中，帶有封建時代貴族色彩的決鬥的確與時代格格不入。而俾斯麥在很多方面都是一位老派的貴族，所以熱中於決鬥。此事在德國引起軒然大波，雙方都有很多擁護者。很多保守派認為，菲爾紹的確不能接受決鬥，因為他身為資產階級人士，沒有「榮譽」可言。[231]

另外有一個有趣的傳說是，菲爾紹接受了決鬥挑戰，因為他是被挑戰者，所以有權選擇武器。他的選擇非常古怪：兩根豬肉香腸，一根是煮熟的，給他自己；另一根是生的並且含有豬肉蟲（旋毛蟲〔*Trichinella spiralis*〕），俾斯麥首相理智地拒絕了。[232]

什麼是「決鬥」？

決鬥不是專屬於貴族的，但在德意志歷史上與貴族緊密連繫在一起。本章說的決鬥不是戰場上的單挑，比如《舊約》裡少年大衛擊殺非利士巨人歌利亞，或者特洛伊戰爭中帕里斯與墨涅拉俄斯為了爭奪海倫而進行一對一的對抗；也不是中世紀用來判定某人有罪還是無辜的決鬥審判；而是生活中為了榮譽、臉面而進行的武力衝突，古時用劍或軍刀，近現代用手槍，雙方預先約定好時間、地點和規則（比如，用什麼武器？如何操作？），在助手和醫生陪同下，來一場你死我活的對決。對於決鬥，一個比較常見的基本定義是「為了捍衛榮譽」而進行的「事先約定、遵守規則、使用致命武器的兩人對決」[233]。

現代意義上的決鬥發源於大約一五〇〇年前後的義大利，法國可能在同時出現了決鬥，然後先後傳播到西班牙、英格蘭、愛爾蘭、尼德蘭，但「決鬥」這個概念在十七世紀才傳入神聖羅馬帝國，Duell這個詞於一六二五年首次出現在德語文獻中。[234]

決鬥的規則非常複雜，有成文的規則供人學習參考。奧匈帝國軍官法蘭茲·馮·博爾加爾（Franz von Bolgár, 1851-1923）編寫了《決鬥規則》（*Die Regeln des Duells*，一八八〇年首版於布達佩斯），另一位奧地利軍官古斯塔夫·赫爾格澤爾（Gustav Hergsell）於一八九一年發表了《決鬥法則》（*Duell-Codex*）[235]。一八八二年由一位軍官撰寫、在德國發表的《決鬥傳統習俗》（*Die Conventionellen Gebräuche beim Zweikampf*）總結和記錄了軍隊裡流傳的決鬥規則。[236]

不是人人都有資格決鬥。起初只有那些可以合法攜帶武器的人，也就是貴族、軍官和大學生，有資格決鬥。當然到了十九世紀，市民階層的人，只要出身體面並且願意服從規矩，也可以參加決鬥。十九世紀德意志各邦的大部分決鬥，比如普魯士發生的決鬥的百分之七十、巴伐利亞的百分之八十二和巴登的百分之八十六，發生在市民之間。[237]

決鬥的目的不是殺死對方，而是為自己受到的侮辱（言語攻擊、辱罵、含沙射影，以及自己的妻子、姐妹、未婚妻等女性親友受到侮辱乃至侵犯）得到「滿足」（Satisfaktion）。所謂的侮辱可能是雞毛蒜皮的小事，比如傲慢的眼神、沒有向有紳士陪同的女士問候、在擁擠的電車上無意的推搡等等。[238]

雙方為了捍衛自己的「榮譽」願意冒負傷甚至喪命的危險，所以不管決鬥的結果如何，雙方都可以得到「滿足」，也就恢復了榮譽。這裡的榮譽不只是個人榮譽，也是整個群體（貴族、軍官、大學生等）的榮譽。為了榮譽挺身而出，是屬於該階層的人士義不容辭的責任。逃避決鬥責任，就喪失了榮譽，會遭到本階層的唾棄。在德意志第二帝國和奧匈帝國，軍官階層為貴族所主宰，「榮譽感」特別強。比如一八五五年哈布斯堡君主國的軍隊刑法第一一四條規定：「當軍官的榮譽……當著別人的面受到無端攻擊時，動用武器緊急捍衛榮譽（Ehrennotwehr）是合法的。」但同時又規定決鬥是非法的。雖然關於決鬥的法規自相矛盾，但受到別人挑戰而拒絕應戰的軍官不僅會喪失榮譽，甚至可能因此丟掉軍職，因為軍方高層會覺得他沒有軍人必需的榮譽感，不配當軍官。[239]而參加決鬥的軍官又可能受到法律制裁，所以對軍官來說，決鬥往往是兩難的問題。

侮辱榮譽的行為發生後，受辱一方可以在二十四小時之後透過中間人（Kartellträger）向對方發起挑戰。如果是軍官或大學生，同伴們要組成榮譽法庭來裁決是否允許決鬥，決鬥的方式又是什麼。不經過榮譽法庭的磋商，決鬥不能進行。負責聯絡的中間人可能會在實際決鬥期間擔任助手。確定要決鬥之後，決鬥助手負責安排時間地點和其他細節。決鬥武器一般是軍刀或手槍，如果要用其他武器，需要事先談好。決鬥助手的角色非常關鍵，決鬥的結局在很大程度上取決於雙方助手的談判能力、經驗和沉著冷靜。所以決鬥專家阿爾封斯．卡爾（Alphons Karr）說：「打死人的不是子彈，也不是劍刃，而是決鬥助手！」[240]

因為法律禁止決鬥，所以商談只能儘量秘密進行。決鬥一般選在黎明，在偏僻地點進行，以掩人耳目。雙方助手和醫生會在場[241]，可能還會請中立的協力廠商監督。雙方武器必須完全相同，十九世紀常見的選擇是 12mm 至 17mm 口徑的前裝滑膛手槍。這種槍的精度不高，但口徑大、威力大，傷者往往會在幾天後死亡。決鬥的危險程度

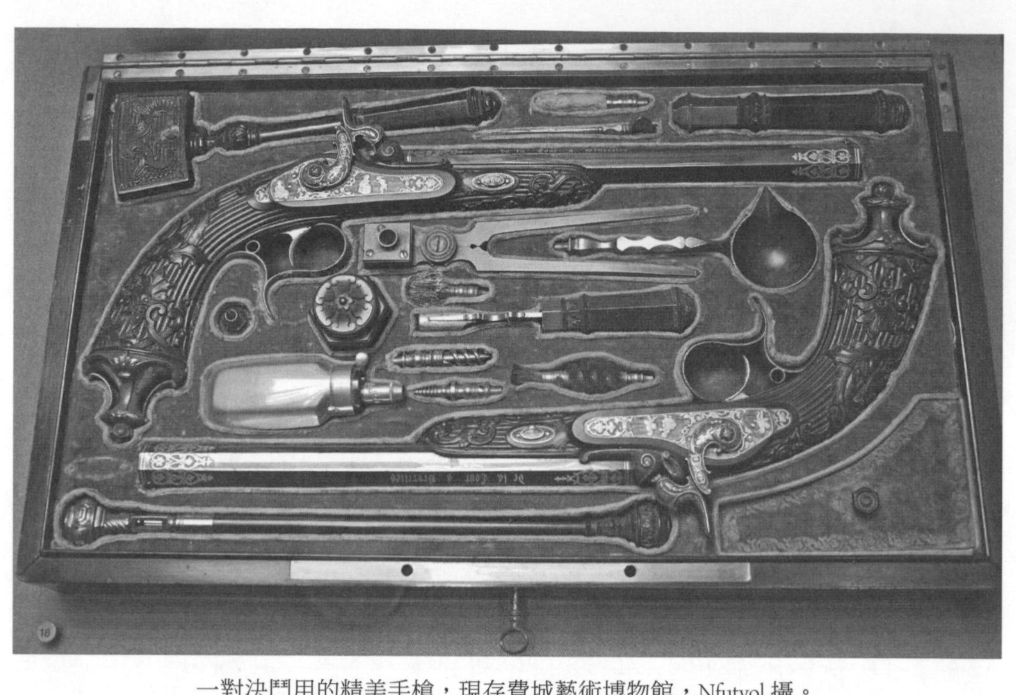

一對決鬥用的精美手槍，現存費城藝術博物館，Nfutvol 攝。

取決於侮辱的嚴重程度。如果用手槍決鬥，一般互相輪流射擊一到三次，雙方間隔的距離是事先規定好的，可能在十五到一百步之間。最恐怖的一種方式是，雙方各揪著同一張手絹的對角線兩角，在這麼近的距離同時開槍，但只有一支手槍有子彈。如果用軍刀或劍決鬥，有的是打到第一次見血為止（哪怕是非常輕微的傷），有的是打到雙方不能繼續為止。[242]

因為決鬥的目的不是殺人，而是捍衛榮譽，所以一般來講，只要走完整個決鬥流程，雙方的面子就保全了。所以雙方可以預先商量好，各自手下留情，不要取對方的性命；甚至約定只打非要害的部分，或者乾脆約定都故意打不準。

到了近代，無論在哪個國家，參與和協助決鬥都是違法的。德意志各邦也是這樣。一七五二年哈布斯堡家族的女君主瑪麗亞·特蕾莎頒布的法律規定，參與決鬥者及其助手將被斬首。[243]瑪麗亞·特蕾莎的兒子約瑟夫二世皇帝聽說自己的兩名軍官將要決鬥，因為在爭吵時其中一人搧了另一人耳光。為了阻止決鬥，皇帝於次日在操練場上當眾擁抱受辱者，然後命令劊子手搧辱人者一記耳光，並將其投入要塞監獄。皇帝在一封信裡表達過自己對決鬥的態度：「對於面對敵人時英勇無畏的軍官，我非常尊重……他們在戰場上蔑視死亡的精神對他們自己是光榮，對國家是貢獻。但有些人為了報復和仇恨而願意犧牲一切。我鄙視這樣的人。……我厭惡所有不尊重本國法律的人。」[244]

一七九四年生效的普魯士法律也規定要嚴懲決鬥者：殺死對手的決鬥者將被判死刑；如果決鬥沒有發生流血，雙方也要被剝奪貴族身分，並被監禁至少十年；如果決鬥沒有實際發生，發出挑戰的一方也要被判三到六年，接受挑戰的一方要被判一到三年。[245]一八五五年，奧地利的軍事刑法規定，如果決鬥雙方無人受傷，他們將被判處六個月到一年的要塞監禁，決鬥助手如果沒有積極阻止決鬥，可能被判二十年監禁。不過實際上決鬥者往往得到寬大處理。[246]

從一八八二年到一九一二年的三十年期間，第二帝國的刑事檔案記載了二千一百一十一起針對決鬥者的司法程式，到一九三六年則共有四千二百二十二人因為決鬥而被定罪。沒有鬧到公堂的決鬥肯定比這些數字多得多。[247]在鼓勵貴族「榮譽感」的普魯士和後來的第二帝國，法律對決鬥的懲罰非常輕。一七九四年的普魯士法律規定，軍官和貴族的決鬥致人死命不能算作謀殺，應得到特別寬大處理。[248]一八五一年的普魯士刑法規定，決鬥中若有一方死亡，另一方將被判二到十二年的要塞監禁；若未發生流血，雙方將被判三個月到五年的要塞監禁。[249]所謂要塞監禁，是一種不損榮譽的徒刑，犯人享有相當多的自由，牢房寬敞衛生，室內可以有家居的各種舒適條件，犯人可以在要塞內自由活動，可以居住在要塞所在的城鎮，可以享受該城鎮的各種娛樂設施，甚至可以在要塞司令的許可下做短途旅行。[250]希特勒在啤酒館政變之後就被判處要塞監禁，在此期間可以著書立說，可以相對自由地接待訪客。並且在實踐中，政府和軍事法庭甚至更為寬大，連這麼輕的刑罰都不一定施加到決鬥者身上。被判刑的決鬥者有很大機會得到赦免和減刑。申請寬大處理的決鬥者當中有百分之六十最終得到了赦免或減刑。[251]

十九至二十世紀的德意志決鬥

決鬥一直遭到社會各方面的抨擊。因為它和舊的等級社會與貴族統治緊密連繫在一起，十九世紀後半期的自由派和社會主義者經常批評它，天主教會也譴責決鬥，比如教宗利奧十三世在一八九一年的詔書要求德國與奧匈帝國的主教們懲罰參與決鬥的人。[252]德國還在一九〇二年組建了「德國反決鬥聯盟」（Deutsche Anti-Duell-Liga），其中不少成員是貴族。成立六年後，德國「反決鬥聯盟」就有了二十個分會，成員約四千人。[253]奧匈帝國也建立了反決鬥聯盟，一度擁有超過一千名成員，包括高級貴族，但決鬥的事情仍然時有發生，[254]奧匈帝國的陸軍部長為了捍衛軍官的決鬥傳統，甚至正式宣布禁止軍官參加反決鬥聯盟。[255]

奧地利文學家阿圖爾·施尼茨勒（Arthur Schnitzler, 1862-1931）在一九〇〇年發表的意識流小說《古斯特少尉》（*Leutnant Gustl*）中諷刺了奧地利軍隊的決鬥習俗：愚蠢又傲慢的軍官古斯特少尉在音樂會的衣帽間與一名麵包師發生口角，認為自己的軍人榮譽受到了損害，但因為麵包師身分卑微，他不能與其決鬥，竟打算自殺以捍衛榮譽；少尉經過一夜的胡思亂想，次日清晨得知麵包師已經突然病死，於是感到自己蒙受的恥辱已經消失，心理得以恢復平衡。[256]施尼茨勒曾為軍醫，對奧地利軍隊的決鬥習俗和腐朽風氣非常熟悉。該小說發表之後給他惹了不少麻煩。軍方激烈地指責他損害軍隊的威望和榮譽，撤銷了他的預備役軍醫銜級。[257]

世紀之交，德意志第二帝國連續發生多起著名的決鬥事件，相關的爭吵一直鬧到帝國議會，但最後也沒什麼結果。這個時期最有名的一次決鬥可能要算鬧得沸沸揚揚的考策醜聞。

萊貝雷希特·馮·考策（Leberecht von Kotze, 1850-1920）是帝國宮廷禮儀總管。十九世紀末，柏林上流社會和皇室成員收到了很多匿名信，揭露許多高級貴族的放蕩風流事，包括性派對和同性戀行為，信中還附有照片。這嚴重損害了皇室的聲譽。因為其中的細節是只有宮廷內部的高層人員才知道的，很多人懷疑是考策幹的。調查無法證明考策有罪，但宮廷官員卡爾·馮·施拉德爾（Karl von Schrader, 1848-1896）等人仍然糾纏考策，譴責他給宮廷抹黑。尤其施拉德爾及其妻子也在匿名信揭露的放蕩貴族之列。考策忍無可忍，與施拉德爾決鬥，將其打死。隨後考策被判兩年三個月的要塞監禁，但很快得到皇帝赦免。不過，因為醜聞鬧得太大，考策的婚姻破裂。究竟誰是匿名信的始作俑者，至今不明（最大的嫌疑人是皇后的兄弟），但肯定不是考策。

一九一七年，奧匈帝國皇帝卡爾明文禁止軍人決鬥，不過仍然發生了一些決鬥事件。[258]第一次世界大戰結束後，德奧兩國帝制滅亡，社會動盪，貴族喪失了曾經的主宰地位，決鬥風氣逐漸消失，決鬥不再受到政府的默許甚至鼓勵，因此變得越來越罕見。奧地利第一共和國和威瑪共和國的法律都明確禁止決鬥。納粹德國恢復了決鬥的合法性。希姆萊在黨衛軍框架內允許決鬥，但必須遵照他制定的規則，比如黨衛軍有自己的榮譽法庭管理這樣的事務，並且只能用軍刀。[259]

一九三七年十月十七日，德國著名的戰地記者及黨衛軍成員羅蘭・施特龍克（Roland Strunk）與希特勒青年團官員霍斯特・克魯奇納[260]用手槍決鬥，起因是施特龍克發現自己被克魯奇納戴了綠帽。施特龍克是享有國際聲譽的傳奇人物，一戰期間是奧地利軍官，戰後成為記者，報導了凱末爾抵抗希臘的軍事行動、墨索里尼侵略伊索比亞、佛朗哥進攻馬德里等戰事。他是納粹黨報《人民觀察家報》的記者，頗得希特勒器重。原本按照黨衛軍的規則，只能用軍刀，但有一個例外是如果決鬥者患有血液疾病的話，可以換其他武器。施特龍克從醫生那獲得了他曾患有瘧疾的證明，於是可以用手槍決鬥。此次決鬥中施特龍克身負重傷，於十月二十二日喪命。希特勒因為失去了對黨的宣傳工作特別重要的國際知名記者而大為震怒，在全德範圍嚴令禁止決鬥，除非得到他本人的批准。希特勒和席拉赫都給施特龍克的葬禮送了花圈，克魯奇納則丟掉了在青年團的工作，二戰期間擔任高射炮軍官，後來死於工業事故。[261]

真正意義上的決鬥在德國的歷史到此為止。一九六九年的聯邦德國刑法廢除了關於決鬥的條款，剝奪決鬥享受的特殊法律地位。一個主要原因是，聯邦德國幾乎完全沒有發生過傳統意義上的捍衛榮譽的決鬥，所以不再需要相關的法律。[262]

九、貴族的舞會：以法蘭茲‧約瑟夫時代的奧地利宮廷為例

一八九一年，奧地利貴族外交官戈特弗里德‧祖‧霍恩洛厄—希靈斯菲斯特（Gottfried zu Hohenlohe-Schillingsfürst, 1867-1932）公子出訪俄國，應邀參加冬宮的一次舞會。他在給父親的信中如此描述帝俄宮廷的舞會：「多麼糟糕的賓客啊！天哪！天哪！全都是粗鄙不堪、毫無穿著品味的婆娘，沒有絲毫魅力。珠寶首飾極少，至少沒有像樣的首飾。一言以蔽之，這裡聚集了最粗俗最醜惡的女人，她們看上去彷彿是在來舞會的馬車上梳妝打扮的，頭上還歪戴著花！」[263]

戈特弗里德對於宮廷舞會的水準很有發言權，因為他的父親康斯坦丁公子（一八二八至一八九六）是法蘭茲‧約瑟夫皇帝時期奧匈帝國的宮廷大總管，擔任皇帝身邊的要職數十年，是哈布斯堡皇朝歷史上最偉大的一位宮廷總管，是傑出的行政管理者。在父親身邊，戈特弗里德自幼出入奧地利宮廷，後來還娶了哈布斯堡家族的一位女大公，所以和皇室關係密切。富麗堂皇、高雅風流的宮廷舞會，他見得太多了。

戈特弗里德對俄國宮廷舞會的惡評，不是完全沒有道理。歷史悠久的維也納宮廷長期是神聖羅馬帝國的心臟，後來成為奧地利帝國和奧匈帝國的樞紐，擁有豐富的宮廷傳統。法蘭茲‧約瑟夫皇帝時期的維也納宮廷舞會堪稱一絕。在歐洲幾個主要大國都相對現代化和民主化的時代，維也納宮廷舞會仍然保留了古老的風俗和貴族氣派。奧地利歷史學家瑪蒂娜‧溫克胡福爾透過挖掘歷史檔案，還原了維也納宮廷舞會的全貌，本章將參考她的著作，探究一下奧地利宮廷舞會究竟何等精彩，竟讓戈特弗里德公子對聞名遐邇的俄羅斯冬宮舞會也嗤之以鼻。

維也納宮廷的兩種舞會和參加資格

維也納宮廷舞會有兩種：宮廷舞會（Hofball）和「在宮廷的舞會」（Ball bei Hof）。前者參加的人更多，約二千人，不限於貴族；後者參加的人較少，約七百人，只有貴族和外國的高級外交官可以參加，氣氛更親密，顯得檔次

更高。我們可以簡單地將其分別稱為「大舞會」和「小舞會」。每年大小舞會各一次，都在新春。大舞會一般在一月底，具體時間由皇后選擇，小舞會則在大舞會的大約兩周後。

大舞會是官方的正式舞會，任何有資格進入宮廷的人都可以參加，包括：高級貴族、外國外交官、高級官員、高級勳章獲得者、新近獲得貴族身分的市民、卓越的學者和藝術家，以及維也納駐軍的軍官。其中最後一項是對軍官的特殊恩典，即便出身低微的軍官也可以參加大舞會。奧匈帝國的軍官的軍餉微薄，往往因為薪水不夠而被上級禁止結婚，並且不像同時期的德國軍官那樣因為屢戰屢勝而享有崇高威望，畢竟十九世紀的奧地利軍隊多次在戰爭中受辱。不過奧地利軍官還是享有不錯的社會地位。

大舞會只向高級賓客發送請柬，對其他人只是貼出告示，任何人只要平時有資格出入宮廷，就可以自行去舞會。因為去舞會的軍人太多，從十九世紀九〇年代開始對軍人數量做了限制。

大舞會有著裝要求：宮廷高官要穿宮廷制服，軍人穿軍服，其他人穿燕尾服，女士可以穿低胸和露肩的禮服。佩戴勳章和獎章出席是許可的。皇帝對著裝特別看重，目光如炬，對軍人要求嚴苛，有時為了微不足道的細節毫不客氣地批評別人。比如領子的高度要精確到公分，軍靴和馬靴必須擦得鋥亮。後者在跳舞時會造成麻煩，因為鞋油氣味很重，而且容易把女士的長裙弄髒，很多女士的昂貴裙子因此被毀掉。在女士們的抱怨之下，皇帝後來允許軍人穿漆皮鞋參加舞會。

忙碌的準備

舞會的日期公布後，大家就可以趕緊準備了，尤其是女士。宮廷禮服價值不菲，一件禮服的價格高達三百至五百古爾登，而當時宮廷僕人一年的工資約為三百古爾登。舞會是女士爭奇鬥豔的好機會，大家都想訂做新禮服，從而勝過其他女士。除了服裝設計師、裁縫、布料供應商等，髮型師、化妝師在舞會之前也會財源滾滾。著名的義大利明星髮型師阿爾代里亞諾（Ardelliano）在舞會當天忙得不可開交，早晨七點就開工。維也納的貴婦小姐為了獲得他的預約簡直要擠破頭。最好能約到比較晚的時間，也就是接近晚上舞會開始的時候去做髮型，就要頂著做好的髮型（這往往很重，頭髮上可能會佩戴鑽石之類的飾品）小心翼翼地如坐針氈整個白天。

賓客忙於打扮的同時，霍夫堡皇宮的工作人員也在熱火朝天地準備。最忙的部門可能是廚房，要提前幾天為二千名賓客準備自助餐。菜肴包括夾肉、魚、乾酪等的小塊麵包或薄餅（作為前菜），湯，熱菜、形形色色的小點心，以及各種裝飾精美、奇思妙想的美食。糕點師傅要準備大量圓形大蛋糕、糕餅、蛋白脆餅、糖果、巧克力和冷飲。每年舞會前都要對大批僕人進行上菜和侍奉宴席的培訓，因為常規的人員實在不夠。

宮廷園丁從皇家園林和溫室拖來許多棕櫚樹和灌木，裝飾舞廳、牆壁、階梯等。園丁還把溫室裡最美麗的花卉做成巨大的花束，作為裝飾。雖然仍在冬季，皇宮卻成為鮮花的海洋。裝飾不僅有貴重而美麗的壁毯，管理餐具和銀器的工作人員還要準備好數量龐大的餐具、杯子等，以及貴重的錦緞桌布。僕人為大廳內巨大的吊燈裝好新蠟燭，用金黃色的溫暖燭光照耀大廳。屆時會搭建臨時衣帽間，還要培訓僕人如何懸掛和保管賓客貴重的毛皮大衣等衣物。對宮廷的所有工作人員來說，舞會的準備工作繁忙而辛苦，壓力極大，但他們會得到相當於一周工資的獎金。

大舞會的流程

舞會一般在晚上八點開始。大約七點半，賓客的馬車就開始陸續抵達皇宮。車如流水，馬如游龍。衣著光鮮的皇家驃騎兵騎著高頭大馬，軍刀出鞘，夾道歡迎客人，而他們背後就是張燈結綵的霍夫堡。這幅景象令人難忘。宮廷貴族、外國外交官和軍官從不同的門抵達皇宮。身穿禮服的差役打開馬車的門，攙扶女士下車。客人進入皇宮後，就有僕人幫他們脫下大衣，將其保管好。

成群賓客走向慶典大廳（Zeremoniensaal），沿途經過許多富麗堂皇的房間，隨處可見不同單位的帝國近衛軍在站崗。慶典大廳是霍夫堡皇宮最輝煌的大廳，由比利時建築師路易・蒙托瓦耶（Louis Montoyer, 1747-1811）設計，有二

描繪法蘭茲・約瑟夫皇帝在霍夫堡皇宮的舞會上被貴婦簇擁的場景，Wilhelm Gause 繪，一九〇〇年。

十六台枝形吊燈，可裝載一千三百支蠟燭，大廳有二十四根人工大理石的柱子。到了慶典大廳，賓客齊聚一堂，歡聲笑語，寒暄打趣。大廳內人聲鼎沸，隨處閃耀著鑽石和各種首飾的珠光寶氣。紳士、貴婦和小姐們個個精神抖擻、衣著華美，他們在這裡等待皇室成員抵達。

與此同時，皇室和諸侯在附近的亞歷山大套房集中。八點半，宮廷大總管準時向皇帝報告，一切準備就緒。皇室組成兩列縱隊，最前方是皇帝和皇后，然後每一排都是一位大公和一位女大公或大公夫人。

外國外交官在鏡廳等候，男士身穿筆挺的制服，佩戴光輝璀璨的勳章，女士身穿華貴的禮服。皇室隊伍走到鏡廳，皇帝接見外交官。還沒有覲見過皇帝的外交官在這裡得到引見。皇帝與外交官們短暫交談，皇后則與外交官的夫人寒暄。

九點半，皇室隊伍再次行動起來，走向慶典大廳。大廳只有一扇門是關著的，這時傳令官重重地敲門三次，這意味著皇帝陛下駕到。原本吵吵鬧鬧、笑聲不斷的大廳在幾秒鐘內變得鴉雀無聲。禮賓官員打開那扇門，大廳內的人們迅速讓出一條道路。宮廷大總管用黃金權杖三次敲擊木地板，宣布皇室開始進門。走在最前面的是禮賓總管，然後是宮廷大總管，往後是皇帝夫婦，再往後是宗室成員。皇帝一般身著陸軍元帥的軍禮服，白色上衣，紅色褲子。皇后則穿昂貴的晚禮服，戴冠冕和珠寶項鍊。女士們向皇帝等人行屈膝禮，男士深深鞠躬。同時，外交官及其夫人從另一扇門走進慶典大廳。

皇帝等人走到大廳另一邊的座位處，那裡有兩張金色椅子，給皇帝和皇后坐。周圍是皇室成員的椅子。皇帝一般會先到賓客那裡，與大家短暫交談，皇后則坐在那裡與女賓交談。最高貴的女賓也有座位可坐，地位越高，距離皇后越近。皇后面前有兩張扶手椅，她會一次請兩位女賓過來坐下與她交談，一位是貴族，一位是外國外交官的夫人。短暫談完之後，兩位女賓從皇后面前離開時不能背對皇后，必須面向皇后，倒退出去。穿長裙的女賓有可能會因此摔倒，這就會引起大家幸災樂禍的嘲笑。

宮廷樂隊的領舞者發出訊號，音樂響起，舞蹈開始，一般是一位大公和一位女大公（或大公夫人）跳第一支舞。節目單把時間規定得非常嚴格：「第一支華爾滋，九點三十分到九點三十七分。五分鐘休息。第一支波爾卡，九點四十二分開始……」

在第一支卡德里爾舞（Quadrille）之後，皇后會到一個私密房間去，接見首次到宮廷的女賓。年輕的貴族小姐被引見給皇后之後，才算正式成為宮廷上流社會的一份子。第二支卡德里爾舞之後，皇后會帶著女大公、大公夫人和一小群最高貴的女賓去舞廳旁的茶室喝茶。大家會預先領到不同顏色的卡片，標示自己應當去哪一張桌子。白色卡片表示與皇后同桌，只有侯爵夫人和大使夫人那個級別才能享有此等殊榮。另外幾張桌子的卡片是粉紅色或藍色，以女大公或大公夫人為首。

皇后飲茶的同時，宴會廳內開始自助餐服務。爭奪飲食的活動簡直像打仗，尤其是軍人搶得特別起勁。帝國槍騎兵部隊因此臭名昭著，很多參加舞會的槍騎兵吃相不雅，竟然用頭盔裝滿糖果。

沙龍舞（Cotillion）是舞會的高潮，Cotillion是法語詞，得名自姑娘飛舞時露出的襯裙。沙龍舞期間，男士會得到花束，用來送給女士。這是瑪麗亞・特蕾莎皇后時代流傳下來的傳統。貴族們會仔細觀察沙龍舞的舞伴，如果有一對青年男女連續跳兩支沙龍舞，就相當於半正式地宣布，他們已經訂婚了。

午夜十二點十五分，最後一支華爾滋準時結束。退場的儀式和入場一樣，皇室成員排成兩列縱隊，賓客自動讓出一條道路，宮廷大總管拿著黃金權杖引領退場，皇室成員離開大廳後，那扇門再次關閉。賓客走向皇宮出口，在衣帽間附近，每人領到一盒著名的皇家糕點店「德梅爾」（Demel）製作的糖果。僕人為大家取來大衣，並攙扶女士上馬車。

客人全部離去之後，宮廷工作人員開始連夜打掃和清理。他們將一萬多支蠟燭安全地熄滅並收納起來，將貴重的餐具清洗並儘快入庫保管，不過每年舞會都要丟失和損壞不少餐具。自助餐的剩餘部分會打包起來，在第二天早晨賣掉，收入會分給所有參加舞會準備工作的僕人、廚師等。打掃工作往往持續到天亮。

小舞會

大約兩周後，上述流程會重複一次，即「在宮廷的舞會」，或稱小舞會。小舞會不是官方的舞會，而是皇帝私人舉辦的舞會，規模小得多，只邀請貴族、宮廷達官貴人和最高級的軍人，並且也不會有告示，而是向客人發送請柬。對貴族來講，小舞會的吸引力當然更大，因為這裡人少，而且都是同一階層的人，交流更方便、更輕鬆自如，跳舞的機會更多，與皇帝交談的機會也更多。小舞會不提供自助餐，而是舉行正式晚宴。與大舞會類似，客人會領到不同顏色的卡片，去尋找屬於自己的桌子。地位越高的人，位置當然距離皇帝越近。

餐桌裝飾華美，有巨大的花束，使用貴重的瓷器和銀器。菜單遵照古老的傳統，很少有變化，一般是大麥肉湯、搭配蛋黃醬的魚、酥皮點心、烤肉、霜淇淋、葡萄酒、啤酒和香檳。侍奉用餐的僕人極多，所以雖然客人很多，仍然井井有條。用餐完畢，大家回到舞廳，一直到十二點整舞會結束。[264]

第八章 德意志貴族的職業與事業

一、農業與林業：貴族特權的根基

鄉村是貴族的傳統家園和活動空間，土地是貴族的傳統收入來源和權力基礎，農業與林業是貴族的主要傳統職業。「貴族」與「地主」這兩個概念緊緊連繫在一起。

兩種土地所有制

在中世紀和近代早期的德意志，土地所有權和統治權緊密連繫。一般來講，地主不僅佔有土地，還佔有在這片土地上的農民的人身，擁有對農民的統治權。在自己的莊園，貴族地主彷彿一個小型國王，擁有極大的特權，包括狩獵權、員警權、司法權、本堂神父任命權、徵稅權等。從這種意義上講，貴族扮演著國家基層行政管理者的角色。貴族領主以「一家之主」的身分，管理和干預農民生活的方方面面，甚至有時農民結婚和搬遷都需要得到領主的許可。不過領主也保護農民不受敵人、盜匪等的侵害，並為農民提供一定程度的社會保障（扶助傷病、年老的農民，在發生自然災害時救濟災民等）。上述的土地所有制在德意志和西歐都很普遍，稱為「莊園領主制」（Grundherrschaft，其中Grund的字面意思是「土地」）。

貴族的莊園是農業生產中心，也是消費中心。貴族莊園主透過經理人來規劃、監督和領導耕作（種哪些作物、每種作物種多大面積、輪作如何安排等等），從農民那裡獲取地租，有的是現金地租，有的是實物，如農產品、牲畜等。農民可能需要服勞役，比如每年有若干天需要無償為地主耕種，或者侍奉地主狩獵等等。在有的地區，農民只能使用自己領主名下的磨坊和啤酒，可謂肥水不流外人田。

有的貴族莊園是企業，把農產品送到市場上出售獲利。中世紀，萊茵蘭的卡策內爾恩博根（Katzenelnbogen）伯爵為科隆市場提供糧食。魏因斯貝格領主康拉德九世（Konrad IX. von Weinsberg, 1370?-1448）不僅是帝王身邊的財政要員和親信紅人，還是著名的商人，做牲畜和葡萄酒生意。[1]

到了近代早期，地租主要是現金形式。尤其是在德意志西部和南部，貴族地主就像十九世紀的英國地主一樣，把自己的土地分成若干塊，出租給不同佃戶，收取租金。十七世紀起，德意志西部農民享有很大的自由，對地主基本沒有人身依附關係，有點像現代企業家與雇員的關係。在莊園經濟體制下，農民有機會逐步增強自己對土地的控制權，獲得世襲權利，不過還不能成為土地的真正主人。[2]

大約十四世紀起，主要在易北河以東地區（普魯士公國、布蘭登堡、波美拉尼亞、梅克倫堡等），以及中東歐的其他地區（比如波蘭和波希米亞），發展出了另一種經營方式，稱為「農場領主制」（Gutsherrschaft，其中 Gut 的字面意思是「莊園」或「農場」）。這裡的地主不是把地分割出租給佃戶，而是親自經營農業，不過地主當然是依賴於專業經理人、對地主有人身依附的農奴以及拿薪水的農業雇工。近代德意志東部地區的地主與西部和南部地主相比，往往對農民擁有更大的控制權。德意志東部的農場領主制的莊園往往就是一個國中之國。這些容克地主對霍亨索倫君主國的歷史產生了極大影響。東歐式的農場領主制與西歐式的莊園領主制的一個重要區別是，在莊園領主制之下，農民之所以需要向領主繳納現金或實物地租以及承擔勞役，是因為他租種土地。也就是說，如果不租種土地，就沒有這些義務。而在農場領主制治下，農民負有義務，是因為他出生在領主的莊園，沒有人身自由。[3]

農場領主制的出現原因非常複雜，起初可能與德意志人向東歐的殖民有關。在殖民過程中，貴族地主為了更好地控制土地，除了掌控對土地的經濟權利之外，還獲得了較高程度的司法權。十四和十五世紀，因為瘟疫和戰亂等原因，農村人口大幅減少，地主在這期間往往侵吞荒地和公地；同時，為了保障勞動力，地主限制農民的人身自由，以防止他們逃亡。而在十五世紀末，糧價上漲，德意志東部和北部特別適合大規模發展農業，地主需要更多勞動力，於是加大力度將農民束縛在土地上，甚至將之前的自由農民變為農奴。[4]十七世紀，霍亨索倫君主允許地主階層殘酷地壓榨農民，以此換取貴族地主把一些政治權力讓渡給君主。東部農民要承擔比西部農民更沉重的賦稅、地租、勞役，卻連人身自由也沒有。東部地主比西部地主有更多機會去侵佔農民的土地，擴大自己的莊園。所以東部的莊園往往比西部和南部大很多。因此，即便農業技術沒有進步，東部地區的糧食產量在十七和十八世紀也有很大提高，可以出口[5]。交通條件的改善和海外市場的需求讓易北河以東地區成為重要的糧食出口地區，而貴族莊園成為農業企業。[6]儘管十九世紀初普魯士廢除了農奴制，但一直到一九一八年帝制滅亡，德國東部的農民雖然已經獲得法律上的解放，生活條件仍然較差，很大程度上仍然依附於地主。

然而如果說貴族地主是純粹的剝削者和壓迫者，就是一種過於簡單化的思維。剝削和壓迫當然存在，但貴族往往也是農業經濟的組織者和管理者，他們還引進和發展新的農業技術。貴族對農民往往也並非居高臨下，甚至會向農民脫帽致敬，親熱地用「你」（而不是「您」）相稱，並且說農民的土話。德意志地主與農民不總是對立的，而往往是共生的關係。即便在農民的自由受限、生活條件較差的易北河以東地區農場領主制條件下，農民的狀況也比同時期的俄羅斯或波蘭好得多，因為貴族的傳統是自視為家長，對農民的福利負有責任；而邦君也採取措施，保護農民，阻止過於殘酷的剝削。[7]

三次農業危機

近現代德意志農業遇到了三次危機。一八二〇至一八三五年的農業危機可能與生產過剩有關。出口型的大莊園（尤其在易北河以東地區）受到的影響比普通農戶要大，因為大莊園的規模大、需要較好的現金流，並且往往種植作物的品種單一。這次危機迫使許多貴族賣掉自己的莊園。

一八七六至一九〇五年發生了新的結構性的農業危機。因為人口猛增（例如一八七三至一八九五年，儘管有二百萬德國人移民海外，帝國人口仍從四千一百六十萬增加到五千二百萬）等因素，德國從小麥出口國變成進口國，並且進口量激增。廉價的美國小麥和大量出口的俄國穀物擾亂了中歐的農業市場結構。加拿大和阿根廷的小麥也對德國農業造成了巨大挑戰。在十九世紀後半期，在德國工業化蓬勃發展的大背景下，老式的農業莊園越來越無法適應新時代的要求。生產成本高、由於抵押而負債累累、運費過高的德國穀物生產無法應對上述的多重衝擊。英國原本是德國穀物的出口市場，現在成了美國穀物的天下。德國農業損失慘重。從十九世紀七〇年代後半期，德國農產品價格下跌約百分之二十，一九一二年才恢復到十九世紀七〇年代的水準。普魯士的小麥價格在一八八〇年是每噸二百二十一馬克，到一八八六年跌到了一百五十七馬克。普魯士的貴族大地主受到了最直接的衝擊。這個階層曾經把自由貿易視為信條，如今卻採取政治手段來捍衛他們的社會和政治統治地位的基礎。一瞬間，他們就轉向了農業保護主義的路線。[8]

貴族大地主的呼籲得到了帝國政府的積極回應。為了保護貴族地主的利益，德國實行農業保護關稅。一八八五至八七年間，相應的關稅稅率增加了四倍。俾斯麥時代的關稅政策保護了易北河以東的大地主們的「集體地位」，[9]使得貴族地主（尤其是普魯士容克）的莊園不必與海外農業市場競爭，得以維持較高的糧價和收入，也使得容克在第二帝國的政治中佔有重要的地位。因為長期得到政府的偏袒和保護，許多貴族沒有抓住時機投資於農業的現代化、機械化，導致貿易保護政策取消之後，他們的莊園就完全缺乏了競爭力。即便在貴族的傳統行業農業領域，貴族在與資產階級的競爭中也越來越占下風。貴族莊園在農業危機中損失慘重。

一九二八至三三年的農業危機則與當時世界性的經濟危機有關，波及德國的整個農業領域，對威瑪共和國的滅亡、納粹上臺起到了推波助瀾的作用。貴族農業利益集團最後選擇與納粹合作，納粹採用一系列立法手段來保護地主的利益。

貴族對土地的佔有

土地一度是貴族獨享的特權。在中世紀，貴族的土地主要來自帝王、邦君和教會的封授。貴族獲得了土地，就要肩負相應的義務，主要是軍事義務。

一八〇〇年之前，德意志的絕大部分農業土地屬於貴族。腓特烈大王在政治遺囑裡規定，「為了維持貴族的產業，應禁止市民購買貴族莊園」。十九世紀，才漸漸有貴族莊園被平民收購。但貴族地主和平民地主之間往往還有隔閡。梅克倫堡的貴族地主在二十世紀三〇年代還拒絕和平民地主握手。[10]

在近代，帝王和邦君常常向功臣和寵臣贈送土地。同一時期的普魯士名將，十九世紀初的普魯士改革家卡爾·奧古斯特·哈登貝格不僅被封為侯爵，還獲得了好幾座莊園。參加過萊比錫戰役、滑鐵盧戰役等的腓特烈·威廉·馮·比洛男爵（Friedrich Wilhelm von Bülow, 1755-1816）憑藉戰功被提升為伯爵，還獲得了價值二十萬塔勒的土地。布呂歇爾、格奈森瑙等普魯士名將都獲得了豐厚的土地賞賜。[11]

哈登貝格和施坦因一起主持了十九世紀初普魯士的大改革，包括廢除農奴制。具有諷刺意味的是，恰恰是廢除農奴制，讓很多貴族獲得了更多土地，因為農奴在獲得自由時須將自己耕種土地的三分之一交給貴族。有很多農民獲得自由之後，生計比以前更困難，不得不將土地廉價賣給貴族。據一項統計，普魯士解放農奴導致十二點五萬農戶消失，超過六十萬公頃土地轉入貴族手中。[12]用歷史學家沃爾弗拉姆·希曼（Wolfram Siemann）的話說，「所謂『解放農奴』的真正受益者是貴族，這是沒有疑問的。他們失去了一些政治控制力，但獲得了更強的經濟力量」。[13]

當然，另一方面，也有很多貴族莊園因為經營不善、技術落伍或奢侈靡費等原因，無力支撐，最後被市民和農民收購。

一般來講，一百五十公頃以上就可以算是「騎士莊園」（Rittergut），在有的地方一百公頃就算。最大的莊園都在東部省份，比如普魯士和西里西亞，那裡常有數千公頃的莊園。一九二五年，西里西亞有五十三座五千公頃以上的莊園（全德有一百五十二座），甚至還有二十三座一萬公頃以上規模的（全德有四十九座）。[14]在十九世紀的東普魯士，一千個貴族家庭佔據了二千座莊園。[15]不過莊園和土地轉手也很快，很多莊園逐漸到了市民階層手裡。一八八五年，普魯士的一萬兩千座莊園裡有百分之四十八點一屬於貴族。[16]西里西亞的吉多・亨克爾・馮・唐納斯馬克伯爵（Guido Henckel von Donnersmarck, 1830-1916）擁有二萬多公頃土地，普萊斯侯爵、巴勒施特雷姆伯爵等也在東部省份擁有數萬公頃土地。德國首相克洛德維希・霍恩洛厄—希靈斯菲斯特侯爵的私人土地比整個巴登大公國還大。[17]西部和南部的莊園一般較小，地主的政治影響力也沒有普魯士地主那麼強，但單位面積產出的利潤不一定低於東部。

在威瑪共和國時期，貴族仍然控制了相當高比例的土地。在全國的二千八百萬公頃農業用地當中，貴族仍然佔有超過三百萬公頃，其中一百八十萬公頃在東普魯士。在西里西亞，貴族佔據全部土地的百分之三十點八；在波美拉尼亞，貴族佔有百分之二十七點八；在梅克倫堡是百分之二十六點七；在布蘭登堡是百分之二十二點三；但在南方的巴伐利亞和巴登就只占百分之三。[18]

貴族對林業的經營

德意志土地擁有茂密的森林，而貴族作為地主，自然擁有大片森林。

在中世紀，森林和土地一樣，成為君主冊封給附庸的采邑。一些德意志邦國如紐倫堡，發展出了相當先進的林業管理技術，以保證森林的可持續性。一般要把森林劃分成若干區域，輪流砍伐和保養。德意志西南部的林區可以將采下的木材紮成木筏，借助美茵河、內卡河、多瑙河和萊茵河等水道運輸。黑森林地區出產的冷杉被稱為「荷蘭木」，因為它們被運往荷蘭，供應當地的造船業。水路運輸木材的技術將歐洲很多不同地區連繫在了一起。

德國童話作家豪夫在《冷酷的心》的一開頭就描述了黑森林地區的森林和林業：「那兒到處長有無數挺拔、高大的冷杉……他們左木材生意，他們砍下冷杉，編成木筏，通過納戈爾德河，進入內卡河，再從內卡河上游注入萊茵河，順萊茵河而下直達荷蘭，海邊居民很熟悉黑森林人和他們的長木筏；他們在沿河每個城市停留一下，驕傲地等待著是否有人來買他們的木頭和木板；他們把最結實最長的木材，高價出售給造船的荷蘭佬。他們如今習慣了一種粗獷的流浪生活。他們高高興興地坐在木筏上順流而下，然後千辛萬苦沿著河岸返回老家。」[19]

十六世紀開始，海上貿易日新月異，造船業興旺，採礦業也有很大進展，於是社會對木材的需求猛增。薩克森貴族官員和採礦專家漢斯・卡爾・馮・卡洛維茨（Hans Carl von Carlowitz, 1645-1714）寫出了第一部全面闡述林業可持續開發理念的專著《林學管理》（*Sylvicultura oeconomica*）。他在遊歷英法期間發現，歐洲的木材已經是一種匱乏的資源，因為採礦業和急速增長的城市與人口都需要大量木材。[20]

在十九世紀，森林是德意志貴族主要的財富來源之一，對有的貴族來說甚至是大部分的收入來源。巴伐利亞的森林有不到一半屬於貴族，而普魯士的林地有約百分之五十四（一千三百九十萬公頃）屬於貴族，一般是大地主。[21]總面積超過二萬公頃的十六家德意志地主莊園加起來有將近百分之七十的面積是森林。[22]

德意志中部和南部，如薩克森、符騰堡、巴登以及奧地利的森林主要出產硬木，價值較高。而普魯士的針葉林價值較低，單位面積的出產也較低。在十九世紀六〇年代，萊茵蘭的森林可以每六到十二年砍伐一次，而普魯士需要等待四十年才能砍伐一輪，否則就會破壞森林的可持續性。[23]

工業革命讓煤炭取代木材成為主要的燃料形式，但鐵路、造船業和基礎設施建設都需要大量木材，所以在十九世紀木材價格持續增長。十九世紀五〇年代，菲斯滕貝格家族估計自家的木材價格在六年裡翻了一倍。

在鐵路普及之前的時代，木材的價格也取決於運輸條件。偏遠和交通不便的地區，木材品質再好，利潤也不可能很高，因為運輸成本高。十八世紀八〇年代，萊茵蘭的一公頃木材的利潤是東普魯士的七倍。[24]因為缺乏運輸條件，很多木材只能爛掉。有了鐵路之後，不同地區木材價格的差距縮小了很多。

林業的商業化加劇了貴族與農民之間的矛盾。農民一度被允許到貴族的森林裡獲取少量木材當柴火或者建材，還可以到森林裡放牛。而貴族開始高度商業化地經營森林之後，就不再允許農民進入森林。這造成了農村的很多違法現象，甚至也是一八四八年革命的刺激因素之一。[25]

科學的林業技術可以幫助貴族更大限度地從森林獲取利潤，同時不至於毀壞森林。德意志人在林業技術方面佔有世界領先地位。他們仔細地研究樹種、土壤和氣候，可以決定砍伐森林的哪一個部分，甚至具體到哪幾棵樹；哪些地方需要人工植樹；某片森林每年最多可以砍伐多少樹而不至於損害森林的可持續性；某地區最適合種什麼樹；等等。在專家的指導下，貴族每年只砍伐自己森林的百分之一到二以長期地贏利，而不是一口氣把整片森林都砍光，那樣的話無異於殺雞取卵。一八六二年，普魯士林業專家馬龍（E. W. Maron）說，近些年裡林業經營有很大進步。貴族們不再像過去那樣毫無章法地隨意砍伐，然後寄希望於大自然自己來修復森林受到的破壞。[26]

二十一世紀的德國森林仍然有很大一部分屬於貴族。一九四八年建立的「德國森林業主協會聯合會」（Arbeitsgemeinschaft Deutscher Waldbesitzerverbände）的歷任主席都是貴族，首任主席是腓特烈·卡爾·馮·威斯特法倫伯爵（Friedrich Carl Graf von Westphalen），現任主席是漢斯—格奧爾格·馮·德·瑪律維茨（Hans-Georg von der Marwitz）。[27]

二、德意志貴族中的實業家富豪

十八世紀初，跑江湖的煉金術士約翰·腓特烈·伯特戈爾（Johann Friedrich Böttger, 1682?-1719）遭到布蘭登堡警方的通緝，於是逃到了薩克森選帝侯和波蘭國王「強壯的」奧古斯特二世的地盤。半信半疑的國王把他監禁起來，讓他專心製造黃金。與此同時，數學家和科學家艾倫弗里德·瓦爾特·馮·奇恩豪斯（Ehrenfried Walther von Tschirnhaus, 1651-1708）在做玻璃和瓷器的試驗，他奉命去監督伯特戈爾的「工作」。兩人合作進行燒制瓷器的試驗。

近代早期，瓷器代表著財富、地位和品味，但當時歐洲人還沒有掌握瓷器製造的技術，主要透過荷蘭東印度公司從中國輸入德意志和歐洲其他地區。伯特戈爾是藥劑師出身，對化學確實有兩下子。另外奇恩豪斯死前可能把自己的配方留給了伯特戈爾，於是伯特戈爾向國王宣布，他掌握了瓷器的奧秘。國王在邁森城的阿爾布雷希特城堡建立了「波蘭國王與薩克森選帝侯瓷器廠」，讓伯特戈爾負責，一七一〇年開始生產。著名的麥森瓷器就這樣誕生了，給薩克森帶來了經濟繁榮。[28]麥森瓷器被譽為「白色黃金」。

從工業革命到第二帝國

德意志貴族與工業的發展有密切的連繫，麥森瓷器就是德意志諸侯領導和參與輕工業的一個著名例子。貴族的傳統行業是農業，他們最早從事的工業活動大多與農業、種植和土地有關，比如造酒、食品加工、採礦、冶金、木材加工、造紙、傢俱製造和紡織。德意志貴族一度傾向於蔑視手工業和工業，認為它們不符合貴族身分，但這種觀念在十九世紀發生了很大變化。在工業界，貴族和資產階級密切接觸、合作、交往，甚至通婚。

在工業革命之前，從事工業的人主要是貴族，他們在很多領域甚至是先驅。道理很簡單，那個時代只有貴族擁有發展工業所需的土地、資本和人脈。採礦和冶金行業因為與軍械緊密相連，所以很早就成為貴族重點關注的領域。施托爾貝格（Stolberg）伯爵家族早在十六世紀就經營鑄鐵廠，[29]不過投資失敗，損失慘重。[30]

到工業革命之後，資產階級才在工業界後來居上。[31]貴族在工業革命和技術現代化的過程中也發揮了作用。奧地利陸軍元帥溫蒂施格雷茨侯爵阿爾弗雷德一世（Alfred I. zu Windisch-Graetz, 1787-1862）傲慢地說：「溫蒂施格雷茨家的人不做生意。」但他其實目光敏銳地投資了方興未艾的鐵路生意。[32]投資鐵路的貴族有不少，儘管「魯爾區之父」腓特烈・哈考特（Friedrich Harkort, 1793-1880）說，容克們本能地感到，「鐵路是把專制主義與封建主義運往墓地的靈車」。[33]

總的來講，貴族對工業的態度是矛盾的。工業是讓他們惶恐、對他們的競爭對手資產階級有利而對貴族的傳統生活方式與地位不利的「現代性」的一部分，但同時貴族也認識到工業是他們的新機遇。

貴族從事工業的原因很多。首先是為了賺錢，因為農業產出越來越比不上工業的收益；其次，很多喪失了政治主權的諸侯（即所謂陪臣）需要新的事業來讓自己忙碌，並維持自己的社會地位和威望。

源自義大利貴族的圖爾恩與塔克西斯（Thurn und Taxis）家族於十五世紀末在皇帝的庇護下經營歐洲範圍的郵政事業，還造酒、辦工廠，後來獲得侯爵頭銜。二〇一四年的電影《布達佩斯大飯店》中富可敵國的豪門德高夫與塔克西斯家族（Desgoffe und Taxis），就是暗指圖爾恩與塔克西斯家族。大詩人里爾克的《杜伊諾哀歌》（*Duineser Elegien*）得名自位於的里雅斯特（Trieste）的杜伊諾宮，他在那裡拜訪了自己的諸多貴婦恩主之一，圖爾恩與塔克西斯家族的成員瑪麗·馮·圖爾恩與塔克西斯伯爵夫人。

維爾納·馮·阿爾文斯萊本伯爵（Werner Graf von Alvensleben, 1840-1929）於一九〇一年獲得伯爵身分，是一位典型的普魯士貴族實業家。他擁有白酒蒸餾廠、製糖廠、磨坊、煤礦、石灰窯和採石場。他的煤礦在一九一六年有五十七名工人，製糖廠在一八七九年有一百五十五名員工。[34]

萊茵—魯爾區和威斯特法倫是德意志的工業核心地帶之一，在十九世紀到二十世紀初，這裡有兩位大貴族在煤炭開採方面生意做得很大，比阿爾文斯萊本強多了。一位是阿倫貝格公爵恩格爾貝特—馬利亞（Engelbert-Maria von Arenberg, 1872-1949），他在威斯特法倫擁有多處煤礦，在一八九三至一九〇九年間，僅從其中一處就獲得了一百七十萬馬克收入。並且隨著工業發展，煤炭價格水漲船高。據估計，阿倫貝格公爵在一九〇九年前後，從煤礦所得的年收入約五十萬馬克，在普魯士的全部收入為每年二百九十萬馬克。此外他還在法國和比利時有大量資產，比如二十世紀初他在比利時還有二萬公頃土地。薩爾姆—薩爾姆侯爵阿爾弗雷德（Alfred zu Salm-Salm, 1846-1923）的領地也有煤礦資源，他把開採權賣給一些企業，其中一筆交易的收入是八十萬馬克，還有一筆是十二萬馬克和每年煤炭產品價值的百分之一。[35]

在德意志南部的巴登，菲斯滕貝格（Fürstenberg）家族是富裕而強大的實業家，擁有煉鐵廠和現代化的管理人才。菲斯滕貝格侯爵馬克西米連·埃貢二世（Max Egon II. zu Fürstenberg, 1863-1941）是威廉二世的好友，也是精明的商人和實業家。他在波希米亞、奧地利和巴登擁有土地、莊園、森林，也有工廠和礦山。他統治著一個龐大的、多元化的商業集團，經營領域涉及航運、高檔酒店、餐廳、劇院、柏林和漢堡的公共交通、煤礦、療養院和賭場。[36]

西里西亞地區礦產豐富，工業發展甚至比萊茵蘭更早。祖先來自義大利北部的巴勒施特雷姆（Ballestrem）伯爵家族和統治著大量波蘭裔臣民的普萊斯（Pleß）侯爵家族，兩者都是採礦業豪門。但最有名的從事工業的西里西亞貴族，要數唐納斯馬克家族和霍恩洛厄—厄林根家族。

吉多·亨克爾·馮·唐納斯馬克是出身西里西亞的世家子弟，起先為伯爵，一九〇一年被他的好友德皇威廉二世提升為侯爵。十九世紀後半期，富含煤礦、鐵礦等工業資源的西里西亞迅速發展為重要的工業區，而唐納斯馬克侯爵是開發西里西亞的主要實業家之一，也是當時德國最富裕的人之一。他本身是大地主，在西里西亞、加利西亞等地擁有約二萬七千五百公頃土地。但與很多德國貴族不同的是，他不滿足於當傳統的地主，而是把握時機，大力發展現代工業。一八四八年他繼承家業的時候，他家的煤礦每年出產二點一萬噸煙煤。在他的經營下，他家的年產煤量增加到二百五十萬噸。除了採礦，他還經營鋅礦、冶鐵、煉鋼、賽璐珞等產業。他也是這個時代少數進入資本市場弄潮的德國貴族之一，開辦了多家股份公司，經營股票等有價證券。

霍恩洛厄—厄林根家族（侯爵，後獲得烏耶斯特公爵的頭銜）也是西里西亞的工業大亨。克里斯蒂安·克拉夫特·霍恩洛厄—厄林根侯爵（Christian Kraft zu Hohenlohe-Öhringen, 1848-1926）大力開採自己領地上的鋅礦，一九一七年一年就加工了三千七百萬噸鋅礦石。他雇傭的工人在一八九一年為七千二百四十四人，到一九一三年就達到一萬人。後來他把自己的採礦企業賣給波希米亞一家公司，獲得了四千四百萬馬克的一次性補償金和每年四百萬馬克的年金，此外他還是新公司的董事。他的資產多達一點五一億馬克，年收入七百萬馬克，是德國最富有的人之一。[37]但天下沒有不散的筵席，霍恩洛厄—厄林根侯爵拿手裡的鉅款搞投資，與另一位工業大亨菲斯滕貝格侯爵馬克西米連·埃貢二世合作創辦了「侯爵信託」貿易公司，這家公司因為經營不善在一九一三年破產，在全德乃至全歐引起巨大震動，威廉二世不得不親自出馬干預，挽救局面。[38]

貴族實業家在聯邦共和國

在德意志聯邦共和國，也有許多貴族從事實業，大多還身居董事、總經理之類的高位。一些大貴族在一九四五年之後難以進入政界，於是轉移陣地，到實業界發展。霍亨索倫家族的後人大多沒有從政，而是進入經濟界。末代皇帝的孫子亞歷山大·斐迪南王子是塑膠製品工廠的業主。霍亨索倫家族曾經的族長路易·斐迪南王子在一九二〇年代曾是亨利·福特汽車公司在阿根廷分支的高管。一次調查中，三萬名德國企業家中有超過一千人是貴族，從普魯士王子到二十世紀才獲得貴族身分的新貴都有。而《法蘭克福彙報》對一千六百名德國企業高管做的一次調查顯示，其中貴族有將近一百人。值得注意的是，貴族多集中在重工業（鋼鐵、煤炭、能源等）和大企業，輕工業、手工業和小企業裡的貴族較少。[39] 這裡舉幾個例子。埃伯哈特·馮·勃勞希契（Eberhard von Brauchitsch, 1926-2010）出身西里西亞貴族世家，曾就讀於倫敦政治經濟學院，曾為漢莎航空公司高管和煤炭鋼鐵巨頭弗利克股份公司（Flick AG）的總經理；魯道夫·馮·本尼希森—福德爾（Rudolf von Bennigsen-Foerder, 1926-989）是電力與採礦巨頭VEBA公司的總經理；凱西米爾·約翰內斯·賽因—維特根施坦—貝勒堡公子（Casimir Johannes Prinz zu Sayn-Wittgenstein-Berleburg, 1917-2010）是法蘭克福冶金公司（今天的GEA集團）的董事會主席。[40]

上面說的都是受過專業訓練的工業界管理者和企業家。也有一些企業喜歡在公關、禮賓和接待部門雇傭貴族，因為貴族如雷貫耳的姓氏、擅長待人接物的社交本領和代表傳統價值觀的身分能夠給公司品牌與形象加分。戴姆勒—賓士公司曾聘請一位伯爵，他的唯一工作就是代表公司與政府和其他公司打交道，在信函裡簽下他的大名；古斯塔夫·馮·維德爾（Gustav von Wedel）長期擔任德勒斯登銀行在法蘭克福分支的禮賓主管；克虜伯公司的禮賓和接待部門也有一些貴族。[41]

三、君主的臥榻之側：作為廷臣的德意志貴族

威廉二世皇帝的宮廷中有一個人物的經歷特別豐富多彩，對德國宮廷和政治產生了很大影響，那就是「皇帝的摯友」菲利普・奧伊倫堡侯爵（Philipp zu Eulenburg, 1847-1921）。

奧伊倫堡侯爵出身普魯士容克世家，其祖先可以上溯到十二世紀，十四世紀遷移到普魯士。奧伊倫堡侯爵性格複雜，熱愛音樂和藝術，創作過不少流行的浪漫歌曲和戲劇；政治方面傾向於極右翼，激烈反猶，結交種族主義理論家亞瑟・德・戈平瑙[42]和休斯頓・斯圖爾特・張伯倫；他是熱忱的愛國主義者，擔心好不容易統一起來的德國會再次分裂，[43]因此特別敵視天主教勢力，到了迫害妄想狂的地步；他喜好神秘主義和通靈，對鬼魂等篤信不疑；他堅信威廉二世是個近似神靈的偉大人物，注定要領導德國走向輝煌。他在所有這些方面都對威廉二世產生了很大影響，因此也獲得了極大的幕後政治權力，一度甚至壓倒首相。伯恩哈德・馮・比洛（Bernhard von Bülow, 1849-1929）能當上首相，在很大程度上要感謝奧伊倫堡侯爵的運作。同時，奧伊倫堡侯爵是同性戀者，和宮廷的很多達官貴人有著在當時不可言說的關係。他的同性戀者身分被政敵揭露之後，引起軒然大波，從此失勢。報界還譴責他是個裝神弄鬼、干預朝政的壞分子。至於皇帝和他的摯友之間的感情究竟是什麼性質，也是許多揣測的主題。

在第三帝國時期，納粹主導的輿論認為奧伊倫堡侯爵是一位「殉道者」，因為他的種族主義和反猶思想與納粹接近；而納粹宣傳家相信他的同性戀身分完全是猶太人的無恥誣陷。不過非常有意思的是，在一九四二年發布的德國電影《免職》（*Die Entlassung*，講述的是俾斯麥在一八九〇年的倒臺）中有一個場景，威廉二世皇帝被描繪成同性戀者，向一個正在彈鋼琴的男子羞答答地獻殷勤。[44]電影裡沒有說彈鋼琴男人的名字，但大家很容易猜測那就是影射奧伊倫堡侯爵。

威廉二世身邊的親信廷臣

而取代了奧伊倫堡侯爵，成為威廉二世親密好友的那個人，菲斯滕貝格侯爵馬克西米連・埃貢二世（Max Egon II. zu Fürstenberg, 1863-1941）則把廷臣的角色扮演到了出神入化的程度。從他的人生軌跡裡，我們能看得出，一位爐火純青的廷臣應當是什麼樣子。

菲斯滕貝格侯爵能成為皇帝的好友和親信，也比較出人意料，因為他是個外國人（奧地利公民），並且是天主教徒，而皇帝是虔誠的新教徒，對天主教持有懷疑和敵對態度。菲斯滕貝格侯爵出生於波希米亞（奧匈帝國的一部分），會說德語和捷克語，曾在德國學法律。一八九六年，他的一位德國親戚去世而沒有子嗣，讓他幸運地繼承了德國南部巴登的大片土地，於是他在德國有了身分、地位和活動基地。他是大地主，也是工業家，在德奧擁有航運、豪華酒店、煤礦和賭場等產業，是當時德奧兩國數一數二的大富豪。[45]此外他還擁有德國兩個邦國巴登和符騰堡的議員身分。對他來講，維持德奧兩國的親善是至關重要的。奧地利需要德國這樣的強大盟友。所以他想盡辦法來到德皇身邊，成為他的親信。根據歷史學家卡琳娜・烏爾巴赫的研究，菲斯滕貝格侯爵實際上是受奧地利政府指派在德皇身邊活動的說客，他真正的主人是奧皇。很多德國政治家也因此敵視菲斯滕貝格侯爵。

但德皇不這麼想，在他眼裡，菲斯滕貝格侯爵是好哥們兒和情感上的好夥伴。奧伊倫堡侯爵出局之後，德皇親信廷臣的位置空缺了出來，而菲斯滕貝格侯爵是絕佳人選，因為他風度翩翩、魅力十足，在奧地利宮廷受過訓練，懂得宮廷為人處世的明規則和潛規則，並且形象非常「直男」，不會引起類似奧伊倫堡受到的那種猜疑。此外，菲斯滕貝格侯爵伶牙俐齒，擅長溜鬚拍馬，喜歡音樂、狩獵，非常會玩。雖然喜歡在皇帝面前投其所好地講黃色笑話，但菲斯滕貝格侯爵其實沒有那麼膚淺庸俗，他精通心理，特別能把握、理解和撫慰威廉二世糙漢外表之下敏感脆弱的心。他還緊緊追蹤皇帝的興趣愛好，積極參與其中。他甚至模仿皇帝的打扮。他和皇帝留相同的髮型、蓄相同的鬍鬚，甚至走路姿勢也很像。他倆在一起的照片經常讓人混淆。他也和皇帝一樣喜歡把形形色色的制服、勳章和榮譽職位收入自己囊中。[46]

一九〇六年，威廉二世給他的一張明信片寫道：「我的全副身心都屬於你。」看樣子此時侯爵已經贏得了皇帝的好感。他後來就擔任德皇宮廷的大總管，陪在皇帝左右。[47]據威廉二世之女的記述，菲斯滕貝格侯爵幾乎無時無刻不在皇帝身邊：「他拜訪我父親太頻繁了，相信自己是不可或缺的人。」[48]

菲斯滕貝格侯爵是皇帝的情感治療師，為他解決情感問題。皇帝與皇后關係冷淡，皇后既不能提供智識上的樂趣，也不能帶給皇帝床笫之歡。皇帝竟把這麼私密的事情也傾訴給侯爵。一九〇八年，「皇帝告訴我，皇后是個善良女人，但不是個好妻子。你能想像這讓我多尷尬。我不知道對他說什麼才好。他把心裡話全都傾訴給我聽，我真的很同情這個可憐的男人」。皇帝對自己的兒子們，尤其是皇太子，也不滿意，常常向菲斯滕貝格侯爵吐槽皇子們的不忠不孝。[49]

皇帝與大臣們吵架、關係冷淡的時候，也需要菲斯滕貝格侯爵來打圓場。一九一二年，因為英德外交的摩擦，威廉二世與首相特奧巴爾德・馮・貝特曼—霍爾維格（Theobald von Bethmann-Hollweg, 1856-1921）鬧得很僵。兩人大吵一番之後，不得不坐在一起出席晚宴。菲斯滕貝格侯爵寫道：「我坐在貝特曼旁邊，想方設法逗大家講話。飯後氣氛很尷尬，我動用了我的全部雄辯和幽默的本領，活躍氣氛。所有人都為此感謝我。他們懇求我在首相告辭之前不要走。他們說，沒有我在場，實在支撐不下去。」[50]

不過威廉二世是個「高需求」的人，很快對自己的親信產生了依賴。這讓菲斯滕貝格侯爵的生活變得很辛苦。他必須二十四小時隨叫隨到。一九〇七年，菲斯滕貝格侯爵正打算去參加巴登議會的會議，這時收到皇帝的通知，讓他去英國。他在給妻子的信中經常抱怨侍奉皇帝的工作太累，尤其是陪皇帝乘船出遊的時候，簡直讓他扳手指數何時能回家。不過如果他敢於提前離開，就會遭到皇帝的訓斥：「去年你離開了我。我不想今年再經歷類似的事情。大總管，明白了嗎？」菲斯滕貝格侯爵大受震動，在給妻子的信中寫道：「我嚇壞了，告訴他我的工作很忙，但皇帝不以為然地說：『是啊是啊，找藉口。』我膽戰心驚，不知道自己會怎麼樣，因為他的預期非常奇怪，非常嚴肅，彷彿他一心要阻止我逃跑……他能一眼看到我在想什麼，彷彿能讀心！這次我不能早點離開，真讓我沮喪。」

人都是有界限的！」[51]

宮廷：君主的權力展示中心

奧伊倫堡侯爵和菲斯滕貝格侯爵是現代德國宮廷裡的典型廷臣。從古至今，擔任廷臣、侍奉和陪伴君主一直是德意志貴族的一項重要工作，或者說是使命。

在中世紀，對中小貴族來說，尤其是缺少資源的無頭銜貴族來說，在邦君的宮廷任職是非常好的工作，可以帶來豐厚的薪水、慷慨的賞賜和接近統治者的機遇；可以發展和維持人脈，甚至可以找到情人和佳偶。貴族兒童在宮廷擔任侍童（Knappe或Page）或侍女（Zofe），也是很好的受教育機會。

到了近代早期，用歷史學家彼得·克勞斯·哈特曼（Peter Claus Hartmann）的話說，宮廷有三大功能：邦君的象徵性中心、統治的工具和施加影響的圈子。先說宮廷的象徵功能。邦君大興土木，營造美麗的宮殿（如維也納的霍夫堡、美泉宮和美景宮，慕尼黑的寧芬堡和選帝侯府邸，波茨坦的無憂宮，德勒斯登的茨溫格宮等，在建築史上都赫赫有名）；贊助藝術（歌劇、戲劇、音樂、繪畫、雕塑、室內裝飾等），收藏精美藝術品，用藝術來「讚美專制主義邦國」。輝煌的宮廷生活把邦君神化，將他提升到普通貴族難以企及的高度，便於邦君壓制和管理貴族。[52]

社會學家諾貝特·埃利亞斯（Norbert Elias）探討過宮廷作為統治工具和施加影響的圈子的功能。他是以路易十四的法國宮廷為例，不過其中的道理在德意志各宮廷也適用，何況德意志王公諸侯往往以路易十四為榜樣，德意志宮廷也往往模仿太陽王的宮廷（至於模仿是大為成功，還是東施效顰，則另當別論）。根據埃利亞斯的研究，在宮廷當中，君主扮演多個互相競爭的社會精英之間的中間人和調解人的角色。當然前提條件是君主與精英集團之間的權力關係達到某種平衡，並且君主能夠牢牢掌握槍桿子。君主透過建立宮廷，把原本可能會犯上作亂的貴族吸引到自己身邊，讓他們爭寵、玩樂和揮霍，於是貴族們逐漸與自己的領地疏遠，失去了以土地為基礎的權力（如同眼鏡蛇被拔掉了牙），只能臣服於君主，為其效力。[53]

美泉宮（德語：Schloss Schönbrunn）位於維也納，是一座巴洛克風格的皇家建築，曾是神聖羅馬帝國、奧地利帝國和奧匈帝國的御用宮殿。

小邦的宮廷仍然保留一個地主家庭的色彩，但大國的宮廷管理和國家行政管理逐漸分開，內廷與外朝有別，不過很多人兼任內廷官員和國家行政官員。雖然精確的統計很困難，但歷史學家還是可以估算，近代早期德意志邦國歲入的四分之一到三分之一要花費在宮廷，小邦的花費比例甚至更高。[54]巴洛克時代的宮廷不僅奢華，而且人員很多。巴伐利亞宮廷在一五〇八年還只有一百六十人，到一七五〇年已經猛漲到一千五百人。維也納的帝國宮廷在一五八六年約有五百三十人，大多為低級貴族，而到了一七四〇年就有二千人，多為高級貴族。[55]宮廷開支更是水漲船高，尤其是在邦君地位得到提升時。普魯士第一代國王腓特烈一世於一七〇一年加冕，他的宮廷在一六九七年之前的每年開銷為三十點二萬塔勒，而到了一七一一、一七一二年的開銷就漲到了四十二點七萬塔勒。[56]

宮廷的風格差別很大。有的宮廷，比如薩克森選帝侯和波蘭國王「強壯的」奧古斯特的宮廷，竭力效仿路易十四的凡爾賽宮，窮奢極欲，也對藝術做出了很大貢獻。也有的宮廷，比如普魯士的「士兵國王」

腓特烈．威廉一世的宮廷就特別勤儉節約，簡直寒酸。他把錢都花到了軍隊上，把宮廷豢養的馬匹從六百匹減少到一百二十四，把宮中的銀餐具熔化當作貨幣儲備，把宮殿園林改為士兵操練場，解聘了宮廷的樂師等藝術家。「士兵國王」在宮中與粗俗的軍官們為伍，不像其他君主那樣舉辦光彩奪目的慶典、上演歌劇、揮金如土。他的兒子腓特烈大王的宮廷也很簡樸，但很有藝術和學術氣氛。[57]

廷臣：貴族的重要職業

邦君宮廷的最高職位一般是宮廷總管（Hofmeister），也有叫別的名字的。維爾茨堡主教宮廷的總管負責主持主教的法庭，監管主教的謀臣們，在戰時還是主教屬下城堡馬林貝格（Marienberg）的衛戍司令。這位總管的薪水很豐厚，每年多達四百古爾登，此外還有津貼和補助。維爾茨堡宮廷總管的副手（頭銜是Marschall，姑且譯作「最高軍務官」）負責財政，擔任法官，戰時還是主教軍隊的總司令，一五〇〇年左右他的年薪是二百古爾登。[58]

宮廷的很多職位是榮譽性的，一般由貴族，甚至高級貴族擔任，比如膳食總管是一個榮銜，不需要真的負責廚房工作；斟酒官也不需要真的在酒桌前侍奉。這些官職往往也是世襲的，比如普魯士國王的膳食總管職位世世代代在什未林伯爵家族或馮．德．舒倫堡伯爵家族中流傳，斟酒官一般都是克羅科（Krockow）家族的人或申克（Schenken）家族的人。Schenken這個詞原本就是斟酒的意思，變成了這家人的姓氏。

當然，這些享有榮銜的人真正做的工作很少。宮廷豢養的閒人太多，很多職位純粹是為了安置親信而設立的閒差。十九世紀初普魯士的改革家施坦因男爵對此大發抱怨：「和善、想法過多、抑鬱的多納，粗壯、自鳴得意、對自己的派系不以為然的阿爾騰施坦因，就這麼站著閒蕩，什麼工作都不做，也永遠不會做任何工作。……富裕的貴族只知享受，貧窮的貴族則霸佔著所有職位，從國務大臣到陸軍元帥，到城市監察官，這些人沒受過什麼教育，只會索取。」[59]

在宮廷，即便不是當總管、最高軍務官或膳食總管這樣的大官，哪怕僅僅像僕人一樣侍奉諸侯，比如在宴會時為主子斟酒和切肉，也是令人妒火中燒的美事和莫大的榮譽。即便是地位相當高的貴族，一般也不會認為侍奉主子是有失身分的事情。這固然是承認自己的地位低於對方，但也能讓貴族沐浴在主子的榮光之下，從而確認和鞏固自己的地位。

邦君從起床到睡覺，在宮廷的一整天都由貴族簇擁著侍奉。貴族廷臣陪邦君吃飯，與他一起玩耍、欣賞音樂、抽煙、打牌；有的廷臣負責監管邦君的膳食。

騎士約爾格・馮・埃因根（Jörg von Ehingen, 1428-1508）年輕時曾在奧地利大公阿爾布雷希特六世（Albrecht VI, 1418-1463）的宮廷服務，但起初沒有得到官職。他聰明地對大公說：「我聽說西吉斯蒙德公爵馬上要拜訪您的宮廷，如果他看到我在您這裡連最小的官職都沒有，他會覺得我是無足輕重的人。」大公正好心情好，於是把內室的鑰匙交給他，任命他為內室男僕。有一位宮廷官員臨死之前還告誡兒子們要「好好為諸侯和伯爵們服務」。也有的貴族把自己曾擔任過的宮廷職務銘刻在自己的墓碑上。[60]優秀的廷臣可以期望得到豐厚的回報。

至於什麼樣的人有資格到宮廷侍奉，也就是當廷臣（Hofmann 或 Höfling），往往受到複雜的規章制度的約束。比如在第二帝國的普魯士宮廷，軍人的地位極高，少尉或以上軍銜的人即可參加宮廷活動，如舞會等。[61]普魯士宮廷裡隨處可見軍官，尤其是近衛軍軍官。在普魯士宮廷，軍官（不管是貴族還是平民）的優先順序別很高，甚至比高級官員要高。而更「時髦」和「高貴」的團的軍官，哪怕本身的地位不高，也很容易得到青睞。「曾經直屬於帝國的陪臣家族的千金小姐在宮廷跳舞時，更願意選擇的舞伴是新近獲得貴族身分的馮・克拉姆斯塔先生，因為他屬於近衛胸甲騎兵團；而不願選擇來自第三近衛步兵團的什未林伯爵大人，他儘管出身『原始貴族』，他的家族在過去五百年裡卻一直生活在農村」。[62]

宮廷喜歡儀式感，儀式有複雜的規矩。廷臣的一言一行都要遵守規矩，必須做到符合宮廷禮節（höflich）。後來 höflich 這個詞發展為「禮貌」、「客氣」的意思，但它原本是「宮廷」（Hof）的形容詞。英語中的 courteous（禮貌）和 court（宮廷）也是類似的關係。那麼究竟怎麼樣才算符合宮廷禮節，廷臣的正確行為規範是什麼呢？比如，一位貴族下樓迎接到訪的其他貴族時，應當走多遠去相迎？一位伯爵的馬車可以用幾匹馬？向不同等級的貴族鞠躬時，彎腰要彎到什麼程度？

好在有人寫了專門的書來說明規矩。義大利外交官巴爾達薩雷・卡斯蒂廖內（Baldassare Castiglione, 1478-1529）著有《廷臣之書》（*Il Libro del Cortegiano*），以對話體描寫了文藝復興時代歐洲宮廷裡的男女廷臣（紳士和淑女）應當如何言行舉止。該書被認為是文藝復興時代宮廷生活規矩的權威決定版教科書，很快就被翻譯成西班牙語、法語、英語、德語等語言。想要在宮廷混得好，有必要學習學習這本書。就連神聖羅馬皇帝查理五世也是該書的忠實讀者。卡斯蒂廖內擔任派駐查理五世宮廷的使節時出版了該書，查理五世命令將該書翻譯為西班牙文。[63]

根據《廷臣之書》，優秀的廷臣應當始終鎮靜自若，聲音醇厚優美，言談溫文爾雅，眼神和面部表情優雅，儀態手勢要落落大方；同時也要擅長體育運動，熟悉人文知識、古典文化和藝術。優秀的廷臣應當是一道亮麗的風景線，可以供人欣賞和讚美。而對廷臣來說，最重要的品質是 *Sprezzatura*。這個詞很難翻譯，可以解釋為「淡定」、「仔細地無動於衷」、「漫不經心」、「輕鬆自如」等等。*Sprezzatura* 的行家裡手應當掩飾自己所做的努力，讓大家覺得他的精彩表現，比如體育運動方面的表現，或者優雅的外表與禮節，都是渾然天成、自然而然的，而不是透過學習和模仿辛辛苦苦得來的。打個不是非常恰當的比方，如果某同學考試前夜辛苦複習了一夜，第二天考得很好，可以帶著 *Sprezzatura* 的淡定態度說：「哦，我昨晚看了一夜武俠小說。」

十九世紀初的「陪臣化」和「世俗化」對希望以廷臣為職業的貴族來說是沉重打擊，因為之前德意志的三百多個邦君宮廷數量銳減，到一八一五年德意志諸邦只剩下三十多個擁有主權的統治者，也就是僅存三十多個宮廷。一九一八年，德國還有十九個宮廷。貴族在宮廷侍奉君主、參與政治、結交名流、交換利益，也互相爭鬥。宮廷生活也在很大程度上促進了文學、繪畫、雕塑、音樂等藝術的發展。歌德得到薩克森—威瑪—愛森納赫大公的庇護和贊助，華格納得到巴伐利亞國王路德維希二世的頂禮膜拜和慷慨解囊。

在十八和十九世紀，較小的德意志宮廷，如巴登、薩克森—威瑪等小國的宮廷，較多地接納了資產階級出身的人士，宮廷本身的資產階級色彩也較濃。比如黑森大公國的宮廷圈子有百分之六十的人是資產階級。[64]而較大的邦國，如奧地利、巴伐利亞、薩克森宮廷，則更為排斥資產階級，等級更加森嚴，貴族保守氣息更濃。

威廉二世時期的柏林宮廷是歐洲最光輝璀璨、排場最隆重威嚴的宮廷之一。他的宮廷把各邦國的貴族吸引到柏林，對國家的整合與團結應當說起到了積極作用。[65]由於威廉二世親自統治的強勢傾向，他身邊的廷臣往往具有強大的影響力。柏林宮廷的男女廷臣絕大部分是擁有歷史悠久血統的貴族世家成員。不過，皇帝本人有時希望並且喜歡與大資產階級交往，所以會試圖避開柏林宮廷，在一年一度的基爾港帆船大賽等場合繞過貴族廷臣，直接與資產階級社交。他在冊封資產階級人士為貴族的時候也特別慷慨。皇帝的這些傾向遭到了一些貴族的怨恨和堅決反對。尤其是易北河以東的農業貴族與柏林宮廷保持距離，批判威廉二世宮廷的「拜占庭式奢靡」，並儘量少去宮廷露面。[66]

四、藍血神父：教會貴族

神聖羅馬帝國與基督教會緊密捆綁在一起。按照歷史學家詹姆斯·布賴斯的說法，普世教會與普世帝國這兩種理念就是神聖羅馬帝國之所以存在的理由。帝國的教會是屬於貴族的教會。

教會諸侯

在神聖羅馬帝國早期，為了平衡世俗諸侯的強大勢力，皇帝向許多教會人士分封土地。有些教會高級領導人因此成為富甲一方、有權有勢甚至擁兵自重的諸侯，有權參加帝國會議。這樣的教會諸侯（geistliche Fürsten）同時擁有教會領導人和地方諸侯兩個身分，既是精神領袖又是政治領袖。所以會有「采邑主教」（Fürstbischof）這樣的說法，因為他既是有采邑的諸侯（Fürst），也是主教（Bischof）。整個帝國的大約七分之一到六分之一土地屬於教會。[67]教會諸侯的世俗領地是與他的教職捆綁在一起的。也就是說，采邑主教不能把自己的世俗領地傳給親戚；他死後，他的世俗領地就屬於下一位主教（由選舉產生）。這一點與純粹的世俗諸侯不一樣。教會諸侯的世俗領地與他作為精神領袖的教區（Diözese）也不一定重合。主教的教區如果位於某座城市的話，在中世紀晚期，主教經常與市民發生衝突，結果往往是主教從城市被趕走。到一五〇〇年，奧格斯堡、巴塞爾、科隆、康斯坦茨、施派爾、史特拉斯堡和沃爾姆斯的主教都被迫離開了相應的城市。比如科隆大主教後來不得不把自己的都城遷往波昂，康斯坦茨主教遷往米爾斯堡。波昂這樣的首府城市後來的輝煌掩蓋了這樣的事實：它們的存在其實象徵著大主教的失敗。[68]

教會諸侯除了采邑主教之外，也可能是大主教、修道院長、女修院長等。條頓騎士團的大團長也是服從於天主教會的教會諸侯。樞機主教在德意志也算教會諸侯。有三位教會諸侯還是位高權重的選帝侯，分別是科隆大主教、美因茨大主教和特里爾大主教。直屬於帝國的教會貴族被稱為「帝國高級教士」（Reichsprälat），這個概念大於教會諸侯（geistliche Fürsten）。帝國高級教士雖然享有參加帝國會議等一系列特權，但不一定像教會諸侯那樣富裕和強大。帝國高級教士的領地往往很小，但常常是文化中心。

貴族對教會職位的控制

從中世紀到近代早期，對教會職位的控制是德意志貴族的一項重要特權。主教座堂的教士團體（Domkapitel）主要由貴族組成，他們有權選舉主教。皇帝和教宗一般只是對他們決定的人選予以確認（往往只是走過場），而很少能直接干預地方上主教的人選。

古人的預期壽命不高，為了保障家族血統的延續，貴族會盡可能多地生男孩。而在中世紀，長子繼承制並不在所有地區都流行，所以兒子越多，意味著分家的時候，會把家產越分越小。如果連續幾代都人丁特別興旺，對家族大業來說是個災難。為了安置過剩的男孩，主教座堂的教士團體就是個好去處。最妙的是，假如原定的繼承人意外死亡，被安置在主教座堂的兄弟子侄還可以還俗，回來繼承家業。

教職還常常裹挾著巨大的經濟利益和物質利益。宗教改革之前的教會非常富有，養得起大量的閒人，可以為貴族（尤其是沒有繼承權的幼子，也有女性）提供油水豐厚的職位和閒差。並且，主教座堂的教士理論上都可以成為主教，那就是一方諸侯，可以給自己的家族帶來巨大利益和很好的人脈。比如維爾茨堡主教洛倫茨·馮·比布拉（Lorenz von Bibra, 1459-1519）上任之後就把自己的九位親戚提拔為謀臣或地方官。[69]

主教座堂的教職在中世紀只有貴族子弟才能染指。而且這種職位是固化的、封閉性的，某個地方的主教座堂職位可能被少數幾個家族壟斷，外人很難染指。比如科隆大主教和選帝侯的位置，從一五八三年到一七六一年，一直掌握在維特爾斯巴赫家族手裡。[70]一四七五年，科隆大主教區的法規要求，希望成為主教座堂教士的人必須能證明自己的三十二位祖先是貴族。十五世紀末，德意志西部的各個主教座堂幾乎已經完全成為封閉的小集體，不向平民出身、受過大學教育的人開放。馬克西米連一世皇帝想把自己的門客、平民出身的教士馬托伊斯·朗格（Matthäus Lang, 1468-1540，後成為薩爾茨堡大主教）安排到奧格斯堡主教座堂，不料奧格斯堡的教士團體居然不給皇帝面子，排斥沒有貴族血統的朗格。皇帝經歷了漫長而艱難的鬥爭才終於迫使奧格斯堡主教座堂破例。西元九〇〇年至一五〇〇年帝國的一百六十六名大主教當中只有四人不是貴族出身。七到十五世紀的二〇七四名主教中（不算布拉格主教），只有一百一十五人不是貴族出身。[71]

貴族壟斷教會職位的情況受到很多嚴厲的批評。人文主義學者雅各·溫普菲林（Jakob Wimpfeling, 1450-1528）抱怨道，教會在分配職位時，往往選擇連擤鼻涕都不會的毛孩子，而不要正經的學者。梅克倫堡家族的馬格努斯於一五一六年成為什未林主教時只有七歲。[72]人文主義學者伊拉斯謨則說，史特拉斯堡的主教座堂太高貴，連耶穌基督本人在那裡都謀不到職位。[73]所以很多教士其實不太像是神職人員，對宗教也不感興趣。科隆的一位貴族教士不情願地接受聖職之後，上午去教堂做禮拜，然後就過著世俗貴族的生活，打獵、赴宴、跳舞。[74]普法爾茨—西門的魯普雷希特在十五世紀當了二十八年的史特拉斯堡主教，據說從來沒有做過一次彌撒，並且似乎連自己的主教冠和權杖都弄丟了。一五一五年當選科隆大主教的赫爾曼・馮・維德（Hermann von Wied）據說不懂拉丁文。[75]

軍事修會

軍事修會作為天主教會下屬的組織，也是德意志貴族的安身立命場所之一。軍事修會的成員有雙重身分，既是修士，又是騎士。在德意志活動的軍事修會主要有兩個：聖約翰醫院騎士團（後來改稱馬爾他騎士團）和條頓騎士團。

下一章會比較詳細地介紹醫院騎士團的情況。這裡我們主要談條頓騎士團。它一度在波羅的海沿岸建立起了自己的國家，但最後一任大團長阿爾布雷希特・馮・霍亨索倫—安斯巴赫（Albrecht of Hohenzollern-Ansbach, 1490-1568）在一五二五年將騎士團世俗化，建立了普魯士公國，向波蘭國王齊格蒙特一世（也是阿爾布雷希特的舅舅）宣誓效忠。另外，阿爾布雷希特還皈依了新教。這個普魯士公國後來與布蘭登堡選侯國聯合起來，演化為近代的普魯士王國。

但條頓騎士團在德意志的土地還在。在過去，條頓騎士團的德意志分支的領導人被稱為「德意志團長」（Deutscher Meister），他在一四九四年之後享有神聖羅馬帝國的諸侯的地位。因為他的教會身分，所以德意志團長也算是教會諸侯。一五三〇年，德意志團長的頭銜與大團長的頭銜融合，稱為「大團長兼德意志團長」（Hoch- und Deutschmeister）。查理五世皇帝曾想把條頓騎士團轉移到匈牙利，去對付鄂圖曼帝國，從而繼續執行騎士團的十字軍東征使命，但這件事情沒有辦成。[76]不過，條頓騎士團提供了少量部隊去東歐參加哈布斯堡皇朝與鄂圖曼帝國的戰爭，這些部隊當中只有指揮官是條頓騎士團成員，作戰士兵都是雇傭兵。條頓騎士團歷史的這個篇章鮮有人知。[77]

條頓騎士團在德意志的基地是梅根特海姆（Mergentheim，在今天的德國南部，巴登符騰堡州境內），這片領地的面積有二百七十五平方公里，差不多相當於一個較小的伯爵領地。在此之外，騎士團還擁有一些不是直屬於帝國的領地。

失去了十字軍東征的使命之後，條頓騎士團仍然頑強地生存下來，表現出了韌性和靈活性。在宗教改革時代，騎士團的十一個分支當中有二個（圖林根和薩克森）完全皈依新教，而另外一個分支黑森在一六八〇年後接受三種信仰（天主教、路德宗和加爾文宗）的成員。

條頓騎士團對德意志貴族一直有吸引力。十五世紀，騎士團就停止接受市民加入。到十八世紀，想加入騎士團的人必須證明自己的家族往前追溯三代全都是貴族。騎士團成員可以自由地在德意志各邦擔任職務，為諸侯效力。在一五八四至一六六四年和一七六九至一八〇六年期間，哈布斯堡壟斷了條頓騎士團大團長的職位。

Stift：貴族把持的一種宗教機構

所謂的 Stift 是貴族與教會互動的重要工具，也是貴族的一條重要職業路徑。Stift 這個詞的原意為「捐獻」、「捐贈」。在中世紀和近代早期，貴族常將一座莊園，連同農奴、佃農、管理者、農具設備、基礎設施等捐贈給教會。如果接受捐贈的是修道院或主教座堂等級別足夠高的教會機構，並且該機構獲得了相應土地的世俗領主權利，那麼這座莊園及其土地就成為一個直屬於神聖羅馬帝國的「帝國政治體」（Reichsstand），就像一個邦國。那麼 Stift 一詞也可以指該「帝國政治體」的領地本身。於是該 Stift 的主人（可能是修道院院長、主教、大主教等）也就具備直屬於帝國的諸侯身分。主教名下的 Stift 領地稱為 Hochstift，大主教名下的 Stift 領地稱為 Erzstift。我一般簡單地將這兩個詞分別譯為「主教領地」和「大主教領地」。當然了，各種 Stift 領地的領主，也就是各種級別的神職人員，他們絕大多數有貴族出身。

宗教改革時代，在新教地區，很多 Stift 領地被世俗化，成為世俗領主的領地；後來在被拿破崙佔領或受其影響的地區，更多 Stift 領地被世俗化。也有很多 Stift 延續至今，仍然是天主教機構的財產。擁有 Stift 的修道院常常就被稱為某某 Stift。這樣的話，Stift 常常是修道院的同義詞。用來支撐某座教堂的 Stift 叫作 Kollegiatsstift，用來服務某座主教座堂的 Stift 就叫 Domstift。[78]

在新教邦國，雖然天主教的修道院不復存在，但很多 Stift 被保存下來，其領地和收入被用來維持類似於天主教女修院的女子機構，稱為 Damenstift（Damen 的意思是女士、貴婦等），也叫 Frauenstift（Frauen 的意思是女子）。這算是教會的慈善機構。新教貴族家庭裡終身未婚的女子或寡婦的一個出路就是到這樣的 Damenstift。她們可以在這裡生活，參加宗教活動，等等，但不算出家（新教本身也沒有修女）。所以，在這個層面上，有的 Damenstift 類似於養老院。還有一些 Damenstift 也開辦女校，為貴族女子提供教育，所以有的 Damenstift 可以直接翻譯為「女校」。二戰之後，東德境內的 Damenstift 被解散，財產被國有化。西德的很多 Damenstift 延續至今，現在也接納非貴族女性。

教會庇護權與新的挑戰

除了壟斷教會的高級職位之外，貴族對自己領地之內的教會組織也有很大的控制權，即所謂的教會庇護權（Patronatsrechte）。首先，鄉鎮的教堂位於當地貴族領主的土地之上，房產往往屬於領主，歷任的本堂神父／牧師和其他神職人員只是暫居的過客而已。領主有義務維護這些教堂房屋，需要出錢建造、修葺等。其次，貴族對自己領地內的本堂神父和其他神職人員的任免有很大的決定權。在農村，本堂神父或牧師往往是地方上的權威人物，在村莊裡肯定是重要的領導者。神父或牧師可以在很多方面幫助貴族領主，比如安撫民眾，緩和貴族與民眾之間的關係。所以貴族很有理由去挑選合自己心意的神職人員。

十九世紀的現代政府對貴族的教會庇護權做了很多限制，但貴族對本地宗教事務的影響力仍然很大。早在一八四八年革命期間，進步人士就要求政教分離，取消貴族的教會庇護權，但沒有成功。威瑪憲法沒有提及教會庇護權。一九二〇年普魯士的憲法提出取消貴族的教會庇護權，但沒有實施。在這之後，包括在納粹時期，貴族和教會經常在地方宗教事務問題上發生矛盾。[79]

一直到二十世紀，貴族地主對自己領地內神父或牧師的任命都有很大決定權，但這與過去貴族對教會的全面主宰相比真是黯然失色了。

宗教改革之後，在新教地區，原先天主教會的財產大量被世俗化，被俗人吞併侵佔，很多宗教機構與職位也被廢除，於是貴族失去了許多機會與利益。新教地區（比如德意志北部和東部）的許多貴族相對於天主教貴族而言較為貧窮，這和宗教改革也許有關係。另外，由於失去了教會這樣一個收益豐厚的職業路徑，新教貴族也更多地選擇出仕或從軍。

十八世紀末到十九世紀初的法國大革命和拿破崙戰爭時期，萊茵河左岸地區被法國佔領。為了補償這些地區喪失財產的貴族，帝國和諸侯團體的對策是將萊茵河右岸地區部分教會財產世俗化，分給那些「喪家犬」一般的貴族。於是天主教會再次蒙受沉重打擊，失去了大量財產。這也導致很多貴族失去了生存的物質基礎。所以十九世紀初的教會財產世俗化運動對貴族來講是雙刃劍。

與其他職業一樣，貴族在教會也受到市民的挑戰與競爭。一八〇三年，在整個帝國（除了波希米亞），只有約瑟夫二世皇帝親自任命的林茨主教是市民，其他都是貴族。而到了一八七〇年，德語地區的一百五十七名主教中只有四十六人是貴族，二十八人是新近獲得貴族身分的市民，其餘都是市民出身。[80]

啟蒙時代的新思潮向宗教發起攻擊，也對貴族主導的等級制提出質疑。很多貴族感到，他們所在階級的衰落是因為宗教虔誠的日漸淡薄，所以十九和二十世紀很多基於基督教的保守思潮與貴族有連繫。

不過隨著基督教在現代生活中尋找自身的新位置，教會越來越多地注重和參與社會福利和慈善活動。貴族在這方面也發揮了自己的作用，具體在下一章中介紹。

五、「貴人理應行為高尚」：貴族的慈善活動

「童話國王、騎士詩人和貴族作家：德意志貴族與文學」一章中講到的圖林根方伯赫爾曼一世有個兒媳叫伊莉

莎白（一二〇七至一二三一），她是匈牙利公主，四歲就來到瓦爾特堡，原定嫁給方伯的長子，但未及成婚他就去世了。伊莉莎白後來嫁給方伯的次子路德維希。路德維希於一二二七年參加第六次十字軍東征[81]的途中出師未捷身先死。成為寡婦的伊莉莎白正青春年少，但她從此不問世事，專心於扶貧濟困的慈善活動。她出資建造醫院，幾乎每天佈施窮人，因此受到圖林根宮廷很多人的非議。赫爾曼一世也對兒媳不滿，覺得她的慈善工作不符合貴婦的身分。一天，伊莉莎白攜帶裝滿食物的籃子離開城堡，準備去施捨窮人。方伯攔住她，問籃子裡是什麼。她說只是花而已。方伯揭開籃子蓋，發現裡面裝滿了玫瑰花。[82]這是伊莉莎白的「神跡」之一。後來這位仁慈的貴婦成為天主教的聖徒。

雖然這只是傳說，但德意志貴族參與慈善活動的歷史非常悠久，與貴族庇護教會、參與教會活動也有很大關係。扶貧救難是貴族「貴人理應行為高尚」（Noblesse oblige）價值觀的體現，即貴族認為自己既然享有特權、生活優渥，就對社會和大眾負有責任。而且極端貧困若是擴散，必然造成社會動盪，威脅到貴族階層自己的生存。

扶危濟困的理念與慈善行為

貴族在撫養子女的過程中，往往有意識地培養扶助貧弱的意識。奧匈帝國晚期的貴族兒童如果收到金錢饋贈，會在父母要求和指導下自己記帳，並將一部分金錢捐贈給窮人。父母嚴格監督和控制子女捐款的過程。戈特弗里德·祖·霍恩洛厄—希靈斯菲斯特公子年幼時在家中養雞作為娛樂。父母要求他準確地記錄雞的數量和每天下蛋的數量，每週結算一次，雞蛋的三分之一要交給家中的廚房，三分之一要捐贈給附近的窮人，只有剩餘三分之一可以由戈特弗里德公子自己賣掉換錢，去買糖果和圖畫書。他的父親康斯坦丁公子（一八二八至一八九六）是法蘭茲·約瑟夫皇帝時期奧匈帝國的宮廷大總管，日理萬機，每天要處理大量公務，但對督促兒子捐獻雞蛋的事情一絲不苟。[83]

貴族可能會向窮人提供直接的金錢資助，幫助安排工作，建立私人的養老金帳戶，建立醫院、養老院等機構，

保利娜・馮・梅特涅侯爵夫人，Franz Xaver Winterhalter 繪，一八六〇年。

或為這樣的機構提供經濟援助，或聘用社區醫生為貧民服務等。女性貴族關心和照料自己的佃戶，拜訪窮人，噓寒問暖，聆聽他們的疾苦，捐贈食品、服裝、藥品等。莊園女主人在瘟疫流行或饑荒時期，往往帶著家裡的女性親人或僕人，為窮人施捨粥飯。瑪麗・祖・霍恩洛厄—希靈斯菲斯特（Marie zu Hohenlohe-Schillingsfürst, 1837-1920）是康斯坦丁公子之妻，她在維也納第二區開設濟貧廚房，每天為窮苦兒童、老人和病人提供免費飯菜。[84]

除了上述直接幫助窮人的活動，貴族還有間接的慈善工作，比如安排慈善義賣、義演、舞會等，並參與慈善活動的組織工作，擔任這些組織的領導人。這些活動能夠發揮貴族女性的組織才能，是她們消遣時間的絕佳方式，她們也借這些機會互相競爭，看誰組織的活動更壯觀，請到的嘉賓更高級，募集的善款更多。貴族少婦和小姐們也借這些公開場合爭奇鬥豔和社交。

傳統貴族平時可能瞧不起新近獲得貴族身分的資產階級人士，不和他們社交，但在這些需要捐款的慈善活動當中，傳統貴族非常需要「暴發戶」和資產階級商人、實業家的慷慨解囊。而這些人往往渴望得到傳統貴族的認可，渴望被他們接納，所以往往對貴族組織的慈善活動趨之若鶩。貴族女主人的宮殿平時從來不邀請新貴族或資產階級的太太，但為了搞慈善活動願意接納她們。不過，往往是活動結束之後，貴族女性就不和資產階級太太們來往了。

保利娜·馮·梅特涅侯爵夫人（Pauline von Metternich, 1836-1921）是著名的梅特涅首相的外孫女，也是他的兒媳。她是奧匈帝國晚期最突出、最著名（也許有人會說是臭名昭著）的慈善活動組織者。為了贊助藝術和賑濟窮人，她在自己的宮殿舉辦很多晚會，邀請著名的音樂家和演員獻藝，甚至親自唱歌演戲，招致許多非議。有的人覺得身為貴婦如此大出鋒頭，實在不成體統。她還不知疲倦地寫信給達官貴人，請求他們為她的慈善事業捐款。很少有人膽敢拒絕，因為她是維也納社交界的女王，並且她組織的活動往往妙趣橫生，大家確實想去參加。[85]

貴族（女性）組織和領導的慈善機構有很多，比如祖國婦女協會（Vaterländischer Frauenverein）為需要幫助的人士募捐並組織救濟工作。該協會於一八六六年由普魯士王后奧古斯塔（後來的德國皇后）建立，很快在全國開枝散葉，性質類似於紅十字會。王后任命的第一任協會會長為普魯士貴族世家女子露易絲·加布里艾拉·瑪麗·馮·伊岑普利茨（Louise Gabriele Marie von Itzenplitz, 1839-1901），第二任會長是露易絲的妹妹夏洛特·馮·伊岑普利茨伯爵小姐，她領導該協會的慈善工作長達半個世紀，從一八六七年到一九一六年。[86]

在兩次世界大戰期間，很多貴族女性到醫院當護士和護工，直接參與救死扶傷的工作；或者開辦慈善幼稚園，照料陣亡將士的遺孤。

「藍血神父：教會貴族」一章中講過具有多種功能的 Stift，其中很多也是教會的慈善機構，有濟貧院、養老院、孤兒院、學校等。

在帝制時代，貴族的慈善活動究竟在多大程度上是自娛自樂的社交、趕時髦，又在多大程度上發揮了作用，真真切切地幫助到了一些人，我們很難給出定量的判斷。保利娜·馮·梅特涅侯爵夫人舉辦的晚會是多瑙河君主國浮華的名利場的一部分，但她的慈善活動有實在的成績。她在維也納出資建立的醫院免費為窮人提供救護車服務，她大力贊助醫學基礎研究，尤其是癌症醫學研究。又如文琴茨・馮・奧爾施佩格侯爵把自己的宮殿的一翼改成醫院，為周邊的窮人免費提供醫療，每天照料數百病人。[87]不過，我們很難想像參加慈善活動的貴族夫人小姐們對當時社會底層的真實生活有多少瞭解。

聖約翰騎士團與馬爾他騎士團

在聖約翰醫院騎士團和後來的馬爾他騎士團的慈善活動中，德意志貴族也發揮了重要作用。聖約翰醫院騎士團是歐洲歷史上的三大騎士團之一（另外兩個是聖殿騎士團和條頓騎士團），始建於十一世紀，起初的使命是為到耶路撒冷朝聖的基督徒提供醫療等服務，後來逐漸軍事化，成為教宗領導下的武裝力量，參加過西方基督教世界與穆斯林世界（尤其是鄂圖曼帝國）之間的多場激烈戰爭。此後因基督教國家在東地中海的據點逐個被鄂圖曼軍隊消滅，醫院騎士團於一五三〇年在神聖羅馬皇帝查理五世的幫助下將總部轉移到馬爾他島，所以後來被稱為馬爾他騎士團（Malteserorden）。失去了與穆斯林對抗的軍事功能之後，馬爾他騎士團逐漸演化為宗教和慈善組織。但在十八世紀末，拿破崙一度將其從馬爾他島驅逐出去。

醫院騎士團／馬爾他騎士團在全歐洲都有活動和據點，德意志也不例外。醫院騎士團在德意志的基地設在萊茵河上游的海特斯海姆（Heitersheim，在今天德國西南部），擁有二百二十平方公里的土地，地位相當於神聖羅馬帝國的一個邦國。[88]醫院騎士團早在一三八二年就在德意志建立了布蘭登堡分支。宗教改革之後，布蘭登堡分支於一五三八年改信新教，脫離了天主教會。德意志的新教醫院騎士團組織後來就一般被稱為「聖約翰騎士團」（Johanniterorden）。布蘭登堡的聖約翰騎士團組織在一八一〇年被世俗化，財產被普魯士國家充公。[89]但在一八五二年，普魯士國王腓特烈・威廉四世重建了布蘭登堡的聖約翰騎士團，還讓御弟卡爾王子擔任團長。[90]

與此同時，信奉天主教的馬爾他騎士團繼續在德意志的天主教地區活動。一八五九年，萊茵蘭—威斯特法倫地區的貴族建立了當地的馬爾他騎士團組織；一八六九年，西里西亞也建立了自己的馬爾他騎士團分支。[91]

在德意志，馬爾他騎士團是天主教組織，聖約翰騎士團是新教組織。不過二者的職能和宗旨類似。兩個騎士團的正式成員起初都是貴族，不過從一九四八年起平民也可以加入騎士團。[92]在十九世紀的德意志，聖約翰騎士團的主要工作是傳教和慈善，建立了一系列「聖約翰醫院」和照料傷患的療養機構。興登堡總統是聖約翰騎士團成員，因此一直庇護騎士團。納粹時期，聖約翰騎士團在柏林的總部大樓成為帝國宣傳部辦公樓，騎士團受到納粹的騷擾。威廉二世的第五子奧斯卡是這一時期的騎士團大團長。二戰結束後，奧斯卡王子攜帶一個背包隻身來到波昂，重建了德國的聖約翰騎士團。

「馬爾他騎士團救援服務」（Malteser-Hilfsdienst）於一九五三年成立，是馬爾他騎士團在德國的一個組織，總部設在科隆，有五萬成員（大多為非貴族），曾為二百萬人提供醫療和救援培訓。曾經的反希特勒義士格斯多夫男爵[93]於一九五二年創辦了「聖約翰騎士團事故救援」組織（Johanniter-Unfall-Hilfe），其功能類似「馬爾他騎士團救援服務」，有約二萬名成員，每年培訓四萬名志願者。[94]

另外，馬爾他騎士團的奧地利分支始建於十二世紀，今天約有四百名成員，超過三分之二是貴族。[95]

六、外交界的德意志貴族

一九四五年八月，也就是納粹德國投降的僅僅三個月之後，英國外交官、政治家和作家哈樂德·尼科爾森（Harold Nicolson, 1886-1968）在《旁觀者》（*Spectator*）雜誌發表了一篇訃告，悼念一位德國貴族——阿爾布雷希特·馮·伯恩斯托夫伯爵，並稱讚他是「德國好人」。

十幾年後的一九六一年，在冷戰背景下，聯邦德國已經成為英國的盟友。在聯邦德國駐倫敦大使館舉行的伯恩斯托夫伯爵紀念碑落成典禮上，尼科爾森發表演講，再次讚美伯恩斯托夫伯爵的「良心的莊嚴」、勇氣與魄力，評價他「犧牲了自己的生命，去捍衛自己民族的榮譽」。

同年的七月二十日（施陶芬堡伯爵行刺希特勒的紀念日），聯邦德國外交部舉辦紀念活動，樹立紀念碑來緬懷德國外交界的一些反納粹人士，上面第一個名字就是伯恩斯托夫伯爵。碑文寫道：「他們為了德國人民的榮譽獻出了自己的生命。」貴族出身的外交部長海因里希・馮・布倫塔諾（Heinrich von Brentano, 1904-1964）在活動上致辭。[96]

這位伯恩斯托夫伯爵是何許人也，為何得到英德兩國外交界共同的讚許和懷念？

反納粹的貴族外交官

阿爾布雷希特・馮・伯恩斯托夫—施丁騰堡伯爵（Albrecht Graf von Bernstorff-Stintenburg, 1890-1945）是德國歷史上重要的外交官和反納粹義士。他出身於霍爾斯坦的大地主和外交官家庭，十七歲就繼承龐大的家業，在大學裡學法律，曾獲得羅茲獎學金在牛津大學學習兩年，後進入德國外交部，一九二三年到德國駐倫敦大使館工作，後成為大使參事（相當於大使館的二把手），在泰晤士河畔生活了十年之久。他是親英分子，喜歡英國的自由主義和民主風氣，廣交英國各界朋友，致力於兩國的互相諒解和彼此友好。

伯恩斯托夫伯爵是自由主義者和和平主義者，據說小時候曾把玩具士兵熔掉[97]。所以，他厭惡納粹就不足為奇了。在給一位英國朋友的信中，他寫道：「我們憎恨〔納粹〕體制，並與之作鬥爭，因為它必定會破壞德國，使德國墮落……這夥罪犯、精神病患者、善良的瘋子和狂妄的年輕人，正在破壞我們以之為傲的優良品質，正是這些品質造就了一九三三年三月之前的德國。」[98]一九三三年納粹上臺之後他就謝絕了政府派他到加爾各答擔任總領事的任命，選擇辭職。一九三四年起他在柏林的猶太人開設的瓦瑟爾曼銀行（A.E. Wassermann）工作。一九三七年，納粹政府將該銀行「雅利安化」，驅逐其猶太人業主，伯恩斯托夫伯爵成為該銀行的法人，努力保護原主人的利益。他目睹納粹對猶太人的種種迫害，經常在親友圈子裡抨擊政府的反人道罪行。他是羅茲獎學金的德國委員會成員，於是運用自己的影響力，阻止納粹對該委員會橫加干預，並保證猶太學生能夠繼續照常申請該獎學金以赴英國留學。他還幫助猶太人移民或逃亡，協助他們將資本轉到國外，免遭納粹侵吞。一九三八年十一月，伯恩斯托夫伯爵搭救了著名的猶太歷史學家恩斯特·康托洛維茨（Ernst Kantorowicz, 1895-1963），先是讓他在自己位於柏林的房子中躲避，後來幫助他躲到伯恩斯托夫家族在鄉村的宮殿。伯恩斯托夫伯爵還利用自己多年來在外交界的關係，與外國外交官和記者聯絡，為他們提供關於納粹德國政治形勢的情報。在戰爭一觸即發的時候，他把自己打探到的德軍即將進攻的消息透露給了英國和荷蘭的朋友。[99]

不過，伯恩斯托夫伯爵在表達自己的好惡時或許過於直白了一些，比如他經常毫無顧忌地講關於希特勒的笑話：「一顆炸彈落在希特勒、墨索里尼和史達林之間。誰能活下來？歐洲。」於是他很快引起了當局的注意。一九四〇年五月，伯恩斯托夫伯爵第一次被捕，被投入達豪集中營，後來被釋放。一九四三年七月，他被蓋世太保逮捕，後被投入拉文斯布呂克集中營，最終於一九四五年四月二十三日夜間在柏林被黨衛軍殺害。此時的柏林已經被蘇聯紅軍包圍得水泄不通。[100]

伯恩斯托夫伯爵是德國外交界人士當中積極反抗納粹統治的典型人物，也是一位反納粹的貴族英雄。在德國歷史上，貴族與外交界長期有著緊密的連繫。在納粹時期，外交界的德國貴族當中有伯恩斯托夫伯爵這樣的抵抗鬥士，但與納粹合作的外交官也不在少數。我們不妨從頭開始，講講德意志貴族在外交界的故事。

貴族從事外交的優勢

外交官是貴族的天然職業。自現代外交於十六和十七世紀誕生以來（一般認為是樞機主教黎塞留發明了現代外交[101]），歐洲各國的外交官，尤其是大使、公使這樣的高級外交官，有很多是貴族出身，德意志各邦也是如此。

貴族從事外交有很大優勢。首先，貴族熟悉宮廷禮節、儀式和奢華的生活方式等，這些東西是他們在自幼生長的環境裡耳濡目染的，而市民階層的人需要費很大力氣才能學會這些繁文縟節。布魯諾·克賴斯基（Bruno Kreisky, 1911-1990）擔任奧地利共和國外交部長時，有人問他，外交部裡為什麼有那麼多貴族。他回答：「外交部需要懂得怎麼用刀叉吃飯的人。」[102]

其次，歐洲貴族高度國際化，互相交際和聯姻，各國貴族組成跨國團體，大家都是「自己人」，人脈廣，方便溝通，比較容易贏得對方的信任。用社會學家格奧爾格．齊美爾（Georg Simmel）的話說，兩個貴族在一晚上的互相瞭解比兩個資產階級人士一個月的互相瞭解還要多。[103]

第三，顯赫而歷史悠久的姓氏具有崇高的威望，對普通人有很強的震撼力和吸引力。比如哈布斯堡、科堡、俾斯麥、毛奇這樣的姓氏，對從事外交工作的貴族有很大的加分。

第四，在近代早期，外交官領取的薪水很少，但他們需要維持體面甚至奢華的生活方式，所以往往需要自掏腰包。往往只有貴族才有足夠的私人財產可供開支。多多．海因里希．祖．因豪森．克尼普豪森男爵（Dodo Heinrich zu Innhausen und Knyphausen, 1729-1789）常年擔任普魯士駐外使節，為了給普魯士王國撐面子而花錢如流水，以致破產，最後娶了個富裕市民的女兒才挽回局面。[104]

從普魯士王國到第三帝國：德國貴族在外交界

普魯士的現代外交事業發源於三十年戰爭之後。在這場戰爭裡，布蘭登堡（後來的普魯士王國的兩大核心部分之一）損失慘重。為布蘭登堡選帝侯效力的格奧爾格．腓特烈．馮．瓦爾戴克伯爵（Georg Friedrich von Waldeck）在和談期間與荷蘭和法國外交官接觸很多，得出了結論：要達成君主的目標，有時外交官比軍人更有用。[105]

普魯士國王腓特烈．威廉一世在一七二八年建立了正式的外交部，由他的謀臣海因里希．呂迪格．馮．伊爾根（Heinrich Rüdiger von Ilgen, 1654-1728）擔任外交大臣。普魯士外交部會培訓貴族子弟當外交官，教他們法語、禮儀等。[106]如果能取得外交勝利、建功立業、為國爭光，作為獎勵，外交官往往得到貴族銜級的提升。

一八七一年至一九一四年，以普魯士王國為核心的德意志第二帝國的全部三十六位大使都是貴族，其中不乏比洛（Bülow）、馬肯森（Mackensen）這樣的名門望族的成員。第二帝國在歐洲的七十位公使有百分之九十三是貴族，在歐洲之外的一百零一位公使也有百分之七十一是貴族。而差不多同時期的英國外交官只有百分之三十八是世襲貴族。[107]在一九一四年，德國外交部的較高職位分別由八位侯爵、二十九位伯爵、二十位男爵、五十四位無頭銜貴族和十一位資產階級人士佔有。[108]

有意思的是，普魯士容克往往太窮、眼界太狹隘、性子太耿直，不是合適的外交官材料。曾任外交官的俾斯麥自己也說：「……純普魯士的文職外交官身上，有一種喜好批評人、過於自信、喜好反對人和個人器量狹小的強烈傾向……使我們地方貴族的大部分候選人擺脫他們當時柏林的、可以說是地方性的狹隘觀念很困難，而要給他們這些特殊的普魯士官僚在外交方面塗上一層歐洲式油漆則絕非易事……當時外交官員……很少有出生於普魯士的。」[109]不過因為普魯士與當時的俄羅斯帝國接壤，普魯士貴族與俄羅斯帝國境內的德裔（往往是地主、貴族、官僚和軍官）也有千絲萬縷的連繫，所以常有普魯士貴族到聖彼德堡從事外交工作。[110]

第二帝國的外交部是一個親戚網路，裙帶關係錯綜複雜，並且在當時不以之為恥。伯恩哈德・恩斯特・馮・比洛（Bernhard Ernst von Bülow, 1815-1879）領導外交部的時候，把比洛家族的很多人安排進了外交部，包括他的兒子伯恩哈德（後來的外交部國務秘書和帝國首相）。鐵血首相俾斯麥曾任普魯士駐法蘭克福國民議會公使和駐俄國、法國與奧地利的公使。他的長子赫伯特曾任外交部國務秘書，赫伯特的兒子鄂圖・馮・俾斯麥（一八九七至一九七五）則曾在倫敦和羅馬擔任外交官。俾斯麥首相的女婿庫諾・祖・朗曹（Kuno zu Rantzau, 1843-1917）伯爵也是外交官。[111]除了親戚關係，同學關係（尤其是大學生社團的關係）、戰友關係（比如曾屬於近衛軍某團的人，即便不是同時服役，也自然會更容易產生好感），都能幫助貴族子弟在外交部找到好工作。

第二帝國外交部的人員分成兩類，職業發展路徑不同：外交工作較高級，絕大部分由貴族擔任；領事工作的地位較低，市民也可從事。領事人員飛躍到外交領域的可能性很小。比如，極具傳奇色彩的外交官、考古學家和民族學家馬克斯・馮・歐本海默伯爵在領事部門工作了二十多年，一直努力試圖調入威望更高的外交部門，始終未能如願。[112]外交人員和領事人員之間存在難以逾越的鴻溝，社會地位差別懸殊，甚至交往都不多，哪怕他們是同一個駐外使館的同事。在納粹時期曾任外交部長和波希米亞與摩拉維亞總督的康斯坦丁・馮・紐賴特男爵（Konstantin von

Neurath, 1873-1956）曾在德國駐法使館的領事部門工作。在一次招待會上，德國駐法大使，也就是紐賴特的上司，居然不認識他，還問他是哪家公司的代表。紐賴特答道：「德意志帝國。」[113]

在威瑪共和國，外交官也主要由貴族出任。不過外交部做了改革，領事部門和外交部門不再那麼涇渭分明，兩條路徑的人可以比較容易地轉行。外交部長古斯塔夫・施特雷澤曼（Gustav Stresemann, 1878-1929）為德國重新獲得正常的國際地位並與法國和解立下了汗馬功勞，因此獲得諾貝爾和平獎。他出身市民階層，但任用了許多貴族擔任外交官。德國和蘇聯建立外交關係之後，第一任德國駐蘇大使是烏爾里希・馮・布羅克多夫－朗曹伯爵（Ulrich von Brockdorff-Rantzau, 1869-1928），他還是威瑪共和國的第一任外交部長。威瑪共和國派駐大國的大使都是貴族，一般只有向拉美等「不重要國家」派遣大使時才會任用市民出身的外交官。[114]

納粹時期的外交官大多沿襲自威瑪共和國，所以仍然有很多貴族，包括馮・毛奇伯爵、馮・德・舒倫堡伯爵和維德侯爵這樣的大貴族。一九三三年，即納粹上臺的那一年，高級外交官有一半是貴族。[115]一九三四年，二十名高級駐外使節中有十三人是貴族。一九三八年，里賓特洛甫接替紐賴特擔任外交部長之後，二十名高級駐外使節中有十四人是貴族。[116]在第三帝國的末期，魯茨・什未林・馮・科洛希克伯爵（Lutz Graf Schwerin von Krosigk, 1887-1977）在鄧尼茨的短命政府裡當了二十幾天外交部長，他同時還是財政部長和首席部長。[117]

一九四五年之後的聯邦德國和奧地利共和國

甚至在德意志聯邦共和國，外交官當中的貴族比例也超過了總人口中的貴族比例。一九六九年聯邦德國的十六位駐外大使中有三位貴族。[118]第一任外交部長海因里希・馮・布倫塔諾是貴族，他的祖父曾是黑森大公國的內政部長和司法部長。布倫塔諾的一個兄弟曾任德國駐義大利大使，另一個兄弟是駐法國里爾的領事。二戰期間曾向盟軍洩露情報，後來又參與招募蘇聯紅軍戰俘為德軍作戰的漢斯－海因里希・赫爾瓦特・馮・比滕菲爾德（Hans-Heinrich Herwarth von Bittenfeld, 1904-1999）是駐英大使。魯道夫・施特拉赫維茨伯爵（Rudolf Graf Strachwitz, 1896-1969）曾任駐梵蒂岡大使。伯恩特・馮・施塔登（Berndt von Staden, 1919-2014）曾任駐美國大使。呂迪格・馮・魏施瑪爾男爵（Rüdiger Freiherr von Wechmar, 1923-2007）是駐聯合國大使，後來還當過聯合國大會主席。不過在聯邦德國的外交部，貴族身分不一定有助於晉升，有時甚至是障礙；黨派身分更重要。[119]

在奧地利第二共和國，也有不少貴族從事外交。奧地利外交部人員當中貴族的比例一度達到百分之十。曾任外交部長的埃里希・比爾卡（Erich Bielka, 1908-1992）就是貴族出身，他的祖先是御醫，因侍奉法蘭茲・卡爾大公（法蘭茲・約瑟夫皇帝的父親）而獲得貴族身分，曾用姓氏「馮・忠於卡爾」（von Karltreu）。鄂圖・馮・艾澤爾貝格男爵（Otto Freiherr von Eiselsberg, 1917-2001）曾任奧地利駐法國和日本大使。格奧爾格・霍亨貝格（Georg Hohenberg）是一九一四年在塞拉耶佛遇刺的法蘭茲・斐迪南大公的孫子，曾任奧地利駐突尼斯大使。[120]

貴族一度壟斷外交界不是德語國家特有的現象，在英法等歐洲國家的歷史上都可以觀察到類似的情況。在舊制度下，貴族一般會拒絕經商，認為這樣的職業有「銅臭味」，不符合貴族的身分。那麼對貴族來講，除了經營農業，還有畜牧業、林業等與土地直接相關的行業，當官或從軍為君主效力之外，當外交官是剩下的為數不多的選擇之一。而在資產階級主導社會的時代，外交官的「貴族氣」逐漸淡薄，越來越多的資產階級人士進入外交界。這種現象與貴族在現代國家政府機構裡的全面退卻是相一致的。近代以前的貴族外交官往往是「業餘人士」，沒有受過現代意義上的外交官的訓練，他們的貴族身分就是進入外交界的資格證書。到了近代，這樣的「業餘」外交官就不足以應對錯綜複雜的現代外交了，外交官需要專業化的訓練，資產階級人士往往比貴族更重視專業化教育，所以在這樣的新環境裡更容易脫穎而出。當然也有許多貴族與時俱進，接受現代化的教育和外交官培訓。再加上貴族在外交界的傳統優勢與人脈，所以在二戰之後仍然有許多貴族出身的外交官。

七、武士、騎士、戰士：德意志貴族與軍事

貴族與軍事有著天然的緊密連繫。德意志貴族的起源是古典時代晚期和中世紀早期的日爾曼部族武士。在中世紀，貴族最重要的職能之一就是戰士和軍人。騎士精神是貴族的核心理念之一。在這種價值觀裡，軍事和戰爭能激發貴族男子最優秀的品質，如英勇無畏、堅定的意志、自我犧牲精神等。貴族男孩自幼受到騎士價值觀的灌輸。同時，戰爭中的奸詐欺騙手段、毫無意義的殘暴和侵害平民，為貴族軍事價值觀所不齒。當然，這是理想狀態，而現實和理想總有差距。

不過，德意志貴族並非始終是軍人。十六和十七世紀，火器的發展和進步讓中世紀騎士的軍事價值成為過去時。這個時期的德意志貴族，即便是布蘭登堡和普魯士貴族，也往往被培養成紳士、農場主、廷臣和政治家，而不是軍人。[121]

普魯士的貴族軍官

到了十八和十九世紀，軍官才成為普魯士貴族普遍的職業選擇，熟悉德國歷史的讀者一定能隨口說出許多出身貴族的普魯士／德國名將。不過天主教貴族，比如巴伐利亞和威斯特法倫貴族，不一定把從軍看得那麼重。即便如此，一直到十八世紀末，德意志各邦國軍隊和各種雇傭兵部隊的軍官幾乎全是貴族。七年戰爭之後，普魯士和薩克森軍官的貴族比例分別為百分之九十和百分之七十。[122] 歷史學家克里斯多夫．克拉克說，普魯士的「軍官團就是穿軍服的地主統治階級」。[123]

傑出軍事家腓特烈大王指揮下的普魯士陸軍堪稱軍事史的傳奇，當時普軍的戰鬥力受到歐洲普遍的尊重和敬畏。他麾下的軍官絕大多數為貴族，他用貴族精神與榮譽感來約束和調教自己的軍官。腓特烈大王的軍事勝利和普魯士的崛起，在很大程度上歸功於貴族軍官的赴湯蹈火，在這過程中貴族的犧牲很大，比如馮．克萊斯特家族僅在

一七五六至六三年的七年戰爭中就損失三十名成員。所以腓特烈大王特別仰仗和庇護貴族，在其《政治遺囑》中寫道：「普魯士貴族為國效力，犧牲了自己的生命和財產；他們的忠誠與功業贏得了所有統治者的保護。統治者的職責之一就是幫助那些因為精忠報國而變得貧困的貴族家族，幫助他們保住自己的土地；因為貴族是國家的基石和支柱……我國政策的宗旨之一便是保護貴族。」[124]

普魯士軍隊的基石是容克貴族。他們是堅忍不拔但相對貧窮的鄉村小貴族，而且往往人丁興旺，眾多的年輕容克子弟除了從軍之外沒有其他選擇。從軍對容克貴族來說逐漸成了傳統。容克的路德宗基督教信仰強調責任感、服從權威和一絲不苟地完成任務。容克「粗獷、堅韌」，往往冷酷、嚴厲、眼界狹窄、思想狹隘並且固執；但容克也有好的一面，他們「嚴肅、正直、勇敢」，擁有「普魯士的責任感和普魯士的高效」。[125]他們是理想的軍官。另外，霍亨索倫軍隊不僅依賴容克貴族，還海納百川地接納外邦人。沙恩霍斯特是漢諾威人，格奈森瑙是薩克森人，老毛奇是梅克倫堡人，並且是在丹麥讀的軍校。他們都成為普魯士的名將。

雖然強調服從權威，但普魯士軍官並非盲從上級的「工具人」，反而常常表現出獨立自主的精神。本書講過貴族軍官約翰・腓特烈・阿道夫・馮・德・瑪律維茨遵照自己的良心，拒絕服從腓特烈大王的故事。另一個著名例子是，一八一三年德意志解放戰爭時期，普魯士將軍路德維希・約克・馮・瓦騰堡伯爵（Ludwig Yorck von Wartenburg, 1759-1830）不顧當時普魯士和拿破崙是盟國，果斷地回應德意志人民反抗拿破崙的呼聲，在未得到普魯士國王批准的情況下，「將在外君命有所不受」，與俄國人聯手，從而推動普魯士脫離與法國的盟約，倒向反法同盟。約克這麼做不僅是抗命不尊，簡直就是叛國。在給國王的信中，他寫道：「我現在焦急地等待陛下的指示，我是應當向真正的敵人進軍，還是政治局勢要求陛下懲治我。我忠心耿耿地等待這兩方面的可能性，我向陛下發誓，無論在戰場還是刑場，我都會冷靜地迎接子彈。」[126]好在國王順應大勢，讓約克成為民族英雄而不是叛國賊。

《一七四五年六月四日普魯士陸軍的進攻》描繪了第二次西里西亞戰爭中的普魯士步兵團，Carl Röchling 繪，一九一三年。

軍中的貴族與資產階級

法國大革命爆發之後，法國對資產階級的解放和不看出身只看才能的任人唯賢精神釋放出巨大的能量。在一八〇六至〇七年的幾次戰役（耶拿戰役、奧爾斯塔特戰役等）中，曾經稱霸歐洲的普魯士陸軍在拿破崙的攻擊下顯得羸弱不堪。這些慘敗震動了普魯士人，也震動了德意志諸邦。由於蓬勃發展的資產階級要求更多權利，以及軍事上的需求——必須放棄舊式的小規模職業軍隊，改為仿效法國的普遍兵役制，建立大規模的國民軍隊，普魯士在名將沙恩霍斯特領導下開展了深度的軍事改革，這是當時普魯士全方位改革（由施坦因和哈登貝格領導）的組成部分。

作為軍事改革的一部分，普魯士開始允許資產階級子弟擔任軍官，並廢除貴族在軍中的制度性特權。國王腓特烈·威廉三世寫道：「任何表現優秀的軍人都應當被提升到軍官團，不管他是小兵、軍官還是公子王孫。」[127]一八一八年之後，普軍軍官當中貴族的比例下降到百分之五十三，或者說仍有百分之五十三之多。[128]普軍中的平民軍官大多來自富裕和受過教育的職業階層或商人家庭。一八八八年，百分之二十八的普魯士軍官有大學文憑，這比英法都強不少。[129]

當然，在整個十九世紀，貴族仍然佔據德意志各邦軍隊（尤其是普軍）的大部分顯要位置。而且級別越高，貴族的比例也越高。貴族主要集中在特別顯著、引人注目的單位，比如近衛軍，尤其是普魯士的近衛軍重騎兵團（Garde du corps），騎兵、參謀部，以及帝王或高級將領的副官等。而後勤、行政等工作一直到二十世紀還被認為是不符合貴族身分的。

到十九世紀六〇年代，也就是普魯士開展統一德國大業的時期，普魯士軍官仍然以貴族為主，一八六〇年的普軍軍官有百分之六十五是貴族。一八〇六至六二年間普軍的十五名高級將領中僅有二人是市民出身，奧地利的市民出身的將領比例更低。[130]不過在一九一四年之前，貴族對軍官團的主宰力量逐漸減弱，部分原因是現代化軍隊非常龐大，人數很少的貴族不可能壟斷所有軍官職位；另外一方面，貴族的職業路徑也在現代化和多元化，他們不再過分依賴於從軍，現代社會有更多的路給他們走，比如工業和金融業。

十九世紀普魯士和德國軍隊的超強戰鬥力和赫赫武功給歷史學家出了一個難題。比如，一八六六年，在爭奪德意志諸邦領導權的戰爭中，普魯士僅僅花了七周就完勝老牌帝國奧地利。因為按照一般的歷史敘述，在十九世紀，資產階級憑藉自己的專業、勤奮和良好教育後來居上，逐漸消解了貴族的絕對統治地位。但普魯士和後來的德國陸軍領導層以貴族為主，並且酷愛決鬥，服從近乎專制統治者的世襲君主。普魯士／德國陸軍是歐洲大陸貴族色彩最濃的一支軍隊。那麼，貴族領導的普魯士／德國陸軍如何能取得那麼輝煌的戰績呢？歷史學家利芬認為，普魯士的軍事貴族精英是一個經典例子，代表著傳統上層階級成功地適應了現代世界在技術和專業方面的要求。[131]

從第二帝國到聯邦共和國

在德國統一之前的普丹戰爭、普奧戰爭和普法戰爭當中，普軍損失很少，貴族軍人的損失也很少。戰後出現了對貴族軍人及其浴血奮戰的犧牲精神的理想化，乃至過分吹捧。在第二帝國，軍人的地位很高，社會威望如日中天。在皇家宴會上，貴為帝國首相的貝特曼－霍爾維格因為僅僅是少校，居然不得不坐在上校和將軍們的下首；能幹的普魯士財政大臣馮．肖爾茨原為資產階級出身，只能獲得上士軍服，當他獲得國王恩准換得一套少尉制服時，竟然認為這是他一生中最幸福的時刻。[132]第二帝國還用預備軍官制度來吸納忠誠可靠的資產階級人士進入軍隊，以確保資產階級不會對貴族統治構成威脅。「成為攻讀博士學位者、大學生聯誼會成員和預備軍官，意味著已經達到了資產階級幸福感的頂峰。」[133]這一描述很有諷刺意味，也很真實。

不過，在德意志各邦貴族當中，尚武和熱中於從軍主要是普魯士的現象。普魯士也提供了最多的軍官崗位，比如一八九九年普魯士有一萬五千零三十六個軍官崗位，符騰堡只有八百零六個，薩克森只有一千二百五十個，巴伐利亞只有二千二百零二個。對普魯士貴族來說，從軍簡直是理所當然的事情；而在西部和南部貴族眼裡，軍旅生涯並不是那麼有吸引力，軍官威望也沒有那麼高。這種現象直到德意志統一的三場戰爭之後才有所改變，西部和南部貴族也開始效仿普魯士貴族那樣較多地從軍。即便如此，一八九三年巴伐利亞軍官中仍然只有百分之十三是貴族，一八九五年符騰堡軍官中只有百分之二十三點四是貴族。[134]與巴伐利亞和符騰堡這兩個南德邦國類似，奧地利貴族對從軍也不是很感興趣。在奧匈帝國，從一八七九年到一九一八年，陸軍軍官當中貴族的比例從百分之四十八下降到百分之二十五。在這些年裡，軍校學員裡只有七十七人是貴族，其中只有二十八人順利畢業。十九世紀中葉以前，奧地利將領幾乎全都是高級貴族。而到一九一八年，只有十一位將軍是貴族。皇太子魯道夫曾抱怨奧地利貴族逃避服兵役。[135]

隨著資產階級子弟開始進入軍官團，普魯士更加注重貴族軍人的榮譽感，這是為了保護貴族的社會地位和特權。普軍在這個時期設立了「榮譽法庭」（Ehrengericht）來專門處置軍官的違法亂紀行為。但軍官之間的衝突往往不是走法律程序，而是透過決鬥來解決。一直到一九一四年，普魯士／德國陸軍中仍然有決鬥現象，雖然比十九世紀已經少了很多。軍隊保護決鬥制度，認為它是保衛軍人榮譽感的重要手段，而平民不可能理解這種榮譽感。德國陸軍還利用自己相對於文官政府來講非常強的獨立性，來阻止正常的司法體系干預軍人決鬥。[136]

一八七四年，德皇威廉一世頒布的榮譽法規要求軍官不僅要有傳統的軍人美德（勇敢、果斷、誠實、沉默寡言），還必須是紳士，比如要遵守上流社會的社交規矩，在戀愛婚姻等方面要作風正派。這種軍人的榮譽法規深深影響了後來的德國軍隊，比如在威瑪共和國時期，海軍軍官萊因哈特·海德里希（納粹時期是黨衛軍高級領導人）因為拒絕履行與某女子的婚約而被海軍開除。[137]

正是因為貴族的精英價值觀，當十九世紀資產階級子弟開始從軍後，原本壟斷軍官位置的貴族對資產階級軍官以及他們代表的普遍兵役制和大規模軍隊，往往持敵視態度。新技術（現代火炮、毒氣、飛機等）的發明也讓很多貴族軍人無所適從。屍骨如山的塹壕戰、鐵絲網、機槍，也與傳統的（或者說落伍）貴族軍事價值觀格格不入。

一九〇〇年，德國軍隊的上校以上軍官當中，百分之六十是貴族，到一九一三年仍然有百分之五十三。一九〇九年，在一百九十位步兵將軍當中，只有三十九位是資產階級出身，所有少校中有一半是貴族。在一九一三年，騎兵軍官有百分之八十是貴族，步兵軍官有百分之四十八是貴族，野戰炮兵軍官有百分之四十一是貴族，只有在典型的資產階級的技術兵種工兵當中，貴族軍官才人數稀少，僅占百分之六；同樣在一九一三年，普魯士所有的團級軍官中，貴族超過百分之五十八，有十六個團的軍官全部是貴族；近衛軍當中，資產階級軍官只有五十九人。總參謀部在一八八八年有二百三十九名軍官，一九一四年有六百二十五名軍官，多數為貴族，其中普魯士籍的貴族軍官佔據四分之三。[138]根據另一項統計，一九一四年，德意志帝國的四支陸軍（普魯士王家陸軍、符騰堡王家陸軍、巴伐利亞王家陸軍和薩克森王家陸軍）再加上帝國海軍，一共有約八千名貴族現役軍官，相當於現役軍官總數的近百分之三十，將軍當中有百分之六十是貴族。[139]

值得一提的是，貴族軍官大多不是在後方坐辦公室，而是身先士卒，普魯士容克尤其如此。霍亨索倫家族的皇子們都是一線軍官，其中好幾位參加了鏖戰。埃特爾·腓特烈皇子[140]在俄國作戰，贏得「藍馬克斯」勳章，還參加過索姆河戰役。他的弟弟奧斯卡是利格尼茨國王擲彈兵團的中校團長，曾率部向法軍衝鋒。[141]

上面說的都是陸軍的情況。海軍因為更依賴於現代科技，更「現代化」，所以主要是資產階級子弟施展拳腳的天地，海軍軍官當中貴族的比例比陸軍低不少。一八九五年，帝國海軍的軍官學員當中只有百分之十四是貴族；一九〇五年是百分之十三；一九〇四年是百分之十四；一九〇七年下降到了百分之十一。從一八七二年到一九三九年，德國海軍的將官一共約有四百三十人，其中有三位王公、九位伯爵、十四位男爵和八十三位只有「馮」字的低級貴族。[142]

第一次世界大戰的慘烈程度遠遠超過德國統一的三場戰爭，德軍傷亡很大，喜歡親臨火線的貴族軍官也損失慘重。參戰的貴族軍官共約二萬人，有約百分之二十五陣亡（四千五百至四千八百人）。根據另一項統計，全體德國貴族人口的約百分之七點五、全體成年男性貴族的百分之二十二死於一戰。各邦國君主家族中有六十八人陣亡。[143]有的家庭的損失比例非常高，甚至有的家族男性血脈因為戰爭而斷絕。而且陣亡的主要是年輕男子，這對戰後的德國貴族階層人口構成產生了很大影響。根據一九二一年編纂的《德國貴族英雄紀念冊》（*Helden-Gedenkmappe des deutschen Adels*），德國貴族當中有一百六十名獨生子（無兄弟姐妹）、六百七十五名獨生子（有姐妹）、一百對父子、四百九十七對兄弟在一戰中陣亡。生活無著的戰爭遺孤和寡婦數量猛增，這對德國貴族階層來說是一個棘手難題。[144]

根據《凡爾賽條約》，戰後德國軍隊被限制為十萬人，軍官崗位相應地銳減到四千個，這對貴族來說是一個釜底抽薪式的打擊。一九一九年在威瑪共和國的「十萬國防軍」裡，貴族軍官約有九百人，相當於軍官總數的約百分之二十二點五；[145]一九二五年貴族軍官的比例為百分之二十一點七，一九三二年為百分之三十四。[146]不過高級將領仍然大部分是貴族，如一九一九年威瑪國防軍的十二名將軍中只有二人是市民出身，十年之後也僅有一半將軍是市民。[147]

威瑪共和國的一個重要特點就是國家權威不足，存在形形色色的準軍事組織，它們的政治色彩幾乎覆蓋整個政治光譜，從極左到到極右都有。最有名的當然是納粹黨的衝鋒隊，但還有德國共產黨的「紅色陣線戰士同盟」

（Rote Frontkämpferbund）、社會民主黨、天主教中央黨和德國民主黨的「國旗隊」（Reichsbanner），以及為右派政黨德意志民族人民黨（Deutschnationale Volkspartei）服務的「鋼盔團」。這些五花八門的準軍事組織當中有不少是反民主、反威瑪共和國的勢力，其中有大量的退役貴族軍人在活動，不少人後來倒向了納粹。

一九三五年希特勒重新武裝德國之後，貴族軍官才有機會大批重返軍隊，但由於大規模擴軍，貴族在軍官中的比例大幅度降低，在一九四三年僅占百分之七。[148]不過將領當中貴族的比例仍然很高。

我們不能說德國貴族全都是好鬥成性的軍國主義者，但和二十世紀上半葉的很多人一樣，不少貴族相信戰爭是一種光榮的、偉大的事業，對整個民族有一種淨化的作用，和平則讓人軟弱腐朽。這種觀念讓許多德國貴族軍人與納粹合作時沒有太多的顧慮。在重整軍備和重建國防軍的過程中，貴族發揮了重要的作用。歷史學家馬林諾夫斯基提出，如果沒有貴族在人力和專業技能上的幫助，納粹能不能擁有那樣一台優異的戰爭機器都是個問題。[149]貴族在納粹的滅絕戰爭的籌劃與執行過程中，也發揮了重要作用。主張和平與人道的貴族的確存在，但他們的聲音非常微弱。在殘酷的第二次世界大戰中，德國貴族也為自己的戰爭責任付出了沉重代價。據統計，在二戰期間，有八千二百八十四名德國貴族以軍人的身分陣亡或死於戰亂。[150]

在戰後的聯邦德國，軍隊裡仍然有不少貴族。埃里希·馮·曼施坦因元帥在西德國防軍的組建過程中發揮了很大作用，還擔任國防部的高級顧問。比如，在軍隊結構的問題上，有人建議採用類似納粹國防軍的編制，曼施坦因表示反對，提出了以三個獨立性很強的旅組成一個師的新結構。這在當時還是很激進的新觀念，但後來英美和西德陸軍的結構都與曼施坦因的理念類似。[151]西德聯邦國防軍的名字 Bundeswehr 是貴族哈索·馮·曼陀菲爾（Hasso von Manteuffel, 1897-1978）[152]選中的。[153]納粹時期官至裝甲兵上將的格哈德·馮·什未林伯爵（Gerhard Graf von Schwerin, 1899-1980）在阿登納總理領導下參與了聯邦德國武裝力量的重建工作。[154]包迪辛伯爵、梅齊埃、吉爾曼賽格伯爵等人是聯邦國防軍的重要領導者（詳見第六章第三節「一九四五年之後：新的生活」）。不過，總的來講，在德意志軍隊的漫長歷史上，聯邦國防軍是第一支由資產階級民主派說了算的軍隊。

餘音

第九章
德國之外的德意志貴族

一、多瑙河與雪絨花：奧地利貴族

說到奧地利貴族，必須先講幾個笑話。

牧師說：「您要永遠記得，我們之所以來到這個世界上，是為了幫助別人。」鮑比伯爵問：「那別人來到這個世界上，是為了什麼？」

郵局工作人員說：「伯爵先生，您要寄的這封信太重了，得加一張郵票。」鮑比伯爵說：「但是那樣的話，就更重了呀！」

鮑比伯爵說：「穆基，你說說看，施麥德爾伯爵要過生日了，送他什麼禮物好？」穆基：「送本書吧。」鮑比伯爵說：「但是他家裡有書呀。」

鮑比伯爵（Graf Bobby）是大約一九〇〇年前後，也就是奧匈帝國末年出現的虛構的笑話人物，是奧地利家喻戶曉的幽默形象，他的故事曾被拍成多部電影。鮑比伯爵戴單片眼鏡，拿著手杖，講一口帶鼻音的懶洋洋的「美泉宮德語」；他蠢笨、幼稚、思維落伍，常常神氣活現地擺出貴族氣派，但也不乏可愛之處。[1] 關於鮑比伯爵的笑話當中，有的可能有市民階層挖苦貴族的意味，但大多數笑話代表了維也納民間的幽默感，也有對多瑙河君主國的懷舊感。鮑比伯爵或許不算奧地利貴族的光輝代表，但說不定是奧地利最有名的一位伯爵。

本章的主題就是奧地利的伯爵、侯爵以及其他貴族。

奧地利貴族與德國貴族的區別

奧地利原本是德意志諸邦之一，但在十九世紀中葉普魯士統一德意志的過程中，奧地利被排除在德國之外，從此與德國分道揚鑣。奧地利貴族與德國貴族非常相似，不過也有許多區別。

首先，奧地利貴族生活在哈布斯堡家族統治的多民族、多語言、多元文化的大帝國，所以奧地利貴族往往比德國貴族顯得更國際化和多元化，比如他們當中的很多人在維也納有冬季宅邸，在波希米亞、摩拉維亞有城堡，在巴爾幹半島有地產。哈布斯堡家族曾經統治的地區非常廣袤，所以奧地利貴族包括大量非德意志裔的群體，比如波希米亞、摩拉維亞、匈牙利、克羅埃西亞、斯洛維尼亞、波蘭、義大利、尼德蘭與法國的貴族。奧地利貴族當中甚至有蘇格蘭裔和愛爾蘭裔（主要是流亡歐洲大陸的詹姆斯黨人），比如布朗（Browne）家族有一名成員成為奧地利的陸軍元帥；陸軍元帥萊西（Lacey）伯爵是神聖羅馬皇帝約瑟夫二世最信任的軍事顧問和筆友。[2]這些非德意志裔貴族的頭銜在奧地利都得到承認。我們很難用現代的民族觀念去衡量奧地利貴族。比如奧地利歷史上最偉大的軍事家之一歐根公子（Prinz Eugen, 1663-1736），或許可以算作法國人或義大利人，但沒人會否認他是奧地利的大貴族。很多奧地利貴族對自己的民族身分認同有著「詭辯式」的理解。利奧波德．貝希托爾德伯爵（Leopold Graf Berchtold, 1863-1942）有一次在溫泉療養地遇見一位法國外交官。法國人問貝希托爾德伯爵，他自認為是德意志人、匈牙利人還是捷克人。伯爵答道，他是維也納人。法國人不甘心地追問，如果這幾個民族之間發生戰爭，他會站到哪一邊。伯爵答道，他會站到皇帝那一邊！[3]

奧地利貴族的國際化和多元化色彩一直延續到二十世紀。曾任奧地利共和國內政部長和科學與交通部長的卡斯帕．埃納姆（Caspar Einem, 1948-）出身於下薩克森（在德國北部）貴族，他的父親是著名作曲家戈特弗里德．馮．

埃納姆（Gottfried von Einem, 1918-1996），母親則是俾斯麥家族的成員。曾任奧地利共和國憲法法院院長的亞當莫維奇·德·切平（Adamovich de Csepin）出身於克羅埃西亞貴族。擔任維也納大主教的樞機主教克里斯多夫·舍恩博恩（Christoph Schönborn, 1945-）出身於波希米亞的名門望族。外交部的高官羅昂公子則是法國貴族的後代，他的家族在法國大革命期間流亡到哈布斯堡君主國，被冊封為波希米亞貴族。[4]

不過，由於篇幅等原因，本書討論的奧地利貴族主要指哈布斯堡君主國境內說德語的貴族，一般不涉及主要說匈牙利語、捷克語等語言的人群。

其次，大多數奧地利貴族信奉天主教[5]，這是他們與德國貴族的一個非常重要的差別。德國貴族有多種宗教信仰，由普魯士主導的第二帝國更是把新教（路德宗和加爾文宗）放在主導位置上，帝國對德國南部和西部的天主教世界長期持敵視和不信任態度，俾斯麥時期甚至發生了敵對天主教的「文化鬥爭」（Kulturkampf）。而典型的奧地利貴族傾向於和非天主教徒保持距離，只在天主教徒內部通婚。所以北德的新教貴族和奧地利貴族之間很少聯姻。奧地利貴族可以和南德的天主教貴族結婚，比方說巴伐利亞貴族，或者和義大利與法國的天主教徒結婚。奧地利貴族和英國貴族的連繫極少，也是由於這個原因。

再次，一般來講，奧地利貴族比德國貴族（尤其是德國北部和東部貴族）更富裕。舉個例子，在一七八〇年，哈布斯堡君主國內有一百個貴族家族的歲入在五萬到十萬古爾登之間，而同時期的普魯士，只有一個家族的收入達到這個區間。奧地利貴族的富裕程度還表現在，他們經常向君主貸款。比如在一六六五至九九年，哈布斯堡君主每年借貸的款項當中，有百分之三十五到百分之五十八是他手下的貴族提供的。一六八三年維也納遭到鄂圖曼帝國攻打，防禦作戰的開支有很大一部分是貴族提供的，單是施博克（Sporck）家族就為保家衛國提供了八萬古爾登的鉅款。皇室的最忠誠、最慷慨的債主是約翰·亞當·安德莉亞斯·列支敦斯登侯爵（Johann Adam Andreas von Liechtenstein, 1657-1712），他在一六八七至一七一〇年給皇室提供了將近一百萬古爾登的貸款。[6]

奧地利貴族為什麼如此富有？一個重要原因是，哈布斯堡家族長期壟斷神聖羅馬皇帝的位置，維也納長期是帝國的中心，大量財富和資源集中到維也納和奧地利。奧地利貴族的宮殿和城堡，尤其在文藝復興時代和巴洛克時代，往往比德意志其他地區的貴族宅邸更為豪華和美麗。也正是因為奧地利貴族比普魯士貴族更富裕，從軍的奧地利貴族比普魯士貴族少得多。家裡有財產保障，所以奧地利貴族的幼子們不一定需要走嚴酷的從軍之路，而且哈布斯堡帝國領土廣袤，有充裕的行政和外交崗位可以給奧地利貴族提供職業機遇。

最後，在第一次世界大戰的慘痛結局之前，在哈布斯堡君主國的大部分歷史時期，奧地利貴族對哈布斯堡家族的皇帝非常忠誠，貴族與皇帝之間的摩擦和衝突較少。在神聖羅馬帝國時期，在哈布斯堡家族統治下的諸邦，除了哈布斯堡家族自己之外，基本上沒有直屬於帝國的邦君，所以減少了衝突的可能性。[7] 相比之下，德意志西南部一度有大量直屬於帝國的擁有主權的男爵和騎士，他們在十九世紀初喪失了主權，被巴登、符騰堡等大邦吞併，這些曾經（至少在理論上）與巴登和符騰堡君主平起平坐，甚至血統比他們更古老的男爵和騎士往往很不服氣。第二帝國時期的德國貴族對霍亨索倫皇帝的忠誠也是打折扣的，尤其是普魯士容克往往比皇室更加保守和右傾。

相比之下，對奧地利貴族來講，社會金字塔的最頂端永遠是皇帝。另外，至少在宗教改革造成的衝突結束之後，哈布斯堡家族與貴族的關係比較融洽，對抗和衝突較少。當然桀驁不馴的匈牙利貴族是另一回事。為了給馬扎爾民族爭取更多權益和自由，匈牙利貴族經常與皇帝發生衝突。

奧地利貴族與現代國家

神聖羅馬皇帝利奧波德一世（一六四〇至一七〇五）在位時期，哈布斯堡君主國的統治還是君主與貴族「等級」共同行使權力的雙頭政治，貴族還擁有相當強大的政治權力和諸多特權。利奧波德一世的次子查理六世在位期間已經開始集中君主的權力，往現代專制政權的方向發展。

查理六世的女兒瑪麗亞·特蕾莎及其兒子約瑟夫二世皇帝通過一系列改革，奠定了強大的中央集權近代國家。君主與貴族的雙頭政治讓位於君主專制。貴族等級的政治權力和特權被大幅度削減。從此，中央政府徵稅不再需要貴族等級會議的批准；聽命於君主的行政機關和職業官僚從中央滲透到地方，逐漸蠶食貴族領主的統治權；司法與行政部門分離，使得貴族等級失去了司法裁判權；刑法與民法的整理編纂，使得國家的權力逐漸統一，並且集中於維也納朝廷；稅務和財政改革也削減了貴族的權力；約瑟夫二世拒絕召開波希米亞的地方議會，並解散了它的執行機構，於是貴族與君主平行統治的最後殘餘也消失了。奧地利開明專制時代的重臣文策爾·安東·馮·考尼茨—里特貝格侯爵（Wenzel Anton von Kaunitz-Rietberg, 1711-1794）曾對瑪麗亞·特蕾莎皇后說：「我不贊同重新抬舉貴族。我自己是波希米亞貴族和地主。但我對陛下的責任比我自己階層的利益更重要。我必須在上帝和陛下面前承認，我認為，假如恢復貴族的統治，那麼國家的改良和希望就全完了，國家的最高權力將受到嚴重打擊。」[8]

專制君主及其代表的中央集權的現代國家逐漸取代了封建時代的舊制度。在這過程中，貴族損失了很多政治權力和特權，但他們很快尋找到了自己的新位置。他們積極參與現代國家的建設，出任行政官員，為君主效力，以新的形式從國家那裡獲取物質利益和資源。當然，普魯士等德意志邦國也發生了類似的進程。

一八六七年奧匈帝國的《十二月憲法》規定，法律面前人人平等。[9]一九〇七年，帝國開始實行議會下院的全體男性公民普選制。但一直到一九一八年，貴族仍然享有社會上的優越地位和諸多特權。一八六一至一九一八年，奧地利議會上院（貴族院，類似英國的上議院）當中除了皇室成員和教會高層領導人之外，有一百零六個貴族家族享有世襲席位。這一百零六個家族常被稱為奧地利的「高級貴族」，儘管這個詞一般指在神聖羅馬帝國框架內享有或曾經享有主權的諸侯，而這一百零六個家族裡包括一些從來沒有享有過主權的伯爵和男爵。匈牙利王國在布達佩斯有自己的貴族院，與這一百零六個家族無關。奧地利貴族院議員參政的程度不同，有的人從來沒有參加過會議。一九〇七年起，貴族院成員也可以參選下議院。另外，皇帝有時會把平民或者從資產階級躍升為貴族的「新人」提升到貴族院。

頭銜與等級

一九一八年帝制滅亡之前，除了皇室成員之外，奧地利貴族主要分成以下幾個等級，從低到高分別為：

一、無頭銜貴族，僅有「馮」字標示貴族身分，或有「貴人」（Edler）的稱號。

二、騎士，姓氏前有Ritter von。

三、男爵（Freiherr），日常可稱呼Baron。

四、伯爵（Graf）。

五、侯爵（Fürst）。

在奧地利，公爵頭銜相對少見。列支敦斯登的統治者享有特羅保（Troppau）和耶根多夫（Jägerndorf）公爵的頭銜。這兩個公國在西里西亞，原本屬於哈布斯堡家族統治下的波希米亞王國，後被普魯士的腓特烈大王奪走。[10]另外，哈布斯堡宗室的男性成員出生便自動享有大公（Erzherzog）頭銜，女性則是女大公（Erzherzogin）。

一八〇六年神聖羅馬帝國解體，在這之前就獲得貴族身分的家族常常在自己的頭銜前加一個「帝國」，如「帝國男爵」、「帝國伯爵」等，以區別於一八〇六年之後獲得貴族身分的暴發戶。不過二者之間沒有法律地位上的差別。

奧地利貴族當中有大量外國人，其頭銜是外國君主封授的，但在奧地利也得到承認，比如來自法國的羅昂公爵（Duc de Rohan）。

貴族封授與歧視鏈

與德意志各邦的情況類似，在奧地利，至遲到大約一四〇〇年獲得貴族身分的貴族，被稱為「原始貴族」（Uradel）。此後透過皇帝或國王等封授的詔書而獲得貴族身分的，稱為「詔書貴族」（Briefadel）。奧地利和匈牙利常用的一種說法「老貴族」（Alter Adel）包含了原始貴族和一些歷史較悠久的詔書貴族。

Haben, nachdem Uns zur Kenntnis gebracht wurde, daß
Unser lieber und getreuer
JOHANN ZACHAR,
geboren im Jahre 1843 zu Klattau in Böhmen,
Hauptmann 1. Cl. des Infanterie-Regimentes
Adolf, Großherzog von Luxemburg, Herzog von Nassau Nr. 15, Besitzer
der Militär-Verdienst-Medaille am rothen Bande, des Militär-Dienstzei-
chens dritter Classe für Offiziere und der Kriegs-Medaille,
seit seinem im Jahre 1862 erfolgten Eintritte in die Reihen Unserer
Armee, unter stufenweiser Vorrückung in den Chargen,
durch mehr als 30 Jahre ununterbrochen und stets tadellos
gedient, sowie vor dem Feinde seine Tapferkeit erprobt hat,
Uns in Unserer kaiserlichen und königlichen Machtvollkom-
menheit bewogen gefunden, ihm sammt seinen ehelichen
Nachkommen, den
ADELSTAND
zu verleihen und außerdem die Führung des Ehrenwortes

一八九三年，一名上尉獲得法蘭茲·約瑟夫皇帝的貴族封授，成為「體制貴族」

如果是神聖羅馬皇帝封授的詔書貴族，在整個帝國範圍內享有相應的身分和地位；而哈布斯堡家族的皇帝還能夠以波希米亞國王、匈牙利國王、奧地利大公等身分，封授僅在這些地區得到承認的「邦國貴族」。如果冊封貴族的詔書來自神聖羅馬皇帝、匈牙利國王或者蒂羅爾伯爵，含金量大不相同，儘管這位皇帝、國王和伯爵是同一個人。[11]

從一七五七年到一九一八年，所有出身市民階層的軍官，只要滿足一定條件（不間斷地服役滿三十年，表現無可指摘），就可以獲得世襲貴族身分。哈布斯堡帝國的女君主瑪麗亞·特蕾莎皇后在七年戰爭期間頒布了這道法令，為的是吸引市民階層的人才為皇室所用。一八六八年起，即便沒有參加過戰鬥，只要服役滿四十年，資產階級出身的軍官也可以成為貴族[12]。在和平時期，大家只能苦熬資歷；而在第一次世界大戰爆發後，很多軍官憑藉參戰和特殊貢獻等條件，獲得了貴族身分。這些憑藉服兵役而獲得身分的新貴族被稱為「體制貴族」（Systemmäßiger Adel）。根據一項統計，從一八〇四年到一九一八年，共有四〇四四名軍官被冊封為世襲貴族，其中三一一六人成為

Außerdem bewilligen Wir demſelben über ſein Anſuchen die Führung des Ehrenwortes „Edler“ ſowie des Prädikates „Sachſenhall.“

Wir geſtatten ſonach, daß

Leopold Sachs
Edler von Sachſenhall

ſowie ſeine ehelichen Nachkommen ſich der nach dem Geſetze mit dem Adelſtande verbundenen Rechte erfreuen und insbeſondere ſich des nachſtehend beſchriebenen Wappens bedienen dürfen, als:

Ein erhöht von Gold über Rot quergeteilter Schild. –

一九一二年，工業家薩克斯・馮・薩克森哈爾被法蘭茲・約瑟夫皇帝封為貴族。

無頭銜貴族，七六一人成為騎士，一六七人成為男爵。[13]

如果被朝廷提升為無頭銜貴族，被冊封者需向國家繳納約一百二十到一百五十古爾登的費用。但如果想要「貴人」頭銜和包含地名的頭銜，就需要繳納更多費用。體制貴族的頭銜不與實際的領土掛鉤，可以自己挑選，可以是立功的地點、可以是服兵役的地點，有的頭銜甚至是完全虛構的，用來表達對皇朝的忠誠，比如「馮・皇冠之盾」（von Kronenschild）和「馮・忠誠土地」（von Treuenfeld）。另外，申請者可以自行設計紋章，但紋章樣式需得到朝廷批准。[14]

除了為國效力的軍人之外，行政官員、企業主、金融家、醫生、藝術家、科學家等，也可能獲得皇帝的封授，成為體制貴族。與歐洲其他國家（包括德意志各邦）相比，奧地利朝廷在封授貴族時是相當慷慨的，一七〇一年至一九一八年一共提升了一萬二千四百零八人的階層地位，其中一萬零五百六十七人被從平民提升為貴族，其他的是晉升貴族銜級。按照職業劃分的話，其中有五千一百三十三人是軍官，三千四百六十三人是官僚，一千二百四十二人是商人、工業家和銀行家，五百二十人是藝術家和科學家。[15]

體制貴族中有一些猶太人，比如卡爾・亞伯拉罕・韋茨拉・馮・普朗肯施特恩男爵（Karl Abraham Wetzlar von Plankenstern, 1715-1799）是著名的銀行家和藝術贊助人，曾資助過莫札特的父親[16]。著名的羅特希爾德家族在奧地利也有貴族身分。

體制貴族的心態和精神面貌往往仍然保持資產階級的特色，而老貴族透過自己的財富、土地、互相通婚結盟，以及他們與宮廷的緊密連繫，仍然佔據主導地位。不過總的來講，十九世紀後半期的體制貴族代表著正在冉冉升起的、部分信奉自由主義的、忠於皇帝的資產階級。

貴族會蔑視資產階級，這是顯而易見的。嫁到愛沙尼亞的福利奧・德・克蘭納維爾伯爵小姐赫爾米尼婭（詳見第九章第三節「波羅的海之濱的德意志貴族」）在回憶錄裡描述了她的很多親戚對資產階級的傲慢態度，「哪怕對方是百萬富翁」。她的伯祖父的妻子曾對她說：「你知道，那些資產階級的人也挺好的。我知道，在上帝眼中我們和他們是一樣的，但我就是覺得他們和我們不是一路人。」[17]

貴族內部也存在歧視鏈。老貴族被稱為「第一社會」，從資產階級攀升起來的體制貴族被稱為「第二社會」，二者之間很少通婚。[18]比如一八〇四年到一九一八年之間，八十四個憑藉從軍而獲得貴族身分的家庭中，只有十七人與老貴族結婚，而娶了奧地利（而不是匈牙利裔、克羅埃西亞裔的）老貴族家庭的千金小姐的軍人新貴只有一人。[19]

「第一社會」和「第二社會」之間存在森嚴的壁壘和複雜的歧視鏈。前者歧視後者，這毋庸置疑。有一個著名笑話非常能說明奧地利貴族當中「第一社會」和「第二社會」之間的遙遠距離和深度隔閡：一位溫蒂施格雷茨（Windisch-Graetz）公子問一位奧爾施佩格（Auersperg）公子：「你知不知道男爵是什麼？」奧爾施佩格公子想了一會兒說：「你知道嗎，是這樣的：一輩子苦等列支敦斯登家族的人對他說『你』的人，就是男爵。」[20]溫蒂施格雷茨、奧爾施佩格和列支敦斯登家族都是老資格的「第一社會」貴族，他們只對自己人說親熱的「你」，而對外人都報以表面上禮貌實則冷淡的「您」。

據曾在維也納擔任使館武官的普魯士將軍克拉夫特・霍恩洛厄—英格爾芬根公子（Kraft zu Hohenlohe-Ingelfingen, 1827-1892）描述，有的屬於「第二社會」的大財主因為特別有權有勢，大家不得不把他們算作「第一社會」。於是「第一社會」分成兩個群體：A.原先的「第一社會」；B.從「第二社會」上升來的暴發戶。B往往比A富裕得多。A和B這兩個群體的男性可以交往，因為他們往往是政府和軍隊裡的同僚。但這兩個群體的女性幾乎從不交往。如果A群體的男性娶了B群體的女性，會被A群體排斥和鄙夷。在宮廷的「大舞會」上，兩個群體都受邀請；但所謂的「小舞會」從來不邀請B群體（詳見第七章第九節「貴族的舞會：以法蘭茲・約瑟夫時代的奧地利宮廷為例」）。霍恩洛厄—英格爾芬根公子說，「第一社會」也分成高低兩個群體，這是維也納獨有的現象。[21]

在奧地利第一共和國

一九一八年十月，第一次世界大戰即將落幕，奧匈帝國在做最後的垂死掙扎。十月十六日，末代皇帝卡爾頒布宣言，提議將奧匈帝國改組為多民族的聯邦制國家。[22]這種妥協來得太晚了，因為捷克斯洛伐克已於十月二十八日獨立建國，克羅埃西亞人也於二十九日建立了一個國家（後與塞爾維亞王國合併，組成南斯拉夫王國）。在帝國崩潰的邊緣，原奧匈帝國德語區的議員緊急組成「德意志奧地利民族臨時委員會」，代表帝國境內德意志人的利益。[23]十一月十一日，卡爾皇帝宣布「預先接受德意志—奧地利對其政體做出的任何決定……我放棄參與國家事務」，不過他並沒有正式宣布放棄皇位。[24]十二日，議會宣布建立「德意志奧地利共和國」，即後來的奧地利第一共和國。

令人唏噓的是，在卡爾皇帝被推翻、淒涼地逃離維也納美泉宮的時候，在哈布斯堡皇室最危急的時刻，貴族階層並沒有奮起保衛皇室和帝國。只有一名貴族攜帶武器奔赴美泉宮，準備保衛皇帝。那就是卡爾・法蘭茲・瓦爾德斯多夫（Karl Franz Walderdorff）伯爵，他曾是與皇帝在同一個龍騎兵團服役的同袍。戰爭結束前不久，在前線負傷的瓦爾德斯多夫伯爵正在養傷，得知維也納局勢危急之後立刻攜帶一支獵槍趕去美泉宮，準備誓死捍衛皇帝。而曾參加過卡爾的婚禮的匈牙利貴族和海軍將領霍爾蒂・米克洛什（Horthy Miklós, 1868-1957）在皇帝面前淚流滿面，發誓要竭盡全力幫助卡爾重登維也納和布達佩斯的寶座。[25]後來霍爾蒂成為匈牙利獨裁者，用的頭銜是「攝政王」，但他不僅沒有動一根指頭去迎回哈布斯堡皇室，還露出了兇神惡煞的真面目。

與原本的奧匈帝國相比，奧地利共和國的領土大幅縮水，經濟實力也大幅下降。很多奧地利人覺得這樣一個小國在經濟和政治上都難以為繼，所以希望與德國合併。但這種企圖受到英法等西方列強的阻撓，因為列強不願意看到戰敗的德國居然還能擴張疆域。[26]所以，現代奧地利共和國不是歷史上自然生長出來的，而是在政治形勢逼迫下產生的。在此之前，奧匈帝國境內的德意志人群並沒有「奧地利人」這樣一個身分認同。正如社會民主黨領導人維克多・阿德勒（Viktor Adler, 1852-1918）所說：「我們奧地利人有一個政體，但沒有祖國。奧地利國家並不存在。」[27]

一九一九年四月三日，左派領導的奧地利共和國議會頒布《廢除貴族法》（*Adelsaufhebungsgesetz*），廢除了貴族制度，後來還將該法律提升到憲法的地位。[28]並且，在廢除貴族制度的時候，奧地利比德國的威瑪共和國更加嚴厲。威瑪共和國允許貴族保留頭銜和「馮」，作為其姓氏的一部分，而奧地利乾脆徹底禁止一切貴族頭銜和「馮」等稱號，違者將被處以二萬克朗罰款或不少於六個月的徒刑。[29]於是，卡爾皇帝的長子、哈布斯堡家族的那位著名族長（詳見下文）在奧地利就只能叫鄂圖・哈布斯堡，而不是鄂圖・馮・哈布斯堡，不過他還擁有德國國籍，而根據德國法律，他在德國可以使用「馮」的稱號。

奧地利共和國對待貴族的態度不僅比德國更苛刻，而且，在歐洲，奧地利還是唯一一個立法禁止貴族制度的非共產主義國家，甚至將這樣的立法提升到了憲法的地位。導致這些現象的原因到底是什麼？

二〇一八年，法蘭茲・約瑟夫皇帝的外孫女黑德維希的孫子、奧地利貴族彼得・祖・施托爾貝格－施托爾貝格伯爵（Graf Peter zu Stolberg-Stolberg）[30]與我分享了他的看法。他指出，在德國，第一次世界大戰結束之後，德皇正式宣布退位，從帝國到共和國的過渡是合法的。而在奧地利，末代皇帝卡爾和皇后濟塔並沒有退位，也從來沒有舉行過廢除帝制的全民公投。所以奧地利第一共和國缺乏法理上的正當性。正是因為心知肚明自己缺乏合法性，第一共和國的左派領導人非常害怕舊的精英集團會捲土重來，害怕貴族會質疑和反對共和國。於是共和國決心要打壓貴族階層，所以對貴族特別嚴苛，不准他們使用「馮」字和各種頭銜。哈布斯堡家族甚至長期被禁止返回奧地利，還被剝奪參選奧地利總統的權利。後來哈布斯堡家族的大部分成員都放棄了成為皇帝的權利。

施托爾貝格的說法聽起來有一定道理，但顯然是從貴族視角出發，從歷史延續性的角度所做出的一種解釋。然而，對於為何奧地利共和國格外苛待貴族，我沒有找到更多相關的研究可供比照參考，只能姑且在此轉述施托爾貝格的分析。是否存在其他更具說服力的解釋路徑？期待讀者的批評指教。

關於奧地利廢除貴族制度，有一個著名的故事是這樣的：一九一九年，阿達爾貝特．馮．施特恩貝格伯爵（Adalbert Graf v. Sternberg，1868-1930）在維也納說：「你們看看我的名片！現在我叫阿達爾貝特．施特恩貝格。卡爾大帝給了我貴族身分，而卡爾．倫納剝奪了我的貴族身分！」卡爾大帝即查理大帝，卡爾．倫納（Karl Renner, 1870-1950）是奧地利共和國的第一任總理。[31]

不過，藝術家和演員的名字或藝名不受《廢除貴族法》的影響，所以偉大的音樂指揮家赫伯特．馮．卡拉揚（Herbert von Karajan, 1908-1989）仍然被允許使用「馮」字。他甚至發出威脅，如果奧地利政府不允許他使用「馮」字，他就離開奧地利。[32]很多貴族為自己準備兩套名片和信箋，一套遵照共和國的法律，沒有貴族頭銜和紋章，用於和公共機關打交道；另一套有頭銜和紋章，用於和商界或其他貴族打交道。[33]

雖然有明文禁止，但在奧地利共和國的日常生活中，使用貴族頭銜和「馮」的稱呼還是很常見的事情，往往不會受到「較真」的處罰。何況，對施特恩貝格伯爵這樣的大貴族來說，失去頭銜並不十分重要，他的宮殿、城堡、土地、金錢、人脈、教育優勢和社會地位都還在。另有一個著名的故事是，奧地利第一共和國的國民議會裡唯一一位出身於高級貴族的議員弗蘭奇斯卡．馮．施塔爾亨貝格侯爵夫人（Franziska Fürstin von Starhemberg, 1875-1943）[34]曾說：「廢除貴族對我們來說無關緊要。不管有沒有頭銜，我們都是施塔爾亨貝格家族。」[35]

那麼廢除貴族頭銜對哪些人的影響最大？是那些在帝制時期辛勞一生為國效力從而獲得貴族身分的「第二社會」成員。很多公職人員和軍人的薪水不多，生活清貧，但為皇帝服務幾十年之後，可以獲得低級貴族的身分。這對他們是一種褒獎和鼓勵，也把很多人與哈布斯堡皇朝連繫起來，讓他們對皇帝忠誠。在這層意義上，貴族身分是一種社會黏合劑。共和國廢除貴族制度，對這些人的打擊最大。他們當中的很多人一下子失去了工作、社會地位和最後一點點榮譽。

一九三八年三月十一日納粹德國吞併奧地利之後，沒有恢復奧地利貴族的頭銜。戰後的奧地利第二共和國也對貴族「維持原判」。[36]

奧地利貴族有自己的組織。第一次世界大戰前不久建立的「奧地利天主教貴族聯合會」（Vereinigung katholischer Edelleute in Österreich）在共和國時期才真正活躍起來。該聯合會向政府遞交各種請願和申訴，建立和維持圖書館，設立扶助貧窮貴族的基金會，管理貴族名冊。聯合會一度擁有三千名成員，囊括奧地利的幾乎全部高級貴族，還有部分低級貴族。聯合會的首任主席是海因里希・馮・克拉姆—法屬馬丁尼克伯爵（Heinrich von Clam-Martinic, 1863-1932，曾任奧匈帝國的奧地利部分的總理）。[37]

在捷克斯洛伐克和匈牙利

第一次世界大戰末期新生的捷克斯洛伐克共和國廢除了貴族制度，並實施土地改革，剝奪貴族的部分土地。[38]一些生活在捷克斯洛伐克境內的說德語的貴族逃往奧地利、德國、匈牙利等國，也有一些貴族留在家鄉，接受了捷克斯洛伐克國籍。在納粹時期，這部分捷克籍德意志裔貴族的財產被納粹沒收。一九四五年，第二次世界大戰結束後，這群曾受納粹迫害的貴族收回了自己的財產。但在一九四八年，共產主義政權再次剝奪了貴族的財產和土地。一九九二年，部分貴族，比如施瓦岑貝格家族，從新的捷克共和國政府手中收回了自己久別的財產。在後共產主義時代的捷克，有一些貴族從政，比如卡雷爾・施瓦岑貝格（Karel Schwarzenberg, 1937-）曾於二〇〇七至二〇〇九年和二〇一〇至二〇一三年擔任捷克共和國外交部長。

在一九四六年之前，拋卻一九一九年短命的蘇維埃共和國不談，匈牙利至少在名義上是君主國。一九二一年，流亡瑞士的卡爾皇帝兩次試圖在匈牙利復辟並再次成為匈牙利國王，都以失敗告終。曾經淚流滿面地表達尊皇之心的獨裁者霍爾蒂在協約國的支持下挫敗了皇帝的企圖。卡爾在英國的保護下流亡到葡萄牙的馬德拉島，一九二二年在那裡病逝。[39] 匈牙利成了一個沒有國王的王國，被一位沒有海軍的海軍上將統治著。在霍爾蒂統治下，貴族地主仍然能夠維持相當強大的政治影響力以及在農業領域的主宰地位。保守的貴族是霍爾蒂政權的支柱之一。[40] 在二戰期間，匈牙利與納粹德國合作。二戰之後，共產主義的匈牙利共和國開展土地改革，廢除了貴族制度。

匈牙利貴族外交官恰基・埃梅里希（Csaky Emmerich）的悲慘故事頗能代表很多生活在曾屬於奧匈帝國的土地上的貴族的命運。埃梅里希的父親恰基・奧爾賓伯爵（Csaky Albin, 1841-1912）曾任奧匈帝國框架內的匈牙利王國的文化部長和上議院主席。他們家族的土地在今天的斯洛伐克境內。埃梅里希曾任匈牙利外交部長，一九二〇年參加了巴黎和會。一戰結束之後，捷克斯洛伐克共和國沒收了他們家族的土地，他不得不定居到匈牙利。二戰末期，他在匈牙利的財產或者毀於戰火，或者被共產黨政權沒收。一九四八年，匈牙利的共產黨政權將他定性為階級敵人，判處勞改。一九五七年，身體羸弱、身無分文的埃梅里希獲准離開匈牙利，他去委內瑞拉尋找失散的妻子，死在途中，再也沒能與妻子團圓。[41]

奧地利貴族與納粹

德國歷史學家斯蒂芬・馬林諾夫斯基寫了一本書《從國王到元首》，研究德國貴族與納粹的關係。據他的研究，天主教信仰是一種疫苗，讓德國南部和西部的天主教貴族天然地對納粹思想和其他極端思想有一定程度的抵抗力，所以較少有天主教貴族支持納粹。

與德國的情況類似，主要信仰天主教的奧地利貴族較少支持納粹。典型的奧地利貴族是虔誠的天主教徒。天主教要求信徒對羅馬教會、梵蒂岡和教宗絕對忠誠，而納粹對天主教會相當敵視，所以奧地利貴族較難接受納粹。真正的天主教徒如果要接受希特勒及其很多非基督教（乃至敵視基督教）的理念，需要克服極大的心理障礙。

納粹的那一套東西較難吸引奧地利貴族。一方面，奧地利貴族不是民族主義者，而是國際主義者，他們的親人和朋友遍佈歐洲。奧地利貴族可能說德語，或主要說德語，但他們同時可能在波希米亞或義大利有城堡和地產。用國籍、母語、血統這些東西來衡量人，不是奧地利貴族的習慣。從這個角度看，奧地利貴族是開放和開明的。納粹的雅利安種族主義與德意志血統優越論，對大部分奧地利貴族的吸引力不大。

所以，大多數奧地利貴族與納粹保持著不同程度的距離。

另一方面，希特勒本人很厭惡多民族、多文化的哈布斯堡君主國，所以儘管他是奧地利人，對奧地利卻頗有敵意。納粹與奧地利貴族互相鄙視。奧地利貴族認為希特勒是低俗的市民暴發戶，而希特勒認為奧地利貴族「腐化無能」。[42]

根據奧地利地下抵抗運動的檔案記載，奧地利的伯爵和侯爵們當中有百分之八十四遭受過納粹的迫害、監禁，其中十九人被投入集中營或被納粹殺害。[43] 阿道夫·祖·施瓦岑貝格侯爵（Adolph zu Schwarzenberg, 1890-1950）於一九三八年在自己位於維也納的宮殿園林懸掛告示：「這裡歡迎猶太人。」他的養子海因里希被關入布亨瓦爾德集中營。拉迪斯勞斯·德里·馮·約巴哈扎（Ladislaus Döry von Jobbahaza）男爵坦率地表達自己對納粹的看法：「普魯士人搶劫了奧地利，把藝術品搶回帝國本土」，「奧地利的經濟和文化生活奄奄一息」，「希特勒是個豬狗不如的東西」。約巴哈扎男爵後被納粹殺害。[44]

著名的奧地利貴族抵抗分子主要有以下幾位。

埃爾溫·馮·拉胡森—維夫勒蒙將軍（Erwin Lahousen Edler von Vivremont, 1897-1955）在二戰期間是德國軍事情報局（Abwehr）的軍官，是卡納里斯和漢斯·奧斯特密謀集團（詳見「索多瑪的義人：反抗納粹的德國貴族」一章）的成員，曾冒著生命危險為抵抗運動搞到了用來刺殺希特勒的炸藥[45]。後來拉胡森在紐倫堡審判期間作為控方證人出庭。坐在被告席上的戈林暴怒地說：「我們在七月二十日之後怎麼忘了把他也絞死！」[46]

約瑟夫・馮・祖・弗蘭肯施坦因男爵（Joseph Freiherr von und zu Franckenstein, 1910-1963）因為反對納粹而被投入毛特豪森集中營，一九三九年逃脫，後來娶了美國女作家凱伊・波義耳（Kay Boyle, 1902-1992）。弗蘭肯施坦因男爵成為美國公民和戰略情報局（OSS，即中央情報局的前身）的特工，在被德國佔領的法國從事地下工作，一度被黨衛軍捕獲，後再次逃脫。令人遺憾的是，這樣一位虎膽英雄在冷戰時期竟然遭到美國麥卡錫主義的迫害。[47]

約瑟夫・馮・特勞特曼斯多夫—魏因斯貝格伯爵（Josef Graf von Trauttmansdorff-Weinsberg, 1894-1945）及其夫人海倫娜（Helenem, 1908-1945）是奧地利城市聖波爾坦（St. Pölten）的抵抗組織的成員。一九四五年初，蘇聯紅軍逼近聖波爾坦。為了保護人民和財產，特勞特曼斯多夫及其同志計畫發動政變，將本地的蓋世太保和黨衛軍繳械，然後主動向紅軍投降。然而他們的計畫被蓋世太保偵破，特勞特曼斯多夫夫婦和其他多人慘遭殺害。幾天之後，紅軍就佔領了聖波爾坦。[48]

貴族大學生約翰內斯・埃德利茨（Johannes Eidlitz, 1920-2000）是抵抗組織「奧地利戰鬥聯盟」（Österreichischer Kampfbund）的領導人。一九四一年建立的抵抗組織「歐根公子」的領導人是名門公子威利・圖爾恩與塔克西斯（Willi Thurn und Taxis）。另一個抵抗組織「O5」的領導人是騎士之子漢斯・西多尼烏斯・貝克爾（Hans Sidonius Becker, 1895-1948）。[49]奉行君主主義的「奧地利天主教貴族聯合會」因為反對納粹，於一九三八年被查禁。[50]

當然也有一些奧地利貴族出於各種原因（反猶主義、種族主義、投機等）投入了納粹的懷抱，比如菲斯滕貝格侯爵馬克西米連・埃貢二世（見第八章第三節「君主的臥榻之側：德意志貴族的宮廷生活」）於一九三三年入黨，還加入了衝鋒隊。[51]有一批奧地利貴族在德國吞併奧地利之前就「加入」了一個隻在紙面上存在的衝鋒隊分支，這頗有投機的成分。[52]文澤斯勞斯・馮・格萊斯帕赫伯爵（Wenzeslaus von Gleispach, 1876-1944）是法學教授和臭名昭著的納粹「人民法庭」的創始人，被希特勒讚賞為「我們家鄉最偉大的兒子」。[53]軍事歷史學家和陸軍將領艾德蒙・格萊澤・馮・霍斯特瑙（Edmund Glaise von Horstenau, 1882-1946）在一九三八年參與逼迫許士尼格向希特勒投降，可以說是奧地利的賣國賊。[54] 塔拉斯・馮・博洛達柯維茨（Taras von Borodajkewycz, 1902-1984）是大學教授和歷史學家，也是忠心耿耿的納粹黨人，甚至到了一九六〇年代還對自己的納粹背景洋洋自得，並歌頌希特勒、咒罵猶太人。[55]

哈布斯堡君主主義

一九一八年，奧匈帝國的末代皇帝卡爾在理論上只是放棄了政權，並沒有放棄皇位，所以在奧地利第一共和國時期奧地利有一些君主主義者呼籲恢復帝制，邀請卡爾復辟。卡爾於一九二二年去世後，當時的保守派奧地利總理約翰內斯・紹貝爾（Johannes Schober, 1874-1932）帶領一些部長和將領在維也納的斯蒂芬大教堂為卡爾舉行了安魂彌撒。儀式結束後，君主主義者舉行了遊行，高呼「打倒共和國！」、「哈布斯堡皇朝萬歲！」[56]

此後，奧地利君主主義者擁戴卡爾的長子鄂圖・馮・哈布斯堡大公（Otto von Habsburg, 1912-2011）。一九三一年十二月六日，蒂羅爾村莊阿姆帕斯（Ampass）的村長宣布授予鄂圖榮譽村民的身分，「從而給蒙冤的哈布斯堡家族少許道義上的補償」。奧地利全國許多社區紛紛效仿，不久之後就有超過一千五百個村鎮授予鄂圖類似的榮譽身分。一九三六年底，鄂圖在奧地利建立了一個叫作「鐵環」（Eiserner Ring）的君主主義組織，請法蘭茲・斐迪南大公的兒子之一馬克西米連・霍亨貝格公爵（Maximilian Hohenberg, 1902-1962）擔任榮譽主席。霍亨貝格公爵對鄂圖的事業無比忠誠。奧地利共和國的國務秘書卡爾・喀爾文斯基男爵（Carl Freiherr von Karwinsky, 1888-1958）是君主主義運動在政府內的聯絡人。古斯塔夫・沃爾夫（Gustav Wolff）上校在維也納很活躍，組建過一個叫作「忠皇人民黨」（Kaisertreue Volkspartei）的君主主義政黨，但影響很小。外交部的高官腓特烈・馮・威斯納騎士（Friedrich Ritter von Wiesner, 1871-1951）是「鐵環」的執行主席，在聯絡和組織工作上發揮了關鍵作用。鄂圖大公估計「鐵環」有三萬到四萬名成員，此外還有不少同情者。[57] 但君主主義運動在奧地利能否成功，主要取決於更廣泛的政治氣候。

哈布斯堡家族的族長鄂圖大公與霍亨索倫家族的威廉二世和幾位親納粹的皇子不同，從一開始就堅決反對納粹。一九三二年冬到一九三三年初，也就是希特勒上臺的不久前，鄂圖在柏林待了一段時間。希特勒透過普魯士王子奧古斯特・威廉（納粹黨人、衝鋒隊員）邀請鄂圖與他見面，鄂圖表示：「我已經讀過《我的奮鬥》，知道希特勒的目標是什麼。這讓我更加堅定地拒絕見他。」[58]鄂圖對納粹的立場給大部分奧地利貴族起到了示範作用。而遭到冷遇的希特勒對鄂圖大公十分厭惡，罵他是「沒有教養的小子，叛徒皇帝卡爾和世界陰謀家濟塔的兒子」。[59]

奧地利的法西斯主義獨裁者恩格爾伯特・陶爾斐斯（Engelbert Dollfuß, 1892-1934）和許士尼格曾試圖借用哈布斯堡帝國的歷史傳統來阻止納粹對奧地利的圖謀，於是給奧地利增添了很杜哈布斯堡色彩，比如重新使用雙頭鷹為國家徽記以及恢復舊式的軍服風格。陶爾斐斯總理在被納粹暴徒刺殺的幾天前向維也納副市長、君主主義者恩斯特・卡爾・溫特爾（Ernst Karl Winter, 1895-1959）表示，如今面對納粹的威脅，只有復辟帝制才能挽救奧地利，他會竭盡全力，儘快迎回哈布斯堡家族。[60]

然而陶爾斐斯的計畫隨同他的生命一起終結了。許士尼格總理也表現出一些君主主義精神，允許哈布斯堡家族成員入境，還歸還了他們的部分財產。一九三五年和一九三六年，許士尼格與鄂圖大公在阿爾薩斯－洛林秘密商談了復辟君主制的可能性，許士尼格稱呼對方為「皇帝陛下」，並表示要「在來年儘快復辟……即便這會在全歐燃起熊熊大火」。[61]但遺憾的是，按照鄂圖的說法，「許士尼格肯定是正派人，也肯定忠於皇朝。但他優柔寡斷，沒有陶爾斐斯那種活力……」一九三七年，希特勒的外交部長紐賴特男爵到維也納與許士尼格會談，許士尼格提出，奧地利人民熱愛哈布斯堡家族，所以應當復辟帝制。紐賴特直截了當地說，如果允許哈布斯堡家族復辟，「等於是奧地利的自殺」。[62]一九三七年七月一日，希特勒派往奧地利的特使法蘭茲・馮・巴本（德國前總理）也表示：「復辟哈布斯堡家族的想法應當結束了。」[63]

鄂圖大公堅決反對納粹吞併奧地利，認為維護奧地利的獨立是比復辟君主制更重要的事情。[64]在奧地利第一共和國苟延殘喘的最後一段時期，在希特勒虎視眈眈、奧地利政府陷入癱瘓的時候，二十五歲的鄂圖大公挺身而出，建議許士尼格把總理職位交給他，由他來組織力量保衛奧地利、反抗納粹。鄂圖表示，他的建議「並非出於一個野心勃勃的年輕人的權欲，」、「我之所以這麼做，是因為我認為，在奧地利陷入危險的時候，我作為奧地利皇室的繼承人，有責任與我的國家共存亡」。我們不知道，如果鄂圖大公成為奧地利總理，他能否成功地保衛奧地利的獨立，但在當時令人絕望的歷史條件下，他願意挑起大樑勇氣可嘉。然而許士尼格滿懷敬意地謝絕了，並向「陛下」表示，時機還不成熟，而且在法律上許士尼格沒有辦法把自己的職位交給別人。[65]另外，紐賴特和戈林都威脅過，如果哈布斯堡家族企圖返回維也納，德國會立即出兵佔領奧地利。而德軍佔領奧地利的行動代號為「鄂圖行動」，可能就是特意針對鄂圖大公的。[66]

一九三八年三月十一日，許士尼格放下武器，屈膝投降。希特勒兵不血刃地吞併了奧地利。此時濟塔皇后敦促兒子鄂圖前往奧地利、鼓動人民起來反抗，但此時顯然已無力回天，因為德軍已經開進奧地利，而許士尼格命令奧地利軍隊不抵抗，並且大部分奧地利人歡迎希特勒。如果鄂圖在此時前往奧地利，無異於自投羅網。[67]他能夠做的，只能是在三月十二日發表聲明，宣布自己為「數百萬奧地利人的熱忱愛國情感的代言人」，並呼籲全世界「支持奧地利人民對自由與獨立的渴望」。[68]「奧地利君主主義者無疑堅守獨立的奧地利國家的傳統，相信奧地利人在多瑙河流域擁有特殊的使命，所以從德軍進入奧地利的第一天起，君主主義者就成為民族社會主義第三帝國的不共戴天之敵。」[69]

納粹佔領奧地利之後，立刻開始大肆逮捕反對派，包括君主主義者。根據蓋世太保的資料，一九三八年共有二萬一千人在奧地利被投入集中營，其中就有鄂圖大公的許多支持者，比如前文提到的君主主義運動領導人威斯納。[70]君主主義者、國防部國務秘書和陸軍將領威廉·齊納（Wilhelm Zehner, 1883-1938）在家中被闖進門來的納粹暴徒槍殺。[71]第一批死於納粹集中營的奧地利人當中有篤信天主教的法學家和君主主義者漢斯·卡爾·蔡斯納—施比岑貝格男爵（Hans Karl Zeßner-Spitzenberg, 1885-1938）。[72]

此時生活在比利時的鄂圖大公被蓋世太保通緝[73]，哈布斯堡家族的財產被納粹政府沒收。法蘭茲·斐迪南大公的兩個兒子（即霍亨貝格兄弟）被投入集中營。二戰爆發後，鄂圖大公曾考慮招募在海外的奧地利人組建一支「奧地利軍團」，在法軍框架內作戰，但未能實現。他以法國為基地，透過報紙和無線電臺進行宣傳，鼓舞奧地利人反抗納粹。他還透過奧地利境內的君主主義者搜集情報，包括希特勒的擴張計畫，然後透過美國駐法大使威廉．克里斯蒂安．布列特（William Christian Bullitt, 1891-1967）向羅斯福總統傳遞情報。羅斯福立刻邀請鄂圖大公於一九四〇年三月訪美。新大陸自由世界的領導人與舊大陸的年輕皇位覬覦者一見如故，深入探討了國際形勢等問題。羅斯福承諾，等到奧地利擺脫了希特勒、匈牙利擺脫了霍爾蒂之後，美國會認可奧地利和匈牙利的國家主權。鄂圖在美國參議院發表講話，並受到社會各界的熱烈歡迎。[74]

鄂圖大公結束訪美、回到比利時不久之後，一九四〇年五月，德軍發動閃電戰，進攻比利時和法國，哈布斯堡家族居住的宮殿遭到轟炸。[75]在法國被納粹佔領的同時，鄂圖及其母親和弟妹歷經艱辛，途經法國、西班牙、葡萄牙，流亡到美國，得到羅斯福總統的保護。鄂圖努力推動美國承認奧地利為「被納粹佔領的國家」，享有與比利時、丹麥和挪威等國同等的地位，還推動盟國在一九四三年十一月認可奧地利為「希特勒侵略的第一個受害者」[76]；他還試圖組建一個奧地利營在美軍框架內作戰，不過沒有成功。[77]對於奧地利在戰後的地位（擺脫戰爭責任、避免被蘇聯控制、走上親西方道路），鄂圖大公有不小的貢獻。

在納粹統治下，奧地利君主主義組織遭到殘酷鎮壓。君主主義者在抵抗運動中發揮了一些作用。著名的君主主義抵抗戰士和軍官卡爾．布里安（Karl Burian, 1896-1944）計畫用炸彈襲擊蓋世太保在維也納的辦公室，後來被叛徒出賣而犧牲。[78]

一九四五年之後

二戰結束之後，奧地利被英美法蘇四國佔領。蘇聯佔領當局在自己的控制區內實施土地改革，剝奪了貴族的土地。但後來奧地利第二共和國建立，蘇聯撤軍，這些土地於一九五五年物歸原主。在今天，奧地利農業土地的百分之五和森林的百分之十屬於貴族。[79]二〇〇九年的一項研究表明，奧地利貴族進入經濟精英階層的可能性是其他人的六倍。[80]施瓦岑貝格、金斯基、列支敦斯登、霍亨貝格甚至哈布斯堡這樣的赫赫威名，會給貴族自動加分，而且這些豪門多年來積累的資本與人脈在當代社會的商界、金融界等領域仍然具有強大的影響力。列支敦斯登家族今天是銀行業大亨。漢斯・馮・勞達騎士（Hans Ritter von Lauda, 1896-1974）從一九四六年到一九六〇年擔任奧地利工業協會主席。[81]不過貴族的兩項傳統職業——從軍和出仕，對奧地利貴族來說失去了吸引力。[82]

在奧地利第二共和國，貴族沒有任何政治和法律上的特殊地位。奧匈帝國時期首相馬克斯・馮・貝克男爵的後人馬克斯・馮・阿爾邁爾—貝克男爵（Max Freiherr von Allmayer-Beck）在一九七九年說：「作為一個群體的奧地利貴族已經完全沒有意義，沒有任何政治影響力。」[83]

戰後初期，從捷克斯洛伐克、匈牙利等已經變成共產主義勢力範圍的國家逃亡到奧地利的貴族往往除了背包和身上的衣服之外一無所有。逃往西德的前德國東部貴族會得到政府的一定補償，以彌補他們損失的土地和財產，但逃往奧地利的貴族得不到類似的補償。如果得不到親戚的搭救，他們大多為了謀生而選擇市民階層的工作，比如酒店經理、電工、汽車修理工、銀行職員等。所以奧地利貴族不再是一個獨立的、鮮明的階層，而是在很大程度上與資產階級融合了。[84]兩個階層之間的關係也比過去緩和了很多。

一九五四年，一群年輕的奧地利貴族組建了「聖約翰俱樂部」（St. Johanns Club），算是「奧地利天主教貴族聯合會」的非正式的後繼組織。俱樂部組織的舞會就像帝國時期霍夫堡皇宮的舞會一樣，豪門貴族彙聚一堂。該俱樂部的七百六十名成員有三分之二是貴族。[85]聖約翰俱樂部的總部在維也納的環城大道上，宗旨是「社交；透過講座和討論實現精神的提升」。[86]

二〇〇五年，有人在奧地利組建了「奧地利貴族聯合會」（Vereinigung der Edelleute in Österreich），以「奧地利天主教貴族聯合會」的後繼者自居。聯合會的第一任主席是斯蒂芬・霍亨貝格（Stephan Hohenberg, 1972-），即馬克西米連・霍亨貝格的孫子。這引發了一輪法律風波和爭議。奧地利政府曾打算禁止該組織，後來又以結社自由的理由允許它存在。[87]

奧地利第二共和國與德國的情況類似，君主主義日漸衰微。有一個君主主義組織叫作「奧地利歐洲行動」（Aktion Österreich Europa）。一九七三年，鄂圖大公成為「泛歐聯盟」（Paneuropa-Union）主席之後，「奧地利歐洲行動」就變成泛歐聯盟的奧地利分支。「泛歐聯盟」於一九二三年成立，是世界上最早的主張歐洲統一的組織之一，納粹時期被禁止，戰後重建。它在政治上屬於基督教保守派。

鄂圖大公本人於二十世紀六〇年代放棄對皇位的主張，宣布自己是共和國的忠實公民。一九六六年，他獲准入境奧地利，此時距離他隨同父母離開奧地利，已經過去了將近半個世紀。[88]為了賺錢養家，他在戰後初期以記者、作家和演說家為職業。[89]他於一九五一年在法國南錫（洛林的首府，而鄂圖的祖先法蘭茲·斯蒂芬皇帝曾是洛林公爵）迎娶了薩克森－邁寧根公爵小姐雷吉娜（Regina von Sachsen-Meiningen, 1925-2010），並在巴伐利亞定居。[90]他獲得了德國與奧地利雙重國籍，參與德國的基督教保守派政黨「基督教社會聯盟」（CSU）的政治活動，並擔任歐洲議會議員二十年之久，一九九九年退休。當時的歐洲議會的實際權力很小，但還是頗有影響和威望。鄂圖在這個議員席位上做了很多工作，包括推動各國的保守派合作、幫助匈牙利獲得西方接納、推動國際社會承認克羅埃西亞獨立等。[91]在歐盟東擴的過程中，一些與哈布斯堡皇朝有連繫的國家，如匈牙利、波蘭和捷克，都曾尋求鄂圖的建議和幫助，以便順利加入歐盟。[92]

哈布斯堡家族目前的族長是鄂圖大公的兒子卡爾·馮·哈布斯堡（一九六一至今），他是一名政治家（曾和父親一起擔任歐洲議會議員[93]）和媒體人，同時經營農業和林業。二〇二〇年初，他感染新型冠狀病毒後痊癒。[94]他的兒子，即哈布斯堡家族的未來族長斐迪南（一九九七至今）是位賽車手，二〇二〇年初在奧地利軍隊中服役。

二〇〇四年，一些奧地利人組建了「黑黃聯盟」（Schwarz-Gelbe Allianz），呼籲在中歐建立新的君主制國家，並將哈布斯堡帝國曾經的領地（奧地利、匈牙利、克羅埃西亞、捷克、斯洛維尼亞和斯洛伐克等）重新納入一位皇帝的統治之下。[95]二〇一八年，我在維也納採訪了「黑黃聯盟」的兩位代表，詳見本書的附錄一。

二、瑞士貴族

一三三六年六月七日，直屬於神聖羅馬帝國的蘇黎世城爆發革命。憤怒的市民衝向市政廳，準備推翻聚集在那裡的議員老爺。不料對方已經得到預警，溜之大吉。次日，市民領袖魯道夫·布倫（Rudolf Brun, 1290?-1360）被推舉為終身制市長。作為蘇黎世的第一任市長，他理政二十多年，實際上是這座富庶城市的唯一統治者。

布倫市長與蘇黎世謀殺之夜

布倫上臺是蘇黎世歷史和瑞士歷史的一座里程碑。在他之前，統治蘇黎世的是由六十七家富商組成的寡頭政府。布倫出身於一個頗有影響力的騎士家庭，在市議會也有席位，但他和其他貴族與大多數市民一樣，沒有任何政治影響力。與當時的德意志不同，瑞士的市民階層（主要是商人）較早掌握了政治權力，而貴族被邊緣化。同樣被排除在政權之外的，還有手工業者及其組成的行會。一三三六年的革命就是貴族與手工業者結盟，推翻了商人寡頭政權，並將很多豪門鉅賈驅逐出境。布倫為蘇黎世頒布了新的憲法，讓貴族與十三個手工業行會分享權力。

布倫是個獨裁者，市民必須向他本人宣誓效忠。舊勢力心有不甘，想要捲土重來，所以布倫以鐵腕鎮壓政敵，每年都要處決一批敵人，還規定舊的市議員及其追隨者不准聚成三人以上的群體。被布倫驅逐的蘇黎世權貴逃到了拉珀斯維爾城（Rapperswil），尋求哈布斯堡—勞芬堡（Habsburg-Laufenburg）伯爵約翰一世（約一二九七至一三三七）的支持。哈布斯堡—勞芬堡家族是哈布斯堡家族的一個旁支，勢力遠遠沒有哈布斯堡家族那麼強大，但畢竟頂著這麼威風凜凜的姓氏，所以在瑞士仍然相當有影響力。約翰一世欠了蘇黎世市政府和若干流亡權貴的錢，所以他支持這些人在拉珀斯維爾組建流亡政府，條件是將他的債務一筆勾銷。

布倫政權得到陶根堡（Toggenburg）伯爵的支持，於一三三七年九月二十一日在格呂瑙（Grynau）打敗了流亡政府和哈布斯堡—勞芬堡伯爵的軍隊，約翰一世陣亡。布倫雖然取勝，卻激怒了強大的哈布斯堡家族，他們替自己的親戚哈布斯堡—勞芬堡家族撐腰，強迫布倫放棄佔領的新領土，另外還要歸還流亡者的財產。與此同時，約翰一世的兒子約翰二世也繼續與拉珀斯維爾的流亡政府合作，招募雇傭軍，準備向布倫反攻。他們準備在一三五〇年二月二十三日夜間與內奸裡應外合，衝入蘇黎世城，將布倫及其同黨殺死在睡夢中。然而精明強幹的布倫早有準備，挫敗了這起政變陰謀，俘獲約翰二世伯爵，將數十名敵人處決。這一夜以「蘇黎世謀殺之夜」的名字載入史冊。

幾天後，布倫兵臨拉珀斯維爾城下，摧毀了該城的防禦工事。為了抵抗即將到來的哈布斯堡大軍，布倫與同樣敵對哈布斯堡家族的四個小邦（合稱「四森林州」）烏里（Uri）、施維茨（Schwyz）、下瓦爾登（Unterwalden）和盧塞恩（Luzern）結盟。奧地利公爵阿爾布雷希特二世果然於一三五一年八月殺到，攻打蘇黎世城。在布蘭登堡邊疆伯爵路德維希（一三一五至一三六一，後成為上巴伐利亞公爵，稱路德維希五世）調停下，布倫與哈布斯堡家族講和，釋放了約翰二世，撤離拉珀斯維爾。但布倫的四個盟邦拒絕接受和約，於是戰爭繼續。一三五三年，神聖羅馬皇帝查理四世（盧森堡家族）親自率軍前來，支持哈布斯堡家族。布倫終於屈服。哈布斯堡家族獲勝，在瑞士北部取得霸主地位。

然而布倫的厲害之處在於，他能從失敗中找到獲利的機遇。一三五六年，他與曾經的敵人哈布斯堡家族結盟，讓後者保證支持蘇黎世的新憲法。一三五九年，哈布斯堡家族甚至授予布倫「樞密顧問」的頭銜，並給了他一筆退休金。[96]

布倫的政治生涯對蘇黎世很重要，他頒布的憲法從一三三六年一直沿用到一七九八年。從這位市長的故事裡，我們還能看到瑞士貴族史的很多獨特之處。

貴族在瑞士

今天的瑞士領土在中世紀屬於神聖羅馬帝國。哈布斯堡家族起源於瑞士，但他們在歷史上有很長一段時期是瑞士的死敵，而一九一八年奧匈帝國的末代皇帝卡爾被推翻後曾流亡到瑞士，可謂有緣。

Bildnyſs Herren Rodolf Brun
Ritter,
und
Erſter Burgermeiſter der Respub: Zürich

魯道夫・布倫，作者不詳。

布倫的墓碑，Roland zh 攝，二〇一〇年。

一二九一年，阿爾卑斯山的三個小邦烏里、施維茨和下瓦爾登為了自保和促進和平與貿易而聯合起來，組成邦聯，即後人所謂的舊瑞士邦聯（Alte Eidgenossenschaft）。[97]後來有蘇黎世、伯恩、盧塞恩等小邦加入。

瑞士邦聯為了捍衛自己的自治權和獨立性，與哈布斯堡家族連續發生衝突。一箭射穿自己兒子頭頂上蘋果的民族英雄威廉·泰爾（Wilhelm Tell）雖然是虛構人物，卻代表了瑞士人維護獨立、反抗哈布斯堡家族統治的英勇抗爭精神。一三八六年七月九日，瑞士人在著名的森帕赫（Sempach）戰役中打敗哈布斯堡軍隊，殺死奧地利公爵利奧波德三世，為瑞士邦聯在神聖羅馬帝國框架內爭取到了更多自治權。[98]

一四七四至七七年，瑞士邦聯又在法國幫助下戰勝了另一個強大的外敵勃艮第公國。[99]一四九九年，瑞士人又打敗了施瓦本聯盟（支持哈布斯堡家族的馬克西米連一世皇帝）的軍隊，獲得更大的自治權，包括不受馬克西米連一世一四九五年帝國改革的影響，以及不受大多數帝國法庭管轄等。此時瑞士實際上已經獨立。[100]一五一三年，邦聯擴張到十三個邦。三十年戰爭中，瑞士躲過了這場中歐浩劫（後來的兩次世界大戰中，瑞士也巧妙地利用國際關係，加上運氣極佳，沒有捲入戰爭），不過很多瑞士人作為雇傭兵為各種勢力效勞。一六四八年，三十年戰爭結束，根據《西發里亞和約》，瑞士正式獨立，脫離神聖羅馬帝國。[101]

舊瑞士邦聯是一個邦聯制共和國，各邦擁有很大的自主權，也各有自己的獨特歷史、文化和傳統。中世紀瑞士有許多貴族家系，有的是神聖羅馬帝國的附庸，有的臣服於薩伏依王朝，有的效忠於勃艮第。這種政治和文化的多樣性，是瑞士沒有形成強大的中央王權的原因之一。

瑞士本土的貴族基本沒有侯爵以上的頭銜，沒有形成強大的邦君和諸侯，最高一般是伯爵級別，如倫茨堡（Lenzburg）、法爾肯施坦因（Falkenstein）、陶根堡（Toggenburg）伯爵等。[102]戰亂、靡費，以及沒有邦君的保護等原因讓貴族階層逐漸衰落，政權很早就被市民掌握，這一點與德意志大不相同。德意志許多城市最顯著的地標是邦君的宮殿城堡，而蘇黎世、伯恩和巴塞爾等城市的地標是行會大樓或者富裕市民的宅邸。弗里堡（Fribourg）和圖爾高（Thurgau）的市民政權的影響力極大，貴族若想進入議會就必須放棄貴族身分。[103]雖然不曾受到迫害或驅逐，但不少瑞士貴族家族不願生活在被市民統治的社會，選擇移民到法國、德意志和奧地利等國。

瑞士社會各等級之間的壁壘不像德意志那樣森嚴，貴族與市民通婚較為容易和常見，貴族不會因為與市民通婚而喪失貴族地位，也不會因為從事工商業而被剝奪貴族身分。從十五世紀起，瑞士市民階級的勢力越來越強，封建貴族常與他們通婚，形成新的精英群體。這種混合的精英群體往往在自己的城市能夠壟斷政治權力，若干互相聯姻的家族往往能連續好多代掌控一座城市的市議會，也就是統治整個城市。這是一種寡頭政治。這樣的寡頭精英集團，可以算作「城市貴族」（Patrizier，詳見第一章第三節「被翻譯成『貴族』的幾個德語詞」）。十八世紀末，伯恩有六十八個統治家族，他們組成了統治伯恩的寡頭精英集團；蘇黎世有八十六個統治家族；瑞士全國人口約一百七十萬，而寡頭精英有約一萬人。在伯恩和弗里堡，寡頭精英被允許使用「馮」字來表示他們的貴族身分。[104] 市議會往往向精英集團的成員授予「貴族」身分（用 edel 或 nobel 等詞）或「容克」稱號。有頭銜和無頭銜的貴族，是瑞士統治精英階層的一部分，但往往不是最重要的部分。德意志的邦君將市民階層的人封為貴族，而瑞士的城市把農民或者外邦人封為自己的市民。當然，也有很多瑞士人在神聖羅馬帝國、法國、義大利等國家獲得貴族冊封。

法國大革命期間，政治體制已經僵化的瑞士於一七九八年被法國革命軍佔領，被改組為法國模式的中央集權共和國[105]，並成為拿破崙的傀儡。舊瑞士邦聯就此滅亡。格勞賓登州（Graubünden）在一七九八年廢除了全部貴族特權和頭銜，也不准使用「馮」字。[106] 拿破崙倒臺後，瑞士重新獲得獨立。天主教與新教的對立、自由主義與保守主義的衝突使得瑞士在一八七四年爆發內戰。一八四八年，瑞士通過了一部新憲法，建立了新的聯邦。

根據一八四八年憲法，法律意義上的貴族不復存在。但和德意志與奧地利一樣，曾經的貴族仍然是個界限清晰的精英群體，享有很高的聲望和社會地位。今天瑞士境內有約四百五十個貴族家族。[107] 一九七六年，一位瑞士女公民嫁給一位德國男爵，希望在自己的姓氏前加上 Freifrau（男爵夫人）的字樣，被瑞士政府否決，理由是：在德國，「男爵」是姓氏的一部分，但瑞士仍然視其為貴族頭銜，而不是姓氏的一部分。[108]

瑞士貴族與德意志貴族連繫緊密，大部分瑞士貴族的譜系都記載在《哥達譜系學手冊》裡。馬爾他騎士團和聖約翰騎士團這兩個有著濃郁的貴族色彩的騎士團也一直在瑞士活動。

三、波羅的海之濱的德意志貴族

一九〇七年，奧匈帝國的赫爾米尼婭·伊莎貝拉·瑪麗亞·福利奧·德·克蘭納維爾伯爵小姐（Hermynia Isabelle Maria Gräfin Folliot de Crenneville, 1883-1951）出於對愛情的追求，不顧父母的反對，嫁給了英俊的波羅的海德意志貴族地主維克多·馮·祖·米倫（Viktor von Zur Mühlen, 1879-1950）。赫爾米尼婭的姓氏「福利奧·德·克蘭納維爾」是法語，她們家是法國大革命時期流亡到奧地利的法國貴族後代。這位自幼愛讀書、有見識、懂得多種語言、文化修養極高的維也納大家閨秀對新婚丈夫的家鄉愛沙尼亞（當時在俄羅斯帝國統治下）充滿了憧憬。

然而到了夫家，等待她的就只有失望。波羅的海地區的德意志貴族顯然不像奧地利貴族那樣重視文化。維克多的整個莊園只有兩本書，一本是《聖經》，一本是色情文學。而且俄國的書報審查極為嚴苛，進口的報紙和雜誌上會有大段大段的內容被審查員塗黑。赫爾米尼婭從娘家寄的百科全書在經過俄國海關時，裡面關於俄國歷史的章節被全部塗黑。無書可讀的赫爾米尼婭只得去較大的城市多爾派特（塔爾圖），在那裡購買了大量書籍並訂閱雜誌。回家之後，她遭到婆婆的質問：「你要這麼多書幹什麼？好的主婦要照料全家，怎麼會有時間讀書？」赫爾米尼婭的生活方式，比如每天洗兩次澡和穿色彩鮮豔的衣服，也引起公婆的不滿。婆婆訓斥道：「你已經是結了婚的女人了，穿黑色就行了！」在丈夫和公婆眼中，赫爾米尼婭最重要的任務就是生兒育女。她在婚後相當長的一段時間內沒有懷孕，婆婆就責怪她騎馬太多、洗澡太多。

赫爾米尼婭發現，身為地主的愛沙尼亞德意志貴族與愛沙尼亞農民的關係極其緊張。農民仇視這些高高在上的異族地主老爺。維克多給了她一支左輪手槍，讓她獨自散步的時候帶著，以防萬一。德意志貴族根本不把愛沙尼亞農民當人看。她的丈夫經常用木棍毆打農民。有一次，一名農民膽敢唱革命歌曲《馬賽曲》，維克多把他打得半死。赫爾米尼婭氣憤地跑到琴旁，彈了整整一天的《馬賽曲》。她同情貧苦的農民，為他們送醫送藥。維克多只對兩件事情感興趣，那就是莊園和打獵。有一次他外出打獵，赫爾米尼婭允許農民從莊園穀倉偷走了很多東西，希望這樣能稍稍改善他們的生活條件。

赫爾米尼婭被迫生活在文化沙漠和緊張的階級關係之中，她和維克多曾經的愛情很快銷聲匿跡，兩人越來越無話可說。他們在政治上一個左，一個右，訂閱不同政治立場的報紙。郵件送抵時，他們用火鉗子拿著對方的報紙，免得汙了自己的手。這樣的婚姻當然維持不下去。赫爾米尼婭患上肺結核，在瑞士養病，一九一四年第一次世界大戰爆發之後就沒有回去。俄國爆發革命後，她與維克多正式離婚。一九一九年，她來到德國，加入共產黨，靠翻譯英文和法文小說為生。她的譯作包括美國作家厄普頓・辛克萊（Upton Sinclair）的全部作品。她自己也創作了很多小說，其中不少成為暢銷書。一九三三年納粹在德國上臺，她發表了譴責新政權的公開信，然後流亡英國，生活淒苦，一九五一年在赫特福德郡默默無聞地去世。

而維克多在俄國十月革命之後組織反共的民兵武裝，後來加入納粹黨，一九五〇年去世。[109]到那個時候，波羅的海德意志貴族的世界已經徹底毀滅。赫爾米尼婭在作品裡記錄了自己在那個世界的不幸生活，也描摹了那個已經逝去的令人窒息的天地。

本章要討論的就是：波羅的海德意志貴族，這個說德語、信奉新教、屬於德意志文化圈卻服從帝俄統治的貴族群體，是如何產生，又是如何滅亡的呢？

源起

十二至十三世紀，德意志十字軍和商人開始向波羅的海東岸的立窩尼亞地區（主要是今天的愛沙尼亞和拉脫維亞）擴張和殖民。這是所謂「東擴運動」的一部分。當時那些地方的原住民（多為波羅的海語系和芬蘭—烏戈爾語系的民族）還是不信基督教的異教徒。在教宗支持下，德意志十字軍攻擊這些異教徒，征服了這片土地。這就是所謂的「北方十字軍東征」。波蘭人、丹麥人等基督教民族在波羅的海地區的十字軍東征中也發揮了重要作用。

參加東擴運動的德意志人當中肯定有很多人懷抱著向異教徒傳教的熱忱（如果異教徒不肯皈依，就將其消滅），但世俗的理由也很重要。比如一一四七年的文德十字軍東征是北方十字軍東征的一部分，有強迫異教徒文德人（德意志人對斯拉夫人的泛指）皈依基督教的因素，也有經濟掠奪和攫取土地的因素。著名的薩克森公爵獅子亨利和第一代布蘭登堡邊疆伯爵「大熊」阿爾布雷希特一世參加了此次東征。同時代的僧侶編年史家這樣評價獅子亨利的東征：「這個年輕人在遠征斯拉夫土地的整個過程中，閉口不談基督教，只談金錢。」[110]

主要由德意志人組成的軍事修會——條頓騎士團在北方十字軍東征和德意志人東擴的歷史中發揮了關鍵作用。消滅（或同化）波羅的海地區的原始普魯士人和其他一些土著民族之後，條頓騎士團及其分支立窩尼亞騎士團成為該地區的一支重要勢力，建立了騎士團國家，並不斷與波蘭王國發生衝突。同時，在波羅的海地區還有里加大主教區（十三世紀初，主教阿爾伯特·馮·布克斯赫夫登從薩克森帶來了一支大軍，強迫立窩尼亞人成為基督徒，並建立了里加城）[111]、漢薩城市但澤等主要由德意志人領導的政權，它們也時常與條頓騎士團國家發生摩擦。

條頓騎士團國家在一四一〇年七月十五日的坦能堡之戰（或稱「葛蘭瓦德之戰」）中慘敗於波蘭王國，此後就開始走下坡路。後來騎士團統治下的許多市民和世俗貴族（多為德意志人）奮起挑戰騎士團的統治，爆發了內戰。反對騎士團的市民和貴族甚至與波蘭人結盟，最終導致條頓騎士團一蹶不振，後來世俗化成為普魯士公國，臣服於波蘭王國。而在騎士團國家內戰中發揮作用的許多雇傭兵後來在當地扎根，其中有些人的後代就是近代普魯士的容克貴族。

最早在波羅的海地區定居的德意志貴族是與條頓騎士團、立窩尼亞騎士團勢力等一起開展「北方十字軍東征」的軍事征服者，也有一些是後來從威斯特法倫等地遷徙到波羅的海地區的，如蘭姆斯多夫（Lambsdorff）伯爵家族。該家族有很多成員是俄國或德國的將領和高官。比較晚近的一位成員鄂圖·蘭姆斯多夫伯爵曾任聯邦德國的經濟部長。

德意志人在波羅的海地區逐漸取得了政治、經濟和文化的主導地位，成為精英和統治階級，但人口始終不超過總人口的百分之十，到十九世紀末大概少於總人口的百分之六。[112]他們統治著非德裔的原住民。該地區的大部分主要城市，比如里加、烈韋里（塔林）、多爾派特（塔爾圖）、米陶（葉爾加瓦）都是德意志人建立的。這些城市與漢薩同盟合作，從事海上貿易。在德意志貴族的莊園裡，愛沙尼亞和拉脫維亞農奴為其勞作。農奴的權利和自由極少。德裔的俄國女皇凱薩琳大帝視察該地區時曾對德意志地主對待農奴的「專制和殘暴」感到震驚，於是督促這些地主主動改革，免得帝國政府強迫他們改革。凱薩琳大帝的孫子亞歷山大一世也希望改善帝國全境農民的處境，期望波羅的海德意志貴族主動提出改革計畫，但他們不願意實施。於是皇帝在一八一六至一九年強行解放了波羅的海地區的農奴。這比俄國本土廢除農奴制早半個世紀。不過，雖然波羅的海地區的農奴獲得了人身自由，但土地仍然被地主控制，並且農民在政治上仍然受到地主的主宰。[113]

為沙皇效力

在十六和十七世紀，波羅的海德意志貴族經常為控制該地區的波蘭、瑞典和俄國君主效力。波羅的海德意志貴族往往是勇敢強悍的武士，並且熟悉當地的環境、傳統和語言，所以任何想要控制和管理這些地區的人（無論是波蘭人、瑞典人還是俄國人）都需要波羅的海德意志貴族的合作。[114]

一七〇〇至二一年的「大北方戰爭」當中，彼得大帝統治下的俄國打敗了瑞典，從瑞典人手中奪得愛沙尼亞和拉脫維亞。波羅的海德意志人成為沙皇的臣民，但享有高度自治權。彼得大帝很器重波羅的海德意志貴族，也需要他們的配合，所以很優待他們。沙皇把瑞典王室從這些德意志貴族手中徵收的土地物歸原主，確認路德宗教會的權利，把德語定為當地行政部門和法庭的語言。此後歷代沙皇（除了最後兩位沙皇，即亞歷山大三世和尼古拉二世）都維護波羅的海德意志貴族的特權，允許他們加強對俄羅斯帝國波羅的海諸省的政治控制。[115]

俄國的政府管理、軍隊和外交都需要波羅的海德意志貴族的技術才幹和忠誠的服務。波羅的海省份原本就是俄羅斯帝國境內最西化的地區，其地方政府和法庭原先就被視為俄國其他地區的模範。沙皇不僅允許波羅的海德意志貴族繼續掌控該地區，還讓他們在聖彼德堡為帝國服務，擔任外交官、行政官員和軍官。俄國軍官當中的波羅的海德意志人特別多，因為他們熟悉西方的軍事技術。十八世紀三〇年代俄軍軍官中有多達四分之一是波羅的海德意志人。德語是中歐的通用語，所以波羅的海德意志貴族經常擔任俄國外交官，對俄國的外交事業貢獻很大。他們的服務對於維護和發展俄國與西歐的商業與金融連繫也是必不可少的。簡而言之，波羅的海德意志人是俄國與歐洲的重要仲介人，在十八世紀上半葉尤其如此。[116]

很多波羅的海德意志貴族在俄國攀升到高位，比如米哈伊爾·巴克萊·德·托利（Michael Andreas Barclay de Tolly, 1761-1818）是拿破崙戰爭時期的俄國陸軍元帥，一度擔任俄軍總司令。[117]利芬家族也是波羅的海德意志人的名門望族，出了很多為俄國效力的將領和外交官。夏洛特·馮·利芬（Charlotte von Lieven, 1743-1828）是俄國宮廷總管，是保羅沙皇的兒子們（包括後來的尼古拉一世沙皇）的保姆和教師。她的兒子卡爾是俄軍將領和教育大臣；另一個兒子克里斯多夫也是俄國將軍，曾陪同沙皇亞歷山大一世參加奧斯特里茨戰役，還當過陸軍大臣和俄國駐英大使。

德國首相克洛德維希·霍恩洛厄—希靈斯菲斯特侯爵的兒子亞歷山大說，俄國歷代沙皇最忠誠和最愛國的臣子與僕人，就是波羅的海德意志貴族。而霍恩洛厄—希靈斯菲斯特侯爵的妻子就是波羅的海德意志貴族，並且是俄國陸軍元帥彼得·祖·賽因—維特根施坦因侯爵（Peter zu Sayn-Wittgenstein, 1769-1843，拿破崙戰爭時期的名將）的孫女。透過這層關係，霍恩洛厄首相在俄國也是一位大地主。[118]

波羅的海德意志貴族組成了四個封建色彩濃厚的騎士法團：立窩尼亞法團、愛沙尼亞法團、庫爾蘭（Kurland，位於今天拉脫維亞西部，原為立窩尼亞騎士團領地，後世俗化為庫爾蘭公國）法團和厄澤爾（Ösel，今天的薩雷馬島，屬愛沙尼亞）法團。這些法團在一八九〇年前享有很高程度的司法權、教會與學校管理權，以及收稅權。[119]

許多波羅的海的貴族身分是俄國沙皇授予的（在一八〇六年之前一般還需要神聖羅馬皇帝正式認可）。在十九世紀有很多市民階層出身的職業人士，比如醫生和學者，也獲得沙皇的冊封。根據凱薩琳大帝的旨意，波羅的海德意志貴族可以用 Baron（男爵）這個詞作為正式頭銜，而不是德意志貴族一般用的 Freiherr。[120]

從十九世紀到二十世紀初，波羅的海德意志貴族是一個封閉的小社會和小團體，主要在內部通婚。一八六〇年至一九一四年，波羅的海德意志貴族的二千零六十門婚姻中有百分之五十八是在其內部解決的，百分之二十是和非貴族的本地人結婚，百分之二十二是和俄國女人結婚。像維克多．馮．祖．米倫這樣與外國女人結婚的波羅的海德意志貴族非常罕見。[121]

一九一四年，愛沙尼亞的德意志貴族擁有整個愛沙尼亞行省土地的百分之五十八。不過同德國與奧地利的情況類似，到了這個歷史階段，很多貴族地主無法適應工業化、資本主義化的新時代，無力維持自己的莊園運轉，不得不將土地賣給資產階級人士。到一九〇二年，四百零一座愛沙尼亞德意志貴族莊園中有七十九座被賣給了平民。也有一些貴族地主想方設法適應新時代，繼續從事農業。他們進口化肥，改革傳統的耕作方式，從事林業和畜牧業，並開始使用現代化的農業機器。在一九一四年之前的三十年裡，愛沙尼亞、立窩尼亞和庫爾蘭的農業出產增加了百分之二十到百分之三十，不過這需要給莊園大量投資，而這是很多貴族無力承擔的。出身波羅的海德意志貴族家庭的地質學家亞歷山大．馮．凱澤林伯爵（Alexander Graf von Keyserling, 1815-1891）說：「在愛沙尼亞當地主很難，因為發不了財。」[122]

值得一提的是，波羅的海德意志貴族當中出了一位留名德語文學史的小說家：前述這位地質學家的親戚愛德華．馮．凱澤林伯爵（Eduard Graf von Keyserling, 1855-1918）。他出生於今天的拉脫維亞，最終定居於慕尼黑，但創作風格接近維也納現代派。他以「印象主義的方法去表現……波羅的海貴族以及他們的親戚、車夫、農民、女僕、家庭教師、神父和醫生等人物的世界……關於婚床、決鬥和自殺，關於孤獨的、抱懷疑態度的人」。[123]他於一九一八年九月去世。幾個月之後，他悉心描寫的那個世界就不復存在了。

從一九〇五年革命到第一次世界大戰

十九世紀中葉，長期受壓迫的愛沙尼亞和拉脫維亞人開始覺醒，出現了自己的資產階級和民族主義。波羅的海德意志貴族地主開始受到挑戰。維克多・馮・祖・米倫與農民的緊張關係就是一個例子。

這個時代的波羅的海德意志貴族仍然維持著濃郁的封建色彩，頑固地保衛自己的封建權利和特權，不肯接受俄羅斯帝國政府施加的改革。直到一八八九年，波羅的海德意志貴族古老的封建司法權才被取消，亞歷山大二世沙皇在一八六四年的改革期間設立的法庭才在這些地區取代了德意志貴族的莊園法庭。[124]俄羅斯帝國政府對波羅的海地區推行俄羅斯化，但波羅的海德意志貴族不理睬帝國政府的措施，固守自己的德語、德意志文化和新教信仰。與此同時，他們繼續壓迫當地民眾，拒絕與其分享權力。那麼他們遭到當地人的仇視就不足為奇了。

一九〇五年，俄國在日俄戰爭中慘敗，國內也爆發了革命，幾乎撼動了帝俄政權。民族矛盾和階級矛盾非常激烈的波羅的海地區爆發了農民起義。德意志地主的莊園遭到攻擊和縱火，一些德意志人被殺。庫爾蘭和愛沙尼亞有一百八十四座莊園被燒，九十名德意志貴族地主被殺。[125]隨後德意志貴族和軍官與俄國政府軍聯手，殘酷地鎮壓了暴動農民。約一千人被槍決，數千人被流放到西伯利亞或逃往海外。[126]

第一次世界大戰的爆發讓波羅的海德意志貴族左右為難。帝俄政府視他們為潛在威脅和第五縱隊，關閉德語學校[127]，並命令德裔人民遷往俄國內陸。而如果他們忠於俄國，德國又視他們為叛徒和民族罪人。

一九一七年十月革命爆發時，德軍已經佔領了整個立陶宛和拉脫維亞的大部分。一九一八年三月簽訂《布列斯特—立托夫斯克條約》之後，蘇俄退出戰爭，德國又佔領了波羅的海沿岸的剩餘地區。德國政府打算在戰後將大批退伍軍人安置到庫爾蘭。一九一八年一月二十七日，立窩尼亞和愛沙尼亞的德意志貴族向蘇俄代表宣布，他們要脫離俄國。[128]三月，波羅的海德意志人向德皇威廉二世獻上庫爾蘭公爵的寶座。[129]德國政府還考慮過建立一個「波羅的海聯合公國」（Vereinigtes Baltisches Herzogtum），由梅克倫堡公爵阿道夫・腓特烈（Adolf Friedrich, Herzog zu Mecklenburg, 1873-1969）當波羅的海公爵。但是由於德國戰敗，這個計畫化為泡影。

蘇俄內戰

十月革命之後，俄國貴族遭到布爾什維克黨的鎮壓，而留在蘇俄境內的波羅的海德意志貴族也屬於「階級敵人」。二百位來自愛沙尼亞的波羅的海德意志貴族被蘇俄軍隊逮捕並押送到西伯利亞。不過列寧（他也是貴族出身）希望與德國議和，所以保護了這批囚犯。蘇俄在《布列斯特—立托夫斯克條約》的談判過程中，在德國的要求之下，將這批在押的德意志貴族釋放。[130]

在戰爭末期和戰後初期的新格局裡，愛沙尼亞、拉脫維亞和立陶宛三國相繼從俄國獨立。在抵抗布爾什維克黨的戰鬥中，大批波羅的海德意志人組成志願軍和民兵隊伍，與愛沙尼亞和拉脫維亞民族主義者有合作關係，但也常和他們發生衝突。民族衝突和意識形態衝突混合在一起，難解難分。德意志地主的莊園常常遭到當地民族主義者或共產黨的襲擊。

一九一八年時，愛沙尼亞所有農業用地的百分之五十八在大地主手中，而這些大地主中的百分之九十是波羅的海德意志人；在拉脫維亞，百分之五十七的農業用地被波羅的海德意志人佔有。愛沙尼亞和拉脫維亞獨立之後都實施土地改革（幾乎完全沒有給予地主補償），沒收地主的土地分給農民，[131]而大多數地主都是德意志人。這直接導致很多德意志貴族破產。二萬波羅的海德意志人移民到德國。[132]德意志貴族在波羅的海差不多八百年的主宰結束了。仍然留在波羅的海國家的德意志人作為少數民族，往往受到種種限制和歧視，比如不能擔任公職、禁止在街道標誌牌上使用德語、禁止德意志人的教堂和農業協會等。[133]一九二〇年，四個騎士法團失去了曾經的政治權力，僅僅是民間社團。

在蘇俄內戰期間，很多波羅的海德意志人站在白軍那邊，反對布爾什維克黨，比如曾幫助外蒙獨立的「瘋男爵」羅曼・馮・溫甘倫—施特恩貝格（Roman von Ungern-Sternberg, 1886-1921）和「黑男爵」彼得・尼古拉耶維奇・弗蘭格爾（Pjotr Nikolajewitsch Wrangel, 1878-1928）將軍。弗蘭格爾是白軍的主要將領之一。溫甘倫的地位比弗蘭格爾低，但更有傳奇色彩。

「瘋男爵」溫甘倫男爵，一九二一年。

黑男爵」弗蘭格爾，一九二〇年。

一九一七年十月革命爆發，信奉君權神授的沙俄軍官溫甘倫與紅色政權勢不兩立，於是成為白軍將領，但又不服從反共力量領導人高爾察克，所以溫甘倫成了割據一方的軍閥。此時俄國天下大亂，形形色色的武裝力量多如牛毛。溫甘倫組建了所謂「亞洲騎兵師」，兵員據說有十六個民族，包括俄國人、布里亞特人、蒙古人、漢人、滿族人、西藏人、波蘭人和日本人。憑藉這支力量，溫甘倫在俄國遠東地區開闢了自己的地盤，與紅軍對抗，同時實施白色恐怖統治。他的敵人稱他為「瘋男爵」。

溫甘倫的最著名行動是以一千五百人的亞洲騎兵師打敗中國軍隊，奪取了外蒙古，並幫助外蒙的宗教和世俗領袖活佛博克多汗於一九二一年二月恢復大汗之位。博克多汗冊封俄羅斯帝國陸軍中將溫甘倫男爵為親王。溫甘倫成為外蒙的實際掌權者，大肆迫害和殺戮猶太人以及他眼中的「赤色分子」。很多蒙古人相信他是藏傳佛教中戰神的化身，甚至是成吉思汗的化身。傳說他的長遠計畫是以亞洲為基地，借助馬背民族的力量恢復羅曼諾夫皇朝在俄國的統治。

然而這個幻夢注定要破滅，一九二一年九月，擁有飛機大炮和裝甲車的蘇俄紅軍打敗溫甘倫的薄弱騎兵隊伍。溫甘倫本人被俘，遭到審判和槍決。他的死訊傳到蒙古，博克多汗命令全國的喇嘛寺為溫甘倫舉辦悼念儀式。[134]

背井離鄉

第二次世界大戰爆發後，根據納粹德國與蘇聯的《莫洛托夫—里賓特洛甫條約》，愛沙尼亞、拉脫維亞和立陶宛先後被納入蘇聯的勢力範圍，最終於一九四〇年被徹底吞併。與此同時，希特勒將幾乎全部波羅的海德意志人撤離（從愛沙尼亞撤走一萬三千七百人，從拉脫維亞撤走五萬二千三百八十三人），將其安置到德占波蘭領土。[135]波羅的海德意志貴族也「回歸」德國。

一九四五年，德國戰敗，大多數波羅的海德意志人被蘇聯軍隊驅逐，逃到新的德國邊界內。在逃亡過程中，發生了許多人道悲劇。一九四五年一月三十日，運載難民（包括大量波羅的海德意志人）和傷兵的「威廉・古斯特洛夫」號郵輪（Wilhelm Gustloff）被蘇聯潛艇擊沉，估計有超過九千人遇難，是「泰坦尼克」號死亡人數的好幾倍。[136]這是歷史上遇難人數最多的海難。德國諾貝爾文學獎得主君特・格拉斯的小說《蟹行》（*Im Krebsgang*）談及了這起悲慘事件。

在蘇聯統治下的波羅的海地區，波羅的海德意志人留下的文化遺跡幾乎被消滅殆盡。今天的波羅的海德意志貴族生活在世界各地，其中很多生活在芬蘭、瑞典，但大多數生活在德國。一九四九年之後，他們組建了「波羅的海騎士法團聯盟」（Verband der Baltischen Ritterschaften）[137]，它後來加入了「德國貴族社團總會」。

一九九一年，愛沙尼亞獨立之後，德國的波羅的海德意志貴族協會致信愛沙尼亞總統，宣布他們都不會尋求收回曾在愛沙尼亞擁有的土地。此外，第一任聯邦德國駐愛沙尼亞大使漢寧・馮・威斯汀豪森（Henning von Wistinghausen, 1936-）和第一任德國駐拉脫維亞大使哈根・蘭姆斯多夫伯爵（Hagen Graf Lambsdorff, 1935-）都是波羅的海德意志人的後裔，這也增進了德國與愛沙尼亞與拉脫維亞的和解。

附錄一

黑黃聯盟：採訪二十一世紀的奧地利君主復辟組織

二〇一八年三月，我在維也納市席津區（Hietzing）的多姆邁爾咖啡館（Café Dommayer）採訪了奧地利君主主義組織「黑黃聯盟」的兩位代表。

咖啡館文化是奧地利的一大特色，維也納的咖啡館多如牛毛。最有名的一家要數中央咖啡館（Café Central），那是奧匈帝國時期文人墨客聚集的地方，佛洛伊德、胡戈·馮·霍夫曼斯塔爾、施尼茨勒、卡夫卡、茨威格，甚至列寧和托洛茨基，都是那裡的常客。我和「黑黃聯盟」會面的地點多姆邁爾咖啡館的知名度沒有中央咖啡館那麼高，但也有悠久輝煌的歷史。約翰·施特勞斯父子和約瑟夫·蘭納（Josef Lanner, 1801-1843）都曾在此演出。店門口的紀念碑上寫著：「小約翰·施特勞斯的世界聲譽從席津開始。」

就是在這裡，我拜訪了「黑黃聯盟」的主席妮科爾·法拉（Nicole Fara）女士和該組織的資深成員彼得·祖·施托爾貝格－施托爾貝格伯爵（Graf Peter zu Stolberg-Stolberg）。施托爾貝格伯爵生於一九五二年，出身於奧地利最古老的貴族世家之一，曾學習新聞學和農學，並曾在辛巴威、莫三比克、波札那等多個非洲國家從事畜牧業。這是歐洲貴族傳統的職業之一。他是法蘭茲·約瑟夫皇帝的外孫女黑德維希的孫子。老伯爵彬彬有禮，入座和離席時都幫法拉女士拉椅子，臨行時還幫她穿大衣。有趣的是，施托爾貝格伯爵對中國有相當的瞭解，也很關注中國。他對鄧小平和改革開放大為讚賞。

法拉和施托爾貝格伯爵坦率地回答了我提出的關於當今奧地利君主主義的問題。我感到，這兩位都是信念堅定的理想主義者，但也是務實的行動家。我沒有資格對他們的理念做評判，既不贊同，也不反對。不過我相信，自由社會裡的結社自由和思想自由，是值得讚賞的；堅持自己的理念並為之努力的精神，也是值得佩服的。

一、「黑黃聯盟」的建立宗旨與政治構想

問：「黑黃聯盟」是何時組建的？它的宗旨是什麼？

答：「黑黃聯盟」於二〇〇四年建立，是一個合法註冊的政治組織。我們已經兩次參加奧地利議會選舉，但作為一個新黨，在預選中沒有得到足夠的票數，所以目前在議會還沒有席位。明年我們會嘗試參加歐洲議會的選舉。

我們的宗旨是把一九一八年之前曾屬於多瑙河君主國的領土重新統一到一個君主制政權之下。具體來講，有今天的奧地利、匈牙利、捷克、斯洛伐克、克羅埃西亞、斯洛維尼亞、義大利北部的南蒂羅爾、巴爾幹的一部分、羅馬尼亞和烏克蘭的一部分，以及波蘭的一部分。

南蒂羅爾一直是德語區，第一次世界大戰之後被割讓給義大利。南蒂羅爾人是德意志民族，對羅馬沒有認同感，而是與維也納有著歷史悠久的連繫。

我們特別感興趣的一個地方是亞得里亞海之濱的的里雅斯特，它在奧匈帝國時代是重要的港口，一戰後割讓給義大利。義大利並不需要的里雅斯特，因為義大利海岸線長達三千公里，有的是良港。而這樣一個港口對哈布斯堡家族的中歐特別重要，也能讓如今是內陸國的奧地利擁有自己的出海口。在義大利，的里雅斯特的重要性大幅下降，現在衰敗得很厲害。的里雅斯特歷來是斯拉夫人的土地，屬於克羅埃西亞人和斯洛維尼亞人，和義大利從來都

沒什麼關係，文化上更接近維也納而不是羅馬。今天的里雅斯特人也對奧地利有憧憬，因為他們知道，如果回歸奧地利，他們的地位會比今天重要得多。

還有一個曾經屬於奧匈帝國的地區對羅馬沒有認同感，那就是威尼斯，因為威尼斯歷史上長期是一個強權，有很強的獨立性。不過可惜威尼斯對維也納也沒有認同感。我們有的里雅斯特就足夠了。

問：在奧地利共和國，你們為什麼會產生這樣的想法呢？或者說，復辟哈布斯堡中歐帝國的意義是什麼？

答：因為我們相信，歐洲要想繁榮發展，它的心臟地帶就必須有強大的活力。歐洲的心臟地帶就是曾經的哈布斯堡帝國統治的地區。

今天的歐洲大陸主要被法德這兩個大國和富國支配。歐洲要想長期穩定，必須要有一股獨立自主的力量與它們平衡。這股力量必須能自主地滿足公民的需求。法德都是越來越傾向於中央集權的國家主義強權，而我們想要的是一個能夠代表中歐多元文化與歷史遺產的政治實體。我們不喜歡同質化的、集權化的「大政府」。

另外，在今天，西方與俄羅斯之間的關係很緊張，大有新一輪冷戰的趨勢。作為夾在西方和俄羅斯之間的小國和小民族，我們中歐人的處境很困難。一旦發生衝突，中歐很可能成為第一個犧牲品。我們既不希望成為美國的第五十一個州，也不希望成為俄羅斯的一個省。我們的歷史必須有自己的道路，我們必須扮演自己的角色，即東西方之間的橋梁。以上就是我們希望復辟的哈布斯堡帝國發揮的作用。這就是我們的《阿特施泰滕宣言》（*Artstettener Manifest*）提出的四大原則（君主制、民主、中歐、寬容）之一：中歐原則。

問：那麼，奧地利共和國不能發揮類似的作用嗎？或者說，你們對奧地利現行制度有哪些不滿和批評？

答：參加大選投票的人一年比一年少，這說明大家對現行制度的信心在下降，對政治的興趣也在減少。當然，這對政客來說是好事，有利於他們維持自己的權力和地位。為了權力和地位，政客和政黨可以無所不用其極，比如無下限地誹謗對手。這種情況下，民眾會對下流化的議會民主制產生牴觸和厭惡心理。這種局面很容易被極端分子利用，鼓吹一個「掃清弊端」的「偉大領袖」。這是現行制度的一大漏洞。

奧地利的政治制度有哪些病？首先是統治者與民眾越來越脫節。真心感到自己對選民負有責任的政客越來越少。黨派政治越來越像是小圈子內部的遊戲。這遊戲可以很荒唐，可以很無聊，可以與民眾沒什麼關係，但各黨派要花費大量精力與資源去玩這個遊戲。

奧地利還缺少愛國主義。我們說的愛國主義，是熱愛自己的文化，同時尊重別的文化。愛國主義與民族主義不同，民族主義是自認為自己的文化優越，蔑視其他文化。奧地利缺乏愛國主義，這很容易被極右翼利用。

我們對奧地利第二共和國的歷史教育也不滿。共和國的歷史教科書往往醜化和歪曲哈布斯堡帝國和君主制，比如把第一次世界大戰的爆發說成是奧匈帝國一家的罪過。這方面，反倒是英國人比較客觀。克里斯多夫・克拉克的《夢遊者：一九一四年歐洲如何邁向戰爭之路》承認，二十世紀初幾個大國之間的軍備競賽和對抗已經到了瘋狂的程度，塞拉耶佛事件只不過是個偶然的導火索。即便沒有塞拉耶佛事件，也會發生其他事件來刺激戰爭爆發，所以不能說奧匈帝國是戰爭的罪魁禍首。

問：你們設想中的復辟的哈布斯堡帝國，將採納什麼樣的政治制度？是英國式的君主立憲嗎？

答：我們喜歡的制度有點像英國式的君主立憲，有君主，但也有共和制的民主機構，比如議會。但我們設想的君主的權力比英國女王大一些，不完全是儀式性和代表性的。我覺得一個很好的參照是今天的列支敦斯登。該國君主對立法有一定的決定權。比方說，英國立法時請女王簽字批准，只是走過場，女王不可能不簽，但列支敦斯登君主有拒絕的權利。這樣的話，君主就像是一個申訴專員（Ombudsmann），他不是政府的一部分，而是對政府的決策發揮一定程度的約束和監督作用。

我的祖先法蘭茲・約瑟夫皇帝八十大壽的時候，很多國家的君主和領導人到維也納祝壽。美國總統西奧多・羅斯福（Theodore Roosevelt）也來了。他在奧匈帝國全境旅行，看到奧地利的公共事業欣欣向榮，學校、醫院、公路、郵局、鐵路都運轉良好，維也納、布拉格和布達佩斯都是美麗繁榮的城市。羅斯福對法蘭茲・約瑟夫皇帝說，您的國家讓我肅然起敬，一切都很好；沒有您，一切也能正常運作；那麼您的工作究竟是什麼呢？法蘭茲・約瑟夫說，我的工作，就是保護我的諸民族，免得糟糕的政客傷害他們。

這也是我們今天設想的君主職能。他可拒絕議會建議的內閣人選，可以拒絕在他看來傷害人民利益的立法。

問：那麼，如果君主胡作非為或者因為身體或精神原因無法履行職責呢？有沒有辦法約束他或者撤換他？

答：我們的設想是有一個控制委員會。如果君主無力履行職責，或者做出了傷害王室利益或聲譽的事情，委員會有權將其廢黜，以皇儲取而代之。

問：你們設想的新哈布斯堡帝國，是對奧匈帝國的複製嗎？換句話說，仍然是奧地利與匈牙利的二元帝國？

答：可能不是二元，而是三元：奧地利人、匈牙利人和斯拉夫人。

問：就像法蘭茲．斐迪南大公（在塞拉耶佛遇刺的那位）的設想那樣？

答：正是。我們需要匈牙利讓出一些利益給斯拉夫人。

問：在你們設想中的新哈布斯堡帝國，民主將擁有什麼樣的地位？

答：我們支持今天西方的民主制度。君主制和民主不是互相牴觸的。今天歐洲的君主國，無一例外都是成功的民主國家，比如英國、瑞典、挪威、丹麥、荷蘭等。這些君主往往比共和國的總統正派得多。我們甚至比共和派要求更多的直接民主。我們君主主義者都是民主派。

不過我們對政黨政治有一些質疑。我們相信，國家和民族應當屬於人民，而不是成為政黨之間的無聊遊戲。君主應當是超越各黨派之上的、不參與政黨政治的、世襲的，這是為了避免政黨政治濫用民主制的漏洞。君主應當有權舉行有約束力的全民公決。今天很多人不投票，而這些不投票者，應當由君主來親自代表他們。

二、組織的性質與運作方式

問：你們對自己的定位是什麼，是一個懷舊的「遺老遺少」組織嗎？

答：德國和法國有一些懷舊的君主主義組織，但他們主要集中注意力於歷史研究和維護傳統。我們不一樣。我們不是一個遺老遺少的俱樂部，也不是歷史愛好者協會。我們也不是排他性的精英主義團體。比如我們的組織裡有哈布斯堡家族的大公和施托爾貝格伯爵這樣的貴族，但大多數成員都是普通奧地利公民，主席法拉女士是普通的白領職員。

我們對自己的定位是一場政治改革運動。我們的政治訴求就是建立一個中歐合眾國，並請哈布斯堡家族成員擔任世襲的國家元首。我們對民主制、法治社會都不構成威脅，我們支持民主和法治。

問：你們要達成目標的手段是什麼呢？

答：我們選擇的是漫長而艱難的道路。我們的武器是遊說、傳播和教育。我們的活動範圍不僅僅是今天的奧地利共和國，還超越疆界。我們在整個中歐努力。當然了，所有曾屬於哈布斯堡帝國的民族的成員，都可以成為我們的成員。我們熱情歡迎他們所有人。

我們，哈布斯堡君主主義者，不支持任何極端的、極權的意識形態。我們認為，民主化的君主制是最好的國家形態。我們不是極端分子，我們絕不會尋求透過革命或政變來實現政治目標。

我們近期的計畫是參加奧地利議會選舉和歐洲議會選舉。當然，我們需要做極大的努力，與歐洲各國的君主主義組織聯手，把票數合起來，一起進入歐洲議會。即便在議會只有一兩個席位，也能在更廣泛的平臺表達我們的聲音，樹立一面旗幟，讓社會上很多孤立的君主主義者知道，他們並不孤獨，有人替他們發聲。

當然，參加競選需要大量資金。我們在這方面比較缺乏，因為我們完全依賴於會員的主動捐贈。

問：「黑黃聯盟」在奧地利的法律地位如何？

答：我們是完全合法、得到奧地利政府批准的非政府組織。正如英國今天有合法的共和主義，奧地利也有合法的君主主義。不過奧地利是一個強烈共和主義的國家，所以我們有時受到偏見和歧視。法拉女士曾在一家公關公司工作，她的老闆要求她停止公開的君主主義活動。她認為老闆沒有權利干涉她完全合法的業餘活動，憤而辭職。

問：你們現在有多少成員？

答：目前我們在世界範圍有數百名成員，大部分在奧地利，也有一些在捷克、波蘭等國。

問：成員的年齡構成是怎麼樣的？年紀較大的人更多嗎？

答：中年以上的人占多數。我們在招募年輕人時遇到一些困難。不過，今天的其他所有政治運動，甚至天主教會，都有類似的問題：很難吸引年輕人。

問：「黑黃聯盟」和德國以及其他國家的君主主義者有連繫嗎？

答：我們與德國的君主主義者有過連繫，他們是非常年輕的一代，但這連繫漸漸中斷了。德國的君主主義組織大多漸漸消亡了。他們不太現實，希望明天就能恢復君主制；他們不明白，君主主義需要艱辛的努力和耐心。

另外，我們的計畫不包括德國，我們並不尋求建立一個德意志民族的超級大國，而是希望能讓奧地利與其他中歐國家聯合。德國和奧地利一直是朋友，但不是很好的朋友。拿破崙三世曾拉攏法蘭茲・約瑟夫皇帝，讓法奧結盟對抗普魯士，皇帝拒絕了，並說了句名言：「我是一位德意志諸侯！」（Ich bin ein deutscher Fürst!）很多人為他這句話高興，很高興看到他對德意志的認同。也有很多人不高興，覺得他應當更加認同捷克、匈牙利等等。何況德國在歷史上就不想要哈布斯堡帝國裡的多個民族，只想要德意志民族。

所以我們和捷克、匈牙利、波蘭、的里雅斯特與南蒂羅爾的君主主義者都有連繫。我們正打算在布達佩斯設立辦事處。當然他們的思維、計畫和目標優先順序不同，比方說捷克人對君主主義的理解，以及捷克人在新帝國裡的地位與利益，與維也納和布達佩斯的設想會有不同。各民族都有自己的利益考量。不過交流就是合作的基礎。

三、關於君主主義、君主制與世襲君主

問：我們知道，德國君主主義者與納粹有過複雜、曖昧的關係。德國歷史學家斯蒂芬・馬林諾夫斯基寫了一本

書《從國王到元首》，講述德國貴族與納粹的關係，結論是貴族對納粹的崛起有推波助瀾的作用，對納粹的罪行有不可推卸的責任。那麼奧地利哈布斯堡君主主義與納粹有過什麼樣的關係？

答：常有人，尤其是左派，辱罵我們是法西斯，甚至是納粹。這很荒唐。君主主義是超越民族、宗教的。

哈布斯堡君主主義者不僅不是納粹，還是堅決的反納粹抵抗分子。鄂圖．哈布斯堡大公一直是納粹的敵人。法蘭茲．斐迪南大公的兒子們被納粹逮捕，他的孫子們被從學校裡趕走。哈布斯堡家族多位成員被投入集中營。當時奧地利的君主主義者人數不多，但和共產黨人一樣，是為了奧地利的自由而流血最多的群體。

哈布斯堡家族反對納粹，因此受到納粹的汙蔑誹謗。戰後，左右兩派的很多極端分子撿起了納粹的垃圾，繼續攻擊和汙蔑哈布斯堡家族與君主主義者。

問：廣大奧地利民眾對君主制的態度是什麼？

答：奧地利人民並不敵視君主制。恰恰相反，很多人對君主制抱有濃厚的興趣。隨便翻開一本雜誌，可以看到奧地利媒體對英國、西班牙和瑞典王室的報導，比如大婚、登基和葬禮。每次有這種王室事件，電視節目的收視率都很高。對奧匈帝國懷舊的文學和藝術作品也非常多，最有名的當然是「茜茜公主」系列電影。之前有人做過民意調查，有大約百分之三十的奧地利人表示支持民主化的君主制。

君主是獨立於各政黨和政客的機構，超越於政治鬥爭之上。用奧地利藝術家百水（Friedensreich Hundertwasser）的話說，君主是一種「更高級的中心，由永恆的更高級的價值構成」，為社會提供延續性和凝聚力。

問：奧地利聯邦總統的職位實際上也僅僅是代表性的，沒有實權。這樣一個虛位元首不也能起到這樣的作用嗎？為何要一個世襲君主來擔任虛位元首呢？

答：理論上，聯邦總統是代表所有民眾的無冕君主。但生活在現實社會裡的我們都知道，除非是參政的政客，或者有錢支持政客選舉的富人，普通民眾基本上沒有機會與總統建立連繫。總統走進議會，看到的只是政治同僚、政敵或者贊助者而已。並且，總統也只能代表政治，沒有資格代表奧地利的全體人民、歷史和文化。世襲君主則能真正發揮這樣的代表作用。

總統的薪水極高，他的龐大幕僚也要吞掉大量稅金。卸任的總統或已故總統的遺孀還能拿到豐厚的退休金。並且，每隔六年，選舉總統的戲劇要重新演一次。所以維持總統的花費比維持君主昂貴得多。君主及其家庭有自己的私產，不需要昂貴的選舉，還能給國家帶來大量旅遊業收入。看看英國的情況就知道了。

四、對歐洲現實政治問題的態度

問：「黑黃聯盟」對今天的歐洲移民問題持什麼立場？

答：我們的《阿特施泰滕宣言》的四大原則之一就是寬容。雖然人們並不總以寬容對待我們，但我們堅持以寬容待人。我們願意與任何非極端的政治運動對話和交流。

我們信奉宗教寬容。我們的組織與宗教無關，純粹是致力於政治目標。我們相信基督教和啟蒙運動是現代歐洲的兩大支柱，但我們絕不支援任何形式的宗教歧視。

對移民和難民，我們也持寬容態度。但我們相信，奧地利接受移民和難民的程度，要以考慮奧地利的社會和經濟條件為前提。我們願意與各種組織合作，說明移民更好地融入奧地利社會。我們願意與伊斯蘭的伊瑪目合作，幫助穆斯林難民在奧地利社會更好地生活。

奧地利早在一八七四年就認可伊斯蘭教為帝國的正式宗教之一。伊斯蘭教和基督教與猶太教一樣值得我們尊重。我們堅決反對右翼把伊斯蘭與恐怖主義劃等號的做法。

問：那麼，問一個相關的問題：你們是否支持土耳其加入歐盟？

答：我們不認為那是個好主意，但不是因為土耳其是伊斯蘭國家。歐洲有很多國家受到伊斯蘭的深遠影響，比如波士尼亞和阿爾巴尼亞，它們都仍然是歐洲的一部分。我們不希望看到土耳其加入歐盟，是因為它不是一個純粹的歐洲國家，也不是純粹的亞洲國家，而是歐亞的橋梁，就像古時的拜占庭帝國一樣。如果人為地把土耳其宣布為歐洲國家，我們認為這對它自己的身分不利，會讓它與亞洲傳統之間發生斷裂。我們希望土耳其成為歐亞之間一個中立的實體，繼續發揮兩大洲之間橋梁的作用。

附錄二

哈布斯堡貴族記憶：採訪瑪蒂娜．溫克胡福爾

瑪蒂娜．溫克胡福爾（Martina Winkelhofer）是維也納大學的歷史和藝術史博士，維也納大學和布拉格大學講師，奧地利現代史委員會成員，《王冠報歷史增刊》總編。

她是哈布斯堡皇室史、奧地利宮廷史與貴族史專家，著有：《皇帝的日常：法蘭茲．約瑟夫與他的宮廷》《貴族女性的生活：奧匈帝國的日常》《高雅社會：歐洲皇室與王室的醜聞和陰謀》《我們就這樣經歷第一次世界大戰：家族的命運（一九一四至一九一八）》等。

二〇一八年三月，我在維也納採訪了溫克胡福爾博士，與她聊聊奧地利歷史和哈布斯堡宮廷與貴族的歷史。

一、貴族史研究的升溫與相關課題

問：在今天的歐美歷史學界，大家會不會覺得貴族史這個話題不夠時髦和前沿？一方面，學界的很多注意力被各種理論吸引過去；另一方面，聚焦於帝王將相和上流社會，是否體現了一種保守的舊史觀？

答：大概十到二十年前，情況的確如你所說，貴族史這門學科顯得比較老派和保守。但近些年來它又變得時髦起來。越來越多的學者對這個話題感興趣，相關的學術研究也越來越豐富。比如這些話題：貴族女性的生活是什麼

樣的、貴族與國民經濟的關係等。另外，學界對歷史上小人物的日常生活越來越感興趣，比如過去農民和工人的生活，但這些方面留下的史料不多，因為這些人往往不識字，或者沒有留下很多文字資料。而關於貴族，我們掌握了非常多的材料，研究起來比較容易，這也是學界對貴族史的興趣回升的原因之一。

問：那麼您個人如何對這個話題產生興趣呢？與您的家庭有關係嗎？

答：我自己沒有貴族背景。我從小就對奧地利貴族感興趣，因為我在維也納土生土長，每天看到帝國時期留下的許多歷史建築、城堡、宮殿。我不禁好奇地去問，這些建築屬於哪些家族，他們的名字是什麼，他們經歷了什麼。成長環境讓我自然而然地對這個話題產生興趣，因為這個話題圍繞著我的生活。

問：今天有不少德國和奧地利歷史學家在研究貴族史，當然他們在研究貴族史的不同方面，比如艾卡特·孔策（Eckart Conze）研究了伯恩斯托夫（Bernstorff）伯爵家族幾代人在二十世紀的變遷，海因茨·賴夫（Heinz Reif）研究德意志貴族在十九和二十世紀以及貴族與資產階級的關係，斯蒂芬·馬林諾夫斯基（Stephan Malinowski）研究貴族與納粹黨關係，等等。在貴族史研究領域，哪些話題是您比較關注的呢？

答：我對貴族女性的歷史非常關注，包括貴族女性的生活方式、貴族與哈布斯堡皇朝的關係。不過現在奧地利人對貴族生活的方方面面都興趣盎然。比如前幾年的英國王室大婚在奧地利引起了濃厚的興趣。我們要問，貴族傳統從何而來，古老的貴族家族在今天過得怎麼樣。而這些問題，也是讓更廣泛的民眾對歷史產生興趣的很好途徑。比如，如果你要推廣一本關於政治的書，那麼從生活史的角度，會引起讀者更大的興趣、產生更多的共鳴。而對於貴族的生活史，學者知道得更多，因為我們擁有更多的文字材料，比如貴族的日記、書信、回憶錄和經濟方面的材料。史料多，題目就更好做。

二、直面歷史記憶：對史料的辨析

問：德國的貴族史研究者馬林諾夫斯基寫了一本書《從國王到元首》（*Vom König zum Führer*），講貴族與納粹的關係。他也大量運用貴族的書信、日記、回憶錄、自傳等材料。他警告說，貴族擅長「選擇性記憶」和「選擇性遺忘」，會小心地甄別記憶，記住自己想記住的、給自己貼金的東西，而排斥和忘記對自己不利的東西。所以他認為這些一手材料大體不可信。我們在面對貴族的一手文字材料時，應當採取什麼態度？您同意馬林諾夫斯基嗎？

答：貴族的「選擇性記憶」和「選擇性遺忘」應當主要是體現在二十世紀上半葉，即極右思潮和納粹興起與統治的時期。因為納粹時期距今不遠，有些當事人甚至還在世，所以這段歷史對很多貴族來講是敏感的，他們需要遺忘自己不光彩的一面。當事人的兒孫輩也不會願意過多考慮自己的父輩和祖輩做的事情。

但對我的研究時段（十九世紀）來講，貴族留下的文字史料大體上是可靠的，因為首先，該時段不像納粹時期那樣留下了很多敏感問題；其次，關於日常生活的一些比較瑣碎的方面，比如生活方式、消費習慣、花錢買了什麼東西等等，其實人們沒有什麼動機和理由去刻意撒謊。我相信十九世紀的貴族一手史料基本上是可靠的，並且我們總有辦法去查證、核實。我們不可能唯讀一封信，而是要讀一套通訊中的所有書信。讀得越多，就會更深切地感受到，哪些東西更有可能是真實的。並且，如我剛才所說，涉及的話題越是凡俗，史料撒謊的可能性就越小。

問：您閱讀和研究了大量第一手資料，包括很多手寫材料。閱讀十九世紀的手寫材料，是否比閱讀印刷材料要困難？

答：是的，手寫材料更難讀。不過也是熟能生巧的事情，讀得越多，就越習慣。最容易解讀的是正式的政府公文，但我也要讀手寫的私人通信。這時候我往往需要像偵探一樣，去努力判讀往往非常潦草的文字。比如這個字母是A還是E？還有一個困難是，在十九世紀八〇年代，不知道出於什麼原因，奧地利人寫信時特別喜歡省紙，寫得密密麻麻，字又小，有的時候很難看懂。

三、在具體時代中理解和評價貴族

問：問您一個關於貴族頭銜繼承的技術問題。一般讀者可能對英國貴族最熟悉。英國貴族基於頭銜，比如X伯爵在世的時候，享有X伯爵頭銜的只有一個人，他的兒子們不會擁有X伯爵頭銜；而要等他去世後，長子才會變成下一代X伯爵。而德意志貴族基於血統。一位伯爵如果有多個兒子，他們也都自動擁有伯爵稱號，哪怕父親還活著。俄國也是這樣，我記得自己當年讀《戰爭與和平》的時候就在詫異，為什麼俄國的公爵那麼多，為什麼一個公爵的所有兒子都是公爵。頭銜的繼承為什麼會出現這樣的差異？這對歷史研究會造成額外困難嗎？比方說，同時存在幾十個施托爾貝格伯爵，是否會難以判斷哪一個是最重要的？

答：你的這個問題很有趣，我之前還沒想到過。我覺得一般不會造成太大困難。當然了，這種情況使得德奧貴族的情況比英國貴族複雜得多。不過一般來講，識別一個大家族裡享有相同頭銜的許多人當中誰更重要，不是特別難，因為有族長（Familienchef）一說。

至於英德貴族在頭銜繼承習俗上的這種差異，我也不知道它是如何產生的，大概是因為長子繼承制的發展和普及程度不同。你知道中世紀歐洲早期的習慣一般是諸子均分父親的財產。但這樣會把財產越分越少，不利於建立一個家族的強大勢力，所以逐漸出現長子繼承制，但這種制度的推行和發展程度，存在地域差異。中世紀盛期以後，多個兒子共用父親頭銜的做法，應當是長子繼承制之前的舊制度的殘餘。

不過這種差異往往僅涉及頭銜，而不是財產。比如一個伯爵的多個兒子都是伯爵，但財產肯定不是平分的。同時存在幾十個施托爾貝格伯爵的話，肯定有富有窮、有強有弱。

另一方面，這種「所有兒子均享有與父親相等頭銜」的情況，出現在較低的貴族當中，主要是伯爵和男爵。再往上，從侯爵（Fürst）開始，兒子的頭銜與父親不同。比如侯爵的兒子不是侯爵，而是公子（Prinz），其中一人繼承父親的侯爵頭銜，其他兄弟仍然只是公子。不過奧地利流傳到今天的侯爵家系不多，主要就是列支敦斯登和施塔爾亨貝格侯爵家系，所以上述情況在奧地利不多見。

問：英國歷史學家多明尼克．利芬寫了一本書《一八一五至一九一四年的歐洲貴族》，把英德俄三國的貴族做比較。利芬得出一個有趣的結論：俄國貴族對文學藝術和音樂的貢獻極大，比如普希金、托爾斯泰、屠格涅夫、萊蒙托夫、拉赫曼尼諾夫、塔涅耶夫、史克里亞賓、穆索爾斯基。穆索爾斯基還是普列奧布拉任斯科耶近衛團的軍官。利芬說，很難想像英國近衛擲彈兵團或者普魯士近衛軍的成員能成為偉大音樂家。相比之下，英國貴族和德意志貴族對文學藝術的貢獻幾乎為零，具有世界影響的英國貴族文學家可能只有拜倫，而德國貴族文學家只有海因里希．馮．克萊斯特。您是否同意？

答：如果說從藝術創作的角度看，的確是這樣。不過，雖然自己不是創作者，但德意志貴族，包括奧地利貴族，其實也有一些家族對藝術做了很大貢獻。比如列支敦斯登家族是偉大的藝術品收藏家和藝術贊助者。他們扶助藝術家和藝術，功績是很大的。奧地利如今在全世界給人的印象是藝術與音樂之國，而海頓、莫札特這些藝術家的創作與貴族的贊助和支持是分不開的。不過奧地利貴族對藝術的贊助主要是在十八世紀，十九世紀就少很多，而到一九一八年前後，維也納現代派藝術，比如古斯塔夫．克利姆特的作品，是屬於資產階級的，與貴族沒有關係了。

問：貴族的國際性給他們自己造成了一些麻煩，對不對？比方說，在民族主義高漲的時代，尤其是兩次世界大戰期間，很多人會懷疑貴族是否愛國，因為很多德國貴族與英國聯姻，而英國已經變成了敵國。

答：一個重要的問題是，不同時代人們對身分認同的理解是不同的。比如二十世紀初的人說「我是德意志人」和今天的人說「我是德國人」，含義大不相同。在奧匈帝國框架內，如果某人認為自己是德意志人，這主要是文化身分，意味著他說德語，懂得德意志文化。這種文化身分與國籍和國家沒有什麼關係。

舉個例子，在奧匈帝國時期，大家認為布拉格的德語方言最美最高雅。那麼布拉格人是什麼人？今天我們會說他們是捷克人。但當時他們自認為是文化上的德意志人。當然布拉格人後來被認為是捷克公民。曾有個時期，人們並不是參照國境線來定義自己的身分的，而是根據自己所在的文化。比如，如果我生活在一九一〇年，我可以說

「我是德意志人」，儘管我是奧匈帝國的臣民；但如果在二〇一八年我說「我是德意志人」，大家會奇怪，會問：「為什麼？你不是奧地利人嗎？」

歷史學家的工作之一是，搞清楚過去人們的思維和今天人們的思維有什麼區別。這種工作有時很困難。

四、法蘭茲．約瑟夫皇帝與哈布斯堡帝國

問：您寫了一本法蘭茲．約瑟夫皇帝的傳記。您對他怎麼評價？您喜歡他嗎？

答：是的，我喜歡他。在他那個時代，他顯得很老派。但從今天的角度看，他卻很現代。有人說他沒有解決奧匈帝國這樣一個多民族國家的諸多棘手問題。但能把那麼多各不相同的民族維繫在一起、在同一個家族的統治之下，這本身就是一門藝術。今天要批評他很容易，可以說他原本應當這樣或那樣做。但當時奧匈帝國的情況很複雜，已經有了議會，在往現代化的民主制發展。皇帝要應對民主化的新時代新問題，要團結各民族，又要表現出自己是強大的專制君主，這都是艱巨的工作。我們今天對法蘭茲．約瑟夫的態度與五十年前相比已經有了很大變化。在他統治的六十多年裡，國內基本上安定和平，經濟發展，社會進步，一九一三年奧地利的國民生活水準已經相當高，此後直到一九五五年奧地利才再度達到這個水準。所以從這些角度看，法蘭茲．約瑟夫是一位成功的君主。

問：您認可法蘭茲．約瑟夫作為君主的成就，那麼您喜歡他這個人嗎？

答：我覺得他缺乏個人魅力，甚至顯得沉悶無趣。這對傳記家來說是災難。當然，他極其勤勉，每天早晨五點起床，晚上九點睡覺，工作強度很大，認真閱讀和批示每一份公文。他盡職盡責，就像一架機器、一台時鐘。但他不像英國的維多利亞女王或愛德華七世那樣有魅力和有趣。

問：今日奧地利人如何看待哈布斯堡帝國的遺產？他們感到自豪嗎？

答：這個問題很有趣也很難答。可能因人而異。我個人相信，奧地利人有資格，有理由感到自豪。今天，我們

剛剛開始進入一個新階段，可以心平氣和地、比較客觀地、拋開意識形態地看待哈布斯堡帝國。看歷史的時候，距離是非常重要的。

奧地利的圖書市場從政治的束縛下解放出來，也並不是很久以前的事情。奧地利的歷史教科書也變得越來越自由化，看待問題的角度也更多元化。如果你看一九五〇和一九六〇年代的教科書，你會覺得多民族的哈布斯堡帝國是人間地獄。老的教科書裡說第一次世界大戰的罪魁禍首就是哈布斯堡帝國。

英國歷史學界的工作對我們的歷史觀修正起到了一些推動作用。哈布斯堡帝國不再被指責為發動第一次世界大戰的唯一罪人。今天我們願意承認，至少與後來的兩次世界大戰、納粹和鐵幕時期相比，哈布斯堡帝國好得太多了。

今天奧地利吸引遊客的一個重要因素，除了湖光山色之外，就是哈布斯堡家族遺留的宮殿、城堡與相關文化。我覺得這是好事，我們應當為之自豪。我們必須誠實，遊客來奧地利，不是因為對第一和第二共和國感興趣，而是對舊帝國感興趣。

另外，維也納即便今天也只有二百萬人口，卻有豐富的歷史文化積澱，有這麼多宮殿、城堡、教堂、博物館和畫廊。這是很了不起的。哈布斯堡帝國對文化的貢獻是偉大的。要是沒有哈布斯堡皇朝，維也納就只能是歐洲一個默默無聞的小城市。我們對哈布斯堡帝國必須有公正的態度。

五、今日奧地利君主主義者

問：一九一八年帝國滅亡之後，有部分奧地利人對帝國有懷舊和憧憬，是完全可以理解的。即便今天，奧地利也有一個叫作「黑黃聯盟」（Schwarz-Gelbe Allianz）的君主主義組織，主張恢復哈布斯堡家族統治下的中歐帝國。您對這個問題怎麼看？您對君主主義的評價是什麼？

答：今天的奧地利君主主義者是一個非常小的群體。我覺得，在奧地利，君主制已經是過去時了，太老舊了。今天無論在政治還是社會層面，君主主義都已經完全與時代脫節。我認為大家需要瞭解歷史，但沒必要把歷史變成現實。「黑黃聯盟」往往是在大選之前做一些宣傳活動，僅此而已，它是個小範圍的民間社團，不是政黨。

哈布斯堡家族不僅僅代表奧地利，它代表的是一個龐大的帝國，從維也納一直延伸到今天的烏克蘭，從義大利到捷克。二〇一八年，歐洲的政治版圖已經與一九一四年迥然不同。

並且，我們奧地利人已經沒有君主傳統了。如何對待皇室／王室，如何與其相處，這種傳統需要用漫長的時間培養起來。英國有這樣的傳統，奧地利的傳統已經斷裂了。即便哈布斯堡家族今天復辟，這種傳統也很難恢復。比如，英國人對王室成員，包括女王、女王的兒女和孫輩耳熟能詳，而奧地利人對今天的哈布斯堡家族知之甚少，頂多知道族長叫卡爾·哈布斯堡。即便在十九世紀，英國王室也有魅力，有幽默感，有親和力。愛德華七世是個非常有趣的人，而法蘭茲·約瑟夫顯得沉悶。哈布斯堡家族從來沒有過幽默感。當然，話說回來了，英國王室能玩得起幽默，是因為他們不像哈布斯堡皇室那樣肩負統治國家的重擔。

「黑黃聯盟」這樣的君主主義者把過去和現今混淆了。不過，正如英國今天有共和主義，奧地利有君主主義，這些「不同的」思維都是合法的。他們有思想和表達的自由。

六、當歷史學家遇到政治

問：既然談到政治，那麼，歷史學家在政治當中應當發揮作用嗎？您如何定位自己的政治立場？您屬於左派還是右派，自由派還是保守派？

答：對我個人來講，身為歷史學家，我會努力與政治保持距離。我覺得，如果一位讀者從我的作品裡看出我個人的政治傾向，那麼我作為歷史學家就失敗了。歷史學家不應當在作品中表達自己的政治立場，不應當把個人情感和觀點與歷史混在一起。我的立場是，我是歷史學家，我講述事實，將其置於歷史語境之下。我不會評判，不會給出個人觀點。我努力做到「正確」。

另外，一旦歷史學家把自己的政治立場公之於眾，人們就會說：「哦，難怪他／她會那樣寫，因為他／她就是左派或右派。」歷史學家會因此受到更嚴厲的審視和非議。我覺得，作為歷史學家，最重要的是寫好作品，讀者對你個人的情況知道得越少，對你就越好，對讀者也越好。

我甚至認為，歷史學家應當與政治家保持距離，不要摻和政治。

但歷史學家不能與世隔絕，雖然不應當參加政治，但應當參與「記憶的文化」。比方說，每個政黨都會扭曲歷史，使其為己所用，尤其是關於一九一八至一九四五年間的奧地利歷史。而一九一八至一九三八年奧地利第一共和國的歷史，時至今日也是激烈的爭議話題，被高度政治化和意識形態化。在這個時段，工人運動和左翼興起，馬克思主義在奧地利產生了很大影響；而右派也有自己強烈的政治主張。第一共和國十分動盪，一九三四年維也納左派和右派甚至發生內戰。一九四五年之後，上述的歷史事件以及對其的認知，都變得高度政治化。要寫第一共和國的歷史，歷史學家不可能沒有自己的立場。我不喜歡這一點，但歷史學家應當在保存「記憶」和教育公眾的工作中發揮作用，告訴大家歷史的本來面目。

總結一下，在我看來，歷史學家應當心胸寬廣地接受各方面的資訊，同時與歷史保持距離，並小心謹慎地多方查證，然後盡可能努力挖掘真相，而不是跟隨個人好惡。這當然很難。

問：但並非所有歷史學家都如您所說的那樣「出世」。有很多歷史學家，比如尼爾・弗格森（Niall Ferguson），深度參與政治，表達自己的政治觀點。

答：是的，我覺得這就是個人選擇的問題了。你願意當歷史學家，還是當政治活動家或意見領袖？這些參與政治的同行的活動有時很有趣，但我也覺得這很危險。公眾對一位學者的個人生活、個人興趣和觀點瞭解得越多，對他的審視就越嚴厲。

七、貴族史研究的女性視角

問：和其他研究德奧貴族史的歷史學家不同的是，您非常關注女性貴族。從傳統上看，女性貴族往往是被忽視和邊緣化的形象，她們是婚姻市場上的商品和籌碼，她們是女兒、妻子和母親，卻很少是獨立的形象。在您看來，女性貴族有什麼特點？她們對家族、社會和國家發揮過什麼樣的作用？

答：研究貴族史，不能只看男性貴族。現在有很多學者，包括女性學者，高度關注女性貴族。過去的舊觀點是，女性貴族僅僅是婚姻市場上的商品和家族聯姻政治的工具。造成這種觀點的原因是，傳統的正史很少講女性。但從史料的角度看，女性之間的書信比男性之間的書信多得多。我們今天瞭解十九世紀貴族生活的一個重要資料來源就是女性的書信。

在高級貴族當中，女性有更多的自由，甚至是權力。很多女性貴族擁有很強的影響力。瑪麗亞·特蕾莎就是這樣影響力深遠的女性，今天的奧地利還能感受到她的印跡。過去我們看不見女性，但今天的歷史研究更加注重性別意識，描繪的圖景也更完整。我幾周前才注意到這一點：在生活史研究當中，與男性相關的任何活動都可以成為學術研究對象，比如狩獵、藝術品收藏。而女性的活動，比如寫信、管理大家庭、慈善等等，卻很少成為學術研究話題，大家覺得那些只是家庭主婦的事情。我覺得這是不對的。

直到二三十年前，我們還覺得瑪麗亞·特蕾莎主要是個賢妻良母，生養了很多兒女。但今天，歷史學家都承認，她是那個時代的偉大政治家，她重建和改革了國家。我覺得歷史研究中對女性的忽視，主要是由於學術界的偏見和傲慢。但我相信，這種局面未來會改變。

在這方面，我也要讚賞英國同行們。他們以行動證明，任何東西都值得研究，比如女性的生活、兒童的生活、老年人的生活。露西·沃斯利（Lucy Worsley）就是這樣一位了不起的女性學者。你肯定知道她。在她那裡，任何凡俗的事情都可以成為妙趣橫生的話題。我們奧地利學界落後於英國學界的距離不遠，我相信我們能趕得上。

問：露西．沃斯利是做歷史普及的知名人物，她主持的紀錄片很有趣。和她一樣在電視上做歷史傳播的英國學者有很多，而德奧好像不太流行這種傳播方式，是嗎？

答：露西．沃斯利的歷史題材紀錄片都很有趣，她是個可愛、俏皮的人，甚至性感，擅長與觀眾交流。這可能也是英國人的特質。這在德奧是不可能的。如果德奧歷史學家在德奧的電視節目上表現得那樣輕鬆活潑，大家會覺得你發瘋了。這也是德奧的電視節目沒有那麼吸引人的原因之一吧。

而且我的印象是，英國歷史學家一定要有魅力。而在德奧，如果一位學者（尤其是女性）相貌好、有魅力、有親和力的話，反而會成問題，大家會覺得你不是一個正經的學者。在德奧，大家心目中的正經的學者是這樣的：男性，上了年紀，愛發脾氣。這就彷彿貼上了一個標籤：我是真正的學者。人越是沉悶無趣，作品越是沉悶無趣，大家就越覺得你是學者。這是德奧人的觀念。

很多高水準、德高望重、在牛津劍橋教書的英國歷史學家，也會上電視做節目，做普及工作，也會表現得輕鬆活潑。比方說大衛．斯塔基（David Starkey）。我非常喜歡他。但他那種表現風格（誇張的表情、豐富多彩的語調和手勢）不可能出現在德奧的電視上。再比方說，澳大利亞的德國史專家克里斯多夫．克拉克曾在德國拍紀錄片《德國的傳奇》（*Deutschland-Saga*），用英國人的方式，把歷史講得妙趣橫生，這在德奧也受到惡評。很簡單，德奧沒有英國人那樣的傳統。當然，也可能因為德國人對他有嫉妒和偏見，看不慣一個澳大利亞人成為德國史的權威。

八、關於歷史寫作與大眾傳播的思考與實踐

問：在您的學習和研究中，哪些學者和知識份子對您的影響最大？

答：有幾位老師對我的影響很大。但在目前，對我影響最大的是英國歷史學家們。他們敘述歷史的方式與德奧歷史學家不同。我的英國同行擅長描繪大的圖景，把古時人們的生活寫得栩栩如生。而德奧歷史學家大多高度學術

化，對歷史人物的描寫都是非常學術和枯燥的筆法，很少能寫得有趣。如果想擁有更多受眾（不限於學界）和更大影響力，德奧的寫法就很成問題。而英國歷史學家兩方面都做得到，他們有很高的學術水準，也擅長講故事。這是我佩服、羡慕和努力學習他們的一個地方。

英國人似乎天生比德奧人更擅長講故事。德奧學者的學術寫作受到的束縛太多，發揮的空間極小。這是因為英國與德奧的學術傳統不同。英國的高等教育鼓勵和培養寫作技能，鼓勵向公眾傳播和普及。而德奧學界不鼓勵這些方面，學生只要把博士論文寫好就行了。不過這種局面也在變化，越來越多的德奧學者開始注重寫作。

問：您是《王冠報歷史增刊》的總編，我看到您帶來的幾期雜誌，一期是專門介紹法蘭茲·約瑟夫皇帝，一期是講伊莉莎白皇后（茜茜公主），還有一期關於瑪麗亞·特蕾莎。可否介紹一下您在這本雜誌的工作？

答：這本雜誌是我一人操辦。寫稿、挑選圖片、做採訪，都是我。

問：整本雜誌都是您一個人做？的確是很辛苦的工作。

答：是的，但很成功。這是我的一個嘗試，把學術研究與大眾傳播結合起來。我努力用大家都能接受的風格來書寫，並運用了大量照片和插圖。我相信，不僅僅在奧地利，在全世界，歷史寫作的未來就是這個樣子。畢竟在我們的時代，視覺傳播太重要了。如你所見，這本雜誌每年出三期，每一次都有專題。

註釋

序

1 關於這種譯法是否正確，本書在第二章做了專門討論。

2 Richard J. Evans, *The Pursuit of Power:Europe, 1815-1914*, Penguin Books Ltd,2017.

第一章

1 直到一九一七年七月十七日，也就是第一次世界大戰激戰正酣時，因為國內反德情緒高漲，英國王室才宣佈不再使用「薩克森－科堡－哥達」這個德國味道太濃的稱號，而改稱「溫莎王朝」。據說德皇威廉二世聽說此事之後挖苦道，他要去劇院看《薩克森－科堡－哥達的風流娘兒們》。見 Hochschild, Adam, *To End All Wars: A Story of Loyalty and Rebellion, 1914-1918*,Houghton Mifflin Harcourt, 2011, p.279。

2 不過並非只有君主制國家才有貴族。比如威尼斯共和國（六九七至一七九七）、尼德蘭七省共和國（一五八一至一七九五）和舊瑞士邦聯（Alte Eidgenossenschaft, ca. 1300-1798）都有貴族階層。即便在神聖羅馬帝國的貴族當中也存在類似於共和的體制。比如黑森的弗里德貝格就有一個「貴族共和國」，十二個貴族家族共同擁有一座城堡。根據十四、十五世紀他們為該城堡制定的法律，他們在自己當中選舉一位「城堡伯爵」（Burggraf）、兩名「營造官」（Baumeister）和十二名「城堡管理官」（Regimentsburgmannen），代表他們的社群、維護城堡的建築和管理它的事務。十五世紀，這個「共和國」控制了距離它不遠的帝國城市弗里德貝格，獲得了其他一些領地，甚至買下了附近的凱欣（Kaichen）伯爵領地。見 Whaley, Joachim, Germany *and the Holy Roman Empire*，*Volume I: Maximilian I to the Peace of Westphalia, 1493-1648*, Oxford University Press, 2013, p.43。

3 Messenger, Charles, *The Last Prussian: A Biography of Field Marshal Gerd von Rundstedt 1875–1953*, pen & Sword, 2012, p.1.

4 Groß, Reiner: Die Wettiner, W. Kohlhammer GmbH, 2007, S. 286.

5 Holzfurtner, Ludwig: Die Wittelsbacher: Staat und Dynastie in acht Jahrhunderten. W. Kohlhammer GmbH, 2005, S.13.

6 Schneidmüller, Bernd: Die Welfen: Herrschaft und Erinnerung (819-1252), Kohlhammer Verlag 2014, S.43.

7 譚凱：《中古中國門閥大族的消亡》，胡耀飛、謝宇榮譯，社會科學文獻出版社，二〇一七年，第二十七頁。

8 同上，第十五頁。

9 同上，第二十七頁。

10 同上，第二十七至二十八頁。

11 Demel, Walter: Der Europäische Adel,Beck, 2005,S.8.

12 Lieven, Dominic,*The Aristocracy in Europe, 1815-1914*, palgrave Macmillan, 1992, p.xiii.

13 Oexle, Otto Gerhard: "Aspekte der Geschichte des Adels im Mittelalter und in der Frühen Neuzeit". In: Wehler, Hans-Ulrich (Hg). Europäischer Adel 1750-1950,Vandenhoeck & Ruprecht, 1990, S. 30.

14 Wheatcroft, Andrew,*The Habsburgs: Embodying Empire*, penguin, 1996, p.3.

15 Oexle, Otto Gerhard: "Aspekte der Geschichte des Adels im Mittelalter und in der Frühen Neuzeit". In: Wehler, Hans-Ulrich (Hg). Europäischer Adel 1750-1950,Vandenhoeck & Ruprecht, 1990, S. 22.

16 Fontane, Theodor: Wanderungen durch die Mark Brandenburg. Bd. 2: Das Oderland，Berlin, 1863,S.353-355. In: Deutsches Textarchiv <http://www.deutschestextarchiv.de/fontane_brandenburg02_1863>, abgerufen am 11.01.2020. 有意思的是，腓特烈大王隨後命令自己的寵臣昆圖斯・伊克里烏斯（Quintus Icilius，原名卡爾・特奧菲爾・吉夏爾〔Karl Theophil Guichard, 1724-1775〕，軍人和軍事歷史學家）洗劫胡貝爾圖斯堡。腓特烈大王還將城堡贈給伊克里烏斯，不過他立刻將城堡出售了。幾年後，伊克里烏斯和瑪律維茨打牌賭博，賭注是胡貝爾圖斯堡的一套著名藏書。瑪律維茨贏了。

17 Meyer, Werner: Befehl verweigert und Ungnade erlitten? Zur Geschichte des"Hubertusburg-Marwitz"in der Literatur，BWV Berliner Wissenschafts-Verlag, 2014, S.77.

18 譚凱：《肇造區夏：宋代中國與東亞國際秩序的建立》，殷守甫譯，社會科學文獻出版社，二〇二〇年，第二十九頁。

19 特亞・多恩、里夏德・華格納：《德意志之魂》，丁娜等譯，社會科學文獻出版社，二〇一五年，第二七七頁。

20 捷克和斯洛伐克因為曾被奧地利哈布斯堡家族統治，也曾是德意志文化區的一部分。布拉格曾經是個德語人口占多數的城市，而布拉格大學於一三四八年由神聖羅馬帝國皇帝查理四世創辦，是德語世界最古老的大學（而如今德國境內最古老的大學是一三八六年建立的海德堡大學，奧地利的維也納大學更早一些，一三六五年創辦）。

21 Bryce, James,*The Holy Roman Empire*,The Macmillan Company, London, 1907, pp.2-3.

22 Ibid., p.199.

23 Wilson, Peter H.,*The Holy Roman Empire: A Thousand Years of Europe's History*,Allen Lane, London, 2016, pp.1-3.

24 Ibid., p.6.

25 有時也被稱為霍亨施陶芬（Hohenstaufen）皇朝、霍亨施陶芬家族。德文 Hohen 的字面意思是「高」，指山峰或建在山頂的城堡。施陶芬家族發源自名為「霍亨施陶芬」的山和城堡。本書全部用「施陶芬家族」、「施陶芬皇朝」的說法，因為這更接近歷史上同時代人的說法。「霍亨索倫」（Hohenzollern）的情況類似，本名為索倫家族，霍亨索倫是其發源地所在的山和城堡的名字。

26 「勃艮第」在歐洲歷史上是個特別讓人糊塗的概念，不同歷史時期有很多不同的實體都用過這個名稱。布賴斯列舉出了十個不同的勃艮第。這裡的勃艮第王國指的是第二勃艮第王國，也稱阿爾勒王國（Kingdom of Arles），九三七年建立，由韋爾夫家族的一支統治，直到一〇三二年該王族絕嗣，阿爾勒王國成為神聖羅馬帝國的一部分。阿爾勒王國大致包括普羅旺斯、多菲內（Dauphiné）、弗朗什孔泰（Franche-Comté，德語為 Freigrafschaft，字面意思為「自由伯國」）、瑞士西部。前三個地方今天都屬於法國。十三世紀開始，法蘭西王國逐漸蠶食阿爾勒王國，最後佔領了除了瑞士西部之外的整個阿爾勒王國。見 Bryce, James, *The Holy Roman Empire,* The Macmillan Company, London, 1907, pp. 529-532。

27 後來哈布斯堡家的大公成為匈牙利國王，與匈牙利之前屬於帝國的事實沒有關係。哈布斯堡家族佔有匈牙利是透過婚姻。當然，哈布斯堡家族擁有帝位，大大提升了他們的實力和佔有匈牙利的合法性。見 Bryce, James, *The Holy Roman Empire, The Macmillan Company, London,* 1907, p.184。

28 丹麥國王馬格努斯向洛塔爾三世皇帝臣服，見 Schneidmüller, Bernd and Stefan Weinfurter. Die deutschen Herrscher des Mittelalters: Historische Portraits von Heinrich I. bis Maximilian I. (919-1519). C. H. Beck, 2018. S. 215。

29 Bryce, James, *The Holy Roman Empire.* The Macmillan Company, London, 1907, pp.182-190.

30 Schneidmüller, Bernd and Stefan Weinfurter. Die deutschen Herrscher des Mittelalters: Historische Portraits von Heinrich I. bis Maximilian I. (919-1519). C. H. Beck, 2018. S. 337.

31 Massie, Robert K., *Peter the Great: His Life and World,* Random House Trade Paperbacks, 2012, p.313.

32 赫爾弗里德・明克勒：《德國人和他們的神話》，李維、范鴻譯，商務印書館，二〇一七年，第六十五頁。譯文略有修改。

33 唐納德・卡根：《伯羅奔尼薩斯戰爭》，陸大鵬譯，社會科學文獻出版社，二〇一六年，第四三七頁。

34 Bryce, James. *The Holy Roman Empire,* The Macmillan Company, London, 1907, p.40.

35 湯瑪斯・曼：《布登勃洛克一家：一個家庭的沒落》，傅惟慈譯，人民文學出版社，一九六二年，第三八五頁。

36 Dollinger, Philippe. *The German Hansa.* Translated by D.S. Ault and S.H. Steinberg. Stanford University Press, 1970, p. 135.

37 Whaley, Joachim, Germany *and the Holy Roman Empire, Volume I: Maximilian I to the Peace of Westphalia, 1493-1648,* Oxford University Press, 2013, p. 534.

38 Parker, Geoffrey,*Emperor: A New Life of Charles V*,Yale University Press, 2019, p. 336.

39 Endres, Rudolf: Adel in der frühen Neuzeit. Enzyklopaedie Deutscher Geschichte, Band 18, Oldenbourg, 1993, S. 72.

40 Ebd.

41 比如法蘭克福的富家子弟歌德，見本書第一章第五節「德意志貴族的分類」。

42 Wolfart, Karl: "Die Patriziergesellschaft zum Sünfzen in Lindau", in: Schriften des Vereins für Geschichte des Bodensees und seiner Umgebung, 32. Jg,1903, S. 4.

43 巴伐利亞經濟檔案館網站：https://www.bwa.recherche.findbuch.net/php/main.php?ar_id=3254&be_kurz=5620303137#5620303137。引用時間：二〇二〇年三月二十五日。

44 Wolfart, Karl: "Die Patriziergesellschaft zum Sünfzen in Lindau", in: Schriften des Vereins für Geschichte des Bodensees und seiner Umgebung, 32. Jg,1903, S. 4.

45 Ebd., S. 15.

46 Ebd., S. 5-7.

47 Stolze, Alfred Otto: Der Sünfzen zu Lindau. Das Patriziat einer schwäbischen Reichsstadt.Bernhard Zeller, Lindau/Konstanz, 1956,S.93.

48 Wolfart, Karl: "Die Patriziergesellschaft zum Sünfzen in Lindau", in: Schriften des Vereins für Geschichte des Bodensees und seiner Umgebung, 32. Jg,1903, S. 16.

49 Ebd., S. 17.

50 關於「容克」，詳見本書第三章第五節「什麼是容克？」。

51 Conze, Eckart: Kleines Lexikon des Adels Titel, Throne, Traditionen. C.H. Beck, 2012, S. 16.

52 參見 Conze, Eckart: Von deutschem Adel. Die Grafen von Bernstorff im 20. Jahrhundert, Deutsche Verlags-Anstalt DVA, 2000

53 Lieven, Dominic,*The Aristocracy in Europe, 1815-1914*, palgrave Macmillan, 1992, p.xiv.

54 德文的 Prinz 常被譯為英文 Prince，但這兩個詞其實並不等同，詳見本書第二章第六節「侯爵與公子」的討論。

55 參見 Conze, Eckart: Von deutschem Adel. Die Grafen von Bernstorff im 20. Jahrhundert, Deutsche Verlags-Anstalt DVA, 2000.

56 Treitschke, Heinrich von: Deutsche Geschichte im Neunzehnten Jahrhundert. Bd. 5: Bis zur März-Revolution,Leipzig, 1894, S. 54.

57 Schneidmüller, Bernd: Die Welfen: Herrschaft und Erinnerung (819-1252), Kohlhammer Verlag, 2014,S.282.

58 彼得・克勞斯・哈特曼：《神聖羅馬帝國文化史（一六四八至一八〇六年）：帝國法、宗教和文化》，劉新利、陳曉春、趙傑譯，東方出版社，二〇〇五年，第四十七頁。

59 Urbach, Karina, "Introduction: Royal Kinship". In: Urbach, Karina (ed.). *Royal Kinship: Anglo-German Family Networks 1815-1918*. K.G.Saur, 2008, p. 22.

60 Demel, Walter; Sylvia Schraut: Der deutsche Adel: Lebensformen und Geschichte, C. H. Beck, 2014, S.19.

61 二十世紀初曾在德國駐美國大使館工作的阿爾伯特・馮・科瓦特（Albert von Quadt）伯爵屬於一個比較少見的伯爵級別的高級貴族家族。參見：A Veteran Diplomat (27 September 1908), The Mediatized or the High Nobility of Europe; Consisting of Something Like Fifty families Which Enjoyed Petty Sovereignty Before the Holy Roman Empire's Overthrow, They Still Exercise Certain Special Privileges Mixed with Unusual Restrictions. In: *New York Times*. URL: https://www.nytimes.com/1908/09/27/archives/the-mediatized-or-the-high-nobility-of-europe-consisting-of.html。存取時間二〇二〇年四月二十八日。

62 Conze, Eckart: Kleines Lexikon des Adels Titel, Throne, Traditionen. C.H. Beck, 2012, S. 228.

63 Ebd., S. 57.

64 Hechberger, Werner: Adel, Ministerialität und Rittertum im Mittelalter. Oldenbourg Wissenschaftsverlag GmbH, München, 2010, S. 45.

65 Bary, August de: Johann Christian Senckenberg (1707-1772), Sein Leben auf Grund der Quellen des Archivs der Dr. Senckenbergischen Stiftung. Georg Olms Verlag, 2004, S.162.

66 Winter, Ingelore M: Der Adel: Ein deutsches Gruppenporträt. Mit 57 Abbildungen. Fritz Molden, 1981, S.47-52.

67 Ebd., S.50.

第二章

1 Massie, Robert K, *Peter the Great: His Life and World*, Random House Trade Paperbacks, 2012, p.742.

2 Bryce, James, *The Holy Roman Empire*, The Macmillan Company, 1907, p.359.

3 Ibid., pp.199-200. 另見 Kantorowicz, Ernst H.: Kaiser Friedrich der Zweite: Hauptband. Klett-Cotta, 2021. S. 182-183。

4 Wilson, Peter H., *The Holy Roman Empire: A Thousand Years of Europe's History*, Allen Lane, 2016, p.19.

5 Ibid., p.255.

6 Bryce, James, *The Holy Roman Empire*, The Macmillan Company, 1907, p.536.

7 Ibid., pp.540-541.

8 德意志國王在亞琛加冕的傳統是鄂圖大帝於九三六年開創的。一三五六年查理四世的《金璽詔書》規定亞琛的聖馬利亞教堂為唯一合法的加冕地點。中世紀到近代早期的大多數德意志國王都是在亞琛加冕的，後來也在法蘭克福加冕。Schneidmüller, Bernd and Stefan Weinfurter. Die deutschen Herrscher des Mittelalters: Historische Portraits von Heinrich I. bis Maximilian I. (919-1519). C. H. Beck, 2018. S. 41.

9 Bryce, James, *The Holy Roman Empire*, The Macmillan Company, 1907, p.538.

10 Ibid., pp.193-194.

11 Ibid., p.194.

12 Ibid., p.359.

13 Ibid., p.214. Schneidmüller, Bernd and Stefan Weinfurter. Die deutschen Herrscher des Mittelalters: Historische Portraits von Heinrich I. bis Maximilian I. (919-1519). C. H. Beck, 2018. S. 41.

14 Bryce, James, *The Holy Roman Empire,* The Macmillan Company, 1907, p.267.

15 Ibid., p.231.

16 Clark, Christopher, *Iron Kingdom: The Rise and Downfall of Prussia, 1600-1947*, penguin, 2007, p. 494.

17 Ibid., pp.587-8.

18 Ibid., P.588.

19 Steinberg, Jonathan,*Bismarck: A Life,*Oxford University Press, 2012, p.307.

20 Bryce, James,*The Holy Roman Empire,*The Macmillan Company, 1907, p.199&p.486.

21 Clark, Christopher,*Iron Kingdom: The Rise and Downfall of Prussia, 1600-1947*, penguin, 2007, pp. 67-69.

22 Hoensch, Jörg K.: Geschichte Böhmens: Von der slavischen Landnahme bis zur Gegenwart. C.H.Beck, 2013, S. 34.

23 Ebd., S. 46.

24 Ebd., S. 64-65.

25 Ebd., S. 72.

26 Ebd., S. 77.

27 Ebd., S. 78.

28 Ebd., S. 99-100.

29 Ebd., S. 112.

30 Ebd., S. 120.

31 Clark, Christopher, *Iron Kingdom: The Rise and Downfall of Prussia, 1600-1947*, penguin, 2007, pp. 70-1.

32 Ibid., pp. 67-69.

33 大家還記得上文講到的「在巴伐利亞的公爵」嗎？

34 Zotz, Thomas: Die Zähringer: Dynastie und Herrschaft,Kohlhammer Verlag, 2018,S. 202-203.

35 Holzfurtner, Ludwig: Die Wittelsbacher: Staat und Dynastie in acht Jahrhunderten,W. Kohlhammer GmbH, 2005,S. 340.

36 Clark, Christopher, *The Sleepwalkers: How Europe Went to War in 1914*,Allen Lane, 2012, p.370.

37 詳見本書「選帝侯」一節。

38 Langmaier, Konstantin Moritz Ambrosius: Erzherzog Albrecht VI. von Österreich（1418–1463). Ein Fürst im Spannungsfeld von Dynastie, Regionen und Reich,Böhlau Köln2015, S,339-340.

39 Ebd.

40 Stekl, Hannes: Adel und Bürgertum in der Habsburgermonarchie 18. bis 20. Jahrhundert, Verlag für Geschichte und Politik, 2004,S.48.

41 Gilmour, David, *The Pursuit of Italy: A History of a Land, its Regions and their Peoples*, Allen Lane, 2011, p.92.

42 莫斯科大公國（與後來的俄羅斯帝國）強盛起來之後，沙皇偶爾會授予公爵頭銜，如彼得大帝授予他的朋友緬希科夫，凱薩琳大帝授予波坦金。一八〇一年俄國吞併喬治亞，原先喬治亞的大大小小的貴族在俄語中也被稱為 Knyaz，很多韃靼貴族也自稱 Knyaz。所以，公爵的頭銜大大貶值，往往不像西歐的公爵那樣有權勢。

43 司馬遷撰：《史記》（第一冊），中華書局，一九八二年，第二三六頁。

44 Bryce, James, *The Holy Roman Empire*,The Macmillan Company, 1907, pp.235-236.

45 Ibid., p.166.

46 這裡的「弗蘭肯」和「法蘭克」其實是同一個詞 Franken。為了避免誤會，我們將中世紀早期的那個部族和帝國（查理大帝統治）稱為「法蘭克」，將後來在神聖羅馬帝國（和後來的德國）框架內的實體和族群稱為「弗蘭肯」。

47 https://www.dwds.de/wb/Kurf%C3%BCrst.

48 Zotz, Thomas: Die Zähringer: Dynastie und Herrschaft, Kohlhammer Verlag, 2018, S. 138-139. 另見：Kantorowicz, Ernst H.: Kaiser Friedrich der Zweite: Hauptband. Klett-Cotta, 2021. S. 16。

49 Holzfurtner, Ludwig: Die Wittelsbacher: Staat und Dynastie in acht Jahrhunderten, W. Kohlhammer GmbH, 2005,S. 81.

50 Ibid., S. 88.

51 Bryce, James, *The Holy Roman Empire*,The Macmillan Company, 1907, p.250.

52 她是普法爾茨的索菲（Sophie von der Pfalz, 1630-1714），是「冬王」與伊莉莎白・斯圖亞特的女兒。而伊莉莎白是英國國王詹姆斯一世的女兒。所以漢諾威統治者擁有對英國王位的主張權。

53 Aschoff, Hans-Georg: Die Welfen: Von der Reformation bis 1918,Kohlhammer Verlag, 2010, S. 149-157.

54 歌德：《歌德文集》第一卷，綠原等譯，人民文學出版社，一九九九年，第四一一頁。

55 Freed, John B. *Frederick Barbarossa: The Prince and the Myth*. Yale University Press, 2016, p. 448.

56 Rösener, Werner: Leben am Hof: Königs- und Fürstenhöfe im Mittelalter. Jan Thorbecke Verlag, 2008,S. 147.

57 Chatti，原指古時的一個日爾曼部落，其生活地域大致在黑森地區。

58 俾斯麥：《思考與回憶：俾斯麥回憶錄》第三卷，楊德友、同鴻印等譯，生活．讀書．新知三聯書店，二〇〇六年，第八三至八四頁。文字略有改動。

59 同上，第八五頁。

60 Röhl, John C. G. ,*Wilhelm II: The Kaiser's Personal Monarchy, 1888-1900*, Cambridge University Press, 2017, p. 276.

61 Steinberg, Jonathan,*Bismarck: A Life*,Oxford University Press, 2012, p.450.

62 Röhl, John C. G. ,*Wilhelm II: The Kaiser's Personal Monarchy, 1888-1900*,Cambridge University Press, 2017, p. 307.

63 Steinberg, Jonathan. *Bismarck: A Life.* Oxford University Press, 2012, p.234.

64 Ibid., P.310.

65 A Veteran Diplomat (27 September 1908), "The 'Mediatized' -or the 'High Nobility' of Europe; Consisting of Something Like Fifty families Which Enjoyed Petty Sovereignty Before the Holy Roman Empire's Overthrow, They Still Exercise Certain Special Privileges Mixed with Unusual Restrictions". In: *New York Times*, URL: https://www.nytimes.com/1908/09/27/archives/the-mediatized-or-the-high-nobility-of-europe-consisting-of.html. 存取時間二〇二〇年四月二十八日。

66 https://www.dwds.de/wb/Herzog.

67 今天法語中的「德國」寫作 Allemagne，西班牙語寫作 Alemania，葡萄牙語寫作 Alemanha，詞源都是日爾曼人的阿勒曼尼（Alamanni）部族。

68 施瓦本（Schwaben）詞源為古羅馬人對某日爾曼部族的稱呼 Suebi。到了十和十一世紀，施瓦本和阿勒曼尼成了同義詞。見 Schwarzmaier, Hansmartin: Baden: Dynastie-Land-Staat,W. Kohlhammer GmbH, 2005,S. 19。

69 今天芬蘭語中的「德國」寫作 Saksa，愛沙尼亞語寫作 Saksamaa，詞源都是「薩克森」。

70 Winder, Simon. *Lotharingia: A Personal History of France, Germany and the Countries In-Between.* Picador, 2020, pp. 61-2.

71 Schneidmüller, Bernd and Stefan Weinfurter. Die deutschen Herrscher des Mittelalters: Historische Portraits von Heinrich I. bis Maximilian I. (919-1519). C. H. Beck, 2018. S. 65.

72 Ebd, S.143.

73 Schneidmüller, Bernd: Die Welfen: Herrschaft und Erinnerung (819-1252), Kohlhammer Verlag, 2014, S.130-131. 韋爾夫家族的韋爾夫四世娶了巴伐利亞公爵鄂圖・馮・諾特海姆的女兒。鄂圖被誣告企圖謀害亨利四世皇帝，失爵。皇帝將巴伐利亞公國賜給鄂圖的女婿韋爾夫四世，而韋爾夫四世為了獲得這個公爵地位不惜休妻。

74 Ebd, S.176-192. 康拉德三世（屬於施陶芬家族，德意志國王，未加冕為皇帝）在一一三八年褫奪「驕傲的亨利」（韋爾夫家族）的兩個公爵爵位：巴伐利亞公爵和薩克森公爵。康拉德三世將薩克森公爵頭銜授予阿斯坎尼家族的大熊阿爾布雷希特（後來建立了布蘭登堡邊疆區），將巴伐利亞公爵頭銜授予巴本貝格家族的利奧波德四世。後來，阿爾布雷希特因為無法掌控薩克森，放棄了這個頭銜。一一四二年，驕傲的亨利的兒子獅子亨利收復了薩克森公爵頭銜。利奧波德四世傳位給弟弟海因里希二世・亞索米爾戈特。康拉德三世的侄子和繼承人腓特烈一世・巴巴羅薩皇帝希望促成施陶芬、韋爾夫和巴本貝格三家和解，於是在一一五六年將巴伐利亞公國歸還獅子亨利，但從巴伐利亞割出一部分土地（即巴本貝格家族統治下的奧地利邊疆區），將其提升為與巴伐利亞平起平坐的奧地利公國。

75 Ebd, S.229. 這是皇帝腓特烈一世・巴巴羅薩對獅子亨利的懲罰的一部分，詳見下文。

76 伊斯的利亞（Istrien）半島是亞得里亞海北端的一個半島，今天大部分屬於克羅埃西亞，小部分屬於義大利和斯洛維尼亞。

77 Ehlers, Joachim: Heinrich der Löwe. Der ehrgeizige Welfenfürst Biographie. wbg THEISS, 2021, S. 170.

78 Schwarzmaier, Hansmartin: Baden: Dynastie - Land – Staat, W. Kohlhammer GmbH, 2005,S. 21.

79 Schneidmüller, Bernd: Die Welfen: Herrschaft und Erinnerung (819-1252), Kohlhammer Verlag, 2014,S.141.

80 比如，獅子亨利的第一任妻子是策林根公爵康拉德的女兒。

81 Zotz, Thomas: Die Zähringer: Dynastie und Herrschaft. Kohlhammer Verlag, 2018,S. 13, S.26, S.56-58,S.202-204.

82 Ebd, S.193-194.

83 Schneidmüller, Bernd and Stefan Weinfurter. Die deutschen Herrscher des Mittelalters: Historische Portraits von Heinrich I. bis Maximilian I. (919-1519). C. H. Beck, 2018. S. 22-23.

84 Schneidmüller, Bernd: Die Welfen: Herrschaft und Erinnerung (819-1252), Kohlhammer Verlag, 2014. S.161-162. 在一一二五年的皇帝選舉中，洛塔爾三世當選。韋爾夫家族的「黑亨利」（韋爾夫四世的兒子，巴伐利亞公爵）支持洛塔爾三世，而不支持自己的女婿施瓦本公爵腓特烈二世（屬於施陶芬家族；後來的皇帝腓特烈一世・巴巴羅薩的父親）。這是韋爾夫和施陶芬兩家持續百年的血腥鬥爭的一個早期原因。洛塔爾三世為了感謝韋爾夫家族，把自己的獨生女嫁給「黑亨利」的兒子「驕傲的亨利」（即獅子亨利的父親），並將薩克森公國冊封給他。在後來洛塔爾三世與施陶芬家族的戰爭中，韋爾夫家族力挺前者，於是韋爾夫和施陶芬兩家的矛盾逐漸激化。

85 Ebd., S.227-228.

86 Ebd., S.280-282.

87 Aschoff, Hans-Georg: Die Welfen: Von der Reformation bis 1918. Kohlhammer Verlag, 2010,S. 276-279, S.281-283, S. 286.

88 Hoensch, Jörg K.: Geschichte Böhmens: Von der slavischen Landnahme bis zur Gegenwart. C.H.Beck, 2013,S. 231.

89 一七六二年，彼得大帝的外孫彼得三世登基，他的父親屬於奧爾登堡家族的霍爾斯坦—戈托爾夫分支。彼得三世的後代統治俄國到一九一七年。

90 一八六三年，丹麥國王克里斯蒂安九世（奧爾登堡家族的石勒蘇益格—霍爾斯坦—宗德堡—格呂克斯堡分支〔Schleswig-Holstein-Sonderburg-Glücksburg〕）的次子成為希臘國王喬治一世。他的後代統治希臘到一九六七年。另外，喬治一世就是今天的愛丁堡公爵菲力浦親王（英國女王伊莉莎白二世的丈夫）的祖父。所以從這層意義上講，伊莉莎白二世之後的英國國王將會開啟英國的石勒蘇益格—霍爾斯坦—宗德堡—格呂克斯堡王朝。當然，菲力浦親王在一九四七年已經改用外祖父的姓氏「蒙巴頓」，他與女王的子女大多採用「蒙巴頓—溫莎」的姓氏，所以，未來的英國王室也可以說是蒙巴頓—溫莎王朝。不過英國王室已經決定繼續採用「溫莎王朝」的稱號。

91 Hoensch, Jörg K.: Geschichte Böhmens: Von der slavischen Landnahme bis zur Gegenwart. C.H.Beck, 2013,S. 230.

92 Eder, Karl: Eggenberg, Johann Ulrich von, Freiherr. In: Neue Deutsche Biographie (NDB). Band 4, Duncker & Humblot, Berlin 1959, S. 331. URL: https://daten.digitale-sammlungen.de/0001/bsb00016320/images/index.html?seite=345. 存取時間二〇二〇年四月二十八日。

93 Tullner, Mathias: Geschichte des Landes Sachsen-Anhalt. Leske + Budrich Verlag, 2001, S. 38.

94 Ebd., S.55.

95 Ebd., S.63-64

96 Ebd., S.91.

97 Ebd., S.105.

98 Ebd., S.114.

99 Schmidt, Hans: Leuchtenberg, Eugen Herzog von. In: Neue Deutsche Biographie (NDB). Band 14, Duncker & Humblot, Berlin 1985, S. 369-370. URL: https://daten.digitale-sammlungen.de/0001/bsb00016332/images/index.html?id=00016332&groesser=&fip=eayayztsxdsydqrseayaeayaxdsydqrssdasyzts&no=1&seite=383. 存取時間二〇二〇年四月二十八日。

100 皮埃爾·布朗達：《拿破崙王朝：波拿巴家族三百年》，蔣帆、胡詩韻譯，北京燕山出版社，二〇一九，第二九二至二九三頁。

101 Perlick, Alfons: Hugo Fürst zu Hohenlohe-Öhringen, Herzog von Ujest. In: Neue Deutsche Biographie (NDB). Band 9, Duncker & Humblot, Berlin 1972, S. 492. URL: https://daten.digitale-sammlungen.de/0001/bsb00016326/images/index.html?seite=506. 存取時間二〇二〇年四月二十八日。

102 克萊斯特：《克萊斯特作品精選》，楊武能選編，趙登榮、楊武能、袁志英等譯，譯林出版社，二〇〇七年，第二六五頁。

103 https://www.dwds.de/wb/F%C3%BCrst.

104 比如馬基雅維利的名著《君主論》（*Il Principe*）的德文書名是Der Fürst。

105 Wilson, Peter H, *The Holy Roman Empire. A Thousand Years of Europe's History*,Allen Lane, London, 2016,p.363.

106 波雅爾（英語boyar，德語Bojar）是彼得大帝改革之前俄國最頂級的貴族階層，由沙皇封授，後來漸漸淡出。

107 Smith, Douglas, *The Pearl: A True Tale of Forbidden Love in Catherine the Great's Russia*,Yale University Press, 2008, p. 14.

108 https://www.dwds.de/wb/Graf.

109 Parker, Geoffrey,*Emperor: A New Life of Charles V*,Yale University Press, 2019, pp. 92-93.

110 Raßloff, Steffen: Geschichte Thuringens. Verlag C.H.Beck, 2020,S. 27.

111 孫希旦撰，沈嘯寰、王星賢點校：《禮記集解》，中華書局，一九八九年，第三一八頁。

112 Kantorowicz, Ernst H.: Kaiser Friedrich der Zweite: Hauptband. Klett-Cotta, 2021. S. 487.

113 Raßloff, Steffen: Geschichte Thuringens, Verlag C.H.Beck, S.29-30.

114 在西方流傳甚廣的查理大帝傳奇故事中，有十二位聖騎士（Paladin）追隨查理大帝南征北戰。Paladin這個詞就來自palatine。當然，由於西方奇幻題材文學和電子遊戲（比如《暗黑破壞神》、《魔獸爭霸》）的普及，我們對「聖騎士」已經很熟悉了。在遊戲裡，聖騎士是為了光明與正義而戰的神聖勇士，除了武藝的鍛鍊外，同時重視信仰的修行，可說是牧師與戰士的結合，能使用若干神聖魔法。Paladin在西文中也漸漸可以指英雄豪傑，或者某項事業或某人的捍衛者。但我們不要忘記，Paladin最初的意思是什麼：宮廷高官。

115 Bryce, James, *The Holy Roman Empire*, The Macmillan Company, 1907, p.124.

116 最有名的一位萊茵伯爵可能要算文學大師海因里希·馮·克萊斯特的名劇《海爾布隆的小凱蒂》（*Das Käthchen von Heilbronn*）中的那位反角。

117 Kilduff, Peter, *Red Baron: The Life and Death of an Ace*, David & Charles, 2007, p.10&p.234.

118 Ibid., p. 213.

119 Ibid., p. 58.

120 Ibid., p. 103.

121 Ibid., p. 132.

122 https://www.georgandagathe.org/history--georg-s-naval-career.html.

123 Hechberger, Werner: Adel, Ministerialität und Rittertum im Mittelalter. Oldenbourg Wissenschaftsverlag GmbH, München, 2010,S. 41.

124 Whaley, Joachim, Germany *and the Holy Roman Empire. Volume I: Maximilian I to the Peace of Westphalia, 1493-1648*,Oxford University Press, 2013, p. 43.

125 Freed, John B. *Frederick Barbarossa: The Prince and the Myth*. Yale University Press, 2016, p. 84.

126 Hucke, Richard: Friedrich, Graf von Stade. In: Neue Deutsche Biographie (NDB). Band 5, Duncker & Humblot, Berlin 1961, S. 591-592. URL: https://daten.digitale-sammlungen.de/0001/bsb00016321/images/index.html?id=00016321&groesser=&fip=eayayztsxdsydqrseayaeayaxdsydqrssdasyzts&no=&seite=608.

127 Hechberger, Werner: Adel, Ministerialität und Rittertum im Mittelalter,De Gruyter Oldenbourg, 2010,S. 29.

128 Ebd. S. 31.

129 Ebd. S. 32.

130 Conrady, Karl Otto: Goethe. Leben und Werk I. Hälfte des Lebens, Athenaeum, 1984,S.359-360.

第三章

1 此處的薩克森人是日爾曼人的一支，當時還是異教徒，後被查理大帝征服。

2 Guizot, M. *Collection des mémoires relatifs à l'histoire de France depuis la Fondation de la Monarchie Française jusqu'au 13e siècle*. CHEZ J.-L.-J. LRIÈRE, LIBRAIRE, 1824, pp.486-487.

3 Widukind of Corvey, *Deeds of the Saxons (Medieval Texts in Translation)*, trans. Bernard S. Bachrach and David S. Bachrach, The Catholic University of America Press, 2014, p. 145.

4 Wheatcroft, Andrew, *The Habsburgs: Embodying Empire*, penguin, 1996, p.18.

5 Thomas, Meier; Charlotte Bretscher-Gisiger (Hg): Lexikon des Mittelalters. Band 4, Metzler, 1999, S.2007. 另：Freed, John B. *Frederick Barbarossa: The Prince and the Myth*. Yale University Press, 2016, p. 443.

6 Wolfram, Herwig, *Conrad II, 990-1039: Emperor of Three Kingdoms*, trans Denise A. Kaiser, The Pennsylvania State University Press, 2006, pp.128-130.

7 Zmora, Hillay,*Monarchy, Aristocracy and State in Europe, 1300-1800*,Routledge, 2001, pp.30-31.

8 Zmora, Hillay,*State and Nobility in Early Modern Germany : The Knightly Feud in Franconia, 1440-1567*,Cambridge University Press, 2003, pp.7-8.

9 Berlichingen, Götz von: Mein Gottfriden von Berlichingen zw Hornberg vhedt vnd handlungen. Text der Rossacher Handschrift (vor 1567), aus der Edition: Götz von Berlichingen Mein Fehd und Handlungen, Helgard Ulmschneider (Hsg),Verlag Jan Thorbecke,1981. URL: https://de.wikisource.org/wiki/Mein_Fehd_und_Handlungen. 存取時間 2020 年 4 月 28 日。

10 Scholzen, Reinhard: Franz von Sickingen (1481–1523). Fehde als Geschäftsmodell. In: Michael Matheus (Hrsg.): Reformation in der Region. Personen und Erinnerungsorte. Band 21, Franz Steiner Verlag, 2018, S. 64.

11 後者直接由皇帝控制，設在維也納。

12 Whaley, Joachim, Germany *and the Holy Roman Empire. Volume I: Maximilian I to the Peace of Westphalia, 1493-1648*,Oxford University Press, 2013, pp. 32-33.

13 Zmora, Hillay,*State and Nobility in Early Modern Germany : The Knightly Feud in Franconia, 1440-1567*, Cambridge University Press, 2003, pp.9-10.

14 Whaley, Joachim, Germany *and the Holy Roman Empire. Volume I: Maximilian I to the Peace of Westphalia, 1493-1648*,Oxford University Press, 2013, p. 157.

15 Ibid., pp. 216-217.

16 Ibid., p. 158.

17 以下格魯姆巴赫的生平，摘引自 Ortloff, Friedrich: Geschichte der Grumbachischen Händel. 4 Bände, Jena 1868–1870. 另見：Whaley, Joachim, Germany *and the Holy Roman Empire. Volume I: Maximilian I to the Peace of Westphalia, 1493-1648*, Oxford University Press, 2013, pp. 390-3.

18 「亞西比德」是後人給他的綽號，因為他像古希臘伯羅奔尼薩斯戰爭期間的亞西比德一樣，反復無常，多次背叛盟友、改換陣營。湯瑪斯．卡萊爾說阿爾布雷希特二世是失敗版本的腓特烈大王，才華橫溢，精力充沛，然而把能量都消耗在了無謂的爭鬥上。見：Carlyle, Thomas,*History of Friedrich II. of Prussia, Called Frederick the Great.* Vol.1. Bernhard Tauchnitz, Leipzig, 1858, p. 307.

19 屬於韋廷家族的兩大支系之一恩斯特系。

20 Zmora, Hillay,*State and Nobility in Early Modern Germany : The Knightly Feud in Franconia, 1440-1567*,Cambridge University Press, 2003, p.34.

21 Ibid., p.108.

22 Nummedal, Tara,*Alchemy and Authority in the Holy Roman Empire*,The University of Chicago Press, 2007, p.75.

23 領邦化使得德意志諸侯林立，沒有發展出英法那樣強大的中央集權國家。但另一方面，諸侯林立使得德意志在文化、建築、藝術上出現了多個中心平行繁榮發展的現象，不像英法那樣，文化資源都集中在首都。

24 Scholzen, Reinhard: Franz von Sickingen (1481–1523). Fehde als Geschäftsmodell. In: Michael Matheus (Hrsg.): Reformation in der Region. Personen und Erinnerungsorte. Band 21, Franz Steiner Verlag, 2018, S. 56.

25 Zmora, Hillay. *State and Nobility in Early Modern Germany : The Knightly Feud in Franconia, 1440-1567*,Cambridge University Press, 2003, p.10.

26 Ibid. , p. 122.

27 Ibid. , p. 123.

28 Ibid., p. 136.

29 Ibid., p. 92., pp.129-130.

30 Ibid., pp.92-96.

31 喬納森・德瓦爾德：《歐洲貴族（一四〇〇至一八〇〇）》，姜德福譯，商務印書館，二〇〇八年，第二〇四頁。

32 Whaley, Joachim, Germany *and the Holy Roman Empire. Volume I: Maximilian I to the Peace of Westphalia, 1493-1648*,Oxford University Press, 2013, p. 527.

33 前文講到的鎮壓格魯姆巴赫的薩克森選帝侯奧古斯特就是莫里茨的弟弟和繼承人。

34 Strauß, D. F. (Hg.): Gespräche von Ulrich von Hutten, F.H. Brodhaus, Leipzig, 1860, S. 318–319.

35 Lieven, Dominic,*The Aristocracy in Europe, 1815-1914*, palgrave Macmillan, 1992, pp.1-2.

36 Conze, Eckart: Kleines Lexikon des Adels Titel, Throne, Traditionen. C.H. Beck, 2012,S. 22-23.

37 最後被正式割讓給法國的土地面積為二萬三千八百五十平方公里，有八十萬人口。

38 Whaley, Joachim, Germany *and the Holy Roman Empire. Volume 2: The Peace of Westphalia to the Dissolution of the Reich, 1648-1806*, Oxford University Press, 2012, pp. 617-620.

39 當然，在一八〇三年之前，德意志歷史上一直有小邦國被強大邦國兼併、小諸侯被陪臣化的現象。比如一五八〇年，原為帝國直屬諸侯的曼斯費爾德伯爵的領地被薩克森選侯國和馬格德堡大主教領地吞併。見 Krumhaar, Karl: Die Grafen von Mansfeld und ihre Besitzungen. Eisleben, 1872, S.58.

40 Urbach, Karina: Zwischen Aktion und Reaktion. Die süddeutschen Standesherren 1914-1919.In: Adel und Moderne: Deutschland im europäischen Vergleich im 19. und 20. Jahrhundert. (Hg) Eckart Conze; Monika Wienfort. Köln : Böhlau Verlag, 2004, S.325.

41 Whaley, Joachim. *Germany and the Holy Roman Empire. Volume 2: The Peace of Westphalia to the Dissolution of the Reich, 1648-1806*, Oxford University Press, 2012, pp. 618-21.

42 Ibid., p. 620.

43 Ibid., pp. 619-620.

44 Conze, Eckart: Kleines Lexikon des Adels Titel, Throne, Traditionen. C.H. Beck, 2012,S. 22-23.

45 喬納森・德瓦爾德：《歐洲貴族（一四〇〇至一八〇〇）》，姜德福譯，第二三五頁。

46 Erbe, Günter: Das vornehme Berlin: Fürstin Marie Radziwill und die großen Damen der Gesellschaft 1871-1918, Böhlau, 2015, S.15.

47 喬納森・德瓦爾德：《歐洲貴族（一四〇〇至一八〇〇）》，姜德福譯，第五九頁。

48 Winkelhofer, Martina: Das Leben adeliger Frauen. Alltag in der k.u.k. Monarchie, Haymon Verlag, 2011, S.145-150.

49 Clark, Christopher,*Iron Kingdom: The Rise and Downfall of Prussia, 1600-1947*, penguin, 2007, p. 264.

50 Erbe, Günter: Das vornehme Berlin: Fürstin Marie Radziwill und die großen Damen der Gesellschaft 1871-1918, Böhlau, 2015, S.104.

51 Ebd., S.102.

52 Ebd., S.37-40.

53 Ebd., S.116.

54 Ebd., S.106.

55 Ebd., S.116.

56 Ebd., S.119.

57 Winkelhofer, Martina: Das Leben adeliger Frauen. Alltag in der k.u.k. Monarchie, Haymon Verlag, 2011, S.154-155.

58 Siemann, Wolfram, *The German Revolution of 1848-1849*,trans. Christiane Banerji. Macmillan Press, 1998. P.121.

59 Winter, Ingelore M: Der Adel: Ein deutsches Gruppenporträt. Mit 57 Abbildungen, Fritz Molden, 1981, S.75-77.

60 Siemann, Wolfram, *The German Revolution of 1848-1849*,trans. Christiane Banerji. Macmillan Press, 1998, p.16.

61 Conze, Eckart: Kleines Lexikon des Adels Titel, Throne, Traditionen. C.H. Beck, 2012, S. 20.

62 一八六〇年，資產階級出身的文豪特奧多爾・馮塔納在一封給母親的信中寫道：「誰要廢除貴族，就等於是消滅了這個世界殘存的最後一絲詩意。」轉引自：Plagwitz, Frank F. "Concerning 'Wölfe, Schweine Und Gemeine Hunde': Heine's Depiction of the Aristocracy." *Pacific Coast Philology*, vol. 30, no. 1, Penn State University Press, 1995, p. 60。

63 Clark, Christopher, *Iron Kingdom: The Rise and Downfall of Prussia, 1600-1947*, penguin, 2007, p. 478.

64 Carsten, Francis L: "Der preußisch Adel und seine Stellung in Staat und Gesellschaft bis 1945". In: Wehler, Hans-Ulrich (Hg). Europäischer Adel 1750-1950,Vandenhoeck & Ruprecht, 1990,S. 117.

65 Ebd., S.117-118.

66 Steinberg, Jonathan. *Bismarck: A Life*, Oxford University Press, 2012, p.171.

67 斯德丁，即今天波蘭的什切青。

68 Clark, Christopher, *Iron Kingdom: The Rise and Downfall of Prussia, 1600-1947*, penguin, 2007, pp. 518-519.

69 Steinberg, Jonathan, *Bismarck: A Life*, Oxford University Press, 2012, p.30-32.

70 https://www.dwds.de/wb/Junker.

71 Mullett, Michael A. ,*Martin Luther*, Routledge, 2005, p. 136.

72 "Henry VIII: September 1540, 26-30." *Letters and Papers, Foreign and Domestic, Henry VIII, Volume 16, 1540-1541*, eds. James Gairdner, and R H Brodie, London: Her Majesty's Stationery Office, 1898, pp.22-56. British History Online. Web. 9 February 2020. http://www.british-history.ac.uk/letters-papers-hen8/vol16/pp22-56.

73 Clark, Christopher, *Iron Kingdom: The Rise and Downfall of Prussia, 1600-1947*, penguin, 2007, p.1.

74 赫爾弗里德・明克勒：《德國人和他們的神話》，第二一〇頁。

75 漢斯—烏爾里希・韋勒：《德意志帝國（1871-1918）》，邢來順譯，青海人民出版社，二〇〇八年，第三四頁。

76 Lieven, Dominic, *The Aristocracy in Europe, 1815-1914*, Palgrave Macmillan, 1992, p.19.

77 Clark, Christopher, *Iron Kingdom: The Rise and Downfall of Prussia, 1600-1947*, Penguin, 2007, pp. 168-169.

78 Lieven, Dominic, *The Aristocracy in Europe, 1815-1914*, palgrave Macmillan, 1992, p.71.

79 Ibid., p.251.

80 Winkler, Heinrich August: Weimar 1918-1933: Die Geschichte der ersten deutschen Demokratie. C.H.Beck, 2018, S.601.

81 Malinowski, Stephan: Vom König zum Führer. Sozialer Niedergang und politische Radikalisierung im deutschen Adel zwischen Kaiserreich und NS-Staat, Oldenbourg Akademieverlag, S.36.

82 漢斯—烏爾里希・韋勒：《德意志帝國（一八七一至一九一八）》，邢來順譯，第三四頁。

83 Malinowski, Stephan: Vom König zum Führer. Sozialer Niedergang und politische Radikalisierung im deutschen Adel zwischen Kaiserreich und NS-Staat, Oldenbourg Akademieverlag, 2003, S.284.

84 Conze, Eckart: Von deutschem Adel. Die Grafen von Bernstorff im 20. Jahrhundert, Deutsche Verlags-Anstalt DVA, 2000, S. 238.

85 Ebd., S. 239-241.

86 Reif, Heinz: Adel im 19. und 20. Jahrhundert, Oldenbourg Wissenschaftsverlag, 2012, S. 93.

87 Demel, Walter; Sylvia Schraut: Der deutsche Adel: Lebensformen und Geschichte, C. H. Beck, 2014, S.103-104.

88 Carsten, Francis L: "Der preußische Adel und seine Stellung in Staat und Gesellschaft bis 1945". In: Wehler, Hans-Ulrich (Hg). Europäischer Adel

1750-1950,Vandenhoeck & Ruprecht, 1990, S. 119.

89 漢斯─烏爾里希・韋勒：《德意志帝國（一八七一至一九一八）》，邢來順譯，第五八頁。

90 Steinberg, Jonathan. *Bismarck: A Life*, Oxford University Press, 2012, p.291.

91 Demel, Walter; Sylvia Schraut: Der deutsche Adel: Lebensformen und Geschichte, C. H. Beck, 2014, S.106.

92 Reif, Heinz: Adel im 19. und 20. Jahrhundert. Oldenbourg Wissenschaftsverlag, 2012. S. 87.

93 Winter, Ingelore M: Der Adel: Ein deutsches Gruppenporträt. Mit 57 Abbildungen, Fritz Molden, 1981. S.78-79.

94 Demel, Walter; Sylvia Schraut: Der deutsche Adel: Lebensformen und Geschichte, C. H. Beck, 2014,S.107.

95 Steinberg, Jonathan,*Bismarck: A Life*, Oxford University Press, 2012, p.24, p.388.

96 Ibid., p.24, pp.391-392.

第四章

1 https://www.berliner-zeitung.de/als-letzter-deutscher-wurde-kurt-kleefeld-im-november-1918-nobilitiert-ihm-gelang-der-aufstieg-in-den-adel-in-dem-augenblick-als-der-adel-unterging-eine-melancholische-betrachtung-und-dann-kam-keiner-mehr-li.45921.

2 值得一提的是，最後一位獲得貴族頭銜的德語文學家是奧地利詩人理查德・馮・紹卡爾（Richard von Schaukal, 1874-1942），他一九一八年被冊封為貴族，早年是政府官員，後成為自由作家。他的早期作品有唯美和頹廢傾向；中期寫了不少忠君愛國的詩歌，比如《奧地利戰歌》，維護奧匈帝國，為世襲貴族主導的等級制度歡呼吶喊；晚期作品則有天主教色彩。見韓耀成：《德國文學史》（第4卷），譯林出版社，二〇〇八年，第八七至八八頁。

3 Evans, Richard,*The Coming of the Third Reich: How the Nazis Destroyed Democracy and Seized Power in Germany*, penguin Books, 2004, p. 61.

4 Ibid., p. 79.

5 Wehler, Hans-Ulrich: Deutsche Gesellschaftsgeschichte. Bd. 4: Vom Beginn des Ersten Weltkrieges bis zur Gründung der beiden deutschen Staaten 1914-1949. C.H.Beck, 2008, S. 324.

6 Ellrich, Hartmut: Der Deutsche Adel im 20. und 21. Jahrhundert, Michael Imhof Verlag,S.17.

7 我的譯文。

8 Ellrich, Hartmut: Der Deutsche Adel im 20. und 21. Jahrhundert, Michael Imhof Verlag,S.18-19.

9 Winkler, Heinrich August: Weimar 1918-1933: Die Geschichte der ersten deutschen Demokratie,C.H.Beck, 2018, S. 312-314.

10 Malinowski, Stephan: Vom König zum Führer. Sozialer Niedergang und politische Radikalisierung im deutschen Adel zwischen Kaiserreich und NS-Staat, Oldenbourg Akademieverlag, S.416-417.

11 Wehler, Hans-Ulrich: Deutsche Gesellschaftsgeschichte. Bd. 4: Vom Beginn des Ersten Weltkrieges bis zur Gründung der beiden deutschen Staaten 1914-1949, C.H.Beck, 2003,S. 323.

12 Evans, Richard. *The Coming of the Third Reich: How the Nazis Destroyed Democracy and Seized Power in Germany*, penguin Books, 2004, p. 62.

13 Wehler, Hans-Ulrich: Deutsche Gesellschaftsgeschichte. Bd. 4: Vom Beginn des Ersten Weltkrieges bis zur Gründung der beiden deutschen Staaten 1914-1949,C. H.Beck, 2003, S. 326.

14 Ebd., S. 327.

15 Demel, Walter; Sylvia Schraut: Der deutsche Adel: Lebensformen und Geschichte, C. H. Beck, 2014,S.110.

16 Ebd.

17 政委命令，即直接處死俘虜的蘇聯紅軍政委和共產黨員，不接受其為戰俘。

18 Streit, Christian: Keine Kameraden: Die Wehrmacht und die sowjetischen Kriegsgefangenen 1941–1945, DVA, Stuttgart 1978, S. 84.

19 Kai-Britt Albrecht: Renn, Ludwig. In: Neue Deutsche Biographie (NDB). Band 21, Duncker & Humblot, Berlin 2003, S. 426–428. URL: https://daten.digitale-sammlungen.de/0001/bsb00016339/images/index.html?id=00016339&groesser=&fip=eayayztsxdsydqrseayaeayaxdsydqrssdasyzts&no=&seite=441. 存取時間二〇二〇年四月二十八日。

20 比如亞歷山大・施滕博克—費莫爾伯爵（Alexander Graf Stenbock-Fermor, 1902-1972），他出身於拉脫維亞的波羅的海德意志人貴族家庭。一戰結束後，波羅的海地區的德意志人組建了不少民兵組織與撤退中的德軍合作，一邊抵抗蘇俄，一邊試圖建立德意志人國家，或者與德國合併。年紀輕輕的施滕博克—費莫爾伯爵就是這樣一名志願戰士，當然從對方的視角看，他是「白軍」。波羅的海地區被蘇聯吞併之後，不少當地德意志人逃往德國，施滕博克—費莫爾伯爵也移民到德國，學習工程學，曾在魯爾區採礦。也許是因為比較深入地接觸工人階級，這個曾經的白軍變成了堅定的共產黨人。他還成為作家、電影編劇和廣播劇編劇。一九三三年他一度被納粹逮捕，戰爭期間是抵抗運動成員，戰後當過市長、出版社社長，並繼續寫作。見：https://syndikalismusforschungvt.wordpress.com/2011/03/14/alexander-graf-stenbock-fermor-kurzbiografie/。存取時間二〇二〇年四月二十八日。反納粹人士、曾任威瑪時期陸軍總參謀長的陸軍大將庫爾特・馮・哈默施坦因—埃克沃德男爵（Kurt von Hammerstein-Equord, 1878-1943）的兩個女兒也屬於背叛自己階級的貴族。他的長女瑪麗・路易絲在威瑪時期就加入了德國共產黨，為其情報部門服務，並與左翼猶太人知識份子結交。他的次女瑪麗・特蕾莎則嫁給了猶太復國主義者，移民到了巴勒斯坦。見：https://www.bundesstiftung-aufarbeitung.de/de/recherche/

kataloge-datenbanken/biographische-datenbanken/marie-louise-von-hammerstein?ID=4419。存取時間二〇二〇年四月二十八日。

21 Malinowski, Stephan: Vom König zum Führer. Sozialer Niedergang und politische Radikalisierung im deutschen Adel zwischen Kaiserreich und NS-Staat,Oldenbourg Akademieverlag, 2003, S.474.

22 Demel, Walter; Sylvia Schraut: Der deutsche Adel: Lebensformen und Geschichte, C. H. Beck, 2014, S.112.

23 Evans, Richard,*The Coming of the Third Reich: How the Nazis Destroyed Democracy and Seized Power in Germany*, penguin Books, 2004, p. 80.

24 Demel, Walter; Sylvia Schraut: Der deutsche Adel: Lebensformen und Geschichte, C. H. Beck, 2014,S.113-114.

25 漢斯—烏爾里希・韋勒：《德意志帝國（一八七一至一九一八）》，邢來順譯，第二〇七至二〇八頁。

26 Evans, Richard,*The Coming of the Third Reich: How the Nazis Destroyed Democracy and Seized Power in Germany*, penguin Books, 2004, pp. 156-157.

27 Ibid., p.157.

28 Ibid., p.12.

29 Malinowski, Stephan: Vom König zum Führer. Sozialer Niedergang und politische Radikalisierung im deutschen Adel zwischen Kaiserreich und NS-Staat, Oldenbourg Akademieverlag, S.214-215.

30 Conze, Eckart: Von deutschem Adel. Die Grafen von Bernstorff im 20. Jahrhundert,Deutsche Verlags-Anstalt DVA, 2000, S. 46.

31 Malinowski, Stephan: Vom König zum Führer. Sozialer Niedergang und politische Radikalisierung im deutschen Adel zwischen Kaiserreich und NS-Staat, Oldenbourg Akademieverlag, S.205.

32 Evans, Richard,*The Coming of the Third Reich: How the Nazis Destroyed Democracy and Seized Power in Germany*, penguin Books, 2004, p. 159.

33 Ibid., p.160.

34 Kershaw, Ian,*Hitler: A Biography*: W.W. Norton & Company, 2008, pp.69-70.

35 Mitcham, Samuel W., Jr. *Why Hitler? The Genesis of the Nazi Reich*, Westport, Connecticut: Praeger, 1996, p.34, p.87.

36 Ullrich, Volker: Mord in München. DIE ZEIT, 19.02.2009 Nr. 09. URL: https://www.zeit.de/2009/09/A-Eisner. 存取時間二〇二〇年四月二十八日。

37 Ebd.

38 Flechtmann, Frank: Das "Haus an der Stirn". Familie Eisner in Gengenbach. In: Die Ortenau, Zeitschrift des Historischen Vereins für Mittelbaden 72, 1992, S. 315-318.

39 Gietinger, Klaus,*The Murder of Rosa Luxemburg*,trans. Loren Balhorn, Verso, 2019, p. 23.

40 Ibid., pp. 157-163.

41 Urbach, Karina, *Go-Betweens for Hitler*, Oxford University Press, 2015, pp. 27-30.

42 Malinowski, Stephan: Vom König zum Führer. Sozialer Niedergang und politische Radikalisierung im deutschen Adel zwischen Kaiserreich und NS-Staat, Oldenbourg Akademieverlag, S. 452.

43 Ebd., S. 452.

44 Urbach, Karina, *Go-Betweens for Hitler*, Oxford University Press, 2015, p. 149.

45 Ibid., pp. 150-151.

46 Organisation Consul，在中文世界常誤譯為「執政官組織」。德文 Consul（或 Konsul）有兩個意思，一是古羅馬共和國時期的執政官；二是作為外交官職銜的「領事」。Organisation Consul 得名自埃爾哈特在卡普政變失敗之後潛逃時用的化名「埃希曼領事」（Consul Eichmann）。參見 Stern, Howard, "The Organisation Consul." The Journal of Modern History, vol. 35, no. 1, University of Chicago Press, 1963, p. 21。

47 Urbach, Karina, *Go-Betweens for Hitler*, p. 151.

48 Ibid.

49 Ibid., p. 152.

50 本書所說的「君主主義」（Monarchismus）指原則上支持君主制（與共和主義相對）。支持某位具體君主的人則被稱為「保皇派」、「保王派」、「保皇黨」、「保王黨」等。

51 Malinowski, Stephan: Vom König zum Führer. Sozialer Niedergang und politische Radikalisierung im deutschen Adel zwischen Kaiserreich und NS-Staat, Oldenbourg Akademieverlag, S.228.

52 Ebd., S.230.

53 Ebd., S.231.

54 Ebd., S.232.

55 舒倫堡伯爵後來加入了納粹黨、衝鋒隊和黨衛軍，在納粹時期獲得騎兵上將和黨衛軍上將的銜級。希特勒親自參加了他的葬禮，撫慰他的兒子弗里茨—迪特洛夫・馮・德・舒倫堡伯爵，而這位年輕的伯爵後來是「七月二十日」刺殺希特勒的反納粹密謀集團成員，並因此被絞死。

56 Malinowski, Stephan: Vom König zum Führer. Sozialer Niedergang und politische Radikalisierung im deutschen Adel zwischen Kaiserreich und NS-Staat, Oldenbourg Akademieverlag, S.231.

57 Ebd.

58 Ebd., S.235.

59 Ebd., S.238.

60 Ebd., S.236.

61 Ebd.

62 Friedrich von Berg, 1866-1939。後來曾任德國貴族聯合會主席。

63 Ebd., S.237.

64 Philipp zu Eulenburg, 1847-1921。因同性戀醜聞而失寵。

65 Ebd.

66 伊爾澤曼後來陪同威廉二世流亡荷蘭，擔任他的「宮廷」管理者，一直到老皇帝去世。伊爾澤曼長期寫日記，給歷史學家留下了珍貴的史料。透過這些日記對伊爾澤曼本人的分析，可參見 Landewé, Wendy: Mit dem Kaiser ins Exil. Die Tagebücher von Sigurd von Ilsemann (1884–1952).In: Teske, Gunnar (Hg.): Adelige über sich selbst.Selbstzeugnisse in nordwestdeutschen und niederländischen Adelsarchiven,Münster LWL-Archivamt für Westfalen, 2015, S.89-100。

67 Malinowski, Stephan: Vom König zum Führer. Sozialer Niedergang und politische Radikalisierung im deutschen Adel zwischen Kaiserreich und NS-Staat, Oldenbourg Akademieverlag, S.242.

68 Ebd., S.238.

69 Ebd., S.239.

70 Ebd.

71 Ebd., S.245.

72 Ebd., S.242-243.

73 Ebd., S.248.

74 Ebd., S.249.

75 Evans, Richard, *The Coming of the Third Reich: How the Nazis Destroyed Democracy and Seized Power in Germany*, penguin Books, 2004, pp. 94-95.

76 Winter, Ingelore M: Der Adel: Ein deutsches Gruppenporträt. Mit 57 Abbildungen, Fritz Molden, 1981. S.101.

77 Evans, Richard, *The Coming of the Third Reich: How the Nazis Destroyed Democracy and Seized Power in Germany*, penguin Books, 2004, p. 364.

78 Ibid., pp. 250-251.

79 Malinowski, Stephan: Vom König zum Führer. Sozialer Niedergang und politische Radikalisierung im deutschen Adel zwischen Kaiserreich und NS-Staat, Oldenbourg Akademieverlag, S.244.

80 Conze, Eckart: Von deutschem Adel. Die Grafen von Bernstorff im 20. Jahrhundert, Deutsche Verlags-Anstalt DVA, 2000, S.166.

81 Motadel, David. "What Do the Hohenzollerns Deserve?". In: The New York Review of Books. February 26, 2020. URL: https://www.nybooks.com/articles/2020/03/26/what-do-the-hohenzollerns-deserve/.

82 Malinowski, Stephan: Vom König zum Führer. Sozialer Niedergang und politische Radikalisierung im deutschen Adel zwischen Kaiserreich und NS-Staat,Oldenbourg Akademieverlag, 2003, S.254.

83 Ebd.

84 順便說一下，魯普雷希特王儲還是英國國王查理一世之女的直系後代，所以按照英國詹姆斯黨的主張，他還是英國王位繼承人。一八九七年他訪問英國、參加維多利亞女王的鑽禧慶典時，一群詹姆斯黨人奉他為「羅伯特一世與四世國王」。不過他自己從來不把這當回事。參見 Boff, Jonathan. *Haig's Enemy: Crown Prince Rupprecht and Germany's War on the Western Front*,Oxford University Press, 2018, p. 11。

85 Holzfurtner, Ludwig: Die Wittelsbacher: Staat und Dynastie in acht Jahrhunderten, W. Kohlhammer GmbH, 2005,S. 444.

86 Boff, Jonathan,*Haig's Enemy: Crown Prince Rupprecht and Germany's War on the Western Front*,Oxford University Press, 2018, p. 248.

87 Malinowski, Stephan: Vom König zum Führer. Sozialer Niedergang und politische Radikalisierung im deutschen Adel zwischen Kaiserreich und NS-Staat,Oldenbourg Akademieverlag, 2003, S.376.

88 Ebd., S.377.

89 Ebd., S.377-378.

90 Riotte, Torsten. "The House of Hanover. Queen Victoria and the Guelph dynasty". In: Urbach, Karina (ed.). *Royal Kinship: Anglo-German Family Networks 1815-1918*,K.G.Saur, 2008, p. 83.

91 Malinowski, Stephan: Vom König zum Führer. Sozialer Niedergang und politische Radikalisierung im deutschen Adel zwischen Kaiserreich und NS-Staat, Oldenbourg Akademieverlag, S.254.

92 加倫主要在奧匈帝國的教會任職。他是一九一四年在塞拉耶佛遇刺身亡的奧地利皇儲法蘭茲・斐迪南的懺悔神父。著名的反納粹志士、明斯特主教克萊門斯・奧古斯特・馮・加倫伯爵（Clemens August Graf von Galen）是他的兄弟（見本書第五章第三節「索多瑪的義人：反抗納粹的德國貴族」）。

93 Malinowski, Stephan: Vom König zum Führer. Sozialer Niedergang und politische Radikalisierung im deutschen Adel zwischen Kaiserreich und NS-Staat,

Oldenbourg Akademieverlag, 2003, S.255-256.

94 Ebd., S.255-256.

95 在符騰堡王國，陪臣被剝奪了曾經享有的大部分特權，甚至遭到羞辱，比如：他們與王室婚姻門當戶對的權利被取消，必須專門申請；家法被廢除；對臣民的司法權和免服兵役稅權被廢除；出國度假需要內政部批准；頭銜和尊稱被簡化；甚至戴肩章和綬帶也受到嚴格管控。符騰堡的陪臣康斯坦丁·馮·瓦爾德堡－蔡爾－特勞赫堡（Konstantin von Waldburg-Zeil-Trauchburg）有句名言是：「寧願在土耳其當豬官，也不在符騰堡當陪臣。」參見 Braun, Rudolf. "Konzeptionelle Bemerkungen zum Obenbleiben: Adel im 19. Jahrhundert". In: Wehler, Hans-Ulrich (Hg). Europäischer Adel 1750-1950,Vandenhoeck & Ruprecht, 1990, S. 93。

96 Malinowski, Stephan: Vom König zum Führer. Sozialer Niedergang und politische Radikalisierung im deutschen Adel zwischen Kaiserreich und NS-Staat, Oldenbourg Akademieverlag, S.256.

97 Ebd., S.257.

98 他的次子，著名的火箭、導彈和航太科學家華納·馮·布朗（Wernher von Braun, 1912-1977）男爵是納粹德國V2火箭的總設計師，戰後為美國國家航空航天局效力，主持設計了阿波羅四號的運載火箭土星五號，成功地在一九六九年七月首次達成人類登陸月球的壯舉。他是德國貴族中最著名的科學家之一。

99 Malinowski, Stephan: Vom König zum Führer. Sozialer Niedergang und politische Radikalisierung im deutschen Adel zwischen Kaiserreich und NS-Staat, Oldenbourg Akademieverlag, S.350.

100 Wehler, Hans-Ulrich: Deutsche Gesellschaftsgeschichte. Bd. 4: Vom Beginn des Ersten Weltkrieges bis zur Gründung der beiden deutschen Staaten 1914-1949,C. H.Beck, 2003,S. 748.

101 Malinowski, Stephan: Vom König zum Führer. Sozialer Niedergang und politische Radikalisierung im deutschen Adel zwischen Kaiserreich und NS-Staat,Oldenbourg Akademieverlag, 2003, S.145-151.

102 Ebd., S.352.

103 Ebd., S.353.

104 Ebd., S.350-352.

105 Ebd., S.340-348.

1 Urbach, Karina,*Go-Betweens for Hitler*,Oxford University Press, 2015, pp. 153-154.

2 Ibid., p. 158.

3 Ibid., p. 59.

4 Hochschild, Adam,*To End All Wars: A Story of Loyalty and Rebellion, 1914-1918*,Houghton Mifflin Harcourt, 2011, p.305.

5 Urbach, Karina.,*Go-Betweens for Hitler*,Oxford University Press, 2015, p.129.

6 Evans, Richard,*The Coming of the Third Reich: How the Nazis Destroyed Democracy and Seized Power in Germany*, penguin Books, 2004, pp. 74-75.

7 Urbach, Karina,*Go-Betweens for Hitler*, p.171.

8 恩斯特・羅姆和格奧爾格・施特拉瑟所代表的納粹黨左翼的確有點「社會主義」的傾向。

9 Ibid., p.174.

10 Malinowski, Stephan: Vom König zum Führer. Sozialer Niedergang und politische Radikalisierung im deutschen Adel zwischen Kaiserreich und NS-Staat,Oldenbourg Akademieverlag, 2003, S.578.

11 Evans, Richard,*The Coming of the Third Reich: How the Nazis Destroyed Democracy and Seized Power in Germany*, Penguin Books, 2004, p. 306.

12 內政部長威廉・弗利克（Wilhelm Frick）、不管部長赫爾曼・戈林。

13 巴本為副總理，康斯坦丁・馮・紐賴特男爵為外交部長，魯茨・什未林・馮・科洛希克伯爵為財政部長，維爾納・馮・勃洛姆堡為陸軍部長，保羅・馮・艾爾茨—呂伯納赫男爵（Paul von Eltz-Rübenach）為郵政部長兼交通部長。

14 Evans, Richard,*The Coming of the Third Reich: How the Nazis Destroyed Democracy and Seized Power in Germany*, penguin Books, 2004, p. 307.

15 Hillgruber, Katrin: Salon Bruckmann. Die unselige Freitagsgesellschaft. In: Der Tagesspiegel. 10. Januar 2010: https://www.tagesspiegel.de/kultur/literatur/salon-bruckmann-die-unselige-freitagsgesellschaft/1660844.html.

16 Kershaw, Ian,*Hitler: A Biography*,W.W. Norton & Company, 2008, p.187.

17 Malinowski, Stephan: Vom König zum Führer. Sozialer Niedergang und politische Radikalisierung im deutschen Adel zwischen Kaiserreich und NS-Staat, Oldenbourg Akademieverlag, S.554-555.

18 Goebbels, Joseph,Joseph Goebbels Tagebücher 1924 -1945. Band 1 Einführung 1924-1929. Herausgegeben von Ralf Georg Reuth, piper Verlag, 1999,S. 563, 580, 751.

19 Maser, Werner: Hitler. Mythos, Legende, Wirklichkeit,Bechtle, München, 1971, S. 311.

20 Malinowski, Stephan: Vom König zum Führer. Sozialer Niedergang und politische Radikalisierung im deutschen Adel zwischen Kaiserreich und NS-Staat,Oldenbourg

Akademieverlag 2003, S.554.

21 Ebd., S. 555.

22 海爾多夫伯爵早年是熱忱的納粹分子，曾任柏林警察局長，後參與「七月二十日」刺殺希特勒的密謀而被處死。

23 Malinowski, Stephan: Vom König zum Führer. Sozialer Niedergang und politische Radikalisierung im deutschen Adel zwischen Kaiserreich und NS-Staat, Oldenbourg Akademieverlag, S. 556.

24 Arendt, Hannah: Elemente und Ursprünge totaler Herrschaft. Piper, München, 1986,S.195.

25 一八九四年，法國猶太裔軍官德雷福被誣告叛國，被判終身流放，引起社會震動，迫使法國社會審視自己的反猶主義醜惡一面。文豪左拉寫了《我控訴》一文，譴責這起冤案。德雷福於一九〇六年獲得平反。

26 Machtan, Lothar: Einen Doktor für den Prinzen, in: Die Zeit, 22. Oktober 2009, Nr. 44. URL: https://www.zeit.de/2009/44/C-Kaisers-Doktor. 存取時間二〇二〇年四月二十八日。

27 Ullrich, Volker. Parteigenosse 24. 22. Juni 2006 Quelle: DIE ZEIT, 22.06.2006. URL: https://www.zeit.de/2006/26/P-Machtan. 存取時間二〇二〇年四月二十八日。

28 Ebd.

29 Ebd.

30 Krause, Tilman. Braunhemdchen Auwi. In : DIE WELT. Veröffentlicht am 24.06.2006. URL: https://www.welt.de/print-welt/article224975/Braunhemdchen-Auwi.html. 存取時間二〇二〇年四月二十八日；納粹黨衝鋒隊的制服襯衫是褐色的，所以他們經常被稱為褐衫黨人、褐衫軍等。

31 Urbach, Karina. *Go-Betweens for Hitler*,Oxford University Press, 2015, p. 232.

32 Petropoulos, Jonathan,*Royals and the Reich: The Princes Von Hessen in Nazi Germany*,Oxford University Press, 2006, p.166.

33 Malinowski, Stephan: Vom König zum Führer. Sozialer Niedergang und politische Radikalisierung im deutschen Adel zwischen Kaiserreich und NS-Staat,Oldenbourg Akademieverlag, 2003, S.537.

34 Ebd., S.564.

35 漢夫施滕格爾和前文講到的布魯克曼與蒂爾克森等人一樣，是幫助納粹黨打入上流社會的重要人物。漢夫施滕格爾的父親是德國著名的藝術出版商和藝術品商人，母親是美國人。他家境富裕，地位顯赫，有兩代人是薩克森－科堡－哥達公爵的謀臣，公爵恩斯特二世是他的教父。他後來去了美國，就讀於哈佛大學，與佛蘭克林·羅斯福、報業大王威廉·赫斯特和卓別林都有過交情。漢夫施滕格爾運用自己的上流社會人脈和資源，幫助希特勒打造形象和籌辦活動經費。在納粹黨崛起的過程中，漢夫施滕格爾這樣的上流社會成員對希特勒的提攜與幫助發揮了重要作用，讓這個粗鄙的草根政客漸漸得到大資產階級和貴族的接受。而漢夫施滕格爾精通英語，在美國和英國的上層也有很好的人脈。他承擔了納粹黨的「外宣」工作，在海外為希特勒鼓吹和貼金。比如，他安排威廉．赫斯特的報紙請希特勒寫文章，稿費極高，漢夫施滕格爾自己也從中抽取了不薄的傭金。漢夫施滕格爾為《我的奮鬥》和納粹黨黨報的出版工作籌措資金，還發揮自己的音樂才華，為納粹黨與希特勒青年團創作了好幾首進行曲，據說有一首曲子參考了哈佛大學美式足球隊的歌曲。啤酒館政變失敗後，希特勒潛逃時曾藏在漢夫施滕格爾家。據說希特勒一度想自殺，是漢夫施滕格爾太太勸他姑且忍耐、等待將來東山再起。對於朋友和黨的事業，漢夫施滕格爾可謂赤膊上陣、不遺餘力。希特勒對他也恩寵有加，並當了他兒子的教父。參見 Urbach, Karina, *Go-Betweens for Hitler*. Oxford University Press, 2015, pp. 239-240.

36 Petropoulos, Jonathan, *Royals and the Reich: The Princes Von Hessen in Nazi Germany*, Oxford University Press, 2006, p.98。

37 Ibid., pp.166-167.

38 Krause, Tilman, Braunhemdchen Auwi. In : DIE WELT. Veröffentlicht am 24.06.2006. URL. https://www.welt.de/print-welt/article224975/Braunhemdchen-Auwi.html. 存取時間二〇二〇年四月二十八日。

39 Hoffmann, Peter, *The History of the German Resistance 1933-1945*, trans. Richard Barry, Third English Edition, McGill-Queen's University Press, 1996, p. 24.

40 Evans, Richard, *The Coming of the Third Reich: How the Nazis Destroyed Democracy and Seized Power in Germany*, penguin Books, 2004, pp. 317-318.

41 Evans, Richard, *The Third Reich in Power 1933-1939*, Allen Lane, 2005, p. 25.

42 Ibid., p.34.

43 哈默施坦因對此事的評論是：「那麼，他們現在也開始謀殺紳士了。」

44 Hoffmann, Peter, *The History of the German Resistance 1933-1945*, trans. Richard Barry, Third English Edition, McGill-Queen's University Press, 1996, p. 26.

45 Evans, Richard, *The Third Reich in Power 1933-1939*, Allen Lane, 2005, p.41.

46 Ibid., p.43.

47 Wheeler-Bennett, John, *The Nemesis of Power: The German Army In Politics*, 1918-1945, p Macmillan, 1967, p. 340.

48 Ibid., p.355.

49 Lieven, Dominic, *The Aristocracy in Europe, 1815-1914*, Palgrave Macmillan, 1992, p.252-253.

50 Wehler, Hans-Ulrich: Deutsche Gesellschaftsgeschichte. Bd. 4: Vom Beginn des Ersten Weltkrieges bis zur Gründung der beiden deutschen Staaten 1914-1949, C.H.Beck, 2003, S. 747.

51 Gleichschaltung，指納粹政權將整個公眾和私人的社會和政治生活都納入自己的體制，加以控制。

52 Malinowski, Stephan ; Reichardt, Sven: Die Reihen fest geschlossen? Adlige im Führerkorps der SA bis 1934. In: Adel und Moderne: Deutschland im europäischen Vergleich im 19. und 20. Jahrhundert. (Hg) Eckart Conze ; Monika Wienfort, Köln : Böhlau Verlag, 2004,S.126-127.

53 Conze, Eckart: Adel unter dem Totenkopf. Die Idee eines Neuadels in den Gesellschaftsvorstellungen der SS. In: Adel und Moderne: Deutschland im europäischen Vergleich im 19. und 20. Jahrhundert. (Hg) Eckart Conze ; Monika Wienfort, Böhlau Verlag, 2004. S.152.

54 Malinowski, Stephan: Vom König zum Führer. Sozialer Niedergang und politische Radikalisierung im deutschen Adel zwischen Kaiserreich und NS-Staat,Oldenbourg Akademieverlag, 2003, S.503.

55 Ebd., S.573.

56 Ebd, S.561.

57 Ebd., S.561-562.

58 Evans, Richard, *The Third Reich at War: 1939-1945*, penguin Books, 2010, p. 226.

59 Ibid., p.622.

60 Malinowski, Stephan: Vom König zum Führer. Sozialer Niedergang und politische Radikalisierung im deutschen Adel zwischen Kaiserreich und NS-Staat, Oldenbourg Akademieverlag, S.566.

61 值得一提的是，他的妻子是愛丁堡公爵菲力浦親王（英國女王伊莉莎白二世的丈夫）的姐姐。

62 Malinowski, Stephan: Vom König zum Führer. Sozialer Niedergang und politische Radikalisierung im deutschen Adel zwischen Kaiserreich und NS-Staat,Oldenbourg Akademieverlag, 2003, S.565.

63 Ebd., S.524.

64 Ebd., S.572-573.

65 明克勒，赫爾弗里德：《德國人和他們的神話》，李維、范鴻譯，第二六八頁。

66 同上，第二七三頁。

67 皇儲威廉和他的弟弟奧古斯特・威廉一樣，也是很早就支持納粹的上流社會成員。一九三二年春季總統大選的時候，威廉曾考慮自己參選，後來放棄，但也不支持興登堡，而是支持希特勒。希特勒在接受英國《每日電訊報》採訪時「微笑」著說：「我很珍視前皇儲的幫助。這絕對是他自發的行為，他這樣就公開地站到了大部分愛國的德國民族主義者那邊。」納粹掌權後，威廉皇儲也不斷向希特勒溜鬚拍馬。參見 Motadel, David. "What Do the Hohenzollerns Deserve?". In: The New York Review of Books. February 26, 2020. URL: https://www.nybooks.com/articles/2020/03/26/what-do-the-hohenzollerns-deserve/。存取時間二〇二〇年四月二十八日。

68 明克勒，赫爾弗里德：《德國人和他們的神話》，李維、范鴻譯，第二七七頁。

69 Malinowski, Stephan: Vom König zum Führer. Sozialer Niedergang und politische Radikalisierung im deutschen Adel zwischen Kaiserreich und NS-Staat, Oldenbourg Akademieverlag, S.252.

70 Ebd.

71 Ebd., S.253.

72 Heinrich, Gerd: Geschichte Preußens. Staat und Dynastie. Ullstein, Frankfurt/M, Berlin, Wien 1984, S. 515f.

73 Malinowski, Stephan: Die Hohenzollern und Hitler. In: Cicero. URL: https://www.cicero.de/kultur/die-hohenzollern-und-hitler/36988. 存取時間二〇二〇年四月二十八日。

74 Malinowski, Stephan: Vom König zum Führer. Sozialer Niedergang und politische Radikalisierung im deutschen Adel zwischen Kaiserreich und NS-Staat, Oldenbourg Akademieverlag, S.505.

75 Ebd., S.506.

76 Ebd., S.510.

77 Ebd., S.506.

78 Ebd., S.507.

79 Ebd., S.508.

80 Ebd., S.509.

81 Ebd., S.509-510.

82 Ebd., S.512.

83 Wheeler-Bennett, John, *The Nemesis of Power: The German Army In Politics*, 1918-1945, Macmillan, 1967, pp. 502-503.

84 劉怡：《武神與將軍：納粹德國軍人抵抗運動史話》，山西人民出版社，二〇一五年，第二五九頁。

85 皇儲威廉的長子，也叫威廉，因為貴賤通婚而放棄繼承權，後於一九四〇年法國戰役中負重傷後身亡。所以路易・斐迪南成了霍亨索倫家族的繼承人。

86 "ES WAR EIN BETRIEBSUNFALL", in: Der Spiegel. 01.02.1993. URL: http://www.spiegel.de/spiegel/spiegelspecial/d-52535769.html. 存取時間二〇二〇年四月二十八日。

87 Wheeler-Bennett, John, *The Nemesis of Power: The German Army In Politics*, 1918-1945, Macmillan, 1967, p.509.

88 “ES WAR EIN BETRIEBSUNFALL”, in: Der Spiegel. 01.02.1993. URL: http://www.spiegel.de/spiegel/spiegelspecial/d-52535769.html. 存取時間二〇二〇年四月二十八日。

89 Keil, Lars-Broder: Er sprang aus dem Fenster, um der Folter zu entgehen. In: Die Welt. Veröffentlicht am 19.07.2012. URL: https://www.welt.de/kultur/history/zweiter-weltkrieg/article108326595/Er-sprang-aus-dem-Fenster-um-der-Folter-zu-entgehen.html. 存取時間二〇二〇年四月二十八日。

90 Boff, Jonathan, *Haig's Enemy: Crown Prince Rupprecht and Germany's War on the Western Front*,Oxford University Press, 2018, p. 251.

91 Malinowski, Stephan: Vom König zum Führer. Sozialer Niedergang und politische Radikalisierung im deutschen Adel zwischen Kaiserreich und NS-Staat,Oldenbourg Akademieverlag, 2003, S.504.

92 Ebd., S.505.

93 Ebd., S.504.

94 Boff, Jonathan,*Haig's Enemy: Crown Prince Rupprecht and Germany's War on the Western Front*, Oxford University Press, 2018, p. 251.

95 Ibid., p. 250.

96 Petropoulos, Jonathan,*Royals and the Reich: The Princes Von Hessen in Nazi Germany*,Oxford University Press, 2006, p.172.

97 Boff, Jonathan,*Haig's Enemy: Crown Prince Rupprecht and Germany's War on the Western Front*, Oxford University Press, 2018, p. 250.

98 Petropoulos, Jonathan,*Royals and the Reich: The Princes Von Hessen in Nazi Germany*,Oxford University Press, 2006, p.172.

99 Ibid. , p.173.

100 Kaff, Brigitte,1933-1945: Christliche Demokraten im Widerstand gegen den Nationalsozialismus. URL: https://www.kas.de/de/web/geschichte-der-cdu/1933-1945-christliche-demokraten-im-widerstand-gegen-den-nationalsozialismus. 存取時間二〇二〇年四月二十八日。

101 Malinowski, Stephan: Vom König zum Führer. Sozialer Niedergang und politische Radikalisierung im deutschen Adel zwischen Kaiserreich und NS-Staat,Oldenbourg Akademieverlag, 2003, S.504-505.

102 Boff, Jonathan. *Haig's Enemy: Crown Prince Rupprecht and Germany's War on the Western Front*,Oxford University Press, 2018, p. 253.

103 Beevor, Antony,*The Fall of Berlin 1945*,Viking, 2002, pp.56-57.

104 Zeitgeschichte / Führer-Häftlinge: Schönes Wetter. In: Der Spiegel, Heft 9 vom 20. Februar 1967, S. 54-59. URL: https://www.spiegel.de/spiegel/print/d-46453098.html. 存取時間二〇二〇年四月二十八日。

105 Malinowski, Stephan: Vom König zum Führer. Sozialer Niedergang und politische Radikalisierung im deutschen Adel zwischen Kaiserreich und NS-Staat,Oldenbourg Akademieverlag, 2003, S.578.

106 Evans, Richard, *The Coming of the Third Reich: How the Nazis Destroyed Democracy and Seized Power in Germany*, penguin Books, 2004, p. 262.
107 Hoffmann, Peter, *The History of the German Resistance* 1933-1945, trans. Richard Barry, Third English Edition, McGill-Queen's University Press,1996, p. 82.
108 Ibid., p.172.
109 Ibid., pp.87-91.
110 Birkenmaier, Werner: Richard von Weizsäcker wird 90. Unangefochtener Ersatzmonarch. In: Stuttgarter Zeitung. 15. April 2010. URL: https://www.stuttgarter-zeitung.de/inhalt.richard-von-weizsaecker-wird-90-unangefochtener-ersatzmonarch.3be3955f-a505-401b-a3b4-ba2aa75242bb.html. 存取時間二〇二〇年四月二十八日。
111 Hoffmann, Peter, *The History of the German Resistance* 1933-1945,trans. Richard Barry, Third English Edition,McGill-Queen's University Press, 1996, p.259.
112 Ibid., pp.259-260.
113 Ibid., pp.107-108.
114 Ibid., p. 265.
115 Evans, Richard, *The Third Reich in Power* 1933-1939, Allen Lane, 2005, p. 643.
116 他是下文提到的《東普魯士日記》的作者漢斯・馮・利恩多夫伯爵的堂兄弟。
117 Hoffmann, Peter, *The History of the German Resistance* 1933-1945,trans. Richard Barry, Third English Edition, McGill-Queen's University Press, 1996, pp. 265-266.
118 Ibid., pp. 268-269.
119 Ibid., p.271.
120 Ibid.
121 Ibid., p.277.
122 Ibid., p.281.
123 Ibid., p.282.
124 Ibid., pp. 278-279.
125 Ibid., pp. 282-283.
126 Ibid., p. 522.
127 Ibid., p. 527.
128 Ibid., pp. 283-289.

129 Ibid., p.324.

130 Ibid., pp. 327-328.

131 Ibid., p. 20.

132 Ibid., pp. 60-62.

133 Gestorben, Ewald-Heinrich von Kleist. In: Der Spiegel, 12/2013, 18. März 2013, S. 154. URL: https://www.spiegel.de/spiegel/print/d-91568175.html. 存取時間二〇二〇年四月二十八日。

134 Hoffmann, Peter, *The History of the German Resistance 1933-1945*,trans. Richard Barry,Third English Edition, McGill-Queen's University Press,1996, p. 320.

135 Ibid., p. 685.

136 Scheurig, Bodo: Kleist-Schmenzin, Ewald von. In: Neue Deutsche Biographie (NDB). Band 12, Duncker & Humblot, Berlin 1980, S. 29-30. URL: https://daten.digitale-sammlungen.de/0001/bsb00016329/images/index.html?seite=43. 存取時間二〇二〇年四月二十八日。

137 Hoffmann, Peter, *The History of the German Resistance 1933-1945*,trans.Richard Barry,Third English Edition, McGill-Queen's University Press,1996, pp. 330-332.

138 Ibid., pp. 293-294, p. 530.

139 Ibid., p. 290.

140 後備軍（Ersatzheer），陸軍的一部分，駐在國內，包括指揮與行政機關、訓練單位、衛戍部隊、軍校、傷病員單位、正在本土休整或組建的單位等。

141 Ibid., p. 302.

142 Ibid., p. 310.

143 Ibid., pp. 307-308.

144 Hoffmann, Peter: Oberst i. G. Henning von Tresckow und die Staatsstreichpläne im Jahr 1943. In: Viertelsjahrsheft für Zeitgeschichte, 55. Jahrgang 2007, Heft 2, herausgegeben von von Karl Dietrich Bracher und Hans-Peter Schwarz, Deutsche Verlags-Anstalt GmbH, S.332.

145 Erika von Tresckow, 1904-1974。曾經的普魯士陸軍大臣和總參謀長法爾肯海因的女兒。

146 Margarethe von Oven, 1904-1991。後來嫁給一位姓哈登貝格的伯爵。

147 Hoffmann, Peter, *The History of the German Resistance* 1933-1945,trans. Richard Barry,Third English Edition, McGill-Queen's University Press,1996, p. 311.

148 Ibid., p. 291.

149 Hoffmann, Peter: Oberst i. G. Henning von Tresckow und die Staatsstreichpläne im Jahr 1943. In: Viertelsjahrsheft für Zeitgeschichte, 55. Jahrgang 2007, Heft 2,

herausgegeben von von Karl Dietrich Bracher und Hans-Peter Schwarz, Deutsche Verlags-Anstalt GmbH, S.353.

150 Hoffmann, Peter, *The History of the German Resistance 1933-1945*,trans. Richard Barry,Third English Edition, McGill-Queen's University Press, 1996, p. 375.

151 Hoffmann, Peter: Oberst i. G. Henning von Tresckow und die Staatsstreichpläne im Jahr 1943. In: Vierteljahrsheft für Zeitgeschichte, 55. Jahrgang 2007, Heft 2, herausgegeben von von Karl Dietrich Bracher und Hans-Peter Schwarz,Deutsche Verlags-Anstalt GmbH, S.344.

152 Schlabrendorff, Fabian von: Offiziere gegen Hitler. Siedler Verlag, 1984, S.129.

153 Kleine, Georg. H: Adelsgenossenschaft und Nationalsozialismus, in: Vierteljahrsheft für Zeitgeschichte, 26. Jahrgang 1978, herausgegeben von von Karl Dietrich Bracher und Hans-Peter Schwarz, Deutsche Verlags-Anstalt GmbH, S.139.

154 比如希姆萊說：「施陶芬堡家族將被徹底消滅，直到最後一個人。」施陶芬堡的妻子、母親、岳母、兄長貝托爾德（律師和海軍軍官，也是抵抗分子）及其妻子、另一個兄長亞歷山大（歷史學家）、堂表兄弟、叔伯、舅舅、姨媽姑媽，甚至很多姻親，包括八十五歲老人和小孩，都被投入集中營。參見 Hoffmann, Peter, *The History of the German Resistance 1933-1945*,trans. Richard Barry,Third English Edition,McGill-Queen's University Press,1996, p. 520。

155 Petropoulos,Jonathan,*Royals and the Reich: The Princes Von Hessen in Nazi Germany*, Oxford University Press, 2006, pp.286-287.

156 見 Hoffmann, Peter,*The History of the German Resistance 1933-1945*,trans. Richard Barry.Third English Edition. McGill-Queen's University Press. 1996,p. 337.

157 他的弟弟維爾納・馮・赫夫騰（Werner von Haeften, 1908-1944）也是抵抗分子，並且是施陶芬堡的副官和好友，在一九四四年七月二十一日凌晨與施陶芬堡一同被槍殺。

158 他的兩個兒子分別是參與德國核武器計畫的物理學家卡爾・腓特烈和後來成為聯邦總統的理查德・馮・魏茨澤克。

159 Hoffmann, Peter,*The History of the German Resistance 1933-1945*,trans. Richard Barry, Third English Edition, McGill-Queen's University Press,1996, p. 64.

160 Schlabrendorff, Fabian von: Offiziere gegen Hitler,Siedler Verlag, 1984, S.90.

161 Hoffmann, Peter, *The History of the German Resistance 1933-1945*, trans. Richard Barry, Third English Edition, McGill-Queen's University Press,1996, p. 132.

162 Evans, Richard, *The Coming of the Third Reich: How the Nazis Destroyed Democracy and Seized Power in Germany*, penguin Books, 2004, p. 362.

163 Evans, Richard, *The Third Reich at War: 1939-1945*, penguin Books, 2010, pp. 96-101.

164 Ibid., p.551.

165 比如施陶芬堡伯爵「鄙視人人平等的謊言，接受天然的等級制」；在他眼中，他反抗希特勒是「貴族的義務」，他的目標也包括在戰後德國的新社會結構裡為貴族獲取顯要的位置。參見 Hoffmann, Peter, *The History of the German Resistance 1933-1945*,trans. Richard Barry, Third English Edition, McGill-Queen's University Press,1996, p. 321。

第六章

1 Lehndorff, Hans Graf von: Ostpreußisches Tagebuch: Aufzeichnungen eines Arztes aus den Jahren 1945-1947, dtv Verlagsgesellschaft, 2017, S. 103.

2 Ebd., S. 24.

3 Ebd., S.36.

4 Ebd., S.69.

5 Ebd., S.73.

6 Ebd., S.46-47.

7 Ebd., S.215., S.243.

8 奧爾登堡—雅努肖是興登堡的好友。一九三四年六月，奧爾登堡—雅努肖勇敢地向興登堡總統揭露納粹的種種暴行，但興登堡病入膏肓，無力採取行動。參見 Hoffmann, Peter. *The History of the German Resistance 1933-1945*. Translated by Richard Barry. Third English Edition, McGill-Queen's University Press, 1996. P. 20。

9 基斯・羅威：《野蠻大陸：第二次世界大戰之後的歐洲》，黎英亮譯，社會科學文獻出版社，二〇一五年，第二七七頁。

10 "ES WAR EIN BETRIEBSUNFALL", in: Der Spiegel. 01.02.1993. URL: http://www.spiegel.de/spiegel/spiegelspecial/d-52535769.html. 存取時間二〇二〇年四月二十八日。

11 Raasch, Markus: Adel und Nachkriegszeit – ein kategorialer Zugriff, in: Vortrag auf der tagung "Was ist Adel? ein vergleichender Blick der Alten und Neuesten Geschichte" am 9. Juni 2012 in Augsburg. URL: https://www.ku.de/ggf/geschichte/neuegesch/team/ehemalige-mitarbeiter/pd-dr-markus-raasch/projekte/adel-und-gesellschaft/. 存取時間二〇二〇年四月二十八日。

12 Kloth, Hans Michael: Herrenschreiter auf sowjetrotem Teppich. Adel in der DDR, in: Der Spiegel vom 15. Oktober 2007. URL: https://www.spiegel.de/geschichte/adel-in-der-ddr-a-948377.html. 存取時間二〇二〇年四月二十八日。

13 Wehler, Hans-Ulrich: Deutsche Gesellschaftsgeschichte. Bd. 4: Vom Beginn des Ersten Weltkrieges bis zur Gründung der beiden deutschen Staaten 1914-1949,C. H.Beck, 2008. S. 751.

14 Kloth, Hans Michael: Herrenschreiter auf sowjetrotem Teppich. Adel in der DDR, in: Der Spiegel vom 15. Oktober 2007. URL: https://www.spiegel.de/geschichte/adel-in-der-ddr-a-948377.html. 存取時間二〇二〇年四月二十八日。

15 Ebd.

16 Ebd.

17 Ebd.

18 Winter, Ingelore M: Der Adel: Ein deutsches Gruppenporträt. Mit 57 Abbildungen, Fritz Molden, 1981. S.54.

19 Raasch, Markus: Adel und Nachkriegszeit – ein kategorialer Zugriff, in: Vortrag auf der tagung "Was ist Adel? ein vergleichender Blick der Alten und Neuesten Geschichte" am 9. Juni 2012 in Augsburg. URL: https://www.ku.de/ggf/geschichte/neuegesch/team/ehemalige-mitarbeiter/pd-dr-markus-raasch/projekte/adel-und-gesellschaft/.存取時間二〇二〇年四月二十八日。

20 Conze, Eckart und Gabriele Metzler (Herausgeber): Deutschland nach 1945: Ein Lesebuch zur deutschen Geschichte von 1945 bis zur Gegenwart,C.H.Beck, 2001, S. 290.

21 Feldmeyer, Karl: "Wie der Staat mit aller Rechtsmacht den Rechtsstaat niedermäht: Axel von dem Bussches Forst wird verkauft", In: Frankfurter Allgemeine Zeitung, 7.3.2001.

22 Motadel, David. "What Do the Hohenzollerns Deserve?". In: The New York Review of Books. February 26, 2020. URL: https://www.nybooks.com/articles/2020/03/26/what-do-the-hohenzollerns-deserve/.存取時間二〇二〇年四月二十八日。

23 拉爾夫・達倫多夫（Ralf Dahrendorf, 1929-2009），出生於德國，後獲得英國國籍並被冊封為男爵。

24 Petropoulos, Jonathan,*Royals and the Reich: The Princes Von Hessen in Nazi Germany*, Oxford University Press, 2006, p.375.

25 Clark, Christopher, *Iron Kingdom: The Rise and Downfall of Prussia, 1600-1947*, penguin, 2007, p. xix.

26 Demel, Walter, Sylvia Schraut: Der deutsche Adel, Lebensformen und Geschichte. Verlag C.H.Beck, München2014, S.121.

27 赫爾弗里德・明克勒：《德國人和他們的神話》，第二八六頁。

28 Demel, Walter, Sylvia Schraut: Der deutsche Adel, Lebensformen und Geschichte, Verlag C.H.Beck, München 2014,S.122.

29 Raasch, Markus: Adel und Nachkriegszeit – ein kategorialer Zugriff, in: Vortrag auf der tagung "Was ist Adel? ein vergleichender Blick der Alten und Neuesten Geschichte" am 9. Juni 2012 in Augsburg. URL: https://www.ku.de/ggf/geschichte/neuegesch/team/ehemalige-mitarbeiter/pd-dr-markus-raasch/projekte/adel-und-gesellschaft/.存取時間二〇二〇年四月二十八日。

30 Conze, Eckart: Von deutschem Adel. Die Grafen von Bernstorff im 20. Jahrhundert, Deutsche Verlags-Anstalt DVA, 2000, S. 194.

31 赫爾弗里德・明克勒：《德國人和他們的神話》，李維、范鴻譯，第四五一頁。

32 Conze, Eckart: Von deutschem Adel. Die Grafen von Bernstorff im 20. Jahrhundert, Deutsche Verlags-Anstalt DVA, 2000, S.197-198.

33 Georg Friedrich von Preußen / Gudrun Gersmann / Michael Kaiser : Adel heute – Fragen an Prinz Georg Friedrich von Preußen , in: zeitenblicke 4 (2005), Nr. 2, [2005-06-28], URL: http://www.zeitenblicke.de/2005/2/Interviewpr/index_html, URN: urn:nbn:de:0009-9-1285.存取時間二〇二〇年四月二十八日。

34 Demel, Walter, Sylvia Schraut: Der deutsche Adel, Lebensformen und Geschichte, Verlag C.H.Beck, München 2014. S.124.

35 Dronkers, Jaap, "Declining Homogamy of Austrian-German Nobility in the 20th Century? A Comparison with the Dutch Nobility." *Historical Social Research / Historische Sozialforschung*, vol. 33, no. 2 (124), GESIS - Leibniz-Institute for the Social Sciences, Center for Historical Social Research, 2008, p. 263.

36 包迪辛伯爵於二十世紀三〇年代末加入著名的第九步兵團（「九伯爵」團）。當時普魯士王子奧斯卡歎息道：「現在連包迪辛都去了那個團，它對我來說已經太高貴了，我不能把自己最小的兒子送去。」參見 Graf Neun mit Ballonmütze.In: Der Spiegel. 09.01.1967. URL: https://www.spiegel.de/spiegel/print/d-45522514.html。存取時間二〇二〇年四月二十八日。

37 這兩種理念都可以說是西德國防軍吸取了舊時德國軍隊盲目服從政治領導人的教訓，培養軍人的公民意識、法治意識和社會服務意識。

38 Winter, Ingelore M: Der Adel: Ein deutsches Gruppenporträt. Mit 57 Abbildungen, Fritz Molden, 1981, S.123-124.

39 Ebd., S.126.

40 Ebd., S.164.

41 Ellrich, Hartmut: Der Deutsche Adel im 20. und 21. Jahrhundert, Michael Imhof Verlag, S.24.

42 網站：http://www.adel-in-deutschland.de/。

43 Vinocur, John (16 March 1978), *The New York Times*, p. A2. URL: https://www.nytimes.com/1978/03/16/archives/for-german-who-awarded-titles-first-gold-then-bars-no-folk-hero-but.html. 存取時間二〇二〇年四月二十八日。

44 Winter, Ingelore M: Der Adel: Ein deutsches Gruppenporträt. Mit 57 Abbildungen, Fritz Molden, 1981, S.42.

45 https://www.adel-in-deutschland.de/gotha/gothaisches-genealogisches-taschenbuch. 存取時間二〇二〇年四月二十八日。

46 https://www.adel-in-deutschland.de/verbaende/stiftung-deutsches-adelsarchiv. 存取時間二〇二〇年四月二十八日。

47 Winter, Ingelore M: Der Adel: Ein deutsches Gruppenporträt. Mit 57 Abbildungen. Fritz Molden, 1981. S.61-63.

48 "Die Ehre Preußens". In: Der Spiegel. 10/1954 (3. März 1954) . URL: http://www.spiegel.de/spiegel/print/d-28955358.html. 存取時間二〇二〇年四月二十八日。

49 舍普斯是前面說到的普魯士王子腓特烈·威廉的博士論文導師。不過王子在一九七一年的論文《中立報界反映的帝國建國》被人揭露有大量抄襲，他的博士學位被取消。舍普斯親自檢查和揭發了王子的抄襲，並表示：「為了捍衛普魯士的榮譽，我甚至可以和霍亨索倫家族作對。」後來王子重寫了一篇論文《霍亨索倫家族與民族社會主義》，再次獲得博士學位。參見"Still behandelt", in: Der Spiegel, 30.07.1973. URL: https://www.spiegel.de/spiegel/print/d-41955163.html。存取時間二〇二〇年四月二十八日。

50 "Die Ehre Preußens". In: Der Spiegel. 10/1954 (3. März 1954). URL: http://www.spiegel.de/spiegel/print/d-28955358.html. 存取時間二〇二〇年四月二十八日。

51 https://coronanachrichten.wordpress.com/2014/07/19/in-eigener-sache-die-zukunft-von-corona/. 存取時間二〇二〇年四月二十八日。

52 Köhler, Otto: Unverzichtbare Kaiserkrone. In: Der Spiegel. Nr. 47, 1968, S. 94. URL: http://www.spiegel.de/spiegel/print/d-45922111.html. 存取時間二〇二〇年四月二十八日。

53 "ES WAR EIN BETRIEBSUNFALL", in: Der Spiegel. 01.02.1993. URL: http://www.spiegel.de/spiegel/spiegelspecial/d-52535769.html. 存取時間二〇二〇年四月二十八日。

54 Schuster, Jacques: "Was die Deutschen von den Ansprüchen der Hohenzollern halten". In: Die Welt, 16.02.2020. URL: https://www.welt.de/politik/deutschland/article205881011/Restitution-Was-die-Deutschen-von-den-Anspruechen-der-Hohenzollern-halten.html. 存取時間二〇二〇年四月二十八日。

55 "Ich brauche kein Schloss". In: Cicero – Magazin für politische Kultur, Nr. 6/2005. URL: https://www.cicero.de/kultur/ich-brauche-kein-schloss/36976. 存取時間二〇二〇年四月二十八日。

56 "Aktion Sarg und Asche". in: Der Spiegel. 12.08.1991. URL: https://www.spiegel.de/spiegel/print/d-13488171.html. 存取時間二〇二〇年四月二十八日。

57 官方網站為：http://monarchiefreunde-plus.homepage.t-online.de/。

58 大家可以去訪問它的官方網站 http://www.pro-monarchie.de/ 和推特。

59 "Ich brauche kein Schloss". In: Cicero – Magazin für politische Kultur, Nr. 6/2005. URL: https://www.cicero.de/kultur/ich-brauche-kein-schloss/36976. 存取時間二〇二〇年四月二十八日。

60 Boff, Jonathan, *Haig's Enemy: Crown Prince Rupprecht and Germany's War on the Western Front*, Oxford University Press, 2018, p. 253.

61 Fisher, Stephen L., *The Minor Parties of the Federal Republic of Germany: Toward a Comparative Theory of Minor Parties*, Martinus Nijhoff, 1974, p.70.

62 官方網站為：https://www.bayernbund.de/。

63 http://andere-parteien.de/2009/08/24/24-08-09-partei-historie-bayerische-heimat-und-konigspartei/.

64 Fisher, Stephen L., *The Minor Parties of the Federal Republic of Germany: Toward a Comparative Theory of Minor Parties*, Martinus Nijhoff, 1974, pp.70-71.

65 Klein, Michael: Westdeutscher Protestantismus und politische Parteien: Anti-Parteien-Mentalität und parteipolitisches Engagement von 1945 bis 1963, Mohr Siebeck, 2005, S. 292.

66 官方網站分別為 https://www.der-welfenbund.de/ 和 http://www.welfenbund.de/。

第七章

1 Urbach, Karina,*Go-Betweens for Hitler*,Oxford University Press, 2015, p. 23.

2 Urbach, Karina,*Go-Betweens for Hitler*, Oxford University Press, 2015, p.9.

3 Abulafia, David,*Frederick II: A Medieval Emperor*, Oxford University Press, 1992, p. 108.

4 約阿希姆・布姆克：《宮廷文化：中世紀盛期的文學與社會》，何珊、劉華新譯，生活・讀書・新知三聯書店，二〇〇六年，第三九三至三九四頁。

5 Parker, Geoffrey,*Emperor: A New Life of Charles V*,Yale University Press, 2019, p. 30.

6 Wheatcroft, Andrew,*The Habsburgs: Embodying Empire*, penguin, 1996, p. 114.

7 Ibid., pp.104-114.

8 Wilhelm von Hohenzollern-Sigmaringen, 1864-1927，他的弟弟當了羅馬尼亞國王，稱斐迪南一世。

9 Urbach, Karina,*Go-Betweens for Hitler*,Oxford University Press, 2015, pp. 20-21.

10 Sinclair, Andrew,*Death by Fame: A Life of Elisabeth, Empress of Austria*. St Martins Press, 1999, p.31.

11 Urbach, Karina,*Go-Betweens for Hitler*, Oxford University Press, 2015, p.22.

12 Ibid.

13 Ibid., p.21.

14 Röhl, John C.G. "Anglo-German Family Networks before 1914. KaiserWilhelm II's correspondence with the British Royal Family ". In: Urbach, Karina (ed.). *Royal Kinship: Anglo-German Family Networks 1815-1918*,K.G.Saur, 2008, p.132.

15 Urbach, Karina,*Go-Betweens for Hitler*, Oxford University Press, 2015, p. 21.

16 Petropoulos, Jonathan."The Hessens and the British Royals ."In: Urbach, Karina (ed.). *Royal Kinship: Anglo-German Family Networks 1815-1918*,K.G.Saur, 2008, p.152.

17 Blanning, T. C. W. *Frederick the Great: King of Prussia*, Random House, 2016, p.33.

18 Duffy, Christopher. *Military Experience in the Age of Reason*,Routledge, 1987, p. 7.

19 Urbach, Karina, *Go-Betweens for Hitler*,Oxford University Press, 2015, p. 21.

20 Petropoulos, Jonathan. *Royals and the Reich: The Princes Von Hessen in Nazi Germany*,Oxford University Press, 2006, pp.35-36.

21 Urbach, Karina.,*Go-Betweens for Hitler*,Oxford University Press, 2015, p.22.

22 Ibid., p. 15.

23 Ibid., p. 16.

24 Ibid.

25 Ibid. p.17.

26 Ibid.

27 Malinowski, Stephan: Vom König zum Führer. Sozialer Niedergang und politische Radikalisierung im deutschen Adel zwischen Kaiserreich und NS-Staat. Oldenbourg Akademieverlag, S.55.

28 Urbach, Karina, *Go-Betweens for Hitler*, Oxford University Press, 2015, p. 16.

29 Malinowski, Stephan: Vom König zum Führer. Sozialer Niedergang und politische Radikalisierung im deutschen Adel zwischen Kaiserreich und NS-Staat, Oldenbourg Akademieverlag, S.114.

30 Urbach, Karina,*Go-Betweens for Hitler*,Oxford University Press, 2015, p. 19.

31 Roberts, Andrew,*Napoleon the Great*,Allen Lane, 2014, p. 285.

32 Whaley, Joachim, Germany *and the Holy Roman Empire. Volume 2: The Peace of Westphalia to the Dissolution of the Reich, 1648-1806*,Oxford University Press, 2012, p. 564.

33 "Die Entdeckung der Mumie von Heinrich LII. Reuß Köstritz jüngerer Linie", URL: http://reussischefuerstenstrasse.de/die-entdeckung-der-mumie-von-heinrich-lii-reuss-koestritz-juengerer-linie/7994/. 存取時間二〇二〇年四月二十八日。

34 Wilson, Stephen,*The Means of Naming. A social and cultural history of personal naming in western Europ*,UCL Press, 2004, p. 80.

35 Cornwell, Bernard,*The Last Kingdom*,Harper, 2006, p.11.

36 Mitterauer, Michael: Traditionen der Namengebung. Namenkunde als interdisziplinäres Forschungsgebiet,Böhlau Verlag, 2011, S. 122.

37 Raßloff, Steffen: Geschichte Thuringens, Verlag C.H.Beck, 2020.,S. 37.

38 Ebd., S.44.

39 Kneschke, Ernst Heinrich (Herausgeber): Neues Allgemeines Deutsches Adels-Lexicon. Band 7, Friedrich Voigt's Buchhandlung, 1867, S. 465-466.

40 Whaley, Joachim. *Germany and the Holy Roman Empire. Volume 2: The Peace of Westphalia to the Dissolution of the Reich, 1648-1806*, Oxford University Press, 2012, p. 571.

41 見歌德的回憶錄《一七九二年法蘭西戰役》（Kampagne in Frankreich 1792），此處借用了王蕾即將出版的譯文。

42 Raßloff, Steffen: Geschichte Thuringens, Verlag C.H.Beck, 2020,S. 73.

43 Fuchs, Christian, Astrid Geisler und Holger Stark: Der Prinz, die Richterin und ein geplatzter Staatsstreich. Zeit Online, URL: https://www.zeit.de/gesellschaft/zeitgeschehen/2022-12/razzien-rechtsextreme-verschwoerung-putsch-birgit-malsack-winkemann-afd.

44 Urbach, Karina, *Go-Betweens for Hitler*, Oxford University Press, 2015, p.18.

45 Winkelhofer, Martina: Das Leben adeliger Frauen. Alltag in der k.u.k. Monarchie,Haymon Verlag, 2011,S.108-109.

46 Urbach, Karina,*Go-Betweens for Hitler*,Oxford University Press, 2015, p.18.

47 Petropoulos, Jonathan,*Royals and the Reich. The Princes von Hessen in Nazi Germany*,OUP Oxford, 2006, p31.

48 Uhland, Robert: Hohenheim, Franziska Gräfin von. In: Neue Deutsche Biographie (NDB). Band 9, Duncker & Humblot, Berlin 1972, S. 483 -484. URL: https://daten.digitale-sammlungen.de/0001/bsb00016326/images/index.html?seite=497.存取時間二〇二〇年五月二十日。

49 Funck, Marcus: Vom Höfling zum soldatischen Mann. Varianten und Umwandlungen adeliger Männlichkeit zwischen Kaiserreich und Nationalsozialismus. In: Adel und Moderne: Deutschland im europäischen Vergleich im 19. und 20. Jahrhundert. (Hg) Eckart Conze ; Monika Wienfort, Böhlau Verlag, 2004S.209.

50 約阿希姆・布姆克：《宮廷文化：中世紀盛期的文學與社會》，何珊、劉華新譯，第四七八頁。

51 同上，第四七八至四七九頁。

52 Zmora, Hillay,*State and Nobility in Early Modern Germany : The Knightly Feud in Franconia, 1440-1567*,Cambridge University Press, 2003, p.62.

53 約阿希姆・布姆克：《宮廷文化：中世紀盛期的文學與社會》，何珊、劉華新譯，第四七八頁。

54 克斯汀・唐尼：《伊莎貝拉：武士女王》，陸大鵬譯，社會科學文獻出版社，二〇一六年，第三七七頁。

55 Rösener, Werner: Leben am Hof: Königs- und Fürstenhöfe im Mittelalter,Jan Thorbecke Verlag, 2008, S. 193.

56 Ebd.

57 Lewandowski, Norbert und Gregor M. Schmidt: Die Familie, die Bayern erfand: Das Haus Wittelsbach: Geschichten, Traditionen, Schicksale Skandale,Stiebner, München 2014,S. 73.

58 Schneidmüller, Bernd and Stefan Weinfurter. Die deutschen Herrscher des Mittelalters: Historische Portraits von Heinrich I. bis Maximilian I. (919-1519). C. H. Beck, 2018. S. 39-40.

59 Wilson, Peter H., *The Holy Roman Empire. A Thousand Years of Europe's History*, Allen Lane, 2016, pp.356-370.

60 Ibid., p.424.

61 Holzfurtner, Ludwig: Die Wittelsbacher: Staat und Dynastie in acht Jahrhunderten,W. Kohlhammer GmbH, 2005, S. 129.

62 Wilson, Peter H., *The Holy Roman Empire. A Thousand Years of Europe's History*, Allen Lane, 2016, p.425.

63 約阿希姆・布姆克：《宮廷文化：中世紀盛期的文學與社會》，何珊、劉華新譯，第四七九頁。

64 Weitz, John, *Hitler's Diplomat: The Life and Times of Joachim Von Ribbentrop*,Ticknor & Fields, 1992, pp. 7-8.

65 Sternburg, Wilhelm v.: 「Dritten Tag nicht getrunken, nicht geraucht. Erträglich, aber langweilig」, Frankfurter Rundschau, 15.03.2018, URL: https://www.fr.de/kultur/literatur/dritten-nicht-getrunken-nicht-geraucht-ertraeglich-aber-langweilig-11108971.html.

66 Ellrich, Hartmut: Der Deutsche Adel im 20. und 21. Jahrhundert, Michael Imhof Verlag,S.29.

67 Malinowski, Stephan: Vom König zum Führer. Sozialer Niedergang und politische Radikalisierung im deutschen Adel zwischen Kaiserreich und NS-Staat,Oldenbourg Akademieverlag, 2003, S.123.

68 Ebd., S. 118.

69 Ebd., S. 122.

70 Winter, Ingelore M: Der Adel: Ein deutsches Gruppenporträt. Mit 57 Abbildungen,Fritz Molden, 1981, S.217.

71 Manchester, William,*The Arms of Krupp: 1587-1968*, Little, Brown, and Company, 1968, p. 9.

72 薩克雷：《名利場》，楊必譯，人民文學出版社，一九八六，第一〇三至一〇四頁。

73 伊拉斯謨：《論基督君主的教育》，李康譯，第九頁。書名若譯為《論基督教君主的教育》似更妥當。

74 Walterskirchen, Gudula: Adel in Österreich heute. Der verborgene Stand. Haymon Verlag, 2010, S. 35.

75 Urbach, Karina, Go-Betweens for Hitler,Oxford University Press, 2015, pp.23-26.

76 約阿希姆・布姆克：《宮廷文化：中世紀盛期的文學與社會》，何珊、劉華新譯，第三九〇至三九一頁。

77 Demel, Walter; Sylvia Schraut: Der deutsche Adel: Lebensformen und Geschichte,C. H. Beck, 2014, S. 58-59.

78 Ebd., S.56-58.

79 Aschoff, Hans-Georg: Die Welfen: Von der Reformation bis 1918, Kohlhammer Verlag, 2010,S. 85-86.

80 Conze, Eckart: Kleines Lexikon des Adels Titel, Throne, Traditionen, C.H. Beck, 2012, S. 136.

81 Groß, Reiner: Die Wettiner, W. Kohlhammer GmbH, 2007, S. 174.

82 Conze, Eckart: Kleines Lexikon des Adels Titel, Throne, Traditionen. C.H. Beck, 2012. S.79.

83 Ebd., S.80.

84 Lieven, Dominic. *The Aristocracy in Europe, 1815-1914*. Palgrave Macmillan, 1992. P.173.

85 Ibid., pp.169-70.

86 Ibid., p.169.

87 Walterskirchen, Gudula: Adel in Österreich heute. Der verborgene Stand. Haymon Verlag, 2010. S. 49-50.

88 Ebd., S. 48.

89 弗利德里希・鮑爾生：《德國教育史》，滕大春、滕大生譯，人民教育出版社，一九八六年，第八二頁。

90 Winter, Ingelore M: Der Adel: Ein deutsches Gruppenporträt. Mit 57 Abbildungen. Fritz Molden, 1981. S.188.

91 Machtan, Lothar: Einen Doktor für den Prinzen, in: Die Zeit, 22. Oktober 2009, Nr. 44. URL: https://www.zeit.de/2009/44/C-Kaisers-Doktor. 存取時間二〇二〇年四月二十八日。

92 Walterskirchen, Gudula: Adel in Österreich heute. Der verborgene Stand. Haymon Verlag, 2010. S. 48.

93 Lieven, Dominic. *The Aristocracy in Europe, 1815-1914*. Palgrave Macmillan, 1992. pp.170-71.

94 Conze, Eckart: Kleines Lexikon des Adels Titel, Throne, Traditionen. C.H. Beck, 2012. S. 130.

95 Lieven, Dominic. *The Aristocracy in Europe, 1815-1914*. Palgrave Macmillan, 1992. pp.171-2.

96 Malinowski, Stephan: Vom König zum Führer. Sozialer Niedergang und politische Radikalisierung im deutschen Adel zwischen Kaiserreich und NS-Staat. Oldenbourg Akademieverlag, S.51.

97 Lieven, Dominic. *The Aristocracy in Europe, 1815-1914*. Palgrave Macmillan, 1992. P.137.

98 約阿希姆・布姆克：《宮廷文化：中世紀盛期的文學與社會》，何珊、劉華新譯，第四二三至四二四頁。

99 同上，第四二五頁。

100 見瑪格達萊娜教會女校的官方網站：https://www.magdalenenstift.de/start/geschichte/。

101 Conze, Eckart: Kleines Lexikon des Adels Titel, Throne, Traditionen. C.H. Beck, 2012. S. 81.

102 Malinowski, Stephan: Vom König zum Führer. Sozialer Niedergang und politische Radikalisierung im deutschen Adel zwischen Kaiserreich und NS-Staat. Oldenbourg Akademieverlag, S.267.

103 Evans, Richard. *The Coming of the Third Reich: How the Nazis Destroyed Democracy and Seized Power in Germany*. Penguin Books, 2004. P. 418.

104 Malinowski, Stephan: Vom König zum Führer. Sozialer Niedergang und politische Radikalisierung im deutschen Adel zwischen Kaiserreich und NS-Staat. Oldenbourg Akademieverlag, S.73.

105 Ebd., S.75.

106 Ebd., S.77-78.

107 俾斯麥：《思考與回憶：俾斯麥回憶錄》第一卷，楊德友、同鴻印等譯，生活・讀書・新知三聯書店，二〇〇六年，第一二頁。

108 Malinowski, Stephan: Vom König zum Führer. Sozialer Niedergang und politische Radikalisierung im deutschen Adel zwischen Kaiserreich und NS-Staat. Oldenbourg Akademieverlag S.76.

109 Ebd, S.77.

110 Ebd.

111 Ebd, S.109.

112 Ebd, S.84.

113 Urbach, Karina. *Go-Betweens for Hitler.* Oxford University Press, 2015. P. 124.

114 Ibid, P.120.

115 喬納森・德瓦爾德：《歐洲貴族：一四〇〇至一八〇〇》。姜德福譯，商務印書館，二〇〇八年，第一七二頁。

116 Albrecht Prinz von Hohenzollern, 1898-1977. 他後來成為納粹黨員。

117 「第三帝國」的說法自古就有，有濃厚的基督教色彩，在不同時期有不同的意思。一九二三年，保守派和反對威瑪共和國的民族主義者阿圖爾・默勒・範・登・布魯克（Arthur Moeller van den Bruck, 1876-1925）在作品《第三帝國》中稱，第一帝國是神聖羅馬帝國，第二是俾斯麥和威廉二世的帝國，第三是未來的帝國。後來納粹偶爾使用「第三帝國」的說法，但這不是納粹的正式理論。希特勒在一九三三年九月一日說，他領導的國家是第三帝國，將持續千年。但一九三九年六月，他又禁止「第三帝國」的說法。

118 Malinowski, Stephan: Vom König zum Führer. Sozialer Niedergang und politische Radikalisierung im deutschen Adel zwischen Kaiserreich und NS-Staat. Oldenbourg Akademieverlag S.398-401.

119 Ebd, S.405

120 他的弟弟埃爾維因・馮・阿雷廷男爵就是著名的巴伐利亞君主主義者和反納粹人士。卡爾自己也敵視納粹。

121 Malinowski, Stephan: Vom König zum Führer. Sozialer Niedergang und politische Radikalisierung im deutschen Adel zwischen Kaiserreich und NS-Staat. Oldenbourg Akademieverlag S.407-408.

122 Ebd, S.411

123 Lieven, Dominic. *The Aristocracy in Europe, 1815-1914.* Palgrave Macmillan, 1992. P.179.

124 Endres, Johannes (Hg): Friedrich Schlegel-Handbuch: Leben – Werk – Wirkung. J.B. Metzler, 2017. S. 23.

125 Goldsworthy, Adrian. *Augustus, the First Emperor of Rome.* Yale University Press, 2014. P. 307.

126 安書祉：《德國文學史》（第一卷），譯林出版社，二〇〇六年，第八三至八四頁。
127 赫爾弗里德・明克勒：《德國人和他們的神話》，李維、范鴻譯，第二九六至二九八頁。
128 漢斯・麥耶爾：《華格納》，趙勇、孟兆剛譯，生活・讀書・新知三聯書店，一九八七年，第一六六頁。
129 同上，第一六九頁。
130 同上，第一六七頁。
131 安書祉：《德國文學史》（第一卷），譯林出版社，二〇〇六年，第八六頁。
132 Voetz, Lothar: Der Codex Manesse: Die berühmteste Liederhandschrift des Mittelalters. wbg Edition in Wissenschaftliche Buchgesellschaft, 2020, S. 9.
133 Freed, John B. *Frederick Barbarossa: The Prince and the Myth*. Yale University Press, 2016, p. 508.
134 安書祉：《德國文學史》（第一卷），譯林出版社，二〇〇六年，第九四頁。
135 同上，第九九頁。
136 同上，第一一八頁。
137 同上，第一二五頁。
138 同上，第九九頁。
139 同上，第一〇二頁。
140 同上，第一〇七頁。
141 同上，第一〇八頁。
142 不過，我們對這兩位的生平知之甚少，對他們的貴族身分不是很確定。沃爾夫拉姆在作品中自稱為騎士。瓦爾特可能是騎士或家臣。
143 安書祉：《德國文學史》（第一卷），譯林出版社，二〇〇六年，第二八八頁。
144 Aschoff, Hans-Georg: Die Welfen: Von der Reformation bis 1918. Kohlhammer Verlag, 2010,S. 82.
145 Ebd., S.78-79.
146 任衛東、劉慧儒、范大燦：《德國文學史》（第三卷），譯林出版社，二〇〇七年，第九六頁。
147 Ibid., P.97.
148 Ibid., P.107.
149 Ibid., P.120.

150 Ibid., P.121.
151 Ibid., P.143.
152 Ibid., P.144.
153 Ibid., pp.149-150.
154 Ibid., p.196.
155 Ibid., p.195.
156 Ibid., p.194.
157 Ibid., P.237.
158 Ibid., pp.237-9.
159 Ibid., pp.241-42.
160 Ibid., P.245.
161 Ibid., P.245.
162 Ibid., P.251.
163 Ibid., P.249.
164 Ibid., P.277.
165 Ibid., pp.278-9.
166 Ibid., P.280.
167 Ibid., P.282.
168 Ibid., p.507.
169 韓耀成：《德國文學史》（第四卷），譯林出版社，二〇〇八年，第四二至四三頁。
170 同上，第七七至七八頁。
171 同上，第八四至八五頁。
172 Ellrich, Hartmut: Der Deutsche Adel im 20. und 21. Jahrhundert, Michael Imhof Verlag.S.108-109.
173 Genzmer, Felix, Helmut de Boor, et al. : Geschichte der deutschen Literatur von den Anfängen bis zum Ende des Spätmittelalters (1490). J.B. Metzler, 1962. S. 261-262.

174 Groß, Reiner. Die Wettiner,W. Kohlhammer GmbH, 2007,S. 242.

175 Rösener, Werner: Leben am Hof: Königs- und Fürstenhöfe im Mittelalter, Jan Thorbecke Verlag, 2008, S. 200.

176 http://schwertfechten.ch/quellen/paulus-hector-mair/phm-vorred/phm-preface/.

177 https://www.dwds.de/wb/Turnier.

178 Thomas, Meier; Charlotte Bretscher-Gisiger (Hg): Lexikon des Mittelalters,Band 8. Metzler, 1999,S.1113.

179 Behringer, Wolfgang: Kulturgeschichte des Sports. Vom antiken Olympia bis zur Gegenwart, C. H. Beck, 2012, S. 89-90.

180 Paravicini, Werner: Die ritterlich-höfische Kultur des Mittelalters, Oldenbourg Verlag, 2011, S. 98.

181 Behringer, Wolfgang: Kulturgeschichte des Sports. Vom antiken Olympia bis zur Gegenwart,C. H. Beck, 2012, S. 90.

182 Rösener, Werner: Leben am Hof: Königs- und Fürstenhöfe im Mittelalter, Jan Thorbecke Verlag, 2008, S. 203.

183 Behringer, Wolfgang: Kulturgeschichte des Sports. Vom antiken Olympia bis zur Gegenwart, C. H. Beck, 2012, S. 89.

184 約阿希姆・布姆克：《宮廷文化：中世紀盛期的文學與社會》，何珊、劉華新譯，第三三九頁。

185 Thomas, Meier; Charlotte Bretscher-Gisiger (Hg): Lexikon des Mittelalters. Band 8, Metzler, 1999, S.1114.

186 Paravicini, Werner: Die ritterlich-höfische Kultur des Mittelalters, Oldenbourg Verlag, 2011, S. 99.

187 Rösener, Werner: Leben am Hof: Königs- und Fürstenhöfe im Mittelalter,Jan Thorbecke Verlag, 2008, S. 212.

188 Ebd., S. 213.

189 《清實錄・康熙朝實錄》，卷之二百八十四。

190 Malinowski, Stephan: Vom König zum Führer. Sozialer Niedergang und politische Radikalisierung im deutschen Adel zwischen Kaiserreich und NS-Staat,Oldenbourg Akademieverlag, 2003, S.67.

191 Lieven, Dominic,*The Aristocracy in Europe, 1815-1914*, palgrave Macmillan, 1992, p.155.

192 Rieckenberg, Hans Jürgen: Klostermayer, Matthias, Bayerischer Hiasl. In: Neue Deutsche Biographie (NDB). Band 12, Duncker & Humblot, 1980, S. 125-126. URL: https://daten.digitale-sammlungen.de/0001/bsb00016329/images/index.html?seite=139. 存取時間二〇二〇年四月二十八日。

193 Rösener, Werner: Leben am Hof: Königs- und Fürstenhöfe im Mittelalter,Jan Thorbecke Verlag, 2008, S. 217-219.

194 Whaley, Joachim, Germany *and the Holy Roman Empire. Volume I: Maximilian I to the Peace of Westphalia, 1493-1648*, Oxford University Press, 2013, p. 527.

195 Abulafia, David, *Frederick II: A Medieval Emperor*, Oxford University Press, 1992, pp. 268-269.

196 Ibid. p. 252.

197 Ibid. p. 267.
198 Kantorowicz, Ernst H.: Kaiser Friedrich der Zweite: Hauptband. Klett-Cotta, 2021. S. 245.
199 Wheatcroft, Andrew,*The Habsburgs: Embodying Empire*, Penguin, 1996, p.86.
200 Blanning, Tim,*The Pursuit of Glory: The Five Revolutions that Made Modern Europe: 1648-1815*, penguin, 2008, pp. 401-402.
201 Ibid., p.402.
202 Ibid., pp.403-404.
203 Ibid., p.403.
204 Ibid., p.405.
205 Ibid. p.403.
206 Lieven, Dominic,*The Aristocracy in Europe, 1815-1914*, palgrave Macmillan, 1992, pp.153-154.
207 Conze, Eckart: Von deutschem Adel. Die Grafen von Bernstorff im 20. Jahrhundert,Deutsche Verlags-Anstalt DVA, 2000, S. 377.
208 Blanning, Tim,*The Pursuit of Glory: The Five Revolutions that Made Modern Europe: 1648-1815*, penguin, 2008, p. 405.
209 Ibid., pp. 405-407.
210 Lieven, Dominic,*The Aristocracy in Europe, 1815-1914*, palgrave Macmillan, 1992, p.156.
211 Conze, Eckart: Von deutschem Adel. Die Grafen von Bernstorff im 20. Jahrhundert, Deutsche Verlags-Anstalt DVA, 2000, S. 378.
212 Malinowski, Stephan: Vom König zum Führer. Sozialer Niedergang und politische Radikalisierung im deutschen Adel zwischen Kaiserreich und NS-Staat, Oldenbourg Akademieverlag, S.66.
213 Ebd., 67.
214 Ebd., S.67-68.
215 Winter, Ingelore M: Der Adel: Ein deutsches Gruppenporträt. Mit 57 Abbildungen,Fritz Molden, 1981. S.265-267.
216 Ludwig von Bodelschwingh, 1811-1879。他曾任普魯士王國的黑森—拿騷省省長。
217 Bismarck, Herbert von (Hg): Fürst Bismarcks Briefe an seine Braut und Gattin, J. G. Cotta'sche Buchhandlung Nachfolger, 1906, S. 328–329.
218 Ebd.
219 Steinberg, Jonathan, *Bismarck: A Life*,Oxford University Press, 2012, pp.76-77.
220 Ibid., pp.180-181.

221 Bismarck, Herbert von (Hg): Fürst Bismarcks Briefe an seine Braut und Gattin, J. G. Cotta'sche Buchhandlung Nachfolger, 1906, S. 98.

222 俾斯麥，《思考與回憶：俾斯麥回憶錄》第一卷，楊德友、同鴻印等譯，第四五頁。

223 同上。

224 Clark, Christopher, *Iron Kingdom: The Rise and Downfall of Prussia, 1600-1947*, penguin, 2007, p. 475.

225 "BISMARCK-BIOGRAPHIE. Historisches Plakat", in: Der Spiegel, 12.12.1956. URL: https://www.spiegel.de/spiegel/print/d-43064928.html.

226 Ebd.

227 Steinberg, Jonathan,*Bismarck: A Life*, Oxford University Press, 2012, p.120.

228 Kladderadatsch: Humoristisch-satirisches Wochenblatt. 5.1852. URL: https://digi.ub.uni-heidelberg.de/diglit/kla1852/0049.

229 Steinberg, Jonathan,*Bismarck: A Life*,Oxford University Press, 2012, p.120.

230 Ibid., p.41.

231 Lennig, Petra: Das verweigerte Duell: Bismarck gegen Virchow. 德國歷史博物館官方網站，URL: http://www.dhm.de/archiv/ausstellungen/gruenderzeit/exposes/Lennig%20-%20Das%20verweigerte%20Duell%20-%20Bismarck%20gegen%20Virchow.pdf存取時間二〇二〇年四月二十八日。

232 Schultz, Myron. Photo quiz. Emerg Infect Dis [serial on the Internet]. 2008 Sept [date cited]. Available from http://www.cdc.gov/EID/content/14/9/1479.htm.

233 Ludwig, Ulrike: Das Duell im Alten Reich : Transformation und Variationen frühneuzeitlicher Ehrkonflikte,Duncker & Humblot, 2012, S.16.

234 Ebd., S.58-61.

235 Deák, István,*Beyond nationalism: A social and political history of the Habsburg Officer Corps 1848–1918*,Oxford University Press, 1990. p.134. 另，《決鬥法則》可在這裡下載：http://phaidra.univie.ac.at/o:6550。

236 Frevert, Ute. *Men of Honour. A Social and Cultural History of the Duel*. Translated by Anthony Williams, Polity Press, 2007, p. 80.

237 Hewitson, Mark.,*The People's Wars, Histories of Violence in the German Lands, 1820–1888*, Oxford University Press, 2017, p.142.

238 Deák, István,*Beyond nationalism: A social and political history of the Habsburg Officer Corps 1848–1918*,Oxford University Press, 1990, p. 136.

239 Ibid., p. 130.

240 Ibid., p. 135.

241 Hewitson, Mark,*The People's Wars. Histories of Violence in the German Lands, 1820–1888*,Oxford University Press, 2017, p.143.

242 Deák, István,*Beyond nationalism: A social and political history of the Habsburg Officer Corps 1848–1918*, Oxford University Press, 1990, p. 128., p. 135.

243 Ibid., p. 131.

244 Millingen, John Gideon, *The History of Duelling*. Vol I, Richard Bentley, 1841. p. 343-345.

245 Frevert, Ute,*Men of Honour. A Social and Cultural History of the Duel*. Translated by Anthony Williams. Polity Press, 2007, p. 28.

246 Deák, István,*Beyond nationalism: A social and political history of the Habsburg Officer Corps 1848–1918*,Oxford University Press, 1990, p. 131.

247 Frevert, Ute,*Men of Honour. A Social and Cultural History of the Duel*. Translated by Anthony Williams, polity Press, 2007, p. 6.

248 Hewitson, Mark,*The People's Wars. Histories of Violence in the German Lands, 1820–1888*,Oxford University Press, 2017, p.141.

249 Frevert, Ute,*Men of Honour. A Social and Cultural History of the Duel*,trans.Anthony Williams.Polity Press, 2007.p. 29.

250 Ibid., pp. 33-34.

251 Dieners, Peter: Das Duell und die Sonderrolle des Militärs. Zur preußisch-deutschen Entwicklung von Militär- und Zivilgewalt im 19. Jahrhundert,Duncker & Humblot, 1992, S. 81.

252 On the Morality of Dueling,His Holiness Pope Leo XIII, September 12, 1891. URL: http://www.newadvent.org/library/docs_le13po.htm.

253 Frevert, Ute,*Men of Honour. A Social and Cultural History of the Duel*,trans. Anthony Williams. Polity Press, 2007.p. 198.

254 Deák, István,*Beyond nationalism: A social and political history of the Habsburg Officer Corps 1848–1918*, Oxford University Press, 1990, p. 132.

255 Frevert, Ute,*Men of Honour. A Social and Cultural History of the Duel*,trans. Anthony Williams. Polity Press, 2007.p. 199.

256 施尼茨勒：《施尼茨勒讀本》，韓瑞祥選編，蔡鴻君等譯，人民文學出版社，二〇一一年，第一三〇至一五四頁。

257 Deák, István. *Beyond nationalism: A social and political history of the Habsburg Officer Corps 1848–1918*, Oxford University Press, 1990, p. 130.

258 Deák, István,*Beyond nationalism: A social and political history of the Habsburg Officer Corps 1848–1918*, Oxford University Press, 1990, p. 137.

259 Combs, William, "Fatal attraction duelling and the SS", in: *History Today*; 6 June 1997, Vol. 47, Issue 6, p.13.

260 Horst Krutschinna，帝國青年領袖巴爾杜爾・馮・席拉赫的副官。

261 Ibid., pp.11-6.

262 Frevert, Ute,*Men of Honour. A Social and Cultural History of the Duel*. Translated by Anthony Williams, polity Press, 2007, p. 228.

263 Winkelhofer, Martina: Der Alltag des Kaisers: Franz Joseph und sein Hof, Haymon Verlag, 2010,S.110.

264 Winkelhofer, Martina: Der Alltag des Kaisers: Franz Joseph und sein Hof, Haymon Verlag, 2010, S.110-122.

第八章

1 Demel, Walter; Sylvia Schraut: Der deutsche Adel: Lebensformen und Geschichte, C. H. Beck, 2014.,S.36.

2 Whaley, Joachim, Germany *and the Holy Roman Empire. Volume I: Maximilian I to the Peace of Westphalia, 1493-1648*,Oxford University Press, 2013, p. 131.

3 Blanning, Tim,*The Pursuit of Glory: The Five Revolutions that Made Modern Europe: 1648-1815*, penguin, 2008, pp. 158-159.

4 Whaley, Joachim, Germany *and the Holy Roman Empire. Volume I: Maximilian I to the Peace of Westphalia, 1493-1648*,Oxford University Press, 2013, p. 129-130.

5 Conze, Eckart: Kleines Lexikon des Adels Titel, Throne, Traditionen, C.H. Beck, 2012, S. 46.

6 Demel, Walter; Sylvia Schraut: Der deutsche Adel: Lebensformen und Geschichte, C. H. Beck, 2014,S.36.

7 Whaley, Joachim, *Germany and the Holy Roman Empire. Volume I: Maximilian I to the Peace of Westphalia, 1493-1648*, Oxford University Press, 2013, p. 130.

8 漢斯—烏爾里希・韋勒：《德意志帝國（一八七一至一九一八）》，邢來順譯，第二六至二七頁。

9 同上，第二九頁。

10 Winter, Ingelore M: Der Adel: Ein deutsches Gruppenporträt. Mit 57 Abbildungen, Fritz Molden, 1981, S.253.

11 Ebd., S.239-240.

12 Ebd., S.260.

13 Siemann, Wolfram, *The German Revolution of 1848-49*. Translated by Christiane Banerji,Macmillan Press, 1998, p.16.

14 Reif, Heinz: Adel im 19. und 20. Jahrhundert, Oldenbourg Wissenschaftsverlag, 2012,S. 90-91.

15 Winter, Ingelore M: Der Adel: Ein deutsches Gruppenporträt. Mit 57 Abbildungen, Fritz Molden, 1981, S.257.

16 Reif, Heinz: Adel im 19. und 20. Jahrhundert,Oldenbourg Wissenschaftsverlag, 2012,S. 68.

17 Winter, Ingelore M: Der Adel: Ein deutsches Gruppenporträt. Mit 57 Abbildungen,Fritz Molden, 1981, S.258.

18 Wehler, Hans-Ulrich: Deutsche Gesellschaftsgeschichte. Bd. 4: Vom Beginn des Ersten Weltkrieges bis zur Gründung der beiden deutschen Staaten 1914-1949, C.H.Beck, 2008, S. 324.

19 豪夫，威廉：《豪夫童話》，上海譯文出版社，施種、侯浚吉等譯，二〇〇七年，第二二四至二二五頁。

20 Richter, Albert: Carlowitz, Hans Carl von. In: Neue Deutsche Biographie (NDB). Band 3, Duncker & Humblot, 1957, S. 147 f. URL: https://daten.digitale-sammlungen.de/0001/bsb00016319/images/index.html?seite=161. 存取時間二〇二〇年四月二十八日。

21 Lieven, Dominic,*The Aristocracy in Europe, 1815-1914*, palgrave Macmillan, 1992, p.102.

22 Ibid., p.103.

23 Ibid., pp.101-102.

24 Ibid., p.103.

25 Ibid., p.104.

26 Ibid., p.105.

27 https://www.waldeigentuemer.de/verband/praesidium-2/

28 Georg Lockemann: Böttger, Johann Friedrich. In: Neue Deutsche Biographie (NDB). Band 2, Duncker & Humblot, 1955, S. 411. URL: https://daten.digitale-sammlungen.de/0001/bsb00016318/images/index.html?seite=429. 存取時間二〇二〇年四月二十八日。

29 Winter, Ingelore M: Der Adel: Ein deutsches Gruppenporträt,Mit 57 Abbildungen, Fritz Molden, 1981, S. 207.

30 Demel, Walter; Sylvia Schraut: Der deutsche Adel: Lebensformen und Geschichte,C. H. Beck, 2014, S.37.

31 Lieven, Dominic,*The Aristocracy in Europe, 1815-1914*, palgrave Macmillan, 1992, p.119.

32 Winter, Ingelore M: Der Adel: Ein deutsches Gruppenporträt. Mit 57 Abbildungen,Fritz Molden, 1981,S. 208.

33 Demel, Walter; Sylvia Schraut: Der deutsche Adel: Lebensformen und Geschichte, C. H. Beck, 2014, S.38.

34 Lieven, Dominic,*The Aristocracy in Europe, 1815-1914*, palgrave Macmillan, 1992, p.130.

35 Ibid., pp.127-128.

36 Urbach, Karina,*Go-Betweens for Hitler*,Oxford University Press, 2015, p.39.

37 Skibicki, Klemens: Industrie im oberschlesischen Fürstentum Pless im 18. und 19. Jahrhundert, Franz Steiner Verlag 2002, S. 27.

38 Malinowski, Stephan: Vom König zum Führer. Sozialer Niedergang und politische Radikalisierung im deutschen Adel zwischen Kaiserreich und NS-Staat,Oldenbourg Akademieverlag, 2003, S.143.

39 Winter, Ingelore M: Der Adel: Ein deutsches Gruppenporträt. Mit 57 Abbildungen, Fritz Molden, 1981,S.203.

40 Ebd., S.197-200.

41 Ebd., S.200-202.

42 Arthur de Gobineau, 1816-1882，鼓吹「雅利安人」是主宰政治，後來希特勒與納粹黨的思想受到他的很大影響。

43 Röhl, John C. G.,*The Kaiser and his Court: Wilhelm II and the Government of Germany*,trans. Terence F. Cole, Cambridge University Press, 1994, p. 29.

44 Hull, David Stewart,*Film in the Third Reich. A Study of the German Cinema 1933-1945*, Simon & Schuster, 1973, p.185.

45 Urbach, Karina,*Go-Betweens for Hitler*, Oxford University Press, 2015, p.38-39.

46 Ibid., p.41.

47 Ibid., p.40.

48 Ibid., p.41.

49 Ibid., pp. 40-41.

50 Ibid., p.41.

51 Ibid. , p.42.

52 彼得・克勞斯・哈特曼：《神聖羅馬帝國文化史（一六四八至一八〇六年）：帝國法、宗教和文化》，第三三一至三三四頁。

53 ，諾貝特・埃利亞斯：《文明的進程：文明的社會發生和心理發生的研究》，王佩莉、袁志英譯，上海譯文出版社，二〇一八年，第四三六至四四五頁。

54 Rösener, Werner: Leben am Hof: Königs- und Fürstenhöfe im Mittelalter,Jan Thorbecke Verlag, 2008, S. 95.

55 Demel, Walter: Der Europäische Adel, C. H. Beck, 2005, S.90.

56 彼得・克勞斯・哈特曼：《神聖羅馬帝國文化史（一六四八至一八〇六年）：帝國法、宗教和文化》，第三三八至三三九頁。

57 同上，第三四二至三四四頁。

58 Zmora, Hillay,*State and Nobility in Early Modern Germany : The Knightly Feud in Franconia, 1440-1567*,Cambridge University Press, 2003, p.39.

59 Winter, Ingelore M: Der Adel: Ein deutsches Gruppenporträt. Mit 57 Abbildungen, Fritz Molden, 1981,S.162-163.

60 Zmora, Hillay,*State and Nobility in Early Modern Germany: The Knightly Feud in Franconia, 1440-1567*,Cambridge University Press, 2003, pp.61-2.

61 Erbe, Günter: Das vornehme Berlin: Fürstin Marie Radziwill und die großen Damen der Gesellschaft 1871-1918, Böhlau, 2015, S.20.

62 Ebd.

63 Parker, Geoffrey, *Emperor: A New Life of Charles V*, Yale University Press, 2019, p. x.

64 Reif, Heinz: Adel im 19. und 20. Jahrhundert,Oldenbourg Wissenschaftsverlag, 2012, S. 84

65 Ebd., S. 83.

66 Ebd., S. 84.

67 Whaley, Joachim, Germany *and the Holy Roman Empire. Volume I: Maximilian I to the Peace of Westphalia, 1493-1648*, Oxford University Press, 2013, p. 90.

68 Ibid.

69 Zmora, Hillay, *State and Nobility in Early Modern Germany: The Knightly Feud in Franconia, 1440-1567*, Cambridge University Press, 2003, p.82.

70 彼得・克勞斯・哈特曼：《神聖羅馬帝國文化史（一六四八至一八〇六年）：帝國法、宗教和文化》，第四九頁。

71 Whaley, Joachim, Germany *and the Holy Roman Empire. Volume I: Maximilian I to the Peace of Westphalia, 1493-1648*, Oxford University Press, 2013, p. 91.

72 Ibid., p.92.

73 Zmora, Hillay,*State and Nobility in Early Modern Germany : The Knightly Feud in Franconia, 1440-1567*,Cambridge University Press, 2003, pp.81-82.

74 彼得・克勞斯・哈特曼：《神聖羅馬帝國文化史（一六四八至一八〇六年）：帝國法、宗教和文化》，第五〇頁。

75 Whaley, Joachim, Germany *and the Holy Roman Empire. Volume I: Maximilian I to the Peace of Westphalia, 1493-1648*,Oxford University Press, 2013, p. 92.

76 Scott, H. M. (Ed.),*European Nobilities: Vol 2, Northern, Central and Eastern Europe*, palgrave Macmillan, 2007, p. 88.

77 Urban, Wlliam,*The Teutonic Knights: A Military History*,Frontline Books, 2011, p. 274.

78 Thomas, Meier; Charlotte Bretscher-Gisiger(Hg): Lexikon des Mittelalters, Band 8. Metzler, 1999, S.171-172.

79 Conze, Eckart: Kleines Lexikon des Adels Titel, Throne, Traditionen,C.H. Beck, 2012, S. 196-197.

80 Demel, Walter; Sylvia Schraut: Der deutsche Adel: Lebensformen und Geschichte, C. H. Beck, 2014, S.40.

81 此次東征期間，皇帝腓特烈二世透過外交手段獲得了對耶路撒冷一定程度的控制權。

82 赫爾弗里德・明克勒：《德國人和他們的神話》，李維、范鴻譯，第三〇四至三〇五頁。

83 Winkelhofer, Martina: Das Leben adeliger Frauen. Alltag in der k.u.k. Monarchie,Haymon Verlag, 2011, S.24.

84 Ebd., S. 137.

85 Ebd., S.127-129.

86 Wörner-Heil, Ortrud: Adelige Frauen als Pionierinnen der Berufsbildung: Die ländliche Hauswirtschaft und der Reifensteiner Verband,Kassel University Press, 2010,S. 407-408.

87 Winkelhofer, Martina: Das Leben adeliger Frauen. Alltag in der k.u.k. Monarchie, Haymon Verlag, 2011,S.137-138.

88 Scott, H. M. (Ed.) ,*European Nobilities: Vol 2, Northern, Central and Eastern Europe*, palgrave Macmillan, 2007, p. 88.

89 Conze, Eckart: Kleines Lexikon des Adels Titel, Throne, Traditionen, C.H. Beck, 2012, S. 122-123.

90 Winter, Ingelore M: Der Adel: Ein deutsches Gruppenporträt. Mit 57 Abbildungen,Fritz Molden, 1981, S.296.

91 Conze, Eckart: Kleines Lexikon des Adels Titel, Throne, Traditionen, C.H. Beck, 2012,S. 158.

92 Ebd., S. 123.

93 關於他的反納粹事蹟，詳見本書第五章第三節：索多瑪的義人：反抗納粹的德國貴族。

94 Winter, Ingelore M: Der Adel: Ein deutsches Gruppenporträt. Mit 57 Abbildungen, Fritz Molden, 1981, S.297-299.

95 Walterskirchen, Gudula: Adel in Österreich heute. Der verborgene Stand, Haymon Verlag, 2010, S. 54.

96 Conze, Eckart: Von deutschem Adel. Die Grafen von Bernstorff im 20. Jahrhundert, Deutsche Verlags-Anstalt DVA, 2000, S.202.

97 羅伯特・勒納：《天使時間：康托洛維茨傳》，宋寧剛譯，廣西師範大學出版社，二〇二〇年。第二二八頁。

98 同上。

99 Conze, Eckart: Von deutschem Adel. Die Grafen von Bernstorff im 20. Jahrhundert, Deutsche Verlags-Anstalt DVA, 2000, S. 200-201.

100 Ebd., S. 200-202.

101 Urbach, Karina. *Go-Betweens for Hitler*, Oxford University Press, 2015, p. 8.

102 Walterskirchen, Gudula: Adel in Österreich heute. Der verborgene Stand, Haymon Verlag 2010, S. 39.

103 Conze, Eckart: Von deutschem Adel. Die Grafen von Bernstorff im 20. Jahrhundert,Deutsche Verlags-Anstalt DVA, 2000, S. 334.

104 Winter, Ingelore M: Der Adel: Ein deutsches Gruppenporträt. Mit 57 Abbildungen, Fritz Molden, 1981, S.140.

105 Ebd., S.133.

106 Ebd., S.140.

107 Conze, Eckart: Kleines Lexikon des Adels Titel, Throne, Traditionen, C.H. Beck, 2012, S. 66.

108 漢斯—烏爾里希・韋勒：《德意志帝國（一八七一至一九一八）》，邢來順譯，第五八頁。

109 俾斯麥：《思考與回憶：俾斯麥回憶錄》第一卷，楊德友、同鴻印等譯，第三至四頁。

110 Lieven, Dominic, *The Aristocracy in Europe, 1815-1914*, palgrave Macmillan, 1992, p.218.

111 Winter, Ingelore M: Der Adel: Ein deutsches Gruppenporträt. Mit 57 Abbildungen, Fritz Molden, 1981, S.138-139.

112 安德森・斯科特：《阿拉伯的勞倫斯：戰爭、謊言、帝國愚行與現代中東的形成》，陸大鵬譯，第六八頁。

113 Winter, Ingelore M: Der Adel: Ein deutsches Gruppenporträt. Mit 57 Abbildungen Fritz Molden, 1981, S.132.

114 Ebd., S.134.

115 Conze, Eckart, Norbert Frei , et al. : Das Amt und die Vergangenheit: Deutsche Diplomaten im Dritten Reich und in der Bundesrepublik. Karl Blessing Verlag München 2010,S.33.

116 Winter, Ingelore M: Der Adel: Ein deutsches Gruppenporträt. Mit 57 Abbildungen. Fritz Molden, 1981. S.135.

117 值得一提的是，科洛希克的祖母是燕妮・馬克思（卡爾・馬克思之妻）的同父異母姐姐。一九七五年，科洛希克給燕妮・馬克思寫了一部傳記。見 Hirsch, Helmut: "Jennys Leben. Eine noble Geschichte über Liebe und Leid". In: Die Zeit. 9. April 1976. URL: https://www.zeit.de/1976/16/jennys-leben/komplettansicht。

118 Winter, Ingelore M.: Der Adel: Ein deutsches Gruppenporträt. Mit 57 Abbildungen,Fritz Molden, 1981,S. 510.

119 Ebd., S.138.

120 Ebd., S.314.

121 Lieven, Dominic,*The Aristocracy in Europe, 1815-1914*, Palgrave Macmillan, 1992, p.181.

122 Demel, Walter; Sylvia Schraut: Der deutsche Adel: Lebensformen und Geschichte, C. H. Beck, 2014, S.38.

123 Clark, Christopher, *Iron Kingdom: The Rise and Downfall of Prussia, 1600-1947*, penguin, 2007, p.311.

124 Steinberg, Jonathan,*Bismarck: A Life*, Oxford University Press, 2012, p.15.

125 Lieven, Dominic,*The Aristocracy in Europe, 1815-1914*, palgrave Macmillan, 1992, p.200.

126 Clark, Christopher, *Iron Kingdom: The Rise and Downfall of Prussia, 1600-1947*, penguin, 2007, p.359.

127 Ibid., p.313.

128 Reif, Heinz: Adel im 19. und 20. Jahrhundert,Oldenbourg Wissenschaftsverlag 2012, S. 78.

129 Lieven, Dominic, *The Aristocracy in Europe, 1815-1914*, Palgrave Macmillan, 1992, p.183.

130 Demel, Walter; Sylvia Schraut: Der deutsche Adel: Lebensformen und Geschichte, C. H. Beck, 2014, S.39.

131 Lieven, Dominic, *The Aristocracy in Europe, 1815-1914*, Palgrave Macmillan, 1992, p.199.

132 漢斯—烏爾里希・韋勒：《德意志帝國（一八七一至一九一八）》，邢來順譯，第一三七頁。

133 Ibid., p.111.

134 Reif, Heinz: Adel im 19. und 20. Jahrhundert, Oldenbourg Wissenschaftsverlag 2012, S. 78-79.

135 Walterskirchen, Gudula: Adel in Österreich heute. Der verborgene Stand, Haymon Verlag 2010, S. 57-58.

136 Lieven, Dominic, *The Aristocracy in Europe, 1815-1914*, Palgrave Macmillan, 1992, p.195.

137 Gerwarth, Robert,*Hitler's Hangman: The Life of Heydrich*,Yale University Press, pp.43-44.

138 漢斯—烏爾里希・韋勒：《德意志帝國（一八七一至一九一八）》，邢來順譯，第一四〇頁。

139 Demel, Walter; Sylvia Schraut: Der deutsche Adel: Lebensformen und Geschichte, C. H.Beck, 2014, S.39.

140 Eitel Friedrich von Preußen，1883-1942，威廉二世的次子。

141 Petropoulos, Jonathan. *Royals and the Reich: The Princes Von Hessen in Nazi Germany*, Oxford University Press, 2006, pp.41-42.

142 Herwig, Holger H. "Feudalization of the Bourgeoisie: The Role of the Nobility in the German Naval Officer Corps 1890-1918." *The Historian*, vol. 38, no. 2, Wiley,

1976, pp. 268–269.

143 Ibid., p.42

144 Malinowski, Stephan: Vom König zum Führer. Sozialer Niedergang und politische Radikalisierung im deutschen Adel zwischen Kaiserreich und NS-Staat, Oldenbourg Akademieverlag, S.200.

145 Ebd., S.201.

146 Wehler, Hans-Ulrich: Deutsche Gesellschaftsgeschichte. Bd. 4: Vom Beginn des Ersten Weltkrieges bis zur Gründung der beiden deutschen Staaten 1914-1949, C.H.Beck, 2008,S. 326.

147 Winter, Ingelore M: Der Adel: Ein deutsches Gruppenporträt. Mit 57 Abbildungen,Fritz Molden, 1981, S.175.

148 Demel, Walter; Sylvia Schraut: Der deutsche Adel: Lebensformen und Geschichte, C. H. Beck, 2014, S.39.

149 Malinowski, Stephan: Vom König zum Führer. Sozialer Niedergang und politische Radikalisierung im deutschen Adel zwischen Kaiserreich und NS-Staat, Oldenbourg Akademieverlag, S.593.

150 Wehler, Hans-Ulrich: Deutsche Gesellschaftsgeschichte. Bd. 4: Vom Beginn des Ersten Weltkrieges bis zur Gründung der beiden deutschen Staaten 1914-1949, C.H.Beck, 2008, S. 751.

151 Melvin, Mungo,*Manstein: Hitler's Greatest General*,Weidenfeld & Nicolson, 2010, pp.499-502.

152 曼陀菲爾在納粹時期的最終軍銜是裝甲兵上將。

153 Meyer, Georg: Manteuffel, Hasso von. In: Neue Deutsche Biographie (NDB). Band 16, Duncker & Humblot, Berlin 1990, S. 92. URL: https://daten.digitale-sammlungen.de/0001/bsb00016334/images/index.html?seite=104. 存取時間二〇二〇年四月二十八日。

154 Deutsches Bundesarchiv: Auf dem Weg zum Verteidigungsministerium: Die Zentrale für Heimatdienst und das "Amt Blank" 1950 – 1955.

第九章

1 Payer, Peter: Der Blödheit süße Seiten. In: Die Presse, 25.03.2011. URL: https://www.diepresse.com/644918/der-blodheit-susse-seiten. 存取時間二〇二〇年四月二十八日。

2 Montefiore, Simon Sebag,*Catherine the Great and Potemkin: The Imperial Love Affair*, Weidenfeld & Nicolson, 2000, p. 221.

3 Godsey, Jr., William D. "Quarterings and Kinship: The Social Composition of the Habsburg Aristocracy in the Dualist Era." *The Journal of Modern History*, vol. 71, no. 1, The University of Chicago Press, 1999, p. 89.

4 Frölichsthal, Georg: Der österreichische Adel seit 1918. Vortrag vor dem Deutschen Adelsrechtsausschuß am 13. September 1997. Erstveröffentlichung im Deutschen Adelsblatt, 36. Jahrgang (1997) Nr. 11, S. 284–287. URL: https://adler-wien.at/der-oesterreichische-adel-seit-1918/. 存取時間二〇二〇年四月二十八日。

5 在一六一八至四八年的三十年戰爭後，哈布斯堡帝國固守天主教信仰，於是大批皈依新教的奧地利和波希米亞貴族被驅逐。為了填充空缺，哈布斯堡統治者一方面提拔了大量新貴族，一方面從義大利、法國、波蘭、西班牙和德意志諸邦「引進」了大量貴族。見：Winter, Ingelore M: Der Adel: Ein deutsches Gruppenporträt. Mit 57 Abbildungen, Fritz Molden, 1981,S.316.

6 Scott, H. M. (Ed.) ,*European Nobilities: Vol 2, Northern, Central and Eastern Europe*, palgrave Macmillan, 2007, p. 183.

7 Stekl, Hannes: Zwischen Machtverlust und Selbstbehauptung. Österreichs Hocharistikratie vom 18 bis ins 20. Jahrhundert. In: Wehler, Hans-Ulrich (Hg). Europäischer Adel 1750-1950, Vandenhoeck & Ruprecht, 1990,S. 145.

8 Ebd., S. 147-148.

9 Taylor, A. J. P. ,*The Habsburg Monarchy 1809-1918: A History of the Austrian Empire and Austria-Hungary*,Hamish Hamilton, 1948, p. 138.

10 Hoensch, Jörg K.: Geschichte Böhmens: Von der slavischen Landnahme bis zur Gegenwart,C.H.Beck, 2013,S. 235.

11 Deák, István,*Beyond nationalism: A social and political history of the Habsburg Officer Corps 1848–1918*,Oxford University Press, 1990, p. 156.

12 Ibid., p. 159.

13 Rothenberg, Gunther E. "Nobility and Military Careers: The Habsburg Officer Corps, 1740-1914." Military Affairs, vol. 40, no. 4, 1976, p. 183.

14 Deák, István,*Beyond nationalism: A social and political history of the Habsburg Officer Corps 1848–1918*,Oxford University Press, 1990, p. 158.

15 Stekl, Hannes: Zwischen Machtverlust und Selbstbehauptung. Österreichs Hocharistikratie vom 18 bis ins 20. Jahrhundert. In: Wehler, Hans-Ulrich (Hg). Europäischer Adel 1750-1950, Vandenhoeck & Ruprecht, 1990,S. 146.

16 Rushton, Julian,*Mozart*. Oxford University Press, 2006, p. 294.

17 Evans, Richard. J. ,*The Pursuit of Power: Europe 1815–1914*,Allen Lane, 2016, p. 274.

18 Stekl, Hannes: Adel und Bürgertum in der Habsburgermonarchie 18. bis 20. Jahrhundert,Verlag für Geschichte und Politik, 2004, S.68. 另外，十八和十九世紀的漢諾威選侯國和後來的漢諾威王國將自己的「第二社會」稱為「宮廷家族」（Hübsche Familien）。德文詞 Hübsche 在今天的意思是「漂亮」，但在這裡其實源自 höfisch（宮廷），也就是說他們是可以被宮廷接受的。見《格林詞典》，URL: http://woerterbuchnetz.de/cgi-bin/WBNetz/wbgui_py?sigle=DWB&lemid=GH12760。宮廷家族是漢諾威的大資產階級和知識階層，往往擔任高級官員，他們與手工藝人、醫生、藥劑師之類的中下層資產階級之間存在難以逾越的鴻溝。「宮廷家族」也可算作一種「城市貴族」（Patrizier）。參見本書「被翻譯成『貴族』的幾個德語詞」一章。

19 Deák, István, *Beyond nationalism: A social and political history of the Habsburg Officer Corps 1848–1918*, Oxford University Press, 1990, p. 158.

20 Winkelhofer, Martina: Das Leben adeliger Frauen. Alltag in der k.u.k. Monarchie, Haymon Verlag, 2011, S.110.

21 Hohenlohe-Ingelfingen, Kraft zu: Aus meinem Leben. Bd. 1, Vom Revolutionsjahr 1848 zum Ende des Kommandos in Wien 1856, Verlag E.S. Mittler & Sohn, 1897, S. 323.

22 Brook-Shepherd, Gordon, *Uncrowned Emperor. The Life and Times of Otto von Habsburg*. Hambledon and London, 2003, p. 34.

23 Ibid., p.35.

24 Ibid., p.38.

25 Ibid., p.41.

26 Evans, Richard, *The Coming of the Third Reich: How the Nazis Destroyed Democracy and Seized Power in Germany*, Penguin Books, 2004, pp. 62-63.

27 Brook-Shepherd, Gordon, *Uncrowned Emperor. The Life and Times of Otto von Habsburg*, Hambledon and London, 2003, pp. 6-7.

28 Stekl, Hannes: Zwischen Machtverlust und Selbstbehauptung. Österreichs Hocharistikratie vom 18 bis ins 20. Jahrhundert. In: Wehler, Hans-Ulrich (Hg). Europäischer Adel 1750-1950, Vandenhoeck & Ruprecht, 1990, S. 164. 同樣在一九一九年四月三日，奧地利政府還頒佈《哈布斯堡法》（*Habsburgergesetz*），正式廢黜哈布斯堡家族，將其驅逐出境，並沒收其財產。參見 Stekl, Hannes: Adel und Bürgertum in der Habsburgermonarchie 18. bis 20. Jahrhundert, Verlag für Geschichte und Politik, 2004, S.103。一九三五年，許士尼格領導的奧地利政府修改《哈布斯堡法》，歸還哈布斯堡家族的部分財產，允許該家族成員入境。但納粹上臺後重新執行舊的《哈布斯堡法》。二戰之後建立的奧地利第二共和國繼續執行《哈布斯堡法》，禁止該家族成員入境（除非他們放棄對皇位的主張權），禁止其參選奧地利總統。《哈布斯堡法》被很多人認為侵犯人權，所以奧地利為了加入歐盟不得不取消了它的許多條款，比如禁止哈布斯堡家族成員入境和參選總統。《哈布斯堡法》的其餘條款至今仍然有效。二十世紀六〇年代以後，哈布斯堡家族的大部分成員正式放棄皇位主張權，於是被允許入境。從二〇一一年十月一日起，哈布斯堡家族成員可以參選總統。見 Brook-Shepherd, Gordon. *Uncrowned Emperor. The Life and Times of Otto von Habsburg*, Hambledon and London, 2003, p. 181。

29 Walterskirchen, Gudula: Adel in Österreich heute. Der verborgene Stand, Haymon Verlag, 2010, S. 19.

30 當然，按照奧地利法律，他的正式名字是簡單的彼得·施托爾貝格。

31 Malinowski, Stephan: Vom König zum Führer. Sozialer Niedergang und politische Radikalisierung im deutschen Adel zwischen Kaiserreich und NS-Staat, Oldenbourg Akademieverlag, S.58.

32 Frölichsthal, Georg: Der österreichische Adel seit 1918. Vortrag vor dem Deutschen Adelsrechtsausschuß am 13. September 1997. Erstveröffentlichung im Deutschen

Adelsblatt, 36. Jahrgang (1997) Nr. 11, S. 284–287. URL: https://adler-wien.at/der-oesterreichische-adel-seit-1918/. 存取時間二〇二〇年四月二十八日。

33 Winter, Ingelore M: Der Adel: Ein deutsches Gruppenporträt. Mit 57 Abbildungen,Fritz Molden, 1981, S.328.

34 Walterskirchen, Gudula: Adel in Österreich heute. Der verborgene Stand,Haymon Verlag, 2010, S. 61.

35 Buttinger, Klaus: Der alte Adel und seine Verantwortung.In: OÖ Nachrichten, 22. September 2012. URL: https://www.nachrichten.at/kultur/Der-alte-Adel-und-seine-Verantwortung;art16,969956. 存取時間二〇二〇年四月二十八日。

36 Stekl, Hannes: Adel und Bürgertum in der Habsburgermonarchie 18. bis 20. Jahrhundert,Verlag für Geschichte und Politik, 2004, S.105.

37 Winter, Ingelore M: Der Adel: Ein deutsches Gruppenporträt. Mit 57 Abbildungen, Fritz Molden, 1981, S.320.

38 Stekl, Hannes: Adel und Bürgertum in der Habsburgermonarchie 18. bis 20. Jahrhundert, Verlag für Geschichte und Politik, 2004,S.103.

39 Brook-Shepherd, Gordon. *Uncrowned Emperor. The Life and Times of Otto von Habsburg*. Hambledon and London, 2003, pp. 56-63, p.70.

40 Stekl, Hannes: Adel und Bürgertum in der Habsburgermonarchie 18. bis 20. Jahrhundert,Verlag für Geschichte und Politik, 2004, S.115.

41 Walterskirchen, Gudula: Adel in Österreich heute. Der verborgene Stand, Haymon Verlag, 2010, S. 66.

42 Ebd., S.131.

43 Ebd., S.133.

44 Der Adel und die Nazis: Aristokraten zwischen Ehre und Karriere. In: Profil, 22. Mai 2004. URL: https://www.profil.at/home/der-adel-nazis-aristokraten-ehre-karriere-82290. 存取時間二〇二〇年四月二十八日。

45 Hoffmann, Peter. *The History of the German Resistance 1933-1945*. trans. Richard Barry, Third English Edition,McGill-Queen's University Press,1996, pp. 256-257.

46 Munzinger, Paul und Oliver Das Gupta: Kronzeuge bei Nürnberger Prozessen. 」Ich muss für die sprechen, die sie ermordet haben」. In: Süddeutsche Zeitung. 1. Oktober 2016, 18:05 Uhr. URL: https://www.sueddeutsche.de/politik/nuernberger-prozesse-ich-muss-fuer-die-sprechen-die-sie-ermordet-haben-1.3183376-0#seite-2. 存取時間二〇二〇年四月二十八日。

47 Schmidt, Birgit: Die Illoyale. Birgit Schmidt erinnert an die Schriftstellerin Kay Boyle, die als »vorzeitige Antifaschistin« in der McCarthy-Ära unamerikanischer Umtriebe verdächtigt wurde. In: Jungle. World. URL: https://jungle.world/artikel/2012/33/die-illoyale. 存取時間二〇二〇年四月二十八日。

48 Stekl, Hannes: Adel und Bürgertum in der Habsburgermonarchie 18. bis 20. Jahrhundert, Verlag für Geschichte und Politik, 2004, S.121.

49 Walterskirchen, Gudula: Adel in Österreich heute. Der verborgene Stand, Haymon Verlag, 2010, S. 133-134.

50 Frölichsthal, Georg: Der österreichische Adel seit 1918. Vortrag vor dem Deutschen Adelsrechtsausschuß am 13. September 1997. Erstveröffentlichung im Deutschen Adelsblatt, 36. Jahrgang (1997) Nr. 11, S. 284–287. URL: https://adler-wien.at/der-oesterreichische-adel-seit-1918/. 存取時間二〇二〇年四月二十八日。

51 Urbach, Karina, *Go-Betweens for Hitler*, Oxford University Press, 2015, p. 174.

52 Enigl, Marianne: Wie österreichische Adelige trotz Aufnahmesperre der NSDAP beitraten. Profil, 9. Januar 2010, abgerufen am 17. September 2011, URL: https://www.profil.at/home/wie-adelige-aufnahmesperre-nsdap-259293. 存取時間二〇二〇年四月二十八日。

53 Walterskirchen, Gudula: Adel in Österreich heute. Der verborgene Stand, Haymon Verlag, 2010, S. 133.

54 Brook-Shepherd, Gordon, *Uncrowned Emperor. The Life and Times of Otto von Habsburg*. Hambledon and London, 2003, pp. 123-127.

55 Lackner, Herbert: Fischer, Lacina, Bronner und die "Affäre Borodajkewycz". In: Zeitschrift Profil, 21. März 2015. URL: https://www.profil.at/oesterreich/history/zeitgeschichte-affaere-borodajkewycz-5567260. 存取時間二〇二〇年四月二十八日。

56 Brook-Shepherd, Gordon, *Uncrowned Emperor. The Life and Times of Otto von Habsburg*, Hambledon and London, 2003, p. 71.

57 Ibid., pp. 85-87.

58 Ibid., p. 80.

59 Der Adel und die Nazis: Aristokraten zwischen Ehre und Karriere. In: Profil, 22. Mai 2004.

60 Brook-Shepherd, Gordon, *Uncrowned Emperor. The Life and Times of Otto von Habsburg*, Hambledon and London, 2003, p.87.

61 Ibid., p.103.

62 Ibid., pp.104-105.

63 Ibid., P. 102.

64 Ibid., p.82.

65 Ibid., p.118.

66 Ibid., pp.116-117.

67 Ibid., p. 129.

68 Ibid., p.141.

69 Walterskirchen, Gudula: Adel in Österreich heute. Der verborgene Stand, Haymon Verlag, 2010, S. 134.

70 Brook-Shepherd, Gordon, *Uncrowned Emperor. The Life and Times of Otto von Habsburg*, Hambledon and London, 2003, pp.143-144.

71 Ibid., p. 138.

72 Stekl, Hannes: Adel und Bürgertum in der Habsburgermonarchie 18. bis 20. Jahrhundert, Verlag für Geschichte und Politik, 2004, S.121.

73 Brook-Shepherd, Gordon, *Uncrowned Emperor. The Life and Times of Otto von Habsburg*, Hambledon and London, 2003, p. 151.

74 Ibid., pp.145-147.

75 Ibid., p.148.

76 Ibid., pp. 159-160.

77 Ibid., pp. 15515-6.

78 Dokumentationsarchiv des österreichischen Widerstandes (Hrsg.): Jahrbuch 2012: Gedenkstätte für die Opfer der Gestapo Wien. Bilder und Texte der Ausstellung von Elisabeth Boeckl-Klamper, Thomas Mang und Wolfgang Neugebauer, Christine Schindler,S. 37. URL: https://www.doew.at/erforschen/publikationen/gesamtverzeichnis/jahrbuch/jahrbuch-2012-gedenkstaette-fuer-die-opfer-der-gestapo-wien. 存取時間二〇二〇年四月二十八日。

79 Winter, Ingelore M: Der Adel: Ein deutsches Gruppenporträt. Mit 57 Abbildungen,Fritz Molden, 1981, S.310.

80 Korom, Philipp und Jaap Dronkers: Herr Direktor, von und zu. Die Presse, 11. Juli 2009, URL: https://diepresse.com/home/spectrum/zeichenderzeit/494210/Herr-Direktor-von-und-zu?from=suche.intern.portal. 存取時間二〇二〇年四月二十八日。

81 奧地利工業協會官網：https://www.iv.at/de/die-iv/geschichte/die-prasidenten-der-iv-von-1946-2012。存取時間二〇二〇年四月二十八日。

82 Frölichsthal, Georg: Der österreichische Adel seit 1918. Vortrag vor dem Deutschen Adelsrechtsausschuß am 13. September 1997. Erstveröffentlichung im Deutschen Adelsblatt, 36. Jahrgang (1997) Nr. 11, S. 284–287. URL: https://adler-wien.at/der-oesterreichische-adel-seit-1918/. 存取時間二〇二〇年四月二十八日。

83 Winter, Ingelore M: Der Adel: Ein deutsches Gruppenporträt. Mit 57 Abbildungen,Fritz Molden, 1981, S.306.

84 Ebd., S.324-325.

85 Frölichsthal, Georg: Der österreichische Adel seit 1918. Vortrag vor dem Deutschen Adelsrechtsausschuß am 13. September 1997. Erstveröffentlichung im Deutschen Adelsblatt, 36. Jahrgang (1997) Nr. 11, S. 284–287. URL: https://adler-wien.at/der-oesterreichische-adel-seit-1918/. 存取時間二〇二〇年四月二十八日。

86 Walterskirchen, Gudula: Adel in Österreich heute. Der verborgene Stand, Haymon Verlag, 2010, S. 53.

87 Ebd., S. 15-18.

88 Brook-Shepherd, Gordon,*Uncrowned Emperor. The Life and Times of Otto von Habsburg*,Hambledon and London, 2003, p. 183.

89 Ibid., p. 177.

90 Ibid., pp.179-180.

91 Ibid., pp.186-193.

92 Ibid., p.213.

93 Ibid., p. 202.

94 https://www.paneuropa.at/karl-von-habsburg-offiziell-von-corona-genesen/
95 官方網站：http://sga.monarchisten.org/。
96 Nabholz, Hans: Brun, Ritter Rudolf. In: Neue Deutsche Biographie (NDB). Band 2, Duncker & Humblot, Berlin 1955, S. 675 f. URL
97 Church, Clive H. and Randolph C. Head,*A Concise History of Switzerland*,Cambridge University Press, 2013, pp.23-24.
98 Ibid., pp.31-33.
99 Ibid., pp.56-57.
100 Ibid., pp.61-63.
101 Ibid., pp.73-74.
102 Winter, Ingelore M: Der Adel: Ein deutsches Gruppenporträt. Mit 57 Abbildungen, Fritz Molden, 1981,S.334.
103 Ebd., S.338.
104 Church, Clive H. and Randolph C. Head. *A Concise History of Switzerland*. Cambridge University Press, 2013, p.120.
105 Ibid., p.136.
106 Winter, Ingelore M: Der Adel: Ein deutsches Gruppenporträt. Mit 57 Abbildungen, Fritz Molden, 1981, S.338.
107 http://www.diesbach.com/sghcf/n/noblesse.html.
108 Winter, Ingelore M: Der Adel: Ein deutsches Gruppenporträt. Mit 57 Abbildungen, Fritz Molden, 1981, S.340.
109 Evans, Richard. J. ,*The Pursuit of Power: Europe 1815–1914*,Allen Lane, 2016, p. 274-278.
110 Schneidmüller, Bernd: Die Welfen: Herrschaft und Erinnerung (819-1252), Kohlhammer Verlag, 2014, S.187.
111 Urban, Wlliam. *The Teutonic Knights: A Military History*, Frontline Books, 2011, p. 84.
112 凱文・奧康納：《波羅的海三國史》，王加豐等譯，中國大百科全書出版社，二〇〇九年，第四〇至四一頁。
113 同上，第四四至四五頁。
114 Urban, Wlliam,*The Teutonic Knights: A Military History*, Frontline Books, 2011, p. 271.
115 凱文・奧康納：《波羅的海三國史》，王加豐等譯，第三四頁。
116 同上，第三八頁。
117 不過他也有蘇格蘭血統。
118 Winter, Ingelore M: Der Adel: Ein deutsches Gruppenporträt. Mit 57 Abbildungen,Fritz Molden, 1981,S.293-294.

119 Ebd., S.293.

120 Ebd., S.294. 德意志男爵的正式頭銜是 Freiherr，而 Baron 只是日常的稱呼。

121 Evans, Richard. J., *The Pursuit of Power: Europe 1815–1914*, Allen Lane, 2016, p. 276.

122 Ibid., pp. 276-277.

123 韓耀成：《德國文學史》（第四卷），譯林出版社，二〇〇八，第一三四頁。

124 凱文・奧康納：《波羅的海三國史》，王加豐等譯，第六〇頁。

125 Evans, Richard. J., *The Pursuit of Power: Europe 1815–1914*, Allen Lane, 2016, p. 278.

126 Bater, James H. and Romuald J. Misiunas. "Baltic states". In: *Encyclopædia Britannica*. URL: https://www.britannica.com/place/Baltic-states.

127 當時波羅的海地區的教育制度幾乎純粹是德意志化的，授課語言是德語，德意志裔的老師向富裕德意志人的孩子和少量愛沙尼亞與拉脫維亞孩子講課。十九世紀中葉，一些俄國官員認識到這種教育制度的危險性，因為拉脫維亞人和愛沙尼亞人被引誘轉向德意志文化，而不是俄羅斯文化。見：凱文・奧康納：《波羅的海三國史》，王加豐等譯，第四〇頁。

128 弗里茨・費舍爾：《爭雄世界：德意志帝國一九一四至一九一八年戰爭目標政策》，商務印書館，一九八七年，第六六五頁。

129 同上，第八五七頁。

130 Winter, Ingelore M: Der Adel: Ein deutsches Gruppenporträt. Mit 57 Abbildungen, Fritz Molden,1981, S.294.

131 凱文・奧康納：《波羅的海三國史》，王加豐等譯，第九三至九四頁。

132 同上，第一〇七頁。

133 同上，第一一一頁。

134 溫甘倫的生平，參見 Palmer, James，*The Bloody White Baron: The Extraordinary Story of the Russian Nobleman Who Became the Last Khan of Mongolia*，Basic Books, 2009。

135 凱文・奧康納：《波羅的海三國史》，王加豐等譯，第一二一頁。

136 Prince, Cathryn J.,*Death in the Baltic: The World War II Sinking of the Wilhelm Gustloff*, palgrave Macmillan, 2013, p.169.

137 官方網站：https://www.baltische-ritterschaften-de.de/。

參考文獻

諾貝特・埃利亞斯（Norbert Elias），《文明的進程：文明的社會發生和心理發生的研究》（*The Civilizing Process. Sociogenetic and Psychogenetic Investigations*），王佩莉、袁志英譯。上海譯文出版社，二〇一八年。

安書祉，《德國文學史》（第1卷）。譯林出版社，二〇〇六年。

凱文・奧康納（Kevin O'Connor），《波羅的海三國史》（*Culture and Customs of the Baltic States*），王加豐等譯。中國大百科全書出版社，二〇〇九年。

弗利德里希・鮑爾生（Friedrich Paulsen），《德國教育史》（*German Education, Past And Present*），滕大春、滕大生譯。人民教育出版社，一九八六年。

奧托・馮・俾斯麥（Otto von Bismarck），《思考與回憶：俾斯麥回憶錄》（*Gedanken und Erinnerungen*），第一卷，楊德友、同鴻印等譯。生活・讀書・新知三聯書店，二〇〇六年。

奧托・馮・俾斯麥，《思考與回憶：俾斯麥回憶錄》，第三卷，楊德友、同鴻印等譯。生活・讀書・新知三聯書店，二〇〇六年。

皮埃爾・布朗達（Pierre Branda），《拿破崙王朝：波拿巴家族三百年》（*La saga des Bonaparte*），北京燕山出版社，二〇一九年。

約阿希姆・布姆克（Joachim Bumke），《宮廷文化：中世紀盛期的文學與社會》（*Höfische Kultur. Literatur und Gesellschaft im hohen Mittelalter*），何珊、劉華新譯。生活・讀書・新知三聯書店，二〇〇六年。

喬納森・德瓦爾德（Jonathan Dewald），《歐洲貴族：一四〇〇至一八〇〇》（*European aristocracy 1400-1800*）。姜德福譯。商務印書館，二〇〇八年。

特亞・多恩（Thea Dorn）；里夏德・瓦格納（Richard Wagner），《德意志之魂》（*Die Deutsche Seele*），丁娜等譯。社會科學文獻出版社，二〇一五年。

弗里茨・費舍爾（Fritz Fischer），《爭雄世界：德意志帝國一九一四至一九一八年戰爭目標政策》（*Griff nach der Weltmacht: die*

Kriegszielpolitik des Kaiserlichen Deutschland, 1914-18），商務印書館，一九八七年。

歌德（Johann Wolfgang von Goethe），《歌德文集》第一卷，綠原等譯。人民文學出版社，一九九九年。

彼得·克勞斯·哈特曼（Peter Claus Hartmann），《神聖羅馬帝國文化史（一六四八至一八〇六年）：帝國法、宗教和文化》（*Kulturgeschichte des Heiligen Römischen Reiches 1648 bis 1806. Verfassung, Religion und Kultur*），劉新利譯。東方出版社，二〇〇五年。

韓耀成，《德國文學史》（第四卷），譯林出版社，二〇〇八年。

威廉·豪夫（Wilhelm Hauff），《豪夫童話》，施種、侯浚吉等譯。上海譯文出版社，二〇〇七年。

唐納德·卡根（Donald Kagan），《伯羅奔尼薩斯戰爭》（*The Peloponnesian War*），陸大鵬譯。社會科學文獻出版社，二〇一六年。

克萊斯特（Heinrich von Kleist），《克萊斯特作品精選》，楊武能選編，趙登榮、楊武能、袁志英等譯。譯林出版社，二〇〇七年。

羅伯特·勒納（Robert E. Lerner），《天使時間：康托洛維茨傳》（*Ernst Kantorowicz. A Life*），宋寧剛譯。廣西師範大學出版社，二〇二〇年。

劉怡，《武神與將軍：納粹德國軍人抵抗運動史話》。山西人民出版社，二〇一五年。

基斯·羅威（Keith Lowe），《野蠻大陸：第二次世界大戰之後的歐洲》（*Savage Continent: Europe in the Aftermath of World War II*），黎英亮譯。社會科學文獻出版社，二〇一五年。

湯瑪斯·曼（Thomas Mann），《布登勃洛克一家：一個家庭的沒落》（*Buddenbrooks: Verfall einer Familie*），傅惟慈譯。人民文學出版社，一九六二年。

漢斯·麥耶爾（Hans Mayer），《瓦格納》，趙勇、孟兆剛譯。生活·讀書·新知三聯書店，一九八七年。

赫爾弗里德·明克勒（Herfried Münkler），《德國人和他們的神話》（*Die Deutschen und ihre Mythen*），李維、范鴻譯。商務印書館，二〇一七年。

任衛東、劉慧儒、范大燦，《德國文學史》（第三卷）。譯林出版社，二〇〇七年。

薩克雷（W.M. Thackeray），《名利場》（*Vanity Fair*），楊必譯。人民文學出版社，一九八六年。

施尼茨勒（Arthur Schnitzler），《施尼茨勒讀本》，韓瑞祥選編，蔡鴻君等譯。人民文學出版社，二〇一一年。

安德森·斯科特（Scott Anderson），《阿拉伯的勞倫斯：戰爭、謊言、帝國愚行與現代中東的形成》（*Lawrence in Arabia*），陸大鵬譯。社會科學文獻出版社，二〇一四年。

譚凱，《中古中國門閥大族的消亡》，胡耀飛、謝宇榮譯。社會科學文獻出版社，二〇一七年。

譚凱，《肇造區夏：宋代中國與東亞國際秩序的建立》，殷守甫譯。社會科學文獻出版社，二〇二〇年。

克斯汀・唐尼（*Kirstin Downey*），《伊莎貝拉：武士女王》（*Isabella: The Warrior Queen*），陸大鵬譯。社會科學文獻出版社，二〇一六年。

漢斯—烏爾里希・韋勒（Hans-Ulrich Wehler），《德意志帝國》（*Das Deutsche Kaiserreich 1871-1918*），邢來順譯。青海人民出版社，二〇〇八年。

伊拉斯謨（Erasmus），《論基督君主的教育》（*The Education of a Christian Prince with the Panegyric for Archduke Philip of Austria*），李康譯。上海人民出版社。二〇〇三年。

Abulafia, David. *Frederick II: A Medieval Emperor.* Oxford University Press, 1992.

Arendt, Hannah. Elemente und Ursprünge totaler Herrschaft. Piper, München, 1986.

Aschoff, Hans-Georg. Die Welfen: Von der Reformation bis 1918. W. Kohlhammer GmbH, 2010.

Beevor, Antony. *The Fall of Berlin 1945.* Viking, 2002.

Bary, August de. Johann Christian Senckenberg (1707-1772), Sein Leben auf Grund der Quellen des Archivs der Dr. Senckenbergischen Stiftung. Georg Olms Verlag, 2004.

Behringer, Wolfgang. Kulturgeschichte des Sports. Vom antiken Olympia bis zur Gegenwart. C. H. Beck, 2012.

Bismarck, Herbert von (Hg). Fürst Bismarcks Briefe an seine Braut und Gattin. J. G. Cotta'sche Buchhandlung Nachfolger, 1906.

Blanning, T. C. W. *Frederick the Great: King of Prussia,* Random House, 2016.

___. *The Pursuit of Glory: The Five Revolutions that Made Modern Europe: 1648-1815.* Penguin, 2008.

Boff, Jonathan. *Haig's Enemy: Crown Prince Rupprecht and Germany's War on the Western Front.* Oxford University Press, 2018.

Brook-Shepherd, Gordon. *Uncrowned Emperor. The Life and Times of Otto von Habsburg.* Hambledon and London, 2003.

Bryce, James. *The Holy Roman Empire.* The Macmillan Company, London, 1907.

Carlyle, Thomas. *History of Friedrich II. of Prussia, Called Frederick the Great.* Vol.1. Bernhard Tauchnitz, Leipzig, 1858.

Church, Clive H. and Randolph C. Head. *A Concise History of Switzerland.* Cambridge University Press, 2013.

Clark, Christopher. *Iron Kingdom: The Rise and Downfall of Prussia, 1600-1947.* Penguin, 2007.

___. *The Sleepwalkers: How Europe Went to War in 1914.* Allen Lane, 2012.

Conrady, Karl Otto. Goethe. Leben und Werk I. Hälfte des Lebens. Athenaeum, 1984.

Conze, Eckart. Kleines Lexikon des Adels Titel, Throne, Traditionen. C.H. Beck, 2012.

___. Von deutschem Adel. Die Grafen von Bernstorff im 20. Jahrhundert. Deutsche Verlags-Anstalt DVA, 2000.

Conze, Eckart und Gabriele Metzler (Herausgeber): Deutschland nach 1945: Ein Lesebuch zur deutschen Geschichte von 1945 bis zur Gegenwart. C.H.Beck, 2001.

Conze, Eckart und Monika Wienfort (Herausgeber): Adel und Moderne: Deutschland im europäischen Vergleich im 19. und 20. Jahrhundert . Köln : Böhlau Verlag, 2004.

Conze, Eckart, Norbert Frei, et al. Das Amt und die Vergangenheit: Deutsche Diplomaten im Dritten Reich und in der Bundesrepublik. Karl Blessing Verlag, München 2010.

Cornwell, Bernard. *The Last Kingdom*. Harper, 2006.

Deák, István. *Beyond nationalism: A social and political history of the Habsburg Officer Corps 1848–1918*. Oxford University Press, 1990.

Demel, Walter. Der Europäische Adel. C. H. Beck, 2005.

Demel, Walter; Sylvia Schraut. Der deutsche Adel: Lebensformen und Geschichte. C. H. Beck, 2014.

Dieners, Peter. Das Duell und die Sonderrolle des Militärs. Zur preußisch-deutschen Entwicklung von Militär- und Zivilgewalt im 19. Jahrhundert. Duncker & Humblot, 1992.

Dollinger, Philippe. *The German Hansa*. Translated by D.S. Ault and S.H. Steinberg. Stanford University Press, 1970, p. 19.

Duffy, Christopher. *Military Experience in the Age of Reason*. Routledge, 1987.

Ehlers, Joachim. Heinrich der Löwe. Der ehrgeizige Welfenfürst Biographie. wbg THEISS, 2021.

Ellrich, Hartmut. Der Deutsche Adel im 20. und 21. Jahrhundert, Michael Imhof Verlag.

Endres, Johannes (Hg) . Friedrich Schlegel-Handbuch: Leben – Werk – Wirkung. J. B. Metzler, 2017.

Endres, Rudolf. Adel in der frühen Neuzeit. Enzyklopaedie Deutscher Geschichte, Band 18, Oldenbourg, 1993.

Erbe, Günter. Das vornehme Berlin: Fürstin Marie Radziwill und die großen Damen der Gesellschaft 1871-1918. Böhlau, 2015.

Evans, Richard. *The Coming of the Third Reich: How the Nazis Destroyed Democracy and Seized Power in Germany*. Penguin Books, 2004.

___. *The Pursuit of Power: Europe 1815–1914*. Allen Lane, 2016.

___. *The Third Reich in Power 1933-1939*. Allen Lane, 2005.

___. *The Third Reich at War: 1939-1945*. Penguin Books, 2010.

Fisher, Stephen L. *The Minor Parties of the Federal Republic of Germany: Toward a Comparative Theory of Minor Parties*. Martinus Nijhoff, 1974.

Fontane, Theodor. Wanderungen durch die Mark Brandenburg. Bd. 2: Das Oderland. Berlin, 1863.

Freed, John B. *Frederick Barbarossa: The Prince and the Myth*. Yale University Press, 2016.

Frevert, Ute. *Men of Honour. A Social and Cultural History of the Duel*. Translated by Anthony Williams. Polity Press.

Genzmer, Felix, Helmut de Boor, et al. : Geschichte der deutschen Literatur von den Anfängen bis zum Ende des Spätmittelalters (1490). J.B. Metzler, 1962.

Gerwarth, Robert. *Hitler's Hangman: The Life of Heydrich*. Yale University Press.

Gietinger, Klaus. *The Murder of Rosa Luxemburg*. Translated by Loren Balhorn. Verso.

Gilmour, David. *The Pursuit of Italy: A History of a Land, its Regions and their Peoples*. Allen Lane, 2011.

Goebbels, Joseph. Joseph Goebbels Tagebücher 1924 -1945. Band 1 Einführung 1924-1929. Herausgegeben von Ralf Georg Reuth. Piper Verlag, 1999.

Goldsworthy, Adrian. *Augustus, the First Emperor of Rome*. Yale University Press, 2014.

Groß, Reiner. Die Wettiner. W. Kohlhammer GmbH, 2007.

Guizot, M. *Collection des mémoires relatifs à l'histoire de France depuis la Fondation de la Monarchie Française jusqu'au 13e siècle*. CHEZ J.-L.-J. LRIÈRE, LIBRAIRE, 1824.

Hechberger, Werner. Adel, Ministerialität und Rittertum im Mittelalter. Oldenbourg Wissenschaftsverlag GmbH, München, 2010.

Heinrich, Gerd. Geschichte Preußens. Staat und Dynastie. Ullstein, Frankfurt/M, Berlin, Wien 1984

Hewitson, Mark. *The People's Wars. Histories of Violence in the German Lands, 1820–1888*. Oxford University Press, 2017.

Hochschild, Adam. *To End All Wars: A Story of Loyalty and Rebellion, 1914-1918*. Houghton Mifflin Harcourt, 2011.

Hoensch, Jörg K. Geschichte Böhmens: Von der slavischen Landnahme bis zur Gegenwart. C.H.Beck, 2013.

Hoffmann, Peter. *The History of the German Resistance 1933—1945*. Translated by Richard Barry. Third English Edition. McGill-Queen's University Press. 1996.

Hohenlohe-Ingelfingen, Kraft zu. Aus meinem Leben. Bd. 1, Vom Revolutionsjahr 1848 zum Ende des Kommandos in Wien 1856. Verlag E.S. Mittler & Sohn, Berlin 1897.

Holzfurtner, Ludwig. Die Wittelsbacher: Staat und Dynastie in acht Jahrhunderten. W. Kohlhammer GmbH, 2005.

Hull, David Stewart. *Film in the Third Reich. A Study of the German Cinema 1933-1945*. Simon & Schuster, 1973.

Kantorowicz, Ernst H. Kaiser Friedrich der Zweite: Hauptband. Klett-Cotta, 2021.

Kershaw, Ian. *Hitler: A Biography*: W.W. Norton & Company, 2008.

Kilduff, Peter. *Red Baron: The Life and Death of an Ace*. David & Charles , 2007.

Klein, Michael. Westdeutscher Protestantismus und politische Parteien: Anti-Parteien-Mentalität und parteipolitisches Engagement von 1945 bis 1963. Mohr

Siebeck, 2005.

Kneschke, Ernst Heinrich (Herausgeber): Neues Allgemeines Deutsches Adels-Lexicon. Band 7. Friedrich Voigt's Buchhandlung, 1867.

Krumhaar, Karl. Die Grafen von Mansfeld und ihre Besitzungen. Eisleben, 1872.

Langmaier, Konstantin Moritz Ambrosius: Erzherzog Albrecht VI. von Österreich (1418–1463). Ein Fürst im Spannungsfeld von Dynastie, Regionen und Reich. Böhlau Köln. 2015.

Lehndorff, Hans Graf von. Ostpreußisches Tagebuch: Aufzeichnungeneines Arztesaus den Jahren 1945 – 1947. dtv Verlagsgesellschaft, 2017.

Lewandowski, Norbert und Gregor M. Schmidt. Die Familie, die Bayern erfand: Das Haus Wittelsbach: Geschichten, Traditionen, Schicksale Skandale. Stiebner, München 2014.

Lieven, Dominic. *The Aristocracy in Europe, 1815-1914*. Palgrave Macmillan, 1992.

Ludwig, Ulrike. Das Duell im Alten Reich : Transformation und Variationen frühneuzeitlicher Ehrkonflikte. Duncker & Humblot, 2012.

Malinowski, Stephan. Vom König zum Führer. Sozialer Niedergang und politische Radikalisierung im deutschen Adel zwischen Kaiserreich und NS-Staat. Oldenbourg Akademieverlag, 2003.

Manchester, William. *The Arms of Krupp: 1587-1968*. Little, Brown, and Company, 1968.

Maser, Werner. Hitler. Mythos, Legende, Wirklichkeit. Bechtle, München, 1971.

Massie, Robert K. *Peter the Great: His Life and World*. Random House Trade Paperbacks, 2012.

Melvin, Mungo. *Manstein: Hitler's Greatest General*. Weidenfeld & Nicolson, 2010.

Messenger, Charles. *The Last Prussian: A Biography of Field Marshal Gerd von Rundstedt 1875–1953*. Pen & Sword, 2012.

Meyer, Werner. Befehl verweigert und Ungnade erlitten? Zur Geschichte des „Hubertusburg-Marwitz" in der Literatur. BWV Berliner Wissenschafts-Verlag, 2014.

Millingen, John Gideon. *The History of Duelling*. Vol I. London, Richard Bentley, 1841.

Mitcham, Samuel W., Jr. *Why Hitler? The Genesis of the Nazi Reich*, Westport, Connecticut: Praeger, 1996.

Mitterauer, Michael. Traditionen der Namengebung. Namenkunde als interdisziplinäres Forschungsgebiet. Böhlau Verlag, 2011.

Montefiore, Simon Sebag. *Catherine the Great and Potemkin: The Imperial Love Affair*. Weidenfeld & Nicolson, 2000.

Mullett, Michael A. *Martin Luther*. Routledge, 2005.

Nummedal, Tara. *Alchemy and Authority in the Holy Roman Empire*. The University of Chicago Press, 2007.

Ortloff, Friedrich. Geschichte der Grumbachischen Händel. 4 Bände, Jena 1868–1870.

Palmer, James. *The Bloody White Baron: The Extraordinary Story of the Russian Nobleman Who Became the Last Khan of Mongolia*. New York: Basic Books, 2009.

Paravicini, Werner. Die ritterlich-höfische Kultur des Mittelalters. Oldenbourg Verlag, 2011.

Parker, Geoffrey. *Emperor: A New Life of Charles V.* Yale University Press, 2019.

Raßloff, Steffen. Geschichte Thuringens. Verlag C.H.Beck, 2020.

Petropoulos, Jonathan. *Royals and the Reich: The Princes Von Hessen in Nazi Germany*. Oxford University Press.

Prince, Cathryn J.. *Death in the Baltic: The World War II Sinking of the Wilhelm Gustloff*. Palgrave Macmillan, 2013.

Reif, Heinz. Adel im 19. und 20. Jahrhundert. Oldenbourg Wissenschaftsverlag, 2012.

Roberts, Andrew. *Napoleon the Great*. Allen Lane, 2014.

Röhl, John C. G. *Wilhelm II: The Kaiser's Personal Monarchy, 1888-1900*. Cambridge University Press, 2017.

___. *The Kaiser and his Court: Wilhelm II and the Government of Germany*. Translated by Terence F. Cole. Cambridge University Press, 1994.

Rösener, Werner. Leben am Hof: Königs- und Fürstenhöfe im Mittelalter. Jan Thorbecke Verlag, 2008.

Rushton, Julian. *Mozart*. Oxford University Press, 2006.

Schlabrendorff, Fabian von. Offiziere gegen Hitler. Siedler Verlag, 1984.

Schneidmüller, Bernd. Die Welfen: Herrschaft und Erinnerung (819-1252). W. Kohlhammer GmbH, 2014.

Schneidmüller, Bernd and Stefan Weinfurter. Die deutschen Herrscher des Mittelalters: Historische Portraits von Heinrich I. bis Maximilian I. (919-1519). C. H. Beck, 2018.

Schwarzmaier, Hansmartin. Baden: Dynastie - Land – Staat. W. Kohlhammer GmbH, 2005.

Scott, H. M. (Ed.) *European Nobilities: Vol 2, Northern, Central and Eastern Europe*. Palgrave Macmillan, 2007.

Siemann, Wolfram. *The German Revolution of 1848-49*. Translated by Christiane Banerji. Macmillan Press, 1998.

Sinclair, Andrew. *Death by Fame: A Life of Elisabeth, Empress of Austria*. St Martins Press, 1999.

Skibicki, Klemens. Industrie im oberschlesischen Fürstentum Pless im 18. und 19. Jahrhundert. Franz Steiner Verlag 2002

Smith, Douglas. *The Pearl: A True Tale of Forbidden Love in Catherine the Great's Russia*. Yale University Press, 2008.

Steinberg, Jonathan. *Bismarck: A Life*. Oxford University Press, 2012.

Stekl, Hannes. Adel und Bürgertum in der Habsburgermonarchie 18. bis 20. Jahrhundert. Verlag für Geschichte und Politik, 2004.

Stolze, Alfred Otto. Der Sünfzen zu Lindau. Das Patriziat einer schwäbischen Reichsstadt. Bernhard Zeller, Lindau/Konstanz, 1956.

Strauß, D. F. (Hg.) . Gespräche von Ulrich von Hutten, F.H. Brodhaus, Leipzig, 1860.

Streit, Christian. Keine Kameraden: Die Wehrmacht und die sowjetischen Kriegsgefangenen 1941–1945. DVA, Stuttgart 1978.

Taylor, A. J. P. *The Habsburg Monarchy 1809-1918: A History of the Austrian Empire and Austria-Hungary*. Hamish Hamilton, 1948.

Teske, Gunnar (Hg.). Adelige über sich selbst.Selbstzeugnisse in nordwestdeutschen und niederländischen Adelsarchiven. Münster LWL-Archivamt für Westfalen, 2015.

Thomas, Meier; Charlotte Bretscher-Gisiger (Hg.). Lexikon des Mittelalters. Band 4. Metzler, 1999.

___. Lexikon des Mittelalters. Band 8. Metzler, 1999.

Treitschke, Heinrich von. Deutsche Geschichte im Neunzehnten Jahrhundert. Bd. 5: Bis zur März-Revolution. Leipzig, 1894.

Tullner, Mathias. Geschichte des Landes Sachsen-Anhalt. Leske + Budrich Verlag, 2001.

Urbach, Karina. *Go-Betweens for Hitler.* Oxford University Press, 2015.

Urbach, Karina (ed.). *Royal Kinship: Anglo-German Family Networks 1815-1918.* K.G.Saur, 2008.

Urban, Wlliam. *The Teutonic Knights: A Military History.* Frontline Books, 2011.

Voetz, Lothar. Der Codex Manesse: Die berühmteste Liederhandschrift des Mittelalters. wbg Edition in Wissenschaftliche Buchgesellschaft, 2020.

Walterskirchen, Gudula. Adel in Österreich heute. Der verborgene Stand. Haymon Verlag, 2010.

Wehler, Hans-Ulrich. Deutsche Gesellschaftsgeschichte. Bd. 4: Vom Beginn des Ersten Weltkrieges bis zur Gründung der beiden deutschen Staaten 1914-1949. C.H.Beck, 2003.

Wehler, Hans-Ulrich (Hg). Europäischer Adel 1750-1950. Vandenhoeck & Ruprecht, 1990.

Weitz, John. *Hitler's Diplomat: The Life and Times of Joachim Von Ribbentrop.* Ticknor & Fields, 1992.

Whaley, Joachim. *Germany and the Holy Roman Empire. Volume I: Maximilian I to the Peace of Westphalia, 1493-1648.* Oxford University Press, 2013.

___. *Germany and the Holy Roman Empire. Volume 2: The Peace of Westphalia to the Dissolution of the Reich, 1648-1806.* Oxford University Press, 2012.

Wheatcroft, Andrew. *The Habsburgs: Embodying Empire.* Penguin, 1996.

Wheeler-Bennett, John. *The Nemesis of Power: The German Army In Politics*, 1918-1945, London: Macmillan, 1967.

Widukind of Corvey. *Deeds of the Saxons (Medieval Texts in Translation).* Translated by Bernard S. Bachrach and David S. Bachrach. The Catholic University of America Press, 2014.

Wilson, Peter H. *The Holy Roman Empire. A Thousand Years of Europe's History.* Allen Lane, London, 2016.

Wilson, Stephen. *The Means of Naming. A social and cultural history of personal naming in western Europe.* UCL Press, 2004.

Winder, Simon. *Lotharingia: A Personal History of France, Germany and the Countries In-Between.* Picador, 2020.

Winkelhofer, Martina. Der Alltag des Kaisers: Franz Joseph und sein Hof. Haymon Verlag, 2010.

___. Das Leben adeliger Frauen. Alltag in der k.u.k. Monarchie. Haymon Verlag, 2011.

Winkler, Heinrich August. Weimar 1918-1933: Die Geschichte der ersten deutschen Demokratie. C.H.Beck, 2018.

Winter, Ingelore M. Der Adel: Ein deutsches Gruppenporträt. Mit 57 Abbildungen. Fritz Molden, 1981.

Wolfram, Herwig. *Conrad II, 990-1039: Emperor of Three Kingdoms.* Translated by Denise A. Kaiser. The Pennsylvania State University Press, 2006.

Wörner-Heil, Ortrud. Adelige Frauen als Pionierinnen der Berufsbildung: Die ländliche Hauswirtschaft und der Reifensteiner Verband. Kassel University Press, 2010.

Zmora, Hillay. *Monarchy, Aristocracy and State in Europe, 1300-1800.* Routledge, 2001.

___. *State and Nobility in Early Modern Germany : The Knightly Feud in Franconia, 1440-1567.* Cambridge University Press, 2003.

Zotz, Thomas. Die Zähringer: Dynastie und Herrschaft. W. Kohlhammer GmbH, 2018.

國家圖書館出版品預行編目(CIP)資料

德意志貴族：從中世紀到現代的千年貴族文化史／陸大鵬著. -- 初版 -- 新北市：黑體文化, 左岸文化事業有限公司出版：遠足文化事業股份有限公司發行, 2024.06
560面；17×23公分
ISBN 978-626-7263-88-4（平裝）

1.CST: 貴族階級 2.CST: 德國史

731.1 113006779

特別聲明：
有關本書中的言論內容，不代表本公司／出版集團的立場及意見，由作者自行承擔文責。

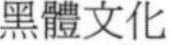
黑體文化

讀者回函

黑盒子26

德意志貴族：從中世紀到現代的千年貴族文化史

作者・陸大鵬｜責任編輯・涂育誠｜封面設計・張巖｜出版・黑體文化／左岸文化事業有限公司｜總編輯・龍傑娣｜發行・遠足文化事業股份有限公司（讀書共和國出版集團）｜地址・23141新北市新店區民權路108之2號9樓｜電話・02-2218-1417｜傳真・02-2218-8057｜客服專線・0800-221-029｜客服信箱・service@bookrep.com.tw｜官方網站・http://www.bookrep.com.tw｜法律顧問・華洋法律事務所・蘇文生律師｜印刷・中原造像股份有限公司｜排版・菩薩蠻數位文化有限公司｜本書圖片來源・維基共享資源｜初版・2024年6月｜定價・580元｜ISBN・9786267263884・9786267263952（EPUB）・9786267263969（PDF）｜書號・2WBB0026